ल्येफ़ तलस्तोय

आन्ना करेनिना

उपन्यास दो खण्डों में

खण्ड – 1

रूसी ग्रन्थमाला : पुस्तक नौ

रूसी ग्रन्थमाला के सम्पादक : अनिल जनविजय

ल्येफ़ तलस्तोय का उपन्यास 'आन्ना करेनिना' एक ऐसी भद्र युवा महिला के जीवन पर आधारित है, जो कुलीन घराने की प्रतिनिधि है। आन्ना का विवाह हो चुका है, लेकिन वह सुखी नहीं है। उसका पति भावनाओं और अनुभूतियों से रहित एक ऐसा व्यक्ति है, जिसकी नज़र में रूसी आभिजात्य समाज के पाखण्ड, आडम्बर और ढकोसले ही सबसे ज़्यादा महत्वपूर्ण हैं। अपनी पत्नी को, उसके मनोभावों और अनुभूतियों को वह कोई महत्व नहीं देता। पति के व्यवहार से परेशान आन्ना को भी अपने पति से प्रेम नहीं होता। उसे एक अन्य व्यक्ति से प्रेम हो जाता है और वह अपने पति को छोड़कर उस व्यक्ति के साथ रहने लगती है। उसकी इस हरकत पर आभिजात्य और भद्र समाज उस पर थू-थू करने लगता है। चारों तरफ़ से उसकी निन्दा की जाती है। समाज की नज़र में उनका यह प्रेम अवांछित है और यह उनके इस अवांछित प्रेम की परीक्षा की घड़ी है। परन्तु उनका प्रेम स्त्री-पुरुष के बीच आपसी सम्बन्धों पर लगी समाज की बन्दिशों की अवहेलना नहीं कर पाता। आन्ना और उसके प्रेमी व्रोनस्की के बीच भी आख़िरकार मतभेद पैदा हो जाते हैं। आन्ना इस बात को समझती है कि वह प्रेम के बिना इस दुनिया में ज़िन्दा नहीं रह पाएगी। जीवन की इस त्रासद स्थिति में अन्ततः वह अपने प्रेम को ज़िन्दा रखने के लिए अपना बलिदान दे देती है।

उपन्यास 'आन्ना करेनिना' यूँ तो एक असफल प्रेम कहानी है, लेकिन उसमें आज से डेढ़ सौ साल पहले के तत्कालीन रूसी समाज के जीवन, जीवन-गतिविधियों और जीवन-मूल्यों का विस्तार से वर्णन किया गया है। उपन्यास के लेखक ल्येफ़ तलस्तोय एक जागीरदार थे और उनका पारिवारिक जीवन भी सुखद था। तलस्तोय की पत्नी सोफ़िया ने कुल तेरह बच्चों को जन्म दिया। पारिवारिक प्रेम, बच्चों की परवरिश, बच्चों की शिक्षा और उन्हें एक अच्छा नागरिक बनाना भी हर मनुष्य का कर्तव्य होता है। हालाँकि हर व्यक्ति के लिए जीवन का अर्थ, ज़िन्दगी के मायने अलग-अलग होते हैं, लेकिन समाज की मान्यताओं पर किसी एक व्यक्ति के जीवन को न्यौछावर नहीं किया जा सकता है। व्यक्ति से समाज बनता है, ना कि समाज व्यक्ति का ठेकेदार होता है। व्यक्ति की अपनी एक अलग महत्ता होती है। ल्येफ़ तलस्तोय का मानना था कि सामाजिक मान्यताओं को मनुष्य के जीवन में उतना महत्व नहीं देना चाहिए, जितना मनुष्य के निजी संवेगों, आवेगों और प्रेम को देना चाहिए क्योंकि इनके बिना जीवन जीना दुश्वार हो जाता है।

— अनिल जनविजय

आन्ना करेनिना

(भाग 1–4)

उपन्यास दो खण्डों में

खण्ड – 1

ल्येफ़ तलस्तोय

मूल रूसी से अनुवाद

मदनलाल 'मधु'

सम्पादन

अनिल जनविजय

अनुज्ञा

साभार – रादुगा प्रकाशन, मास्को

इस विश्व प्रसिद्ध कृति की प्रति रूस से हनी शर्मा ने उपलब्ध कराई है।
इसके लिये अनुज्ञा बुक्स हनी शर्मा का आभार व्यक्त करता है।

अनुज्ञा

अनुवादक : डॉ. मदनलाल 'मधु'

प्रथम अनुज्ञा संस्करण : 2023
द्वितीय अनुज्ञा संस्करण : 2026 (50 प्रतियाँ)

ISBN 978-93-95380-70-6 (Set of 2 Vols.)

प्रकाशक
अनुज्ञा बुक्स
1/10206, लेन नं. 1E, वेस्ट गोरख पार्क, शाहदरा, दिल्ली-110 032
e-mail : anuugyabooks@gmail.com • salesanuugyabooks@gmail.com
फोन : 011-45506552, 07291920186, 09350809192 • www : anuugyabooks.com

शाखा कार्यालय : धर्मकाँटा चौक, राष्ट्रीय राजमार्ग 57,
एम.बी.बी.एल कॉलेज रोड, बैरिया, मुजफ्फरपुर-842 003 बिहार

शाखा कार्यालय : बी-1171, द्वितीय तल,
ग्रीन फील्ड्स कॉलोनी, फरीदाबाद-121010 हरियाणा

शाखा कार्यालय : 301, तृतीय तल, राधाकृष्ण अपार्टमेंट, साँई कॉलोनी,
स्टेशन रोड, चाईबासा, पश्चिमी सिंहभूम-833201 झारखंड

मूल्य : 2100 रुपये (दोनों खण्ड)

आवरण चित्र : विश्व प्रसिद्ध रूसी चित्रकार
इवान क्रम्सकोय की पेण्टिंग – *अपरिचित भद्र महिला*

मुद्रक
अर्पित प्रिंटोग्राफर्स, दिल्ली-32

ANNA KARENINA (Vol. 1) — ***World Classic Russian Novel*** *authored by* Leo Tolstoy *Hindi translation by* ***Madan Lal 'Madhu'*** *& edited by* ***Anil Janvijay***

भूमिका

ल्येफ़ निकअलाएविच तलस्तोय को 'आन्ना करेनिना' उपन्यास की रचना करने में चार वर्ष का समय लगा था। तलस्तोय तब पैंतीस साल के थे और जो सवाल उन्हें तब बेहद बेचैन करते थे, उनमें जीवन का अर्थ, मनुष्य होने के मायने, समाज में मनुष्य की स्थिति, मनुष्य के प्रति समाज की ज़िम्मेदारी, मनुष्य का भाग्य, मनुष्य के निजी जीवन मूल्य, उसके निजी संवेग और आवेग, उसकी निजी अनुभूतियाँ और मनोभाव आदि प्रमुख थे। तलस्तोय एक ऐसे मानवतावादी लेखक थे, जो तत्कालीन रूसी कुलीन समाज के ढाँचे और उसके प्रशासन तन्त्र से तथा रूसी कुलीन समाज की मान्यताओं से सन्तुष्ट नहीं थे। अपनी रचनाओं में उन्होंने रूस के कुलीन समाज से जुड़े इन्हीं सवालों को उठाया है।

1873 से 1877 तक का वह दौर, जब ल्येफ़ तलस्तोय ने 'आन्ना करेनिना' की रचना की, रूस के कुलीन समाज के लिए बेहद कठिन समय था। रूसी कुलीन समाज का ढाँचा धीरे-धीरे टूट रहा था। रूस में क्रान्तिकारी विचार मजबूत होते जा रहे थे और कुलीनों की स्थिति अनिश्चित-सी हो गई थी। 'आन्ना करेनिना' में मुख्य तौर पर तीन कुलीन परिवारों का ज़िक्र किया गया है। उपन्यास में कुलीन परिवारों के बीच अनैतिकता, दुराचार, कलुषता, चरित्रहीनता, नीचता और पाखण्ड का बोलबाला है। कुलीन परिवारों में पारम्परिक प्रेम, सद्भाव और पारिवारिकता की जगह पारस्परिक छल, धोखा, दग़ाबाज़ी, निष्ठाहीनता, धूर्तता और विश्वासघात घर कर गए हैं। पति-पत्नि दोनों ही बदचलन हो गए हैं। पारम्परिक कुलीन समाज के मूल्य बदल गए हैं। आडम्बर, पाखण्ड, दिखावा, प्रपंच, झूठा ठाठ-बाट, तड़क-भड़क और प्रदर्शन जैसी बातें समाज पर हावी हो गई हैं। हर परिवार के अपने 'कंकाल' हैं, जिन्हें यत्नपूर्वक अलमारी में छिपा दिया गया है।

आन्ना करेनिना का पति भी ऐसा ही है — तत्कालीन रूसी कुलीन समाज का जीता-जागता प्रतिबिम्ब! कपटी, मक्कार, चालबाज, संगदिल, बेरहम, पूरी तरह से नीरस और शुष्क। लेकिन आन्ना दूसरी ही मिट्टी की बनी है। वह भोली-भाली, निश्छल, बेदाग और सीधी-सादी औरत है। वह सहज और सरल है। कपट और मलिनता उसे छू तक नहीं गई है। उसका पति उसे बौड़म और बावली समझता है। वह जैसे प्यार करने और प्यार पाने के लिए ही पैदा हुई है। जब कठोर, निष्ठुर और निर्दयी पति से उसे प्रेम की जगह उपेक्षा, तिरस्कार, अवमानना और अपमान मिलता है तो वह अपने ही कुलीन समाज के एक अन्य व्यक्ति व्रोंस्की से प्रेम करने लगती है। जब दोनों के बीच प्रेम हो जाता है तो आन्ना को लगता है कि जैसे वह एक लम्बी नींद से जगी हो। लम्बे समय तक शीत और शरद ऋतु बने रहने के बाद उसके जीवन में भी जैसे वसन्त आ गया हो। और इस प्यार के लिए

आन्ना ने अपना सब कुछ बलिदान कर दिया। उसके पास सबसे क़ीमती चीज़ उसका जीवन था और उसने अपने प्यार पर अपने जीवन को न्यौछावर कर दिया।

वह अपने पति अलिक्सेय करेनिन को धोखा नहीं देना चाहती है, इसलिए अपने इस दाम्पत्य-विश्वासघात को वह अपने पति से छुपाती नहीं है। जल्दी ही पूरे कुलीन समाज को यह मालूम हो जाता है कि आन्ना करेनिना ने अपने पति के साथ दाम्पत्य-छल किया है। समाज उसे ऐयाश और पतिता घोषित कर देता है और पति से दग़ाबाज़ी करने के लिए पूरा समाज उस पर थू-थू करने लगता है। अब वह एक पतित महिला है क्योंकि उसने अपने निश्छल प्रेम को समाज से नहीं छुपाया।

ल्येफ़ निकअलायविच तलस्तोय अपनी इस नायिका का बचाव नहीं करते। वो उसके प्रेम का औचित्य सिद्ध नहीं करते। वे समाज की हरकतों पर कोई फ़ैसला नहीं देते। वे आन्ना करेनिना की स्थिति को ज्यों का त्यों पेश कर देते हैं और उसकी स्थिति पर निर्णय करने का अधिकार पाठक को सौंप देते हैं। फ़ैसला पाठक को करना है। पाठक एक मानसिक द्वन्द्व की स्थिति में हक्का-बक्का रह जाता है। उस पर एक भारी ज़िम्मेदारी आ पड़ी है। क्या आन्ना करेनिना ने ग़लत किया? या हमें उसकी निन्दा करने का कोई अधिकार नहीं है क्योंकि आन्ना करेनिना तो वैसी ही स्त्री है, जैसी वह पैदा हुई थी। क्या प्रेम करना और बदले में प्रेम पाने की इच्छा रखना एक अपराध है?

तलस्तोय ने एक स्त्री के मन की पीड़ा को बहुत साफ़-साफ़ दिखाया है। आन्ना पूरी तरह से एकाकी और तन्हा है। न तो उसके कोई ऐसे संगी-साथी और दोस्त ही हैं, जो उसका समर्थन करेंगे और उसके साथ सहयोग करेंगे। आन्ना के एकमात्र सहारे, उसके पुत्र सिर्योझा को भी आन्ना का पति अलिक्सेय करेनिन आन्ना से छीन लेता है। प्रेमी व्रोंस्की के अलावा आन्ना के पास इस दुनिया में कोई अन्य आकर्षण या मोह भी नहीं है। व्रोंस्की से मतभेद होने के बाद व्रोंस्की से भी उसका मोहभंग हो जाता है। ऐसी कोई चीज़ नहीं है, जो आन्ना को उसके दुखों और परेशानियों से बचा सके। वह व्रोंस्की से प्रेम करती है, लेकिन डरती भी है कि यदि व्रोंस्की उसे प्रेम करना छोड़ देगा, तो उसका क्या होगा? उसके मन में भी ईर्ष्या पैदा हो जाती है और यह बात हम सब जानते हैं कि ईर्ष्या एक ऐसी भावना है जो दो प्रेम करने वालों को हमेशा एक दूसरे के निकट लाने की जगह, उन्हें एक-दूसरे से दूर करती है।

और तब आन्ना के मन में यह भयानक विचार आता है कि जब देखने के लिए इस दुनिया में कुछ है ही नहीं, तो फिर जीवन की इस मोमबत्ती को भी क्यों जलाकर रखा जाए। वह व्रोंस्की को भी सज़ा देना चाहती है ताकि वो यह समझ जाए कि उसने कितनी बहुमूल्य चीज़ खो दी है। उसे आशा है कि उसकी मौत की ख़बर सुनकर व्रोंस्की के मन में फिर से उसके लिए प्रेम की आग जलने लगेगी।

और एकदम अन्तिम समय में, जब वापिस लौटने का कोई रास्ता नहीं बचा है, आन्ना को यह एहसास होता है कि वह क्या करने जा रही है। उसके जीवन के वे दुर्लभ पल उसकी आँखों के सामने चमकने लगे, जब उसने ख़ुद को प्रसन्न और ख़ुश महसूस किया था। मोमबत्ती की लौ बुझने से पहले फड़फड़ाने लगी और अचानक तेज़ी से चमकने लगी और जल्दी ही हमेशा के लिए बुझ गई।

आन्ना का प्रेमी अलिक्सेय व्रोंस्की की छवि भी जब अपनी पूरी शान और वैभव के साथ पाठकों के सामने उभरती है तो पाठक यह समझ जाता है कि वह उसी अभिजात वर्ग का प्रतिनिधि है, जो समाज में निष्क्रिय, शिथिल, निकम्मा और काहिलीभरा जीवन जीते हैं। आन्ना से मुलाक़ात होने बाद वो अपने बीते हुए जीवन पर एक नज़र डालकर उसका विश्लेषण करता है और पाता है कि उसका अब तक का जीवन कितना बुरा, निकृष्ट और अश्लील रहा है। अपनी प्रिया के लिए वह अपने बनावटी, झूठे और कृत्रिम जीवन को नकार देता है। व्रोंस्की सबकुछ त्याग देता है। वह अपने करियर से इनकार कर देता है। वह नए ढंग से फिर से नया जीवन शुरू करना चाहता है। लेकिन उसे अपने इस नए जीवन में भी शान्ति और चैन नहीं मिलता। उसे लगातार यह एहसास होता रहता है कि जीवन में कुछ कमी रह गई है।

आन्ना की मौत के बाद हालाँकि वह सुकून से रह सकता था। लेकिन उसका मन बेचैन हो उठता है। अब वो ख़ुद इस बेचैनी से बचने के लिए मौत खोजने लगता है और स्वेच्छा से सेना में शामिल होकर युद्ध के मोर्चे पर चला जाता है।

इस तरह ल्येफ़ निकअलाएविच तलस्तोय ने अपनी इस रचना 'अन्ना करेनिना' में उन दुखों, कष्टों और पीड़ाओं को साफ़-साफ़ दिखाया है, जो मानव-मन को तकलीफ़ पहुँचाते हैं। तलस्तोय इतनी बारीकी से मानव-मन के क़रीब जाते हैं कि आज क़रीब डेढ़ सौ साल गुज़र जाने के बाद भी यह उपन्यास सारी दुनिया के पाठकों के बीच बेहद लोकप्रिय है।

दरअसल ल्येफ़ तलस्तोय इस उपन्यास के माध्यम से समाज में फैले पितृसत्तात्मक तन्त्र की आलोचना करना चाहते थे। वे दिखाना चाहते थे कि स्त्री को भी समाज में वैसी ही आज़ादियाँ मिलनी चाहिए, जैसी आज़ादी पुरुष को मिली हुई है। पुरुष मनचला होता है, लेकिन स्त्री के साथ रिश्तों को लेकर, प्रेम को लेकर वो समाज में आज़ाद है। उसे कितनी भी स्त्रियों के साथ रिश्ता रखने की आज़ादी मिली हुई है। जब यही काम स्त्री करती है तो समाज उसकी निन्दा करने लगता है। स्त्री का समाज में रहना मुहाल हो जाता है। स्त्री अपने स्वभाव से ही भावुक होती है। वह स्वभाव से ही पुरुष की इच्छा पर, उसकी भावनाओं पर आश्रित होती है। लेकिन यह पितृसत्तात्मक तन्त्र उसे और ज़्यादा सामाजिक ज़ुल्म का शिकार बनाता है। इसीलिए इस उपन्यास से दुनिया के साहित्य में 'आलोचनात्मक यथार्थवाद' की शुरुआत मानी जाती है। तलस्तोय यथार्थ का चित्रण तो करते हैं, लेकिन उसके

प्रति आलोचनात्मक रवैया अपनाते हैं। वे पारिवारिक मूल्यों को बचाने के हामी हैं, लेकिन इन पारिवारिक मूल्यों के नाम पर स्त्री को गुलाम बनाने वाली पितृसत्तात्मक व्यवस्था को सख़्ती से लागू करने के विरोधी हैं।

आज के रूस में सन् 2022 में स्त्री को पूरी आज़ादी मिली हुई है। स्त्री अपनी इच्छा से जीती है। स्त्री भी पुरुषों की तरह चार-पाँच और छह-सात तक विवाह करती है, कर सकती है। रूस में अक़्सर यह देखने में आता है कि एक ही स्त्री ने दो या तीन या चार पुरुषों से बच्चे पैदा किए हैं। कहना चाहिए कि तलस्तोय के उपन्यास की पात्र 'आन्ना' का बलिदान व्यर्थ नहीं गया। कम से कम रूस और सोवियत संघ से अलग हुए देशों की औरतें तो पूरी तरह से आज़ाद हैं और उन्हें कानूनन संविधान में पुरुषों के बराबर ही अधिकार मिले हुए हैं। न सिर्फ़ सम्पत्ति और रोज़गार के क्षेत्र में, बल्कि सेक्स और पारिवारिक स्तर पर भी। शायद 'लिव इन' की जो व्यवस्था समाज में इन दिनों दिखाई दे रही है, वह भी स्त्री और पुरुषों को बराबर की आज़ादी देने का ही परिणाम है। लेकिन इसमें बुराई क्या है?

अन्त में हम यह बात भी साफ़ कर दें कि अब तक जिस लेखक को आप लियो टॉलस्टॉय और लेव तोलस्तोय के रूप में जानते थे, उनका नाम बदलकर हमने ल्येफ़ तलस्तोय क्यों कर दिया? रूसी भाषा में ल्येफ़ का मतलब शेर होता है। अँग्रेज़ी में सिंह राशि को (LEO) लेओ कहा जाता है। जब तलस्तोय की रचनाओं के अँग्रेज़ी के पहले अनुवादक ने ल्येफ़ तलस्तोय के उपन्यास 'वइना ई मीर' यानी 'युद्ध और दुनिया' का रूसी से अँग्रेज़ी में अनुवाद किया तो न केवल उपन्यास का नाम बदलकर 'युद्ध और शान्ति' कर दिया बल्कि उनके नाम ल्येफ़ शब्द का भी अनुवाद करके लेओ कर दिया। बाद में जब हमारे हिन्दी अनुवादकों ने अँग्रेज़ी से तलस्तोय की किताबों का हिन्दी में अनुवाद किया तो उन्होंने लेओ को लियो में बदल दिया। इस तरह न केवल उपन्यास का नाम बदल गया, बल्कि लेखक का नाम भी बदल गया।

अब सवाल यह उठता है कि ल्येफ़ की जगह 'लेव' कहाँ से आया क्योंकि रूसी प्रकाशनों से रूस या सोवियत संघ में छपी किताबों पर लेव तोलस्तोय' लिखा होता है। रूसी भाषा में भी अन्य यूरोपीय भाषाओं की तरह शब्द की वर्तनी और उच्चारण में फ़र्क होता है। तलस्तोय का नाम रूसी वर्तनी में 'लेव' लिखा जाता है, लेकिन उसका उच्चारण 'ल्येफ़' किया जाता है। हिन्दी की विशेषता यह है कि हम जैसे उच्चारण करते हैं, वैसे ही लिखते हैं। इसलिए हिन्दी में तलस्तोय के नाम का सही उच्चारण 'ल्येफ़' ही होगा — ल्येफ़ तलस्तोय।

हिन्दी में 'आन्ना करेनिना' लम्बे समय से उपलब्ध नहीं था। पाठकों की बड़ी माँग को देखते हुए 'अनुज्ञा बुक्स' ने इसे फिर से पाठकों को नए कलेवर में उपलब्ध कराने का बीड़ा उठाया, इसके लिए हम 'अनुज्ञा बुक्स' के आभारी हैं।

अनिल जनविजय

मुख्य नाम सूची

प्रिंस श्चेर्बात्सकी, अलेक्सान्द्र द्मीत्रियेविच
प्रिंसेस श्चेर्बात्स्काया– उनकी पत्नी
दार्या अलेक्सान्द्रोव्ना (डॉली) } उनकी बेटी
नताल्या अलेक्सान्द्रोव्ना (नताली) } उनकी बेटी
येकातेरीना अलेक्सान्द्रोव्ना (कीटी) } उनकी बेटी
करेनिन, अलेक्सेई अलेक्सान्द्रोविच
करेनिन, आन्ना अर्कादुयेव्ना– उसकी पत्नी
सेर्योझा– उनका बेटा
ओब्लोन्स्की, स्तेपान अर्कादुयेविच (स्तीवा)– आन्ना का भाई
डॉली– उसकी पत्नी
लेविन, कोन्स्तान्तीन द्मीत्रियेविच (कोस्त्या)
लेविन, निकोलाई द्मीत्रियेविच– उसका बड़ा भाई
कोज़्निशेव, सेर्गेई इवानोविच– लेविन का सहोदर भाई
काउंट व्रोन्स्की, अलेक्सेई किरील्लोविच (अल्योशा)
प्रिंसेस त्वेर्स्काया, येलिज़ावेता फ़्योदोरोव्ना (बेत्सी)
काउंटेस लीदिया इवानोव्ना

भाग–1

1

सभी सुखी परिवार एक जैसे हैं और हर दुःखी परिवार अपने ढंग से दुःखी है। ओब्लोन्स्की के घर में सब कुछ गड़बड़ हो गया था। पत्नी को यह पता चल गया था कि बच्चों की भूतपूर्व शिक्षिका, फ्रांसीसी महिला के साथ पति के अनुचित सम्बन्ध थे। उसने पति से कह दिया कि वह उसके साथ एक ही घर में नहीं रह सकती। तीन दिन से यह क़िस्सा चल रहा था और स्वयं दम्पति, परिवार के सभी सदस्य और घर के बाक़ी सभी लोग भी बड़े दुःखी थे। सभी यह महसूस करते थे कि उनके एक साथ रहने में कोई तुक नहीं है कि किसी सराय में संयोग से इकट्ठे हो जाने वाले लोगों में भी ओब्लोन्स्की परिवार और उसके घर के सभी लोगों की तुलना में अधिक निकटता होती है। पत्नी अपने कमरों से बाहर नहीं निकली थी और पति तीन दिन से घर पर नहीं था। परेशान-से बच्चे सारे घर में दौड़ते रहते थे, अँग्रेज शिक्षिका का गृह-प्रबन्धिका से झगड़ा हो गया था और उसने अपनी सहेली को भी दूसरी जगह ठीक कर देने का पत्र लिख दिया था। बावर्ची तो पिछले दिन के दोपहर के खाने के वक़्त ही चला गया था और रसोई के काम-काज में सहायता करने वाली नौकरानी तथा कोचवान ने हिसाब चुकता कर देने को कह दिया था।

झगड़े के तीसरे दिन प्रिन्स स्तेपान अर्कादृयेविच ओब्लोन्स्की, जिसे ऊँची सोसाइटी में स्तीवा के नाम से पुकारा जाता था, अपने हर दिन उठने के वक़्त यानी सुबह के आठ बजे पत्नी के कमरे में नहीं, बल्कि अपने अध्ययन-कक्ष में बढ़िया चमड़े के सोफ़े पर जागा। उसने अपने गदराए और अच्छी तरह से पाले-पोसे गये शरीर से सोफे के स्प्रिंगों पर करवट ली और मानो फिर से देर तक सोने का इरादा रखते हुए तकिये को ज़ोर से अपने साथ चिपका लिया और उस पर गाल टिका दिया। लेकिन वह अचानक उछला, उठकर सोफ़े पर बैठ गया और उसने आँखें खोल लीं।

'हाँ, हाँ, कैसे था वह' स्वप्न को याद करते हुए वह सोचने लगा। 'हाँ, कैसे था? हाँ! अलाबिन ने दार्मश्ताद में दोपहर का भोज आयोजित किया था। नहीं, दार्मश्ताद में नहीं, बल्कि किसी अमरीकी शहर में। हाँ, सपने में दार्मश्ताद अमरीका में ही था। हाँ, अलाबिन ने शीशे की मेज़ों पर दोपहर के भोज की व्यवस्था की थी और हाँ, मेज़ें गाती थीं–Il mio tesoro[1], नहीं, Il mio tesoro नहीं, इससे कुछ बढ़कर। कुछ छोटी-छोटी सुराहियाँ थीं और वे भी नारियाँ थीं,' वह याद कर रहा था।

---

1. मेरी जान। (इतालवी)

ओब्लोन्स्की की आँखें खुशी से चमक उठीं और वह मुस्कुराते हुए विचारों में खो गया। 'हाँ, अच्छा था, बहुत अच्छा था। वहाँ तो और भी बहुत कुछ बढ़िया था, जिसे न तो शब्दों में बयान किया जा सकता है और अब जाग जाने पर विचारों के रूप में भी स्पष्ट अभिव्यक्ति नहीं दी जा सकती है।' बनात के मोटे पर्दे की बग़ल के कमरे में आ जाने वाली प्रकाश-रेखा की ओर ध्यान जाने पर उसने प्रफुल्ल मन से सोफ़े से पैर नीचे उतारे और पत्नी के हाथों सिले तथा बढ़िया, सुनहरे चमड़े से मढ़े जूते खोजने लगा (जो पत्नी ने पिछले वर्ष उसके जन्मदिन पर उपहारस्वरूप दिये थे) और अपनी नौ साल की पुरानी आदत के मुताबिक़ उठे बिना ही उस जगह की तरफ हाथ बढ़ाया, जहाँ सोने के कमरे में उसका ड्रेसिंग गाउन लटका रहता था। इसी वक़्त उसे अचानक यह याद आया कि कैसे और किस कारण वह पत्नी के सोने के कमरे में नहीं, बल्कि अपने अध्ययन-कक्ष में सोया रहा है। उसके चेहरे पर से मुस्कान ग़ायब हो गयी और माथे पर बल पड़ गये।

'ओह, ओह! आह!' जो कुछ हुआ था उसे याद करके वह दुःखी मन से कराह उठा। उसके मानस-पट पर पत्नी के साथ हुए झगड़े की सभी तफ़सीलें, अपनी स्थिति की सारी लाचारी फिर से उभर उठी और सबसे अधिक यातना तो उसे अपने अपराध के कारण अनुभव हुई।

'हाँ। वह मुझे माफ़ नहीं करेगी और कर भी नहीं सकती। सबसे बुरी बात तो यह है कि इस सारी चीज़ के लिए मैं ही दोषी हूँ, मेरा ही क़सूर है, लेकिन फिर भी मैं क़सूरवार नहीं हूँ। यही तो सारा ड्रामा है,' वह सोच रहा था। 'ओह, ओह!' अपने लिए इस झगड़े के सबसे दुःखद प्रभावों को याद करते हुए वह हताशा से कहता रहा।

उसके लिए सबसे अप्रिय तो वह पहला क्षण था, जब वह पत्नी के लिए बड़ी-सी नासपाती हाथ में थामे बहुत खुश, बहुत ही रंग में थिएटर से घर लौटा था और पत्नी दीवानख़ाने में नहीं मिली थी। बड़ी हैरानी की बात थी कि वह अध्ययन-कक्ष में भी नहीं थी। आख़िर सोने के कमरे में दिखाई दी थी और उसके हाथ में मुसीबत का मारा हुआ वह रुक़्क़ा था, जिसने सारा पर्दाफ़ाश कर दिया था।

वही डॉली, जो हमेशा काम-काज में उलझी और दौड़-धूप करती रहती थी और जिसे वह कम समझ रखने वाली औरत मानता था, हाथ में रुक़्क़ा थामे निश्चल बैठी थी और चेहरे पर भय, हताशा और क्रोध का भाव लिये उसकी तरफ़ देख रही थी।

'यह क्या है? यह?' रुक़्क़े की तरफ़ इशारा करते हुए उसने पूछा था।

यह याद आने पर, जैसा कि अक्सर होता है, ओब्लोन्स्की को इस घटना से इतनी यातना नहीं हो रही थी, जितनी उस जवाब से, जो उसने उस वक़्त पत्नी को दिया था।

उस क्षण उसके साथ वही हुआ था, जो लोगों के साथ तब होता है, जब उन्हें कोई बहुत ही शर्मनाक काम करते हुए अचानक पकड़ लिया जाता है। वह अपने चेहरे को उस स्थिति के अनुरूप, जिसमें अपराध का भंडाफोड़ हो जाने पर उसने अपने को पत्नी के सामने पाया था, तैयार नहीं कर सका था। बुरा मानने, इनकार करने, अपनी सफ़ाई देने, माफ़ी माँगने, यहाँ तक कि उदासीन रहने के बजाय–यह सभी कुछ उससे बेहतर होता, जो उसने किया–उसका चेहरा अनचाहे ही (शरीर-विज्ञान को पसन्द करने वाले ओब्लोन्स्की ने इसे 'मस्तिष्क की सहज प्रतिक्रिया' माना), बिल्कुल अचानक ही अपनी सामान्य, उदारतापूर्ण और इसलिए मूर्खतापूर्ण मुस्कान के साथ खिल उठा।

इस मूर्खतापूर्ण मुस्कान के लिए वह अपने को क्षमा नहीं कर सकता था। यह मुस्कान देखकर डॉली ऐसे सिहरी मानो उसे बड़ी शारीरिक पीड़ा हुई हो और अपने गर्म मिज़ाज के मुताबिक कटु शब्दों की बौछार करके कमरे से बाहर चली गयी। तब से वह अपने पति की सूरत नहीं देखना चाहती थी।

'यह मूर्खतापूर्ण मुस्कान ही इस सारी मुसीबत के लिए ज़िम्मेदार है,' ओब्लोन्स्की सोच रहा था।

'तो क्या किया जाये? क्या किया जाये?' हताश मन से वह अपने से यह पूछ रहा था और उसे कोई जवाब नहीं मिल रहा था।

2

ओब्लोन्स्की खुद अपने प्रति ईमानदार आदमी था। वह अपने-आपको इस बात का धोखा नहीं दे सकता था कि उसे अपनी करतूत का अफ़सोस है। वह अब इस बात के लिए पश्चाताप नहीं कर सकता था कि वह,चौंतीस साल का सुन्दर और रसिक प्रवृत्ति का व्यक्ति, पाँच जीवित और भगवान को प्यारे हो गये दो बच्चों की माँ और उससे केवल एक साल छोटी अपनी बीवी को प्यार नहीं करता था। उसे सिर्फ़ इस बात का अफ़सोस था कि बीवी से अपने इस गुनाह को ज़्यादा अच्छी तरह नहीं छिपा पाया था। किन्तु वह अपनी स्थिति की सारी विकटता को अनुभव करता था और उसे पत्नी, बच्चों और खुद अपने पर तरस आ रहा था। यदि उसे ऐसी सम्भावना की चेतना होती कि इस समाचार का पत्नी पर इतना गहरा असर होगा, तो शायद उसने अपने गुनाहों को उससे अधिक अच्छी तरह छिपा लिया होता। ज़ाहिर था कि इस सवाल पर उसने कभी सोच-विचार नहीं किया था, लेकिन उसे धुँधला-सा आभास अवश्य था कि पत्नी बहुत पहले से ही उसकी ग़ैर-वफ़ादारी का अनुमान लगाती थी और उसकी तरफ से आँखें मूँदे हुए थी। उसे तो ऐसा भी लगा कि दुबली-पतली हो जाने और बुढ़ा चुकने वाली इस नारी को, जो सुन्दर भी नहीं रही थी, बड़ी साधारण थी और जिसमें कोई ख़ास गुण भी नहीं था और

जो केवल परिवार की दयालु माँ ही थी, न्याय भावना के अनुसार उदार भी होना चाहिए। लेकिन स्थिति इसके बिल्कुल प्रतिकूल सिद्ध हुई।

'आह, बड़ी भयानक स्थिति है! ओह, ओह! बड़ी भयानक!' ओब्लोन्स्की मन-ही-मन दोहरा रहा था और उसे कोई रास्ता नहीं सूझ रहा था। 'इसके पहले सब कुछ कितना अच्छा था, कितने मज़े में हम सब जी रहे थे! वह बच्चों में मस्त थी, उनके साथ खुश रहती थी। मैं उसके मामलों में कोई दख़ल नहीं देता था, जैसे चाहती थी, वैसे ही बच्चों और घर-गिरस्ती में उलझी रहती थी। बेशक यह अच्छा नहीं है कि 'वह' हमारे घर में बच्चों की शिक्षिका थी। बिल्कुल अच्छी बात नहीं है! बच्चों की शिक्षिका से इश्क़ लड़ाने में कुछ ओछापन, कुछ घटियापन है। लेकिन क्या ख़ूब थी वह शिक्षिका! (M-lle Roland की मुस्कान और काली, शरारत-भरी आँखें उसकी स्मृति में सजीव हो उठीं।) लेकिन जब तक वह हमारे यहाँ रही, मैंने इस तरह की कोई हरकत नहीं की। सबसे बुरी बात तो यह है कि अब तो वह... इस मुसीबत को तो जैसे जान-बूझकर आना ही था! हाय, हाय, हाय! क्या किया जाये, क्या किया जाये?'

ज़िन्दगी सबसे पेंचीदा और हल न हो सकने वाले सवालों का जो जवाब देती है, इसका उसके सिवाय कोई जवाब नहीं था। वह जवाब यही था—अपनी हर दिन की ज़िन्दगी चलाते जाओ, यानी अपने को भूल जाओ। लेकिन चूँकि ऐसा करना सम्भव नहीं था, कम-से-कम रात होने तक तो ऐसा नहीं हो सकता था, सुराही रूपी औरतों के गानों की दुनिया में भी नहीं लौटा जा सकता था, इसलिए जीवन के स्वप्न से ही मस्त रहना ज़रूरी था।

'जो होगा, सो देखा जायेगा,' ओब्लोन्स्की ने अपने-आपसे कहा, उठकर आसमानी रंग के रेशमी अस्तरवाला भूरा ड्रेसिंग गाउन पहना, फुन्दोंवाली डोरी को गाँठ लगायी, मज़बूत फेफड़ों से ज़ोरदार साँस ली और उन टाँगों से, जो उसके स्थूल शरीर का भार आसानी से वहन करती थीं, आदत के मुताबिक़ उत्साहपूर्वक, पंजों को फैलाकर डग भरता हुआ खिड़की के क़रीब गया और भारी पर्दा ऊपर उठाकर ज़ोर से घंटी बजायी। घंटी बजते ही उसका पुराना दोस्त और नौकर मात्वेई मालिक की पोशाक, घुटनों तक के बूट और एक तार लिये हुए भीतर आया। उसके पीछे-पीछे हजामत का सामान लिये हुए नाई भी पहुँच गया।

"दफ़्तर के कोई काग़ज़-पत्र हैं?" ओब्लोन्स्की ने तार लेकर दर्पण के पास बैठते हुए पूछा।

"मेज़ पर रखे हैं," मात्वेई ने जवाब दिया। सहानुभूति के साथ प्रश्नसूचक दृष्टि से मालिक की तरफ़ देखा और तनिक रुकने के बाद चालाकी-भरी मुस्कान चेहरे पर लाकर इतना और कह दिया– "घोड़ागाड़ी के मालिक का आदमी आया था।"

ओब्लोन्स्की ने कोई जवाब नहीं दिया और केवल दर्पण में मात्वेई पर नज़र

डाली। दर्पण में मिलने वाली उनकी नज़रों से स्पष्ट था कि वे एक-दूसरे को ख़ूब अच्छी तरह समझते हैं। ओब्लोन्स्की की नज़र मानो पूछ रही थी–'किसलिए तुम मुझसे यह कह रहे हो? क्या तुम नहीं जानते कि क्या हो रहा है?'

मात्वेई ने अपनी जाकेट की जेबों में हाथ डाल लिये, पाँव को ज़रा दूर खिसका लिया और चुपचाप, खुशमिज़ाजी से तथा कुछ-कुछ मुस्कुराते हुए अपने मालिक की तरफ़ देखा।

"मैंने उससे अगले इतवार को आने के लिए और यह भी कह दिया है कि तब तक आपको और अपने को बेकार परेशान न करे," उसने सम्भवतः पहले से सोचा हुआ वाक्य कह दिया।

ओब्लोन्स्की समझ गया कि मात्वेई मज़ाक़ करना और अपनी तरफ़ ध्यान आकर्षित करना चाहता है। उसने तार खोला और जैसा कि हमेशा होता है, शब्दों के ग़लत हिज्जों को अनुमान से ठीक करते हुए पढ़ा और उसका चेहरा खिल उठा।

"मात्वेई, बहन आन्ना अर्कादि्येव्ना कल यहाँ पहुँच रही है," क्षण-भर को नाई का नर्म और गुदगुदा हाथ रोकते हुए, जो घुँघराले गलमुच्छों के बीच की गुलाबी जगह साफ़ कर रहा था, उसने कहा।

"शुक्र है भगवान का," मात्वेई ने कहा। इन शब्दों से उसने यह स्पष्ट कर दिया कि अपने मालिक की भाँति वह भी आन्ना आर्कादि्येव्ना के आने का महत्त्व समझता है, यानी ओब्लोन्स्की की प्यारी बहन आन्ना पति-पत्नी की सुलह कराने में सहायक हो सकती है। "अकेली आ रही हैं या पति के साथ?" मात्वेई ने पूछा।

ओब्लोन्स्की कोई जवाब नहीं दे सका, क्योंकि नाई ऊपरवाले होंठ पर कुछ कर रहा था। इसलिए उसने एक उँगली ऊपर उठा दी। मात्वेई ने दर्पण में ही सिर झुका दिया।

"अकेली ही आ रही हैं। तो क्या उनके लिए ऊपरवाले कमरे में प्रबन्ध कर दिया जाये?"

"दार्या अलेक्सान्द्रोव्ना को बता दो। जहाँ वे कहें, वहीं प्रबन्ध कर देना।"

"दार्या अलेक्सान्द्रोव्ना को?" मात्वेई ने मानो सन्देह प्रकट करते हुए इन शब्दों को दोहराया।

"हाँ, उन्हें बता दो। लो, यह तार ले जाकर दे दो और वे जो कहें, मुझे बताना।"

'टोहना चाहते हैं,' मात्वेई समझ गया, लेकिन जवाब में सिर्फ़ इतना ही कहा–

"जो हुक्म।"

ओब्लोन्स्की हाथ-मुँह धोकर बाल सँवार चुका था और कपड़े पहनने ही वाला था, जब मात्वेई अपने चरमराते जूतों से धीरे-धीरे डग भरता और हाथ में तार लिये हुए कमरे में वापस आया। नाई जा चुका था।

"दार्या अलेक्सान्द्रोव्ना ने आपसे यह कहने का आदेश दिया है कि वे जा रही

हैं। वे यानी आप जैसा चाहें, वैसा करें," उसने केवल आँखों में हँसते हुए कहा और जेबों में हाथ डाले तथा सिर को एक ओर को झुकाये हुए अपने मालिक पर नज़र टिका दी।

ओब्लोन्स्की चुप रहा। कुछ देर बाद उसके सुन्दर चेहरे पर दयालुतापूर्ण और कुछ-कुछ दयनीय मुस्कान दिखाई दी।

"देखा, मात्वेई?" उसने सिर हिलाते हुए कहा।

"कोई बात नहीं, हुजूर, सब ठीक-ठाक हो जायेगा।" मात्वेई ने कहा।

"ठीक-ठाक हो जायेगा?"

"ज़रूर सब ठीक-ठाक हो जायेगा, हुजूर।"

"तुम ऐसा मानते हो? यह वहाँ कौन है?" ओब्लोन्स्की ने दरवाज़े के बाहर किसी नारी के फ्रॉक की सरसराहट सुनकर पूछा।

"यह मैं हूँ, मालिक," दृढ़ और मधुर नारी स्वर में उत्तर मिला तथा दरवाज़े के पीछे से बच्चों की आया मात्र्योना फ़िलिमोनाव्ना का कठोर तथा चेचकरू चेहरा सामने आया।

"क्या बात है, मात्र्योना?" दरवाज़े पर उसके पास जाकर ओब्लोन्स्की ने पूछा।

इस चीज़ के बावजूद कि ओब्लोन्स्की पूरी तरह से अपनी पत्नी के सामने दोषी था और खुद भी ऐसा महसूस करता था, फिर भी घर के सभी लोग, यहाँ तक कि दार्या अलेक्सान्द्रोव्ना की सबसे बड़ी मित्र यानी बच्चों की आया मात्र्योना भी ओब्लोन्स्की के पक्ष में थी।

"क्या बात है?" उसने उदासी से पूछा।

"मालिक, आप उनके पास जाइये, अपने क़सूर के लिए फिर से क्षमा माँग लीजिये। शायद भगवान मदद करेंगे। बहुत दुःखी हैं वे, देखकर जी को कुछ होता है और फिर घर में भी सब कुछ गड़बड़ हो गया है। मालिक, बच्चों पर रहम करना चाहिए। माँफ़ी माँग लें, हुजूर। और कोई चारा भी तो नहीं। जो करता है, वही भरता है..."

"लेकिन वे तो मुझसे मिलेंगी नहीं..."

"आप अपना ज़ोर लगा लीजिये। भगवान दयालु हैं, भगवान का नाम लीजिये, मालिक, भगवान का नाम लीजिये।"

"अच्छी बात है, अब तुम जाओ," ओब्लोन्स्की ने अचानक अरुणाभ होते हुए कहा। "तो लाओ, पहनाओ कपड़े," उसने मात्वेई को सम्बोधित किया और एक झटके से ड्रेसिंग गाउन उतार फेंका।

मात्वेई किसी अदृश्य चीज़ को फूँक मारकर उड़ाते हुए पहले से ही तैयार की गयी क़मीज़ को स्पष्ट प्रसन्नता के साथ अपने मालिक के बड़े स्वस्थ शरीर पर पहनाने लगा।

3

कपड़े पहनने के बाद ओब्लोन्स्की ने अपने ऊपर इत्र छिड़का, क़मीज़ की आस्तीनें ठीक कीं, अभ्यस्त ढंग से सिगरेटों, बटुए, दियासलाई की डिबिया और दोहरी ज़ंजीर तथा मुहरोंवाली घड़ी को विभिन्न जेबों में डाला। इसके बाद उसने रूमाल को झटककर झाड़ा, खुद को साफ-सुथरा, इत्र से महकता तथा बड़ी मुसीबत के बावजूद स्वस्थ तथा प्रसन्नचित्त अनुभव करते हुए और टाँगों को तनिक डोलाते हुए खाने के कमरे में चला गया। वहाँ कॉफ़ी और कॉफी के क़रीब ही ख़त और दफ़्तर के काग़ज़ात उसकी राह देख रहे थे।

ओब्लोन्स्की ने ख़त पढ़े। उनमें से एक बहुत ही अप्रिय था। यह पत्र उस सौदागर का था, जो बीवी की जागीर पर जंगल ख़रीदने वाला था। इस जंगल को बेचना ज़रूरी था, लेकिन अब बीवी के साथ सुलह होने तक ऐसा करने का सवाल ही नहीं पैदा होता था। इसमें सबसे अप्रिय बात तो यह थी कि पैसों का मामला बीवी के साथ सुलह करने के क़िस्से के साथ जुड़ गया था। और यह ख़याल कि पैसों के सवाल को ध्यान में रखते हुए, कि जंगल को बेचने के लिए ही वह बीवी से सुलह करना चाहेगा, यह ख़याल उसे अपमानजनक लग रहा था।

ख़त पढ़ने के बाद ओब्लोन्स्की ने दफ़्तर के काग़ज़ात अपने नज़दीक खींच लिये। उसने जल्दी-जल्दी दो मामलों की फ़ाइलों को उलटा-पलटा, बड़ी-सी पेन्सिल से कुछ निशान लगाये और फ़ाइलों को दूर हटाकर कॉफ़ी पीने लगा। कॉफ़ी पीते हुए उसने सुबह का, अभी कुछ-कुछ गीला अख़बार भी खोल लिया और उसे पढ़ने लगा।

ओब्लोन्स्की उदार विचारोंवाला, सो भी अति उदार विचारोंवाला नहीं, बल्कि ऐसे झुकाव का अख़बार मँगवाता और पढ़ता था, जो बहुमत के विचारों को अभिव्यक्त करता था। इस चीज़ के बावजूद कि न तो विज्ञान, न कला और न राजनीति में ही उसकी कोई खास दिलचस्पी थी, वह इन सब विषयों के बारे में दृढ़तापूर्वक वही दृष्टिकोण रखता था, जो बहुमत और उसके अख़बार के थे। इन दृष्टिकोणों को वह तभी बदलता था, जब बहुमत ऐसा करता था, या यह कहना अधिक सही होगा कि वह उन्हें नहीं बदलता था, बल्कि अनजाने और अपने-आप ही परिवर्तन हो जाता था।

ओब्लोन्स्की ने तो विचारधारात्मक झुकाव और न दृष्टिकोण ही चुनता था। ये झुकाव और दृष्टिकोण उसे अपने-आप उसी तरह मिलते थे, जैसे प्रचलित फ़ैशन का टोप और फ्रॉककोट। वह इनके रूप चुनता नहीं था, बल्कि जो दूसरे पहनते थे, वही ले लेता था। जाने-माने समाज में रहने के कारण और हमेशा परिपक्व आयु में विकसित हो जाने वाली चिन्तन शक्ति की अपेक्षाओं की पूर्ति के लिए भी उसका कोई दृष्टिकोण रखना उतना ही ज़रूरी था, जितना कि उसके पास टोप

का होना। अगर वह उदारतावादी प्रवृत्ति को रूढ़िवादी धारा से बेहतर मानता था, जिसका उसके सामाजिक क्षेत्र में बहुत से लोग अनुकरण करते थे, तो इसका कारण यह नहीं था कि उसे उदारतावादी प्रवृत्ति अधिक समझ-बूझवाली लगती थी, बल्कि इसलिए कि यह प्रवृत्ति उसके जीवन-ढंग के अधिक अनुरूप थी। उदारपन्थी पार्टी यह कहती थी कि रूस में सब कुछ बहुत बुरा है, और सचमुच ओब्लोन्स्की के सिर पर कर्ज़ का बहुत भारी बोझ था और पैसों की ज़बर्दस्त तंगी थी। उदारपन्थी पार्टी का कहना था कि शादी की संस्था बीते ज़माने की कहानी बन चुकी है और उसे नया रूप दिया जाना चाहिए। और सचमुच पारिवारिक जीवन से ओब्लोन्स्की को कोई बहुत खुशी नहीं मिलती थी। वह उसे झूठ बोलने और ढोंग करने को विवश करता था और उसे इन चीज़ों से नफ़रत थी। उदारपन्थी पार्टी कहती थी या यों कहना बेहतर होगा कि उसका ऐसा आशय था कि धर्म आबादी के बर्बर भाग के लिए ही लगाम है और सचमुच छोटी-सी प्रार्थना के समय खड़े रहने पर भी ओब्लोन्स्की की टाँगों में दर्द होने लगता था और वह किसी तरह भी यह नहीं समझ पाता था कि दूसरी दुनिया के बारे में इतने भयानक और भारी-भरकम शब्द किसलिए कहे जाते हैं; जबकि इस दुनिया में ही बड़े मज़े की ज़िन्दगी बितायी जा सकती थी। साथ ही खुशी-भरा मज़ाक़ पसन्द करने वाले ओब्लोन्स्की को किसी भोले-भाले आदमी को कभी यह कहकर परेशान करने में लुत्फ़ आता था कि अगर नसल का ही अभिमान करना है, तो र्यूरिक[1] पर ही बात समाप्त न करके अपने सबसे पहले पूर्वज यानी बन्दर से भी इनकार नहीं करना चाहिए। इस तरह उदारतावादी प्रवृत्ति ओब्लोन्स्की की आदत-सी बन गयी थी और वह अपने अख़बार को वैसे ही प्यार करता था जैसे दोपहर के खाने के बाद सिगार को, जो उसके दिमाग़ में हल्की-सी धुन्ध पैदा करता था। उसने अग्रलेख पढ़ा, जिसमें यह स्पष्ट किया गया था कि हमारे दिनों में बिल्कुल बेमतलब ही यह शोर मचाया जा रहा है मानो उग्रवाद सभी रूढ़िवादी तत्त्वों को हड़प जाने का ख़तरा पेश करता है और यह कि सरकार को क्रान्तिकारी सर्प को कुचलने के लिए अवश्य ही क़दम उठाने चाहिए। इसके विपरीत, 'हमारे मतानुसार ख़तरा तो काल्पनिक क्रान्तिकारी सर्प से नहीं, बल्कि रूढ़िवादिता के कट्टरपन से है, जो प्रगति के मार्ग में बाधा बनता है,' आदि। उसने दूसरा वित्त सम्बन्धी लेख भी पढ़ा, जिसमें बैन्थम और मिल का उल्लेख था तथा मन्त्रालय पर छींटाकशी की गयी थी। बात को जल्दी से समझ जाने की अपनी क्षमता के अनुसार वह हर छींटाकशी का महत्त्व और यह समझता था कि वह किसकी तरफ़ से, किस पर और किस सन्दर्भ में की गयी है और इससे

1. र्यूरिक–कुछ इतिहासज्ञों के दृष्टिकोण के अनुसार वार्यागों (स्कैंडिनेवियनों) का वह प्रिन्स, जो अपने दो भाइयों और सेना के साथ 9वीं शताब्दी में रूस के उत्तर में आया; रूसी प्रिन्सों की वंशावली का आरम्भकर्ता था।

उसे कुछ खुशी हासिल होती थी। लेकिन आज इस ख़ुशी में मात्र्योना फ़िलिमोनोव्ना की सलाहों और इस बात की स्मृति की कटुता घुल गयी थी कि घर में सभी कुछ गड़बड़ हुआ पड़ा है। उसने यह भी पढ़ा कि प्राप्त समाचार के अनुसार काउंट बेस्त विसबादेन के लिए रवाना हो गया है। अख़बार में यह विज्ञापन भी था कि सफ़ेद बालों से मुक्ति पायी जा सकती है, कि एक हल्की घोड़ा-गाड़ी बिकाऊ है, कि एक जवान नारी वर की तलाश में है। लेकिन इन समाचारों से उसे हर दिन की तरह आज हल्का और व्यंग्यपूर्ण आनन्द नहीं मिला।

अख़बार, कॉफ़ी का दूसरा प्याला और मक्खन के साथ बढ़िया डबलरोटी खत्म करने के बाद वह उठा, उसने अपनी बास्कट पर गिर गये रोटी के कण झाड़े, चौड़ा सीना सीधा किया और प्रफुल्लता से मुस्कुराया। उसकी मुस्कान का कारण यह नहीं था कि दिल में कोई ख़ास ख़ुशी थी, नहीं, नाश्ते के अच्छी तरह हज़म होने से ही यह प्रफुल्ल मुस्कान झलक उठी थी।

किन्तु इस खुशी-भरी मुस्कान ने उसे सभी चीज़ों की याद दिला दी और वह सोच में डूब गया।

दरवाजे के पार दो बच्चों की आवाज़ें सुनाई दीं। ओब्लोन्स्की ने छोटे बेटे ग्रीशा और बड़ी बेटी तान्या की आवाज़ें पहचान लीं। वे कोई चीज़ ले जा रहे थे, जो गिर गयी थी।

"मैंने कहा था कि मुसाफ़िरों को छत पर नहीं बिठाना चाहिए," लड़की अँग्रेज़ी में चिल्ला रही थी, "अब उठाओ इन्हें!"

'सब कुछ गड़बड़ हो गया,' ओब्लोन्स्की ने सोचा, 'बच्चे अकेले भागते फिर रहे हैं।' दरवाज़े के पास जाकर उसने उन्हें पुकारा। उन्होंने उस डिब्बे को फेंक दिया, जिसे रेलगाड़ी बना रखा था और पिता के पास आये।

लड़की, जो अपने पिता की सबसे अधिक लाड़ली थी, बेधड़क भागती हुई कमरे में चली गयी, उसने हँसते हुए पिता के गले में बाँहें डाल दीं, गर्दन से लटक गयी और उसे पिता की गलमुच्छों से आने वाली इत्र की सुगन्ध से सदा की भाँति ख़ुशी हुई। आख़िर गर्दन झुकाने के कारण लाल और स्नेह से चमकते हुए पिता के चेहरे को चूमने के बाद उसने गले से बाँहें हटायीं और वापस भाग जाना चाहा। लेकिन पिता ने उसे रोक लिया।

"माँ कैसी हैं?" बेटी की चिकनी और नाजुक गर्दन पर हाथ फेरते हुए उसने पूछा। "नमस्ते," उसने मुस्कुराते हुए बेटे के अभिवादन का जवाब दिया।

उसे इस बात की चेतना थी कि वह बेटे को बेटी से कम प्यार करता है, फिर भी हमेशा अपने को एक जैसा ज़ाहिर करने की कोशिश करता था। लेकिन लड़का यह महसूस करता था और इसलिए वह पिता की उत्साहहीन मुस्कान के जवाब में मुस्कुराया नहीं।

"माँ? वे जाग गयी हैं।" बेटी ने जवाब दिया।

ओब्लोन्स्की ने गहरी साँस ली। 'इसका मतलब है कि फिर सारी रात नहीं सोयी,' उसने सोचा।

"वे ख़ुश तो हैं न?"

लड़की जानती थी कि पिता और माँ के बीच झगड़ा हुआ है, कि माँ ख़ुश नहीं हो सकतीं और पिताजी को यह मालूम होना चाहिए, कि ऐसे हल्के-फुल्के ढंग से इस बारे में पूछते हुए वे ढोंग कर रहे हैं। वह पिता के कारण शर्म से लाल हो गयी। ओब्लोन्स्की फ़ौरन यह समझ गया और बेटी की तरह ख़ुद भी शर्म से लाल हो गया।

"मालूम नहीं," उसने जवाब दिया। "माँ ने आज पढ़ने को मना कर दिया है और मिस गूल के साथ नानी के यहाँ घूमने-फिरने के लिए जाने को कहा है।"

"तो जाओ, मेरी प्यारी बिटिया तान्या। हाँ, ज़रा रुको," पिता ने फिर भी उसे रोकते और उसके छोटे-से कोमल हाथ को सहलाते हुए कहा।

ओब्लोन्स्की ने आतिशदान की कार्निस पर से मिठाइयों का डिब्बा उठाया, जो उसने पिछले दिन वहाँ रखा था, और चाकलेट तथा क्रीमवाली उसकी मनपसन्द दो मिठाइयाँ उसे दीं।

"यह ग्रीशा के लिए है?" बेटी ने चाकलेट वाली मिठाई की तरफ़ संकेत करते हुए पूछा।

"हाँ, हाँ।" और एक बार फिर से उसके नाजुक-से कन्धे को सहलाकर, बालों तथा गर्दन को चूमकर उसे जाने दिया।

"बग्घी तैयार है," मात्वेई ने कहा। "हाँ, एक औरत मिलने के लिए आयी है।" उसने इतना और जोड़ दिया।

"बहुत देर से है यहाँ?" ओब्लोन्स्की ने पूछा।

"आध घंटे से।"

"तुमसे कितनी बार कहा है कि फ़ौरन मुझे इसकी ख़बर दिया करो!"

"आपको कम-से-कम कॉफ़ी तो पी लेने देना चाहिए," मात्वेई ने ऐसे मैत्रीपूर्ण और गँवारू अन्दाज़ में जवाब दिया कि उस पर बिगड़ा नहीं जा सकता था।

"तो बुलाओ जल्दी से," परेशानी से माथे पर बल डालते हुए ओब्लोन्स्की ने कहा।

यह औरत छोटे कप्तान कालीनिन की पत्नी थी और एक बिल्कुल असम्भव तथा बेतुकी बात के लिए प्रार्थना कर रही थी। लेकिन ओब्लोन्स्की ने अपने सामान्य ढंग से उसे बिठाया, टोके बिना उसकी पूरी बात सुनी, विस्तारपूर्वक यह सलाह दी कि किससे और कैसे अपनी बात कहे। इतना ही नहीं, उसने बड़े उत्साह और अच्छे ढंग से अपनी बड़ी-बड़ी, फैली-फैली, मगर साफ़ लिखावट में उसे उस

आदमी के नाम पर एक रुक़्क़ा भी लिख दिया, जो उसकी मदद कर सकता था। इससे फ़ुरसत पाकर ओब्लोन्स्की ने अपना टोप लिया और यह याद करने के लिए रुका कि कुछ भूल तो नहीं गया। हाँ, वह कुछ भी नहीं भूला था, उसके सिवाय जो भूलना चाहता था यानी पत्नी के सिवाय।

'अरे, हाँ!' उसका सिर झुक गया और चेहरे पर दुःख का भाव उभर आया। 'जाऊँ या न जाऊँ?' उसने अपने-आपसे पूछा। उसकी आत्मा की आवाज़ ने उससे कहा कि जाने की ज़रूरत नहीं, कि ढोंग के सिवाय यह और कुछ नहीं हो सकता, कि उनके आपसी सम्बन्धों को फिर से ठीक करना, उन्हें सुधारना सम्भव नहीं। कारण कि उसकी बीवी को फिर से आकर्षक और प्यार की प्यास जगाने वाली और खुद को बूढ़ा तथा प्यार करने के अयोग्य बनाना मुमकिन नहीं। अब ढोंग और झूठ के सिवाय कुछ नहीं हो सकता था और इन दोनों चीज़ों से उसे नफ़रत थी।

'लेकिन फिर भी कभी तो ऐसा करना ही होगा। आख़िर मामले को ऐसे ही तो नहीं छोड़ा जा सकता,' अपने में साहस पैदा करने के लिए उसने कहा। सीना तानकर उसने सिगरेट निकाली, जलायी, दो कश खींचे, सीप की राखदानी में उसे फेंका, तेज़ क़दमों से उदास-से दीवानख़ाने को लाँघा और पत्नी के सोने के कमरे का दरवाज़ा खोला।

4

ब्लाउज़ पहने और गुद्दी पर अपने विरले बालों (जो कभी घने और सुन्दर थे) की चोटियों में सूइयाँ लगाये तथा बहुत ही दुबलाये-धँसे चेहरे पर असाधारण रूप से बड़ी दिखती आँखोंवाली डॉली कमरे में इधर-उधर बिखरी चीज़ों के बीच कपड़ों की खुली हुई ख़ानेदार अलमारी के सामने खड़ी थी और उसमें से कुछ निकाल रही थी। पति के क़दमों की आहट पाकर उसने दरवाज़े की तरफ़ देखते हुए काम बन्द कर दिया और अपने चेहरे पर व्यर्थ ही कठोरता तथा तिरस्कार का भाव लाने का यत्न किया। वह अनुभव कर रही थी कि पति और कुछ ही क्षण बाद उसके साथ होने वाली भेंट से घबराती है। अभी-अभी वह वही करने की कोशिश कर रही थी, जिसके लिए पिछले तीन दिनों में दसियों बार प्रयास कर चुकी थी यानी अपनी और बच्चों की वे चीज़ें अलग कर ले, जो अपने साथ माँ के घर ले जायेगी। इस बार भी वह ऐसा इरादा नहीं बना पायी। पहले की भाँति इस बार भी उसने अपने-आपसे यही कहा कि यह सब ऐसे ही नहीं रह सकता, कि उसे कुछ-न-कुछ तो करना चाहिए, उसे ठंड देना, कलंकित करना चाहिए, उसने उसे जो पीड़ा दी है, उसका कुछ तो बदला लेना चाहिए। वह अभी भी ख़ुद से यह कह रही थी कि उसे छोड़कर चली जायेगी, लेकिन दिल में महसूस कर रही थी कि ऐसा करना असम्भव है। ऐसा इसलिए असम्भव था कि वह उसे अपना पति मानना और उसे

प्यार करना नहीं छोड़ सकती थी। इसके अलावा वह यह भी अनुभव करती थी कि अगर यहाँ, अपने घर में ही वह बड़ी मुश्किल से अपने पाँच बच्चों की देख-भाल कर पाती है, तो वहाँ, जहाँ वह उन्हें लेकर जायेगी, उनका और भी बुरा हाल होगा। इन तीन दिनों के दौरान ही छोटा बेटा इसलिए बीमार हो गया था कि उसे ख़राब हो चुका शोरबा खिला दिया गया था और बाक़ी बच्चों को पिछले दिन खाना ही नहीं मिला था। वह अनुभव करती थी कि जाना सम्भव नहीं है, फिर भी अपने को धोखा देती हुई चीज़ें छाँट रही थी और यह ढोंग कर रही थी कि यहाँ से चली जायेगी।

पति को देखकर उसने अलमारी के ख़ाने में हाथ डाल दिया मानो कुछ ढूँढ़ रही हो और उसकी तरफ़ तभी मुड़ी, जब वह उसके बिल्कुल क़रीब आ गया। किन्तु उसका चेहरा, जिस पर वह कठोरता और दृढ़ निर्णय का भाव लाना चाहती थी, अनिश्चय और व्यथा की झलक दे रहा था।

"डॉली!" ओब्लोन्स्की ने धीमी और सहमी-सी आवाज़ में कहा। उसने अपना सिर कन्धों के बीच धँसा लिया था और वह अपने को दयनीय तथा विनम्र ज़ाहिर करना चाहता था, लेकिन फिर भी उसके चेहरे पर ताज़गी और तन्दुरुस्ती चमक रही थी।

डॉली ने ताज़गी और तन्दुरुस्ती से चमकते हुए उसके व्यक्तित्व को सिर से पाँव तक उड़ती नज़र से निहारा। 'हाँ, वह सुखी और प्रसन्न है!' उसने सोचा। 'लेकिन मैं?... और उसकी वह दयालुता, जिसके लिए सभी उसे इतना चाहते हैं और उसकी इतनी प्रशंसा करते हैं, मुझे फूटी आँखों नहीं सुहाती,' उसने मन-ही-मन सोचा। उसके होंठ भिंच गये और पीले तथा उत्तेजित चेहरे के दाएँ गाल की एक मांसपेशी फड़कने लगी।

"क्या चाहिए आपको?" उसने जल्दी-जल्दी, परायी और घुटी-सी आवाज़ में पूछा।

"डॉली!" उसने पुनः काँपती-सी आवाज़ में उत्तर दिया। "आन्ना आज आ जायेगी।"

"तो मुझे इससे क्या? मैं उससे नहीं मिल सकती!" वह चिल्ला उठी।

"फिर भी मिलना ही चाहिए, डॉली..."

"जाइये, जाइये, जाइये यहाँ से!" पति की ओर देखे बिना वह ऐसे चीख़ी, मानो यह चीख़ शारीरिक पीड़ा का परिणाम हो।

ओब्लोन्स्की जब पत्नी के बारे में सोचता था, तो शान्त रह सकता था, मात्वेई के शब्दों के मुताबिक़ यह आशा कर सकता था कि 'सब ठीक-ठाक हो जायेगा', चैन से अख़बार पढ़ और कॉफ़ी पी सकता था। लेकिन जब उसने उसका बहुत ही व्यथित और पीड़ायुक्त चेहरा देखा, भाग्य और हताशा के सामने घुटने टेकती-सी उसकी यह आवाज़ सुनी, तो उसके लिए साँस लेना कठिन हो गया, गले में फाँस-

सी अनुभव हुई और आँखों में आँसू चमक उठे।

"हे भगवान, यह क्या कर डाला मैंने! डॉली! भगवान के लिए! ...आख़िर सोचो तो..." वह अपनी बात जारी न रख सका, सिसकियों से उसका गला रुँध गया।

डॉली ने फाटक से अलमारी बन्द कर दी और पति की तरफ़ देखा।

"डॉली, मैं कह ही क्या सकता हूँ? बस, इतना ही–माफ़ कर दो, मुझे माफ़ कर दो... ध्यान करो, क्या हमारे जीवन के नौ वर्ष कुछ क्षणों का प्रायश्चित नहीं कर सकते..."

पत्नी ने आँखें झुका लीं और पति आगे क्या कहेगा, यह सुनने की प्रतीक्षा करने लगी। वह तो मन-ही-मन मानो उससे अनुरोध कर रही थी कि वह किसी प्रकार उसे यह यक़ीन दिला दे कि उसने उसके साथ बेवफ़ाई नहीं की है।

"क्षणिक भटकाव..." ओब्लोन्स्की ने कहा और अपनी बात आगे बढ़ानी चाही। किन्तु यह शब्द सुनकर मानो शारीरिक पीड़ा से डॉली के होंठ फिर भिंच गये और दाएँ गाल की मांसपेशी फिर से फड़क उठी।

"जाइये, जाइये यहाँ से!" वह और भी ज़ोर से चिल्ला उठी, "और अपने भटकाव तथा गन्दी हरकतों के बारे में मुझसे कुछ नहीं कहिये!"

डॉली ने जाना चाहा, लेकिन लड़खड़ा गयी और सहारा लेने के लिए उसने कुर्सी की टेक थाम ली। ओब्लोन्स्की का चेहरा फैल गया, होंठ फूल गये और आँखों में आँसू छलछला आये।

"डॉली!" उसने अब सिसकते हुए कहा। "भगवान के लिए बच्चों का ख़याल करो, उनका कोई क़सूर नहीं है। मैं क़सूरवार हूँ, तुम मुझे सज़ा दो, कहो कि मैं अपने अपराध का प्रायश्चित करूँ। जैसे भी इसका प्रायश्चित हो सकता हो, मैं उसके लिए तैयार हूँ। मैं अपराधी हूँ, अपने अपराध को व्यक्त करने के लिए मेरे पास शब्द नहीं हैं। लेकिन, क्षमा कर दो, डॉली!"

वह बैठ गयी। पति को उसकी भारी और ऊँची साँस की आवाज़ सुनाई दे रही थी और उसे उस पर इतना तरस आया कि बयान से बाहर। डॉली ने कई बार बात शुरू करनी चाही, मगर नहीं कर पायी। ओब्लोन्स्की इन्तज़ार करता रहा।

"तुम्हें बच्चों के साथ खेलने-कूदने के लिए उनका ध्यान आता है, लेकिन मुझे हर वक़्त उनका ध्यान रहता है और मैं जानती हूँ कि वे अब कहीं के नहीं रहे," उसने कहा। यह सम्भवतः उन वाक्यों में से एक था, जिसे पिछले तीन दिनों में उसने अपने-आपसे कई बार कहा था।

डॉली ने उसे 'तुम्हें' कहा था, जो अपनत्व का द्योतक था, और इसलिए उसने कृतज्ञता से उसकी ओर देखा तथा उसका हाथ थामने के लिए उसकी तरफ़ बढ़ा लेकिन वह नफ़रत से दूर हट गयी।

"मुझे बच्चों का ध्यान है और इसलिए उन्हें बचाने को सब कुछ करूँगी। लेकिन मैं खुद यह नहीं जानती कि उन्हें पिता से दूर ले जाकर या व्यभिचारी पिता, हाँ, व्यभिचारी पिता के साथ छोड़कर मैं उनकी रक्षा कर सकूँगी... कहिये कि जो कुछ हुआ है, जो हुआ है, उसके बाद भी क्या हम साथ रह सकते हैं? क्या यह सम्भव है? कहिये, क्या यह सम्भव है?" वह यह दोहराती और अपनी आवाज़ ऊँची करती गयी। "इसके बाद कि मेरा पति, मेरे बच्चों का बाप अपने बच्चों की शिक्षिका के साथ इश्क़-मुहब्बत के रिश्ते-नाते जोड़े..."

"लेकिन क्या किया जाये? क्या किया जाये?" उसने दयनीय आवाज़ में कहा। वह खुद नहीं समझ रहा था कि क्या कह रहा है और अपना सिर अधिकाधिक नीचे झुकाता जा रहा था।

"मैं आपसे घृणा करती हूँ, नफ़रत करती हूँ!" अधिकाधिक गुस्से में आती हुई वह चिल्ला उठी। "आपके आँसू सिर्फ़ पानी हैं! आपने मुझे कभी प्यार नहीं किया, आपके पास न दिल है और न शराफ़त! मेरी नज़र में आप कमीने, दुष्ट और पराये हैं। हाँ, बिल्कुल पराये!" अपने लिए भयानक इस 'पराये' शब्द को उसने गुस्से से और बड़ी पीड़ा के साथ कहा।

ओब्लोन्स्की ने पत्नी की तरफ़ देखा और उसके चेहरे पर झलकने वाले क्रोध से भयभीत और आश्चर्यचकित रह गया। वह यह नहीं समझ पा रहा था कि उसके दयाभाव से उसे झल्लाहट महसूस हो रही थी। उसकी दया में वह अपने प्रति अफ़सोस, मगर प्यार नहीं अनुभव कर रही थी। 'नहीं, वह मुझसे नफ़रत करती है। वह मुझे माफ़ नहीं करेगी,' ओब्लोन्स्की ने सोचा।

"यह भयानक बात है! बड़ी भयानक बात है!" वह कह उठा।

इसी वक़्त दूसरे कमरे में सम्भवतः गिर जाने वाला बच्चा ज़ोर से रो पड़ा। दार्या अलेक्सान्द्रोव्ना ने ध्यान से यह आवाज़ सुनी और उसके चेहरे पर अचानक नर्मी आ गयी।

शायद उसे सँभलने में, यह जानने में कि वह कहाँ है और उसे क्या करना चाहिए, कुछ क्षण लग गये और फिर झटपट उठकर दरवाज़े की तरफ़ लपकी।

'मेरे बच्चे को तो वह प्यार करती है,' उसने बच्चे के रो उठने पर पत्नी के चेहरे के भाव-परिवर्तन को देखकर सोचा। 'मेरे बच्चे को। तो फिर मुझसे कैसे नफ़रत कर सकती है वह?'

"डॉली, एक शब्द और..." पत्नी के पीछे-पीछे जाते हुए उसने कहा।

"अगर आप मेरे पीछे-पीछे आयेंगे, तो मैं लोगों को, बच्चों को पुकार लूँगी! अच्छा होगा कि वे सब यह जान जायें कि आप नीच हैं। मैं आज जा रही हूँ और आप यहाँ अपनी प्रेमिका के साथ रह सकते हैं!"

और वह दरवाज़े को फटाक से बन्द करके बाहर चली गयी।

ओब्लोन्स्की ने गहरी साँस ली, चेहरा पोंछा और धीरे-धीरे दरवाज़े की तरफ बढ़ने लगा। 'मात्वेई कहता है कि सब कुछ ठीक-ठाक हो जायेगा। लेकिन कैसे? मुझे तो इसकी सम्भावना ही दिखाई नहीं देती। ओह, ओह, कैसा ग़ज़ब हो गया है! कितने ओछे ढंग से वह चिल्ला रही थी,' उसकी चीख़ और 'नीच' तथा 'प्रेमिका' शब्दों को याद करते हुए उसने अपने-आपसे कहा—'हो सकता है कि नौकरानियों ने सुन लिया हो! बड़ा ओछापन है यह, बड़ा ओछापन है।' ओब्लोन्स्की कुछ क्षण तक अकेला खड़ा रहा, उसने आँखें पोंछीं, गहरी साँस ली और तनकर कमरे से बाहर निकल गया।

शुक्रवार का दिन था और खाने के कमरे में जर्मन घड़ीसाज़ घड़ी को चाबी दे रहा था। ओब्लोन्स्की को वक़्त के बहुत ही पाबन्द इस गंजे घड़ीसाज़ के बारे में अपना यह मज़ाक़ याद आ गया कि घड़ी को चाबी देने के लिए खुद इस जर्मन में भी जीवन-भर के लिए चाबी भरी हुई है, और वह मुस्कुरा दिया। ओब्लोन्स्की को अच्छे मज़ाक़ पसन्द थे। 'हो सकता है कि सब कुछ ठीक-ठाक हो जायेगा! अच्छा शब्द है यह—'ठीक-ठाक',' उसने सोचा। 'किसी को बताना चाहिए।'

"मात्वेई!" उसने आवाज़ दी। "तो तुम मारीया के साथ मिलकर आन्ना अर्कादृयेव्ना के लिए मेहमानख़ाने में सब प्रबन्ध कर दो।" उसने मात्वेई के सामने आने पर कहा।

"जो हुक्म।"

ओब्लोन्स्की ने फ़र का कोट पहना और ड्योढ़ी में आ गया।

"खाना खाने तो आयेंगे न?" मात्वेई ने उसे विदा करते हुए पूछा।

"मालूम नहीं। हाँ, खर्च के लिए ये पैसे ले लो," बटुए से इस रूबल का नोट निकालकर देते हुए उसने कहा। "काफ़ी रहेंगे न?"

"काफ़ी रहेंगे या नहीं, मगर लगता है कि इन्हीं में काम चलाना पड़ेगा।" मात्वेई ने गाड़ी का दरवाज़ा बन्द करते और ड्योढ़ी में वापस जाते हुए कहा।

इसी बीच बच्चे को शान्त करके और बग्घी की आवाज़ से यह समझकर कि पति चला गया है, डॉली अपने सोने के कमरे में लौट आयी। उसके लिए घर की चिन्ताओं से बचने की, जो उसे बाहर निकलते ही घेर लेती थीं, यही एक जगह थी। इस थोड़ी-सी देर में ही, जब वह बच्चों के कमरे में गयी, अँग्रेज शिक्षिका तथा मात्र्योना फ़िलिमोनोव्ना ने उससे कुछ ऐसी बातें पूछ लीं, जिन्हें टालना सम्भव नहीं था और जिनका सिर्फ़ वही जवाब दे सकती थी—बच्चों को सैर के वक़्त क्या पहनाया जाये? उन्हें दूध दिया जाये या नहीं? क्या कोई दूसरा बावर्ची बुला लिया जाये?

"ओह, मुझे परेशान नहीं करें, परेशान नहीं करें!" उसने जवाब दिया और सोने के कमरे में लौटकर वहीं बैठ गयी, जहाँ बैठकर उसने पति से बातें की थीं।

उसने अपने उन कमज़ोर हाथों को, जिनकी हड़ीली उँगलियों से अँगूठियाँ निकल-निकल जाती थीं, एक-दूसरे के साथ सटा लिया और पति के साथ हुई अपनी सारी बातचीत पर विचार करने लगी। 'चला गया! तो 'उसका' उसने क्या किया?' उसने सोचा। 'क्या वह अभी भी 'उससे' मिलता है? मैंने यह क्यों नहीं पूछा उससे? नहीं, नहीं, सुलह नहीं करनी चाहिए। अगर हम एक ही घर में रह भी गये, तो भी पराये रहेंगे। हमेशा के लिए पराये!' उसने विशेष अर्थ के साथ अपने लिए इस भयानक शब्द को फिर से दोहराया। 'और कितना प्यार करती थी, हे भगवान, कितना प्यार करती थी मैं उसे! ...कितना प्यार करती थी! क्या मैं अब उसे प्यार नहीं करती? क्या पहले से भी ज़्यादा प्यार नहीं करती हूँ मैं उसे? सबसे भयानक बात यह है...' उसने कहना शुरू किया, लेकिन अपनी बात को समाप्त नहीं कर पायी, क्योंकि मात्र्योना फ़िलिमोनोव्ना ने दरवाज़े में से सिर भीतर घुसेड़ लिया था।

"अब मेरे भाई को बुलवा भेजने का हुक्म दीजिये," उसने कहा। "वह खाना तैयार कर देगा नहीं तो कल की तरह बच्चे आज भी शाम के छः बजे तक भूखे रहेंगे।"

"अच्छी बात है, मैं अभी बाहर आकर सब कुछ तय कर दूँगी। ताज़ा दूध के लिए तो किसी को भेज दिया न?"

और डॉली दिन-भर की घरेलू चिन्ताओं में खो गयी और वक़्ती तौर पर उसने अपने दुःख को उसमें डुबो दिया।

5

जन्मजात योग्यता की बदौलत ओब्लोन्स्की स्कूल की पढ़ाई में अच्छा था, लेकिन काहिल और शरारती होने के कारण पिछड़े हुओं में रह गया। फिर भी अपनी सदा की रंगरलियों वाली ज़िन्दगी, छोटे रुतबे और बुजुर्ग न होने के बावजूद मास्को के एक दफ़्तर में संचालक के प्रतिष्ठित पद पर काम करता था और अच्छा वेतन पाता था। यह नौकरी उसे अपने बहनोई यानी आन्ना के पति अलेक्सेई अलेक्सान्द्रोविच करेनिन की सहायता से मिली थी। करेनिन उस मन्त्रालय में, जिसके अधीन यह दफ़्तर था, बहुत ही महत्त्वपूर्ण स्थान पर नियुक्त था। अगर करेनिन अपने साले को यह जगह न भी दिलवाता, तो भी स्तीवा ओब्लोन्स्की सैकड़ों अन्य लोगों, भाइयों, बहनों, सगे-सम्बन्धियों, दूर के रिश्ते के चाचाओं-मामाओं और बुआओं-मौसियों की मदद से यही या छः हज़ार वार्षिक आयवाली ऐसी कोई दूसरी नौकरी पा लेता। इतना वेतन तो उसे चाहिए ही था, क्योंकि बीवी की काफ़ी सम्पत्ति के बावजूद उसकी माली हालत ख़ासी पतली थी।

मास्को और पीटर्सबर्ग के आधे लोग ओब्लोन्स्की के रिश्तेदार या यार-दोस्त थे। उसका उन लोगों के बीच जन्म हुआ था, जो इस पृथ्वी के बड़े लोग थे या बन

गये थे। सरकारी लोगों का एक-तिहाई भाग यानी बुजुर्ग उसके पिता के दोस्त थे और उसे बचपन से जानते थे। दूसरे तिहाई के लोग उसके यार-दोस्त थे और तीसरी तिहाई वाले अच्छे परिचित। इसलिए ज़ाहिर है कि नौकरियों, ठेकों और कन्सेशनों आदि के रूप में दौलत बाँटने वाले सभी लोग उसके दोस्त थे और अपने आदमी की अवहेलना नहीं कर सकते थे। ओब्लोन्स्की को अच्छी जगह हासिल करने के लिए ख़ास कोशिश करने की ज़रूरत नहीं थी। उसे तो सिर्फ़ इनकार और ईर्ष्या नहीं करनी चाहिए थी, झगड़ना और बुरा नहीं मानना चाहिए था और वह अपनी स्वाभाविक उदारता के फलस्वरूप कभी ऐसा करता भी नहीं था। अगर उससे यह कहा जाता कि जिस नौकरी की उसे ज़रूरत है, वह उसे नहीं मिलेगी, तो उसे यह बात हास्यास्पद लगती। ख़ासतौर पर इसलिए कि वह किसी असाधारण चीज़ की माँग नहीं कर रहा था। वह तो उतना ही चाहता था, जितना कि उसके हमउम्र पा रहे थे और ऐसी नौकरी के फ़र्ज़ भी वह दूसरों की तरह ही निभा सकता था।

ओब्लोन्स्की को जानने वाले सभी लोग उसे उसके दयालु, हँसोड़ स्वभाव और सन्देहहीन ईमानदारी के लिए प्यार ही नहीं करते थे, बल्कि उसमें, उसके बाहरी सुन्दर और मधुर व्यक्तित्व, चमकती आँखों, काली भौंहों, गोरे-चिट्टे और गालों पर खिले गुलाबोंवाले चेहरे में कुछ ऐसा भी था, जो उससे मिलने वाले लोगों पर मैत्रीपूर्ण तथा सुखद प्रभाव डालता था। 'अहा! स्तीवा! ओब्लोन्स्की! यह रहा वह!' उससे मुलाक़ात होने पर लगभग हमेशा ही ख़ुशी-भरी मुस्कान के साथ लोग कहते। अगर कभी ऐसा हो भी जाता कि उसके साथ बातचीत करने के बाद ऐसा प्रतीत होता कि कोई ख़ास ख़ुशी की बात नहीं हुई, तो भी अगले दिन या उसके अगले दिन उससे भेंट होने पर फिर सभी उसी भाँति खुश होते।

मास्को के एक कार्यालय में तीन सालों से संचालक के पद पर काम करते हुए ओब्लोन्स्की ने प्यार के अतिरिक्त अपने सहयोगियों, अपने अधीन काम करने वालों और अपने से बड़े अधिकारियों अर्थात् उन सभी का आदर भी प्राप्त कर लिया था, जिनका उससे वास्ता पड़ता था। दफ़्तर में सभी का आदर प्राप्त करने में जिन गुणों ने उसकी सहायता की थी, उनमें सबसे पहला तो लोगों के प्रति अत्यधिक विनयशीलता थी, जो अपनी त्रुटियों की चेतना का परिणाम थी। दूसरा गुण था—उसकी उदारता की भावना। यह वह उदारता नहीं थी, जिसके बारे में वह अख़बारों में पढ़ता था, बल्कि वह, जो उसके ख़ून में थी और जिसके फलस्वरूप वह अमीर-गरीब और छोटे-बड़े यानी सभी लोगों के साथ समान व्यवहार करता था। तीसरा और मुख्य गुण था—उस काम के प्रति, जिसे वह करता था, पूर्ण अनासक्ति का भाव। इसके परिणामस्वरूप वह उसमें कभी डूबता-खोता नहीं था और इसलिए ग़लतियाँ भी नहीं करता था।

ओब्लोन्स्की के दफ़्तर पहुँचने पर दरबान ने उसका सादर स्वागत किया और वह थैला लिये हुए अपने छोटे-से कमरे में गया, उसने वर्दी पहनी और दफ़्तर में

दाख़िल हुआ। मुंशी और दूसरे सभी कर्मचारी उठकर खड़े हो गये और सभी ने खुशमिज़ाजी तथा आदर से सिर झुकाया। ओब्लोन्स्की सदा की भाँति जल्दी-जल्दी क़दम बढ़ाता अपनी जगह पर चला गया और सदस्यों से हाथ मिलाकर बैठ गया। जितना मुनासिब था, उसने हँसी-मज़ाक़ किया और बातचीत की तथा काम शुरू कर दिया। ओब्लोन्स्की आज़ादी, सादगी और औपचारिकता की उस हद को बहुत अच्छी तरह जानता था, जो दफ़्तर के काम को दिलचस्प ढंग से चलाने के लिए ज़रूरी होती है। जैसा कि अन्य सभी लोग भी ओब्लोन्स्की की उपस्थिति में करते थे, सेक्रेटरी भी खुशमिज़ाजी और आदर से, काग़ज़ात लिये हुए उसके पास आया और बेतकल्लुफ़ तथा खुले अन्दाज़ में, जिसकी ओब्लोन्स्की ने ही परम्परा डाली थी, बात करने लगा।

"आख़िर तो हमने पेंज़ा गुबेर्निया के दफ़्तर से ज़रूरी सूचना हासिल कर ली है। देखना चाहेंगे न..."

"आख़िर तो हासिल कर ली?" काग़ज़ पर उँगली रखते हुए ओब्लोन्स्की कह उठा। "तो महानुभावो..." और कार्रवाई शुरू हो गयी।

'काश, इन्हें मालूम होता कि आध घंटा पहले इनका अध्यक्ष कैसा क़सूरवार लड़का-सा बना हुआ था!' उसने रिपोर्ट सुनते हुए एक ओर सिर झुकाकर तथा चेहरे पर गम्भीरता का भाव लाते हुए मन-ही-मन सोचा। और रिपोर्ट पढ़े जाने के वक़्त उसकी आँखें हँस रही थीं। दिन के दो बजे तक ऐसी कार्रवाई चलती थी और इसके बाद कुछ खाने-पीने के लिए अन्तराल होता था।

अभी दो नहीं बजे थे कि दफ़्तर के बड़े हॉल के शीशे के दरवाज़े अचानक खुले और कोई भीतर आया। सभी सदस्यों ने इस मनबहलाव की सम्भावना से खुश होते हुए दरवाज़े की तरफ़ मुड़कर देखा जिसके सामने ज़ार का छविचित्र लगा था। लेकिन दरवाज़े के क़रीब खड़े चौकीदार ने आगन्तुक को फ़ौरन बाहर करते हुए शीशे का दरवाज़ा बन्द कर दिया।

जब रिपोर्ट पढ़ी जा चुकी, ओब्लोन्स्की उठकर खड़ा हुआ, उसने अँगड़ाई ली, अपने ज़माने की उदारतावादी प्रवृत्ति के अनुरूप दफ़्तर में ही सिगरेट निकाली और अपने कमरे में चला गया। उसके दो साथी, अर्से से यहीं काम करने वाला निकीतिन और कैमरजंकर ग्रिनेविच भी उसके साथ बाहर आ गये।

"नाश्ते-पानी के बाद इस मामले को ख़त्म कर लेंगे," ओब्लोन्स्की ने कहा।

"जरूर कर लेंगे!" निकीतिन ने पुष्टि की।

"यह फ़ोमीन बड़ा धूर्त होगा," ग्रिनेविच ने विचाराधीन मामले से सम्बन्धित एक व्यक्ति के बारे में कहा।

ग्रिनेविच के इन शब्दों को सुनकर ओब्लोन्स्की के माथे पर बल पड़ गये। इस तरह उसने यह ज़ाहिर कर दिया कि वक़्त से पहले कोई नतीजा निकालना अच्छी

बात नहीं है और जवाब में खुद कुछ नहीं कहा।

"कौन भीतर आया था?" उसने चौकीदार से पूछा।

"कोई अजनबी था, हुजूर। मेरा मुँह दूसरी तरफ़ होते ही पूछे बिना घुस गया। आपके बारे में पूछ रहा था। मैंने कहा कि जब सदस्य बाहर आयेंगे, तब..."

"कहाँ है वह?"

"अभी-अभी ड्योढ़ी में चला गया है, नहीं तो लगातार यहीं पर इधर-उधर टहल रहा था। वह रहा," चौकीदार ने मज़बूत और चौड़े-चकले कन्धों तथा घुँघराली दाढ़ीवाले व्यक्ति की तरफ़ इशारा करके कहा। वह व्यक्ति भेड़ की खाल की टोपी उतारे बिना ही पत्थर के ज़ीने की घिसी हुई पैड़ियों पर जल्दी-जल्दी और फुर्ती से ऊपर चढ़ रहा था। थैला हाथ में लिये नीचे उतरते हुए एक दुबले-पतले कर्मचारी ने रुककर ऊपर भागे जाते इस व्यक्ति की टाँगों को भर्त्सनापूर्वक देखा और फिर ओब्लोन्स्की पर प्रश्नसूचक दृष्टि डाली।

ओब्लोन्स्की ज़ीने के सिर पर खड़ा था। वर्दी के सुनहरी पट्टीवाले कालर के ऊपर ख़ुशमिज़ाजी से खिला हुआ उसका चेहरा सीढ़ियाँ चढ़ते आदमी को पहचानकर और भी अधिक खिल उठा।

"वही है! आख़िर तो लेविन आ गया!" नज़दीक आते लेविन को ग़ौर से देखते हुए उसने मैत्री और तनिक व्यंग्यपूर्ण मुस्कान के साथ कहा। "इस गड़बड़झाले में मुझे ढूँढ़ते हुए तुम्हें नफ़रत नहीं महसूस हुई?" हाथ मिलाकर ही सन्तुष्ट न होते हुए उसने अपने दोस्त को चूमा। "बहुत देर हो गयी क्या तुम्हें यहाँ आये?"

"मैं अभी आया हूँ और तुमसे मिलने को बहुत ही उत्सुक था," लेविन ने शरमाते, साथ ही झल्लाते और बेचैनी से इधर-उधर नज़र दौड़ाते हुए जवाब दिया।

"तो आओ, मेरे कमरे में चलें!" अपने दोस्त की आत्मसम्मानी और खीझ-भरी संकोचशीलता से परिचित ओब्लोन्स्की ने कहा। और उसका हाथ थामकर अपने पीछे-पीछे ऐसे ले चला मानो उसे खतरों के बीच से बचाकर ले जा रहा हो।

अपने लगभग सभी परिचितों के साथ ओब्लोन्स्की की 'तुम' के स्तर पर बेतकल्लुफी थी। इन परिचितों में साठ साल के बूढ़े, बीस साला छोकरे, अभिनेता, मन्त्री, व्यापारी और ज़ार के जनरल-एडजुटेंट भी थे। इस तरह 'तुम' के स्तर पर उससे घनिष्ठता रखने वाले सामाजिक सीढ़ी के दो सिरों पर खड़े थे और उन्हें यह जानकर बहुत हैरानी होती कि ओब्लोन्स्की के माध्यम से उनके बीच कोई तार जुड़ा हुआ है। वह जिन लोगों के साथ शेम्पेन पीता था, और शेम्पेन वह बहुतों के साथ पीता था, उन सभी को 'तुम' कहता था। इसलिए अपने अधीन काम करने वालों की उपस्थिति में जब 'तुम' की श्रेणी में आने वाले इन 'लज्जाजनक यार-दोस्तों' से, जैसे वह मज़ाक़ में ऐसे अधिकतर लोगों को कहता था, उसकी भेंट होती तो अपनी नीति-कुशलता के अनुसार अपने मातहतों के लिए इस प्रभाव की अप्रियता

को कम करने में समर्थ रहता था। लेविन 'लज्जाजनक यार-दोस्तों' में से नहीं था, लेकिन ओब्लोन्स्की अपनी नीति-कुशलता से लेविन के मन का भाव भाँप गया। उसने महसूस किया कि लेविन समझता है कि मैं अपने मातहतों के सामने उसके साथ अपनी निकटता नहीं ज़ाहिर करना चाहूँगा और इसलिए जल्दी से उसे अपने कमरे में ले गया।

लेविन और ओब्लोन्स्की लगभग हमउम्र थे और उनके बीच केवल शेम्पेन की वजह से ही 'तुम' के स्तर पर सम्बन्ध नहीं थे। लेविन उसका साथी और चढ़ती जवानी के दिनों का दोस्त था। स्वभावों और रुचियों के अन्तर के बावजूद वे एक-दूसरे को वैसे ही प्यार करते थे, जैसा चढ़ती जवानी के दिनों में मिल जाने वाले लोगों के बीच हो जाता है। किन्तु इसके बावजूद, जैसा कि विभिन्न क़िस्म की गतिविधियाँ चुनने वाले लोगों के साथ अक्सर होता है, इनमें से हरेक चाहे दूसरे के कार्य पर सोच-विचार कर उसकी सफ़ाई पेश करता था, फिर भी दिल में उसे तिरस्कार की दृष्टि से देखता था। प्रत्येक को ऐसा प्रतीत होता था कि जो जीवन वह बिता रहा है, वही वास्तविक है और उसके मित्र का जीवन छलना है। लेविन से मुलाक़ात होते ही ओब्लोन्स्की के चेहरे पर हल्की व्यंग्यपूर्ण मुस्कान आये बिना नहीं रहती थी। लेविन बार-बार गाँव से आता था, जहाँ वह कुछ करता था, लेकिन क्या करता था, ओब्लोन्स्की ढंग से नहीं समझ सका और न ही वह इस मामले में कोई गहरी दिलचस्पी लेता था। लेविन हमेशा ही उत्तेजित, हड़बड़ाया, कुछ घबराया और इस घबराहट के कारण झल्लाया हुआ और जीवन के बारे में नया तथा अप्रत्याशित दृष्टिकोण लेकर मास्को आता। ओब्लोन्स्की इस पर हँसता और उसे यह अच्छा लगता। ठीक इसी भाँति लेविन अपने मित्र के शहरी जीवन और उसके काम को, जिसे फ़िज़ूल की चीज़ मानता था, मन-ही-मन तिरस्कार की दृष्टि से देखता और इसका मज़ाक़ उड़ाता। लेकिन फ़र्क यह था कि ओब्लोन्स्की वह करते हुए, जो सभी करते हैं, आत्मविश्वास और खुशमिज़ाज़ी से हँसता, जबकि लेविन आत्मविश्वास के बिना और कभी-कभी झल्लाते हुए।

"हम बहुत दिनों से तुम्हारी राह देख रहे थे," ओब्लोन्स्की ने अपने कमरे में दाख़िल होते और लेविन का हाथ छोड़ते तथा इस तरह मानो यह ज़ाहिर करते हुए कहा कि अब ख़तरा ख़त्म हो गया। "बहुत, बहुत ख़ुशी हुई तुम्हारे आने से," वह कहता गया। "तो तुम कैसे हो? क्या हाल है तुम्हारा? कब आये हो?"

ओब्लोन्स्की के दो साथियों के अपरिचित चेहरों और खासतौर पर बाँके-छैले ग्रिनेविच के हाथ को ग़ौर से देखता हुआ लेविन ख़ामोश रहा। ग्रिनेविच के हाथों की ऐसी गोरी और लम्बी उँगलियाँ थीं, उनके सिरों पर ऐसे लम्बे, पीले और मुड़े हुए नाख़ून थे, क़मीज़ के क़फ़ों में ऐसे चमकते और बड़े-बड़े क़फ़-लिक लगे हुए थे कि सम्भवतः इन हाथों ने ही उसका सारा ध्यान अपनी तरफ़ खींच लिया था

और वे उसे स्वतन्त्रता से सोचने नहीं दे रहे थे। ओब्लोन्स्की ने फ़ौरन यह ताड़ लिया और मुस्कुराया।

"अरे हाँ, मैं आपका परिचय तो करा दूँ," उसने कहा। "मेरे साथी फ़िलीप इवानोविच निकीतिन और मिख़ाइल स्तनिस्लावोविच ग्रिनेविच।" इसके बाद लेविन की ओर इशारा करते हुए बोला, "ज़ेम्सत्वो-परिषद का कार्यकर्ता, इस प्रणाली का एक नया व्यक्ति, मेरा कसरती दोस्त कोन्स्तान्तीन द्मीत्रियेविच लेविन, जो एक हाथ से एक सौ किलोग्राम वज़न उठा लेता है, पशुपालक और शिकारी है तथा सेर्गेई इवानोविच कोज़्निशेव का छोटा भाई।"

"आपसे मिलकर बहुत ख़ुशी हुई," बूढ़े निकीतिन ने कहा।

"मुझे आपके भाई सेर्गेई इवानोविच से परिचित होने का सौभाग्य प्राप्त है," लम्बे नाखूनोंवाला पतला-सा हाथ लेविन की तरफ़ बढ़ाते हुए ग्रिनेविच ने कहा।

लेविन के माथे पर बल पड़ गये। उसने रुखाई से हाथ मिलाया और इसी क्षण ओब्लोन्स्की की तरफ़ देखा। यह सही है कि सारे रूस में लेखक के नाते प्रसिद्ध अपने भई के लिए उसके दिल में बड़ी इज़्जत थी, फिर भी जब उसे कोन्स्तान्तीन लेविन के रूप में नहीं, बल्कि विख्यात कोज़्निशेव के भाई के रूप में सम्बोधित किया जाता था, तो उसे बहुत बुरा लगता था।

"नहीं, मैं अब ज़ेम्सत्वो-परिषद का कार्यकर्ता नहीं रहा। मेरा सबसे झगड़ा हो गया और अब मैं परिषद की बैठकों में नहीं जाता," उसने ओब्लोन्स्की को सम्बोधित करते हुए कहा।

"इतनी जल्दी ही!" ओब्लोन्स्की ने मुस्कुराकर कहा। "लेकिन कैसे? क्या हुआ?"

"यह लम्बी कहानी है। फिर कभी सुनाऊँगा," लेविन ने कहा, लेकिन उसी वक़्त सुनाने लगा। "थोड़े में, मुझे यह यक़ीन हो गया कि जेम्सत्वो-परिषद न तो कुछ करती है और न कर ही सकती है," उसने ऐसे कहना शुरू किया मानो किसी ने इसी वक़्त उसे नाराज़ कर दिया हो। "एक तरफ़ तो यह खिलौना है, संसद में होने का खेल खेला जाता है। लेकिन मैं न तो इतना जवान हूँ और न इतना बूढ़ा ही कि खिलौनों से खेलूँ। दूसरी तरफ़ (वह हकलाया) यह ज़िले के coterie[1] के लिए पैसा निचोड़ने का साधन है। पहले संरक्षण-संस्थाएँ और अदालतें थीं और अब ये परिषदें रिश्वत के रूप में नहीं, बल्कि अनुचित वेतन के रूप में पैसा पाती हैं," उसने ऐसे जोश में कहा मानो उपस्थित लोगों में से कोई उसके मत का खंडन कर रहा हो।

"अरे! मैं देख रहा हूँ कि तुम फिर से एक नये, रूढ़िवादी रंग में सामने आये हो," ओब्लोन्स्की ने कहा। "ख़ैर, इसकी हम बाद में चर्चा करेंगे।"

---

1. गिरोह। (फ्रांसीसी)

"हाँ, बाद में। लेकिन मेरे लिए तुमसे मिलना ज़रूरी था," लेविन ने ग्रिनेविच के हाथ की ओर घृणा से देखते हुए कहा।

ओब्लोन्स्की के चेहरे पर हल्की मुस्कान दिखाई दी।

"तुमने तो कहा था कि अब कभी तुम यूरोपीय पोशाक नहीं पहनोगे?" लेविन के नये, सम्भवतः फ्रांसीसी दर्ज़ी के हाथ से सिले सूट को ध्यान से देखते हुए ओब्लोन्स्की ने कहा। "तो मैं देख रहा हूँ कि यह भी एक नया रंग है।"

लेविन अचानक शरमा गया। लेकिन ऐसे नहीं, जैसे बालिग़ ज़रा-सा शरमाते हैं और उन्हें इसका एहसास भी नहीं होता। वह तो लड़कों की तरह शरमाया, जो यह अनुभव करते हैं कि अपने शर्मीलेपन के कारण वे हास्यास्पद प्रतीत होते हैं और इसलिए और भी ज़्यादा शरमाते तथा लाल होते जाते हैं और लगभग आँसुओं की अवस्था तक पहुँच जाते हैं। लेविन के बुद्धिमत्ता और साहसपूर्ण चेहरे को बालकों जैसी स्थिति में देखना इतना अजीब लग रहा था कि ओब्लोन्स्की ने नज़र दूसरी तरफ़ कर ली।

"तो कहाँ मिलेंगे हम? मुझे तो तुमसे बहुत ही ज़रूरी बात करनी है," लेविन ने कहा।

ओब्लोन्स्की मानो सोचने लगा।

"तो ऐसा करते हैं–गूरिन के पास नाश्ता-पानी करने चलते हैं और वहीं बातचीत कर लेंगे। मुझे तीन बजे तक फुर्सत है।"

"नहीं," कुछ सोचकर लेविन ने जवाब दिया, "मुझे अभी कहीं और जाना है।"

"तो हम शाम का खाना एक साथ खा लेंगे।"

"शाम का खाना? देखो न, मुझे कुछ खास तो कहना नहीं, सिर्फ़ दो शब्द कहने हैं, कुछ पूछना है और बाक़ी बातें हम बाद में कर लेंगे।"

"तो अभी कह दो वे दो शब्द और बाक़ी बातचीत खाने के वक़्त कर लेंगे।"

"दो शब्द ये हैं," लेविन ने कहा, "वैसे, कोई ख़ास बात नहीं है।"

उसके चेहरे पर सहसा झल्लाहट झलक उठी। यह अपने शर्मीलेपन पर क़ाबू पाने की उसकी कोशिश का परिणाम थी।

"श्चेर्बात्स्की परिवारवालों का क्या हालचाल है? सब कुछ पहले की तरह ही है?" उसने पूछा।

ओब्लोन्स्की को बहुत अर्से से यह मालूम था कि लेविन उसकी साली कीटी को प्यार करता है। इसलिए अब वह तनिक मुस्कुराया और उसकी आँखें ख़ुशमिज़ाजी से चमक उठीं।

"तुमने कहा 'दो शब्द,' लेकिन मैं दो शब्दों में जवाब नहीं दे सकता, क्योंकि... एक मिनट के लिए माफ़ करना।"

बेतकल्लुफ़ी और साथ ही आदर का भाव तथा दफ़्तरी मामलों के बारे में

संचालक की तुलना में अपनी जानकारी की श्रेष्ठता की चेतना के साथ, जो सभी सेक्रेटरियों का सामान्य लक्षण है, ओब्लोन्स्की का सेक्रेटरी काग़ज़ात लिये हुए क़रीब आया और सवाल पूछने का बहाना करते हुए कोई कठिनाई स्पष्ट करने लगा। ओब्लोन्स्की ने अन्त तक उसकी बात सुने बिना ही स्नेहपूर्वक अपना हाथ सेक्रेटरी की आस्तीन पर रख दिया।

"नहीं, आप वैसा ही करें, जैसा कि मैंने कहा था," मुस्कुराकर अपनी टिप्पणी को नर्म बनाते और संक्षेप में इस मामले के बारे में अपने विचार स्पष्ट करते हुए उसके काग़ज़ात अपने सामने से हटा दिये और कहा, "वैसे ही कीजिये, ज़ाख़ार निकीतिच! कृपया वैसे ही कीजिये।"

सिटपिटाया हुआ सेक्रेटरी बाहर चला गया। सेक्रेटरी के साथ ओब्लोन्स्की की बातचीत के दौरान अपनी झेंप से पूरी तरह मुक्त हो चुका लेविन कुर्सी पर दोनों कोहनियाँ टिकाये खड़ा था और उसके चेहरे पर व्यंग्यपूर्ण एकाग्रता का भाव था।

"समझ में नहीं आता, कुछ समझ में नहीं आता," उसने कहा।

"क्या समझ में नहीं आता?" पहले की तरह ही ख़ुशमिज़ाजी से मुस्कुराते और सिगरेट निकालते हुए ओब्लोन्स्की ने पूछा। वह लेविन के मुँह से कोई अजीब और अटपटी बात सुनने की उम्मीद कर रहा था।

"समझ में नहीं आता कि आप लोग क्या करते हैं," लेविन ने कन्धे झटककर कहा। "कैसे तुम यह सब संजीदगी से कर सकते हो?"

"क्यों नहीं कर सकता?"

"इसलिए कि करने को कुछ है ही नहीं।"

"तुम ऐसा समझते हो, लेकिन हमारा तो काम के कारण बुरा हाल है।"

"काग़ज़ी काम के कारण। हाँ, तुममें तो इसकी विशेष योग्यता है," लेविन ने इतना और जोड़ दिया।

"मतलब यह है कि तुम्हारे ख़याल में मुझमें कुछ कमी है?"

"शायद, और है भी," लेविन ने कहा। "फिर भी मैं तुम्हारी ऐसी प्रतिष्ठा पर मुग्ध हूँ और गर्व करता हूँ कि मेरा दोस्त इतना बड़ा आदमी है। लेकिन तुमने मेरे सवाल का जवाब नहीं दिया," ओब्लोन्स्की से यत्नपूर्वक नज़र मिलाते हुए उसने कहा।

"ख़ैर, कोई बात नहीं, कोई बात नहीं। थोड़ा सब्र करो और फिर तुम्हें भी इसी रास्ते पर आना पड़ेगा। तुम तो ऐसा कहोगे ही, क्योंकि तुम्हारे पास कराज़ीन्स्की उयेज़्द में लगभग आठ हज़ार एकड़ ज़मीन है, ऐसी मज़बूत मांसपेशियाँ और बारह साल की लड़की जैसी ताज़गी है। फिर भी तुम हमारे पास आओगे। हाँ, और रहा तुम्हारे सवाल का जवाब। परिवर्तन वहाँ कोई नहीं हुआ, मगर अफ़सोस की बात है कि तुम इतने समय से नहीं आये।"

"क्या बात है?" लेविन ने घबराकर पूछा।

"बात तो कुछ नहीं," ओब्लोन्स्की ने जवाब दिया। "हम बाद में बातचीत करेंगे। हाँ, तुम आये किसलिए हो?"

"ओह, इसकी भी बाद में चर्चा करेंगे," फिर शर्म से बुरी तरह लाल होते हुए लेविन ने उत्तर दिया।

"अच्छी बात है। समझ गया," ओब्लोन्स्की ने कहा। "वैसे तो मैंने तुम्हें घर पर बुला लिया होता, लेकिन मेरी बीवी की तबीयत अच्छी नहीं है। अच्छा सुनो–अगर तुम उनसे मिलना चाहते हो, तो सम्भवतः वे लोग चार से पाँच बजे तक चिड़ियाघर वाले बाग में मिलेंगे। कीटी वहाँ स्केटिंग करती है। तुम वहाँ चले जाओ, बाद में मैं भी वहीं आ जाऊँगा और हम कहीं एक साथ खाना खा लेंगे।"

"अच्छी बात है, तो नमस्ते।"

"लेकिन तुम याद रखना। मैं तुम्हें जानता हूँ, तुम भूल जाओगे या अचानक गाँव चले जाओगे!" ओब्लोन्स्की ने हँसते हुए चिल्लाकर कहा।

"नहीं, ऐसा नहीं होगा।"

लेविन ओब्लोन्स्की के साथियों को नमस्ते किये बिना ही बाहर चला गया। केवल दरवाज़े तक पहुँचने पर ही उसे यह याद आया कि ऐसा करना भूल गया है।

"बड़ा उत्साही श्रीमान लगता है यह," लेविन के जाने पर ग्रिनेविच ने कहा।

"हाँ, दोस्त," ओब्लोन्स्की ने सिर हिलाते हुए कहा। "ऐसे को कहते हैं ख़ुशक़िस्मत! लगभग आठ हज़ार एकड़ ज़मीन है कराज़ीन्स्की ज़िले में, अभी सब कुछ आगे है और कितनी ताज़गी है! कोई हम जैसा थोड़े ही है!"

"आप क्यों शिकवा-शिकायत करते हैं, स्तेपान अर्कादृयेविच?"

"बड़ी मुश्किल का सामना है, बुरा हाल है," ओब्लोन्स्की ने गहरी साँस लेकर कहा।

6

ओब्लोन्स्की ने लेविन से जब यह पूछा कि वह किसलिए आया है, तो लेविन शर्म से लाल हो गया और उसे अपने पर इसलिए गुस्सा आया कि ऐसे शरमा गया। कारण कि वह उसे यह जवाब तो नहीं दे सकता था : 'मैं तुम्हारी साली के सामने अपने साथ विवाह का प्रस्ताव रखने आया हूँ,' यद्यपि वह आया तो सिर्फ़ इसीलिए था।

लेविन और श्चेर्बात्सकी परिवार मास्को के पुराने कुलीन परिवार थे और उनके बीच हमेशा घनिष्ठ और मैत्रीपूर्ण सम्बन्ध रहे थे। लेविन के विद्यार्थी-जीवन के समय में ये सम्बन्ध और भी दृढ़ हो गये थे। उसने डॉली और कीटी के भाई, नौजवान प्रिन्स श्चेर्बात्स्की के साथ ही विश्वविद्यालय में दाख़िला पाने की तैयारी की और वे दोनों एक साथ ही दाख़िल हुए। उस वक़्त लेविन श्चेर्बात्स्की परिवार

में अक्सर आता था और उसे इस परिवार से प्यार हो गया। बेशक यह कितना ही अजीब क्यों न लगे, फिर भी कोन्स्तान्तीन लेविन इस घर, इस पूरे परिवार को, ख़ासतौर पर श्चेर्बात्स्की परिवार के आधे भाग यानी नारियों को प्यार करता था। लेविन को अपनी माँ की याद तक नहीं थी और उसकी एकमात्र बहन उससे बड़ी थी। इस तरह श्चेर्बात्स्की परिवार में उसे पहली बार पुराने, सुशिक्षित और भले लोगों का वह वातावरण देखने को मिला, जिससे माता-पिता की मृत्यु हो जाने के कारण वह वंचित रहा था। इस परिवार के सभी लोग, विशेषकर नारियाँ उसे किसी रहस्यपूर्ण और काव्यमय आवरण में लिपटी-सी प्रतीत होती थीं। उसे इनमें न सिर्फ़ कोई कमी ही नहीं महसूस होती थी, बल्कि इस काव्यमय आवरण की बदौलत वह उनमें उच्चतम भावनाओं और सभी तरह की पूर्णता की कल्पना करता था। किसलिए ये तीनों लड़कियाँ एक दिन फ्रांसीसी और दूसरे दिन अँग्रेज़ी में बातचीत करती थीं, किसलिए वे नियत समय पर बारी-बारी से पियानो बजाती थीं, जिसकी ध्वनियाँ ऊपर भाई के कमरे में, जहाँ लड़के पढ़ते थे, सुनाई देती थीं, किसलिए फ्रांसीसी साहित्य, संगीत, चित्रकारी और नृत्य के शिक्षक यहाँ आते थे, किसलिए तीनों सुन्दरियाँ साटिन के लबादे पहने, डॉली लम्बा, नताली अधलम्बा और कीटी बहुत छोटा, जिससे लम्बी लाल जुर्राबों में कसी हुई उसकी टाँगें दिखाई देती थीं, m-lle Linon के साथ बग्घी में बैठकर त्वरस्कोई बुलवार जाती थीं, किसलिए टोप पर सुनहरा तुर्रा लगाये नौकर के साथ वे त्वेरस्कोई बुलवार में टहलती थीं—यह सब कुछ और इस रहस्यपूर्ण संसार में होने वाली अन्य बहुत-सी चीज़ें भी वह नहीं समझता था, लेकिन इतना जानता था कि वहाँ जो कुछ भी होता था, अद्‌भुत था और यहाँ होने वाली चीज़ों की रहस्यपूर्णता को प्यार करता था।

अपने विद्यार्थी-जीवन में उसे सबसे बड़ी बहन यानी डॉली से लगभग प्यार हो चला था लेकिन उसकी जल्द ही ओब्लोन्स्की से शादी कर दी गयी। इसके बाद वह दूसरी बहन की ओर खिंचने लगा। वह मानो यह महसूस करता था कि उसे इन तीनों में से किसी एक बहन को प्यार करना चाहिए, लेकिन किससे, इतना समझ नहीं पा रहा था। नताली भी ज्यों ही ऊँचे समाज में लोगों के सामने आयी, त्यों ही कूटनीतिज्ञ ल्वोव के साथ उसकी शादी हो गयी। लेविन ने जब विश्वविद्यालय की पढ़ाई समाप्त की, तो कीटी बालिका ही थी। नौजवान श्चेर्बात्स्की जहाज़ी बेड़े में चला गया, बाल्टिक सागर में डूब गया और ओब्लोन्स्की के साथ लेविन की दोस्ती के बावजूद श्चेर्बात्स्की परिवार में उसका आना-जाना कम हो गया। लेकिन इस साल के जाड़े के आरम्भ में लेविन जब एक साल गाँव में बिताकर मास्को आया और श्चेर्बात्स्की परिवार में गया, तो यह बात उसकी समझ में आ गयी कि तीनों बहनों में से किसके साथ उसके भाग्य में प्यार करना बदा था।

ऐसा प्रतीत हो सकता है कि बत्तीस साल के, अच्छे घराने के और धनी लेविन

के लिए प्रिन्सेस श्चेर्बात्स्काया के सामने अपने साथ विवाह करने के प्रस्ताव से और अधिक आसान बात क्या हो सकती है। सम्भवतः उसे तत्काल अच्छा वर-पक्ष मान लिया जायेगा। किन्तु लेविन कीटी को प्यार करता था और इसलिए उसे लगता था कि वह हर दृष्टि से इतनी पूर्ण है, धरती की हर चीज़ से इतनी ऊपर है और वह ख़ुद इतना तुच्छ तथा सामान्य है कि अन्य लोग और स्वयं कीटी भी उसे अपने योग्य मान ले, उसकी कल्पना तक नहीं की जा सकती।

स्वप्न की भाँति मास्को में दो महीने बिताकर और लगभग हर दिन ऊँचे समाज में कीटी से मिलकर, जहाँ वह केवल उसी से मिलने के उद्देश्य से जाता था, लेविन ने अचानक यह फ़ैसला कर लिया कि ऐसा होना असम्भव है और गाँव चला गया।

कीटी के साथ उसके विवाह के असम्भव होने का लेविन का विश्वास इस बात पर आधारित था कि उसके रिश्तेदारों की नज़रों में वह बहुत ही प्यारी कीटी के लिए बढ़िया और उपयुक्त वर नहीं है और खुद कीटी उससे प्यार कर नहीं सकती। रिश्तेदारों की नज़र में वह कोई ढंग का और निश्चित काम नहीं कर रहा था और ऊँचे समाज में कोई स्थान भी नहीं रखता था, जबकि बत्तीस साल की उम्रवाले उसके साथियों में से इस वक़्त कोई कर्नल और ज़ार का एड-डी-कैम्प, कोई प्रोफ़ेसर, कोई बैंक या रेलवे कम्पनी का डायरेक्टर या ओब्लोन्स्की की तरह किसी सरकारी दफ़्तर का अध्यक्ष था। लेकिन वह खुद (वह अच्छी तरह से जानता था कि दूसरों को कैसा प्रतीत होता होगा) ज़मींदार था, जो गउएँ पालता था, कुनालों का शिकार करता था, खेती-बारी से सम्बन्धित इमारतें बनवाने के काम में लगा था। दूसरे शब्दों में किसी काम-काज का आदमी नहीं था और वही कुछ करता था, जो ऊँचे समाज की दृष्टि में, किसी भी चीज़ के योग्य न होने वाले लोग करते हैं।

ऐसी प्यारी और रहस्यमयी कीटी उस जैसे बदसूरत आदमी को, जैसा कि वह अपने को मानता था, और मुख्यतः तो ऐसे साधारण तथा किसी भी तरह से कोई विशेष महत्त्व न रखने वाले आदमी को खुद तो प्यार कर नहीं सकती थी। इसके अलावा कीटी के प्रति उसका पहले का रवैया, जो उसके भाई के साथ दोस्ती के परिणामस्वरूप वयस्क का बच्चे के प्रति रवैया था, उसे प्यार के रास्ते में नयी बाधा प्रतीत हुआ। उसका ख़याल था कि उस जैसे असुन्दर और भले आदमी को दोस्त की तरह तो प्यार किया जा सकता था, लेकिन जैसे वह कीटी को प्यार करता था, वैसा ही प्यार पाने के लिए आदमी को बहुत ही ख़ूबसूरत, और मुख्यतः तो कोई ख़ास हस्ती होना चाहिए।

उसने यह सुना था कि औरतें अक्सर असुन्दर और सीधे-सादे लोगों को प्यार करती हैं, लेकिन वह इस पर यक़ीन नहीं करता था। कारण कि वह अपने ही मापदंड से इसका निर्णय करता था। वह खुद भी तो सिर्फ़ सुन्दर, रहस्यमयी और कोई ख़ास बात रखने वाली औरतों को ही प्यार कर सकता था।

लेकिन दो महीने तक गाँव में अकेले रहने के बाद उसे यह विश्वास हो गया कि वह वैसा ही प्यार नहीं, जैसा उसने चढ़ती जवानी के दिनों में अनुभव किया था, कि यह भावना उसे पल-भर को चैन नहीं लेने देती, कि वह इस प्रश्न को हल किये बिना ज़िन्दा नहीं रह सकता कि कीटी उसकी बीवी बनेगी या नहीं, कि उसकी हताशा उसकी कल्पना का परिणाम है, कि उसे इनकार कर दिया जायेगा, उसके पास इसका कोई प्रमाण नहीं है। इसलिए अब वह विवाह का प्रस्ताव करने का पक्का इरादा बनाकर मास्को आया था और अगर उसका प्रस्ताव मान लिया गया, तो वह शादी कर लेगा। या फिर... वह यह सोच नहीं पाता था कि अगर उसे इनकार कर दिया गया, तो उसके साथ क्या बीतेगी!

7

सुबह की गाड़ी से मास्को पहुँचकर लेविन अपने बड़े भाई कोज़्निशेव के यहाँ ठहरा। इन दोनों की माँ एक, पर पिता अलग-अलग थे। कपड़े बदलकर वह इस इरादे से भाई के कमरे में गया कि उसे अपने आने का कारण बताये और उसकी सलाह ले, लेकिन भाई अकेला नहीं था। उसके पास दर्शनशास्त्र का एक प्रसिद्ध प्रोफ़ेसर बैठा था। प्रोफ़ेसर विशेष रूप से इसलिए ख़ार्कोव से आया था कि उस ग़लतफ़हमी को दूर कर सके, जो दर्शन-सम्बन्धी एक बहुत ही महत्त्वपूर्ण प्रश्न पर उनके बीच पैदा हो गयी था। प्रोफ़ेसर भौतिकवादियों के विरुद्ध पत्र-पत्रिकाओं में बहुत ज़ोरदार बहस चला रहा था और सेर्गेई कोज़्निशेव इस वाद-विवाद में बड़ी दिलचस्पी ले रहा था। प्रोफ़ेसर का अन्तिम लेख पढ़कर उसने एक ख़त में अपनी आपत्तियाँ लिख भेजीं। कोज़्निशेव ने भौतिकवादियों को बहुत बड़ी रियायतें देने के लिए प्रोफ़ेसर की भर्त्सना की थी। इसलिए प्रोफ़ेसर मामले पर विचार-विमर्श करने के लिए तुरन्त यहाँ आ पहुँचा था। बातचीत उस समय के प्रचलित प्रश्न पर हो रही थी कि मानव की मनोवैज्ञानिक और शारीरिक गतिविधियों के बीच कोई सीमा है और वह सीमा कहाँ है।

कोज़्निशेव ने अपनी सामान्य, उत्साहहीन और स्नेही मुस्कान के साथ भाई का स्वागत किया और प्रोफ़ेसर से उसका परिचय कराकर बातचीत जारी रखी।

नाटे, कम चौड़े माथे, पीले चेहरेवाले और चश्माधारी प्रोफ़ेसर ने अभिवादन का उत्तर देने के लिए क्षण-भर को अपने विषय की चर्चा बन्द की और फिर लेविन की तरफ़ कोई ध्यान दिये बिना उसे जारी रखा। लेविन बैठकर प्रोफ़ेसर के जाने का इन्तज़ार करने लगा, लेकिन जल्द ही खुद उसे भी बातचीत के विषय में दिलचस्पी महसूस होने लगी।

लेविन ने पत्र-पत्रिकाओं में वे लेख देखे थे, जिनकी चर्चा चल रही थी। उसने उनमें दिलचस्पी ली थी और वह उन्हें प्रकृतिविज्ञान के, जिसके मूलभूत नियमों से

वह विश्वविद्यालय में परिचित हो चुका था, विकास के रूप में पढ़ता था। लेकिन उसने पशु के रूप में मानव के उद्भव, उसकी सहज प्रतिक्रिया, जीवविज्ञान और समाजविज्ञान से निकाले गये निष्कर्षों को ख़ुद अपने लिए जीवन और मृत्यु के महत्त्व से सम्बन्धित उन प्रश्नों के साथ कभी नहीं जोड़ा था, जो अधिकाधिक बार उसके दिमाग़ में आने लगे थे।

प्रोफ़ेसर के साथ अपने भाई की बातचीत सुनते हुए उसने इस चीज़ की ओर ध्यान दिया कि वे वैज्ञानिक प्रश्नों को निजी प्रश्नों से जोड़ देते हैं। कई बार वे इन प्रश्नों के लगभग निकट तक पहुँचे, लेकिन ज्यों ही वे उस चीज़ के निकट पहुँचते थे, जो उसे मुख्यतम प्रतीत होती थी, झटपट उससे दूर हट जाते और फिर से सूक्ष्म भेदों, शर्तों, उद्धरणों, संकेतों, अधिकारी नामों के उल्लेखों के क्षेत्र में गहरे उतर जाते और वह मुश्किल से समझ पाता कि वे किस बात की चर्चा कर रहे हैं।

"मैं ऐसा नहीं मान सकता," कोज़्निशेव ने अभिव्यक्ति की अपनी सामान्य स्पष्टता और अचूकता तथा उच्चारण की सुन्दरता के साथ कहा, "मैं किसी हाल में भी कैस के साथ सहमत नहीं हो सकता कि बाहरी जगत के बारे में मेरी सारी धारणा प्रभावों का फल होती है। मुझे अस्तित्व की मुख्य धारणा इन्द्रियानुभव से प्राप्त नहीं होती, क्योंकि इस धारणा को प्रेषित करने के लिए कोई विशेष इन्द्रिय नहीं है।"

"यह ठीक है, लेकिन वूर्स्ट, क्नाउस्ट और प्रीपासोव आपको इसका यह जवाब देते हैं कि अस्तित्व की आपकी चेतना सभी इन्द्रियानुभवों से संचित रूप से जन्म लेती है, कि अस्तित्व की यह चेतना इन्द्रियानुभवों का परिणाम है। वूर्स्ट तो साफ़ ही कहते हैं कि अगर इन्द्रियानुभव नहीं है, तो अस्तित्व की धारणा भी नहीं हो सकती।"

"मैं इसके उलट यह कहूँगा," कोज़्निशेव ने कहना शुरू किया...

लेकिन यहीं पर लेविन को फिर से ऐसा प्रतीत हुआ कि वे मुख्य बात तक आकर फिर उससे दूर हट रहे हैं और इसलिए उसने प्रोफ़ेसर से यह सवाल पूछने का फ़ैसला किया।

"तो ऐसा मानना चाहिए कि अगर मेरी ज्ञानेन्द्रियाँ नष्ट हो गयी हैं, अगर मेरा शरीर निर्जीव हो गया है, तो किसी तरह का कोई अस्तित्व सम्भव नहीं हो सकता?"

प्रोफ़ेसर ने हताशा से, मानो इस बाधा के कारण बौद्धिक पीड़ा अनुभव करते हुए इस अजीब प्रश्नकर्ता की तरफ़ देखा, जो दर्शनशास्त्री के बजाय बजरे खींचने वाला अधिक प्रतीत होता था। इसके बाद प्रोफ़ेसर ने कोज़्निशेव की ओर नज़र घुमायी मानो पूछ रहा हो—क्या जवाब दे कोई ऐसे सवाल का? लेकिन कोज़्निशेव, जो प्रोफ़ेसर की तरह बहुत ज़ोर देकर तथा एकपक्षीय बात नहीं कर रहा था और जिसके दिमाग़ में प्रोफ़ेसर को जवाब देने तथा साथ ही उस सीधे-सादे और स्वाभाविक दृष्टिकोण को समझने के लिए, जिससे यह प्रश्न किया गया था, स्थान रह गया था, मुस्कुराया और बोला—

"इस सवाल को हल करने का अभी हमें हक़ नहीं है..."

"हमारे पास आवश्यक तथ्य नहीं है," प्रोफ़ेसर ने पुष्टि की और अपनी दलीलों की चर्चा जारी रखी। "नहीं," उसने कहा, "मैं इस बात की ओर संकेत करता हूँ कि अगर, जैसा कि प्रीपासोव साफ़ कहते हैं, अनुभूति ही हमारे इन्द्रियानुभव का आधार है, तो हमें इन दोनों धारणाओं के बीच बहुत ही स्पष्ट भेद करना चाहिए।"

लेविन अब और अधिक नहीं सुन रहा था तथा प्रोफ़ेसर के जाने की राह देख रहा था।

8

प्रोफ़ेसर के चले जाने पर कोज़्निशेव ने भाई को सम्बोधित करते हुए कहा—

"मुझे बहुत खुशी है कि तुम आये हो। क्या बहुत दिनों के लिए? खेती-बारी का क्या हाल है?"

लेविन जानता था कि खेती-बारी में बड़े भाई की बहुत कम दिलचस्पी है और उसने सिर्फ़ उसका लिहाज़ करते हुए उससे इसके बारे में पूछा है। इसलिए उसने केवल गेहूँ की बिक्री और पैसों की ही चर्चा की।

लेविन बड़े भाई से अपने शादी करने के इरादे की चर्चा करना और उसकी सलाह भी लेना चाहता था। उसने तो इसका पक्का फ़ैसला भी कर लिया था। लेकिन जब वह भाई से मिला, प्रोफ़ेसर के साथ उसकी बातचीत सुनी, जब उसे अनजाने ही उस सरपरस्ती के अन्दाज़ में बोलते सुना, जिसमें उसने खेती-बारी के बारे में पूछताछ की (माँ की जागीर साझी थी और लेविन दोनों भागों में देख-भाल करता था), तो लेविन ने महसूस किया कि किसी कारणवश वह भाई के साथ अपने शादी करने के इरादे की चर्चा नहीं कर सकता। उसे अनुभव हुआ कि उसका भाई इस मामले को वैसे ही नहीं देखता है, जैसे कि वह चाहता था।

"तो तुम्हारे यहाँ ज़ेम्सत्वो का क्या हाल है?" कोज़्निशेव ने पूछा। वह ज़ेम्सत्वो में बड़ी रुचि लेता था और उसे बड़ा महत्त्व देता था।

"मुझे कुछ मालूम नहीं..."

"यह कैसे हो सकता है? तुम तो उसके संचालन-मंडल के सदस्य हो?"

"नहीं, मैं सदस्य नहीं हूँ। संचालन-मंडल से अलग हो चुका हूँ," लेविन ने जवाब दिया। "मैं अब उसकी सभाओं में नहीं जाता हूँ।"

"अफ़सोस की बात है!" कोज़्निशेव ने माथे पर बल डालते हुए कहा।

लेविन अपनी सफ़ाई देते हुए यह बताने लगा कि उसके उयेज़्द में होने वाली सभाओं में क्या होता था।

"हमेशा ऐसा ही होता है!" कोज़्निशेव ने लेविन को बीच में ही टोकते हुए कहा। "हम रूसी हमेशा ऐसा ही करते हैं। हो सकता है, यह हमारा एक अच्छा

लक्षण है कि हम अपनी त्रुटियों को देख पाने की क्षमता रखते हैं। लेकिन हम इसमें अति कर देते हैं। हम व्यंग्यों से ही सन्तुष्ट हो जाते हैं, जो हमेशा हमारी ज़बान पर तैयार रहते हैं। मैं तुमसे सिर्फ़ इतना कहूँगा कि हमारी ज़ेम्सत्वो-परिषदों जैसे अधिकार यूरोप के किसी अन्य जनगण, जैसे कि जर्मनों और अँग्रेजों को दे दिये जाते, तो वे इन्हें आज़ादी में बदल डालते। लेकिन हम इनका सिर्फ़ मज़ाक़ ही उड़ाते हैं।"

"मगर क्या किया जाये?" लेविन ने अपराधी की तरह कहा। "यह मेरा आख़िरी तजरबा था। मैंने जी-जान से कोशिश की, लेकिन सफल नहीं हो सका। इसके योग्य नहीं हूँ।"

"योग्य नहीं हो," कोज़्निशेव ने कहा। "इस मामले को जैसे देखना चाहिए, वैसे देखते नहीं हो।"

"हो सकता है," लेविन ने उदासी से जवाब दिया।

"जानते हो, भाई निकोलाई फिर यहाँ है।"

निकोलाई लेविन का सगा, बड़ा भाई और सेर्गेई इवानोविच कोज़्निशेव का एक ही माँ की कोख से जन्मा भाई था। वह तबाहहाल आदमी था, जिसने सभी तरह की अटपटी और बुरी संगत में पड़कर अपनी सम्पत्ति का बहुत बड़ा हिस्सा उड़ा दिया था और भाइयों से झगड़ा कर चुका था।

"यह तुम क्या कह रहे हो?" लेविन घबराकर चिल्ला उठा। "तुमको कैसे मालूम है?"

"प्रोकोफ़ी ने उसे सड़क पर देखा है।"

"यहाँ, मास्को में? कहाँ है वह? तुम्हें मालूम है?" लेविन कुर्सी से ऐसे उठ खड़ा हुआ मानो इसी वक़्त उसके पास जाना चाहता हो।

"मुझे दुःख है कि मैंने तुमसे यह कह दिया," छोटे भाई की उत्तेजना पर सिर हिलाते हुए कोज़्निशेव ने कहा। "मैंने यह जानने के लिए एक नौकर को भेजा कि वह कहाँ रहता है और उसकी वह हुंडी भी भेजी, जो उसने त्रूबिन को दी थी और जिसका मैंने भुगतान किया है। उसने मुझे जो जवाब भेजा वह यह है।"

इतना कहकर कोज़्निशेव ने पेपर-वेट के नीचे से एक रुक़्क़ा निकालकर उसकी तरफ़ बढ़ा दिया।

लेविन ने अजीब और अपने लिए प्यारी लिखावट में लिखा हुआ यह रुक़्क़ा पढ़ा—

'बड़ी नम्रता से अनुरोध करता हूँ कि मुझे चैन से रहने दें। अपने मेहरबान भाइयों से मैं सिर्फ़ यही अनुरोध करता हूँ। निकोलाई लेविन।'

लेविन ने यह पढ़ा और सिर झुकाये तथा हाथ में रुक़्क़ा लिये कोज़्निशेव के सामने खड़ा रहा।

उसकी आत्मा में इस बदक़िस्मत भाई को फ़िलहाल भूल जाने की इच्छा और इस बात की चेतना के बीच संघर्ष हो रहा था कि ऐसा करना बुरा होगा।

"वह सम्भवतः मेरा अपमान करना चाहता है," कोज़्निशेव ने अपनी बात जारी रखी। "लेकिन वह मेरा अपमान नहीं कर सकता। मैं दिल से उसकी मदद करना चाहता हूँ, लेकिन जानता हूँ कि ऐसा नहीं किया जा सकता।"

"यह ठीक है, यह ठीक है," लेविन ने दोहराया। "उसके प्रति तुम्हारे रवैए को मैं समझता हूँ और उसकी प्रशंसा करता हूँ, लेकिन मैं उससे मिलने जाऊँगा।"

"अगर तुम चाहते हो, तो जा सकते हो, मगर मैं ऐसी सलाह नहीं दूँगा," कोज़्निशेव ने कहा। "मेरा मतलब यह है कि अपने बारे में तो मुझे कोई डर नहीं है। वह मेरा और तुम्हारा झगड़ा नहीं करवा सकता। पर तुम्हारे लिए ही मैं यह कहता हूँ कि तुम उसके पास न जाओ। उसकी मदद मुमकिन नहीं। फिर भी जैसा तुम ठीक समझो, वैसा करो।"

"शायद मदद नहीं की जा सकती, लेकिन मैं ख़ासतौर पर इस वक़्त यह महसूस करता हूँ–हाँ, यह दूसरी बात है–ऐसा महसूस करता हूँ कि मुझे चैन नहीं मिल सकेगा।"

"यह मेरी समझ के बाहर की बात है," कोज़्निशेव ने कहा। "इतना मैं ज़रूर समझता हूँ," उसने इतना और जोड़ दिया, "यह नम्रता का पाठ है। भाई निकोलाई जैसा अब बन गया है, उसके बाद तो मैं वैसे ही उस चीज़ को दूसरी, अधिक कृपालु नज़र से देखने लग गया हूँ, जिसे कमीनापन कहते हैं... तुम्हें मालूम है कि उसने क्या किया है..."

"ओह, यह बड़ी भयानक बात है, बड़ी भयानक बात है!" लेविन ने कहा।

कोज़्निशेव के नौकर से भाई का पता लेकर लेविन उसी वक़्त उसके पास जाने को तैयार हो गया। किन्तु कुछ विचार करने के बाद उसने इसे शाम तक स्थगित कर दिया। मुख्यतः तो उसने इसलिए ऐसा किया कि उसका मानसिक चैन बना रहे। इस मामले को तय करना ज़रूरी था, जिसके लिए वह मास्को आया था। लेविन अपने भाई के यहाँ से ओब्लोन्स्की के दफ़्तर में गया और श्चेर्बात्स्की परिवार के बारे में जानकारी पाकर वहाँ पहुँचा, जहाँ जैसा कि उसे बताया गया था, कीटी से उसकी मुलाकात हो सकती थी।

9

दिन के चार बजे लेविन धड़कते दिल से चिड़ियाघर के बाग़ के सामने बग्घी से उतरा और सँकरे रास्ते से बर्फ़ ढके टीलों और स्केटिंग-रिंक की तरफ़ चल दिया। उसे यक़ीन था कि कीटी उसे वहाँ मिल जायेगी, क्योंकि दरवाज़े के पास उसने श्चेर्बात्स्की परिवार की बग्घी देख ली थी।

पालेवाला ठंडा और उजला दिन था। दरवाज़े के पास बग्घियों, स्लेजों, कोचवानों और जेनदार्मों की क़तारें थीं। प्रवेश-द्वार के क़रीब और नक्क़ाशीदार सजावटवाले छोटे-छोटे रूसी घरों के बीच झाड़े-बुहारे रास्तों पर धूप में चमकते टोपोंवाले साफ़-सुथरे लोगों की भीड़ थी। बाग़ के पुराने, घुँघराले भोज वृक्ष, जो बर्फ़ के भार से अपनी सारी टहनियाँ झुकाये हुए थे, ऐसे प्रतीत होते थे मानो वे नये समारोही परिधान पहनकर सज-धज गये हों।

लेविन सँकरे रास्ते से स्केटिंग-रिंक की तरफ़ जा रहा था और अपने-आपसे कह रहा था–'उत्तेजित नहीं होना चाहिए, शान्त रहना चाहिए। क्या परेशानी है तुझे, क्या हुआ है तुझे? शान्त रह, बुद्धू', लेविन अपने दिल को समझा रहा था। जितना अधिक वह अपने को शान्त करने की कोशिश करता था, उसके लिए साँस लेना उतना ही अधिक मुश्किल होता जा रहा था। रास्ते में एक परिचित मिल गया और उसने लेविन को पुकारा भी, किन्तु लेविन उसे पहचान तक नहीं पाया। वह उन टीलों के पास पहुँचा, जिन पर नीचे आती और ऊपर जाती स्लेजों की ज़ंजीरें खनखना रही थीं, नीचे फ़िसलती स्लेजों का शोर और ठहाके गूँज रहे थे। कुछ क़दम और चलने पर उसे स्केटिंग-रिंक दिखाई दिया और स्केटिंग करने वालों में उसने फ़ौरन 'उसे' पहचान लिया।

लेविन के हृदय को जिस भय और ख़ुशी ने जकड़ लिया था, उसी से उसने यह जान लिया कि कीटी यहाँ है। वह स्केटिंग-रिंक के सामनेवाले सिरे पर खड़ी हुई एक महिला से बातचीत कर रही थी। कहा जा सकता है कि न तो उसकी पोशाक और न ही मुद्रा में कोई विशेष बात थी, फिर भी लेविन के लिए इस भीड़ में उसे जान लेना उतना ही आसान था, जितना बिच्छूबूटी की झाड़ियों में गुलाब को। वह हर चीज़ को आलोकित कर रही थी। वह ऐसी मुस्कान थी, जो अपने इर्द-गिर्द की हर चीज़ को लौ प्रदान कर रही थी। 'क्या यह सम्भव है कि मैं वहाँ, बर्फ़ पर उसके निकट जा सकता हूँ?' वह सोच रहा था। कीटी जहाँ खड़ी थी, लेविन को वह जगह ऐसी पावन लगी, जहाँ क़दम नहीं रखा जा सकता। ऐसा भी क्षण आया, जब वह वहाँ से लगभग चला ही गया होता। इतनी घबराहट अनुभव हुई उसे। उसे अपने-आपको वश में करना और यह समझाना पड़ा कि सभी तरह के लोग उसके पास आ-जा रहे हैं, कि वह ख़ुद भी स्केटिंग करने के लिए वहाँ जा सकता है। लेविन नीचे उतर आया था, देर तक उसकी ओर देखने से ऐसे ही नज़र बचा रहा था, जैसे कोई सूरज से नज़र बचाता है, लेकिन वह उसकी ओर देखे बिना ही उसे सूरज की तरह देख रहा था।

सप्ताह के इस दिन और इस समय स्केटिंग-रिंक पर एक ही तरह के तथा आपसी जान-पहचान वाले लोग जमा होते थे। यहाँ स्केटिंग के फ़न के माहिर भी थे, जो अपनी कला की छटा दिखा रहे थे, कुर्सियों का सहारा लेकर अटपटी और

डरी-सहमी चेष्टाएँ करते हुए नौसिखुआ भी थे, लड़के और बूढ़े लोग भी थे, जो स्वास्थ्य के लिए स्केटिंग करते थे। लेविन को ये सभी बड़े भाग्यशाली प्रतीत हुए, क्योंकि वे वहाँ, उसके क़रीब थे। स्केटिंग करने वाले सभी लोग मानो किसी भी तरह की दिलचस्पी के बिना उसके बराबर होते थे, उससे आगे निकलते थे, यहाँ तक कि उससे बात भी करते थे और उसकी तरफ़ कोई ध्यान दिये बिना ही बढ़िया बर्फ़ और अच्छे मौसम का लाभ उठाते हुए मौज मना रहे थे।

कीटी का चचेरा भाई निकोलाई श्चेर्बात्स्की ऊँची जाकेट और तंग पतलून पहने तथा टाँगों पर स्केट्स चढ़ाये बेंच पर बैठा था। लेविन को देखकर वह चिल्लाया–

"अरे, रूस के सबसे बढ़िया स्केटर! कब आये? बर्फ़ बहुत बढ़िया है, झटपट स्केट्स पहन लो।"

"मेरे पास तो स्केट्स हैं ही नहीं," लेविन ने कीटी की उपस्थिति में ऐसी दिलेरी और बेतकल्लुफी से हैरान होते तथा क्षण-भर को भी उसे नज़र से ओझल न करते, बेशक उसकी तरफ़ न देखते हुए कहा। उसे लग रहा था कि सूरज उसके निकट आ रहा है। कीटी एक कोने में थी और ऊँचे बूटों में अपने छोटे-छोटे पैरों से गति को धीमी करती, सम्भवतः घबराती हुई उसकी तरफ़ स्केटिंग करती आ रही थी। रूसी पोशाक पहने, बहुत ज़ोर से बाँहें हिलाता और झुकता हुआ एक लड़का उससे आगे निकल गया। कीटी तनिक डगमगाती हुई स्केटिंग कर रही थी। उसने डोरी के साथ लटकते फ़र के छोटे-से मफ़ से अपने हाथ बाहर निकालकर ऐसे तैयार कर रखे थे कि गिरने पर उनका सहारा ले सके और लेविन की तरफ़ देखते हुए, जिसे उसने पहचान लिया था, उसका अभिवादन करने के लिए और अपने भय पर मुस्कुरायी। मोड़ ख़त्म हो जाने पर उसने पाँव की लोच के साथ अपने को ठेला और स्केटिंग करती हुई सीधी अपने चचेरे भाई श्चेर्बात्स्की के पास आयी तथा उसकी आस्तीन थामकर उसने मुस्कुराते हुए लेविन को सिर झुकाया। लेविन उसकी जैसी कल्पना करता था, वह उससे कहीं अधिक सुन्दर थी।

लेविन जब कीटी के बारे में सोचता था, तो वह सारी-की-सारी मानो जीती-जागती उसकी मन की आँखों के सामने सजीव हो उठती थी। बाल-सुलभ स्पष्टता और दयालुता के भाव के साथ उसका चेहरा और तरुणी के सुघड़ कन्धों पर टिका हुआ सुनहरे बालोंवाला छोटा-सा सिर–इस लालित्य को तो वह विशेष रूप से देख पाता था। उसके नाजुक शरीर की सुन्दरता और उसके साथ उसके चेहरे का बाल-सुलभ भाव उसे विशेष आकर्षण प्रदान करते थे जो उसके हृदय पर अंकित होकर रह गया था। लेकिन जो चीज़ उसे हमेशा अप्रत्याशित ही चकित करती, वह थी उसकी विनम्र, शान्त और निश्छल आँखों का भाव तथा ख़ासतौर पर वह मुस्कान, जो लेविन को किसी जादुई दुनिया में ले जाती थी, जहाँ वह अपने को अत्यधिक स्नेहशील और नर्मदिल अनुभव करता था। छुटपन में ही उसे कभी-

कभार ऐसी अनुभूति होने की याद थी।

"बहुत समय से मास्को में हैं क्या आप?" लेविन से हाथ मिलाते हुए कीटी ने पूछा। "धन्यवाद," उसने इतना और जोड़ दिया, जब लेविन ने मफ़ से गिर जाने वाला उसका रूमाल उठाकर उसे दिया।

"मैं? नहीं, बहुत समय से नहीं, मैं कल... मेरा मतलब आज... आया हूँ," लेविन ने अचानक घबराहट के कारण उसका प्रश्न न समझते हुए उत्तर दिया। "मैं आपके यहाँ जाना चाहता था," उसने कहा और इसी वक़्त यह याद करके कि किस इरादे से वह कीटी को ढूँढ़ रहा था, परेशान हो उठा और उसके चेहरे पर सुर्ख़ी दौड़ गयी। "मुझे मालूम नहीं था कि आप स्केटिंग करती हैं और सो भी इतनी अच्छी तरह।"

कीटी ने बहुत ध्यान से लेविन की तरफ़ देखा मानो उसकी परेशानी का कारण समझना चाहती हो।

"आपकी प्रशंसा सचमुच बहुत महत्त्व रखती है। यहाँ लोगों से ऐसा सुनने को मिलता है कि स्केटिंग मे आपका जवाब ही नहीं है," कीटी ने मफ़ पर गिर पड़े पाले को काला दस्ताना पहने छोटे हाथ से झाड़ते हुए कहा।

"हाँ, मैं कभी तो बड़े जोश के साथ स्केटिंग करता था। मैं इसमें पूर्णता पाना चाहता था।"

"लगता है कि आप सभी कुछ जोश के साथ करते हैं," कीटी ने मुस्कुराते हुए कहा। "मैं यह देखने को बहुत उत्सुक हूँ कि आप कैसे स्केटिंग करते हैं। स्केट्स पहन लीजिये और आइये, हम साथ-साथ स्केटिंग करें।"

'साथ-साथ स्केटिंग करें! क्या यह सम्भव है?' कीटी की ओर देखते हुए लेविन ने सोचा।

"अभी पहन लेता हूँ," उसने कहा।

और वह स्केट्स पहनने चला गया।

"बहुत दिनों से यहाँ नहीं आये, हुज़ूर," पाँव थामे और एड़ी का पेंच कसते हुए स्केट्स पहनाने वाले ने कहा। "आपके बाद तो बड़े लोगों में से कोई भी तो ऐसा नहीं आया, जिसे आप जैसा कमाल हासिल हो। ऐसे ठीक रहेगा न?" उसने पेटी कसते हुए पूछा।

"ठीक है, ठीक है, कृपया जल्दी कीजिये," लेविन ने चेहरे पर बरबस झलक उठने की बेचैन सुखद मुस्कान पर बड़ी मुश्किल से क़ाबू पाते हुए कहा। 'हाँ, यह है ज़िन्दगी,' वह सोच रहा था, 'यह है ख़ुशक़िस्मती! साथ-साथ, यही कहा है उसने–आइये, साथ-साथ स्केटिंग करें। तो क्या अब उससे अपने दिल की बात कह दूँ? लेकिन मैं इसी कारण यह कहते हुए डरता हूँ कि इस वक़्त मैं सुखी हूँ, बेशक आशा के आधार पर ही सुखी हूँ...मगर बाद में?... फिर भी कहना तो

चाहिए। कहना तो चाहिए ही! बस, काफ़ी हो चुकी यह भीरुता!'

लेविन स्केट्स पहनकर अपने पैरों पर खड़ा हुआ, उसने ओवरकोट उतारा और घर के क़रीबवाली खुरदरी बर्फ़ पर भागने के बाद जमी हुई चिकनी बर्फ़ पर पहुँच गया और ऐसे सहजता से स्केटिंग करने लगा मानो इच्छाशक्ति से ही अपनी गति को घटा, बढ़ा और निर्देशित कर रहा हो। वह घबराता हुआ-सा कीटी के पास पहुँचा, लेकिन उसकी मुस्कान ने उसे फिर शान्त कर दिया।

कीटी ने उसे अपना हाथ थमा दिया और वे रफ़्तार बढ़ाते हुए साथ-साथ चल दिये। स्केटिंग की रफ़्तार जितनी बढ़ती जाती थी, कीटी उतने ही अधिक ज़ोर से उसके हाथ को थामती जाती थी।

"आपके साथ मैं कहीं अधिक जल्दी स्केटिंग करना सीख जाती। न जाने क्यों, मैं आप पर भरोसा करती हूँ," कीटी ने लेविन से कहा।

"और जब आप मेरा सहारा लेती हैं, तो मैं अपने पर भरोसा करने लगता हूँ," लेविन ने कहा, लेकिन उसी क्षण अपने ही शब्दों से भयभीत हो उठा और उसके चेहरे पर लाली दौड़ गयी। और सचमुच जैसे ही उसने ये शब्द कहे कि अचानक मानो सूरज बादलों की ओट में हो गया हो, कीटी के चेहरे पर से मैत्री-भाव गायब हो गया। लेविन उसके चेहरे के इस परिचित परिवर्तन को पहचान गया, जो कीटी के सोच में डूबने का द्योतक था। कीटी के चिकने मस्तक पर एक झुर्री-सी उभर आयी।

"आप किसी बात से परेशान हैं क्या? ख़ैर, वैसे मुझे यह पूछने का अधिकार नहीं है," लेविन ने जल्दी से कहा।

"ऐसा क्यों सोचते हैं आप?... नहीं... मुझे कोई परेशानी नहीं है," उसने रुखाई से जवाब दिया और साथ ही इतना और जोड़ दिया– "m-lle Linon" से नहीं मिले आप?"

"अभी तक तो नहीं।"

"आइये उनके पास, वे आपको इतना अधिक प्यार करती हैं।"

'यह क्या हुआ? मैंने उसे नाराज़ कर दिया। हे भगवान, मेरी मदद करो!' लेविन ने सोचा और बेंच पर बैठी हुई विरले, सफ़ेद घुँघराले बालोंवाली फ्रांसीसी बुढ़िया के पास भाग गया। बुढ़िया ने मुस्कुराते और अपने नकली दाँतों की झलक दिखाते हुए एक पुराने दोस्त की तरह उसका स्वागत किया।

"हाँ, वह बड़ी हो रही है," नजरों से कीटी की तरफ़ इशारा करते हुए उसने कहा, "और मैं बुढ़ा रही हूँ। Tiny bear[1] बड़ा हो चुका है," फ्रांसीसी बुढ़िया ने हँसते हुए अपनी बात जारी रखी और उसने लेविन को तीन तरुणियों के बारे में उसका मज़ाक़ याद दिलाया। लेविन ने कभी उन्हें एक अँग्रेज़ी क़िस्से के मुताबिक तीन भालुओं की संज्ञा दी थी। "याद है, आपने कभी तो ऐसा कहा था?"

1. छोटा भालू। (अँग्रेजी)

लेविन को यह मज़ाक़ क़तई याद नहीं था, मगर फ्रांसीसी बुढ़िया दस सालों से इसे याद करके हँसती रहती थी और उसे यह मज़ाक़ बेहद पसन्द था।

"तो जाइये, जाकर स्केटिंग कीजिये। हमारी कीटी भी अच्छी स्केटिंग करने लगी है, ठीक है न?"

लेविन जब फिर से कीटी के पास गया, तो उसके चेहरे पर कठोरता नहीं रही थी, आँखें सदा की भाँति निश्छल और स्नेहिल थीं। लेकिन लेविन को ऐसा प्रतीत हुआ कि उसकी स्नेहशीलता में विशेष, सोद्देश्य शान्ति का रंग है। उसका मन उदास हो गया। अपनी बूढ़ी शिक्षिका, उसकी अजीब-अजीब बातों की चर्चा करने के बाद कीटी ने लेविन से उसके जीवन के बारे में पूछ-ताछ की।

"क्या जाड़े में देहात में आपका मन उदास नहीं होता?" कीटी ने पूछा।

"नहीं, उदास नहीं होता। मैं बहुत व्यस्त रहता हूँ," उसने यह महसूस करते हुए कि वह उसे अपने इस शान्त अन्दाज़ के अधीन कर रही है, जवाब दिया। वह जानता था कि इस अन्दाज़ के प्रभाव से मुक्त नहीं हो पायेगा, जैसा कि जाड़े के आरम्भ में हुआ था।

"बहुत दिनों के लिए आये हैं क्या आप?" कीटी ने उससे पूछा।

"मालूम नहीं," उसने ये सोचे बिना ही कि क्या कह रहा है, जवाब दिया। उसके दिमाग़ में यह ख़याल आया कि अगर वह उसके इस मैत्रीपूर्ण शान्त अन्दाज़ के प्रभाव में आ गया, तो कुछ भी तय किये बिना फिर वैसे ही लौट जायेगा। इसलिए उसने जूझने का निर्णय कर लिया।

"जानते कैसे नहीं?"

"नहीं जानता। यह आप पर निर्भर करता है," उसने कहा और उसी क्षण अपने इन शब्दों से भयभीत हो उठा।

कीटी ने उसके शब्द नहीं सुने या उन्हें सुनना नहीं चाहा, लेकिन उसने मानो ठोकर-सी खायी और दो बार बर्फ़ पर पाँव मारकर जल्दी-जल्दी उससे दूर हट गयी। वह स्केटिंग करती हुई m-lle Linon के पास गयी, उससे कुछ कहा और उस घर की तरफ़ चली गयी, जहाँ महिलाएँ स्केट्स उतारती थीं।

'हे भगवान, यह मैंने क्या कर डाला! हे भगवान! मेरी मदद करो, मुझे राह दिखाओ,' लेविन ने भगवान को याद किया और साथ ही ज़ोरदार गतिविधि की आवश्यकता अनुभव करते हुए वह तेज़ी से दौड़ने लगा और उसने छोटे-बड़े कई चक्कर लगाये।

इसी समय नये स्केटरों में सबसे श्रेष्ठ एक नौजवान स्केट्स पहने और मुँह में सिगरेट दबाये कॉफ़ी के कमरे से बाहर निकला और दौड़ लगाकर पैड़ियों पर स्केट्स से ज़ोर की आवाज़ पैदा करता और उछलता हुआ नीचे की तरफ़ चल दिया। वह तो जैसे नीचे की ओर उड़ा जा रहा था और हाथ की ढीली-ढाली स्थिति

को बदले बिना ही बर्फ़ पर पहुँचकर स्केटिंग करने लगा।

"अहा, यह तो नयी चीज़ है!" लेविन ने कहा और इस नयी चीज़ को इसी वक़्त शुद करने के लिए ऊपर भाग गया।

"कहीं गर्दन नहीं तोड़ लीजियेगा, इसके लिए अभ्यास ज़रूरी है।" निकोलाई श्चेर्बात्सकी ने पुकारकर कहा।

लेविन पैड़ियों पर चढ़ा, जितना सम्भव हुआ ऊपर से दौड़ता हुआ नीचे आया और इस अनभ्यस्त गतिविधि में हाथों से अपना सन्तुलन बनाये रहा। आख़िरी पैड़ी पर वह फिसला, उसने हाथ से बर्फ़ को तनिक छुआ, ज़ोर लगाकर सँभला और हँसता हुआ आगे स्केटिंग करता चला गया।

'कितना भला, कैसा प्यारा आदमी है!' कीटी ने इसी वक़्त m-lle Linon के साथ घर से बाहर निकलते और प्यारे भाई की तरह हल्की, स्नेहपूर्ण मुस्कान के साथ उसकी तरफ़ देखते हुए मन में सोचा। 'क्या सचमुच मैं अपराधी हूँ, क्या सचमुच मैंने कोई बुरी बात की है? लोग कहते हैं–यह चंचलता है। मैं जानती हूँ कि मैं उसको प्यार नहीं करती हूँ। लेकिन उसके साथ होने पर मुझे खुशी हासिल होती है और वह इतना भला है। लेकिन उसने यह क्यों कहा?...' वह सोच रही थी।

कीटी और उसकी माँ को जाते देखकर, जो पैड़ियों पर बेटी से मिल गयी थीं, तेज़ स्केटिंग के कारण लाल हुआ लेविन रुका और क्षण-भर को कुछ सोचता रहा। इसके बाद उसने स्केट्स उतारे और दरवाज़े पर माँ-बेटी के पास पहुँच गया।

"आपको देखकर बहुत खुशी हुई," माँ ने कहा। "हमेशा की तरह हम बृहस्पतिवार को मेहमानों का स्वागत करते हैं।"

"इसका मतलब है कि आज?"

"आपके आने से बहुत खुशी होगी," बूढ़ी प्रिन्सेस ने रुखाई से कहा।

कीटी को माँ का यह रूखापन अखरा और वह इस बुरे प्रभाव को दूर करने की अपनी इच्छा पर क़ाबू न पा सकी। वह मुड़ी और मुस्कुराकर बोली–

"नमस्ते।"

इसी वक़्त ओब्लोन्स्की सिर पर टेढ़ा-तिरछा टोप रखे, चेहरे पर और आँखों में चमक लिये बहुत ख़ुश-ख़ुश तथा विजेता-सा बाग़ में आया। लेकिन सास के क़रीब पहुँचने पर उसने उदास और अपराधी का-सा चेहरा बनाकर डॉली के स्वास्थ्य के बारे में उनके प्रश्नों के उत्तर दिये। सास के साथ धीमे-धीमे और उदासी से बातचीत करने के बाद उसने छाती सीधी की और लेविन का हाथ थाम लिया।

"तो हम चल रहे हैं न?" उसने पूछा। "मैं लगातार तुम्हारे बारे में ही सोचता रहा हूँ और मुझे बहुत खुशी है कि तुम आ गये हो," ओब्लोन्स्की ने लेविन की आँखों में झाँकते हुए विशेष अर्थपूर्ण भाव के साथ कहा।

"चल रहे हैं, चल रहे हैं," अपने को सौभाग्यशाली अनुभव करते हुए लेविन

ने जवाब दिया। वह अभी तक 'नमस्ते' कहने वाली आवाज़ को सुन रहा था और उस मुस्कान को देख रहा था, जिसे होंठों पर लाकर यह शब्द कहा गया था।

"'इंग्लैंड' में या 'हर्मीताज' में?"

"मेरे लिए सब बराबर है।"

"तो 'इंग्लैंड' में," ओब्लोन्स्की ने कहा। उसने 'इंग्लैंड' इसलिए चुना था कि 'हर्मीताज' की तुलना में वह 'इंग्लैंड' होटल का अधिक ऋणी था और इस कारण वह इस होटल से कन्नी काटना अच्छा नहीं समझता था। "तुम्हारी बग्घी तो है न? बहुत अच्छी बात है, क्योंकि मैंने तो अपनी बग्घी छोड़ दी है।"

दोनों दोस्त रास्ते-भर ख़ामोश रहे। लेविन यह सोचता रहा कि कीटी के चेहरे के भाव-परिवर्तन का क्या अर्थ हो सकता है। कभी वह अपने को विश्वास दिलाता कि उम्मीद कर सकता है, तो कभी हताश हो उठता और साफ़ तौर पर यह देखता कि आशा करना पागलपन है। फिर भी वह अपने को बिल्कुल दूसरा, उससे भिन्न व्यक्ति अनुभव कर रहा था, जैसा कि कीटी की मुस्कान और 'नमस्ते' शब्द से पहले महसूस करता था।

ओब्लोन्स्की रास्ते में मन-ही-मन खाने की सूची तैयार कर रहा था।

"तुम्हें तो ट्यूर्बो पसन्द है न?" होटल के निकट पहुँचने पर उसने लेविन से पूछा।

"क्या?" लेविन ने पूछा। "ट्यूर्बो? हाँ, बहुत ही पसन्द है मुझे ट्यूर्बो।"

10

लेविन जब ओब्लोन्स्की के साथ होटल में दाख़िल हुआ, तो ओब्लोन्स्की के भावों की एक विशेषता की ओर उसका ध्यान जाये बिना न रह सका। उसे उसके चेहरे पर और समूचे व्यक्तित्व में एक तरह की संयत कान्ति की झलक मिली। ओब्लोन्स्की ने ओवरकोट उतारा, सिर पर टेढ़ा-सा टोप रखे हुए भोजनालय में गया और फ्रॉककोट पहने तथा हाथों में नेपकिन लिये चारों ओर से घेर लेने वाले तातार बैरों को कुछ आदेश देने लगा। सभी जगहों की तरह यहाँ भी उसकी जान-पहचान के लोग मौजूद थे, जो उसे देखकर बहुत ख़ुश हुए। ऐसे परिचित लोगों को दाएँ-बाएँ सिर झुकाता हुआ वह रेस्त्राँ की कैंटीन में पहुँचा, जहाँ उसने वोद्का का जाम पिया और मछली खायी तथा रिबनों और लेसों से सजी-बजी घुँघराले बालोंवाली फ्रांसीसी महिला से, जो काउंटर पर बैठी थी, कोई ऐसी बात कहीं कि वह भी ठठाकर हँस दी। लेविन ने सिर्फ़ इसीलिए वोद्का नहीं पी कि, जैसा उसे प्रतीत हुआ, पराये बालोंवाली और पाउडर तथा शृंगार के दूसरे प्रसाधनों से रँगी-चुनी यह फ्रांसीसी महिला बड़ी अपमानजनक लगी थी। वह गन्दी जगह की तरह झटपट उससे दूर हट गया। उसकी आत्मा कीटी की याद में डूबी हुई थी और

उसकी आँखों में उल्लास और सौभाग्य की चमक थी।

"यहाँ आ जाइये, हुज़ूर, कृपया इस जगह। यहाँ आप चैन से बैठ सकेंगे, सरकार," ओब्लोन्स्की से बहुत ही ज़्यादा चिपक गये पके बालों तथा इतने चौड़े चूतड़वाले बूढ़े तातार बैरे ने कहा, जिसके फ्रॉककोट के पल्ले दाएँ-बाएँ उठे हुए थे। "इधर आइये, हुज़ूर," उसने ओब्लोन्स्की के प्रति आदर भाव जताने के लिए उसके मेहमान के आगे-पीछे घूमते हुए लेविन से कहा।

बैरे ने काँसे के दीवारी लैम्प के नीचे पहले से ही मेज़पोश से ढकी गोल मेज़ पर फ़ौरन एक नया मेज़पोश बिछा दिया, बैठने के लिए मख़मली कुर्सियाँ बढ़ा दीं और हाथों में नेपकिन तथा भोजन-सूची लिये हुए ओब्लोन्स्की के सामने खड़ा होकर ऑर्डर का इन्तज़ार करने लगा।

"अगर हुज़ूर अलग कक्ष चाहते हैं, तो वह भी जल्दी ही ख़ाली हो जायेगा। प्रिन्स गोलीत्सिन अपनी महिला के साथ अभी वहाँ से जाने वाले हैं। ताज़ा ओयेस्टर आये हुए हैं।"

"ओह, ओयेस्टर!"

ओब्लोन्स्की सोच में पड़ गया।

"तो क्या हम अपनी भोजन की योजना न बदल दें, लेविन?" भोजन-सूची पर उँगली रखे हुए उसने कहा। और उसके चेहरे पर गहरी सोच का भाव झलक उठा। "अच्छे हैं न ओयेस्टर? देखो, गड़बड़ नहीं करना!"

"हुज़ूर, फ़्लेन्सबर्ग के हैं, ओस्टेंड के तो हमारे यहाँ हैं ही नहीं।"

"फ़्लेन्सबर्ग के तो फ़्लेन्सबर्ग के, लेकिन ताज़ा हैं या नहीं?"

"कल आये हैं, सरकार।"

"तो क्या ख़याल है, ओयेस्टरों से ही क्यों न शुरू किया जाये और बाद में सारी योजना ही बदल ली जाये? बताओ?"

"मेरे लिए सब बराबर है। मुझे अगर पत्तागोभी का शोरबा और दलिया मिल जाता, तो सबसे अच्छा रहता। लेकिन यहाँ तो वह मिलेगा नहीं।"

"अ ला रूस दलिया चाहते हैं क्या, सरकार?" तातार ने बच्चे के ऊपर झुकी हुई आया की तरह लेविन के ऊपर झुकते हुए पूछा।

"नहीं, मज़ाक़ को हटाओ, तुम जो कुछ चुन लोगे, वही अच्छा रहेगा। मैं स्केटिंग करके आया हूँ और मुझे बड़ी भूख लगी है। ऐसा मत समझना," ओब्लोन्स्की के चेहरे पर कुछ प्रसन्नता का भाव देखकर उसने इतना और जोड़ दिया, "कि मैं तुम्हारी पसन्द को बढ़िया नहीं मानता। मैं खुशी से पेट भरकर खाऊँगा।"

"मैं उम्मीद करता हूँ, कोई माने या न माने, यह भी हमारे जीवन का एक सुख है," ओब्लोन्स्की ने कहा। "तो तुम, भाई मेरे, हमारे लिए बीस या ये कम रहेंगे, तीस ओयेस्टर और सब्जीवाला शोरबा ले आओ..."

"प्रेन्तान्येर," तातार ने झटपट शोरबे का फ्रांसीसी नाम लिया। लेकिन ओब्लोन्स्की स्पष्टतः बैरे को खानों के फ्रांसीसी नाम लेने की खुशी प्रदान नहीं करना चाहता था।

"सब्ज़ियों के साथ, जानते हो न? उसके बाद गाढ़ी चटनी के साथ ट्यूर्बो, उसके बाद... रोस्टबीफ़। देखना, अच्छा होना चाहिए। और हाँ, शायद मुर्ग़ा भी और डिब्बाबन्द फल।"

तातार ने ओब्लोन्स्की की इस बात को ध्यान में रखते हुए कि उसे फ्रांसीसी भाषा की भोजन-सूची के अनुसार नाम लेना पसन्द नहीं है, उसके पीछे-पीछे फ्रांसीसी में दोहराने की खुशी ज़रूर हासिल कर ली, "सुप प्रेन्तान्येर, ट्यूर्बो सोस बोमार्शे, पुलार्द आ लेस्त्रागोन, मासेदुआन दे फ्रुई..." इसके फ़ौरन बाद मानो स्प्रिंगों से गतिशील होते हुए उसने जिल्दबन्द भोजन-सूची रखकर शराबों की सूची उठा ली और उसे ओब्लोन्स्की के सामने रख दिया।

"पियेंगे क्या?"

"कुछ भी, लेकिन थोड़ी-सी। शेम्पेन मँगवा लो," लेविन ने कहा।

"क्या? शुरू में ही? हाँ, वैसे यह ठीक ही होगा। तुम्हें तो सफ़ेद लेबलवाली पसन्द है न?"

"काशे ब्लान," तातार बैरे ने शेम्पेन का फ्रांसीसी नाम लिया।

"तो इसी लेबल की बोतल ओयेस्टरों के साथ ले आओ, बाक़ी बाद में देखा जायेगा।"

"जो हुक्म। खाने के साथ शराब कौन-सी पसन्द करेंगे?"

"न्यूई ले आओ। नहीं, क्लासिकल शाब्ली बेहतर रहेगी।"

"जो हुक्म। पनीर वही, जो आप हमेशा पसन्द करते हैं?"

"हाँ, पार्मेज़ान। या शायद तुम्हें कोई दूसरा पसन्द है?"

"नहीं मेरे लिए सब बराबर है," अपनी मुस्कान को छिपा पाने में असमर्थ लेविन ने कहा।

और फ्रॉककोट के लहराते छोरोंवाला तातार बैरा भाग गया तथा पाँच मिनट बाद खुली सीपियोंवाले ओयेस्टरों की तश्तरी और उँगलियों के बीच बोतल लिये हुए आ गया।

ओब्लोन्स्की ने कलफ़ लगे नेपकिन को मोड़ा, उसे अपनी जाकेट के नीचे खोंसा और इत्मीनान के साथ टिकाकर ओयेस्टर खाने लगा।

"सचमुच बुरे नहीं हैं," चाँदी के काँटे से सीपियों में से लसलसे ओयेस्टर निकालते और एक के बाद एक को निगलते हुए उसने कहा। "बुरे नहीं हैं," अपनी नम और चमकती आँखों से कभी लेविन, तो कभी तातार बैरे की तरफ़ देखते हुए उसने दोहराया।

लेविन ओयेस्टर खा रहा था, यद्यपि पनीर के साथ रोटी उसे अधिक अच्छी लगती। लेकिन वह मुग्ध होकर ओब्लोन्स्की की तरफ़ देख रहा था। यहाँ तक कि तातार बैरे ने भी बोतल का कार्क खोलकर चौड़े मुँहवाले पतले जामों में शराब ढालते हुए खुशी की स्पष्ट मुस्कान के साथ, अपनी सफ़ेद टाई ठीक करके ओब्लोन्स्की को ग़ौर से देखा।

"तुम्हें ओयेस्टर बहुत पसन्द नहीं था?" ओब्लोन्स्की ने अपना जाम पीते हुए कहा। "या तुम किसी चिन्ता में डूबे हुए हो? क्यों?"

ओब्लोन्स्की चाहता था कि लेविन रंग में आये। लेविन रंग में न हो, ऐसा नहीं था, लेकिन वह अपने को कुछ घुटा-घुटा-सा महसूस कर रहा था। उसकी आत्मा में जो कुछ था, उसके कारण उसे इस रेस्त्राँ के कक्षों के बीच, जहाँ महिलाओं के साथ बैठे लोग खा-पी रहे थे, लोगों की हलचल और उनका आना-जाना, काँसे की सजावटी चीज़ों–लैम्पों, दर्पणों और तातार बैरों की उपस्थिति–यह सब कुछ बेहूदा लग रहा था। उसकी आत्मा जिस प्यार से सराबोर थी, उसे डर था कि कहीं उस पर कोई धब्बा न लग जाये।

"मैं? हाँ, मैं चिन्ता में डूबा हुआ हूँ। लेकिन इसके अलावा मुझे इन सब चीज़ों से परेशानी होती है," उसने कहा। "तुम तो कल्पना भी नहीं कर सकते कि मुझे, देहात के रहने वाले आदमी के लिए यह सब कितना बेहूदा लगता है, तुम्हारे उस महाशय के नाखूनों की तरह, जिसे मैंने तुम्हारे यहाँ देखा था..."

"हाँ, मैंने ध्यान दिया था कि बेचारे ग्रिनेविच के नाखूनों में तुम बहुत दिलचस्पी ले रहे थे," ओब्लोन्स्की ने हँसते हुए कहा।

"यह मेरे बस की बात नहीं है," लेविन ने जवाब दिया। "तुम मेरे भीतर घुसने, देहात में रहने वाले एक आदमी के दृष्टिकोण से इसे देखने की कोशिश करो। हम गाँव में अपने हाथों को ऐसे रखने की कोशिश करते हैं कि उनसे काम करने में आसानी रहे। इसके लिए नाखून काटते और कभी-कभी आस्तीनें भी ऊपर चढ़ा लेते हैं। और यहाँ लोग जान-बूझकर अपने नाखूनों को जिस हद तक मुमकिन हो, ज़्यादा-से-ज़्यादा बढ़ाते चले जाते हैं। इसके अलावा तश्तरियों जैसे बड़े-बड़े क़फलिंक लगा लेते हैं, ताकि हाथों से कुछ भी नहीं किया जा सके।"

ओब्लोन्स्की मज़ा लेता हुआ मुस्कुराया।

"यह इस बात का लक्षण है कि उसे घटिया क़िस्म की मेहनत करने की ज़रूरत नहीं है। वह दिमाग़ी काम करता है..."

"हो सकता है। लेकिन मुझे तो फिर भी यह बड़ा बेहूदा लगता है। ठीक वैसे ही, जैसे इस वक़्त यह हमारा खाना खाने का ढंग। हम गाँववाले जल्दी-जल्दी खाना ख़त्म करने की कोशिश करते हैं ताकि उसके बाद अपने काम में जुट सकें। मगर हम-तुम इस कोशिश में हैं कि ज़्यादा-से-ज़्यादा देर तक हमारा खाना चलता

रहे और इसलिए ओयेस्टर खा रहे हैं..."

"सो तो ज़ाहिर है" ओब्लोन्स्की ने बात को आगे बढ़ाया। यही तो उद्देश्य है पढ़ने-लिखने का—हर चीज़ से मज़ा हासिल किया जाये।"

"अगर यही उद्देश्य है, तो मैं जंगली रहना पसन्द करूँगा।"

"तुम तो जंगली हो ही। तुम सभी लेविन जंगली हो।"

लेविन ने गहरी साँस ली। उसे अपने निकोलाई भाई की याद आ गयी, उसकी आत्मा ने उसे धिक्कारा और उसे दुःख हुआ। उसने नाक-भौंह सिकोड़ी। लेकिन ओब्लोन्स्की ने एक ऐसे विषय की चर्चा शुरू कर दी, जिससे लेविन का ध्यान फ़ौरन दूसरी तरफ़ चला गया।

"तो क्या आज रात को हमारे लोगों यानी श्चेर्बात्स्की परिवारवालों के यहाँ जाओगे?" उसने आँखों में अर्थपूर्ण चमक लिये, ओयेस्टरों की खुरदरी खाली सीपियों को दूर हटाते और पनीर की ओर हाथ बढ़ाते हुए पूछा।

"हाँ, ज़रूर जाऊँगा," लेविन ने जवाब दिया। "बेशक मुझे ऐसा प्रतीत हुआ कि प्रिन्सेस ने मुझे मन मारकर बुलाया है।"

"यह तुम क्या कह रहे हो! बिल्कुल बेतुकी बात है! यह तो उनका ऐसा अन्दाज़ ही है... तो भाई, शोरबा ले आओ!... यह तो उनका gronde dame[1] का अन्दाज़ है," ओब्लोन्स्की ने कहा। "मैं भी आऊँगा, लेकिन मुझे रिहर्सल के लिए काउंटेस बानिना के यहाँ जाना है। तुम्हारे जंगली होने के बारे में भला कैसे शक हो सकता है? तुम इसकी क्या सफ़ाई दोगे कि अचानक मास्को से ग़ायब हो गये? श्चेर्बात्स्की परिवारवाले मुझसे लगातार तुम्हारे बारे में पूछते रहे, जैसे मुझे मालूम होना ही चाहिए। लेकिन मैं तुम्हारे बारे में सिर्फ़ इतना ही जानता हूँ कि हमेशा वह करते हो, जो दूसरा कोई नहीं करता।"

"हाँ," लेविन ने धीरे-धीरे और बेचैन होते हुए कहा। "तुम्हारा कहना ठीक है, मैं जंगली हूँ। लेकिन मेरा जंगलीपन इसमें नहीं है कि मैं चला गया था, बल्कि इसमें कि मैं अब आ गया हूँ। अब मैं इसलिए आया हूँ कि..."

"ओह, कितने खुशक़िस्मत हो तुम!" लेविन की आँखों में झाँकते हुए ओब्लोन्स्की ने उसकी बात पूरी की।

"किसलिए ख़ुशक़िस्मत हूँ मैं?"

"घोड़े की तेज़ी पहचानता हूँ उसके ख़ास निशानों से, जवान प्रेमियों को पहचानता हूँ उनके नयन-बाणों से," ओब्लोन्स्की ने यह पंक्ति सुना दी। "तुम्हारे लिए तो अभी सब कुछ आगे है।"

"और तुम्हारे लिए क्या सब कुछ पीछे रह गया है?"

"नहीं, बेशक पीछे तो नहीं रह गया, मगर तुम्हारे सामने भविष्य है और मेरे

---

1. महत्त्वपूर्ण महिला। (फ्रांसीसी)

सामने वर्तमान और वह भी धुँधला-सा।"

"क्यों, क्या मामला है?"

"मामला कुछ अच्छा नहीं है। पर ख़ैर, मैं अपनी चर्चा नहीं करना चाहता और इसके अलावा सब कुछ समझाया भी तो नहीं जा सकता," ओब्लोन्स्की ने कहा। "तो तुम किसलिए मास्को आये हो? ...अरे, यह ले जाओ!" उसने तातार बैरे को आवाज़ दी।

"भाँप नहीं सकते क्या?" आँखों की गहराई में चमक लिये और ओब्लोन्स्की के चेहरे पर उन्हें जमाये हुए लेविन ने जवाब दिया।

"भाँप तो रहा हूँ, मगर इसकी चर्चा शुरू नहीं कर सकता। तुम इसी से जान सकते हो कि मैं सही अनुमान लगा रहा हूँ या नहीं," ओब्लोन्स्की ने तनिक मुस्कुराते और लेविन की ओर देखते हुए कहा।

"तो तुम्हारी क्या राय है इसके बारे में?" लेविन ने काँपती आवाज़ में यह महसूस करते हुए कहा कि उसके चेहरे की सभी मांसपेशियाँ सिहर रही हैं। "तुम्हारा क्या ख़याल है?"

ओब्लोन्स्की ने लेविन पर नज़र जमाये हुए अपना शराब का गिलास धीरे-धीरे ख़त्म कर दिया।

"मेरा ख़याल?" ओब्लोन्स्की ने यह प्रश्न दोहराया। "मैं इससे अधिक और किसी चीज़ की कामना नहीं कर सकता। मेरी दृष्टि में तो यही सबसे अच्छा हो सकता है।"

"लेकिन तुम कहीं भूल तो नहीं कर रहे हो? इतना तो जानते हो कि हम किस बात की चर्चा कर रहे हैं?" लेविन ने अपने मित्र की आँखों में आँखें डालकर पूछा। "तुम्हारे विचार में यह सम्भव है?"

"मेरे विचार में तो सम्भव है। सम्भव क्यों नहीं?"

"तुम बिल्कुल ठीक-ठीक ऐसा समझते हो कि यह सम्भव है? नहीं, तुम जो सोचते हो, सब कुछ कह दो! लेकिन अगर, अगर मुझे इनकार ही सुनना पड़ेगा... मुझे तो इसका यक़ीन भी है कि..."

"तुम ऐसा क्यों सोचते हो?" लेविन की घबराहट पर मुस्कुराते हुए ओब्लोन्स्की ने पूछा।

"कभी-कभी मुझे ऐसा लगता है। यह मेरे और उसके लिए भी भयानक बात होगी।"

"ख़ैर, लड़की के लिए तो यह कोई भयानक बात नहीं होगी। हर लड़की इस बात पर गर्व करती है कि उससे विवाह का प्रस्ताव किया गया है।"

"हाँ, आमतौर पर लड़कियों के बारे में ऐसा सही है, लेकिन उसके बारे में नहीं।"

ओब्लोन्स्की मुस्कुराया। लेविन की इस भावना को वह बहुत अच्छी तरह जानता था। जानता था कि लेविन के लिए दुनिया की सारी लड़कियाँ दो क़िस्मों में बँटी हुई हैं। एक क़िस्म तो वह है, जिसमें 'उसे' छोड़कर दुनिया की सारी लड़कियाँ शामिल हैं। इन लड़कियों में सभी मानवीय दुर्बलताएँ हैं और वे बहुत ही सामान्य लड़कियाँ हैं। दूसरी क़िस्म में वह अकेली ही है, उसमें किसी तरह की कोई दुर्बलता नहीं और वह मानव की हर चीज़ से ऊपर है।

"यह क्या कर रहे हो, चटनी ले लो," लेविन का हाथ थामते हुए, जो चटनी को परे हटा रहा था, ओब्लोन्स्की ने कहा।

लेविन ने चुपचाप चटनी ले ली, लेकिन ओब्लोन्स्की को खाना जारी नहीं रखने दिया।

"नहीं, तुम रुको, ज़रा रुको," वह बोला। "तुम इतना समझ लो कि मेरे लिए यह ज़िन्दगी और मौत का सवाल है। मैंने कभी और किसी से भी इसकी चर्चा नहीं की। और अन्य किसी के साथ मैं इसकी वैसे ही चर्चा कर भी नहीं सकता, जैसे तुम्हारे साथ। यों हम एक-दूसरे से बिल्कुल भिन्न हैं–हमारी रुचियाँ भिन्न हैं, दृष्टिकोण अलग-अलग हैं, कुछ भी तो एक जैसा नहीं। लेकिन मैं जानता हूँ कि तुम मुझे प्यार करते और समझते हो। इसलिए मैं तुम्हें बेहद प्यार करता हूँ। लेकिन भगवान के लिए मुझसे बिल्कुल साफ़-साफ़ बात करना।"

"मैं जैसा समझता हूँ, तुमसे वैसा ही कह रहा हूँ," ओब्लोन्स्की ने मुस्कुराते हुए कहा। "मैं तुमसे इतना और भी कहूँगा–मेरी पत्नी अद्भुत नारी है..." पत्नी के साथ अपने सम्बन्धों की याद आने पर ओब्लोन्स्की ने गहरी साँस ली और क्षण-भर चुप रहने के बाद अपनी बात आगे बढ़ायी। "उसमें चीज़ों को पहले से ही देखने, उन्हें भाँप लेने का गुण है। वह लोगों को आर-पार देख लेती है। लेकिन इतना ही नहीं, भविष्य में जो होने वाला है, ख़ासतौर पर शादी-ब्याह के मामले में, वह उसे भी पहले से ही जान जाती है। मिसाल के तौर पर उसने भविष्यवाणी की थी कि शाख़ोव्स्काया की ब्रेनतेल्न के साथ शादी होगी। कोई इसे मानने को ही तैयार नहीं था, लेकिन ऐसा ही हुआ। और मेरी बीवी तुम्हारे हक़ में है।"

"क्या मतलब तुम्हारा?"

"मेरा मतलब यह कि वह न सिर्फ़ तुम्हें चाहती है, बल्कि यह भी कहती है कि कीटी ज़रूर तुम्हारी बीवी बनेगी।"

यह शब्द सुनकर लेविन के चेहरे पर ऐसी मुस्कान की चमक आ गयी, जो स्नेहावेग के आँसुओं के निकट होती है।

"ऐसा कहती है वह!" लेविन कह उठा। "मैं हमेशा कहता रहा हूँ कि वह, तुम्हारी बीवी तो बस, कमाल की औरत है। लेकिन हटाओ, हटाओ, अब यह चर्चा," अपनी जगह से उठते हुए उसने कहा।

"अच्छी बात है, पर तुम बैठो तो।"

किन्तु लेविन बैठ नहीं सका। उसने दृढ़ क़दमों से दो बार इस छोटे-से कमरे में चक्कर लगाया, आँखों को झपकाया, ताकि आँसू नज़र न आयें और इसके बाद ही अपनी जगह पर आकर बैठा।

"तुम इतना समझो," उसने कहा, "यह प्यार नहीं है। मैं प्यार कर चुका हूँ, किन्तु यह वह नहीं है। यह मेरी अपनी भावना नहीं, बल्कि कोई बाहरी शक्ति मुझ पर हावी हो गयी है। मैं पूरी तरह यह मानकर यहाँ से चला गया था कि ऐसा नहीं हो सकता। मेरा मतलब समझते हो न, कि यह ऐसा सुख है, जो धरती पर नहीं होता। मैं अपने मन से जूझता रहा और इस नतीजे पर पहुँचा कि इसके बिना जीवन सम्भव नहीं है। और इस मामले को तय करना चाहिए..."

"तो तुम चले क्यों गये थे?"

"ओह, ज़रा रुको! ओह, कितने विचार उमड़े आ रहे हैं मन में! कितने सवाल पूछने हैं! सुनो, तुम तो कल्पना भी नहीं कर सकते कि तुमने जो कुछ कहा है, वह कहकर मुझ पर कितना बड़ा एहसान किया है। मैं इतना ख़ुश हूँ कि सचमुच घृणित हो रहा हूँ, सब कुछ भूल गया हूँ। मुझे आज ही पता चला कि मेरा भाई निकोलाई... जानते हो, वह मास्को में है... मैं उसके बारे में भूल ही गया। मुझे लगता है कि वह भी सुखी है। यह तो मानो पागलपन है। लेकिन एक बात बड़ी भयानक है... तुमने शादी की है, तुम इस भावना को जानते हो... भयानक बात यह है कि हम, जो जवानी की दहलीज़ पार कर चुके हैं, हमारा अपना अतीत है... प्यार का नहीं, गुनाहों का अतीत... अचानक हम पवित्र और निर्दोष प्राणी के निकट आते हैं। बड़ी घृणा होती है इस कारण और इसलिए अपने को उसके अयोग्य अनुभव किये बिना नहीं रह सकते।"

"हटाओ, तुमने तो बहुत गुनाह नहीं किये हैं।"

"आह, फिर भी," लेविन ने जवाब दिया, "फिर भी, 'अपने जीवन की पुस्तक घृणा से पढ़ते हुए मैं काँपता हूँ, अपने को कोसता हूँ, बहुत पछताता हूँ...' यह बात है।"

"क्या किया जाये, ऐसा ही है इस दुनिया का दस्तूर," ओब्लोन्स्की ने कहा।

"उस प्रार्थना की भाँति, जिसे मैं हमेशा बहुत पसन्द करता रहा हूँ, एक ही बात से अपने को तसल्ली देता हूँ कि प्रभु मेरी करनी के आधार पर नहीं, बल्कि अपने दयाभाव से मुझे क्षमा करें। वह भी मुझे केवल ऐसे ही क्षमा कर सकती है।"

11

लेविन ने शराब का अपना जाम ख़त्म कर लिया और दोनों कुछ देर तक ख़ामोश रहे।

"मुझे तुमसे एक और बात कहना ज़रूरी है। तुम व्रोन्स्की को जानते हो?" ओब्लोन्स्की ने लेविन से पूछा।

"नहीं, नहीं जानता। तुम यह क्यों पूछ रहे हो?"

"एक और बोतल ले आओ," ओब्लोन्स्की ने तातार बैरे से कहा, जो जाम भरता हुआ ऐसे वक़्त उनके इर्द-गिर्द मँडरा रहा था, जब उसे वहाँ नहीं होना चाहिए था।

"क्या ज़रूरत है मुझे व्रोन्स्की को जानने की?"

"क्या ज़रूरत है तुम्हें व्रोन्स्की को जानने की! यह ज़रूरत है कि वह तुम्हारा प्रतिद्वन्द्वी है।"

"कौन है यह व्रोन्स्की?" लेविन ने सवाल किया और उसके चेहरे का बाल-सुलभ ख़ुशी का भाव, जिसे कुछ ही क्षण पहले ओब्लोन्स्की मुग्ध होकर देख रहा था, अचानक झल्लाहट और कटुता में बदल गया।

"व्रोन्स्की–यह काउंट किरील्ल इवानोविच व्रोन्स्की का बेटा और पीटर्सबर्ग के शानदार कुलीन युवाजन का एक बढ़िया उदाहरण है। मैं जब त्वेर में काम कर रहा था, तब वह नये फ़ौजी भर्ती करने के लिए वहाँ आया था और तभी मेरा उससे परिचय हुआ था। बहुत ही धनी और बड़ा सुन्दर व्यक्ति है, बड़े-बड़े लोगों से सम्पर्क हैं उसके, ज़ार का एड-डी. कैम्प और साथ ही बड़ा मधुर तथा दयालु जवान है। सिर्फ़ इतना ही नहीं, उसमें और भी बहुत कुछ है। जैसा कि मुझे यहाँ मालूम हुआ है, वह पढ़ा-लिखा और समझदार भी है। यह आदमी बहुत तरक्की करेगा।"

लेविन के माथे पर बल पड़ गये और वह ख़ामोश रहा।

"हाँ, तो वह तुम्हारे जाने के फ़ौरन बाद ही यहाँ प्रकट हुआ और जहाँ तक मैं समझ सकता हूँ कीटी पर लट्टू है। तुम तो जानते ही हो कि कीटी की माँ..."

"माफ़ी चाहता हूँ, लेकिन मेरे पल्ले तो कुछ भी नहीं पड़ रहा है," लेविन ने उदासी से माथे पर बल डालकर कहा। इसी वक़्त उसे अपने भाई निकोलाई की याद आ गयी, यह ध्यान आया कि वह कितना नीच है, जो उसके बारे में भूल गया।

"तुम ज़रा सुनो, मेरी बात को समझो तो," ओब्लोन्स्की ने मुस्कुराते और उसका हाथ छूते हुए कहा। "मैं जो कुछ जानता हूँ, मैंने तुम्हें वही बताया है और दोहराता हूँ कि इस मुश्किल तथा नाजुक मामले में जहाँ तक अनुमान लगाना सम्भव है, मुझे यही लगता है कि तुम्हारी सफलता की सम्भावना अधिक है।"

लेविन ने पीछे हटकर कुर्सी की टेक का सहारा ले लिया। उसके चेहरे का रंग उड़ा हुआ था।

"लेकिन मैं तुम्हें यह सलाह दूँगा कि जितनी जल्दी हो सके, इस मामले को निपटा डालो," लेविन का जाम भरते हुए ओब्लोन्स्की ने अपनी बात जारी रखी।

"नहीं, शुक्रिया, मैं और नहीं पी सकता," लेविन ने अपना जाम पीछे हटाते

हुए कहा। "मुझे चढ़ जायेगी... तो यह बताओ कि तुम्हारा कैसा हालचाल है?" शायद बातचीत का विषय बदलने की इच्छा से उसने कहा।

"दो शब्द और कहूँगा–कुछ भी हो, मैं तुम्हें इस मामले को जल्दी से तय करने की सलाह दूँगा। लेकिन आज तुम्हें ऐसा करने का परामर्श नहीं दूँगा," ओब्लोन्स्की ने कहा। "कल सुबह वहाँ जाना, रीति-रिवाज के मुताबिक ढंग से विवाह का प्रस्ताव करना और कामना करता हूँ कि भगवान तुम्हें सफलता प्रदान करें..."

"तुम मेरे यहाँ शिकार के लिए आने की कहते रहते हो? तो वसन्त में आ जाओ," लेविन बोला।

लेविन अब जी-जान से पछता रहा था कि उसने ओब्लोन्स्की से यह बात शुरू की। पीटर्सबर्ग के किसी अफ़सर के साथ मुक़ाबले की चर्चा और ओब्लोन्स्की के अनुमानों तथा मशविरों से उसकी 'विशेष' भावना दूषित-सी हो गयी थी।

ओब्लोन्स्की मुस्कुराया। लेविन की आत्मा की इस समय क्या दशा थी, उससे यह छिपा नहीं था।

"आ जाऊँगा कभी-न-कभी," उसने जवाब दिया। "हाँ, भाई, औरत ही वह धुरी है, जिसके इर्द-गिर्द सब कुछ घूमता है। मेरा हाल भी बुरा है, बहुत बुरा है। सो भी औरतों की वजह से। तुम मुझसे लाग-लपेट के बिना बात करो," उसने सिगार निकाला और दूसरे हाथ से जाम थामते हुए कहना जारी रखा, "तुम मुझे सलाह दो।"

"किस बारे में?"

"इस बारे में–मान लो कि तुम शादीशुदा हो, अपनी बीवी को प्यार करते हो, लेकिन किसी दूसरी औरत पर तुम्हारा दिल आ गया..."

"माफ़ी चाहता हूँ, लेकिन यह चीज़ तो मेरी समझ के बिल्कुल बाहर है। वैसे ही... जैसे,मैं यह नहीं समझ सकता कि अभी-अभी पेट भरकर खाने के बाद मैं नानबाई की दुकान के क़रीब से गुज़रूँ और उसके यहाँ से केक चुरा लूँ।"

ओब्लोन्स्की की आँखें सामान्य से कहीं अधिक चमक रही थीं।

"क्यों नहीं! केक कभी-कभी इतना महकदार होता है कि आदमी अपने को क़ाबू में नहीं रख पाता।

Himmlisch ist's, wenn ich bezwungen
Meine irdrshe Begier;
Aber doch wenn's nicht gelungen,
Hatt ich such recht h iibsch Plasisir !"[1]

---

1. अच्छा है यदि भाव, भावना
वश में कर आवेश लिये,
अगर न ऐसा मैं कर पाया
तो भी मैंने मजे किये। (जर्मन)

यह कहते हुए ओब्लोन्स्की तनिक मुस्कुराया। लेविन भी मुस्कुराये बिना न रह सका।

"ख़ैर, मज़ाक़ को हटाओ," ओब्लोन्स्की कहता गया। "तुम इस बात को समझो कि प्यारी, छोटी सी, जी-जान से चाहने वाली, लाचार और एकाकी नारी ने तुम पर अपना सब कुछ न्यौछावर कर डाला। अब जब तुमने अपना मतलब निकाल लिया–तुम मेरी बात को समझो–तो क्या उसे उसके हाल पर छोड़ दिया जाये? मान लो कि उससे नाता तोड़ना होगा, ताकि परिवार नष्ट न हो, तो क्या उस पर तरस न खाया जाये, उसे किसी किनारे न लगाया जाये, उसके दर्द को कुछ कम न किया जाये?"

"तुम मुझे माफ़ करना, पर तुम्हें मालूम है कि मेरे लिए सभी औरतें दो क़िस्मों में बँटी हुई हैं... नहीं, ऐसे नहीं... शायद यह कहना अधिक सही होगा कि एक तो नारियाँ हैं और दूसरी... मुझे तो पाप में गिरने वाली अच्छी नारियाँ न तो कभी देखने को मिली हैं और न मिल ही सकेंगी। और ऐसी औरतें, जैसी कि वह घुँघराले बालोंवाली रँगी-चुनी फ्रांसीसी महिला, जो काउंटर पर बैठी है, मेरे लिए कुतियों जैसी हैं। सभी पतिताएँ ऐसी ही हैं।"

"और मरियम मगदलीनी?"[1]

"ओह, हटाओ! ईसा मसीह ने उसके बारे में कभी वे अच्छे शब्द न कहे होते, यदि उन्हें यह मालूम होता कि उनका इतना अधिक दुरुपयोग किया जायेगा। इंजील के केवल यही शब्द याद हैं सबको। वैसे, मैं वह नहीं कह रहा हूँ, जो सोचता हूँ, बल्कि जो अनुभव करता हूँ। मुझे पतित नारियों से घृणा है। तुम मकड़ियों से डरते हो और मैं इन नागिनों से। सम्भवतः तुमने मकड़ियों का अध्ययन नहीं किया और तुम उनके रंग-ढंग से परिचित नहीं हो। ऐसी औरतों के बारे में मेरा यही हाल है।"

"तुम्हारे लिए ऐसे कहना बहुत आसान है–यह तो डिकेन्स के उस पात्रवाली ही बात है, जो हर मुश्किल मसले को चालाकी से टाल देता है। किन्तु तथ्य से इनकार करना तो प्रश्न का उत्तर नहीं माना जा सकता। तुम मुझे यह बताओ कि क्या किया जाये, क्या करना चाहिए? पत्नी बुढ़ाती जा रही है और तुममें ज़िन्दगी हिलोरें ले रही है। तुम्हें पता भी नहीं चलता और तुम यह महसूस करने लगते हो कि अपनी प्यारी बीवी को, चाहे उसकी कितनी ही इज़्जत क्यों न करते हो, प्यार नहीं कर सकते। इसी वक़्त अचानक तुम्हारे जीवन में प्यार सामने आ जाता है और बस, तुम कहीं के नहीं रहे, मारे गये!" ओब्लोन्स्की ने उदासी-भरी हताशा के साथ कहा।

लेविन व्यंग्यपूर्वक मुस्कुराया।

---

1. इंजील में वर्णित एक पतिता। ईसा मसीह ने उससे घृणा नहीं की, उसे स्नेह दिया और वह कुपथ से सुपथ पर आ गयी। –अनु.

"हाँ, मारे गये," ओब्लोन्स्की कहता गया। "लेकिन किया क्या जाये?"

"केक न चुराये जायें।"

ओब्लोन्स्की खिलखिलाकर हँस दिया।

"ओ नैतिकता के पुजारी! लेकिन तुम बात को समझो तो। तुम्हारे सामने दो औरतें हैं–एक केवल अपने अधिकारों की माँग करती है और ये अधिकार हैं तुम्हारा वह प्रेम, जो तुम उसे दे नहीं सकते। लेकिन दूसरी औरत तुम्हारे लिए सब कुछ क़ुर्बान कर देती है और किसी चीज़ की माँग नहीं करती। ऐसी हालत में तुम क्या करोगे? क्या करना चाहिए तुम्हें? यहाँ बड़ा भयानक ड्रामा हो जाता है।"

"अगर तुम इस मामले में मेरे दिल की बात जानना चाहते हो, तो मैं कहूँगा कि इसमें किसी तरह का ड्रामा नहीं है। इसका कारण बताता हूँ। इसलिए कि प्रेम... दोनों तरह के प्रेम, जैसा कि तुम्हें याद होगा, अफ़लातून जिनकी अपने 'सिम्पोज़ियम' में चर्चा करता है, लोगों के लिए कसौटी का काम देते हैं। कुछ लोग केवल एक प्रेम को समझते हैं और दूसरे दूसरे को। और वे लोग, जो दुनियावी प्रेम को समझते हैं, वे तो बेकार ही ड्रामे की बात करते हैं। ऐसी मुहब्बत में कोई ड्रामा-व्रामा नहीं हो सकता। 'मज़ा देने के लिए तुम्हारा बहुत-बहुत शुक्रिया'–बस, ख़त्म ड्रामा। भावनात्मक प्रेम के लिए इस वजह से कोई ड्रामा नहीं हो सकता कि ऐसे प्रेम में सब कुछ स्पष्ट और निर्मल होता है... क्योंकि..."

इसी वक़्त लेविन को अपने पापों और उस मानसिक संघर्ष की याद आ गयी, जिसे वह अनुभव कर चुका था। उसने अचानक इतना और कह डाला–

"वैसे, शायद तुम्हारी बात ही ठीक हो। बहुत सम्भव है... किन्तु मैं नहीं जानता, बिल्कुल नहीं जानता।"

"देखा न तुमने," ओब्लोन्स्की बोला, "तुम पूरी तरह एक ही साँचे के आदमी हो। यह तुम्हारा गुण भी है और अवगुण भी। खुद तुममें दोरंगापन नहीं है और चाहते हो कि पूरे जीवन का ऐसा ही ढंग हो। मगर ऐसा तो होता नहीं। तुम सार्वजनिक कार्यालयों की गतिविधियों को इसलिए मुँह चिढ़ाते हो कि उनकी करनी हमेशा ध्येय के अनुरूप होनी चाहिए, किन्तु ऐसा होता नहीं। इसी तरह तुम चाहते हो कि व्यक्ति की गतिविधियों का भी हमेशा कोई लक्ष्य होना चाहिए, ताकि प्यार और पारिवारिक जीवन सदा एक ही हों। मगर ऐसा होता नहीं। जीवन की सारी विविधता, सारी मधुरता और सारी सुन्दरता छाया और प्रकाश का परिणाम होती हैं।"

लेविन ने गहरी साँस ली और कोई जवाब नहीं दिया। वह अपने ही मसलों में खोया हुआ था और ओब्लोन्स्की की बातों की ओर कोई ध्यान नहीं दे रहा था।

अचानक दोनों ने यह महसूस किया कि बेशक वे दोस्त हैं, बेशक उन्होंने साथ-साथ खाना खाया और शराब पी है, जिससे उन्हें एक-दूसरे के और अधिक निकट आ जाना चाहिए था, फिर भी हर कोई अपने में ही उलझा हुआ है और

एक-दूसरे से कोई मतलब नहीं है। ओब्लोन्स्की खाने के बाद निकटता के बजाय इस अत्यधिक अलगाव को कई बार अनुभव कर चुका था और जानता था कि ऐसी हालत में उसे क्या करना चाहिए।

"बिल लाओ!" उसने बैरे को पुकारकर कहा और पास के कमरे में चला गया। वहाँ एक परिचित एड-डी. कैम्प से फ़ौरन उसकी भेंट हो गयी और वह उसके साथ एक अभिनेत्री और उसके अन्नदाता के बारे में बातचीत करने लगा। एड-डी. कैम्प के साथ बातचीत करके ओब्लोन्स्की को उसी क्षण लेविन से हुई बातचीत से राहत और चैन मिला। लेविन के साथ बातचीत से वह हमेशा दिल-दिमाग़ पर बड़ा तनाव महसूस करता था।

तातार बैरा कुछ देर बाद छब्बीस रूबल और कुछ कोपेक का बिल लेकर आया। टिप के पैसे इसके अलावा थे। कोई और वक़्त होता, तो देहात में रहने वाले किसी भी व्यक्ति की तरह अपने हिस्से के चौदह रूबलों का बिल देखकर लेविन सन्नाटे में आ जाता। लेकिन इस वक़्त उसने इसकी तरफ़ कोई ध्यान नहीं दिया, बिल चुकाया और श्चेर्बात्स्की परिवार के यहाँ जाने के लिए, जहाँ उसके भाग्य का निर्णय होने वाला था, कपड़े बदलने को अपने घर चल दिया।

12

प्रिन्सेस कीटी श्चेर्बात्स्काया अठारह साल की थी। इस जाड़े में यह पहली बार दावतों-महफ़िलों में जाने लगी थी। ऊँचे समाज में उसे अपनी दोनों बड़ी बहनों की तुलना में तथा उसकी माँ की आशा से भी अधिक सफलता मिल रही थी। न केवल यह कि मास्को के बॉलों में नाचने वाले लगभग सभी तरुण कीटी पर जान छिड़कते थे, बल्कि पहले ही जाड़े में विवाह का प्रस्ताव कर सकने वाले ढंग के दो व्यक्ति–लेविन, और उसके जाने के फ़ौरन बाद काउंट व्रोन्स्की–सामने आये।

जाड़े के शुरू में लेविन के प्रकट होने, उसके अक्सर श्चेर्बात्स्की परिवार में आने और कीटी के प्रति साफ़ तौर पर प्यार करने के फलस्वरूप कीटी के भविष्य के बारे में उसके माँ-बाप के बीच पहली गम्भीर बातचीत और प्रिन्स तथा प्रिन्सेस में वाद-विवाद हुआ। प्रिन्स लेविन के पक्ष में थे और उनका कहना था कि कीटी के लिए वे लेविन से बढ़कर और किसी की कामना नहीं कर सकते। प्रिन्सेस मामले से दामन बचाकर निकल जाने की नारी-सुलभ अपनी आदत के मुताबिक यह कहती रहीं कि कीटी अभी बहुत छोटी उम्र की है, कि लेविन किसी तरह भी यह ज़ाहिर नहीं करता कि इस सिलसिले में उसका कोई संजीदा इरादा है, कि कीटी उसके प्रति कोई अनुराग नहीं रखती तथा उन्होंने इसी तरह के कई दूसरे बहाने पेश किये। लेकिन प्रिन्सेस ने मुख्य बात नहीं कही कि वे बेटी के लिए बेहतर वर की राह देख रही हैं, कि लेविन उसके मन को नहीं छूता, कि वे उसे समझ नहीं

पातीं। जब लेविन अचानक ही चला गया, तो प्रिन्सेस बहुत ख़ुश हुईं और बड़ी शान से अपने पति से बोलीं, "देखा, मैं ठीक कहती थी न।" जब व्रोन्स्की सामने आया, तो वे और भी ज़्यादा ख़ुश हुईं और उनका यह विचार और भी अधिक पुष्ट हो गया कि कीटी को केवल अच्छा ही नहीं, बल्कि बहुत बढ़िया वर मिलना चाहिए।

माँ के मतानुसार तो व्रोन्स्की और लेविन के बीच कोई तुलना ही नहीं हो सकती थी। माँ को लेविन के अजीब और उग्र विचार, ऊँचे समाज में उसका अटपटापन, जो उनके अनुसार घमंड का नतीजा था, तथा जैसा कि वे समझती थीं, पशुओं और किसानों से सम्बन्धित गाँव का जंगली-सा जीवन पसन्द नहीं था। उन्हें तो यह भी बहुत अच्छा नहीं लगता था कि उनकी बेटी के प्रेम में डूबा हुआ वह डेढ़ महीने तक घर में आता रहा, मानो किसी चीज़ की प्रतीक्षा करता रहा, ऐसे इधर-उधर देखता रहा मानो यह सोचकर डरता हो कि विवाह का प्रस्ताव करके वह बहुत बड़ा सम्मान प्रदान कर देगा, इतना भी नहीं समझता था कि अक्सर उस घर में आने पर, जहाँ ब्याह-शादी के लायक़ लड़की हो, उसे अपने मन का भाव प्रकट करना चाहिए। और फिर कुछ भी कहे-सुने बिना अचानक चला गया। 'यही ग़नीमत है कि वह कुछ ख़ास आकर्षक नहीं है, कि कीटी उससे प्रेम नहीं करने लगी है,' माँ सोचती थीं।

व्रोन्स्की कीटी की माँ की सभी इच्छाओं के अनुरूप था। वह बहुत धनी था, समझदार था, ख़ानदानी था, राज-दरबार के शानदार फ़ौजी रुतबे की ओर बढ़ रहा था तथा बड़ा मनमोहक व्यक्तित्व था उसका। उससे बेहतर किसी बात की कामना नहीं की जा सकती थी।

बॉलों में व्रोन्स्की स्पष्टतः कीटी के प्रति अपना लगाव दिखाता था, उसी के साथ नाचता था और कीटी के घर आता था। ऐसा मानना सम्भव था कि उसके इरादे की संजीदगी के बारे में कोई शक ही नहीं हो सकता। किन्तु इसके बावजूद माँ इस पूरे जाड़े में बहुत बेचैन और विह्वल रहीं।

खुद प्रिन्सेस की तो तीस साल पहले मौसी की मार्फ़त शादी हुई थी। वर, जिसके बारे में पहले से ही सब कुछ स्पष्ट था, लड़की के घर पहुँचा, उसने लड़की को देखा और उसके घरवालों ने उसे भी देखा। मौसी ने दोनों पक्षों पर पड़ने वाले आपसी प्रभाव की जानकारी प्राप्त करके उन्हें उसके बारे में बताया। प्रभाव अच्छा पड़ा था। इसके बाद एक नियत दिन वर ने लड़की के माता-पिता के सामने प्रस्ताव किया और इस प्रत्याशित प्रस्ताव को स्वीकार कर लिया गया। सब कुछ बहुत आसानी और सीधे-सादे ढंग से हो गया। कम-से-कम प्रिन्सेस को तो ऐसा ही प्रतीत हुआ। लेकिन अपनी बेटियों के मामले में उन्होंने यह अनुभव किया कि बेटी का विवाह करने का बहुत ही मामूली प्रकट होने वाला मामला कुछ आसान और सीधा-सादा नहीं है। दोनों बड़ी बेटियों दार्या और नताल्या की शादी करने के मामले में ही कितनी

तरह के डर-भय का सामना करना पड़ा था, कितने इरादे बनाये और बदले गये थे, कितना पैसा ख़र्च करना पड़ा था और कितनी बार पति से झगड़े हुए थे। अब सबसे छोटी बेटी के ब्याह के लायक़ होने पर फिर वैसे ही डर-भय, वैसे ही सन्देहों, बल्कि बड़ी बेटियों की तुलना में अधिक सन्देहों तथा पति के साथ अधिक झगड़ों का मुँह देखना पड़ रहा था। सभी पिताओं की तरह, बूढ़े प्रिन्स अपनी बेटियों की इज़्ज़त और पाकीज़गी के मामले में बहुत ही संवेदनशील थे। वे बेटियों, विशेषतः कीटी के सिलसिले में, जिसे सबसे ज़्यादा प्यार करते थे, बेसमझी की हद तक भावुक थे और क़दम-क़दम पर पत्नी से इस बात के लिए झगड़ा करते थे कि वह बेटी की प्रतिष्ठा का पूरा ध्यान नहीं रखती। प्रिन्सेस बड़ी बेटियों के वक़्त से ही इस चीज़ की आदी हो चुकी थीं, लेकिन अब यह महसूस करती थीं कि प्रिन्स की इतनी अधिक संवेदनशीलता सर्वथा साधार है। उन्होंने देखा कि पिछले कुछ समय में ऊँचे समाज के तौर-तरीक़ों में बहुत-सी चीज़ें बदल गयी हैं, कि माँ के कर्तव्य और भी ज़्यादा मुश्किल हो गये हैं। उन्होंने देखा कि कीटी की हमउम्र लड़कियाँ कुछ अपने संगठन बनाती हैं, कई तरह के कोर्सों में जाती हैं, मर्दों के साथ आज़ादी से मिलती-जुलती हैं, सड़कों पर अकेली सवारी करती हैं, बहुत-सी अभिवादन करते हुए घुटनों को नहीं झुकातीं और सबसे बड़ी बात तो यह है कि सभी ऐसा यक़ीन रखती हैं कि अपने लिए पति चुनना तो उनका अपना काम है और माँ-बाप का इससे कोई वास्ता नहीं। 'अब तो पहले की तरह लड़कियों की शादी नहीं की जाती,' ये सभी युवतियाँ ऐसे सोचती और कहती थीं और कुछ बड़े-बूढ़ों का भी यही हाल था। लेकिन अब बेटियों की शादी कैसे की जाती है, प्रिन्सेस किसी से भी यह मालूम नहीं कर सकती थीं। फ्रांसीसी प्रथा, जिसके मुताबिक़ माँ-बाप बच्चों के भाग्य का निर्णय करते हैं, मान्य नहीं थी, उसकी आलोचना की जाती थी। अँग्रेज़ी प्रथा थी कि लड़कियों को पूरी आज़ादी दी जाये, यह भी अमान्य थी और रूसी समाज में असम्भव थी। सगाई की रूसी प्रथा बेहूदा मानी जाती थी और उसका सभी, खुद प्रिन्सेस भी मज़ाक़ उड़ाती थीं। लेकिन कैसे और किस तरह लड़की की शादी की जाये, यह कोई नहीं जानता था। प्रिन्सेस जिस किसी से भी इस मामले पर विचार-विनिमय करती थी, वे सभी उसे यही जवाब देते थे–"हे भगवान, हमारे वक़्तों में इस पुरानी रीति को छोड़ना चाहिए। आख़िर तो युवाजन को शादी करती है, न कि माँ-बाप को। इसका मतलब यह है कि युवाजन जैसा चाहें, उन्हें वैसा ही करने देना चाहिए।" हाँ, ऐसी बातें तो उनके लिए कहना बहुत आसान था, जिनकी अपनी बेटियाँ नहीं थीं। किन्तु प्रिन्सेस तो यह सोचती थीं कि निकटता होने पर बेटी को किसी से प्रेम हो सकता है और सो भी ऐसे व्यक्ति से, जो शादी न करना चाहे या फिर ऐसे व्यक्ति से, जो उसका पति बनने के योग्य न हो। प्रिन्सेस को लोग चाहे कितना भी यह उपदेश क्यों न दें कि हमारे ज़माने में युवाजन को खुद अपनी क़िस्मत का फ़ैसला करना चाहिए, वे

इसको किसी तरह भी मानने को तैयार नहीं थीं, ठीक उसी तरह, जैसे कि कोई भी ज़माना क्यों न हो, पाँच साल के बच्चे के लिए गोलियों से भरी हुई पिस्तौल सबसे बढ़िया खिलौना नहीं हो सकती। इसलिए बड़ी बेटियों की तुलना में उन्हें कीटी की कहीं ज़्यादा फ़िक्र रहती थी।

प्रिन्सेस को अब इस बात का डर था कि व्रोन्स्की कीटी के प्रति प्रेम-प्रदर्शन तक ही सीमित न रह जाये। वे देख रही थीं कि बेटी तो उसे प्यार भी करने लगी है, लेकिन अपने को यह कहकर तसल्ली दे लेती थीं कि वह ईमानदार आदमी है और इसलिए कोई ग़लत बात नहीं करेगा। लेकिन साथ ही वे यह भी जानती थीं कि आजकल मिलने-जुलने की आज़ादी की बदौलत मर्द लड़की का दिमाग़ कैसे भटका सकते हैं और इस क़सूर को कितना कम महत्त्व देते हैं। पिछले हफ़्ते कीटी ने माँ को माजूर्का नाच के वक़्त व्रोन्स्की से हुई अपनी बातचीत बतायी। इस बातचीत ने माँ को कुछ हद तक तो शान्त कर दिया, लेकिन वे पूरी तरह से शान्त नहीं हो सकती थीं। व्रोन्स्की ने कीटी से कहा कि वे दोनों भाई सभी बातों में माँ का हुक्म बजाने के ऐसे आदी हो गये हैं कि उससे सलाह किये बिना कभी कोई महत्त्वपूर्ण निर्णय नहीं कर सकते। 'अब मैं एक विशेष सौभाग्य के रूप में पीटर्सबर्ग से माँ के आगमन की प्रतीक्षा कर रहा हूँ,' व्रोन्स्की ने कहा था।

कीटी ने इन शब्दों को कोई विशेष महत्त्व दिये बिना माँ के सामने इन्हें दोहराया था। लेकिन माँ ने इसे दूसरे ही ढंग से समझा। माँ को मालूम था कि बुढ़िया का हर दिन इन्तज़ार हो रहा है, जानती थीं कि बुढ़िया बेटे के चुनाव से खुश होगी और उन्हें यह बात अजीब-सी लगती थी कि व्रोन्स्की माँ को नाराज़ करने के डर से कीटी के साथ अपना भाग्य जोड़ने का प्रस्ताव नहीं करता था। फिर भी वे इस रिश्ते के हो जाने और इससे भी ज़्यादा, अपनी आशंकाओं से मुक्ति पाने को इतनी उत्सुक थीं कि वे इस बात पर विश्वास करती थीं कि व्रोन्स्की अवश्य प्रस्ताव करेगा। बेटी दार्या का बहुत अधिक दुःख होने पर भी जो अपने पति को छोड़ने का इरादा बना रही थी, छोटी बेटी के भाग्य-निर्णय से सम्बन्धित बेचैनी उनकी सारी भावनाओं पर छायी हुई थी। आज लेविन के प्रकट होने पर प्रिन्सेस के लिए एक नयी परेशानी बढ़ गयी। उन्हें इस बात का डर था कि कीटी, जिसके मन में, जैसा कि माँ को लगता था, कभी लेविन के प्रति कुछ भावना थी, ज़रूरत से ज़्यादा ईमानदारी बरतते हुए व्रोन्स्की को इनकार न कर दे, कि वैसे भी लेविन के आने से यह मामला उलझ न जाये, बस, सिरे चढ़ते-चढ़ते अटक न जाये।

"बहुत दिन हो गये क्या उसे यहाँ आये हुए?" घर लौटने पर माँ ने बेटी से पूछा।

"आज ही आया है, maman."

"मैं एक बात कहना चाहती हूँ..." माँ ने कहना शुरू किया और उनके चेहरे

पर गम्भीरता और सजीवता की झलक से कीटी ने फ़ौरन यह अनुमान लगा लिया कि माँ क्या कहेंगी।

"माँ," कीटी ने लज्जारुण होते और जल्दी से उनकी ओर मुड़ते हुए कहा, "कृपया इस बारे में कुछ भी, कुछ भी नहीं कहिये। मैं जानती हूँ, सब कुछ जानती हूँ।"

कीटी भी वही चाहती थी, जो माँ चाहती थीं। लेकिन माँ की इच्छा के पीछे छिपी भावनाओं से उसके दिल को ठेस लगती थी।

"मैं सिर्फ़ इतना कहना चाहती हूँ कि एक को उम्मीद बँधाकर..."

"माँ, प्यारी माँ, भगवान के लिए कुछ नहीं कहिये। बहुत भयानक लगता है इस बारे में बात करना।"

"अच्छी बात है, नहीं करूँगी, नहीं करूँगी," बेटी की आँखों में आँसू देखकर माँ ने कहा। "लेकिन सिर्फ़ इतना ही, मेरी लाड़ली, कि तुमने मुझसे अपनी कोई भी बात न छिपाने का वादा किया है। नहीं छिपाओगी न?"

"कभी, और कोई भी बात नहीं छिपाऊँगी," कीटी ने पुनः लज्जारुण होते और माँ से नज़र मिलाते हुए जवाब दिया। "लेकिन अभी तो मेरे पास बताने को कुछ नहीं है। मैं...मैं... अगर मैं चाहती, मुझे मालूम नहीं कि क्या और कैसे कहूँ... मैं नहीं जानती..."

'नहीं, ऐसी आँखों के साथ वह झूठ नहीं बोल सकती,' बेटी की बेचैनी और सुख पर मुस्कुराते हुए माँ ने सोचा। प्रिन्सेस इस बात पर मुस्कुरायीं कि अब बेटी की आत्मा में जो उथल-पुथल हो रही है, उस बेचारी को वह कितनी बड़ी और महत्त्वपूर्ण प्रतीत होती है!

13

दोपहर के खाने के बाद शाम होने तक कीटी ने कुछ वैसा ही अनुभव किया, जैसा कोई किशोर लड़ाई शुरू होने के पहले महसूस करता है। उसका दिल बहुत ज़ोर से धड़क रहा था और विचार किसी भी विषय पर टिक नहीं पा रहे थे।

वह महसूस कर रही थी कि आज की शाम, जब लेविन और व्रोन्स्की पहली बार मिलेंगे, उसके जीवन में निर्णायक होनी चाहिए। वह लगातार उन दोनों की कल्पना कर रही थी—कभी अलग-अलग तो कभी दोनों की एक साथ। जब वह अतीत के बारे में सोचती, तो बड़ी खुशी और स्नेह से लेविन के साथ अपने सम्बन्धों की यादों को दोहराती। बचपन की स्मृतियाँ और दिवंगत भाई के साथ लेविन की दोस्ती इन सम्बन्धों को विशेष काव्यमय माधुर्य प्रदान करतीं। अपने प्रति लेविन का प्यार, जिसके बारे में उसे पूरा विश्वास था, गौरवपूर्ण और सुखद लगता। लेविन को याद करने में उसे कोई कठिनाई अनुभव नहीं होती थी। किन्तु

व्रोन्स्की की स्मृतियों में कुछ अटपटा सा घुल-मिल जाता था, यद्यपि वह अपने तरीक़े-सलीक़े में बहुत ही मँजा हुआ और शान्त व्यक्ति था। उसे कोई बनावट-सी प्रतीत होती–व्रोन्स्की में नहीं, वह तो बहुत सरल और मधुर था, बल्कि खुद अपने में। दूसरी ओर लेविन के साथ वह अपने को सर्वथा सरल और स्पष्ट अनुभव करती। जब वह व्रोन्स्की के साथ अपने भविष्य के बारे में सोचती, तो उसे उसके बहुत ही शानदार और सुखद होने की सम्भावना नज़र आती थी, लेकिन लेविन के साथ भविष्य धुँधला-सा प्रतीत होता था।

शाम के लिए जब वह कपड़े पहनने को ऊपर गयी और उसने दर्पण में ख़ुद को निहारा, तो उसे इस बात की ख़ुशी हुई कि आज उसका एक सबसे अच्छा दिन है और वह अपने को पूरी तरह सँभाले हुए है। जो बात होने वाली थी, इसके लिए उसे उसकी बहुत ही ज़रूरत थी। वह अपने को शान्त और गतिविधियों में घबराहट-मुक्त सुन्दरता अनुभव कर रही थी।

शाम के साढ़े सात बजे वह जैसे ही मेहमानख़ाने में आयी, वैसे ही नौकर ने सूचना दी–'कोन्स्तान्तीन द्मीत्रीयेविच लेविन।' प्रिन्सेस अभी अपने ही कमरे में थीं और प्रिन्स भी बाहर नहीं आये थे। "वही बात है," कीटी ने सोचा और उसका दिल बहुत ही ज़ोर से धक्-धक् करने लगा। दर्पण में अपने चेहरे को बिल्कुल ज़र्द देखकर वह सन्नाटे में आ गयी।

अब तो उसे अच्छी तरह मालूम था कि लेविन क्यों दूसरों से पहले आया है। वह उसे अकेली पाकर विवाह का प्रस्ताव करना चाहता है। केवल इसी वक़्त पहली बार सारा मामला एक भिन्न तथा नये रूप में उसके सामने उभरा। केवल इसी वक़्त वह यह समझ पायी कि इस प्रश्न का–वह किसके साथ सुखी होगी और किसे प्यार करती है–खुद उसी से सम्बन्ध नहीं है, बल्कि इसी क्षण उसे उस व्यक्ति का अपमान करना होगा, जिसे वह प्यार करती है। और बड़ी कठोरता से अपमान करना होगा... सो भी किसलिए? इसलिए कि वह मधुर व्यक्ति है, उसे प्यार करता है, उसके प्यार में डूबा हुआ है। लेकिन दूसरा कुछ हो ही नहीं सकता, ऐसा करना ही ज़रूरी है, ऐसा ही होना चाहिए।

'हे भगवान, क्या खुद मुझे ही उसे यह कहना होगा?' कीटी ने सोचा। 'लेकिन क्या कहूँगी मैं उसे? क्या मैं उससे यह कहूँगी कि किसी दूसरे को प्यार करती हूँ? नहीं, यह सम्भव नहीं। मैं यहाँ से चली जाती हूँ, चली जाती हूँ।'

कीटी दरवाज़े के पास पहुँच चुकी थी, जब लेविन के पैरों की आहट मिली। 'नहीं, यह बेईमानी होगी! किस बात का डर है मुझे? मैंने कुछ भी तो बुरा नहीं किया। जो कुछ होना है, सो हो जाये! सच्चाई कह दूँगी। हाँ, उसके मामले में घबराने की कोई बात नहीं। लो, वह आ गया,' लेविन की चमकती और अपने चेहरे पर जमी आँखों, उसकी हृष्ट-पुष्ट और सहमी-सी आकृति को देखकर उसने

अपने-आपसे कहा। कीटी ने सीधे नज़र मिलाते हुए उसकी तरफ़ देखा मानो उससे दया करने की मिन्नत कर रही हो, और हाथ मिलाया।

"लगता है कि मैं समय से बहुत पहले आ गया हूँ," खाली मेहमानख़ाने में नज़र दौड़ाकर लेविन ने कहा। जब उसने यह देखा कि जैसा उसने सोचा था, वैसा ही है, कि किसी भी तरह की बाधा के बिना अपनी बात कह सकता है, तो उसके चेहरे पर मुर्दनी-सी छा गयी।

"नहीं, नहीं, ऐसी कोई बात नहीं है," कीटी ने कहा और मेज़ के पास बैठ गयी।

"लेकिन मैं यही चाहता था कि आप मुझे अकेली ही मिल जायें," लेविन ने बैठे बिना और उसकी तरफ़ देखे बिना ही, ताकि उसका साहस जवाब न दे जाये, कहना शुरू किया।

"माँ अभी आ जायेंगी। वे कल बहुत थक गयी थीं। कल..."

कीटी खुद यह जाने बिना कि उसके होंठ क्या कह रहे हैं, कहती जा रही थी और उसकी मिन्नत करती तथा स्नेह-स्निग्ध दृष्टि उसके चेहरे पर जमी हुई थी।

लेविन ने कीटी की तरफ़ देखा। कीटी के चेहरे पर लज्जा की लाली दौड़ गयी और वह ख़ामोश हो गयी।

"मैंने आपसे कहा था न कि मैं बहुत दिन के लिए आया हूँ या नहीं... कि यह आप पर निर्भर है..."

यह न समझ पाते हुए कि बहुत जल्द ही सामने आने वाले सवाल का क्या जवाब देगी, वह अपने सिर को अधिकाधिक नीचे झुकाती जाती थी।

"कि यह आप पर निर्भर है," लेविन ने इन शब्दों को दोहराया। "मैं कहना चाहता था... मैं यह कहना चाहता था... मैं इसीलिए आया हूँ... कि... आप मेरी पत्नी बन जायें!" खुद यह न जानते हुए कि उसने क्या कहा है, किन्तु यह महसूस करते हुए की सबसे भयानक बात कही जा चुकी है, वह रुका और उसने कीटी की तरफ़ देखा।

कीटी उसकी ओर देखे बिना हाँफ-सी रही थी। उसे अपार हर्ष की अनुभूति हुई। उसका हृदय गद्गद् हो रहा था। उसने कभी ऐसी आशा नहीं की थी कि लेविन की प्रेम-स्वीकृति का उसके मन पर इतना गहरा सुखद प्रभाव पड़ेगा। किन्तु ऐसी स्थिति तो केवल क्षण-भर रही। उसे व्रोन्स्की का ध्यान आया। उसने अपनी हल्के रंग की निर्मल आँखें लेविन की ओर उठायीं और उसके हताश चेहरे पर जल्दी से नज़र डालकर यह जवाब दे दिया–

"ऐसा नहीं हो सकता... क्षमा चाहती हूँ..."

एक मिनट पहले कीटी उसके हृदय के कितने निकट थी, उसके जीवन के लिए कितना अधिक महत्त्व था उसका! और अब वह कितनी परायी तथा उससे कितनी दूर हो गयी थी!

"मुझे ऐसी ही उम्मीद थी," कीटी की ओर देखे बिना ही लेविन ने कहा।

उसने सिर झुकाया और जाना चाहा।

14

किन्तु ठीक इसी समय प्रिन्सेस बाहर आ गयी। उन्होंने जब इन दोनों को अकेले और उनके चेहरों पर परेशानी देखी, तो उनके चेहरे का रंग उड़ गया। लेविन ने सिर झुकाकर अभिवादन किया और कुछ भी नहीं कहा। कीटी नज़र झुकाये ख़ामोश रही। 'भला हो भगवान का, इसने इनकार कर दिया,' माँ ने सोचा और उनके चेहरे पर वही सामान्य मुस्कान खिल उठी, जिससे वे बृहस्पतिवार को मेहमानों का स्वागत करती थीं। लेविन भी मेहमानों के आने की राह देखते हुए, ताकि चुपचाप यहाँ से खिसक सके, फिर से बैठ गया।

पाँच मिनट बाद कीटी की सहेली काउंटेस नोर्डस्टोन आ गयी। पिछले जाड़े में ही उसकी शादी हुई थी।

यह दुबली-पतली, पांडुवर्णी, काली चमकती आँखोंवाली अस्वस्थ तथा चिड़चिड़ी-सी औरत थी। यह कीटी को प्यार करती थी और उसके प्रति उसका प्यार वैसा ही था जैसा कि विवाहित नारियों का हमेशा अविवाहित लड़कियों के प्रति होता है यानी वह सुख के अपने आदर्श के अनुसार उसकी शादी करवाना चाहती थी, इसलिए कीटी को व्रोन्स्की की पत्नी देखने को ही उत्सुक थी। लेविन, जिससे वह जाड़े के शुरू में इस घर में अक्सर मिलती रही थी, उसे कभी भी अच्छा नहीं लगा था। उससे मुलाक़ात होने पर उसकी हमेशा और यही मनपसन्द दिलचस्पी रहती थी कि उसका मज़ाक़ उड़ाये।

"जब वह अपनी महानता की ऊँचाई से मेरी ओर देखता है या मेरे साथ अपनी बुद्धिमत्तापूर्ण बातें बन्द कर देता है, क्योंकि मैं बुद्धू हूँ, या मेरे स्तर पर उतरने की कृपा करता है, तो मुझे बहुत अच्छा लगता है। बहुत अच्छा लगता है और इस बात की बड़ी खुशी है कि मैं उसे फूटी आँखों नहीं सुहाती हूँ," वह उसके बारे में कहती।

काउंटेस नोर्डस्टोन की बात सही थी, क्योंकि लेविन को वह सचमुच ही फूटी आँखों नहीं सुहाती थी और काउंटेस अपने जिस चिड़चिड़ेपन और हर दिन के जीवन के खुरदरेपन के प्रति उदासीनता तथा तिरस्कार की भावना पर गर्व करती थी, इन्हें अपने लिए विशेष गरिमा की बात मानती थी, लेविन इन्हें ही तुच्छ समझता था।

नोर्डस्टोन और लेविन के बीच ऊँचे समाज में अक्सर पाये जाने वाले ऐसे सम्बन्ध क़ायम हो गये थे, जब दो व्यक्ति बाहरी तौर पर मैत्री भाव दिखाते हुए भी एक-दूसरे से इस हद तक नफ़रत करते हैं कि एक-दूसरे के साथ गम्भीर व्यवहार भी नहीं कर सकते और नाराज़ भी नहीं हो सकते।

काउंटेस नोर्डस्टोन ने फ़ौरन लेविन पर तीर छोड़ा।

"अरे, कोन्स्तान्तीन द्मीत्रियेविच! फिर से आ गये हमारे पाप-भरे बैबिलोन में!" उसने लेविन से अपना छोटा-सा पीला हाथ मिलाते और जाड़े के शुरू में कभी लेविन द्वारा कहे गये ये शब्द कि मास्को दूसरा बैबिलोन है, याद दिलाते हुए कहा। "तो क्या बैबिलोन का सुधार हो गया या आप ख़राब हो गये?" व्यंग्यपूर्ण मुस्कान के साथ कीटी की तरफ़ देखते हुए उसने इतना और जोड़ दिया।

"काउंटेस, मेरे लिए यह बड़ी प्रशंसा की बात है कि आप मेरे शब्दों को ऐसे याद रखती हैं," लेविन ने जवाब दिया, जो इसी बीच सँभल गया था और आदत के मुताबिक़ काउंटेस के साथ अपने हास्ययुक्त शत्रुतापूर्ण ढंग से बात करने लगा था। "हाँ, आप पर उनका बहुत ही गहरा असर होता है।"

"अजी, असर कैसे नहीं होगा! मैं तो उन्हें लिख लेती हूँ। तो कीटी, तुमने आज फिर स्केटिंग की?..."

और काउंटेस कीटी से बातचीत करने लगी। लेविन के लिए अब जाना बेशक बहुत अटपटा था, फिर भी सारी शाम यहाँ रुककर कीटी को, जो कभी-कभी उसकी तरफ़ देखती थी और उससे नज़र बचाती थी, देखने की तुलना में यह अटपटापन करना बेहतर था। लेविन ने उठना चाहा, मगर प्रिन्सेस ने यह देखकर कि लेविन चुप है, उसे सम्बोधित किया–

"बहुत दिनों के लिए आये हैं क्या आप मास्को? मेरे ख़याल में तो आप ज़ेम्सत्वो-परिषद के काम में लगे हुए हैं और इसलिए बहुत दिनों तक यहाँ नहीं रह सकते।"

"नहीं, प्रिन्सेस, मैं अब ज़ेम्सत्वो-परिषद के काम में हिस्सा नहीं लेता हूँ," उसने जवाब दिया। "मैं कुछ दिनों के लिए आया हूँ।"

'कोई ख़ास बात है आज इसके साथ,' काउंटेस नोर्डस्टोन ने लेविन के कठोर और गम्भीर चेहरे को ग़ौर से देखते हुए सोचा। 'जाने क्यों, आज वह अपने तर्क-वितर्क के फेर में नहीं पड़ता। लेकिन मैं इसे ऐसे रहने नहीं दूँगी। कीटी के सामने इसका उल्लू बनाना मुझे बहुत अच्छा लगता है कि मैं ऐसा करके ही रहूँगी।'

"कोन्स्तान्तीन द्मीत्रियेविच," काउंटेस नोर्डस्टोन बोली, "कृपया इस एक मामले पर रोशनी डालिये–आप यह सब कुछ जानते हैं–हमारे कालूगा प्रदेश के एक गाँव के किसानों और वहाँ की औरतों ने वह सभी कुछ पी डाला, जो उसके पास था और अब हमें कुछ भी नहीं देते। क्या मतलब है ऐसी हरकत का? आप हमेशा किसानों की इतनी तारीफ़ करते रहते हैं।"

इसी वक़्त एक अन्य महिला कमरे में आयी और लेविन उठकर खड़ा हो गया।

"माफ़ी चाहता हूँ, काउंटेस, लेकिन सचमुच मुझे ऐसा कुछ मालूम नहीं है और इस बारे में कुछ भी नहीं कह सकता," लेविन ने कहा और महिला के पीछे-पीछे कमरे में दाख़िल होने वाले फ़ौजी अफ़सर की तरफ़ मुड़कर देखा।

'यही व्रोन्स्की होना चाहिए,' लेविन ने सोचा और इस बात का पक्का यक़ीन कर लेने के लिए उसने कीटी पर नज़र डाली। कीटी ने तो व्रोन्स्की को देख भी लिया था और अब उसने लेविन की ओर दृष्टि घुमायी। कीटी की इस एक नज़र, अपने-आप ही चमक उठने वाली उसकी आँखों से ही लेविन यह समझ गया कि वह इस व्यक्ति को प्यार करती है। वह उतनी ही अच्छी तरह यह समझ गया जितना कि ख़ुद कीटी द्वारा यही कह देने पर समझा होता। लेकिन किस क़िस्म का आदमी है यह?

अब अच्छा हो या बुरा–लेविन यहाँ रुके बिना नहीं रह सकता था। उसके लिए यह जानना ज़रूरी था कि वह किस क़िस्म का आदमी है, जिसे कीटी प्यार करती है।

ऐसे लोग हैं, जो हर मामले में अपने से अधिक सौभाग्यशाली प्रतिद्वन्द्वी के सामने आने पर उसकी सभी अच्छाइयों की ओर से फ़ौरन आँख मूँद लेने और उसमें केवल बुराइयाँ ही देखने को तैयार होते हैं। दूसरी ओर, ऐसे भी लोग हैं, जो अपने इस भाग्यशाली प्रतिद्वन्द्वी में वे ख़ूबियाँ ढूँढ़ने की कोशिश करते हैं, जिनकी बदौलत उसने उन्हें मात दी और टीसते हुए दिल से उसमें सिर्फ़ गुण-ही-गुण खोजते हैं। लेविन दूसरी श्रेणी के लोगों में से था। किन्तु उसे व्रोन्स्की में अच्छाई तथा आकर्षण ढूँढ़ पाने में कोई कठिनाई नहीं हुई। फ़ौरन ही उसे यह नज़र आ गया। मँझोला क़द, काले बाल और तगड़ी-मज़बूत काठी, सुशील, सुन्दर तथा बहुत ही शान्त और दृढ़ चेहरा–ऐसा था व्रोन्स्की। उसके चेहरे और आकृति, छोटे-छोटे कटे काले बालों और ताज़ा बनायी गयी दाढ़ी से लेकर चुस्त-दुरुस्त नयी वर्दी तक हर चीज़ में सादगी के साथ-साथ नफ़ासत भी थी। कमरे में दाख़िल हो रही महिला को रास्ता देकर व्रोन्स्की प्रिन्सेस और फिर कीटी के पास गया।

व्रोन्स्की जब कीटी के पास गया, तो उसकी सुन्दर आँखें विशेष स्नेह से चमक उठीं और वह तनिक प्रत्यक्ष सुखद तथा विनयी-विजयी मुस्कान (लेविन को ऐसा ही लगा) के साथ बड़े आदर तथा सावधानी से उसके ऊपर झुका और उसने अपना छोटा, किन्तु चौड़ा हाथ उसकी तरफ़ बढ़ाया।

सभी से हाथ मिलाने और कुछ शब्द कहने के बाद व्रोन्स्की अपने को टकटकी बाँध देखते हुए लेविन की तरफ़ एक बार देखे बिना ही बैठ गया।

"आइये, आपका परिचय करा दूँ," लेविन की ओर संकेत करते हुए प्रिन्सेस ने कहा। "कोन्स्तान्तीन द्मीत्रियेविच लेविन, काउंट अलेक्सेई किरील्लोविच व्रोन्स्की।"

व्रोन्स्की उठा और मैत्रीपूर्ण ढंग से लेविन की आँखों में झाँकते हुए उसने उससे हाथ मिलाया।

"लगता है कि इस जाड़े में मुझे आपके साथ खाना खाना था," अपनी सरल और निश्छल मुस्कान के साथ उसने कहा, "लेकिन आप अचानक गाँव चले गये।"

"कोन्स्तान्तीन द्मीत्रियेविच शहर और हम शहरी लोगों को तिरस्कार और घृणा की दृष्टि से देखते हैं," काउंटेस नोर्डस्टोन ने चुटकी ली।

"लगता है कि मेरे शब्द आप पर इतना ज़्यादा असर डालते हैं कि आप उन्हें इतनी अच्छी तरह से याद रखती हैं," लेविन ने कहा और यह याद करके कि वह पहले भी यही कह चुका है, शर्म से लाल हो गया।

व्रोन्स्की ने लेविन, फिर काउंटेस, नोर्डस्टोन की तरफ़ देखा और मुस्कुरा दिया।

"आप हमेशा गाँव में ही रहते हैं?" व्रोन्स्की ने पूछा। "मेरे ख़याल में जाड़े में वहाँ ऊब महसूस होती होगी।"

"अगर करने को कोई काम हो, तो ऊब महसूस नहीं होती और फिर अपने साथ भी ऊब का सवाल नहीं पैदा होता," लेविन ने उग्रता से जवाब दिया।

"मुझे गाँव अच्छा लगता है," व्रोन्स्की ने लेविन के अन्दाज़ को महसूस करते, किन्तु ऐसा दिखाते हुए मानो उसने कुछ महसूस नहीं किया, जवाब दिया।

"लेकिन काउंट, मैं यह उम्मीद करती हूँ कि हमेशा गाँव में रहने को आप कभी राज़ी न होते," काउंटेस नार्डस्टोन ने कहा।

"मालूम नहीं, मैंने बहुत दिनों रहकर देखा नहीं। मुझे इस बार एक अजीब-सी अनुभूति हुई थी," व्रोन्स्की कहता गया। "जाड़े-भर माँ के साथ नीस में रहने पर मुझे गाँव, छाल के जूतों और किसानोंवाले रूसी गाँव की जितनी याद आयी, इतनी कभी और कहीं नहीं आयी थी। आप जानते ही हैं, नीस तो खुद ऊब पैदा करने वाली जगह है। वास्तव में निपल्स तथा सोरेंटो भी थोड़े समय के लिए ही अच्छे लगते हैं। वहाँ ख़ासतौर पर रूस की, रूसी गाँव की बड़ी याद आती है। वे तो बिल्कुल ऐसे हैं कि..."

वह कीटी और लेविन को सम्बोधित करते तथा अपनी शान्त और मैत्रीपूर्ण दृष्टि कभी एक, तो कभी दूसरे की ओर घुमाता हुआ सम्भवतः वह सब कुछ कहता जता था, जो उसके दिमाग़ में आ रहा था।

यह देखकर कि काउंटेस नोर्डस्टोन कुछ कहना चाहती है, वह बीच में ही चुप हो गया और बहुत ध्यान से उसकी बात सुनने लगा।

बातचीत क्षण-भर को भी बन्द नहीं हुई। इसलिए बूढ़ी प्रिन्सेस को अपने तरकश में सँजोये हुए विषयों के उन दो भारी तीरों–क्लासिकल और विज्ञानों सम्बन्धी शिक्षा और अनिवार्य व्यापक सैनिक सेवा–में से किसी को नहीं चलाना पड़ा तथा काउंटेस नोर्डस्टोन को लेविन को चिढ़ाने का अवसर नहीं मिला।

लेविन आम बातचीत में हिस्सा लेना चाहता था, लेकिन ऐसा नहीं कर पा रहा था। हर क्षण अपने से यह कहते हुए 'मैं अब जा सकता हूँ,' वह मानो किसी चीज़ की प्रतीक्षा करता हुआ गया नहीं।

घूमने वाली मेज़ों और भूत-प्रेतों के बारे में बातचीत चल पड़ी और प्रेतविद्या

में विश्वास रखने वाली काउंटेस नोर्डस्टोन उन अजूबों की चर्चा करने लगी, जो उसने देखे थे।

"ओ, काउंटेस, भगवान के लिए अवश्य ही मुझे उनसे मिला दीजिये! मैंने कभी और कहीं भी कुछ ऐसा असाधारण नहीं देखा, यद्यपि हर जगह उसे ढूँढ़ता रहता हूँ," व्रोन्स्की ने मुस्कुराते हुए कहा।

"अच्छी बात है, अगले शनिवार को," काउंटेस नोर्डस्टोन ने जवाब दिया। "और आप कोन्स्तान्तीन द्मीत्रियेविच, क्या आप इनमें विश्वास करते हैं?" उसने लेविन से पूछा।

"किसलिए पूछ रही हैं आप मुझसे? आप तो जानती ही हैं कि मेरा क्या जवाब होगा।"

"मगर मैं आपका मत जानना चाहती हूँ।"

"मेरा मत तो सिर्फ यही है कि घूमने वाली मेज़ें यह साबित करती हैं," लेविन ने जवाब दिया, "कि हमारे पढ़े-लिखे समाज के लोग किसानों से बेहतर नहीं हैं। किसान नज़र लगने, शाप देने और जादू-टोना करने में यक़ीन करते हैं और हम..."

"तो आप विश्वास नहीं करते?"

"नहीं कर सकता, काउंटेस।"

"लेकिन अगर मैंने अपनी आँखों से देखा हो, तो?"

"देहाती औरतें भी ऐसा कहती हैं कि उन्होंने घर में रहने वाले बौने भूतों को देखा है।"

"तो आप यह समझते हैं कि मैं झूठ बोल रही हूँ?"

और वह उदासी से हँस दी।

"नहीं, यह बात नहीं है, माशा। कोन्स्तान्तीन द्मीत्रियेविच तो यह कह रहे हैं कि वे विश्वास नहीं कर सकते," कीटी ने लेविन के लिए लज्जित होते हुए कहा। लेविन यह समझ गया और पहले से भी अधिक चिढ़कर उसने इसका जवाब देना चाहा, किन्तु व्रोन्स्की ने अपनी निश्छल और खुली मुस्कान से इस बातचीत को सँभाल लिया, जो सम्भवतः कटु होने जा रही थी।

"आप इसकी सम्भावना को बिल्कुल स्वीकार नहीं करते?" व्रोन्स्की ने पूछा। "भला क्यों? हम बिजली के अस्तित्व की सम्भावना को स्वीकार करते हैं, जिसके बारे में कुछ नहीं जानते हैं। भला ऐसी नयी शक्ति क्यों नहीं हो सकती, जिससे हम अनजान हैं और जो..."

"बिजली जब खोजी गयी," लेविन ने जल्दी से उसे टोका, "तो केवल एक प्राकृतिक व्यापार का पता चलाया गया था। तब यह मालूम नहीं था कि बिजली कहाँ से पैदा होती है और वह क्या पैदा करती है। उसकी व्यावहारिक उपयोग करने की बात सोचने के पहले सदियाँ बीत गयीं। इसके विपरीत, भूत-प्रेतों की बात तो

यहाँ से शुरू हुई कि मेज़ें लोगों के लिए लिखती हैं और उनके पास आत्माएँ आती हैं, इसके बाद ही ऐसा कहा जाने लगा कि वह अनजानी शक्ति है।"

हमेशा की तरह व्रोन्स्की बहुत ध्यान से, स्पष्टतः बड़ी दिलचस्पी लेते हुए लेविन की बात सुन रहा था।

"हाँ, लेकिन भूतों-प्रेतों में विश्वास करने वाले कहते हैं– अभी हमें इतना मालूम नहीं कि यह कौन-सी शक्ति है, लेकिन ऐसी शक्ति है ज़रूर और वह इस तरह की परिस्थितियों में क्रियाशील होती है। यह पता लगाना वैज्ञानिकों का काम है कि इस शक्ति का क्या रूप है। नहीं, मेरी समझ में नहीं आता कि यह कोई नयी शक्ति नहीं हो सकती अगर..."

"इसीलिए नहीं हो सकती," लेविन ने उसे टोका, "कि बिजली के मामले में जब भी हम सूखी राल को ऊन से रगड़ते हैं, तो हर बार एक ख़ास नतीजा सामने आता है, मगर यहाँ हर बार ऐसा नहीं होता। इसलिए कहा जा सकता है, यह प्राकृतिक व्यापार नहीं है।"

सम्भवतः ऐसा अनुभव करते हुए कि मेहमानख़ाने की दृष्टि से यह बातचीत कुछ ज़्यादा ही गम्भीर होती जा रही है, व्रोन्स्की ने कोई आपत्ति नहीं की और बातचीत का विषय बदलने के लिए उसने खुशमिज़ाजी से मुस्कुराकर महिलाओं को सम्बोधित किया।

"तो काउंटेस, आइये, हम अभी प्रेतों को बुलाने की कोशिश करें," उसने कहना शुरू किया, लेकिन लेविन जैसा समझता था, वह सब कहना चाहता था।

"मैं समझता हूँ," उसने अपनी बात जारी रखी, "कि भूतों-प्रेतों को मानने वालों की अपने करिश्मों को एक नयी शक्ति के रूप में स्पष्ट करने की कोशिश एकदम नाकाम है। वे प्रत्यक्षतः आत्मिक शक्ति की बात करते हैं और उसे भौतिक तजरबे का विषय बनाना चाहते हैं।"

सभी इस बात की प्रतीक्षा कर रहे थे कि लेविन कब अपनी बात ख़त्म करता है और उसने यह अनुभव किया।

"और मेरे ख़याल में आप भूतों-प्रेतों को बुलाने का बहुत ही बढ़िया माध्यम बन सकेंगे," काउंटेस नोर्डस्टोन ने लेविन से कहा, "आपमें कुछ ख़ास उत्साहपूर्ण चीज़ है।"

लेविन ने मुँह खोला, कुछ कहना चाहा, लेकिन उसके चेहरे पर लाली दौड़ गयी और उसने कुछ भी नहीं कहा।

"येकातेरीना अलेक्सान्द्रोव्ना, तो आइये, इसी वक़्त मेज़ों का तजरबा करें। मैं अनुरोध करता हूँ," व्रोन्स्की बोला। "प्रिन्सेस, आपकी अनुमति है न?"

और व्रोन्स्की आँखों से मेज़ को खोजता हुआ उठकर खड़ा हो गया।

कीटी मेज़ की ओर जाने के लिए उठी और लेविन के क़रीब से गुज़रते हुए

उससे उसकी नज़रें मिलीं। उसे सच्चे दिल से लेविन के लिए अफ़सोस हो रहा था। ख़ासतौर पर इस कारण कि उसे लेविन के उस दुःख के लिए अफ़सोस हो रहा था, जिसकी वजह वह खुद थी। 'अगर मुझे माफ़ कर सकते हैं, तो कर दीजियेगा,' कीटी की नज़र कह रही थी। 'मैं कितनी सुखी हूँ।'

'सभी से नफ़रत है मुझे, आपसे और खुद अपने से भी,' लेविन की नज़र कह रही थी और उसने अपना टोप उठा लिया। लेकिन जाना उसके भाग्य में नहीं बदा था। बाक़ी लोग मेज़ के गिर्द बैठ रहे थे और लेविन जाना ही चाह रहा था कि तभी बूढ़े प्रिन्स आ गये और महिलाओं का अभिवादन करने के बाद उन्होंने लेविन को सम्बोधित किया।

"अहा!" वे खुशी से कह उठे। "कब आये? मुझे मालूम नहीं था कि तुम यहाँ हो। बहुत ख़ुशी हुई आपके आने से।"

बूढ़े प्रिन्स लेविन को कभी 'तुम' और कभी 'आप' कहकर सम्बोधित कर रहे थे। उन्होंने उसे गले लगाया और उससे बात करते हुए व्रोन्स्की की तरफ़ कोई ध्यान नहीं दिया, जो खड़ा होकर शान्ति से इस बात का इन्तज़ार कर रहा था कि प्रिन्स कब उसकी तरफ़ ध्यान देते हैं।

कीटी महसूस कर रही थी कि जो कुछ हो चुका था, उसके बाद पिता के स्नेह-प्रदर्शन से लेविन के मन पर कितनी भारी गुज़र रही होगी। उसने यह भी देखा कि उसके पिता ने कैसी रुखाई से आख़िर व्रोन्स्की के अभिवादन का उत्तर दिया और कैसे व्रोन्स्की मैत्रीपूर्ण असमंजस के साथ उसके पिता की ओर देखता हुआ यह समझने की कोशिश कर रहा था और समझ नहीं पा रहा था कि उसके प्रति क्यों और किस कारण ऐसी रुखाई हो सकती है। कीटी इसी वजह से लज्जारुण हो गयी।

"प्रिन्स, कोन्स्तान्तीन द्मीत्रियेविच को हमारे पास आ जाने दीजिये," काउंटेस नोर्डस्टोन ने कहा। "हम तजरबा करना चाहते हैं।"

"कैसा तजरबा? मेज़ें घुमाने का? देवियो और सज्जनो, क्षमा चाहता हूँ, लेकिन मेरे ख़याल में तो अँगूठी का खेल खेलना कहीं ज़्यादा रोचक है," बूढ़े प्रिन्स ने व्रोन्स्की की ओर देखते तथा यह अनुमान लगाते हुए कहा कि ऐसा विचार उसी के दिमाग की उपज है। "अँगूठी का खेल तो फिर भी कोई माने रखता है।"

व्रोन्स्की ने हैरान होते हुए नज़र टिकाकर प्रिन्स की तरफ़ देखा और तनिक मुस्कुराकर उसी क्षण काउंटेस नोर्डस्टोन के साथ अगले सप्ताह होने वाले एक बड़े बॉल की चर्चा करने लगा।

"मैं आशा करता हूँ, आप वहाँ आयेंगी?" उसने कीटी से कहा।

बूढ़े प्रिन्स का ज्यों ही दूसरी तरफ़ ध्यान हुआ, त्यों ही लेविन चुपके से बाहर चला गया। इस शाम की जो अन्तिम छाप वह अपने साथ ले गया, वह थी बॉल के बारे में व्रोन्स्की के सवाल के जवाब में कीटी का खुशी से मुस्कुराता हुआ चेहरा।

15

महफ़िल ख़त्म हो जाने पर कीटी ने माँ को लेविन से हुई अपनी बातचीत कह सुनाई। लेविन पर चाहे उसे कितना भी तरस क्यों नहीं आ रहा था, फिर भी उसे इस ख़याल से खुशी हो रही थी कि उसने उससे शादी का प्रस्ताव किया था। उसने वही किया है, जो करना चाहिए था, इसके बारे में उसके मन में कोई सन्देह नहीं था। लेकिन उसे देर तक नींद नहीं आयी। एक छाप उसे लगातार परेशान कर रही थी। यह छाप थी लेविन के चेहरे की और कैसे वह नाक-भौंह सिकोड़े हुए उसके पिता की बातें सुन रहा था तथा अपनी दयालु आँखों की बुझी-बुझी तथा उदास नज़र से उसे और व्रोन्स्की को देख रहा था! इतनी अधिक दया आयी उसे लेविन पर कि उसकी आँखें डबडबा आयीं। किन्तु उसने उसी क्षण उसके बारे में सोचा, जिसने उसके दिल में लेविन की जगह ले ली थी। वह साहसपूर्ण और दृढ़, गरिमापूर्ण शान्ति तथा सभी बातों में और सभी के लिए खिला रहने वाला चेहरा उसकी स्मृति में सजीव हो उठा। उसे अपने प्रति उस व्यक्ति का प्यार याद हो आया, जिसे वह खुद प्यार करती थी और फिर से उसका मन खुशी से भर गया तथा सुख-स्मिति लिये हुए उसने तकिये पर अपना सिर टिका दिया। 'मुझे दुःख है, बहुत दुःख है, लेकिन मैं कर ही क्या सकती थी? मेरा कोई क़सूर नहीं है,' वह खुद से कह रही थी, किन्तु उसके अन्तर से दूसरी ही आवाज़ आ रही थी। उसे इस बात का अफ़सोस हो रहा था कि उसने लेविन को क्यों प्रोत्साहन दिया या इस बात का कि उसे इनकार कर दिया–वह खुद यह नहीं जानती थी। किन्तु उसकी खुशी में सन्देहों का विष मिला हुआ था। 'हे भगवान, दया करें, दया करें, दया करें, भगवान,' नींद आने तक वह मन-ही-मन यह कहती रही।

इसी वक़्त नीचे, प्रिन्स के छोटे-से कमरे में प्यारी बेटी को लेकर अक्सर जो नाटक होता रहता था, उसी का एक दृश्य दोहराया जा रहा था।

"क्या हुआ है? यह हुआ है!" प्रिन्स बाँहों को ज़ोरों से हिलाते-डुलाते और साथ ही गिलहरी की खाल का अपना गाउन कसते हुए चिल्ला रहे थे। "हुआ यह है कि आपमें आत्मसम्मान नहीं है, अपने गौरव की भावना नहीं है, कि आप ऐसे घटिया और कमीने ढंग से रिश्ता करने की कोशिश से बेटी की इ़ज्जत कम कर रही हैं, उसे बर्बाद कर रही हैं!"

"भगवान के लिए दया करो, प्रिन्स, मैंने क्या किया है?" प्रिन्सेस लगभग रोते हुए कह रही थीं।

कीटी की माँ बेटी के साथ अपनी बातचीत के बाद बहुत सुखी और खुश होती हुई पति को सामान्य ढंग से शुभ रात्रि कहने आयीं। यद्यपि वे पति को लेविन के विवाह-प्रस्ताव और कीटी के इनकार के बारे में बताने का कोई इरादा नहीं रखतीं,

तथापि उन्होंने अपना इतना संकेत ज़रूर कर दिया कि व्रोन्स्की के साथ कीटी का मामला लगभग सिरे चढ़ चुका है, कि जैसे ही उसकी माँ मास्को आयेगी, वैसे ही सब कुछ तय हो जायेगा। बस, ये सब सुनते ही प्रिन्स अचानक भड़क उठे और अशिष्ट शब्द कहते हुए चिल्लाने लगे–

"क्या किया है आपने? आपने सबसे पहले तो यह किया है कि आप बेटी के लिए वर को फुसलाती हैं। सारा मास्को ऐसा कहेगा और बिल्कुल सही कहेगा। अगर आप महफ़िल जमाती हैं, तो सभी को बुलाइये, सिर्फ ऐसे चुने हुओं को नहीं, जो आपकी बेटी के लिए वर हो सकते हैं। उन सभी बाँके-छैलों (प्रिन्स ने मास्को के युवाजन को ऐसी संज्ञा दी) को बुलाइये, पियानो-वादक को आमन्त्रित कीजिये और नाचने दीजिये सबको। ऐसे नहीं कीजिये, जैसे आज किया गया–वर का शिकार किया जाये। मुझे देखकर घिन आती है, नफ़रत होती है और आपने अपने मन की बात पूरी कर ली, बच्ची के दिमाग़ को चक्कर में डाल दिया। लेविन हजार गुना बेहतर आदमी है। और वह पीटर्सबर्ग का बाँका-छैला, ये सभी तो एक ही मशीन में तैयार होते हैं, सभी एक साँचे में ढलते हैं और सभी दो कौड़ी के हैं। अगर वह शाही ख़ूनवाला शहज़ादा भी होता, तो भी मेरी बेटी को उसकी ज़रूरत नहीं है!"

"लेकिन मैंने क्या किया है?"

"यह किया है..." प्रिन्स गुस्से से चिल्लाये।

"मुझे मालूम है कि अगर मैं तुम्हारी बातों पर कान दूँगी, तो कभी बेटी की शादी नहीं कर पाऊँगी। अगर ऐसी बात है तो हमें गाँव चले जाना चाहिए।"

"यही करना बेहतर होगा।"

"लेकिन ज़रा रुको। मैं क्या किसी के आगे-पीछे घूम रही हूँ? मैं बिल्कुल ऐसा नहीं कर रही हूँ। एक जवान, बहुत ही अच्छा जवान आदमी उसे प्यार करने लगा है और मुझे लगता है कि वह भी..."

"हाँ, आपको लगता है! वह वास्तव में ही उसे प्यार करने लगेगी, जबकि वह शादी करने के बारे में वैसा ही इरादा रखता हो, जैसा कि मैं सोचता हूँ, तब क्या होगा? ओह! मेरी आँखें फूट जायें!... 'आह भूत-प्रेतवाद, आह नीस, आह बॉल...' " और प्रिन्स पत्नी की नकल उतारते हुए हर बार घुटनों को झुकाते। "और ऐसे हम कीटी को दुर्भाग्य की ओर धकेल देंगे, उसके दिमाग में सचमुच यह चीज़ आ जायेगी..."

"लेकिन तुम ऐसा क्यों सोचते हो?"

"मैं सोचता नहीं, बल्कि जानता हूँ। इसके लिए हमारे पास आँखें हैं, औरतों के पास नहीं। मैं संजीदा इरादेवाले आदमी को देख रहा हूँ, यह आदमी लेविन है। और उस बाँके-छैले जैसे बटेर को भी देख रहा हूँ, जिसे सिर्फ़ रंगरलियों से ही मतलब है।"

"बस, तुम तो उल्टी-सीधी बातें भर लेते हो दिमाग़ में..."

"देख लेना, याद करोगी मेरी इन बातों को। लेकिन तब देर हो चुकी होगी, जैसे कि डॉली के मामले में।"

"ख़ैर, हटाओ, हटाओ, हम इसकी चर्चा नहीं करेंगे," प्रिन्सेस ने डॉली के दुर्भाग्य की याद आने पर पति को रोका।

"अच्छी बात है। शुभ रात्रि!"

और दोनों एक-दूसरे पर सलीब का निशान बनाकर तथा चूमकर, मगर यह महसूस करते हुए कि हर कोई अपनी जगह पर सही है, रात्रि-विश्राम के लिए विदा ली।

प्रिन्सेस को पहले तो इस बात का पूरा यक़ीन था कि आज की शाम ने कीटी की क़िस्मत का फ़ैसला कर दिया है और व्रोन्स्की के इरादों के बारे में शक की कोई गुंजाइश नहीं है। मगर पति के शब्दों ने उसे परेशान कर दिया। अपने कमरे में लौटकर उसने भी कीटी की तरह ही अज्ञात भविष्य से भयभीत होते हुए कई बार मन-ही-मन यह दोहराया–'हे भगवान, दया करें, दया करें, दया करें, हे भगवान!'

16

व्रोन्स्की का पारिवारिक जीवन से कभी वास्ता नहीं रहा था। अपनी जवानी के दिनों में उसकी माँ ऊँचे समाज में ख़ूब चमकती रही थी और दाम्पत्य जीवन तथा विशेषकर पति की मृत्यु के बाद उसके इश्क़-मुहब्बत के बहुत से क़िस्से हुए थे, जिन्हें ऊँचे समाज के सभी लोग जानते थे। व्रोन्स्की को अपने पिता की लगभग याद नहीं थी और शाही सैनिक स्कूल में ही उसकी शिक्षा-दीक्षा हुई थी।

सैनिक स्कूल में बहुत जवान और बढ़िया फ़ौजी अफ़सर बनकर निकलते ही वह पीटर्सबर्ग के अमीर फ़ौजी अफ़सरों के दायरे में शामिल हो गया। पीटर्सबर्ग के कुलीन-समाज की महफ़िलों में बेशक वह कभी-कभार जाता था, फिर भी उसकी इश्क़-मुहब्बत की सारी दिलचस्पियाँ इस घेरे के बाहर थीं।

पीटर्सबर्ग के ऐश्वर्यपूर्ण और अश्लील जीवन के बाद मास्को में उसने पहली बार ऊँचे समाज की एक प्यारी और भोली-भाली उस लड़की की निकटता का सुख अनुभव किया, जो उससे प्यार करने लगी थी। उसके दिमाग़ में तो यह ख़याल तक नहीं आया कि कीटी के साथ उसके सम्बन्धों में कोई बुरी बात भी हो सकती थी। बॉलों में वह मुख्यतः उसके साथ नाचता था और उनके घर जाता था। उसके साथ वह उसी तरह की बेतुकी बातें करता था, जैसी कि ऊँचे समाज में आमतौर पर की जाती हैं, किन्तु अनजाने ही उन्हें कीटी के लिए विशेष अर्थ प्रदान कर देता था। इस बात के बावजूद कि उसने कीटी से ऐसा कुछ भी नहीं कहा था, जो सभी की उपस्थिति में न कह सकता हो, वह ऐसा महसूस करता था कि कीटी

उस पर अधिकाधिक निर्भर होती जा रही है। वह जितना अधिक अनुभव करता था,उसे इससे उतनी ही अधिक खुशी होती थी और कीटी के प्रति उसकी भावना अधिक कोमल होती जा रही थी। उसे यह मालूम नहीं था कि कीटी के साथ उसके व्यवहार-बर्ताव के ढंग का एक विशेष नाम है, कि यह शादी का इरादा रखे बिना जवान लड़की पर डोरे डालकर उसे फुसलाना है और यह एक ऐसी बुरी हरकत है, जो उसके जैसे बढ़िया जवान लोगों में आमतौर पर पायी जाती है। व्रोन्स्की को लगता था कि उसने ही सबसे पहले इस खुशी की खोज की है और वह अपनी इस खोज का मज़ा लेता था।

कीटी के माता-पिता के बीच आज शाम को जो बातचीत हुई थी, अगर वह उसे सुन पाता, अगर वह इस परिवार के दृष्टिकोण से इस मामले को देखता और यह जान सकता कि कीटी के साथ उसके शादी न करने पर कीटी को बड़ा दुःख होगा, तो उसे बड़ी हैरानी होती और वह इस बात पर कभी यक़ीन न कर पाता। उसे कभी इस बात का विश्वास न होता कि वह चीज़, जिससे उसे, और सबसे बढ़कर तो यह कि कीटी को इतना अधिक सुख मिलता है, वह चीज़ बुरी हो सकती है। इस बात का तो उसे और भी कम विश्वास होता कि उसको शादी करनी चाहिए।

शादी करने की बात व्रोन्स्की के दिमाग़ में कभी आयी ही नहीं थी। उसे पारिवारिक जीवन न केवल पसन्द ही नहीं था, बल्कि परिवार, ख़ासतौर पर कुँवारों की जिस दुनिया में वह रहता था, उसके सामान्य दृष्टिकोण के अनुसार पति को अपने लिए एकदम पराया, शत्रुतापूर्ण और इससे भी बढ़कर हास्यास्पद मानता था। कीटी के माता-पिता के बीच हुई बातचीत की व्रोन्स्की बेशक कल्पना तक नहीं कर सकता था, फिर भी उस शाम को श्चेर्बात्स्की परिवार के यहाँ से बाहर आने पर उसने यह महसूस किया कि कीटी और उसके बीच जो गुप्त मानसिक सम्बन्ध-सूत्र विद्यमान था, उसकी आज शाम को ऐसी ज़ोरदार पुष्टि हो गयी है कि उसे कोई-न-कोई क़दम उठाना चाहिए। लेकिन कैसा क़दम उठाया जा सकता है या उठाया जाना चाहिए, वह यह सोचने में असमर्थ था।

'यही बड़ी मधुर बात है,' श्चेर्बात्स्की परिवार के यहाँ से लौटते हुए वह सोच रहा था और हमेशा की तरह निर्मलता और ताज़गी का सुखद भाव, जो कुछ हद तक इसलिए भी था कि उसने सारी शाम सिगरेट नहीं पी थी, और साथ ही अपने प्रति कीटी के प्यार का नया भाव भी उसके मन को छू रहा था। यही बड़ी मधुर बात है कि न तो मैंने न उसने ही कुछ कहा, किन्तु नज़रों और बातों के अन्दाज की इस अदृश्य बातचीत से हम एक-दूसरे को ऐसे समझ जाते हैं कि पहले की तुलना में आज यह कहीं अधिक स्पष्ट हो गया कि वह मुझे प्यार करती है। और कितना माधुर्य, कितनी सरलता और सबसे बड़ी बात यह कि विश्वास है इसमें! मैं खुद अपने को पहले से अच्छा और निर्मल अनुभव करता हूँ। मैं महसूस करता

हूँ कि मेरे सीने में दिल है और मुझमें बहुत कुछ अच्छा है। वे प्यारी और प्रेम में डूबी हुई आँखें! जब उसने कहा—और बहुत...

'तो क्या बात है इसमें? कोई ख़ास बात नहीं। मेरे लिए यह सुखद है और उसके लिए भी।' और व्रोन्स्की यह सोचने लगा कि आज की बाक़ी शाम को कहाँ बिताये।

उसने अपनी कल्पना में उन जगहों के बारे में सोचा, जहाँ वह शाम बिता सकता था। 'क्लब चला जाये? ताश की बाज़ी हो, इग्नातोव के साथ शेम्पेन पी जाये? नहीं, नहीं जाऊँगा। Chateau des fleurs[1], वहाँ ओब्लोन्स्की मिल जायेगा, फ्रांसीसी गाने होंगे, cancan नाच होगा। नहीं, ऊब गया हूँ इन सब चीज़ों से। श्चेर्बात्स्की परिवार को इसलिए प्यार करता हूँ कि खुद बेहतर हो जाता हूँ। घर चलता हूँ।' वह सीधा द्यूस्सो के होटल के अपने कमरे में चला गया, खाना लाने का आदेश दिया और इसके बाद कपड़े उतारकर तकिये पर सिर रखते ही सदा की भाँति गहरी और चैन की नींद सो गया।

17

अगले दिन सुबह के ग्यारह बजे व्रोन्स्की पीटर्सबर्ग के स्टेशन पर माँ को लिवाने गया। बड़े जीने की पैड़ियों पर जिस पहले आदमी से उसकी मुलाक़ात हुई, वह ओब्लोन्स्की था, जो इसी गाड़ी से अपनी बहन के आने की राह देख रहा था।

"अरे! हुजूर तुम!" ओब्लोन्स्की ने खुशी से चिल्लाते हुए कहा। "तुम किसे लिवाने आये हो?"

"मैं, माँ को," ओब्लोन्स्की से मिलने वाले सभी लोगों की भाँति व्रोन्स्की ने मुस्कुराकर और उससे हाथ मिलाते हुए जवाब दिया। दोनों एक साथ ज़ीने पर चढ़ने लगे। "वह आज पीटर्सबर्ग से आने वाली है।"

"मैं रात के दो बजे तक तुम्हारा इन्तज़ार करता रहा। श्चेर्बात्स्की के यहाँ से तुम कहाँ चले गये थे?"

"घर," व्रोन्स्की ने जवाब दिया। "सच तो यह है कि कल मुझे श्चेर्बात्स्की परिवार में इतना सुख मिला कि उसके बाद कहीं जाने को मन ही नहीं हुआ।"

"घोड़े की तेज़ी को पहचानता हूँ इसके ख़ास निशानों से, जवान प्रेमियों को पहचानता हूँ उनके नयन-बाणों से" ओब्लोन्स्की ने ये पंक्तियाँ वैसे ही सुना दीं, जैसे एक दिन पहले लेविन के सामने सुना चुका था।

व्रोन्स्की ऐसे ज़ाहिर करते हुए मुस्कुरा दिया कि वह इससे इनकार नहीं करता है, किन्तु उसी क्षण बातचीत का विषय बदल दिया।

"तुम किसको लिवाने आये हो?" उसने पूछा।

1. पेरिसी ढंग के अश्लील मनोरंजन का स्थान।

"मैं? मैं एक प्यारी-सी औरत को।" ओब्लोन्स्की ने कहा।

"अरे, वाह!"

"Honni soit qui mal y pense![1] बहन आन्ना को।"

"ओ, करेनिना को?" व्रोन्स्की ने कहा।

"तुम तो शायद उसे जानते होंगे?"

"लगता है कि जानता हूँ। या नहीं... सच कहूँ, तो याद नहीं है," व्रोन्स्की ने करेनिना का नाम सुनकर नियमनिष्ठ तथा ऊब-भरी नारी की अस्पष्ट-सी कल्पना करते हुए अनमनेपन से जवाब दिया।

"लेकिन मेरे जाने-माने बहनोई अलेक्सेई अलेक्सान्द्रोविच को तो तुम शायद जानते ही होगे। उसे तो सारी दुनिया जानती है।"

"हाँ, ख्याति और शक्ल-सूरत से तो जानता हूँ। जानता हूँ कि यह बड़ा बुद्धिमान, विद्वान और कुछ भगत क़िस्म का आदमी है... लेकिन तुम्हें मालूम ही है कि वह मेरी रुचि के...not in my line.[2]" व्रोन्स्की ने कहा।

"हाँ, वह बहुत बढ़िया आदमी है, कुछ रूढ़िवादी, मगर बढ़िया आदमी है," ओब्लोन्स्की ने कहा, "बढ़िया आदमी है।"

"बढ़िया है, तो अच्छी बात है," व्रोन्स्की ने मुस्कुराते हुए जवाब दिया। "ओ, तुम आ गये," व्रोन्स्की ने माँ के बूढ़े और लम्बे नौकर को सम्बोधित किया, जो दरवाजे के पास खड़ा था, "यहाँ, भीतर आ जाओ।"

ओब्लोन्स्की से सभी को प्राप्त होने वाली सामान्य खुशी के अलावा व्रोन्स्की पिछले कुछ समय से उसके प्रति इसलिए भी विशेष लगाव महसूस करने लगा था कि वह कीटी का बहनोई था।

"तो क्या इतवार को उस सुन्दरी की दावत करेंगे?" व्रोन्स्की ने मुस्कुराते हुए ओब्लोन्स्की की बाँह-में-बाँह डालते हुए पूछा।

"ज़रूर। मैं चन्दे जमा कर लूँगा। अरे हाँ, कल मेरे दोस्त लेविन से तुम्हारी जान-पहचान हुई न?" ओब्लोन्स्की ने पूछा।

"सो तो ज़ाहिर ही है। लेकिन वह कुछ जल्दी चला गया।"

"वह बहुत भला आदमी है," ओब्लोन्स्की ने कहा। "ठीक है न?"

"मैं कुछ कह नहीं सकता," व्रोन्स्की ने जवाब दिया, "मालूम नहीं क्यों सभी मास्कोवालों में, ज़ाहिर है उनको छोड़कर, जिनसे बात कर रहा हूँ," उसने मज़ाक़ में इतना और जोड़ दिया, "कुछ तुनकमिज़ाजी पाता हूँ। वे मानो दुलत्तियाँ चलाते हैं, झल्लाते हैं, मानो हर वक़्त कुछ महसूस करवाना चाहते हैं..."

"हाँ, यह तो है, सच, ऐसा तो है..." ओब्लोन्स्की ने ख़ुशी से मुस्कुराते हुए कहा।

---

1. शर्म आये उसे, जो इसका बुरा मतलब निकाले! (फ्रांसीसी)
2. मेरी पसन्द के मुताबिक नहीं है। (अँग्रेज़ी)

"क्या जल्द ही आ रही है गाड़ी?" व्रोन्स्की ने एक रेलवे कर्मचारी से पूछा।

"गाड़ी पिछले स्टेशन से चल चुकी है।" कर्मचारी ने जवाब दिया।

स्टेशन पर हो रही तैयारी और हलचल, कुलियों के इधर-उधर दौड़ने, जेनदामों और कर्मचारियों तथा स्वागत के लिए आने वालों की बढ़ती संख्या से गाड़ी के निकट आने का आभास मिल रहा था। ठंडी हवा में उठने वाली भाप में फ़र के आधे कोट और नमदे के नर्म जूते पहने मज़दूर टेढ़ी-मेढ़ी रेलवे लाइनों को लाँघते दिखाई दे रहे थे। दूर की लाइनों पर इंजन की सीटी और किसी भारी चीज़ की गति की आवाज़ सुनाई दी।

"नहीं," ओब्लोन्स्की ने कहा, जो व्रोन्स्की से कीटी के सम्बन्ध में लेविन के इरादों की चर्चा करने को बहुत उत्सुक था। "नहीं, तुमने मेरे दोस्त लेविन को सही तौर पर समझा नहीं। वह बहुत चिड़चिड़ा आदमी है और यह सही है कि अप्रिय लगता है, लेकिन दूसरी ओर कभी-कभी बहुत प्रिय भी हो सकता है। बहुत ही ईमानदार, बहुत ही सच्चा आदमी है वह और उसने दिल भी सोने का पाया है। लेकिन कल तो कुछ विशेष कारण थे," ओब्लोन्स्की ने अर्थपूर्ण मुस्कान के साथ कहा। वह उस सच्ची सहानुभूति के बारे में बिल्कुल भूल गया था, जो कल उसने अपने दोस्त के प्रति अनुभव की थी और अब सिर्फ़ व्रोन्स्की के प्रति अनुभव कर रहा था। "हाँ, एक कारण था, जिसकी वजह से वह अपने को विशेषतः सौभाग्यशाली या सौभाग्यहीन अनुभव कर सकता था।"

व्रोन्स्की रुका और उसने सीधे ही पूछ लिया–

"क्या मतलब है तुम्हारा? तो क्या उसने कल तुम्हारी belle soeur[1] से विवाह का प्रस्ताव किया है?..."

"हो सकता है," ओब्लोन्स्की ने कहा। "मुझे कल ऐसा प्रतीत हुआ। हाँ, अगर कल वह वहाँ से जल्दी चला गया और उसका मूड ख़राब था, तब तो ऐसा ही है... बहुत अर्से से वह उसे प्यार करता है और मुझे बहुत अफ़सोस है उसके लिए।"

"तो यह मामला है!... वैसे, मेरे ख़याल में तो वह बेहतर वर पाने की आशा कर सकती है," व्रोन्स्की ने कहा और सीधा तनकर फिर से आगे चल दिया। "यों मैं उसे नहीं जानता हूँ," उसने इतना और जोड़ दिया। "हाँ, यह बड़ी अटपटी स्थिति है! इसीलिए तो अधिकतर लोग प्रेमिकाओं के फेर में रहना बेहतर समझते हैं। वहाँ असफलता यही सिद्ध करती है कि तुम्हारी जेब काफ़ी गर्म नहीं है और यहाँ–आदमी की गरिमा, उसकी इज़्जत तराजू पर होती है। लेकिन ख़ैर, गाड़ी आ गयी।"

सचमुच ही दूरी पर इंजन सीटी बजा रहा था। कुछ मिनट बाद प्लेटफ़ॉर्म काँप उठा और पाले द्वारा नीचे को दबा दी जाने वाली भाप छोड़ता तथा बीच के पहिये के लीवर को धीरे-धीरे तथा समगति से मोड़ता और फैलाता हुआ इंजन

1. साली। (फ्रांसीसी)

प्लेटफ़ॉर्म पर पहुँच गया। गर्म कपड़ों में लिपटा, पाले से ढका हुआ इंजन-ड्राइवर झुक-झुककर सलाम कर रहा था। इंजन के ईंधनवाले डिब्बे के पीछे अधिकाधिक धीमे तथा प्लेटफ़ॉर्म को ज़्यादा ज़ोर से कँपाता हुआ सामान का डिब्बा, जिसमें एक कुत्ता ज़ोर से कूँ-कूँ कर रहा था, आगे आने लगा। आख़िर को मुसाफिरों के डिब्बे ज़ोरदार झटके के साथ रुक गये।

चुस्त कंडक्टर सीटी बजाता हुआ धीरे-धीरे चलती गाड़ी से नीचे उतर गया और उसके पीछे-पीछे उतावले मुसाफ़िर–सीधा तना और इधर-उधर देखता हुआ गॉर्ड-सेना का अफ़सर, थैला लिये और खुशी से मुस्कुराता फुर्तीला व्यापारी, कन्धे पर बोरी डाले किसान, आदि–नीचे उतरने लगे।

ओब्लोन्स्की की बग़ल में खड़ा व्रोन्स्की डिब्बों और उनमें से बाहर आने वाले मुसाफ़िरों को देख रहा था और माँ के बारे में बिल्कुल भूल गया था। कीटी के बारे में उसे अभी-अभी जो कुछ मालूम हुआ था, उससे वह उमंग में आ गया था और बहुत खुश था। उसकी छाती अपने-आप ही तन गयी थी और आँखें चमक उठी थीं। वह अपने को विजेता-सा अनुभव कर रहा था।

"काउंटेस व्रोन्स्काया इस डिब्बे में हैं," चुस्त कंडक्टर ने व्रोन्स्की के क़रीब आकर कहा।

कंडक्टर के शब्दों से व्रोन्स्की मानो नींद से जागा और उसे माँ तथा उससे होने वाली भेंट का ध्यान आया। अपने मन की गहराई में वह माँ की इज़्जत और उसे प्यार भी नहीं करता था, यद्यपि वह ऐसा मानने को तैयार नहीं था। वैसे यह सही है कि जिस सामाजिक हलक़े में वह रहता था, उसकी धारणाओं और लालन-पालन के मुताबिक़ वह माँ के प्रति बहुत ही आज्ञाकारी और आदरपूर्ण सम्बन्धों के अतिरिक्त अन्य किसी तरह के सम्बन्धों की कल्पना नहीं कर सकता था। मन में वह उसका जितना ही कम आदर और उससे जितना कम प्यार करता था, बाहरी तौर पर ये सम्बन्ध उतनी ही अधिक आज्ञाकारिता और आदर के थे।

18

व्रोन्स्की कंडक्टर के पीछे-पीछे डिब्बे की तरफ़ चल दिया और बाहर आती हुई एक महिला को रास्ता देने के लिए दरवाज़े के पास रुक गया। ऊँचे समाज के व्यक्ति के रूप में महिला के बाहरी रंग-ढंग पर एक नज़र डालते ही व्रोन्स्की ने यह तय कर लिया कि वह कोई कुलीन है। उसने क्षमा माँगी और डिब्बे में जाने को हुआ, किन्तु उसने उस पर एक बार फिर नज़र डाल लेने की आवश्यकता अनुभव की। इसलिए नहीं कि वह बहुत सुन्दर थी, उस लावण्य और विनम्र सजीलेपन के कारण भी नहीं, जो उसके पूरे व्यक्तित्व में झलक रहे थे, बल्कि इसलिए कि यह नारी जब उसके पास से गुज़री, तो उसके चेहरे के भाव में कुछ विशेष स्नेह

और कोमलता की अनुभूति हुई। व्रोन्स्की जब मुड़ा तो महिला ने भी पीछे की तरफ़ देखा। चमकती, घनी बरौनियों के कारण काली प्रतीत होने वाली उसकी भूरी आँखें मैत्रीपूर्ण और बहुत ध्यान से देखती हुई उसके चेहरे पर रुक गयीं, मानो वह उसे पहचान रही हो, और क्षण-भर बाद ही निकट आ रही भीड़ की तरफ़ मुड़ गयी। वे तो जैसे किसी को ढूँढ़ रही थीं। क्षण-भर को उसके चेहरे पर टिकने वाली इस नज़र में व्रोन्स्की ने उस संयत सजीवता को देख लिया, जो महिला के चेहरे पर क्रीड़ा कर रही थी और चमकती आँखों तथा उसके गुलाबी होंठों को ज़रा टेढ़ा-सा करती तनिक दिखाई देने वाली मुस्कान के बीच झलक दिखा रही थी। किसी चीज़ की अधिकता ने उसके सारे व्यक्तित्व को मानो ऐसे सराबोर कर दिया था कि वह उसकी इच्छा की अवहेलना करते हुए कभी आँखों की चमक और कभी मुस्कान में प्रकट हो रही थी। उसने आँखों की चमक की लौ को तो जान-बूझकर बुझा दिया, मगर वह उसकी इच्छा के विरुद्ध तनिक नज़र आने वाली मुस्कान में चमकती रही।

व्रोन्स्की डिब्बे में दाख़िल हुआ। काली आँखों और घुँघराले बालोंवाली उसकी बहुत ही दुबली-पतली माँ ने बेटे को ग़ौर से देखते हुए आँखें सिकोड़ीं और अपने पतले होंठों से ज़रा मुस्कुरायी। सोफ़े से उठने और नौकरानी को छोटा-सा थैला पकड़ाने के बाद उसने अपना छोटा-सा और सूखा हुआ हाथ बेटे की तरफ़ बढ़ा दिया और फिर उसके सिर को अपने हाथ से उठाकर उसका मुँह चूमा।

"तार मिल गया? ठीक-ठाक हो? भला हो भगवान का!"

"रास्ते में कोई तक़लीफ तो नहीं हुई?" बेटे ने उसे पास बैठते और अनचाहे ही दरवाज़े के बाहर नारी-स्वर को सुनते हुए पूछा। उसे मालूम था कि यह उसी महिला की आवाज़ है, जिससे दरवाज़े के क़रीब उसकी मुलाक़ात हुई थी।

"फिर भी मैं आपसे सहमत नहीं हूँ।" महिला कह रही थी।

"पीटर्सबर्गी दृष्टि ठहरी, श्रीमती जी।"

"पीटर्सबर्गी नहीं, केवल नारी की दृष्टि।" महिला ने जवाब दिया।

"अपना हाथ चूमने की अनुमति देने की कृपा करें।"

"नमस्ते, इवान पेत्रोविच। हाँ, और ज़रा देखिये, मेरा भाई भी यहीं कहीं होगा। उसे मेरे पास भेज दीजियेगा।" महिला ने दरवाज़े के क़रीब से कहा और फिर डिब्बे में आ गयी।

"मिल गया आपका भाई?" व्रोन्स्की की बूढ़ी माँ ने महिला से पूछा।

व्रोन्स्की को अब तो याद आ गया कि यह करेनिना है।

"आपका भाई यहीं है," व्रोन्स्की ने उठते हुए कहा। "माफ़ी चाहता हूँ, मैं आपको पहचान नहीं सका। हाँ, और हमारी जान-पहचान भी तो इतनी थोड़ी थी," व्रोन्स्की ने सिर झुकाकर अभिवादन करते हुए कहा, "कि आपको निश्चय ही मेरा ध्यान नहीं होगा।"

"हाँ," महिला ने जवाब दिया, "लेकिन फिर भी मैंने आपको पहचान लिया होता, क्योंकि लगता है कि आपकी माँ के साथ हम रास्ते-भर आपकी ही चर्चा करती रही हैं," महिला ने कहा और आख़िर उसने अपनी ख़ुशी को मुस्कान के रूप में प्रकट हो जाने दिया। "लेकिन मेरा भाई अभी तक नहीं आया।"

"अल्योशा, उसे बुला लो।" बूढ़ी काउंटेस ने कहा।

व्रोन्स्की ने बाहर प्लेटफ़ॉर्म पर जाकर आवाज़ दी–

"ओब्लोन्स्की! यहाँ है वह?"

किन्तु करेनिना ने भाई के निकट पहुँचने की प्रतीक्षा नहीं की और उसे देखने के बाद दृढ़ और चुस्त चाल से डिब्बे से बाहर चली गयी। भाई ज्यों ही उसके निकट आया, त्यों ही उसने ऐसे दृढ़ और मनोरम ढंग से, जिसने व्रोन्स्की को चकित कर दिया, भाई की गर्दन में बाँह डालकर जल्दी से उसे अपनी तरफ़ खींच लिया और ज़ोर से चूमा। व्रोन्स्की उसे एकटक देख रहा था और ख़ुद भी कारण न समझते हुए मुस्करा रहा था। लेकिन यह याद आने पर कि माँ उसकी राह देख रही हैं, वह फिर से डिब्बे में चला गया।

"बहुत ही प्यारी है न!" काउंटेस ने करेनिना के बारे में कहा। "उसके पति ने उसे मेरे साथ बिठा दिया और मुझे इससे बहुत ख़ुशी हुई। रास्ते-भर हम बातें करती रहीं। और तुम्हारे बारे में सुना है कि तुम... Vous filez le parfait amour. Tant mieux, mon cher, tant mieux.[1]"

"मुझे मालूम नहीं कि आप किस बात की ओर संकेत कर रही हैं, maman." बेटे ने रुख़ाई से जवाब दिया। "तो हम बाहर चलें, maman."

करेनिना काउंटेस से विदा लेने के लिए फिर से डिब्बे में आयी।

"तो काउंटेस, आपको अपना बेटा और मुझे मेरा भाई मिल गया," उसने ख़ुशी-भरे अन्दाज़ में कहा। "मेरा क़िस्से-कहानियों का ख़जाना भी ख़त्म हो गया, आगे और कुछ सुना भी न पाती।"

"नहीं, ऐसा नहीं कहिये," काउंटेस ने उसका हाथ अपने हाथ में लेते हुए कहा, "आपके साथ तो मैं दुनिया-भर का चक्कर लगा आती और ऊब महसूस न करती। आप उन प्यारी नारियों में से हैं, जिनके साथ बात करने और चुप रहने में भी सुख मिलता है। हाँ, और अपने बेटे के बारे में परेशान नहीं हो–कभी तो उससे अलग भी होना चाहिए।"

आन्ना निश्चल और बिल्कुल सीधी खड़ी थी और उसकी आँखें मुस्कुरा रही थीं।

"आन्ना अर्कादृयेव्ना का आठ साल का बेटा है," काउंटेस ने बेटे को बात साफ़ करते हुए बताया, "वह उससे कभी अलग नहीं हुई और इसीलिए परेशान है

1. आदर्श प्रेम के ही फेर में हो। अच्छी बात है, मेरे प्यारे, अच्छी बात है। (फ्रांसीसी)

कि उसे वहाँ छोड़ आयी।"

"हाँ, मैं रास्ते-भर अपने बेटे और काउंटेस अपने बेटे की बातें करती रही हैं," करेनिना ने कहा और फिर मुस्कान से–स्नेहपूर्ण मुस्कान से, जो व्रोन्स्की के लिए थी–उसका चेहरा चमक उठा।

"सम्भवतः आपको इससे बहुत ऊब महसूस हुई होगी," व्रोन्स्की ने चुहलपन की यह गेंद, जो करेनिना ने उसकी ओर फेंकी थी, फ़ौरन रोकते हुए कहा। किन्तु वह स्पष्टतः इसी अन्दाज़ में बातचीत जारी नहीं रखना चाहता थी और इसलिए बूढ़ी काउंटेस से बोली–

"बहुत-बहुत धन्यवाद। मुझे तो पता भी नहीं चला कि कल का दिन कैसे बीत गया। नमस्ते, काउंटेस!"

"नमस्ते, मेरी प्यारी," काउंटेस ने जवाब दिया। "अपना यह प्यारा-सा मुखड़ा तो चूमने दीजिये। बड़ी-बूढ़ी के नाते साफ़-साफ़ कहती हूँ कि मुझे तो आपसे प्यार हो गया है।"

यह वाक्य चाहे औपचारिक ही था, करेनिना ने स्पष्टतः इस पर सच्चे दिल से विश्वास कर लिया और ख़ुश हुई। उसके चेहरे पर लाज की लाली दौड़ गयी। वह थोड़ा झुकी, अपना चेहरा काउंटेस के होंठों के निकट ले गयी, फिर से सीधी हुई और उसी मुस्कान के साथ, जो होंठों और आँखों के बीच थिरक रही थी, उसने व्रोन्स्की की ओर हाथ बढ़ा दिया। व्रोन्स्की ने अपनी ओर बढ़े हुए छोटे-से हाथ से हाथ मिलाया और करेनिना ने जिस उत्साह, ज़ोर तथा साहस के साथ उससे हाथ मिलाया, उससे उसे एक विशेष प्रकार की ख़ुशी हुई। वह अपने ख़ासे गदराये शरीर के बावजूद आश्चर्यचकित करने वाली फुर्ती और हल्की चाल से बाहर चली गयी।

"बड़ी प्यारी है।" बुढ़िया ने कहा।

उसका बेटा भी यही सोच रहा था। करेनिना की मोहिनी आकृति आँखों से ओझल होने तक वह उसी पर नज़र टिकाये रहा और मुस्कान उसके चेहरे पर ज्यों-की-त्यों बनी रही। उसने खिड़की से देखा कि कैसे वह अपने भाई के पास पहुँची, उसकी बाँह में अपनी बाँह डाली और बड़ी ज़िन्दादिली से उससे कुछ कहने लगी, जिसका स्पष्टतः व्रोन्स्की से कोई सम्बन्ध नहीं था और यह उसे बुरा लगा।

"हाँ तो, maman, आप बिल्कुल स्वस्थ हैं न?" उसने माँ को सम्बोधित करते हुए फिर से पूछा।

"सब कुछ बहुत अच्छा है, बहुत बढ़िया है। अलेक्सान्द्र बड़ा प्यारा है और मारिया बहुत अच्छी हो गयी है। बड़ी सुन्दर है वह।"

काउंटेस फिर से वह सब कुछ बताने लगी, जो उसके लिए सबसे ज़्यादा रुचिकर था। उसने पोते के नामकरण-संस्कार की, जिसके लिए विशेष रूप से पीटर्सबर्ग गयी थी, तथा बड़े बेटे पर ज़ार की ख़ास मेहरबानी की चर्चा की।

"लीजिये, लाव्रेन्ती भी आ गया," खिड़की से बाहर देखते हुए व्रोन्स्की ने कहा। "अगर चाहें, तो अब हम बाहर चल सकते हैं।"

बूढ़े बटलर ने, जो काउंटेस के साथ पीटर्सबर्ग से आया था, डिब्बे में आकर यह बताया कि सब कुछ तैयार है और काउंटेस चलने के लिए उठी।

"आइये, चलें। अब ख़ास भीड़ नहीं रही।" व्रोन्स्की ने कहा।

नौकरानी ने थैला और कुत्ता ले लिया और बटलर तथा कुली ने बाक़ी सामान उठा लिया। व्रोन्स्की ने माँ की बाँह थाम ली, लेकिन जब वे डिब्बे से बाहर निकल रहे थे, तो अचानक डरे-सहमे चेहरोंवाले कुछ लोग इनके नज़दीक से भागते हुए ग़ुजरे। अजीब-से रंग की छज्जेदार टोपी पहने हुए स्टेशन-मास्टर भी भागा गया। स्पष्टतः कोई असाधारण बात हो गयी थी। लोग गाड़ी से हटकर पीछे को भाग रहे थे।

"क्या हुआ?... क्या हुआ?... कहाँ? ...रेलवे लाइन पर जा गिरा!... कुचला गया!" नज़दीक से गुज़रते लोग कहते जा रहे थे।

ओब्लोन्स्की भी अपनी बहन की बाँह थामे हुए वापस लौट आया। उन दोनों के चेहरों पर भय अंकित था और भीड़ से बचने के लिए वे गाड़ी के डिब्बे के क़रीब आकर खड़े हो गये।

महिलाएँ डिब्बे में चली गयीं और व्रोन्स्की तथा ओब्लोन्स्की दुर्घटना का ब्यौरा जानने के लिए लोगों के पीछे-पीछे हो लिये।

चौकीदार नशे में धुत् था या बहुत ज़्यादा ठंड के कारण मुँह-सिर को लपेटे हुए था और इसलिए उसने पीछे हटती गाड़ी की आवाज़ नहीं सुनी और वह उसके नीचे आकर कुचला गया।

व्रोन्स्की और ओब्लोन्स्की के लौटने से पहले ही महिलाओं ने बटलर से ये सारी तफ़सीलें जान ली थीं।

ओब्लोन्स्की और व्रोन्स्की, दोनों ने ही बहुत बुरी तरह कुचली गयी वह लाश देखी थी। ओब्लोन्स्की साफ़ तौर पर बहुत दुःखी था। उसके माथे पर बल पड़े हुए थे, मानो रोने को तैयार था।

"ओह, कैसी भयानक बात हो गयी है! ओह, आन्ना, अगर तुमने देखी होती वह लाश! ओह, कैसी बुरी हालत है उसकी!" ओब्लोन्स्की ने कहा।

व्रोन्स्की चुप था और उसका सुन्दर चेहरा गम्भीर, किन्तु बिल्कुल शान्त था।

"ओह, अगर आपने उसे देखा होता, काउंटेस," ओब्लोन्स्की बोला, "और उसकी बीवी भी वहाँ है... उसे देखकर तो दिल को कुछ होता है... वह उसकी लाश पर जा गिरी। कहते हैं कि बहुत बड़े परिवार का वही एक अन्नदाता था। है न यह भयानक बात!"

"क्या उसकी बीवी की कुछ मदद नहीं की जा सकती?" व्यथित फुसफुसाहट

के साथ करेनिना ने कहा।

व्रोन्स्की ने करेनिना की तरफ़ देखा और उसी क्षण डिब्बे से बाहर चला गया।

"मैं अभी आता हूँ, maman," व्रोन्स्की ने दरवाज़े पर पीछे मुड़कर कहा।

व्रोन्स्की जब कुछ मिनट बाद लौटा, तो ओब्लोन्स्की काउंटेस से नयी गायिका की चर्चा कर रहा था और काउंटेस अपने बेटे की प्रतीक्षा करती हुई बेचैनी से दरवाज़े की तरफ़ देख रही थी।

"तो आइये, अब चलें।" व्रोन्स्की ने डिब्बे में लौटते हुए कहा।

सभी एक साथ डिब्बे से बाहर निकले। व्रोन्स्की अपनी माँ के साथ आगे-आगे चल रहा था और इनके पीछे करेनिना और उसका भाई आ रहे थे। ये स्टेशन से बाहर निकल रहे थे, जब स्टेशन-मास्टर भागता हुआ व्रोन्स्की के पास पहुँचा।

"आपने मेरे सहायक को दो सौ रूबल दिये हैं। कृपया यह बता दीजिये कि वे किसके लिए हैं?"

"विधवा के लिए," व्रोन्स्की ने कन्धे झटकते हुए जवाब दिया। "मेरी समझ में नहीं आ रहा कि इसमें पूछने की बात ही क्या है?"

"आपने दिये हैं?" ओब्लोन्स्की ने पूछा और बहन का हाथ दबाकर इतना और जोड़ दिया, "बहुत नेक काम किया, बहुत नेक! सच, बहुत भला आदमी है न यह! नमस्ते, काउंटेस!"

और बहन की नौकरानी को ढूँढ़ते हुए ये दोनों यहीं रुक गये।

जब ये बाहर आये, तो व्रोन्स्की परिवार की बग्घी जा चुकी थी। स्टेशन से बाहर आते हुए लोग अभी भी दुर्घटना की चर्चा कर रहे थे।

"कैसी भयानक मौत हुई यह!" नज़दीक से गुज़रते हुए एक साहब ने कहा। "कहते हैं कि दो टुकड़े हो गये।"

"मेरे ख़याल में तो यह सबसे आसान मौत थी, आन-की-आन में काम तमाम!" दूसरे व्यक्ति ने राय ज़ाहिर की।

"ये लोग सावधानी क्यों नहीं बरतते?" तीसरे ने कहा।

करेनिना बग्घी में बैठ गयी और ओब्लोन्स्की को यह देखकर हैरानी हुई कि आन्ना के होंठ काँप रहे हैं और बड़ी मुश्किल से वह अपने आँसुओं पर क़ाबू पा रही है।

"क्या बात है आन्ना?" कुछ दूर जाने पर भाई ने पूछा।

"यह बहुत बुरा शगुन है।" बहन ने जवाब दिया।

"कैसी बेकार की बातें कर रही हो!" ओब्लोन्स्की ने कहा। "तुम आ गयीं, यही सबसे बड़ी बात है। तुम तो कल्पना भी नहीं कर सकतीं कि मैं तुम पर कितनी उम्मीद लगाये हूँ।"

"क्या बहुत अर्से से जानते हो तुम व्रोन्स्की को?" आन्ना ने पूछा।

"हाँ। जानती हो, हमें आशा है कि वह कीटी से शादी कर लेगा।"

"अच्छा!" आन्ना ने धीरे से कहा। "आओ, अब तुम्हारे बारे में बातचीत करें," उसने ऐसे सिर झटककर कहा, मानो किसी फ़ालतू और उसे परेशान करने वाली चीज़ को दूर खदेड़ना चाहती हो। "आओ, तुम्हारे मामलों का ज़िक्र करें। मुझे तुम्हारा ख़त मिला और मैं चली आयी।"

"हाँ, तुम्हीं पर सारा दार-मदार है।" ओब्लोन्स्की ने कहा।

"तो तुम मुझे सब कुछ बताओ।"

और ओब्लोन्स्की सभी कुछ बताने लगा।

घर के सामने पहुँचने पर ओब्लोन्स्की ने बहन को उतारा, गहरी साँस ली, उसका हाथ दबाया और उसी बग्घी में अपने दफ़्तर चला गया।

19

आन्ना जब कमरे में दाख़िल हुई, तो डॉली सुनहरे बालोंवाले गुदगुदे बेटे के साथ, जो अभी अपने बाप जैसा लगता था, छोटे मेहमानख़ाने में बैठी थी। डॉली उसे फ्रांसीसी भाषा पढ़ते हुए सुन रही थी। लड़का अपनी जाकेट पर जैसे-तैसे टिके बटन को हाथ में घुमाते और तोड़ने की कोशिश करते हुए फ्रांसीसी पढ़ रहा था। माँ ने कई बार बटन से उसका हाथ हटाया, लेकिन लड़के का गुदगुदा हाथ फिर बटन पर पहुँच जाता था। माँ ने आख़िर बटन तोड़कर अपनी जेब में डाल लिया।

"ग्रीशा, अपने हाथों को बस में रखो," डॉली ने कहा और फिर से उस कम्बल को बुनने लगी, जिसे उसने बहुत समय पहले बुनना शुरू किया था और परेशानी की घड़ियों में ही बुनती थी। अब वह उँगलियों को हिलाती-डुलाती और फन्दों को गिनती हुई चिड़चिड़ेपन से ऐसा कर रही थी। यह सही है कि एक दिन पहले उसने पति को यह कहलवा दिया था कि उसकी बहन आयेगी या नहीं आयेगी, उसे इससे कोई मतलब नहीं, फिर भी उसके लिए सभी तैयारी करवा दी थी और वह बड़ी उद्विग्नता से ननद के आने की राह देख रही थी।

डॉली के दुःख ने उसे पूरी तरह कुचल डाला था, वह उसमें डूबी हुई थी, फिर भी वह यह नहीं भूली थी कि उसकी ननद, आन्ना, पीटर्सबर्ग के एक बहुत ही महत्त्वपूर्ण व्यक्ति की पत्नी और पीटर्सबर्ग की grand dame है। इसी कारण उसने पति से जो कहलवाया था, उसे किया नहीं, यानी यह नहीं भूली कि उसकी ननद आने वाली है। 'आख़िर आन्ना का इसमें कोई दोष नहीं है,' डॉली सोच रही थी। 'मैं तो उसके बारे में अच्छाई के अतिरिक्त और कुछ भी नहीं जानती तथा मुझे तो उससे स्नेह और मैत्री-भाव ही मिला है।' हाँ, यह सच है कि उनके यहाँ पीटर्सबर्ग में करेनिन परिवार के अपने हृदय पर पड़ने वाले प्रभावों के बारे में उसे जो कुछ भी याद था, उसके अनुसार तो उनका घर अच्छा नहीं लगा था, उनके परिवार के

हर रंग-ढंग में कुछ बनावट थी। 'लेकिन मैं किस कारण उसकी अवहेलना करूँ? बस, यही चाहती हूँ कि वह मुझे दिलासा देने की कोशिश न करे!' डॉली सोच रही थी। 'इन सभी दिलासों, उपदेशों और ईसाई धर्म की क्षमादान की बातों पर मैं हज़ारों बार विचार कर चुकी हूँ और ये सब बेकार हैं।'

इन सभी दिनों के दौरान डॉली बच्चों के साथ ही रही थी। वह अपने दुःख की किसी से भी चर्चा नहीं करना चाहती थी, लेकिन दिल में ऐसे दुःख का बोझ लिये हुए अन्य बातों की चर्चा करना उसके लिए सम्भव नहीं था। वह जानती थी कि चाहे-अनचाहे वह आन्ना से सब कुछ कह देगी। उसे कभी तो इस विचार से खुशी होती कि कैसे वह उससे यह सब कुछ कहेगी और कभी उससे, पति की बहन से, अपने अपमान की चर्चा करने की आवश्यकता और उससे उपदेश तथा तसल्ली के गढ़े-गढ़ाये वाक्य सुनने के ख़याल से खीझ भी आती।

वह घड़ी पर नज़र डालते हुए किसी भी क्षण आन्ना के आने की प्रतीक्षा कर रही थी और, जैसा कि अक्सर होता है, उसी क्षण में चूक गयी, जब मेहमान आयी, यानी उसने घंटी की आवाज़ नहीं सुनी।

दरवाज़े पर फ्रॉक की सरसराहट और हल्के क़दमों की आहट से उसने मुड़कर देखा और उसके व्यथित चेहरे पर अनचाहे ही खुशी के बजाय हैरानी झलक उठी। उसने उठकर ननद को गले लगाया।

"अरे, तुम आ भी गयीं?" डॉली ने उसे चूमते हुए कहा।

"डॉली, कितनी ख़ुश हूँ मैं तुमसे मिलकर!"

"और मैं भी," तनिक मुस्कुराते और आन्ना के चेहरे के भाव से यह भाँपते हुए कि उसे मामले की जानकारी है या नहीं, डॉली ने कहा। 'ज़रूर जानती है,' आन्ना के चेहरे पर सहानुभूति का भाव देखकर डॉली ने सोचा। "चलो, मैं तुम्हें तुम्हारे कमरे में पहुँचा आऊँ," डॉली ने मामले के स्पष्टीकरण के क्षण को यथासम्भव टालने का यत्न करते हुए अपनी बात जारी रखी।

"यह ग्रीशा है क्या? हे भगवान, कितना बड़ा हो गया!" आन्ना ने कहा और उसे चूमा। उसकी नज़र डॉली के चेहरे पर ही जमी हुई थी। वह रुकी और लज्जारुण होते हुए बोली–"नहीं, कृपया, तुम मुझे अभी कहीं भी जाने को न कहो।

आन्ना ने अपना दुपट्टा और टोपी उतारी और अपने सभी ओर लहराती काले बालों की लटें उसमें उलझ जाने पर सिर को इधर-उधर हिलाते-डुलाते हुए उन्हें टोपी से छुड़ाया।

"तुम तो सुख और स्वास्थ्य से चमचमा रही हो!" डॉली ने लगभग ईर्ष्या से कहा।

"मैं? हाँ।" आन्ना ने जवाब दिया। "हे भगवान, यह तान्या है! मेरे सेर्योझा की हमउम्र," भागकर कमरे में आने वाली बालिका को सम्बोधित करते हुए उसने

इतना और जोड़ दिया। आन्ना ने बालिका को गोद में लेकर चूमा। "बहुत अच्छी, बहुत ही प्यारी बच्ची है! मुझे सभी बच्चे दिखाओ।"

आन्ना ने केवल उनके नाम ही नहीं लिये, बल्कि उनके जन्म के सालों, महीनों, उनके स्वभावों और इस बात का भी ज़िक्र किया कि उन्हें कब और कौन रोग हुआ था और डॉली उसकी ऐसी दिलचस्पी के लिए आभारी हुए बिना न रह सकी।

"तो आओ, उनके कमरे में चलें।" डॉली ने कहा। "अफ़सोस की बात है कि वास्या इस वक़्त सो रहा है।"

बच्चों से मिलने के बाद वे दोनों अकेली ही मेहमानख़ाने में आ बैठीं। उनके सामने कॉफ़ी थी। आन्ना ने ट्रे को अपनी ओर खींचा, मगर फिर परे खिसका दिया।

"डॉली," वह बोली, "उसने मुझे सब कुछ बता दिया है।"

डॉली ने रूखेपन से आन्ना की तरफ़ देखा। उसे उम्मीद थी कि अब वह सहानुभूति के ढोंग-भरे वाक्य कहेगी, लेकिन आन्ना ने ऐसा कुछ नहीं किया।

"डॉली, प्यारी डॉली!" उसने कहा, "मैं न तो उसकी ओर से तुम्हें कुछ कहना और न ही तसल्ली देना चाहती हूँ। ऐसा करना सम्भव नहीं। लेकिन मेरी प्यारी, मुझे सच्चे दिल से तुम्हारे लिए अफ़सोस हो रहा है!"

उसकी चमकीली आँखों की घनी बरौनियों के पीछे से अचानक आँसू झलक उठे। वह अपनी भाभी के निकट हो गयी और अपने छोटे से मज़बूत हाथ में उसका हाथ ले लिया। डॉली ने अपना हाथ छुड़ाया नहीं, लेकिन उसके चेहरे पर रुखाई का भाव बना रहा। वह बोली–

"मुझे तसल्ली देना बेकार है। जो कुछ हुआ है, उसके बाद सब कुछ ख़त्म हो गया, कुछ भी नहीं बचा!"

इतना कहते ही उसके चेहरे के भाव में अचानक नर्मी आ गयी। आन्ना ने डॉली का मुरझाया हुआ और दुबला-पतला हाथ ऊपर उठाया, उसे चूमा और कहा–

"लेकिन किया क्या जाये, डॉली, किया क्या जाये? ऐसी भयानक स्थिति में आदमी क्या करे? सोचने की बात तो यही है।"

"सब कुछ ख़त्म हो चुका, इसके अलावा और कुछ भी नहीं," डॉली ने कहा। "और तुम समझो कि सबसे बुरी बात तो यह है कि मैं उसे छोड़कर जा भी नहीं सकती। बच्चे हैं, मैं उनके साथ बँधी हुई हूँ। लेकिन उनके साथ रह नहीं सकती, मैं तो उसे देखकर ही परेशान हो उठती हूँ।"

"मेरी प्यारी डॉली, उसने तो मुझे सब कुछ बताया है, लेकिन मैं तुमसे सुनना चाहती हूँ, तुम मुझे सारी बात बताओ।"

डॉली ने प्रश्नसूचक दृष्टि से आन्ना की तरफ़ देखा।

आन्ना के चेहरे पर सच्ची सहानुभूति और स्नेह दिखाई दे रहा था।

"अच्छी बात है," डॉली ने अचानक कहा। "लेकिन मैं शुरू से सारी बात कहूँगी। तुम तो जानती ही हो कि मेरी शादी कैसे हुई थी। maman के पालन-शिक्षण की वजह से मैं भोली-भाली ही नहीं, बुद्धू भी थी। मैं कुछ नहीं जानती थी। सुनती हूँ, मैं जानती हूँ कि पति पत्नियों को शादी से पहले के अपने जीवन के बारे में बताते हैं, लेकिन स्तीवा ने..." उसने अपनी भूल सुधारी, "स्तेपान अर्कादृयेविच ने मुझे कुछ भी नहीं बताया। तुम विश्वास नहीं करोगी, लेकिन मैं अभी तक ऐसा सोचती थी कि मेरे सिवाय और किसी औरत से उसका निकट सम्बन्ध नहीं रहा। मैं आठ साल तक ऐसे ही जीती रही। तुम इस बात को समझो कि मैं न सिर्फ़ बेवफ़ाई के बारे में शक तक नहीं करती थी, बल्कि इसे असम्भव मानती थी। और तुम कल्पना करो कि इस तरह के विचार रखते हुए अचानक ऐसी भयानक बात, ऐसी गन्दगी का पता चले, तो... तुम मुझे समझो। किसी को पूरी तरह से अपने सुख का विश्वास हो और अचानक..." अपनी सिसकियों पर क़ाबू पाते हुए डॉली कहती गयी, "ख़त मिले... उसकी प्रेमिका, मेरे बच्चों की शिक्षिका के नाम लिखा हुआ उसका ख़त मिले। नहीं, यह तो बहुत ही भयानक बात है!" उसने जल्दी से रूमाल निकाला और उससे अपना मुँह ढक लिया। "मैं क्षणिक दीवानगी को भी समझ सकती हूँ," तनिक चुप रहने के बाद वह कहती गयी, "लेकिन सोच-समझकर और चालाकी से मुझे धोखा देना... सो भी किसके फेर में पड़कर? ...फिर उसके साथ-साथ मेरा पति भी बने रहना... बड़ी भयानक बात है यह! तुम इसे नहीं समझ सकतीं..."

"ओह, समझती क्यों नहीं, समझती हूँ। समझती हूँ, मेरी प्यारी डॉली, समझती हूँ," उसका हाथ दबाते हुए आन्ना ने कहा।

"और तुम्हारे ख़याल में वह मेरी स्थिति की सारी भयानकता को समझता है?" डॉली कहती गयी। "ज़रा भी नहीं! वह सुखी है, मज़े में है।"

"ओह, नहीं!" आन्ना ने जल्दी से उसे टोका। "वह बहुत दुःखी है, पश्चाताप से कुचला हुआ है..."

"वह पश्चाताप कर भी सकता है?" ननद के चेहरे को बहुत ग़ौर से देखते हुए डॉली ने उसकी बात काटी।

"हाँ, मैं उसे जानती हूँ। उसे देखकर मुझे बरबस दया आती थी। हम दोनों ही उसे जानती हैं। वह दयालु, किन्तु गर्वीला है और अब इतना तिरस्कृत है... मुख्य बात तो वह है, जिसने मेरे दिल को सबसे ज़्यादा छू लिया (यहाँ आन्ना ने उस मुख्य बात का अनुमान लगा लिया, जो डॉली के मन को छू सकती थी)... दो चीज़ें उसे यातना दे रही हैं–कि बच्चों के सामने वह नज़र ऊपर नहीं उठा सकता और यह कि उसने तुम्हें प्यार करते हुए... हाँ, हाँ, दुनिया की हर चीज़ से ज़्यादा तुम्हें प्यार करते हुए," उसने आपत्ति करने को इच्छुक भाभी की बात जल्दी से बीच में

ही काट दी, "तुम्हें ऐसी चोट पहुँचायी, तुम्हारी हत्या ही कर डाली। 'नहीं, नहीं, वह कभी माफ़ नहीं करेगी,' वह यही रट लगाये हुए है।"

अपनी ननद के शब्द सुनती हुई सोच में डूबी-सी डॉली कहीं दूर देख रही थी।

"हाँ, मैं यह समझती हूँ कि उसकी स्थिति भयानक है," उसने कहा। "अगर वह ऐसा अनुभव करता है कि इस सारे दुर्भाग्य का कारण वही है, तो निरपराध की तुलना में अपराधी की हालत ज़्यादा खराब है। लेकिन मैं उसे माफ़ कैसे करूँ, कैसे मैं उस औरत के बाद उसकी बीवी रह सकती हूँ। मेरे लिए अब उसके साथ रहना एक यातना होगी, क्योंकि मैं उसके प्रति अपने अतीत के प्यार को प्यार करती हूँ..."

और सिसकियों से उसके शब्द अधूरे ही रह गये।

लेकिन हर बार ही, जब वह कुछ नर्म पड़ती, फिर से उसी चीज़ की चर्चा करने लगती, जिससे उसमें झल्लाहट पैदा होती थी।

"वह औरत तो जवान है, वह सुन्दर है," डॉली कहती गयी। "तुम तो समझती हो न कि मेरी जवानी, मेरी सुन्दरता किसकी नज़र हो गयी? उसकी और उसके बच्चों की। मैंने उसकी सेवा की और इस सेवा में मेरा सब कुछ चला गया और ज़ाहिर है कि अब उसे अधिक ताज़ा, घटिया औरत ज़्यादा अच्छी लगती है। इन दोनों ने सम्भवतः मेरे बारे में चर्चा की होगी या फिर इससे भी बुरा यह कि ख़ामोश रहे होंगे। तुम समझती हो?" फिर से उसकी आँखों में नफ़रत की चिनगारी जल उठी। "और इसके बाद वह फिर से मुझे कहेगा कि... और क्या मैं यक़ीन कर लूँगी उस पर? कभी नहीं। नहीं, वह सब, वह सब कुछ ख़त्म हो चुका, जो मुझे तसल्ली देता था, जो मेरे श्रम और पीड़ा का पुरस्कार था... तुम विश्वास करोगी? मैं अभी ग्रीशा को पढ़ा रही थी—पहले मुझे इससे ख़ुशी मिलती थी और अब यह यातना है... किसलिए मैं यह सब करती हूँ, किसलिए इतनी मुसीबत उठाती हूँ? क्या लेना-देना है मुझे बच्चों से? सबसे भयानक तो यह है कि मेरी आत्मा में आमूल परिवर्तन हो गया है और उसके लिए प्यार क्या कोमलता की जगह मेरे दिल में केवल क्रोध, हाँ, क्रोध ही रह गया है। मैंने तो उसकी हत्या कर दी होती और..."

"मेरी प्यारी डॉली, मैं सब कुछ समझती हूँ, लेकिन तुम अपने को ऐसे यातना नहीं दो। तुम्हें इतनी ठेस लगी है, तुम इतनी ज़्यादा परेशान हो कि बहुत कुछ सही रूप में नहीं देख पा रही हो।"

डॉली शान्त हो गयी और ये दोनों कोई दो मिनट तक ख़ामोश रहीं।

"क्या किया जाये, तुम सोचो, मदद करो, आन्ना! मैं तो बहुत सोच चुकी हूँ और मुझे तो कुछ भी नहीं सूझता।"

आन्ना को भी कोई रास्ता नज़र नहीं आ रहा था, मगर भाभी का हर शब्द, उसके चेहरे का हर भाव उसके मन को छू रहा था।

"मैं एक बात कहूँगी," आन्ना ने कहना शुरू किया, "मैं उसकी बहन हूँ, मैं

उसका स्वभाव जानती हूँ, जानती हूँ कि वह सब कुछ, हर चीज़ को भूल सकता है (उसने माथे की ओर संकेत किया), पूरी तरह किसी चीज़ में डूब सकता है, लेकिन पूरी तरह पछता भी सकता है। अब वह विश्वास ही नहीं करता, यह समझ नहीं पाता कि जो कुछ उसने किया है, वह कैसे कर पाया।"

"नहीं, वह समझता है, तब भी समझता था!" डॉली ने उसकी बात काटी। "लेकिन मैं... तुम मुझे भूल जाती हो... क्या मुझ पर भारी नहीं गुज़र रही है?"

"ज़रा रुको। मैं तुम्हारे सामने स्वीकार करती हूँ कि जब उसने मुझसे यह चर्चा की थी, तो मैं तुम्हारी स्थिति की पूरी भयानकता को नहीं समझ पायी थी। तब सिर्फ़ वही मेरे सामने था और यह कि परिवार टूटने जा रहा है, मुझे उस पर तरस आया था, लेकिन तुम्हारे साथ बात करने पर मैं नारी के नाते दूसरी चीज़ देख रही हूँ। मैं तुम्हारी व्यथा को देख रही हूँ और कह नहीं सकती कि कितना अफ़सोस हो रहा है मुझे तुम्हारे लिए। मेरी प्यारी डॉली, मैं तुम्हारे दुःख को बहुत अच्छी तरह समझती हूँ, लेकिन एक बात मैं नहीं जानती–मैं नहीं जानती... नहीं जानती कि तुम्हारे दिल में उसके लिए कितना प्रेम बाक़ी है। यह केवल तुम्हें ही मालूम होगा–इतना प्रेम है या नहीं कि उसे क्षमा कर सको। अगर है, तो क्षमा कर दो!"

"नहीं," डॉली ने कहना शुरू किया, लेकिन आन्ना ने फिर से उसका हाथ चूमते हुए उसे बीच में ही टोक दिया।

"तुम्हारी तुलना में मैं सोसाइटी को ज़्यादा अच्छी तरह जानती हूँ," आन्ना ने कहा। "मैं जानती हूँ कि स्तीवा जैसे लोग इस मामले के प्रति कैसा रवैया रखते हैं। तुम कहती हो कि उसने उससे तुम्हारे बारे में बात की है। ऐसा नहीं हुआ। ऐसे लोग बेवफ़ाई करते हैं, लेकिन अपनी गिरस्ती और बीवी इनके लिए पावन रहती हैं। उनकी दृष्टि में ऐसी नारियाँ तिरस्कृत ही रहती हैं और परिवार में बाधा नहीं डालतीं। वे परिवार और ऐसी नारियों के बीच एक रेखा-सी खींचे रहते हैं। यह बात मेरी समझ में नहीं आती, लेकिन है ऐसा ही।"

"हाँ, लेकिन उसने उसे चूमा तो है..."

"डॉली, ज़रा रुको, मेरी रानी! मैंने स्तीवा को तब भी देखा है, जब वह तुम्हारे प्रेम में दीवाना था। मुझे वह समय याद है, जब स्तीवा मेरे पास आया था और तुम्हारी चर्चा करते हुए रोता था। कैसी कविता और कितनी ऊँचाई पर थीं तुम उसके लिए! मैं यह भी जानती हूँ कि जितना अधिक वह तुम्हारे साथ रहता गया, तुम उसके लिए और भी अधिक ऊँची होती गयीं। कभी-कभी ऐसा भी होता था कि हम उस पर हँसते थे, क्योंकि वह हर शब्द के साथ 'डॉली अद्‌भुत नारी है' जोड़ देता था। तुम उसके लिए हमेशा आराध्य देवी थीं और अब भी हो और यह भटकाव उसके मन की..."

"लेकिन अगर यह भटकाव फिर से हुआ, तो?"

"जहाँ तक मैं समझती हूँ, ऐसा नहीं हो सकता..."

"अच्छा, क्या तुम क्षमा कर देतीं?"

"मालूम नहीं, कह नहीं सकती... नहीं, कह सकती," कुछ सोचकर आन्ना ने कहा; और सारी स्थिति को मन-ही-मन समझने और मन की तुला पर तौलने के बाद उसने इतना और जोड़ दिया, "कह सकती हूँ, कह सकती हूँ, कह सकती हूँ। हाँ, मैंने तो क्षमा कर दिया होता। मैं पहले जैसी तो न रही होती, लेकिन मैंने क्षमा कर दिया होता और ऐसे क्षमा कर दिया होता मानो कुछ हुआ ही न हो, बिल्कुल ही कुछ न हुआ हो।"

"सो तो ज़ाहिर ही है," डॉली ने झटपट बात का तार जोड़ा, मानो वही कह रही हो, जो अनेक बार सोच चुकी हो, "नहीं तो यह क्षमा करना ही न होता। अगर क्षमा किया जाये, तो पूरी तरह, पूरी तरह। चलो, मैं तुम्हें तुम्हारे कमरे में पहुँचा आऊँ," डॉली ने उठते हुए कहा और रास्ते में आन्ना को बाँहों में भरकर बोली, "कितनी ख़ुश हूँ मैं, मेरी प्यारी, कि तुम आ गयीं। मेरा मन हल्का हो गया, बहुत हल्का हो गया।"

20

आन्ना ने यह सारा दिन घर पर यानी ओब्लोन्स्की परिवार में ही बिताया और किसी से भी नहीं मिली, यद्यपि उसके कुछ परिचित उसके आने की ख़बर सुनकर इसी दिन मिलने चले आये थे। आन्ना ने पूरी सुबह डॉली और बच्चों के साथ बितायी। हाँ, उसने अपने भाई को केवल यह रुक़्क़ा लिख भिजवाया कि वह दोपहर का खाना ज़रूर घर पर ही खाये। 'आओ, भगवान कृपा करेंगे,' उसने लिखा था।

ओब्लोन्स्की ने घर पर ही खाना खाया। आम बातचीत होती रही, बीवी उसे 'तुम' कहते हुए बात करती रही, जैसा कि पिछले दिनों में नहीं होता था। पति-पत्नी के सम्बन्धों में पहले जैसा परायापन बना रहा, लेकिन अब अलग होने की चर्चा नहीं रही थी और इसलिए ओब्लोन्स्की को अपनी सफ़ाई पेश करने और सुलह होने की सम्भावना दिखाई देती थी।

दोपहर के खाने के फ़ौरन बाद ही कीटी आ गयी। वह आन्ना को जानती थी, लेकिन बहुत कम और दिल में यह डर लिये हुए बहन के घर आयी थी कि पीटर्सबर्ग के ऊँचे समाज की यह महिला, जिसकी सभी तारीफ़ करते थे, उसके साथ कैसे पेश आयेगी। लेकिन वह आन्ना को पसन्द आयी, कीटी ने यहाँ आते ही यह अनुभव कर लिया। स्पष्टतः आन्ना कीटी के सौन्दर्य और जवानी पर मुग्ध थी तथा कीटी को तो पता भी नहीं चला और उसने अपने को न केवल आन्ना के प्रभाव में पाया, बल्कि यह अनुभव किया कि वह उससे प्रेम करती है। यह वैसा ही प्रेम था, जैसा कि लड़कियाँ विवाहित और अपने से बड़ी उम्र की महिलाओं के

प्रति अनुभव कर सकती हैं। आन्ना न तो ऊँचे समाज की महिला और न ही आठ साल के बेटे की माँ जैसी लगती थी। अपनी गतिविधि की लोचशीलता, ताज़गी और चेहरे की सजीवता के कारण, जो कभी मुस्कान, तो कभी नज़र में व्यक्त होती थी, वह बीस की युवती ही लगती, अगर उसकी आँखों में गम्भीरता और कभी-कभी उदासी का भाव न झलकता, जो कीटी को चकित करता और अपनी तरफ़ खींचता था। कीटी ने महसूस किया कि आन्ना सर्वथा सीधी-सरल है और कुछ भी नहीं छिपाती है, लेकिन उसके भीतर जटिल और कवित्वपूर्ण रुचियों की कोई दूसरी और ऐसी ऊँची दुनिया भी थी, जो उसकी पहुँच के बाहर थी।

खाने के बाद डॉली जब अपने कमरे में चली गयी, तो आन्ना झटपट उठकर भाई के पास गयी, जो सिगार के कश खींच रहा था।

"स्तीवा," उसने ख़ुशमिज़ाजी से उसे आँख मारते, उस पर सलीब का निशान बनाते और आँखों से दरवाज़े की तरफ़ इशारा करते हुए कहा, "जाओ, भगवान तुम्हारी मदद करें।"

बहन का इशारा समझकर ओब्लोन्स्की ने सिगार फेंक दिया और दरवाज़े के पीछे ग़ायब हो गया।

ओब्लोन्स्की के कमरे में चले जाने पर आन्ना उसी सोफ़े पर फिर से जा बैठी, जहाँ वह बच्चों से घिरी हुई पहले बैठी थी। शायद इस कारण कि बच्चों ने इस बूआ के प्रति माँ का स्नेह देखा या इस कारण कि ख़ुद उन्हें उसमें कोई विशेष आकर्षण अनुभव हुआ, दोनों बड़े बच्चे और, जैसा कि अक्सर बच्चों के साथ होता है, उनकी देखादेखी छोटे बच्चे भी दोपहर के खाने के पहले ही इस नयी बूआ के साथ चिपक गये थे और उससे दूर हटने का नाम नहीं लेते थे। उनके बीच मानो यह खेल-सा बन गया था कि वे बूआ के ज़्यादा-से-ज़्यादा नज़दीक बैठ सकें, उसे छू पायें, उसके छोटे-से हाथ को अपने हाथ में ले सकें, उसे चूम सकें, उसकी अँगूठियों के साथ खिलवाड़ कर सकें या कम-से-कम उसके फ्रॉक की झालर को छू सकें।

"उसी तरह, सब उसी तरह बैठे, जैसे हम पहले बैठे थे," आन्ना ने अपनी जगह पर बैठते हुए कहा।

ग्रीशा ने फिर से अपना सिर उसके हाथ के नीचे रख दिया और उसके फ्रॉक के साथ सिर सटाकर गर्व तथा ख़ुशी से खिल उठा।

"तो बॉल कब है?" आन्ना ने कीटी से पूछा।

"अगले हफ़्ते और सो भी बहुत शानदार। उन बॉलों में से एक, जिनमें हमेशा बड़ा मज़ा रहता है।"

"ऐसे बॉल भी हैं, जिनमें हमेशा मज़ा रहता है?" कुछ मधुर व्यंग्य के साथ आन्ना ने कहा।

"बड़ी अजीब बात है, फिर भी ऐसे बॉल हैं। बोब्रीश्चेव के यहाँ हमेशा ख़ुशी

से छलछलाता बॉल होता है, निकीतिन के यहाँ भी, लेकिन मेज़्कोव के यहाँ नीरस मामला रहता है। आपने ऐसा महसूस नहीं किया?"

"नहीं, मेरी प्यारी, मेरे लिए अब ऐसे बॉल नहीं रहे, जहाँ मुझे मज़ा आये," आन्ना ने कहा और कीटी को उसकी आँखों में उस विशेष दुनिया की झलक मिली, तो उसके लिए अभी तक खुली नहीं थी। "मेरे लिए ऐसे बॉल तो ज़रूर हैं, जहाँ मुझे परेशानी और ऊब अनुभव होती है..."

"आपको बॉल में ऊब कैसे अनुभव हो सकती है?"

"क्यों मुझे ऊब अनुभव नहीं हो सकती?" आन्ना ने पूछा।

कीटी ने ताड़ लिया कि इसका क्या जवाब होना चाहिए, आन्ना यह जानती है।

"इसलिए कि आप हमेशा सबसे बढ़-चढ़कर होती हैं।"

आन्ना शर्म से लाल होना जानती थी। वह लज्जारुण हो गयी और बोली–

"पहली बात तो यह है कि ऐसा कभी नहीं होता। दूसरे, अगर ऐसा होता भी, तो क्या ज़रूरत है मुझे इसकी?"

"आप इस बॉल मे जायेंगी न?" कीटी ने पूछा।

"मेरे ख़याल में तो न जाना ठीक नहीं होगा। लो, यह ले लो," उसने तान्या से कहा, जो आन्ना की गोरी और सिरे पर पतली उँगली से आसानी से निकलने वाली अँगूठी निकाल रही थी।

"अगर आप जायेंगी, तो मुझे बहुत ख़ुशी होगी। मैं आपको बॉल में देखने को बहुत उत्सुक हूँ।"

"अगर जाना ही पड़ गया, तो कम-से-कम इस ख़याल से मुझे सन्तोष होगा कि आपको इससे ख़ुशी हासिल होगी... ग्रीशा, कृपया मेरे बालों को भी नहीं खींचो। वे तो वैसे ही काफ़ी बिखरे हुए हैं।" आन्ना ने बाहर निकल आयी उस लट को ठीक करते हुए कहा, जिससे ग्रीशा खिलवाड़ कर रहा था।

"मैं बॉल में बैंगनी रंग की पोशाक पहने हुए आपकी कल्पना करती हूँ।"

"अनिवार्य रूप से बैंगनी रंग की पोशाक में ही क्यों?" आन्ना ने मुस्कुराते हुए पूछा। "तो बच्चो, जाओ, इधर जाओ। सुन रहे हो न? मिस गूल चाय पीने के लिए बुला रही हैं," अपने को बच्चों से मुक्त करते और उन्हें भोजन-कक्ष में भेजते हुए उसने कहा।

"मैं जानती हूँ कि आप क्यों मुझे बॉल में आने को कह रही हैं। आप इस बॉल से बहुत-सी उम्मीदें लगाये हैं और चाहती हैं कि सभी वहाँ उपस्थित हों, सभी उसमें हिस्सा लें।"

"आपको कैसे मालूम है? हाँ यह सही है।"

"ओह, कितना अच्छा है आपका यह ज़माना," आन्ना कहती गयी। "स्विट्ज़रलैंड के पहाड़ों जैसे इस नीले कुहासे की मुझे याद है,मैं उससे परिचित हूँ। यह कुहासा

बचपन के ख़त्म होते-होते ही सभी कुछ को परम सुख से ढक देता है और यह सुखद तथा ख़ुशी-भरा विराट घेरा अधिकाधिक सँकरे रास्ते में बदलता जाता है। यद्यपि यह तंग गलियारा रौशन और सुन्दर प्रतीत होता है, तथापि उसमें घुसते हुए खुशी के साथ-साथ घबराहट भी होती है। कौन नहीं गुज़रा इस गलियारे से?"

कीटी चुपचाप मुस्कुरा दी। 'कैसे गुज़री है वह इस गलियारे से? कितनी उत्सुक हूँ मैं इसका पूरा रोमांच जानने को'—आन्ना के पति अलेक्सेई अलेक्सान्द्रोविच के ग़ैर-रोमानी व्यक्तित्व को याद करते हुए कीटी ने सोचा।

"मुझे कुछ-कुछ मालूम है। स्तीवा ने मुझे बताया था और मैं आपको बधाई देती हूँ। वह मुझे बहुत पसन्द है," आन्ना कहती गयी, "व्रोन्स्की से मेरी रेलवे स्टेशन पर मुलाक़ात हुई थी।"

"ओह, तो वह वहाँ गया था?" कीटी ने शर्म से लाल होते हुए पूछा। "स्तीवा ने क्या बताया है आपसे?"

"स्तीवा ने मुझे सब कुछ बता दिया है। मुझे तो बहुत ही ख़ुशी होगी। मैं कल व्रोन्स्की की माँ के साथ ही गाड़ी में आयी थी," आन्ना ने अपनी बात जारी रखी, "और माँ लगातार उसी की चर्चा करती रही। वह उसका चहेता बेटा है। बेशक मैं यह जानती हूँ कि माताएँ कितनी पक्षपातपूर्ण होती हैं, लेकिन..."

"उसकी माँ ने क्या बताया आपको?"

"ओह, बहुत कुछ! मैं जानती हूँ कि वह माँ का चहेता बेटा है, फिर भी यह साफ़ नज़र आता है कि उसमें एक सूरमा के लक्षण हैं... मिसाल के लिए, उसकी माँ ने बताया कि उसने अपनी सारी सम्पत्ति भाई को देनी चाही थी, कि उसने बचपन में ऐसा ही कोई दूसरा असाधारण कारनामा किया था, किसी औरत को डूबने से बचाया था। थोड़े में यह कि हीरो है," आन्ना ने मुस्कुराते और उन दो सौ रूबलों के बारे में याद करते हुए कहा, जो उसने स्टेशन पर दिये थे।

लेकिन इन दो सौ रूबलों का उसने ज़िक्र नहीं किया। न जाने क्यों उसे यह याद आने पर कुछ बुरा-सा महसूस हुआ। उसे अनुभव हुआ कि इस क़िस्से में उससे सम्बन्ध रखने वाला भी कुछ था और सो भी ऐसा, जो नहीं होना चाहिए था।

"उसकी माँ ने मुझसे अपने यहाँ आने का बहुत अनुरोध किया था," आन्ना कहती गयी, "मुझे बुढ़िया से मिलकर बहुत ख़ुशी होगी और मैं कल उसके पास जाऊँगी। लेकिन ख़ैर, भला हो भगवान का, स्तीवा देर तक डॉली के कमरे में ही रुका हुआ है," आन्ना ने, जैसा कि कीटी को लगा, किसी कारणवश असन्तोष से उठते और बातचीत का विषय बदलते हुए कहा।

"नहीं, मैं पहले! नहीं, मैं!" चाय ख़त्म करके बूआ की ओर भागते हुए बच्चे चिल्ला रहे थे।

"सभी एक साथ!" आन्ना ने कहा और हँसती हुई उनकी तरफ़ भाग चली,

सबके गिर्द बाँहें डाल लीं और ख़ुशी से किलकारियाँ भरते तथा उछलते-कूदते इन सभी बच्चों को नीचे गिरा दिया।

21

बड़ों के चाय पीने के वक़्त डॉली अपने कमरे से बाहर निकली। ओब्लोन्स्की बाहर नहीं आया। वह शायद पत्नी के कमरे के पीछे वाले दरवाज़े से बाहर निकल गया था।

"मुझे डर है कि तुम्हें ऊपर ठंड लगेगी," डॉली ने आन्ना को सम्बोधित करते हुए कहा। "मैं तुम्हें नीचे ले आना चाहती हूँ और इस तरह हम एक-दूसरी के निकट भी हो जायेंगी।"

"ओह, कृपया तुम मेरी चिन्ता नहीं करो," आन्ना ने डॉली के चेहरे को ध्यान से देखते और यह समझने की कोशिश करते हुए कि सुलह हुई या नहीं हुई, जवाब दिया।

"यहाँ रोशनी भी ज़्यादा रहेगी," भाभी बोली।

"मैं तुमसे कह रही हूँ कि मैं हर जगह और हमेशा ही जंगली चूहे की तरह बहुत गहरी नींद सोती हूँ।"

"क्या चर्चा हो रही है?" ओब्लोन्स्की ने अपने अध्ययन-कक्ष से बाहर आते और पत्नी को सम्बोधित करते हुए पूछा।

ओब्लोन्स्की के बात करने के अन्दाज़ से कीटी और आन्ना, दोनों ही फ़ौरन समझ गयीं कि सुलह हो गयी है।

"मैं आन्ना को नीचे लाना चाहती हूँ, लेकिन परदों को दूसरी जगह लटकाना चाहिए। और कोई तो यह कर नहीं सकता, मुझे ख़ुद ही करना होगा।" डॉली ने पति को जवाब दिया।

"ओह डॉली, तुम तो हर चीज़ को मुश्किल बना देती हो," पति ने कहा। "कहो तो, मैं यह सब कर देता हूँ..."

'हाँ, सुलह हो गयी लगती है,' आन्ना ने सोचा।

"जानती हूँ, कैसे तुम सब कुछ कर दोगे," डॉली ने जवाब दिया, "मात्वेई से वह करने को कह दोगे, जो वह कर नहीं सकता, ख़ुद चले जाओगे और वह सब कुछ गड़बड़ झाला कर देगा," डॉली जब यह कह रही थी, तो उसके होंठों के कोनों पर आदत के मुताबिक़ व्यंग्यपूर्ण मुस्कान झलक उठी।

'पूरी, पूरी सुलह हो गयी,' आन्ना ने सोचा, 'शुक्र है ख़ुदा का!' और इस बात से ख़ुश होते हुए कि वह इस सुलह का आधार है, उसने डॉली के क़रीब जाकर उसे चूम लिया।

"क़तई ऐसी बात नहीं है। तुम मुझे और मात्वेई को इतना गया-बीता क्यों

मानती हो?" ओब्लोन्स्की ने हल्की मुस्कान के साथ पत्नी को सम्बोधित करते हुए जवाब दिया।

हमेशा की तरह डॉली सारी शाम पति के मामले में हल्की चुटकियाँ लेती रही और ओब्लोन्स्की ख़ुश तथा रंग में बना रहा, किन्तु उस हद तक ही, जिससे यह ज़ाहिर न हो कि अब माफ़ कर दिये जाने पर वह अपना क़सूर भूल गया है।

ओब्लोन्स्की परिवार में चाय की मेज़ के गिर्द चल रही शाम की बहुत ही सुखद और मनोरंजक पारिवारिक बातचीत में एक अत्यन्त साधारण घटना से बाधा पड़ गयी। किन्तु न जाने क्यों, यह साधारण घटना सभी को बड़ी अजीब-सी लगी। पीटर्सबर्ग के साझे परिचितों की चर्चा करते हुए आन्ना जल्दी से उठी।

"उसका फ़ोटो मेरे एल्बम में है," वह बोली, "हाँ, और साथ ही मैं अपना सेर्योझा भी आपको दूँगी," उसने माँ की गर्वीली मुस्कान के साथ इतना और जोड़ दिया।

आन्ना आमतौर पर रात के दस बज़े के क़रीब बेटे से रात-भर के लिए जुदा होती थी और ख़ुद बॉल में जाने के पहले अक्सर उसे सोने के लिए बिस्तर पर लिटा देती थी। आज इस वक़्त मन उदास हो गया, क्योंकि वह उससे इतनी दूर थी और चाहे कोई भी बात क्यों न होती रहती, वह मन-ही-मन घुँघराले बालोंवाले अपने सेर्योझा के बारे में ही सोचने लगती। उसका मन हुआ कि बेटे का फ़ोटो देखे और उसकी चर्चा करे। इसकी सम्भावना मिलते ही वह उठी और अपनी फुर्तीली तथा दृढ़ चाल से एल्बम लाने चल दी। उसके कमरे की ओर ऊपर जाने वाला ज़ीना घर के बड़े गर्म ज़ीने के चबुतरे से शुरू होता था।

आन्ना जब मेहमानख़ाने से निकली, तो ड्योढ़ी में घंटी सुनाई दी।

"यह कौन हो सकता है?" डॉली ने कहा।

"मुझे इतनी जल्दी घर लिवा ले जाने को कोई नहीं आयेगा और किसी अन्य व्यक्ति के आने का यह वक़्त नहीं है," कीटी ने राय ज़ाहिर की।

"हाँ, दफ़्तर से कोई काग़ज़ात लाया होगा," ओब्लोन्स्की ने कहा। आन्ना जब ज़ीने के क़रीब से गुज़र रही थी, तो नौकर आगन्तुक के बारे में सूचना देने के लिए ऊपर को भागा आ रहा था और स्वयं आगन्तुक लैम्प के पास खड़ा था। आन्ना ने नीचे देखते ही व्रोन्स्की को पहचान लिया और उसने अपने हृदय में अचानक ख़ुशी तथा साथ ही डर की एक अजीब-सी भावना अनुभव की। व्रोन्स्की ओवरकोट उतारे बिना ही वहाँ खड़ा था और जेब से कुछ निकाल रहा था। आन्ना जब ज़ीने के मध्य में पहुँची, तो व्रोन्स्की ने नज़र ऊपर उठायी और आशा को देखकर उसके चेहरे पर शर्म और भय का-सा भाव आ गया। आन्ना तनिक सिर झुकाकर आगे बढ़ गयी और उसी वक़्त ओब्लोन्स्की की ऊँची आवाज़ सुनाई दी। उसने उसे भीतर आने को पुकारा था, किन्तु व्रोन्स्की ने धीमे, कोमल और शान्त स्वर में इनकार कर दिया।

आन्ना जब एल्बम लेकर लौटी, तो व्रोन्स्की जा चुका था और ओब्लोन्स्की यह बता रहा था कि वह अगले दिन किसी जानी-मानी गायिका के सम्मान में दी जाने वाली दावत के बारे में जानने के लिए आया था।

"किसी भी हालत में भीतर आने को तैयार नहीं हुआ। कैसा अजीब है वह!" ओब्लोन्स्की ने इतना और जोड़ दिया।

कीटी के चेहरे पर लाली दौड़ गयी। वह सोच रही थी कि केवल वही यह समझ पायी है कि व्रोन्स्की क्यों आया था और किसलिए भीतर आने को राज़ी नहीं हुआ। 'वह हमारे यहाँ गया होगा,' वह सोच रही थी, 'और मुझे वहाँ न पाकर उसे ख़याल आया होगा कि मैं यहाँ हूँ। लेकिन भीतर यह सोचकर नहीं आया होगा कि देर हो चुकी है और फिर आन्ना भी तो यहाँ है।'

सभी ने कुछ कहे बिना एक-दूसरे की तरफ़ देखा और आन्ना का एल्बम देखने लगे।

इसमें कोई साधारण या अजीब बात नहीं थी कि कोई रात के साढ़े नौ बजे अगले दिन की जाने वाली दावत की तफ़सील जानने के लिए दोस्त के यहाँ चला आया और भीतर आने को राज़ी नहीं हुआ। लेकिन सभी को यह अजीब-सा प्रतीत हुआ। आन्ना को ही यह सबसे ज़्यादा अजीब और अटपटा लगा।

22

अपनी माँ के साथ कीटी जब फूलों से सजे और रोशनी में नहाये बड़े ज़ीने पर पहुँची, जिसके दोनों ओर पाउडर लगाये और लाल कुरते पहने नौकर खड़े थे, तो बॉल शुरू ही हुआ था। कमरों से चलने-फिरने की मक्खी के छत्ते जैसी सम-लय की सरसराहट सुनाई दे रही थी। जब तक माँ-बेटी ने ज़ीने के निकट वृक्षों के बीच दर्पण के सामने खड़े होकर अपना केश-विन्यास और पोशाकें ठीक कीं, हॉल से आर्केस्ट्रा की वायलिनों की सधी-स्पष्ट आवाज़ सुनाई दी और पहला वॉल्ज़ नृत्य शुरू हुआ। एक नाटा-सा ग़ैर-फौजी बूढ़ा, जो दूसरे दर्पण के सामने खड़ा हुआ अपनी पकी कनपटियों को ठीक कर रहा था और इत्र से महक रहा था, सम्भवतः अपरिचित कीटी को मुग्ध होकर देखता हुआ ज़ीने पर इनसे टकराया और एक ओर को हट गया। बिना दाढ़ी के एक तरुण, ऊँचे समाज के उन तरुणों में से एक ने, जिन्हें बूढ़े प्रिन्स श्चेर्बात्स्की ने 'बाँके-छैलों' की संज्ञा दी थी, बहुत ही खुली जाकेट पहने और चलते-चलते ही अपनी सफ़ेद टाई को ठीक करते हुए इन दोनों का अभिवादन किया, पास से भागता हुआ निकल गया, लौटा और कीटी को काड्रिल नाच नाचने के लिए आमन्त्रित किया। पहला काड्रिल नाचने का वचन तो वह व्रोन्स्की को दे चुकी थी और इसलिए इस तरुण के साथ उसने दूसरा काड्रिल नाचने का वादा किया। दस्ताने के बटन बन्द करता हुआ फ़ौजी अफ़सर दरवाज़े

के क़रीब एक तरफ़ को हट गया और मूँछों पर हाथ फेरता गुलाब की तरह खिली कीटी को मुग्ध होकर देखता रहा।

इस बात के बावजूद कि बॉल के लिए पोशाक, केश-विन्यास और बाक़ी सारी तैयारी के काम में कीटी को बड़ी मेहनत करनी पड़ी थी, बहुत सूझ-बूझ से काम लेना पड़ा था, अब वह गुलाबी अस्तर और रेशम की जालीवाले अपने सजीले फ्रॉक में ऐसी स्वाभाविकता और सरलता से बॉल में जा रही थी मानो गुलाब के आकृतिवाले आभूषणों, लैसों, पोशाक की सभी छोटी-मोटी चीज़ों पर उसने और उसके घर के सभी लोगों ने ज़रा भी वक़्त न ख़र्च किया हो, मानो वह रेशम की जालीवाली इस पोशाक और लैसों में, चोटी पर गुलाब तथा दो पत्तियोंवाले केश-विन्यास में ही जन्मी हो।

हॉल में दाख़िल होने के पहले बूढ़ी प्रिन्सेस ने जब कीटी की पेटी का तनिक मुड़ जाने वाला फ़ीता ठीक करना चाहा, तो वह ज़रा एक तरफ़ को हट गयी। वह अनुभव कर रही थी कि उसके शरीर पर हर चीज़ अपने-आप ही सुन्दर और मनोरम होनी चाहिए तथा कुछ भी ठीक-ठाक करने की ज़रूरत नहीं है।

कीटी के लिए यह एक सबसे सुखद दिन था। फ्रॉक कहीं पर भी तंग नहीं था, लैस कहीं पर ढीली नहीं थी, पोशाक के सजावटी गुलाब कहीं भी मुड़े-मुड़ाये नहीं थे, टूटकर गिरे नहीं थे, बक्ररेखावाली ऊँची, एड़ी के सैंडल पाँव नहीं दबाते थे, बल्कि चैन दे रहे थे। सुनहरे बालों का घना जूड़ा छोटे-से सिर पर स्वाभाविक लग रहा था। उसके हाथ पर चढ़े लम्बे दस्ताने के तीनों बटन बन्द हो गये थे, टूटे नहीं थे और दस्ताने से उसके हाथ की बनावट में अन्तर नहीं आया था। लॉकेट का काला मख़मली फ़ीता तो विशेष रूप से गर्दन की शोभा बढ़ा रहा था। बहुत ही प्यारा था यह फ़ीता और घर पर दर्पण में अपनी गर्दन को देखते हुए उसे लगा था मानो यह फ़ीता बोलता हो। बाक़ी सभी चीज़ों के बारे में तो सन्देह हो सकता था, लेकिन फ़ीता बहुत ही प्यारा था। यहाँ बॉल में भी इसे दर्पण में देखकर कीटी मुस्कुरा दी। कीटी अपने उघाड़े कन्धों और बाँहों पर संगमरमर की-सी ठंडक महसूस कर रही थी। यह अनुभूति कीटी को विशेषतः बहुत प्रिय थी। आँखें चमक रही थीं और लाल होंठ अपने आकर्षण की चेतना से मुस्कुराये बिना नहीं रह सकते थे। उसके हॉल में दाख़िल होते ही और नृत्य के निमन्त्रण की प्रतीक्षा कर रही रेशम की जाली, फ़ीता और लैसोंवाली महिलाओं की रंग-बिरंगी भीड़ (कीटी कभी इस भीड़ में खड़ी नहीं होती थी) तक पहुँचने के पहले ही उसे वाल्ज़ नाच के लिए आमन्त्रित कर लिया गया। उसे निमन्त्रित भी किया नाच के सर्वश्रेष्ठ साथी, बॉलों में प्रमुख नायक, बॉलों के जाने-माने निदेशक, कार्यक्रम के संचालक, विवाहित, सुन्दर और सुडौल मर्द येगोर कोर्सून्स्की ने। काउंटेस बानिना के साथ अभी-अभी वाल्ज़ नृत्य का पहला चक्र समाप्त करने के बाद उसने अपने साम्राज्य यानी नाच

के लिए मैदान में आ चुके कुछ जोड़ों पर नज़र डाली, हॉल में दाख़िल होती कीटी की तरफ़ देखा और उस विशेष चुस्त-फुर्तीली चाल से उसकी ओर भागकर गया, जो बॉलों के निदेशकों का ही विशेष लक्षण है, सिर झुकाकर उसका अभिवादन किया और यह पूछे बिना ही कि वह नाचना चाहती है या नहीं, उसकी पतली कमर के गिर्द डालने के लिए अपनी बाँह बढ़ा दी। कीटी ने इधर-उधर नज़र घुमायी कि अपना पंखा किसे दे और गृह-स्वामिनी ने उसकी ओर मुस्कुराकर पंखा ले लिया।

"कितनी अच्छी बात है कि आप वक़्त पर आ गयीं," कीटी की कमर के गिर्द बाँह डालते हुए उसने कहा, "वरना यह भी क्या ढंग है लोगों का देर से आने का!"

कीटी ने अपना बायाँ हाथ उसके कन्धे पर रख दिया और गुलाबी सैंडलों में अपने छोटे-छोटे पाँव तख़्तों के चिकने फ़र्श पर संगीत की लय के साथ तेज़ी, फुर्ती और नपी-तुली गति से थिरकने लगे।

"आपके साथ वाल्ज़ नाचते हुए तो बड़ा चैन मिलता है," वाल्ज़ के आरम्भिक क़दम उठाते हुए उसने कीटी से कहा। "कमाल है, कितना हल्का-फुल्कापन है, कितनी precision[1] है," उसने कीटी से भी वही कहा, जो अपने साथ नाचने वाली सभी अच्छी परिचितों से कहा करता था।

कीटी उसकी प्रशंसा से मुस्कुरा दी और उसके कन्धे के ऊपर से हॉल में नज़र दौड़ाती रही। वह बॉल में पहली बार आने वाली नहीं थी, जिसके लिए सभी चेहरे एक जादुई प्रभाव का रूप ले लेते हैं, वह बॉलों में इतनी अधिक जा चुकने वाली लड़की भी नहीं थी कि बॉल के सभी चेहरों से उसका मन ऊब गया हो। वह इन दोनों के बीच की थी। वह उत्तेजित भी थी और साथ ही अपने पर इतना नियन्त्रण भी कर सकती थी कि इधर-उधर देख सके। हॉल के बाएँ कोने में उसे समाज के सबसे महत्त्वपूर्ण लोग जमा दिखाई दिये। वहाँ कोर्सून्स्की की बीवी, औचित्य की सीमा से कहीं अधिक उघाड़े अंगोंवाली बहुत सुन्दर लिदी थी, गृह-स्वामिनी थी, क्रीविन भी, जो हमेशा समाज के सबसे महत्त्वपूर्ण घेरे में रहता था, अपनी चाँद की चमक दिखा रहा था। तरुण लोग उधर देख रहे थे, किन्तु उनके निकट जाने की हिम्मत नहीं कर पा रहे थे। वहीं उसने नज़रों से स्तीवा को ढूँढ़ लिया और उसके बाद वहाँ उसे काले मख़मली फ्रॉक में आन्ना की सुन्दर आकृति तथा सिर दिखाई दिया। 'वह' भी वहीं था। कीटी ने उस शाम के बाद, जब उसने लेविन का प्रस्ताव ठुकराया था उसे नहीं देखा था। अपनी तेज़ नज़र से कीटी ने उसे फ़ौरन पहचान लिया और यह भी देख लिया कि वह उसकी तरफ़ देख रहा है।

"क्या ख़याल है, एक और चक्र हो जाये? आप थकीं तो नहीं?" कोर्सून्स्की ने थोड़ा हाँफते हुए पूछा।

"नहीं, धन्यवाद।"

---

1. अचूकता। (फ्रांसीसी)

"तो कहाँ पहुँचा दूँ आपको?"

"लगता है कि करेनिना यहीं है... उसी के पास पहुँचा दीजिये मुझे।"

"जैसा चाहें।"

और कोर्सून्स्की अपनी गति धीमी करके नाच जारी रखता तथा 'pardon, mesdames, pardon, pardon, mesdames'[1] कहता हुआ हॉल के बाएँ कोने की भीड़ की ओर बढ़ चला तथा लैसों, रेशम की जालीवाली पोशाकों और फ़ीतों के बीच में रास्ता बनाता और कहीं भी अटके-भटके बिना उसने अपनी नृत्य-संगिनी को ज़ोर से घुमाया कि जालीदार जुर्राबों में अपनी टाँगें झलक उठीं तथा ऐसे पोशाक के लटकते हुए दामन से फहरकर क्रीविन के घुटनों को ढक दिया। कोर्सून्स्की ने सिर झुकाया, सीधा हुआ और कीटी का हाथ थाम लिया ताकि उसे आन्ना के पास पहुँचा दे। गालों पर लालिमा लिये कीटी ने अपनी पोशाक का लटकता दामन क्रीविन के घुटनों से हटाया और सिर को तनिक चकराता-सा अनुभव करते हुए आन्ना को खोजने के लिए इधर-उधर नज़र दौड़ायी। आन्ना बैंगनी पोशाक में नहीं थी, जैसा कि कीटी बहुत चाहती थी। वह गले की नीची काटवाला काला मख़मली फ्रॉक पहने थी, जिससे उसके मानो पुराने हाथी दाँत को काटकर बनाये गये सुघड़ और गदराये हुए कन्धे तथा उरोज, पतली, छोटी-सी कलाई और गोल हाथ नज़र आ रहे थे। सारा फ्रॉक वेनिस की लैस से सजा हुआ था। उसके काले बालों में, जिनमें किसी तरह के दूसरे बालों की मिलावट नहीं थी, पेन्सी फूलों का छोटा-सा हार सजा था और ऐसा ही एक हार सफ़ेद लैसों के बीच पेटी की काले फ़ीते की शोभा बढ़ा रहा था। उसका केश-विन्यास ऐसा नहीं था, जो नज़र में आये, मगर दूसरों का ध्यान खींचती थीं घुँघराले बालों की वे धृष्ट लटें, जो गुद्दी तथा कनपटियों पर हमेशा लहराती रहती थीं। उसकी मज़बूत और सुघड़ गर्दन में मोतियों की लड़ी थी।

कीटी हर दिन आन्ना को देखती रही थी, उसे प्यार करती थी और अनिवार्य रूप से बैंगनी पोशाक में ही उसकी कल्पना करती थी। किन्तु अब उसे काली पोशाक में देखकर उसने यह महसूस किया कि उसकी पूरी मनोरमता को वह नहीं समझती थी। कीटी ने उसे अब एकदम नये और अप्रत्याशित रूप में देखा। वह अब यह समझ गयी कि आन्ना बैंगनी पोशाक में नहीं आ सकती थी और मनोरमता इसी बात में निहित थी कि वह हमेशा अपनी पोशाक से उभरकर सामने दिखाई देती थी, कि पोशाक कभी उस पर विशेष रंग नहीं जमाती थी। लैसों से मढ़ा हुआ काला फ्रॉक भी उस पर हावी नहीं हो रहा था। वह तो केवल चौखटा था और नज़र आ रही थी केवल आन्ना, सीधी-सरल, स्वाभाविक, बड़ी सजीली और साथ ही ख़ुश तथा सजीव।

---

1. क्षमा कीजिये, श्रीमती, क्षमा करें, क्षमा करें, श्रीमती। (फ्रांसीसी)

आन्ना हमेशा की भाँति तनकर सीधी खड़ी थी और कीटी जब इस भीड़ के पास पहुँची, तो आन्ना गृह-स्वामी की ओर थोड़ा सिर घुमाकर उससे बातचीत कर रही थी।

"नहीं, मैं छींटाकशी नहीं करूँगी," उसने गृह-स्वामी की किसी बात का जवाब देते हुए कहा, "यद्यपि मैं यह समझती नहीं हूँ," वह कन्धे झटककर कहती गयी और इसी समय कोमल, कृपालु मुस्कान के साथ कीटी की ओर घूमी। कीटी की पोशाक पर उड़ती-सी नारी-सुलभ दृष्टि डालकर उसने सिर के हल्के से झटके से, जो बहुत प्रकट न होते हुए भी कीटी की समझ में आ गया, कीटी की पोशाक तथा सुन्दरता की प्रशंसा की। "आप तो हॉल में भी नाचती हुई दाख़िल होती हैं," आन्ना ने इतना और कह दिया।

"ये मेरी एक ऐसी सहायिका हैं, जिन पर मैं भरोसा कर सकता हूँ," आन्ना के सामने, जिसे उसने अभी तक नहीं देखा, सिर झुकाते हुए कोर्सून्स्की ने कहा। "प्रिन्सेस बॉल को ख़ुशी-भरा और बहुत बढ़िया बना देती हैं। आन्ना अर्काद्येव्ना, वाल्ज़ का एक चक्र हो जाये आपके साथ," बहुत झुकते हुए उसने कहा।

"आप इनसे परिचित हैं?" गृह-स्वामी ने पूछा।

"हम किससे परिचित नहीं हैं? मैं और मेरी बीवी तो सफ़ेद भेड़ियों जैसे हैं, हमें सभी जानते हैं," कोर्सून्स्की ने जवाब दिया। "वाल्ज़ का एक चक्र हो जाये, आन्ना अर्काद्येव्ना।"

"जब नाचे बिना काम चल सकता हो, तब मैं नहीं नाचती हूँ," वह बोली।

"लेकिन आज तो नाचना ही होगा," कोर्सून्स्की ने उत्तर दिया।

इसी वक़्त व्रोन्स्की निकट आ गया।

"अगर आज नाचना ही होगा, तो चलिये," उसने कहा और व्रोन्स्की के अभिवादन की ओर ध्यान दिये बिना जल्दी से कोर्सून्स्की के कन्धे पर हाथ रख दिया।

'किस कारण वह इससे नाख़ुश है?' कीटी ने यह देखकर सोचा कि आन्ना ने व्रोन्स्की के अभिवादन का उत्तर नहीं दिया। व्रोन्स्की कीटी के पास आ गया, उसने उसे अपने साथ पहला काड्रिल नाचने की याद दिलायी और इस बात के लिए अफ़सोस ज़ाहिर किया कि पिछले दिनों में उसे उससे मिलने का सौभाग्य प्राप्त नहीं हुआ। कीटी वाल्ज़ नाचती हुई आन्ना को मुग्ध दृष्टि से देख रही थी और व्रोन्स्की की बातें सुन रही थी। वह प्रतीक्षा में थी कि व्रोन्स्की उसे वाल्ज़ नाचने को कहेगा, किन्तु उसने ऐसा नहीं किया और कीटी ने हैरानी से उसकी तरफ़ देखा। वह शर्म से लाल हो गया और झटपट उसे वाल्ज़ नाचने को निमन्त्रित किया। किन्तु उसने कीटी की पतली कमर में बाँह डालकर पहला क़दम उठाया ही था कि अचानक संगीत रुक गया। कीटी ने व्रोन्स्की के चेहरे की ओर देखा, जो उसके बहुत निकट

था और बाद में लम्बे अर्से तक, कई सालों तक प्यार से भरी यही नज़र, जिससे उसने व्रोन्स्की को देखा था और जिसका उसने जवाब नहीं दिया था, यातनापूर्ण लज्जा बनकर उसका हृदय चीरती रही।

"Pardon, Pardon! वाल्ज़, वाल्ज़!" हॉल के दूसरे कोने से कोर्सून्स्की चिल्ला उठा और सामने आ जाने वाली किसी भी पहली जवान औरत को साथ लेकर खुद नाचने लगा।

23

व्रोन्स्की ने कीटी के साथ वाल्ज़ के कई चक्र लगाये। वाल्ज़ के बाद कीटी अपनी माँ के पास आयी और काउंटेस नोर्डस्टोन के साथ कुछ क्षण ही बात कर पायी थी कि व्रोन्स्की पहला काड्रिल नाचने के लिए उसे बुलाने आ गया। काड्रिल नाचते समय कोई महत्त्वपूर्ण बातचीत नहीं हुई। किसी सिलसिले के बिना कभी कोर्सून्स्की दम्पति की चर्चा हुई, जिन्हें व्रोन्स्की ने दिलचस्प ढंग से चालीस साला प्यारे बच्चे कहा, इसके बाद भावी सार्वजनिक थिएटर की बात चल पड़ी और सिर्फ़ एक बार ही ऐसा ज़िक्र आया, जिसने कीटी को उत्तेजित किया, यानी जब उसने पूछा कि लेविन यहाँ है या नहीं और यह भी कहा कि उसे वह बहुत अच्छा लगा है। कीटी ने काड्रिल से बहुत आशा भी नहीं की थी। वह धड़कते दिल से माज़ूर्का नाच शुरू होने की प्रतीक्षा कर रही थी। उसे लग रहा था कि माजूर्का नाच के समय सब कुछ तय हो जायेगा। काड्रिल नाचते समय व्रोन्स्की ने उसे माजूर्का के लिए निमन्त्रित नहीं किया, लेकिन इससे कीटी को कोई घबराहट नहीं हुई। उसे यक़ीन था कि पहले के बॉलों की भाँति वह आज भी व्रोन्स्की के साथ ही माजूर्का नाचेगी और इसलिए उसने पाँच लोगों को यह कहकर इनकार कर दिया कि किसी दूसरे के साथ नाचने वाली है। अन्तिम काड्रिल नाच तक पूरा बॉल कीटी के लिए सुखद रंगों, ध्वनियों और गतियों का जादुई स्वप्न-सा था। वह सिर्फ़ तभी नहीं नाचती थी, जब बहुत थकान महसूस करती और आराम करना चाहती थी। ऊब पैदा करने वाले एक तरुण के साथ, जिसे इनकार करना सम्भव नहीं था, अन्तिम काड्रिल नाचते समय कीटी के लिए व्रोन्स्की और आन्ना के Vis-a-Vis[1] होने का संयोग हुआ। बॉल में आने के समय से कीटी आन्ना के निकट नहीं हो पायी थी और अब अचानक उसने उसे फिर से एक बिल्कुल नये तथा अप्रत्याशित रूप में देखा। उसने सफलता के कारण उत्पन्न होने वाली उत्तेजना का वही लक्षण आन्ना में देखा, जिससे वह स्वयं बहुत अच्छी तरह परिचित थी। उसने देखा कि आन्ना अपनी प्रशंसा की शराब के नशे में मस्त है। कीटी इस भावना और इसके लक्षणों को जानती थी और उन्हें देख पा रही थी—आँखों में सिहरती और भड़कती चमक

1. आमने-सामने। (फ्रांसीसी)

तथा उत्तेजना और सुख की मुस्कान, अनचाहे-अनजाने ही मुड़ जाने वाले होंठ, अत्यधिक स्पष्ट सजीलापन, चाल-ढाल में विश्वास और फुर्तीलापन।

'किसकी प्रशंसा से?' कीटी अपने-आपसे पूछ रही थी। 'एक या सभी की प्रशंसा से?' और नाच के यातनाग्रस्त अपने तरुण साथी की बातचीत में मदद किये बिना, जिसका सूत्र वह खो बैठा था और जोड़ नहीं पा रहा था, तथा बाहरी तौर पर कोर्सून्स्की के ऊँचे, ख़ुशी-भरे आदेशों का पालन करते हुए, जो कभी तो सभी को grand rond[1] और कभी chaine[2] बनाने को कहता था, वह ध्यान से उन दोनों की तरफ़ देख रहा था और उसका दिल डूबता जाता था। 'नहीं, सभी लोगों की मुग्ध नज़रों से नहीं, बल्कि एक की प्रशंसा से ही वह नशे में आयी है। और यह एक? क्या यह वही है?' हर बार जब वह आन्ना से बात करता, उसकी आँखों में ख़ुशी की लौ जल उठती और सुखद मुस्कान से उसके लाल होंठ मुड़ जाते। आन्ना मानो पूरा ज़ोर लगाती कि उल्लास के ये लक्षण प्रकट न हों, किन्तु वे अपने-आप ही उसके चेहरे पर झलक उठते थे। "और उसका क्या हाल है?" कीटी ने व्रोन्स्की की तरफ़ ग़ौर से देखा और सन्नाटे में आ गयी। कीटी को आन्ना के चेहरे के दर्पण में जो कुछ साफ़ तौर पर दिखाई दिया था, वही उसे व्रोन्स्की के चेहरे पर भी नज़र आया। उसका हमेशा शान्तिपूर्ण और दृढ़ अन्दाज़ और चेहरे पर लापरवाही तथा शान्ति का भाव कहाँ गया? नहीं, अब वह हर बार ही जब उससे बात करता था, तो अपने सिर को तनिक झुका लेता था मानो उसके सामने बिछ जाना चाहता हो और उसकी नज़र में केवल अधीनता और भय का भाव था। 'मैं आपको नाराज़ नहीं करना चाहता,' उसकी नज़र मानो हर बार यही कहती थी, 'किन्तु अपने को बचाना चाहता हूँ और नहीं जानता कि कैसे।' व्रोन्स्की के चेहरे पर ऐसा भाव था, जो उसने पहले कभी नहीं देखा।

उन दोनों के बीच साझे परिचितों के बारे में बातचीत हो रही थी, वे बहुत ही मामूली बातों की चर्चा कर रहे थे, किन्तु कीटी को ऐसा लग रहा था कि उनके द्वारा कहा जाने वाला हर शब्द उन दोनों तथा उसके भाग्य का भी फैसला कर रहा था। और यह अजीब बात थी कि वे बेशक इस बात की चर्चा कर रहे थे कि अपनी फ्रांसीसी भाषा के साथ इवान इवानोविच कितना हास्यास्पद है और यह कि येलेत्स्काया को अधिक अच्छा पति मिल सकता था, फिर भी ये शब्द उनके लिए कुछ विशेष महत्त्व रखते थे और वे भी कीटी की तरह ही यह अनुभव कर रहे थे। पूरा बॉल, सभी लोग, सभी कुछ उस कुहासे से ढक गया। जो कीटी की आत्मा पर छा गया था। केवल कठोर पालन-शिक्षण ने ही उसे सहारा दिया और उससे जो अपेक्षा की जाती थी, उसे करने को विवश किया, यानी वह नाचती रही, प्रश्नों

1. बड़ा घेरा। (फ्रांसीसी)
2. पाँत। (फ्रांसीसी)

के उत्तर देती रही, बातचीत करती रही, यहाँ तक कि मुस्कुराती भी रही। लेकिन माज़ूर्का शुरू होने के पहले, जब कुर्सियों को ढंग से रखा जाने लगा और कुछ जोड़े छोटे हॉल से बड़े हॉल में आ गये, कीटी हताश और बुरी तरह से परेशान हो उठी। वह पाँच लोगों को इनकार कर चुकी थी और अब माज़ूर्का नाच में शामिल नहीं हो रही थी। अब तो इस बात की आशा भी नहीं की जा सकती थी कि कोई उसे आमन्त्रित करेगा, क्योंकि ऐसी महफ़िलों में लोग उसे हाथों-हाथ लेते थे और किसी के दिमाग़ में यह ख़याल तक भी नहीं आ सकता था कि उसे अभी तक आमन्त्रित नहीं किया गया। उसे माँ से यह कहना चाहिए था कि उसकी तबीयत अच्छी नहीं है और वह घर जाना चाहती है, लेकिन ऐसा कर पाने की शक्ति उसमें नहीं थी। वह अपने को बेजान-सी अनुभव कर रही थी।

वह छोटे से मेहमानख़ाने के कोने में जाकर आराम-कुर्सी में ढह पड़ी। फ्रॉक का हवाई स्कर्ट उसकी दुबली-पतली आकृति के गिर्द बादल की तरह ऊपर को उठ गया। दस्ताने के बिना एक कमज़ोर-सा, तरुणी-सुलभ कोमल हाथ, जो निर्जीव-सा नीचे लटक गया था, गुलाबी रंग के लबादे की चुनटों में डूब गया था। उसके दूसरे हाथ में पंखा था, जिससे वह हल्के-हल्के, किन्तु जल्दी-जल्दी अपने तमतमाये चेहरे को शान्ति दे रही थी। घास पर अभी-अभी बैठ और अपने रंग-बिरंगे पंखों को फैलाकर उड़ने को तैयार तितली जैसी प्रतीत होने वाली कीटी के हृदय को भारी हताशा कचोट रही थी।

"हो सकता है कि मुझसे भूल हो रही है, मुमकिन है कि ऐसा न हुआ हो?"

और उसे फिर से वह सब कुछ याद हो आया, जो उसने देखा था।

"कीटी, यह क्या मामला है?" क़ालीन पर आहट किये बिना उसके पास आकर काउंटेस नार्डस्टोन ने कहा। "मेरी समझ में यह नहीं आ रहा।"

कीटी का अधर काँपा। वह जल्दी से उठकर खड़ी हो गयी।

"कीटी, तुम माज़ूर्का नहीं नाच रही हो?"

"नहीं, नहीं," कीटी ने आँसुओं के कारण काँपती आवाज़ में जवाब दिया।

"उसने मेरे सामने उसे माज़ूर्का नाचने को आमन्त्रित किया," नोर्डस्टोन ने यह जानते हुए कि कीटी समझ जायेगी कि वह किसका ज़िक्र कर रही है, कहा। "उसने पूछा, 'क्या आप कीटी श्चेर्बास्तकाया के साथ नहीं नाच रहे हैं?"'

"ओह, मेरी बला से!" कीटी ने जवाब दिया।

स्वयं कीटी के अतिरिक्त कोई भी उसकी स्थिति को नहीं समझता था, कोई भी तो यह नहीं जानता था कि कल उसने उस आदमी को, जिसे शायद वह प्यार करती थी, इसलिए इनकार कर दिया था कि किसी दूसरे पर भरोसा करती थी।

काउंटेस नोर्डस्टोन ने कोर्सून्स्की को ढूँढ़ा, जिसके साथ उसे माज़ूर्का नाचना था, और उसे कीटी को आमन्त्रित करने को कहा।

कीटी पहले जोड़े में नाच रही थी और यह उसकी ख़ुशक़िस्मती ही कहिये कि उसे बातचीत करने की ज़रूरत नहीं पड़ रही थी, क्योंकि कोर्सून्स्की अपने प्रबन्ध-क्षेत्र में व्यवस्था करने के लिए लगातार इधर-उधर भागता रहता था। व्रोन्स्की और आन्ना उसके लगभग सामने बैठे थे। अपनी तेज़ नज़र से उसने उन्हें दूर से देखा, जोड़ों के रूप में बिल्कुल सामने आने पर निकट से देखा और जितना अधिक वह उन्हें देखती थी, उतना अधिक ही उसे यह विश्वास होता जाता था कि क़िस्मत का तारा डूब गया है। उसने देखा कि लोगों से भरे हुए इस हॉल में वे दोनों अपने को एकान्त में अनुभव कर रहे हैं। व्रोन्स्की के सदा दृढ़ और आत्मविश्वासी चेहरे पर कीटी को चकित करने वाले खोयेपन तथा अधीनता का वैसा ही भाव नज़र आया, जो दोषी होने पर समझदार कुत्ते के चेहरे पर दिखाई देता है।

आन्ना मुस्कुराती, तो वह भी मुस्कुराता। आन्ना कुछ सोचने लगती, तो व्रोन्स्की भी गम्भीर हो जाता। कोई दैवी शक्ति कीटी की आँखों को आन्ना के चेहरे की तरफ़ खींच रही थी। वह अपने साधारण काले फ्रॉक में बहुत सुन्दर लग रही थी, बाजूबन्दों से सुशोभित उसकी गदरायी बाँहें भी बहुत सुन्दर थीं, मोतियों की लड़ी से सजी उसकी मज़बूत गर्दन भी बहुत सुन्दर थी, उसके बिखरे घुँघराले बाल भी बहुत सुन्दर लग रहे थे, उसके छोटे-छोटे हाथों-पैरों की हल्की-हल्की और सजीली, गतिविधि भी बहुत सुन्दर थी, अपनी सजीवता के साथ उसका प्यारा चेहरा भी बहुत सुन्दर लग रहा था, मगर उसके इस सारे सौन्दर्य में कुछ भयानक और कठोर भी था।

कीटी पहले से भी अधिक मुग्ध होकर आन्ना को निहार रही थी और अधिकाधिक व्यथित हो रही थी। कीटी अनुभव कर रही थी मानो उसे कुचल दिया गया है और उसका चेहरा यह व्यक्त कर रहा था। माजूर्का नाचते हुए व्रोन्स्की ने जब निकट आने पर कीटी को देखा, तो पहली नज़र में उसे पहचान नहीं पाया–इतनी बदल गयी थी वह।

"ग़ज़ब का बॉल है!" व्रोन्स्की ने उससे कुछ कहने के लिए कहा।

"हाँ," कीटी ने जवाब दिया।

माजूर्का नाच के दौरान कोर्सून्स्की द्वारा सोची गयी नयी जटिल मुद्रा को दोहराते हुए आन्ना घेरे के बीच आ गयी, दो नर्तक-साथियों को उसने अपने साथ ले लिया तथा एक महिला और कीटी को अपने पास बुला लिया। कीटी उसके क़रीब जाते हुए कातर दृष्टि से उसे देख रही थी। आन्ना ने आँखें सिकोड़कर उसे देखा और उसका हाथ दबाते हुए मुस्कुरा दी। किन्तु अपनी मुस्कान के जवाब में कीटी के चेहरे पर केवल हताशा और हैरानी का भाव देखकर उसने कीटी की ओर से मुँह मोड़ लिया और ख़ुशमिज़ाजी से दूसरी महिला के साथ बात करने लगी।

"हाँ, इसमें कुछ अजीब, शैतानी और अद्‌भुत चीज़ है," कीटी ने अपने-आपसे

कहा।

आन्ना खाने के लिए नहीं रुकना चाहती थी, लेकिन गृह-स्वामी उससे बहुत अनुरोध करने लगा।

"मान भी जाइये, आन्ना अर्कादृयेव्ना," कोर्सून्स्की ने बिना दस्ताने के आन्ना का हाथ अपने फ्रॉक-कोट की आस्तीन के नीचे लेते हुए कहा। "कातिल्योन नाच के बारे में कितना बढ़िया विचार है मेरे दिमाग़ में! Un bijou!"[1]

और आन्ना को अपने साथ ले जाने की कोशिश करते हुए वह थोड़ा आगे बढ़ा। गृह-स्वामी अनुमोदन करते हुए मुस्कुराया।

"नहीं, मैं नहीं रुकूँगी," आन्ना ने मुस्कुराते हुए जवाब दिया। किन्तु मुस्कान के बावजूद कोर्सून्स्की और गृह-स्वामी आन्ना के जवाब देने के दृढ़ अन्दाज़ से यह समझ गये कि वह नहीं रुकेगी।

"नहीं, मैं तो आपके यहाँ मास्को के इस एक बॉल में उससे कहीं ज़्यादा नाची हूँ, जितना सारे जाड़े में पीटर्सबर्ग में," आन्ना ने अपने पास खड़े व्रोन्स्की की ओर देखते हुए कहा। "सफ़र से पहले आराम करना ज़रूरी है।"

"और आप निश्चय ही कल जा रही हैं?" व्रोन्स्की ने पूछा।

"हाँ, ख़याल तो ऐसा ही है," आन्ना ने मानो उसके प्रश्न की साहसिकता से हैरान होते हुए जवाब दिया। किन्तु जब उसने यह कहा तो उसकी आँखों की अदम्य चमक और मुस्कान ने उसे डंक-सा मार दिया।

आन्ना खाने के लिए नहीं रुकी और घर चली गयी।

24

'हाँ, मुझमें कुछ घृणित है, कुछ ऐसा है, जो लोगों को मुझसे दूर भगाता है,' श्चेर्बात्स्की परिवार के यहाँ से निकलकर भाई के घर की तरफ़ पैदल जाते हुए लेविन ने सोचा। 'और मैं दूसरे लोगों को रास नहीं आता। कहते हैं कि मैं आत्माभिमानी हूँ। नहीं, मुझमें आत्माभिमान भी नहीं है। अगर आत्माभिमान होता, तो मैं अपने को ऐसी परिस्थिति में न डालता।' उसने व्रोन्स्की की कल्पना की, सुखी, उदार, बुद्धिमान और शान्त व्रोन्स्की की, जिसे सम्भवतः कभी ऐसी परिस्थिति का सामना नहीं करना पड़ा होगा, जैसी परिस्थिति में आज उसने अपने को पाया था। 'हाँ, उसे व्रोन्स्की को ही चुनना चाहिए था। ऐसा ही उचित है और मुझे किसी के भी विरुद्ध और किसी भी चीज़ के लिए शिकायत करने का अधिकार नहीं है। मैं खुद ही इसके लिए दोषी हूँ। मुझे ऐसा सोचने का क्या हक़ था कि वह अपना जीवन मेरे जीवन से जोड़ना चाहेगी? कौन हूँ मैं? क्या हूँ मैं? बहुत तुच्छ व्यक्ति, जिसकी किसी को और किसी चीज़ के लिए भी ज़रूरत नहीं है।' उसे अपने भाई

1. बस, कमाल है। (फ्रांसीसी)

निकोलाई की याद आ गयी और उसने ख़ुश होते हुए इसी याद का सहारा ले लिया। 'क्या वह सही नहीं है कि दुनिया में सब कुछ बुरा और घृणित है? भाई निकोलाई के बारे में तो हमारी राय शायद ही पहले और अब भी ठीक है। ज़ाहिर है कि प्रोकोफ़ी की दृष्टि से, जिसने उसे फटा फ़र-कोट पहने और शराब के नशे में धुत् देखा, वह तिरस्कृत व्यक्ति है, लेकिन मैं उसे दूसरे रूप में जानता हूँ। मैं उसकी आत्मा को पहचानता हूँ और जानता हूँ कि हम दोनों एक जैसे हैं। और मैं उसे ढूँढ़ने के लिए जाने के बजाय होटल में खाना खाने गया और फिर यहाँ चला आया।' लेविन लैम्प के क़रीब गया, भाई का पता पढ़ा, जो उसके बटुए में रखे पुर्जे पर लिखा था और उसने एक बग्घी बुला ली। भाई के घर तक के लम्बे रास्ते में लेविन ने अपने भाई निकोलाई के जीवन की उन सभी घटनाओं को अपने स्मृति-पट पर सजीव किया, जिनसे वह परिचित था। उसे याद आया कि कैसे उसका भाई विश्वविद्यालय में और विश्वविद्यालय के एक साल बाद साथियों के व्यंग्य-उपहासों के बावजूद साधु का-सा जीवन बिताता रहा, बड़े उत्साह से सभी धार्मिक रीति-रिवाजों का पालन और गिरजे में जाकर पूजा-पाठ करता रहा, व्रत रखता रहा और सभी तरह के मनोरंजन-ख़ुशियों, विशेषकर नारियों से मुँह मोड़े रहा और फिर अचानक मानो उसके भीतर कुछ फट गया, बहुत ही घटिया लोगों के साथ उसकी यारी-दोस्ती हो गयी और वह बुरी तरह ऐयाशी में डूब गया। इसके बाद उसे उस लड़के का क़िस्सा याद आया, जिसे पालन-शिक्षण के लिए वह गाँव से लाया था और फिर गुस्से के दौरे में उसने उसे ऐसे पीटा था कि बच्चे के अंग-अंग के अपराध में उस पर मुक़दमा चल गया था। इसके पश्चात् उसे एक पत्तेबाज़ के साथ घटी घटना याद आयी, जिसे वह जुए में काफ़ी पैसे हार गया था, उसके नाम हुंडी लिख दी थी और फिर ख़ुद ही यह साबित करते हुए, कि पत्तेबाज़ ने उसे धोखा दिया है, उसके खिलाफ़ नालिश कर दी थी। (कोज़्निशेव ने यही रक़म चुकायी थी।) इसके बाद उसे याद आया कि कैसे मार-पीट के लिए वह एक रात कोतवाली में रहा था। उसे याद आया, भाई कोज़्निशेव के विरुद्ध इस आधार पर लज्जाजनक मुक़दमा चलाना मानो उसने माँ की जागीर से उसे उसका हिस्सा न दिया हो। आख़िरी क़िस्सा भी उसे याद आया, जब वह पश्चिमी इलाक़े में सरकारी नौकरी के लिए गया था और गाँव के मुखिया को पीट डालने के जुर्म में उस पर मुक़दमा चलाया गया था... यह सब कुछ बहुत बुरा था, लेकिन लेविन को इतना बुरा प्रतीत नहीं होता था, जितना उन्हें प्रतीत होना चाहिए था, जो निकोलाई लेविन को नहीं जानते थे, उसके बारे में सारी सच्चाई को नहीं जानते थे, उसके दिल को नहीं जानते थे।

लेविन को याद था कि कैसे उस वक़्त जब निकोलाई भगवान की पूजा करता था, व्रत रखता था, साधुओं के पास और गिरजों की प्रार्थनाओं में जाता था, जब वह धर्म में सहारा ढूँढ़ता था, अपने आवेशपूर्ण स्वभाव के लिए लगाम खोजता था,

न केवल यह कि किसी ने उसकी पीठ नहीं ठोंकी, बल्कि सभी ने, ख़ुद उसने भी, उसका मज़ाक़ उड़ाया था। सब उसे चिढ़ाते थे, उसे साधु और हज़रत नूह कहते थे। और जब उसका बाँध टूटा, तब भी किसी ने उसकी मदद नहीं की, सभी ने सन्नाटे में आकर नफ़रत से मुँह फेर लिया।

लेविन महसूस कर रहा था कि अपने जीवन की सभी ऊट-पटाँग हरकतों के बावजूद उसका भाई निकोलाई अपनी आत्मा में, आत्मा की गहराई में उन लोगों से कुछ अधिक ग़लत या बुरा नहीं था, जो उसको तिरस्कार की दृष्टि से देखते थे। इसके लिए वह तो दोषी नहीं था कि उग्र स्वभाव और मस्तिष्क में कुछ सूझ-बूझ लेकर पैदा हुआ था। लेकिन वह हमेशा अच्छा बनना चाहता था। 'सब कुछ कहूँगा, उसे भी सब कुछ कहने को विवश करूँगा और उसे यह स्पष्ट कर दूँगा कि मैं उसे प्यार करता हूँ और इसलिए उसे समझता हूँ,' लेविन ने रात के दस बजे के बाद पते में लिखे होटल के पास पहुँचते हुए मन-ही-मन यह तय किया।

"ऊपर बारहवाँ और तेरहवाँ कमरा," दरबान ने लेविन के प्रश्न का उत्तर दिया।

"घर पर हैं?"

"घर पर ही होना चाहिए।"

बारह नम्बर के कमरे का दरवाज़ा अधखुला था और वहाँ से प्रकाश-रेखा में घटिया और हल्के तम्बाकू का घना धुआँ बाहर आ रहा था तथा एक अपरिचित स्वर सुनाई पड़ रहा था। किन्तु लेविन तुरन्त ही यह जान गया कि उसका भाई वहीं है–उसे उसकी खाँसी सुनाई दे गयी थी।

लेविन जब दरवाज़े में दाख़िल हुआ, तो अपरिचित व्यक्ति को यह कहते सुना–

"सब कुछ इस बात पर निर्भर है कि धन्धे को कितनी समझदारी और लगन से चलाया जायेगा।"

कोन्स्तान्तीन लेविन ने दरवाज़े में से झाँककर देख लिया कि बहुत ही घने बालों वाला एक जवान आदमी, जो देहाती कोट पहने है, बोल रहा है और कालर तथा आस्तीनों के बिना ऊनी फ्रॉक पहने हुए एक जवान, चेचक-रू औरत सोफ़े पर बैठी है। भाई दिखाई नहीं दे रहा था। यह ख़याल आने पर लेविन का दिल टीस उठा कि उसका भाई किस तरह के अजनबी लोगों के बीच रहता है। किसी को भी उसकी आहट नहीं मिली और कोन्स्तान्तीन अपने गैलोश उतारते हुए वह सुनता रहा, जो देहाती कोट पहने व्यक्ति कह रहा था। वह किसी उद्यम की चर्चा कर रहा था।

"बेड़ा ग़र्क हो जाये इन विशेषाधिकारों वाले वर्गों का," लेविन के भाई ने खाँसते हुए कहा। "माशा! तुम हमारे लिए खाने का प्रबन्ध करो और अगर बच रही हो तो शराब भी ले आओ। नहीं तो, मँगवा लो।"

नारी उठी, पर्दे के पीछे से सामने आयी और उसने लेविन को देखा।

"निकोलाई द्मीत्रियेविच, कोई साहब आया है," औरत ने कहा।

"किससे मिलना है?" निकोलाई लेविन ने झल्लाये हुए स्वर में पूछा।

"यह मैं हूँ," कोन्स्तान्तीन लेविन ने रोशनी में सामने आते हुए जवाब दिया।

"कौन, मैं?" निकोलाई ने और भी अधिक खीझ के साथ पूछा। वह जल्दी से उठा, उसने किसी चीज़ के साथ ठोकर खायी और अगले क्षण लेविन के सामने दरवाज़े पर थी बहुत ही जानी-पहचानी, बड़ी-बड़ी भयभीत आँखों और अपने उजड्डपन और बीमारी से चकित करने वाली भाई की लम्बी, दुबली-पतली और झुकी हुई आकृति।

कोन्स्तान्तीन लेविन ने अपने भाई को तीन साल पहले जैसा देखा था, वह अब उससे भी अधिक दुबला हो गया था। वह जाकेट पहने था। उसके हाथ और शरीर की बड़ी-बड़ी हड्डियाँ और भी बड़ी लग रही थीं। बाल बहुत कम रह गये थे, पहले जैसी सीधी मूँछें होंठों पर लटक रही थीं, वही परिचित आँखें आगन्तुक को अजीब ढंग और भोलेपन में ताक रही थीं।

"अरे, कोस्त्या!" भाई को पहचानकर वह अचानक कह उठा और उसकी आँखें ख़ुशी से चमक उठीं। किन्तु इसी क्षण उसने अपने नौजवान मेहमान की तरफ़ घूमकर देखा और लेविन के लिए अत्यधिक परिचित ढंग से सिर तथा गर्दन को ऐसे ऐंठन के साथ घुमाया मानो टाई उसे परेशान कर रही हो और उसके दुबले-पतले चेहरे पर एक अन्य भयानक, यातनापूर्ण और कठोर भाव अंकित हो गया।

"मैंने आपको और सेर्गेई इवानोविच को लिखा था कि मैं आपको नहीं जानता हूँ और जानना नहीं चाहता हूँ। तुम्हें, आपको क्या चाहिए?"

लेविन ने जिस रूप में उसकी कल्पना की थी, वह बिल्कुल वैसा नहीं था। उसके स्वभाव का सबसे बुरा और भयानक लक्षण, जो उसके साथ मिलना-जुलना इतना कठिन बना देता था, लेविन ने तब भुला दिया था, जब उसने उसके बारे में सोचा था। किन्तु अब, जब उसने उसका चेहरा और विशेषतः ऐंठन के साथ सिर को हिलाते देखा, तो उसे यह सब कुछ याद आ गया।

"मुझे किसी काम के लिए तुमसे नहीं मिलना है," लेविन ने कातरता से उत्तर दिया। "मैं तो ऐसे ही तुमसे मिलने आ गया।"

भाई की कातरता ने स्पष्टतः निकोलाई को नर्म कर दिया। उसने होंठों को सिकोड़ा।

"ओह, तुम ऐसे ही आये हो?" वह बोला। "तो भीतर आ जाओ, बैठो। खाना खाओगे? माशा, तीन लोगों के लिए खाना ले आओ। नहीं, रुको। जानते हो, ये कौन हैं?" देहाती कोट पहने महानुभाव की ओर संकेत करते हुए उसने भाई से पूछा। "ये कीएव के वक़्त से ही मेरे दोस्त, श्रीमान क्रीत्स्की हैं, बहुत बढ़िया आदमी

हैं। ज़ाहिर है कि पुलिस इन्हें तंग करती है, क्योंकि ये नीच नहीं हैं।"

और उसने अपनी आदत के मुताबिक़ कमरे में उपस्थित सभी लोगों पर दृष्टि डाली। यह देखकर कि दरवाज़े के पास खड़ी नारी ने जाने के लिए क़दम बढ़ाया है, उसने उसे आवाज़ दी, "रुको, मैं कह चुका हूँ न।" और बातचीत के पहले जैसे अटपटे और भद्दे ढंग से, जिससे लेविन इतनी अच्छी तरह परिचित था, फिर सभी पर नज़र डालकर वह भाई को क्रीत्स्की की कहानी सुनाने लगा। उसने बताया कि कैसे क्रीत्स्की को ग़रीब विद्यार्थियों की मदद करने का संगठन बनाने और रविवारीय विद्यालयों का आयोजन करने के लिए विश्वविद्यालय से निकाल दिया गया, कैसे इसके बाद वह जन-विद्यालय में अध्यापक बना और वहाँ से उसकी छुट्टी कर दी गयी तथा इसके बाद किसी-न-किसी चीज़ के लिए उस पर मुक़दमा चलाया गया।

"आप कीएव विश्वविद्यालय में पढ़ते रहे हैं?" लेविन ने अटपटी ख़ामोशी को तोड़ने के लिए पूछा।

"हाँ, कीएव विश्वविद्यालय में," क्रीत्स्की ने नाक-भौंह सिकोड़कर झल्लाहट के साथ उत्तर दिया।

"और यह औरत," निकोलाई ने क्रीत्स्की को टोकते और नारी की ओर संकेत करते हुए कहा, "यह मेरी जीवन-मित्र मारीया निकोलायेव्ना है। मैं इसे चकले से लाया हूँ," उसने यह कहते हुए गर्दन को झटका दिया। "लेकिन इसे प्यार और इसका आदर करता हूँ और जो कोई भी मुझसे वास्ता रखना चाहता है," आवाज़ को ऊँची करते और त्यौरी चढ़ाते हुए उसने इतना और जोड़ दिया, "उससे इसे प्यार तथा इसका आदर करने का अनुरोध करता हूँ। वह मेरी बीवी जैसी ही है, बिल्कुल वैसी है। तो अब तुम जानते हो कि किसके साथ तुम्हारा वास्ता है। और अगर तुम यह समझते हो कि इससे तुम्हारी हेठी होती है, तो तुम्हारा भला करे ख़ुदा और जाओ अपनी राह।"

फिर से उसने प्रश्नसूचक दृष्टि से सबकी ओर देखा।

"मेरी किसलिए हेठी होगी, मेरी समझ में नहीं आ रहा।"

"तो माशा, खाना लाने को कह दो-तीन आदमियों के लिए, वोद्का और शराब भी... नहीं, रुको... नहीं... जाओ।"

25

"देखो न," निकोलाई लेविन ने यत्नपूर्वक माथे पर बल डालकर और गर्दन को झटका देते हुए कहा। सम्भवतः उसके लिए यह समझ पाना कठिन हो रहा था कि वह क्या कहे और क्या करे। "देखो, न," उसने कमरे के कोने में रखी हुई रस्सियों से बँधी लोहे की छड़ों की ओर संकेत किया। "देख रहे हो न उन्हें? यह नया धन्धा है, जिसे हम शुरू कर रहे हैं। एक उत्पादन-संघ..."

लेविन भाई की बात लगभग नहीं सुन रहा था। वह उसके तपेदिक़ से ग्रस्त चेहरे को ध्यान से देख रहा था, उसे उस पर अधिकाधिक दया आ रही थी और भाई उत्पादन-संघ के बारे में जो कुछ कह रहा था, वह उसे सुनने के लिए अपने को किसी तरह भी विवश नहीं कर पा रहा था। वह समझ रहा था कि यह उत्पादन-संघ अपने प्रति तिरस्कार-भावना से बचने का ही एक साधन है। निकोलाई कहता गया–

"तुम्हें मालूम है कि पूँजी कामगार को कुचलती है, हमारे यहाँ कामगार और किसान श्रम का सारा बोझ सहन करते हैं और उनकी स्थिति ऐसी है कि वे चाहे कितनी भी मेहनत क्यों न करें, अपनी जानवरों जैसी हालत से मुक्ति नहीं पा सकते। उत्पादन से जितना नफ़ा होता है, जिससे वे अपनी हालत सुधार सकते हैं, उन्हें कुछ फ़ुर्सत मिल सकती है और इसके परिणामस्वरूप वे शिक्षा पा सकते हैं, वह सारा नफ़ा उनसे पूँजीपति छीन लेते हैं। इस तरह हमारे समाज का कुछ ऐसा ढाँचा बन गया है कि वे जितनी अधिक मेहनत करेंगे, व्यापारी और भूमिपति उतने ही अधिक धनी होते जायेंगे और वे हमेशा काम करने वाले जानवर बने रहेंगे। इस व्यवस्था को बदलना चाहिए," उसने अपनी बोत ख़त्म करते हुए भाई की तरफ़ प्रश्नसूचक दृष्टि से देखा।

"हाँ, सो तो ज़ाहिर ही है," लेविन ने भाई के गालों की बड़ी हड्डियों के नीचे उभर आने वाली लाली की तरफ़ देखते हुए कहा।

"और हम धातुकर्म का धन्धा शुरू कर रहे हैं, यहाँ सारा उत्पादन और मुनाफ़ा और सबसे बढ़कर यह कि उत्पादन के उपकरण, सभी कुछ साझा होगा।"

"यह उत्पादन-संघ होगा किस जगह?" लेविन ने पूछा।

"कज़ान गुबेर्निया के वोज़्द्रेम गाँव में।"

"गाँव में किसलिए? मुझे लगता है कि गाँव में तो वैसे ही बहुत काम है। गाँव में धातुकर्म के संघ की क्या ज़रूरत है?"

"इसलिए कि किसान आज भी पहले जैसे ही दास हैं और उन्हें इस दासता से मुक्ति दिलाने की कोशिश ही तुम्हें और सेर्गेई इवानोविच को अच्छी नहीं लगती," निकोलाई लेविन ने भाई की आपत्ति से चिढ़कर कहा।

लेविन ने गहरी साँस ली और इसी वक़्त अँधेरे और गन्दे कमरे में नज़र दौड़ायी। इस उच्छ्वास ने निकोलाई को मानो और अधिक चिढ़ा दिया।

"तुम्हारे और सेर्गेई इवानोविच के रईसोंवाले एतराज़ों को जानता हूँ मैं। जानता हूँ कि वह इस वक़्त क़ायम बुराई की सफ़ाई पेश करने के लिए ही अपने दिमाग़ का पूरा ज़ोर लगाता है।"

"मैं ऐसा नहीं मानता, और फिर तुम सेर्गेई इवानोविच की किसलिए चर्चा कर रहे हो?" लेविन ने मुस्कुराते हुए कहा।

"सेर्गेई इवानोविच की? इसलिए कर रहा हूँ उसकी चर्चा!" सेर्गेई इवानोविच

का नाम आने पर निकोलाई लेविन अचानक चिल्ला उठा। "इसलिए कर रहा हूँ उसकी चर्चा... लेकिन क्या तुक है यह बताने में? तुम इतना बताओ... किसलिए आये हो तुम मेरे पास? तुम्हें यह सब कुछ घटिया लगता है, बहुत अच्छी बात है, तो जाओ भगवान के लिए।" वह कुर्सी से उठते हुए चिल्ला पड़ा। "तो जाओ, जाओ!"

"मुझे यह ज़रा भी घटिया नहीं लगता," लेविन ने कातरता से कहा। "मैं तो इसका खंडन भी नहीं कर रहा हूँ।"

इसी वक़्त मारीया निकोलाएव्ना कमरे में वापस आ गयी। निकोलाई लेविन ने झल्लाकर उसकी तरफ़ देखा। वह जल्दी से उसके पास गयी और कुछ फुसफुसायी।

"मेरी तबीयत अच्छी नहीं है। मैं चिड़चिड़ा हो गया हूँ," निकोलाई लेविन ने शान्त होते और हाँफते हुए कहा, "और फिर तुम मुझसे सेर्गेई इवानोविच और उसके इस लेख की बात करते हो। वह लेख तो एकदम बकवास, बड़ा झूठ और ख़ुद अपनी आँखों में धूल झोंकने वाला मामला है। जो आदमी ख़ुद न्याय को नहीं जानता, वह उसके बारे में लिख ही क्या सकता है? आपने उसका लेख पढ़ा है?" उसने फिर से मेज़ के पास बैठते और जगह बनाने के लिए उस पर फैली आधी खाली सिगरेटों को परे हटाते हुए क्रीत्स्की से पूछा।

"मैंने नहीं पढ़ा," क्रीत्स्की ने उदासी से जवाब दिया, जो स्पष्टतः इस बातचीत में हिस्सा नहीं लेना चाहता था।

"भला क्यों?" निकोलाई लेविन ने झुँझलाते हुए अब क्रीत्स्की से पूछा।

"इसलिए कि उस पर अपना वक़्त बर्बाद करने की ज़रूरत नहीं समझता।"

"यह भी ख़ूब रही, आपको कैसे मालूम है कि आप अपना वक़्त बर्बाद करेंगे? बहुतों के लिए तो यह लेख उनकी पहुँच के बाहर है, यानी उनकी समझ में नहीं आता। लेकिन मेरी बात दूसरी है। मैं तो उसके विचारों को आर-पार देख सकता हूँ और जानता हूँ कि यह लेख क्यों कमज़ोर है।"

सभी ख़ामोश हो गये। क्रीत्स्की धीरे से उठा और उसने अपनी टोपी ले ली।

"खाना नहीं खाएँगे? अच्छी बात है, जाइये। कल फ़िटर को साथ लेकर आ जाइयेगा।"

क्रीत्स्की के बाहर निकलते ही निकोलाई लेविन मुस्कुराया और आँख मारकर बोला–

"यह भी किसी काम का नहीं है। मैं देख रहा हूँ..."

लेकिन क्रीत्स्की ने इसी वक़्त उसे दरवाज़े पर से आवाज दी।

"और किस चीज़ की ज़रूरत है आपको?" निकोलाई लेविन ने कहा और बाहर बरामदे में चला गया। मारीया निकोलायेव्ना के साथ अकेला रह जाने पर लेविन ने पूछा–

"क्या बहुत अर्से से हैं आप मेरे भाई के साथ?"

"दूसरा साल चल रहा है। उनकी सेहत बहुत खराब हो गयी है। यह बहुत ज़्यादा पीते हैं," उसने कहा।

"क्या मतलब?"

"वोद्का पीते हैं और वह उनके लिए बुरी है।"

"बहुत पीते हैं क्या?" लेविन फुसफुसाया।

"हाँ," घबराहट से दरवाज़े की ओर देखते हुए, जहाँ निकोलाई लेविन की झलक मिल रही थी, उसने कहा।

"किस बात की चर्चा कर रहे थे तुम?" निकोलाई लेविन ने नाक-भौंह सिकोड़ते और डरी-सी आँखें एक के बाद दूसरे की तरफ़ घुमाते हुए पूछा। "किस बात की?"

"किसी भी बात की नहीं," कोन्स्तान्तीन ने परेशान होते हुए जवाब दिया।

"नहीं बताना चाहते, तो न बताओ। तुम्हारा इससे बात करने का कोई मतलब नहीं है। यह बाज़ारी औरत है और तुम रईस हो," उसने गर्दन को झटका देते हुए कहा।

"मैं देख रहा हूँ कि तुम सब कुछ समझ गये, तुमने सब कुछ जाँच-परख लिया है और मेरी भूलों-भटकावों के लिए तुम्हें अफ़सोस हो रहा है," अपनी आवाज़ को ऊँचा करते हुए निकोलाई लेविन ने फिर से कहना शुरू किया।

"निकोलाई, द्मीत्रियेविच, निकोलाई द्मीत्रियेविच," मारीया निकोलायेव्ना फिर से उसके निकट होते हुए फुसफुसायी।

"अच्छी बात है, अच्छी बात है... खाने का क्या हुआ? लो, वह आ गया लेकर," उसने ट्रे लिये हुए नौकर को आते देखकर कहा। "इधर, इधर रख दो," उसने झुँझलाहट से कहा और तुरन्त वोद्का का एक जाम ढालकर बेसब्री से पी गया। "चाहते हो पीना?" इसी क्षण कुछ रंग में आते हुए उसने भाई से कहा। "बस, काफ़ी चर्चा हो चुकी सेर्गेई इवानोविच की। तुमसे मिलकर तो मुझे ख़ुशी हुई है। कुछ भी क्यों न हो, फिर भी हम पराये नहीं हैं। लो, पियो। बताओ, तुम क्या करते हो?" बेसब्री से रोटी का टुकड़ा चबाते और दूसरा जाम भरते हुए वह कहता गया। "कैसे चल रही है तुम्हारी ज़िन्दगी?"

"पहले की तरह अब भी गाँव में अकेला रहता हूँ, खेती-बारी की देखभाल करता हूँ," भाई जिस बेसब्री से खा-पी रहा था, स्तब्ध होकर उसे देखते तथा अपनी दृष्टि को छिपाने की कोशिश करते हुए कोन्स्तान्तीन ने जवाब दिया।

"तुम शादी क्यों नहीं करते?"

"ऐसा मौक़ा ही नहीं बना," कोन्स्तान्तीन ने शर्म से लाल होते हुए जवाब दिया।

"भला क्यों? मेरा तो क़िस्सा तमाम हो चुका है! मैंने तो अपनी ज़िन्दगी बर्बाद कर ली। मैं पहले कह चुका हूँ और अब फिर कहूँगा कि अगर मुझे उस वक़्त

मेरा हिस्सा मिल जाता, जब मुझे उसकी ज़रूरत थी, तो मेरी सारी ज़िन्दगी ही दूसरी होती।"

लेविन ने झटपट बातचीत बदली।

"तुम्हें मालूम है या नहीं, कि तुम्हारा वान्या मेरे पोक्रोव्स्कोये गाँव में मुनीम का काम करता है?" उसने कहा।

निकोलाई ने गर्दन को झटका दिया और विचारों में डूब गया।

"हाँ, तुम मुझे बताओ कि पोक्रोव्स्कोये में क्या हो रहा है? घर अभी भी खड़ा है, भोजवृक्ष भी हैं और हमारा पढ़ाई का कमरा भी? क्या माली फ़िलीप भी ज़िन्दा है? कितनी अच्छी तरह याद है मुझे कुंज और सोफ़ा! देखो, घर में कोई तब्दीली नहीं करना, लेकिन जल्दी से शादी कर लो और पहले की तरह ही रहने लगो। अगर तुम्हारी बीवी अच्छी होगी, तो मैं तुमसे मिलने आऊँगा।"

"तो तुम अभी मेरे पास आ जाओ," लेविन ने कहा। "कितने अच्छे ढंग से हम-तुम रहेंगे!"

"अगर मैं यह जानता कि सेर्गेई इवानोविच से वहाँ मेरी मुलाक़ात नहीं होगी, तो तुम्हारे पास आ गया होता।"

"तुम्हारी उससे वहाँ मुलाक़ात नहीं होगी। मैं उससे पूरी तरह स्वतन्त्र जीवन बिताता हूँ।"

"हाँ, लेकिन तुम चाहे कुछ भी क्यों न कहो, तुम्हें हम दोनों में से एक को चुनना होगा," भीरुता से भाई की आँखों में झाँकते हुए उसने कहा। उसकी इस भीरुता ने कोन्स्तान्तीन के हृदय को छू लिया।

"अगर इस मामले में तुम ईमानदारी से मेरी राय जानना चाहते हो, तो मैं तुमसे यही कहूँगा कि सेर्गेई इवानोविच के साथ तुम्हारे झगड़े में मैं न तुम्हारा और न उसका पक्ष लेता हूँ। तुम दोनों ही ग़लत हो। तुम बाहरी तौर पर अधिक ग़लत हो और वह भीतरी तौर पर।"

"तो, तो तुम यह समझ गये, तुम यह समझ गये!" निकोलाई ख़ुशी से चिल्ला उठा।

"लेकिन अगर तुम जानना चाहते हो, तो सुनो कि व्यक्तिगत रूप से मैं तुम्हारे साथ अपनी दोस्ती को ज़्यादा वज़न देता हूँ, क्योंकि..."

"क्यों? क्यों?"

कोन्स्तान्तीन यह नहीं कह सका कि वह इसलिए इस दोस्ती को ज़्यादा वज़न देता है कि निकोलाई क़िस्मत का मारा हुआ है और उसे इस दोस्ती की ज़रूरत है। लेकिन निकोलाई समझ गया कि भाई यही कहना चाहता था कि नाक-भौंह सिकोड़कर फिर से वोद्का ढालने लगा।

"बस, काफ़ी पी चुके, निकोलाई द्मीत्रियेविच!" मारीया निकोलायेव्ना ने

अपना गुदगुदा-सा हाथ सुराही की ओर बढ़ाते हुए कहा।

"हाथ हटा लो! परेशान नहीं करो! पीट डालूँगा!" वह चिल्ला उठा।

मारीया निकोलायेव्ना ख़ुशमिज़ाजी से तनिक मुस्कुरायी, जिससे निकोलाई भी मुस्कुरा दिया और उसने उसके हाथ से वोद्का की सुराही ले ली।

"तुम क्या सोचते हो कि यह कुछ नहीं समझती?" निकोलाई ने कहा। "यह इन चीज़ों को हम सबसे कहीं ज़्यादा अच्छी तरह समझती है। सच है न कि इसमें कुछ बहुत अच्छा, बहुत प्यारा है?"

"आप मास्को में पहले कभी नहीं आयीं?" कोन्स्तान्तीन ने कहने के लिए ही कहा।

"तुम इसे 'आप' नहीं कहो। वह इससे डरती है। इसे न्यायाधीश के अलावा, जिसने इस पर उस समय मुक़दमा चलाया था, जब वह चकला छोड़ना चाहती थी, कभी किसी ने 'आप' नहीं कहा। हे भगवान, कितना बेतुकापन है इस दुनिया में!" निकोलाई लेविन अचानक चिल्ला उठा। "ये नयी संस्थाएँ, ये न्यायाधीश, ज़ेम्सत्वो-परिषदें–यह सब कुछ क्या बकवास है!"

और उसने नयी संस्थाओं के साथ अपने टकरावों का ज़िक्र करना शुरू किया।

कोन्स्तान्तीन लेविन उसकी बातें सुन रहा था और सभी सामाजिक संस्थाओं के बेतुकेपन के जिस विचार का वह स्वयं समर्थक था और अक्सर उसे व्यक्त करता था, अब भाई के मुँह से वही कुछ सुनना उसे अच्छा नहीं लग रहा था।

"उस दुनिया में समझ पायेंगे हम यह सब कुछ," कोन्स्तान्तीन ने मज़ाक़ करते हुए कहा।

"उस दुनिया में? ओह, वह दुनिया मुझे पसन्द नहीं है! पसन्द नहीं है!" भाई के चेहरे पर डरी-सहमी और वहशत-भरी नज़रों को टिकाये हुए उसने कहा। "बेशक ऐसा प्रतीत होता है कि सभी तरह के घटियापन, अपने और पराये गड़बड़झाले से बच जाना अच्छा होगा, लेकिन मैं मौत से डरता हूँ, बेहद डरता हूँ मौत से।" वह काँप उठा। "कुछ पियो न? शेम्पेन पीना पसन्द करोगे? या फिर आओ, कहीं बाहर चलें। बंजारों के यहाँ चलें। जानते हो, बंजारे और रूसी लोकगीत मुझे बेहद पसन्द हैं।"

उसकी ज़बान लड़खड़ाने लगी और वह एक विषय से दूसरे विषय पर छलाँगें लगाने लगा। मारीया निकोलायेव्ना की मदद से कोन्स्तान्तीन ने उसे कहीं भी न जाने के लिए मनाया और पूरी तरह से नशे में धुत् बिस्तर पर लिटा दिया।

मारीया निकोलायेव्ना ने लेविन से वादा किया कि ज़रूरत होने पर उसे पत्र लिखेगी और निकोलाई लेविन को भाई के पास जाकर रहने के लिए राज़ी करने की कोशिश करेगी।

26

कोन्स्तान्तीन लेविन अगली सुबह को मास्को से रवाना हुआ और शाम होने तक घर पहुँच गया। रास्ते में रेलगाड़ी के डिब्बे में बैठे लोगों के साथ राजनीति और नये रेल-मार्गों के बारे में उसकी बातचीत हुई और मास्को की भाँति विचारों की गड़बड़, अपने प्रति खीझ और लज्जा की अस्पष्ट भावना उस पर हावी हो गयी। लेकिन जब वह अपने स्टेशन पर उतरा, कुरते के उठे हुए कालरवाले अपने काने कोचवान इग्नात को पहचाना, स्टेशन की खिड़कियों से छन रही मद्धिम रोशनी में जब उसने क़ालीनवाली अपनी स्लेज और छल्लों तथा फुँदनेवाले साज़ तथा ढंग से बँधी पूँछोंवाले घोड़े देखे और फिर सामान आदि रखकर चलने की तैयारी करते समय जब इग्नात ने उसे गाँव की ख़बरें सुनाईं, ठेकेदार के आने और पावा गाय के ब्याने के बारे में बताया, तो उसे लगा कि दिमाग़ी उलझाव कुछ-कुछ कम हो रहा है और अपने प्रति खीझ तथा शर्म की भावना दूर होती जा रही है। ऐसा तो उसने इग्नात और घोड़ों को देखते ही महसूस किया, किन्तु जब उसने अपने लिए लाया गया भेड़ की खाल का कोट पहन लिया, अपने को अच्छी तरह ढक-ढकाकर स्लेज में बैठकर चल दिया तथा स्लेज में एक ओर को जुते दोन प्रदेश के तेज़, किन्तु अब मरियल घोड़े को देखते हुए, जो कभी उसकी सवारी का घोड़ा होता था, जब वह यह सोचने लगा कि गाँव पहुँचते ही उसे क्या आदेश देने होंगे, तो उसके साथ जो कुछ बीती थी, उसे बिल्कुल दूसरे ही रूप में देखने लगा। उसने अपने व्यक्तित्व को अनुभव किया और यह कि वह किसी दूसरे जैसा नहीं होना चाहता था। वह जैसा पहले था, उससे बेहतर बनने को इच्छुक था। पहले तो, इस दिन से उसने यह फ़ैसला किया कि किसी ऐसे असाधारण सुख की आशा नहीं करेगा, जैसा कि उसे शादी से मिलना चाहिए और इसके नतीजे के तौर पर वर्तमान की अवहेलना नहीं करेगा। दूसरे, वह अपने को कभी भी तुच्छ वासनाओं का शिकार नहीं होने देगा, जिनकी याद आने से विवाह का प्रस्ताव करते समय उसे इतनी यातना अनुभव हुई थी, इसके बाद, भाई निकोलाई का ध्यान आने पर उसने मन-ही-मन यह भी फ़ैसला किया कि अब कभी उसे नहीं भूलेगा, लगातार उसकी ख़ैर-ख़बर लेता रहेगा, उससे सम्पर्क नहीं टूटने देगा और मुसीबत के वक़्त उसकी मदद करने को तैयार रहेगा। वह महसूस कर रहा था कि उसकी मदद करने का वक़्त बहुत जल्द ही आने वाला है। फिर उसे भाई के साथ कम्युनिज़्म के बारे में हुई बातचीत याद आयी, जिसकी ओर उस समय उसने ख़ास ध्यान नहीं दिया था। उस बातचीत ने अब उसे सोचने को मजबूर कर दिया। आर्थिक परिस्थितियों को बदल देने की बात वह बेकार समझता था, किन्तु आम जनता की ग़रीबी की तुलना में अपनी समृद्धि को वह हमेशा अन्यायपूर्ण अनुभव करता रहा था और इसलिए उसने अपने दिल में यह तय किया कि यद्यपि वह पहले भी

बहुत काम करता था तथा ऐश्वर्यपूर्ण जीवन नहीं बिताता था, फिर भी अपने को न्यायसंगत अनुभव करने के लिए अब पहले से भी ज़्यादा काम और पहले से भी कम सुख-सुविधाओं का उपभोग करेगा। उसे यह सब कुछ करना बहुत आसान लगा और मधुर कल्पनाओं में ही उसका सारा रास्ता गुज़र गया। नये और बेहतर जीवन की उत्साहपूर्ण तथा सुखद भावनाएँ हृदय में सँजोये हुए वह रात के आठ बजने के बाद घर पहुँचा।

लेविन की गृह-प्रबन्धिका की भूमिका निभाने वाली बूढ़ी आया अगाफ़्या मिख़ाइलोव्ना के कमरे की खिड़कियों से घर के सामने वाले अहाते में बर्फ़ पर रोशनी पड़ रही थी। वह अभी सोयी नहीं थी। उसने कुज़्मा नौकर को जगाया, जो नींद में ऊँघता-सा नंगे पाँव ही बाहर भागा आया। शिकारी कुतिया लास्का भी कुज़्मा को लगभग गिराते हुए उछलकर बाहर भागी, ख़ुशी से कूँ-कूँ करते हुए उसने लेविन के घुटनों से अपने को रगड़ा, उसकी छाती पर अपने अगले पंजे टिकाने की इच्छा रखते, किन्तु हिम्मत न कर पाते हुए ऊपर को उछली।

"जल्द ही लौट आये, मालिक!" अगाफ़्या मिख़ाइलोव्ना ने कहा।

"घर की बेहद याद आने लगी थी, अगाफ़्या मिख़ाइलोव्ना। जो सुख अपने चौबारे, वह न बलख़ न बुखारे," उसने जवाब दिया और अपने अध्ययन-कक्ष में चला गया।

मोमबत्ती लायी गयी और कमरा धीरे-धीरे रौशन होने लगा। जानी-पहचानी चीज़ें–हिरन के सींग, पुस्तकों से भरे ताक़, वायु-छिद्र सहित अँगीठी, जिसकी अर्से से मरम्मत करवाने की ज़रूरत थी, पिता का सोफ़ा, बड़ी मेज़, मेज़ पर खुली हुई पुस्तक, टूटी हुई राखदानी और उसकी अपनी लिखावट वाली कॉपी। लेविन ने जब यह सब कुछ देखा, तो घड़ी-भर के लिए उसे नयी ज़िन्दगी को शुरू कर पाने की सम्भावना के बारे में सन्देह हुआ, जिसकी वह रास्ते-भर कल्पना करता रहा था। उसके जीवन के इन सभी चिह्नों ने मानो उसे अपनी गिरफ्त में ले लिया और वे यह कहते प्रतीत हुए–'नहीं, तुम हमें छोड़कर नहीं जाओगे और बदलोगे भी नहीं, बल्कि जैसे थे, वैसे ही रहोगे–सन्देहों से ग्रस्त, अपने प्रति हमेशा खीझ महसूस करते हुए, सुधार की व्यर्थ कोशिश करते और पतित होते तथा सुख की निरन्तर प्रतीक्षा करते हुए, जो तुम्हारी क़िस्मत में नहीं है और जिसे पाना तुम्हारे लिए सम्भव नहीं है।'

ऐसा कह रही थीं उसकी चीज़ें, लेकिन उसकी आत्मा में कोई दूसरी आवाज़ यह कह रही थी कि अतीत के सामने घुटने नहीं टेकने चाहिए और आदमी में सभी कुछ कर पाने की क्षमता है। इसी आवाज़ पर कान देते हुए वह उस कोने की तरफ़ बढ़ गया, जहाँ सोलह-सोलह सेर वज़न के दो डम्बेल रखे हुए थे और अपने में ताज़गी तथा स्फूर्ति लाने के लिए वह उनसे कसरत करने लगा। दरवाज़े

पर पैरों की आहट सुनाई दी। उसने जल्दी से डम्बेल नीचे रख दिये।

कारिन्दे ने भीतर आकर यह बताना शुरू किया कि भगवान की दया से सब कुछ ठीक-ठाक है, लेकिन अनाज सुखाने के नये भट्ठे में कोटू कुछ जल गया है। इस ख़बर से लेविन झल्ला उठा। अनाज सुखाने का नया भट्ठा उसने खुद बनवाया था और कुछ हद तक उसके अपने दिमाग़ की उपज था। कारिन्दा हमेशा ही इस अनाज-सुखाऊ भट्ठे के खिलाफ़ रहा था और अब अपने ख़याल की जीत को बुरे ढंग से छिपाते हुए उसने यह घोषणा की कि कोटू जल गया। लेविन को इस बात का पक्का यक़ीन था कि अगर कोटू जल गया है, तो सिर्फ़ इसलिए कि सतर्कता के वे उपाय नहीं किये गये होंगे, जिनके बारे में वह सैकड़ों बार आदेश दे चुका था। उसे बहुत बुरा लगा और उसने कारिन्दे को डाँटा-डपटा। लेकिन एक महत्त्वपूर्ण और बड़ी ख़ुशी की बात भी हुई थी—सबसे बढ़िया, महँगी और पशुओं के मेले में ख़रीदी गयी पावा नामक गाय ने बछड़ा जना था।

"कुज़्मा, भेड़ की खाल का मेरा कोट तो देना। और आप लालटेन लाने को बोल दीजिये," उसने कारिन्दे से कहा, "मैं जाकर उसे देखता हूँ।"

महँगी, गउओं की पशुशाला घर के बिल्कुल ही पीछे थी। अहाते को लाँघकर, जहाँ लिलक झाड़ियों के क़रीब बर्फ़ का ढेर था, वह पशुशाला तक पहुँच गया। जब उसने ठंड से अकड़े हुए दरवाज़े को खोला तो गोबर की गर्म भाप की गन्ध आयी और लालटेन की रोशनी की अनभ्यस्त गउएँ हैरान होकर ताज़ा फूस पर हिलीं-डुलीं। हालैंडी नस्ल की गाय की चौड़ी और मुलायम काली-चितकबरी पीठ की झलक मिली। बेर्कूत साँड़, जिसके होंठ में छल्ला था, लेटा हुआ था। उसने उठना चाहा, मगर फिर अपना इरादा बदल लिया और जब ये लोग उसके क़रीब से गुज़रे, तो उसने सिर्फ़ दो बार साँस ही छोड़ी। बहुत ही सुन्दर और दरियाई घोड़े की तरह विशालकाय पावा आने वालों की तरफ़ पुट्ठा करके अपने बछड़े को ओट में किये हुए सूँघ रही थी।

लेविन ने बाड़े में जाकर पावा को ग़ौर से देखा और लाल-चितकबरे बछड़े को उसकी लम्बी, लड़खड़ाती टाँगों पर खड़ा किया। पावा घबराकर रम्भाने को हुई, मगर जब लेविन ने बछड़े को उसकी तरफ़ बढ़ा दिया, तो शान्त हो गयी और गहरी साँस लेकर उसे अपनी खुरदरी ज़बान से चाटने लगी। बछड़े ने थनों को ढूँढ़ते हुए अपनी थूथनी माँ के पेट के नीचे घुसेड़ दी और पूँछ हिलायी।

"हाँ, इधर रोशनी करो, फ़्योदोर, इधर लालटेन बढ़ाओ," लेविन ने बछड़े को ध्यान से देखते हुए कहा। "माँ पर गया है। रंग बाप का पाया है। बहुत ही सुन्दर है। बड़े आकार का, चौड़े पुट्ठेवाला। वसीली फ़्योदोरोविच, है न बढ़िया?" लेविन ने बछड़े की ख़ुशी के प्रभाव में कोटू की बात को पूरी तरह भूलकर कारिन्दे से पूछा।

"बुरा क्यों होने लगा था? सिम्योन ठेकेदार आपके जाने के अगले दिन ही आ

गया था। उसके साथ मामला तय करना होगा, कोन्स्तान्तीन द्मीत्रियेविच," कारिन्दे ने कहा। "मैं तो मशीन के बारे में आपसे पहले ही कह चुका हूँ।"

एक इसी सवाल से अपने बड़े और जटिल धन्धे की सारी तफ़सीलें लेविन के सामने उभर आयीं और वह पशुवाला से सीधा अपने दफ़्तर में गया, वहाँ कारिन्दे तथा ठेकेदार के साथ बातचीत करके घर लौटा और ऊपर, मेहमानख़ाने में चला गया।

27

मकान बड़ा और पुराना था और यद्यपि लेविन अकेला था, फिर भी सारे घर को गर्म करवाता था और उसने पूरे घर पर अधिकार जमा रखा था। वह जानता था कि यह मूर्खता है, कि उसकी नयी योजनाओं को ध्यान में रखते हुए ऐसा करना बुरा और उनके विरुद्ध भी है, लेकिन उसके लिए यह घर एक पूरी दुनिया के समान था। यह वह दुनिया थी, जिसमें उसके माता-पिता रहे और पूरे हुए थे। उन्होंने ऐसा जीवन बिताया था, जो लेविन को पूर्णता का आदर्श प्रतीत होता था और जिसे वह अपनी पत्नी, अपने परिवार के साथ पुनर्जीवित करने का सपना देखता था।

लेविन को अपनी माँ की बहुत ही कम याद थी। माँ के बारे में उसकी धारणा पावन स्मृति के रूप में थी और उसकी कल्पना में उसकी भावी पत्नी को नारी के उसी श्रेष्ठ और पावन आदर्श का प्रतिरूप होना चाहिए था, जैसी कि उसके लिए उसकी माँ थी।

शादी के बिना वह न केवल नारी के प्रति प्यार की ही कल्पना नहीं कर सकता था, बल्कि परिवार के बाद ही उस नारी की कल्पना करता था, जो उसका परिवार बनायेगी। इसीलिए विवाह के बारे में उसकी धारणाएँ उसके अधिकांश परिचितों से भिन्न थीं, जो शादी को ज़िन्दगी की मामूली बातों में से एक मानते थे। लेविन के लिए तो यह जीवन की मुख्य बात थी, जिस पर उसका सुख-सौभाग्य निर्भर था। और अब उसे इससे इनकार करना पड़ रहा था।

जब वह छोटे मेहमानख़ाने में दाख़िल हुआ, जहाँ हमेशा चाय पीता था, और किताब लेकर अपनी आरामकुर्सी में बैठ गया तथा अगाफ़्या मिख़ाइलोव्ना उसके लिए चाय ले आयी और वही वाक्य, जो आमतौर पर कहती थी–'मालिक, मैं भी बैठ जाती हूँ'–कहकर खिड़की के क़रीब कुर्सी पर बैठ गयी, तो उसने महसूस किया कि चाहे यह कितनी ही अजीब बात क्यों न हो, लेकिन उसने सपनों से नाता नहीं तोड़ा था और यह कि वह उनके बिना ज़िन्दा नहीं रह सकता। कीटी या किसी अन्य के साथ, लेकिन ऐसा होकर ही रहेगा। वह किताब पढ़ रहा था, जो पढ़ता था, उस पर विचार करता था और बीच-बीच में अगाफ़्या मिख़ाइलोव्ना को सुनने के लिए, जो लगातार बोलती जा रही थी, रुक जाता था। साथ ही खेती-बारी के

धन्धे और भावी पारिवारिक जीवन के असम्बद्ध चित्र भी उसकी कल्पना में उभरते आते थे। उसे अनुभव हो रहा था कि उसकी आत्मा की गहराई में कोई चीज़ जड़ जमा रही है, सन्तुलित और सशक्त हो रही है।

उसने अगाफ़्ता मिख़ाइलोव्ना की यह बात सुनी कि कैसे प्रोख़ोर भगवान को भूलकर उस रक़म से, जो लेविन ने उसे घोड़ा ख़रीदने को उपहार-स्वरूप दी थी, लगातार पीता रहता था और उसने बीवी को पीट-पीटकर मौत के मुँह तक पहुँचा दिया है। वह सुनता हुआ किताब पढ़ता रहा और पढ़ने से मन में पैदा होने वाले सभी विचारों को उसने एक सिलसिले में जोड़ लिया। वह ताप के सम्बन्ध में टिंडाल की किताब पढ़ रहा था। टिंडाल ने अपने प्रयोगों के परिणामों पर जो गर्व प्रकट किया था, लेविन को उसके बारे में अपनी आलोचनाएँ और यह याद आ गया कि उसके पास दार्शनिक दृष्टिकोण की कमी है। अचानक यह ख़ुशी-भरा ख़याल उसके दिमाग़ में कौंध गया–'दो साल बाद मेरे पशुओं के झुंड में दो हालैंडी गउएँ होंगी, हो सकता है कि ख़ुद पावा भी तब तक जीती रहे, बेर्कूत की बारह बेटियाँ और यह तीन भी इस झुंड में शामिल हो जायेंगी–कमाल हो जायेगा!' वह फिर से किताब पढ़ने लगा।

'चलो, मान लिया कि विद्युत और ताप एक ही चीज़ है। किन्तु क्या प्रश्न को हल करने के लिए समीकरण में एक ही जगह पर दूसरा परिमाण रखा जा सकता है? नहीं। तो बात क्या बनी? प्रकृति की सभी शक्तियों के बीच सम्बन्ध की तो सहज ज्ञान से ही अनुभूति होती है... यह बात तो विशेष रूप से सुखद है कि जब पावा की लाल-चितकबरी बछिया गाय बन जायेगी, तो इन तीनों के साथ मेरा पशु-झुंड कैसा होगा... बहुत ही बढ़िया! पशुओं के लौटने के समय मैं अपनी पत्नी और मेहमानों के साथ बाहर जाऊँगा... पत्नी कहेगी–'इस बछिया को तो मैंने और कोस्त्या ने बच्चे की तरह पाला-पोसा है।' कोई मेहमान पूछेगा–'आपको भला इसमें इतनी दिलचस्पी कैसे हो सकती है?' वह जवाब देगी–'जो कोस्त्या को अच्छा लगता है, मुझे भी अच्छा लगता है।' लेकिन 'वह' कौन होगी?' और उसे यह याद आ गया, जो उसके साथ मास्को में हुआ था... 'लेकिन हो ही क्या सकता है? ...मेरा तो कोई क़सूर नहीं है। हाँ, अब सब कुछ नये ढंग से होगा। यह बकवास है कि जीवन ऐसा नहीं होने देगा, कि अतीत वर्तमान को बदलने नहीं देगा। आदमी को बेहतर, पहले से कहीं अच्छी ज़िन्दगी बिताने के लिए संघर्ष करना चाहिए...' लेविन ने अपना सिर ऊपर उठाया और विचारों में डूब गया। बूढ़ी शिकारी कुतिया लास्का, जो अभी तक मालिक के लौटने की खुशी को पूरी तरह पचा नहीं पायी थी, अहाते में इधर-उधर दौड़ने और भौंकने के बाद लौट आयी, बाहर की ताज़ा हवा की गन्ध लिये और दुम हिलाती हुई लेविन के पास गयी, अपना सिर उसके हाथ के नीचे घुसेड़ दिया और शिकायती अन्दाज़ में कूँ-कूँ करते हुए यह माँग करने लगी कि वह

उसे सहलाये, प्यार करे।

"बस, बोल नहीं सकती," अगाफ़्या मिख़ाइलोव्ना ने कहा। "लेकिन कुतिया... वह भी यह समझती है कि मालिक लौट आया है और उसे ऊब महसूस हो रही है।"

"ऊब किसलिए महसूस होगी?"

"मेरी क्या आँखें नहीं, मालिक? अब भी अपने मालिकों को नहीं समझूँगी, तो कब समझूँगी। बचपन से ही मालिकों के बीच बड़ी हुई हूँ। कोई बात नहीं मालिक। अच्छी सेहत और दिल साफ होना चाहिए।"

लेविन इस बात से हैरान होते हुए कि कैसे उसने उसके दिल के भावों को पढ़ लिया था, उसे एकटक देख रहा था।

"तो क्या थोड़ी और चाय ले आऊँ?" अगाफ़्या मिख़ाइलोव्ना ने कहा और प्याला लेकर बाहर चली गयी।

लास्का अभी तक अपना सिर उसके हाथ के नीचे घुसेड़े थी। लेविन ने उसे सहला दिया और वह उसी समय अपने एक पिछले पंजे पर सिर टिकाकर लेविन के पैरों के पास गुड़ी-मुड़ी होकर लेट गयी। इस बात को ज़ाहिर करने के लिए कि अब सब कुछ ठीक है, बहुत अच्छा है। उसने थोड़ा-सा अपना मुँह खोला, होंठों से चटख़ारा-सा भरा और अपने लसलसे होंठों को पुराने दाँतों के क़रीब ढंग से टिकाकर आनन्द-चैन की दुनिया में खो गयी। लेविन लास्का की इस अन्तिम चेष्टा को बहुत ध्यान से देखता रहा।

'मैं भी ऐसा ही चैन चाहता हूँ!' उसने अपने-आपसे कहा, 'मैं भी ऐसा ही चैन चाहता हूँ! कोई बात नहीं... सब ठीक है।'

28

बॉल के बाद की सुबह को आन्ना ने अपने पति के नाम तार भेजकर यह सूचना दी कि वह उसी दिन मास्को से रवाना हो रही है।

"नहीं, मुझे जाना, जाना ही चाहिए," उसने अपने इरादे की तब्दीली को ऐसे अन्दाज़ में अपनी भाभी के सामने स्पष्ट किया मानो उसे ढेरों काम याद आ गये हों। "नहीं, आज ही जाना ज़्यादा अच्छा होगा!"

ओब्लोन्स्की दोपहर के खाने के लिए घर नहीं आया, लेकिन वादा किया कि शाम के सात बजे बहन को विदा करने आ जायेगा।

कीटी भी दोपहर के खाने के वक़्त नहीं आयी और उसने यह रुक़्क़ा लिख भेजा कि उसके सिर में दर्द है। डॉली और आन्ना ने बच्चों तथा उनकी अँग्रेज़ शिक्षिका के साथ खाना खाया। या तो इस कारण कि बच्चों के व्यवहार में स्थिरता नहीं होती या इसलिए कि वे हर चीज़ को बहुत जल्दी भाँप जाते हैं और इसी वजह से उन्होंने यह महसूस कर लिया कि आन्ना आज वैसी ही नहीं थी, जैसी कि अपने

मास्को आने के दिन थी, जब उन्हें उससे इतना अधिक प्यार हो गया था, कि अब उसे उनमें कोई दिलचस्पी नहीं है–कारण कुछ भी हो, लेकिन उन्होंने बूआ के साथ अचानक ही अपना खेल और उसके प्रति प्यार भी ख़त्म कर दिया। उन्हें इस बात की ज़रा भी परवाह नहीं थी कि वह जा रही है। आन्ना सारी सुबह जाने की तैयारियों में व्यस्त रही। उसने मास्को के परिचितों को रुक़्क़े लिखे, अपना हिसाब नोट किया और सामान बाँधा। डॉली को लगा कि आन्ना मन में बहुत बेचैन है, कि वह ऐसी चिन्ताओं-परेशानियों में डूबी हुई है, जिन्हें डॉली अपने अनुभव से बहुत अच्छी तरह जानती थी, जो अकारण ही नहीं होतीं और जिनमें अक्सर अपने प्रति असन्तोष और खीझ का भाव छिपा रहता है। दोपहर के खाने के बाद आन्ना कपड़े बदलने के लिए अपने कमरे में गयी और डॉली भी उसके पीछे-पीछे वहाँ जा पहुँची।

"आज तुम कैसी अजीब-अजीब-सी हो!" डॉली ने उससे कहा।

"मैं? तुम्हें ऐसा लगता है? मैं अजीब-अजीब-सी नहीं हूँ, लेकिन मेरा मूड बहुत ख़राब है। मेरे साथ कभी-कभी ऐसा होता है। जी चाहता है कि ख़ूब रोऊँ। यह निरा पागलपन है, लेकिन जल्द ही यह दूर हो जाता है," आन्ना ने जल्दी से कहा और अपने लाल हुए चेहरे को उस छोटी-सी थैली में छिपा लिया, जिसमें वह अपनी रात की टोपी और महीन रूमाल रख रही थी। उसकी आँखें विशेष रूप से चमक रही थीं और उनमें लगातार आँसू उमड़ते आ रहे थे। "ऐसे ही मैं पीटर्सबर्ग से नहीं आना चाहती थी और अब यहाँ से जाने को मन नहीं होता।"

"तुमने यहाँ आकर एक नेक काम किया है," बहुत ध्यान से आन्ना को देखते हुए डॉली ने कहा।

आन्ना ने आँसुओं से भीगी हुई आँखों से उसकी तरफ़ देखा।

"ऐसा नहीं कहो, डॉली। मैंने कुछ नहीं किया और कुछ भी नहीं कर सकती थी। मैं अक्सर यह सोचकर हैरान होती रहती हूँ कि लोगों ने मुझे बिगाड़ने की साज़िश-सी क्यों कर रखी है? मैंने क्या किया है और कर ही क्या सकती थी? यह तो तुम्हारे दिल में ही इतना प्यार बाक़ी था कि तुम उसे माफ़ कर सकीं..."

"भगवान ही जानता है कि तुम्हारे बिना क्या होता। तुम कितनी ख़ुशक़िस्मत हो, आन्ना!" डॉली ने कहा। "तुम्हारी आत्मा में सब कुछ स्पष्ट और अच्छा है।"

"हर किसी की आत्मा में, जैसा कि अँग्रेज़ कहते हैं, अपने skeletons[1] होते हैं।"

"तुम्हारी आत्मा में कैसे skeletons हो सकते हैं? तुम्हें सब कुछ स्पष्ट है।"

"हैं, skeletons हैं," आन्ना ने अचानक कहा और आँसुओं के बाद बिल्कुल अप्रत्याशित ही उसने होंठों पर धूर्तता और उपहासपूर्ण मुस्कान झलक उठी।

"तो तुम्हारे ये skeletons मनोरंजक हैं, दुःखद नहीं," डॉली ने मुस्कुराते हुए कहा।

1. पंजर यानी परेशानियाँ। (अँग्रेजी)

"नहीं, दुःखद हैं। जानती हो कि मैं कल के बजाय आज क्यों जा रही हूँ? यह वह स्वीकारोक्ति है, जो मेरे पर बोझ बनी हुई थी। मैं उसे तुम्हारे सामने मानना चाहती हूँ," आन्ना ने कुर्सी पर सीधे बैठते और डॉली से आँखें मिलाते हुए दृढ़तापूर्वक कहा।

डॉली ने बहुत हैरान होते हुए देखा कि आन्ना शर्म से बिल्कुल लाल हो गयी है, कि यह लाली उसकी गर्दन पर लहराते काले केश-कुंडलों तक जा पहुँची है।

"तो सुनो," आन्ना ने कहना जारी रखा। "तुम जानती हो कि कीटी दोपहर के खाने पर क्यों नहीं आयी? वह मुझसे ईर्ष्या करती है। मैंने सब गड़बड़ कर दिया... मैं ही इसका कारण थी कि बॉल उसके लिए ख़ुशी न होकर यातना बन गया। लेकिन यह सच है, बिल्कुल सच है कि इसके लिए मैं दोषी नहीं हूँ या थोड़ी-सी दोषी हूँ," उसने पतली-सी आवाज़ में 'थोड़ी-सी' शब्दों को खींचते हुए कहा।

"ओह, कैसे स्तीवा की तरह ही तुमने यह कहा है!" डॉली हँसते हुए कह उठी।

आन्ना को बुरा लगा।

"ओह, नहीं; ओह नहीं! मैं स्तीवा जैसी नहीं हूँ," वह नाक-भौंह सिकोड़ते हुए बोली। "मैं इसलिए तुमसे कह रही हूँ कि मैं एक क्षण के लिए भी स्वयं को संशय का शिकार नहीं होने देती," आन्ना ने कहा।

लेकिन वह जब ये शब्द कह रही थी, तो उसने अनुभव किया कि वे सही नहीं हैं। उसे अपने मन में न केवल संशय की ही अनुभूति हो रही थी, बल्कि व्रोन्स्की का विचार आने पर बेचैनी भी महसूस करती थी और सिर्फ़ इसीलिए वक़्त से पहले यहाँ से जा रही थी कि उससे फिर भेंट न हो।

"हाँ, स्तीवा ने मुझे बताया था कि तुम उसके साथ माजूर्का नाच नाची थीं और यह कि वह..."

"तुम तो कल्पना भी नहीं कर सकतीं कि यह सारा क़िस्सा कितना अटपटा था। मैंने तो उन दोनों की जोड़ी मिलानी चाही और अचानक बिल्कुल उल्टा ही मामला हो गया। हो सकता है कि मैं अनचाहे ही..."

आन्ना के चेहरे पर लाली दौड़ गयी और उसने अपनी बात पूरी नहीं की।

"अरे, वे ऐसी बातें फ़ौरन भाँप जाते हैं!" डॉली ने कहा।

"अगर उसने संजीदगी से कुछ ऐसा इरादा ज़ाहिर करना चाहा, तब तो मुझे बहुत दुःख होगा," आन्ना ने डॉली की बात बीच में ही काट दी। "मुझे विश्वास है कि यह सब आयी-गयी बात हो जायेगी और कीटी मुझसे नफ़रत करना बन्द कर देगी।"

"वैसे आन्ना, तुमसे सच कहूँ, मैं तो चाहती भी नहीं कि उसके साथ कीटी की शादी हो। अगर वह यानी व्रोन्स्की एक ही दिन में तुम्हारा प्रेम-दीवाना हो सकता है, तो मैं तो यही चाहूँगी कि यह क़िस्सा ख़त्म हो जाये।"

"आह, मेरे भगवान, यह बड़ी बेवक़ूफी की बात होगी!" आन्ना ने कहा और उसी विचार को, जो उसके दिल-दिमाग़ पर छाया हुआ था, डॉली के मुँह से शब्दों में सुनकर उसके चेहरे पर फिर से ख़ुशी की गाढ़ी लालिमा छा गयी। "तो कीटी को, जिससे मुझे इतना अधिक प्यार हो गया था, अपनी दुश्मन बनाकर मैं यहाँ से जा रही हूँ। ओह, कितनी प्यारी है वह! लेकिन तुम इस मामले को ठीक-ठाक कर दोगी न, डॉली? कर दोगी न?"

डॉली ने बड़ी मुश्किल से अपनी मुस्कान पर क़ाबू पाया। वह आन्ना को प्यार करती थी, लेकिन यह देखकर उसे ख़ुशी हुई कि उसकी भी अपनी कमज़ोरियाँ हैं।

"दुश्मन? ऐसा नहीं हो सकता।"

"कितना अधिक मैं यह चाहती हूँ कि तुम सब मुझे वैसे ही प्यार करो, जैसे मैं तुम सबको करती हूँ। और अब तो मैं तुम सबको और भी ज़्यादा चाहने लगी हूँ," उसने डबडबायी आँखों से कहा। "आह, कितनी बुद्धू हूँ मैं आज!"

आन्ना ने रूमाल से मुँह पोंछा और कपड़े पहनने लगी।

ओब्लोन्स्की ने आने में देर कर दी और रवाना होने के वक़्त ही घर पर पहुँचा। उसका चेहरा लाल और खिला हुआ था तथा उसके मुँह से सिगार तथा शराब की गन्ध आ रही थी।

आन्ना की भावुकता डॉली के मन पर भी हावी हो गयी और ननद के जाने के पहले जब उसने उसे आख़िरी बार गले लगाया, तो फुसफुसायी–

"मेरे ये शब्द याद रखना, आन्ना, तुमने मेरे लिए जो कुछ किया है, मैं उसे कभी नहीं भूलूँगी। और यह भी याद रखना कि मैं तुम्हें प्यार करती थी और हमेशा एक सबसे अच्छे मित्र के रूप में प्यार करती रहूँगी!"

"मेरी समझ में नहीं आ रहा कि किसलिए," आन्ना ने भावज को चूमते और अपने आँसू छिपाते हुए कहा।

"तुम जानती हो और तुमने मेरी बात समझ ली है। विदा, मेरी प्यारी रानी!"

29

"तो सब क़िस्सा ख़त्म हो गया, भला हो भगवान का," तीसरी घंटी बजने पर भी डिब्बे का रास्ता रोककर खड़े हुए अपने भाई से अन्तिम बार विदा लेने पर उक्त विचार ही आन्ना के दिमाग़ में सबसे पहले आया। वह अपनी नौकरानी आन्नुश्का के क़रीब सोफ़े पर बैठ गयी और मद्धिम रोशनी में डिब्बे में नज़र दौड़ाने लगी। 'शुक्र है ख़ुदा का, कल अपने बेटे सेर्योझा और अलेक्सेई अलेक्सान्द्रोविच को देख सकूँगी और पहले की तरह मेरा अच्छा तथा अभ्यस्त जीवन आरम्भ हो जायेगा।'

आन्ना दिन-भर जिस चिन्ताकुल मानसिक स्थिति में रही थी, उसी स्थिति में उसने बड़ी ख़ुशी और अच्छे ढंग से यात्रा के लिए सब कुछ ठीक-ठाक किया।

अपने छोटे-छोटे और फुर्तीले हाथों से उसने लाल रंग का बैग खोला और बन्द किया, उसमें से छोटा तकिया निकाला, उसे घुटनों पर रख लिया और पैरों को अच्छी तरह से ढककर चैन से बैठ गयी। एक बीमार महिला सोने के लिए लेट गयी थी। दूसरी दो महिलाओं ने आन्ना से बातचीत शुरू कर दी और एक मोटी बुढ़िया ने अपने पैरों को अच्छी तरह से ढकते हुए गर्माहट की कमी की शिकायत की। आन्ना ने महिलाओं को जवाब में कुछ शब्द कहे और उनकी बातचीत में कोई दिलचस्पी न महसूस करते हुए आन्नुश्का से टॉर्च निकालने को कहा, उसे कुर्सी के हत्थे पर जमाया और अपने पर्स में से काग़ज़ काटने का छोटा-सा चाक़ू और एक अँग्रेज़ी उपन्यास निकाल लिया। शुरू में उसका पढ़ने में मन नहीं लग सका। पहले तो हलचल और लोगों के आने-जाने से बाधा पड़ी, इसके बाद गाड़ी के चलने पर सभी तरह की आवाज़ों को सुने बिना नहीं रहा जा सकता था, इसके पश्चात बर्फ़ ने बाधा डाली, जो बाईं ओर की खिड़की पर ज़ोर से टकराकर शीशे पर चिपकती जा रही थी, इसके बाद कपड़ों से लदा-फँदा और एक पहलू बर्फ़ से बुरी तरह ढका हुआ कंडक्टर पास से गुज़रा और फिर इस बातचीत ने भी किताब में उसका ध्यान नहीं लगने दिया कि इस वक़्त बाहर कितना भयानक बर्फ़ का तूफ़ान चल रहा है। बाद में बार-बार यही सब कुछ होता रहा—पहियों की वही खटखट जारी थी, खिड़की पर वही बर्फ़ थी, भाप की गर्मी से ठंड और फिर से गर्मी का द्रुत परिवर्तन होता था, मद्धिम रोशनी में वही चेहरे रह-रहकर झलकते थे, वही आवाज़ें सुनाई देती थीं और आन्ना इनकी अभ्यस्त होकर किताब को पढ़ने तथा पढ़े हुए पृष्ठों को समझने लगी। आन्नुश्का दस्ताने लगे, जिनमें से एक फटा हुआ था, चौड़े हाथों में लाल बैग को घुटनों पर टिकाये ऊँघ रही थी। आन्ना पढ़ रही थी और यह समझ रही थी कि उसे पढ़ना अच्छा नहीं लग रहा है, यानी दूसरे लोगों के जीवन की छाया को देखना-समझना अच्छा नहीं लग रहा था। स्वयं उसका बहुत मन हो रहा था जीने को। अगर उसने यह पढ़ा कि उपन्यास की नायिका बीमार की देखभाल करती थी, तो उसका भी मन हुआ दबे पाँव रोगी के कमरे में जाने को; अगर यह पढ़ा कि संसद-सदस्य ने भाषण दिया, तो उसके मन ने भी ऐसा करना चाहा; अगर यह पढ़ा कि लेडी मेरी दरिन्दों के झुंड के पीछे साहसपूर्वक घुड़सवारी करती हुई जाती है और अपनी भाभी का मुँह चिढ़ाती है, तो उसका भी यही करने को दिल मचला। लेकिन वह कुछ भी नहीं कर सकती थी और अपने छोटे-छोटे हाथों में पॉलिश किये हुए चाक़ू को घुमाती हुई पढ़ने की कोशिश कर रही थी।

उपन्यास का नायक अँग्रेज़ी ढंग का अपना सुख यानी बैरोनेट का पद और जागीर पाने को था और आन्ना ने चाहा कि वह उसके साथ उस जागीर पर जाये। तभी अचानक उसने महसूस किया कि नायक को शर्म आनी चाहिए और यह कि खुद उसे भी उसकी इस शर्म की भागीदार होना चाहिए। लेकिन नायक को

किस कारण शर्म आये? 'मुझे क्यों शर्म आये?' उसने बुरा मानते हुए आश्चर्य से पूछा। उसने पुस्तक रख दी और काग़ज़ काटने के चाक़ू को दोनों हाथों में कसकर पकड़े हुए आरामकुर्सी की टेक पर पीठ टिका दी। शर्म की कोई बात नहीं थी। उसने मास्को की अपनी सारी स्मृतियों को मन-ही-मन दोहराया। सभी अच्छी और सुखद थीं। उसे बॉल याद आया, व्रोन्स्की और उसका प्यार में डूबा हुआ विनम्र चेहरा याद आया, उसके साथ अपने सभी सम्बन्धों का ध्यान आया–शर्म की कोई भी बात नहीं थी। लेकिन फिर भी स्मृतियों की ठीक इसी जगह पर शर्म की भावना तीव्र हो गयी, मानो किसी भीतरी आवाज़ ने इसी जगह पर, यानी जब उसने व्रोन्स्की को याद किया, उससे कहा–'यही, यही शर्म की बात है।' 'तो क्या हुआ?' उसने आरामकुर्सी में दूसरे ढंग से बैठते हुए दृढ़तापूर्वक अपने से यह पूछा। 'क्या मतलब है इसका? क्या मैं इस बात से आँख नहीं मिला सकती? क्या बात है इसमें? क्या मेरे और इस अफ़सर-छोकरे के बीच उन सम्बन्धों के अतिरिक्त, जो अन्य सभी परिचितों के साथ हैं, क्या कोई दूसरे सम्बन्ध हैं या हो सकते हैं?' वह तिरस्कारपूर्वक मुस्कुरायी और उसने फिर से किताब हाथ में ले ली। किन्तु अब जो कुछ पढ़ती थी, वह बिल्कुल उसकी समझ में नहीं आ रहा था। उसने काग़ज़ काटने के चाक़ू को ठंडे शीशे से लगाया और फिर उसकी ठंडी और चिकनी सतह को अपने गाल से छुआया और अचानक अकारण ही हावी हो जाने वाली ख़ुशी से हँसते-हँसते रह गयी। उसने अनुभव किया कि उसके स्नायु किन्हीं घूमने वाली खूँटियों पर तारों की भाँति अधिकाधिक ज़ोर से कसे जा रहे हैं। उसने महसूस किया कि उसकी आँखें अधिकाधिक विस्फारित होती जा रही हैं, कि हाथों और पैरों की उँगलियाँ घबराहट से ऐंठ रही हैं, कि भीतर से कोई चीज़ उसका दम घोंट रही है और इस हिलते-डुलते झुटपुटे में सभी बिम्ब तथा ध्वनियाँ असाधारण आकार और रूप धारण करके उसे चकित कर रही हैं। रह-रहकर शंका उसके मन में सिर उठाती कि गाड़ी आगे जा रही है या पीछे या वह चल ही नहीं रही है। उसके क़रीब आन्नुश्का है या कोई परायी औरत? 'वहाँ, कुर्सी के हत्थे पर फ़र का कोट है या कोई जंगली जानवर? मैं खुद तो यहाँ पर हूँ? मैं ख़ुद ही हूँ या यह कोई दूसरी है?' विस्मृति की इस स्थिति के सामने घुटने टेकते हुए उसे भय अनुभव हुआ। लेकिन कोई चीज़ उसे उसकी तरफ़ खींच रही थी और वह अपनी इच्छा के मुताबिक़ उसके सामने झुक भी सकती थी और उसका विरोध भी कर सकती थी। वह सँभलने के लिए उठी और उसने कम्बल तथा गर्म फ्रॉक का केप उतार दिया। घड़ी-भर को वह सँभली और समझ गयी कि लम्बा, नानकिन ओवरकोट पहने, जिसका एक बटन ग़ायब था, भीतर आने वाला देहाती-सा आदमी स्टोवमैन था, कि उसने थर्मामीटर को देखा था, कि हवा और बर्फ़ उसके साथ अन्दर घुस आयी थीं; लेकिन इसके बाद उसकी चेतना में फिर से सब कुछ गड्ड-मड्ड हो गया

था... लम्बे ओवरकोटवाला यह देहाती दीवार पर कुछ टेढ़ी-मेढ़ी आकृतियाँ बनाने लगा, बुढ़िया पूरे डिब्बे में अपनी टाँगें फैलाने लगी और उसने डिब्बे को काले बादल से भर दिया, इसके बाद भयानक चरचराहट और ठक-ठक हुई मानो कुछ चीरा-काटा जा रहा हो, इसके पश्चात लाल रोशनी से उसकी आँखें चौंधिया गयीं, इसके बाद दीवार-सी सामने आ गयी और सब कुछ अँधेरे में डूब गया। आन्ना को लगा कि वह किसी गहरे खड्ड में जा रही है। किन्तु यह सब भयावह नहीं, बल्कि सुखद था। कपड़ों से लदा-फँदा और बर्फ़ से ढका आदमी उसके कानों के क़रीब कुछ चिल्लाया। आन्ना उठी और होश में आयी। वह समझ गयी कि गाड़ी किसी स्टेशन के क़रीब पहुँच गयी है और यह चिल्लाने वाला आदमी कंडक्टर था। उसने आन्नुश्का से केप, जो उसने कुछ ही देर पहले उतारा था, और शॉल देने को कहा और उन्हें पहन-ओढ़कर दरवाज़े की तरफ़ चल दी।

"बाहर जाना चाहती हैं?" आन्नुश्का ने पूछा।

"हाँ, मैं कुछ देर खुली हवा में साँस लेना चाहती हूँ। यहाँ बहुत गर्मी है।"

और उसने दरवाज़ा खोला। बर्फ़ का तूफ़ान और झंझा उस पर टूट पड़े तथा उसके दरवाज़ा खोलने का विरोध करने लगे। आन्ना को इसमें भी मज़ा आया। उसने दरवाज़ा खोला और बाहर पायदान पर आ गयी। हवा तो मानो उसी की राह देख रही थी, वह ख़ुशी से सीटी बजाने लगी और उसने आन्ना को अपनी गिरफ्त में लेकर उड़ा ले जाना चाहा। किन्तु आन्ना ने एक हाथ से ठंडा हैंडल थाम लिया और दूसरे हाथ से फ्रॉक को सँभाले हुए प्लेटफ़ॉर्म पर उतरकर डिब्बे की ओट में हो गयी। पायदान पर हवा बहुत तेज़ थी, लेकिन प्लेटफ़ॉर्म पर डिब्बों की ओट में शान्ति थी। वह डिब्बे की ओट में खड़ी रहकर ठंडी और बर्फ़ीली हवा में बड़े आनन्द में ख़ूब लम्बी-लम्बी साँसें लेते हुए प्लेटफ़ॉर्म तथा जगमगाते स्टेशन पर सभी ओर नज़र दौड़ाने लगी।

30

बर्फ़ का भयानक तूफ़ान चल रहा था और रेल के डिब्बों के पहियों के बीच से तथा स्टेशन के कोने के पीछे खड़े खम्भों के गिर्द साँय-साँय कर रहा था। डिब्बे, खम्भे, लोग और अन्य जो कुछ भी नज़र आ रहा था, एक तरफ़ से बर्फ़ से ढका हुआ था तथा अधिकाधिक ढका चला जा रहा था। तूफ़ान क्षण-भर को शान्त हो गया, किन्तु फिर इतने ज़ोर से चलने लगा कि उसके सामने खड़े रहना असम्भव-सा प्रतीत होता था। फिर भी कुछ लोग हँसी-ख़ुशी से आपस में बातें करते, प्लेटफ़ॉर्म के तख़्तों को चरमराते और बड़े-बड़े दरवाज़ों को लगातार खोलते तथा बन्द करते हुए इधर-उधर भाग रहे थे। किसी झुके हुए आदमी की छाया उसके पैरों के पास से निकल गयी और लोहे पर हथौड़े की चोट की आवाज़ें सुनाई दीं। "तार इधर

दो!" अँधेरे में दूसरी ओर से किसी का खीझा हुआ स्वर सुनाई दिया। "कृपया इधर आइये! 28 नवम्बर!" दूसरी ऊँची-ऊँची आवाज़ें सुनाई दे रही थीं और कपड़ों से लदे-फँदे तथा बर्फ़ से ढके विभिन्न लोग भागते दिखाई दे रहे थे। सिगरेट पीते हुए कोई दो महानुभाव आन्ना के पास से गुज़रे। आन्ना ने ताज़ा हवा के लिए फिर लम्बी साँस ली और डिब्बे का हैंडल पकड़ने के लिए फ़र के मफ़ से हाथ बाहर निकाला ही था कि फ़ौजी ओवरकोट पहने एक अन्य व्यक्ति ने उसके क़रीब आकर लालटेन के हिलते-डुलते प्रकाश को अपनी ओट में कर दिया। आन्ना ने मुड़कर देखा और फ़ौरन व्रोन्स्की का चेहरा पहचान लिया। छज्जेदार फ़ौजी टोपी पर हाथ रखकर उसने आन्ना का अभिवादन किया और पूछा कि उसे किसी चीज़ की ज़रूरत तो नहीं, कि क्या वह उसकी कोई खिदमत कर सकता है? आन्ना कोई जवाब दिये बिना देर तक उसे देखती रही और व्रोन्स्की के अँधेरे में खड़े होने के बावजूद उसने उसके चेहरे और आँखों का भाव देख लिया या फिर उसे ऐसा प्रतीत हुआ। यह सम्मानपूर्ण मुग्धता का वही भाव था, जिसने एक दिन पहले उस पर इतना अधिक प्रभाव डाला था। इन पिछले दिनों में और अभी कुछ ही समय पहले आन्ना ने अनेक बार अपने-आपसे यह कहा था कि उसके लिए व्रोन्स्की निरन्तर और सभी जगह मिलते रहने वाले सैकड़ों जवान लोगों में से एक है और वह कभी उसके बारे में सोचेगी भी नहीं। लेकिन अब, उससे मिलन के पहले क्षण में उल्लासपूर्ण गर्व की भावना उसके मन पर छा गयी। आन्ना के लिए उससे यह पूछने को कोई ज़रूरत नहीं थी कि वह यहाँ क्यों है। वह इतनी ही अच्छी तरह से इसका कारण जानती थी, जितना कि व्रोन्स्की के यह कहने पर जान पाती कि मैं इसलिए यहाँ हूँ, कि वहीं हो सकूँ, जहाँ आप हैं।

"मुझे मालूम नहीं था कि आप भी जा रहे हैं। किसलिए जा रहे हैं आप?" आन्ना ने वह हाथ नीचे कर लिया, जिससे हैंडल को थामने वाली थी। और उसके चेहरे पर अदम्य ख़ुशी तथा सजीवता चमक उठी।

"मैं किसलिए जा रहा हूँ?" आन्ना से नज़र मिलाते हुए उसने यह सवाल दोहराया। "आप जानती हैं, मैं इसलिए जा रहा हूँ कि वहीं हो सकूँ, जहाँ आप होंगी," उसने जवाब दिया। "मैं और कुछ कर ही नहीं सकता।"

इसी वक़्त हवा ने मानो सभी बाधाओं को दूर करके रेल के डिब्बों की छतों से बर्फ़ नीचे बिखेर दी। लोहे के किसी उखड़े हुए टुकड़े को हिलाया-डुलाया और सामने की ओर से इंजन की रुआँसी और उदासी से भरी हुई-सी सीटी गूँज उठी। तूफ़ान की सारी मुसीबत अब उसे पहले से भी अधिक प्रिय प्रतीत हुई। व्रोन्स्की ने वही कहा था, जो उसकी आत्मा चाहती थी, किन्तु जिससे वह सोच-विचार करने पर डरती थी। आन्ना ने कोई उत्तर नहीं दिया और उसके चेहरे पर व्रोन्स्की को आन्तरिक संघर्ष की झलक दिखाई दी।

"मैंने जो कुछ कहा है, वह अगर आपको अच्छा नहीं लगा, तो माफ़ी चाहूँगा," व्रोन्स्की ने नम्रता से कहा।

व्रोन्स्की ने आदर और सम्मानपूर्वक, किन्तु ऐसी दृढ़ता और आग्रह से ये शब्द कहे कि आन्ना देर तक कोई जवाब नहीं दे पायी।

"आपने बुरी बात कही है और अगर आप भले आदमी हैं तो मैं आपसे अनुरोध करूँगी कि आपने जो कुछ कहा है, उसे भूल जायें और मैं भी भूल जाऊँगी," आख़िर आन्ना ने कहा।

"आपका एक भी शब्द, आपकी एक भी अदा मैं कभी नहीं भूलूँगा और भूल ही नहीं सकता..."

"बस, बस काफी है," वह अपने चेहरे पर, जिसे व्रोन्स्की बड़े प्यार से देख रहा था, व्यर्थ ही कठोरता का भाव लाते हुए चिल्लायी। ठंडे हैंडल को हाथ से पकड़कर वह पायदान पर चढ़ी और तेज़ी से भीतर चली गयी। वहाँ, दरवाज़े के क़रीब खड़ी रहकर वह अपनी कल्पना में उस पर विचार करने लगी, जो हुआ था। वह उसके और अपने शब्दों को याद नहीं कर पायी, किन्तु अपने मन में उसने इतना अनुभव कर लिया कि उनकी क्षण-भर की इस बातचीत से वे दोनों बहुत निकट आ गये हैं। इस बात से उसने भय भी अनुभव किया और ख़ुशी भी। कुछ क्षण तक यहीं खड़ी रहने के बाद वह डिब्बे में जाकर अपनी जगह पर बैठ गयी। तनाव की वही हालत, जो शुरू में उसे यातना देती रही थी, न केवल फिर से लौट आयी, बल्कि अधिक उग्र हो गयी और ऐसी हद तक पहुँच गयी कि उसे अपने भीतर किसी बहुत ही तने हुए तार से किसी भी क्षण टूट जाने का डर महसूस होने लगा। वह रात-भर सोयी नहीं। किन्तु उन तनावों और सपनों में, जो उसके कल्पना-क्षितिज पर छाये हुए थे, कुछ भी कटु और दुःखद नहीं था। इसके विपरीत, उनमें कुछ सुखद, गुदगुदाने और उत्तेजित करने वाला था। सुबह होते-होते आन्ना की आँख लग गयी और जब वह जागी तो दिन का उजाला हो चुका था और गाड़ी पीटर्सबर्ग के क़रीब पहुँच रही थी। उसी समय घर-गिरस्ती, पति और बेटे के क़रीब तथा उस दिन और उसके बाद के दिनों की चिन्ता ने उसे घेर लिया।

पीटर्सबर्ग में गाड़ी के रुकते ही वह बाहर निकली और जो पहला चेहरा उसके सामने आया, वह पति का था। 'हे मेरे भगवान! उसके कान ऐसे क्यों हो गये हैं?' पति की कठोर और रोबीली आकृति और विशेषतया गोल टोप के किनारे को टेक देने वाली तथा उसे अब चकित करने वाली ललरियों को देखते हुए आन्ना ने सोचा। पत्नी को देखकर वह आदत के मुताबिक़ अपने होंठों पर व्यंग्यपूर्ण मुस्कान चस्पाँ करके तथा अपनी बड़ी-बड़ी और थकी हुई आँखों को उसके चेहरे पर टिकाये हुए मिलने के लिए उसकी तरफ़ बढ़ा। पति की थकी और दृढ़ नज़र से नज़र मिलने पर उसने अपने दिल में एक अप्रिय-सी अनुभूति की टीस अनुभव की

मानो वह उसे दूसरे ही रूप में देखने की आशा करती हो। अपने प्रति असन्तोष की यह भावना ने, जो पति से भेंट होने पर उसने महसूस की, ख़ासतौर पर उसे हैरान किया। असन्तोष की भावना उसमें बहुत पहले से थी, जानी-पहचानी थी, ढोंग से मिलती-जुलती थी, जो वह पति के साथ अपने सम्बन्धों में अनुभव करती थी। पहले इस भावना की ओर उसका ध्यान नहीं गया था, किन्तु अब उसे इसकी स्पष्ट और पीड़ायुक्त अनुभूति हो रही थी।

"तो, जैसा कि तुम देख रही हो, मैं तो प्यार करने वाला पति हूँ, वैसा ही प्यार करने वाला, जैसा कि शादी के पहले साल में होता है, तुमसे मिलने को बेक़रार हो रहा था," उसने अपनी पतली-सी आवाज़ और उस धीमे-धीमे अन्दाज़ में कहा, जिसका वह हमेशा उससे बातचीत करते हुए उपयोग करता था। यह अन्दाज ऐसे कल्पित व्यक्ति का उपहास करने का अन्दाज़ था, जो वास्तव में ही उससे ऐसे शब्द कह सकता था।

"सेर्योझा ठीक-ठाक है?" आन्ना ने पूछा।

"बस, यही पुरस्कार है मेरी व्यग्रता-व्याकुलता का?" पति ने कहा। "ठीक-ठाक है, ठीक-ठाक है..."

31

व्रोन्स्की ने पिछली रात को सोने की कोशिश ही नहीं की। वह अपनी आरामकुर्सी में बैठे हुए कभी तो अपने सामने की ओर देखता रहता और कभी बाहर जाने तथा भीतर आने वाले लोगों को। अगर पहले वह अपरिचित यात्रियों को अपनी दृढ़तापूर्ण शान्त मुद्रा से आश्चर्यचकित और परेशान करता रहा था, तो अब और भी अधिक घमंडी तथा आत्मतुष्ट प्रतीत होता था। लोगों को वह चीज़ों की तरह ही देखता था। ज़िला-कचहरी में काम करने वाला एक चिड़चिड़ा-सा नौजवान, जो उसके सामने बैठा था, उसकी ऐसी अकड़ के कारण उससे नफ़रत करने लगा। इस जवान आदमी ने व्रोन्स्की से दियासलाई लेकर सिगरेट जलायी, उससे बातचीत की, यहाँ तक कि उसे कोहनी भी मारी ताकि उसे यह महसूस करवाये कि वह कोई वस्तु नहीं, बल्कि इन्सान है, किन्तु व्रोन्स्की उसकी तरफ़ वैसे ही देखता रहा मानो वह लालटेन का खम्भा हो। युवा व्यक्ति मुँह बनाते हुए यह अनुभव करता रहा कि व्रोन्स्की द्वारा उसे मानव न मानने के कारण वह अपना मानसिक सन्तुलन खोता जा रहा है।

व्रोन्स्की किसी को और कुछ भी नहीं देख रहा था। वह अपने को मानो ज़ार महसूस कर रहा था। सो भी इसलिए नहीं कि उसे आन्ना पर अपनी छाप डाल लेने का विश्वास था, उसे यह विश्वास नहीं था, बल्कि इसलिए कि आन्ना ने उसके दिल पर जो छाप छोड़ी थी, उससे उसे सुख और गर्व की अनुभूति हो रही थी।

इस सबका क्या नतीजा होगा, वह यह नहीं जानता था और उसने इसके बारे

में सोचा भी नहीं था। उसे महसूस हो रहा था कि अब तक विसर्जित और बिखरी-बिखरायी उसकी सारी शक्तियाँ एक ही बिन्दु पर केन्द्रित हो गयी हैं और बड़े ज़ोर से एक सुखद लक्ष्य की प्राप्ति में जुटा दी गयी हैं। उसे इससे सुख मिल रहा था। वह तो सिर्फ़ इतना जानता था कि उसने आन्ना से सच्ची बात कह दी है, कि वह वहाँ जा रहा है, जहाँ वह होगी, कि उसके जीवन का सारा सुख, उसके जीवन का एकमात्र प्रयोजन अब इसी में निहित है कि उसे देखे, उसकी आवाज़ सुने। और जब वह बोलोगोए के स्टेशन पर खनिज जल पीने के लिए डिब्बे से बाहर निकला और उसने आन्ना को देखा, तो अपने-आप ही उसके मुँह से निकले पहले शब्द ने उससे वही कह दिया, जो वह मन में सोचता रहा था। उसे इस बात की ख़ुशी थी कि उसने उससे यह कह दिया था, कि अब वह यह जानती है और उसके बारे में सोचती है। व्रोन्स्की रात-भर नहीं सोया। अपने डिब्बे में लौटकर वह लगातार उन रूपों को, जिनमें उसने आन्ना को देखा था, तथा उसके सभी शब्दों को याद करता रहा, और उसकी कल्पना में सम्भव भविष्य के ऐसे चित्र उभरते रहे, जिनसे बरबस दिल काँप उठता था।

रात-भर जागते रहने के बावजूद जब वह पीटर्सबर्ग के स्टेशन पर डिब्बे से बाहर निकला, तो अपने को ऐसा सजीव और ताज़ादम महसूस कर रहा था मानो ठंडे पानी से नहाकर बाहर आया हो। वह अपने डिब्बे के पास खड़ा होकर आन्ना के बाहर निकलने की राह देखने लगा। 'एक बार फिर देख लूँगा,' अनजाने ही मुस्कुराकर उसने अपने-आपसे कहा, 'उसकी चाल, उसका मुखड़ा देख लूँगा। हो सकता है, वह मुझसे कुछ कहे, मुड़कर देखे, मुझ पर नज़र डाले, शायद मुस्कुरा दे।' किन्तु आन्ना को देख पाने के पहले उसे उसका पति दिखाई दिया, जिसे स्टेशन मास्टर बड़े आदर से भीड़ के बीच से निकाले लिये जा रहा था। 'अरे हाँ, पति!' व्रोन्स्की केवल अभी पहली बार स्पष्ट रूप से यह समझ पाया कि पति उससे सम्बन्ध रखने वाला व्यक्ति है। उसे यह मालूम था कि आन्ना का पति है, किन्तु उसके अस्तित्व का उसे विश्वास नहीं था और केवल तभी उसने उसके अस्तित्व का पूरा यक़ीन किया, जब उसे सिर, कन्धों और काला पतलून पहने हुए टाँगों सहित देखा। उसे इस बात का विशेषतः तब विश्वास हुआ, जब उसने यह देखा कि कैसे पति ने निजी सम्पत्ति की तरह इत्मीनान से उसका हाथ थाम लिया था।

पीटर्सबर्गी ताज़ादम चेहरे और गम्भीर, आत्मविश्वासी आकृति वाले करेनिन को देखकर, जो गोल टोप पहने था और जिसकी पीठ तनिक झुकी हुई थी, उसे उसके अस्तित्व का विश्वास हो गया और उसे उस व्यक्ति जैसी ही अप्रिय अनुभूति हुई, जो प्यास से बुरी तरह परेशान होता हुआ पानी का कोई सोता ढूँढ़ ले और उसे उस सोते में कुत्ता, भेड़ या सूअर नज़र आये, जिसने उसमें से न केवल पानी पिया हो, बल्कि उसे गन्दा भी कर दिया हो। अपने पूरे चूतड़ को हिलाते-डुलाते हुए

करेनिन की बोझिल-सी चाल व्रोन्स्की को ख़ासतौर पर अखरी। वह यह मानता था कि केवल उसे ही आन्ना को प्यार करने का अधिकार है। किन्तु वह पहले जैसी ही थी और उसकी सूरत ने पहले की तरह ही उसमें शारीरिक सजीवता और सुख की अनुभूति पैदा करते तथा बढ़ाते हुए उसको अपने जादू में बाँध लिया। उसने दूसरे दर्जे के डिब्बे से भागकर आने वाले अपने जर्मन नौकर को सामान लेकर जाने का हुक्म दिया और खुद आन्ना के पास गया। उसने पति-पत्नी को मिलते देखा और प्रेमी की पैनी दृष्टि से उस हल्की-सी झिझक को भाँपा, जिससे उसने पति के साथ बातचीत की। 'नहीं, वह उसे प्यार नहीं करती और कर भी नहीं सकती,' उसने मन-ही-मन ऐसा निर्णय कर लिया।

व्रोन्स्की जिस समय पीछे से आन्ना की ओर बढ़ रहा था, उसने उसी समय इस बात की तरफ़ सहर्ष ध्यान दिया कि आन्ना ने उसे निकट आते हुए अनुभव किया, मुड़कर देखा तथा उसे पहचानकर फिर पति से बातचीत करने लगी थी।

"आपकी रात तो अच्छी तरह से बीती?" व्रोन्स्की ने आन्ना और उसके पति का एक साथ झुककर अभिवादन करते और करेनिना को यह अभिवादन अपने लिए मानने तथा, जैसा भी वह उचित समझे, उसे पहचानने या न पहचानने की सम्भावना देते हुए पूछा।

"धन्यवाद, बहुत अच्छी बीती," आन्ना ने जवाब दिया।

आन्ना का चेहरा क्लान्त-सा प्रतीत हुआ और उस पर उस सजीवता का अभाव था, जो कभी उसकी मुस्कान, तो कभी आँखों में चमक उठती थी। किन्तु व्रोन्स्की को देखने पर क्षण-भर को उसकी आँखों में एक लौ-सी कौंधी और इस बात के बावजूद कि यह लौ फ़ौरन बुझ गयी, उसे इस क्षण से अपार सुख मिला। आन्ना ने यह जानने के लिए पति की तरफ़ देखा कि वह व्रोन्स्की को जानता है या नहीं। करेनिन कुछ झल्लाहट के साथ व्रोन्स्की को देखते हुए अन्यमनस्कता से यह याद करने की कोशिश कर रहा था कि वह कौन है। व्रोन्स्की की शान्तचित्तता और आत्मविश्वास करेनिन के कठोर आत्मविश्वास के लिए बराबर की चोट था।

"काउंट व्रोन्स्की," आन्ना ने कहा।

"ओह! मुझे लगता है कि हम परिचित हैं," करेनिन ने हाथ मिलाते हुए उपेक्षा भाव से कहा। "तुम गयीं माँ के साथ और लौटीं बेटे के साथ," उसने एक-एक शब्द को ऐसे साफ़-साफ़ कहा मानो वे एक-एक रूबल के बराबर मूल्यवान हों। "आप शायद छुट्टी से लौट रहे होंगे?" उसने व्रोन्स्की से कहा और जवाब का इन्तज़ार किये बिना अपने मज़ाकिया अन्दाज़ में बीवी से बोला, "तो मास्को से रवाना होने के वक़्त बहुत आँसू बहाये गये न?"

पत्नी से ऐसा कहते हुए उसने व्रोन्स्की को यह अनुभव करवाने का यत्न किया कि उसे उसकी ज़रूरत नहीं है और उसकी तरफ़ घूमकर उसने टोप को छुआ।

लेकिन व्रोन्स्की ने आन्ना को सम्बोधित करते हुए कहा–

"आशा करता हूँ कि आपके यहाँ आने का सौभाग्य प्राप्त होगा।"

करेनिन ने थकी-थकी आँखों से व्रोन्स्की को घूरकर देखा।

"बड़ी ख़ुशी होगी," उसने रुखाई से जवाब दिया, "हर सोमवार को मिलने-जुलने वाले हमारे यहाँ आते हैं।" इसके बाद व्रोन्स्की से विदा लेकर उसने पत्नी से कहा–"कितनी अच्छी बात है कि मुझे आधे घंटे की फ़ुरसत थी और मैं स्टेशन पर आ सका तथा तुम्हें अपना प्यार दिखा सका," उसने पहले की तरह मज़ाकिया ढंग से अपनी बात जारी रखी।

"तुम तो अपने प्यार की कुछ ज़्यादा ही चर्चा कर रहे हो, ताकि मैं उसे बहुत ही मूल्यवान मानूँ," आन्ना ने उसके पीछे-पीछे आ रहे व्रोन्स्की के क़दमों की आवाज़ को अनचाहे ही सुनते हुए पति के मज़ाकिया ढंग में ही जवाब दिया। 'लेकिन मुझे क्या मतलब है इससे?' उसने मन-ही-मन सोचा और पति से यह पूछने लगी कि सेर्योझा ने उसके बिना कैसे समय बिताया।

"ओ, बहुत ही अच्छे ढंग से। Mariette का कहना है कि वह बहुत ही प्यारा बच्चा बना रहा और... तुम्हें यह जानकर रंज होगा कि तुम्हारे लिए यह इतना उदास नहीं हुआ, जितना तुम्हारा पति। मेरी प्यारी, मैं एक बार फिर तुम्हें इस बात के लिए धन्यवाद देता हूँ कि तुम एक दिन पहले आ गयीं। हमारा प्यारा समोवार बहुत ही खुश होगा।" (करेनिन प्रसिद्ध काउंटेस लीदिया इवानोव्ना को समोवार के नाम से पुकारता था, क्योंकि वह हमेशा और हर चीज़ के बारे में उत्तेजित होती और उबलती रहती थी।) "वह तुम्हारे बारे में पूछ रही थी। और अगर मैं सलाह देने की जुर्रत कर सकता हूँ, तो कहूँगा कि तुम आज ही उसके यहाँ चली जाना। तुम तो जानती ही हो कि उसका दिल हर चीज़ के लिए परेशान रहता है। अब उसे अपनी सभी चिन्ताओं के अलावा ओब्लोन्स्की दम्पति की सुलह की चिन्ता है।"

काउंटेस लीदिया इवानोव्ना आन्ना के पति की मित्र और पीटर्सबर्ग के एक ऊँचे सामाजिक हलक़े की केन्द्र-बिन्दु थी। आन्ना अपने पति के कारण ही इस हलक़े से घनिष्ठ रूप में सम्बन्धित थी।

"मैंने तो उसे पत्र लिखा था।"

"लेकिन वह तो सभी कुछ तफ़सील से जानना चाहती है। मेरी प्यारी, अगर बहुत नहीं थक गयी हो, तो उसके यहाँ हो आना। कोन्द्राती तुम्हारे लिए बग्घी का प्रबन्ध कर देगा और मैं कमेटी में जा रहा हूँ। आज मुझे अकेले ही खाना नहीं खाना पड़ेगा," करेनिन ने अब मज़ाक़ के बिना अपनी बात जारी रखी, "तुम तो सोच भी नहीं सकतीं कि मेरे लिए तुम..."

और उसने देर तक प्यार से उसका हाथ दबाते हुए विशेष मुस्कान के साथ उसे बग्घी में बिठा दिया।

32

घर पर बेटे से ही आन्ना की सबसे पहले भेंट हुई। शिक्षिका के चीखने-चिल्लाने के बावजूद वह बहुत ख़ुशी से 'माँ! माँ!' पुकारता हुआ सीढ़ियों से नीचे भागा आया। माँ के पास पहुँचकर वह उसके गले से लिपट गया।

"मैंने कहा था न आपसे कि माँ है!" उसने चिल्लाकर शिक्षिका से कहा। "मैं जानता था!"

और पति की भाँति बेटे को देखकर आन्ना को कुछ निराशा-सी हुई। वह वास्तव में जैसा था, उसने कुछ बेहतर रूप में उसकी कल्पना की थी। वह जैसा था, उसे उसी रूप में देखकर ख़ुश होने के लिए ज़रूरी था कि वह वास्तविकता के धरातल पर उतरे। किन्तु अपने इस रूप में भी, सुनहरे घुँघराले बालों, नीली आँखों और जुराबों में कसी हुई गदरायी, सुघड़ टाँगों के साथ वह बहुत प्यारा था। आन्ना को उसकी निकटता और प्यार से लगभग शारीरिक आनन्द की अनुभूति हुई और उसकी निश्छल, विश्वासपूर्ण और प्यार-भरी दृष्टि से दृष्टि मिलने तथा उसके भोले-भाले सवाल सुनने से उसे नैतिक चैन मिला। आन्ना ने उसे वे उपहार दिये, जो डॉली के बच्चों ने भेजे थे और बेटे को यह बताया कि मास्को में तान्या नाम की एक लड़की है, कि यह तान्या पढ़ना जानती है और दूसरे बच्चों को भी पढ़ाती है।

"तो क्या मैं उससे बहुत बुरा हूँ?" सेर्योझा ने कहा।

"मेरे लिए तो तुम दुनिया में सबसे बढ़कर हो।"

"यह मुझे मालूम है," सेर्योझा ने मुस्कुराते हुए कहा।

आन्ना ने कॉफ़ी का प्याला ख़त्म भी नहीं किया था कि काउंटेस लीदिया इवानोव्ना के आने की ख़बर दी गयी। ऊँचा, गदराया शरीर, रोगी जैसा ज़र्द चेहरा और चिन्तनशील, सुन्दर काली आँखें–ऐसी थी काउंटेस लीदिया इवानोव्ना। आन्ना उसे चाहती थी, लेकिन आज उसने उसे मानो पहली बार उसकी सभी त्रुटियों के साथ देखा।

"हाँ, तो मेरी दोस्त, मेल-मिलाप करवा आयीं?" काउंटेस लीदिया इवानोव्ना ने कमरे में दाख़िल होते ही पूछा।

"हाँ, वह सब कुछ ख़त्म हो गया, लेकिन मामला कुछ ऐसा बिगड़ा हुआ नहीं था, जैसा कि हमने समझा था," आन्ना ने जवाब दिया। "कुल मिलाकर यही कहना होगा कि मेरी belle soeur[1] बहुत जल्दबाज़ है।"

किन्तु काउंटेस लीदिया इवानोव्ना की यह आदत थी कि हर उस चीज़ में दिलचस्पी लेते हुए भी, जिसका उससे कोई सम्बन्ध नहीं होता था, अपनी दिलचस्पी की बात को कभी ध्यान से नहीं सुनती थी। उसने आन्ना की बात काटते हुए कहा–

1. भाभी। (फ्रांसीसी)

"बहुत दुःख और बुराइयाँ हैं इस दुनिया में और मैं तो आज बहुत ही परेशान हूँ।"

"क्या हो गया?" अपनी मुस्कान को रोकने की कोशिश करते हुए आन्ना ने पूछा।

"मैं सच्चाई के लिए अपने संघर्ष में थकने लगती हूँ और कभी-कभी तो मेरी हिम्मत बिल्कुल जवाब दे जाती है। 'नन्हीं बहनों का काम' (यह लोकोपकारी, धार्मिक-देशभक्तिपूर्ण संस्था थी) ढंग से चल निकला है, किन्तु इन महानुभावों का कोई क्या करे," काउंटेस लीदिया इवानोव्ना ने भाग्य के सामने मानो व्यंग्यपूर्वक हथियार डालते हुए कहा। "उन्होंने एक विचार को ले लिया, उसे बुरी तरह बिगाड़ डाला और फिर बहुत घटिया और तुच्छ ढंग से उसकी समीक्षा करते हैं। आपके पति समेत दो-तीन आदमी ही इस काम के पूरे महत्त्व को समझते हैं और बाक़ी तो इसको हानि ही पहुँचाते हैं। कल मुझे प्राव्दिन का पत्र मिला।"

प्राव्दिन विदेश में विख्यात पैनस्लाव था। काउंटेस लीदिया इवानोव्ना ने उसके पत्र का सार बताया।

इसके बाद काउंटेस ने गिरजों को सूत्रबद्ध करने के मार्ग में बाधा बनने वाली अन्य कटु बातों और साज़िशों का ज़िक्र किया और फिर हड़बड़ाती हुई चली गयी, क्योंकि उसे किसी संगठन और स्लाव-कमेटी की बैठक में हिस्सा लेना था।

'यह सब तो पहले भी था, मगर पहले इसकी तरफ़ मेरा ध्यान क्यों नहीं गया?' आन्ना ने अपने-आपसे पूछा। 'या फिर आज वह बहुत ज़्यादा झल्लायी हुई थी? वास्तव में कैसी हास्यास्पद बात है–उसका ध्येय भलायी करना है, वह ईसाई धर्म की अनुयायी है, लेकिन वह झल्लाती रहती है, हर कोई उसका दुश्मन है और हर कोई ईसाई धर्म और नेकी के नाम पर उसका दुश्मन है।'

काउंटेस लीदिया इवानोव्ना के बाद आन्ना की एक सहेली, जो विभाग के डायरेक्टर की बीवी थी, आ गयी और उसने शहर की सब ख़बरें सुना दीं। दिन के तीन बजे वह भी खाने के वक़्त आने का वादा करके चली गयी। करेनिन मन्त्रालय में था। अकेली रह जाने पर दोपहर के खाने के पहले का वक़्त उसने बेटे के भोजन करने के समय (बेटा अलग से भोजन करता था) उसके पास बैठने, अपनी चीज़ों को ठीक-ठाक करने और अपनी मेज़ पर जमा हो गये रुक़्क़ों तथा पत्रों को पढ़ने और उनके जवाब देने में लगाया।

पीटर्सबर्ग लौटते हुए रास्ते में उसे शर्म और उत्तेजना की जो अकारण अनुभूति हुई थी, वह अब बिल्कुल लुप्त हो गयी। जीवन की अभ्यस्त परिस्थितियों में उसने अपने को फिर से दृढ़ और भर्त्सना-मुक्त अनुभव किया।

पिछले दिन की अपनी स्थिति को याद करके उसे हैरानी हुई। 'क्या हुआ था? कुछ भी नहीं। व्रोन्स्की ने कोई बेहूदा बात कही थी, जिसका आसानी से अन्त कर

दिया जा सकता है और मैंने उसका वैसा ही जवाब दे दिया था, जैसा कि होना चाहिए था। पति से इसकी चर्चा करने की कोई ज़रूरत नहीं और उचित भी नहीं। इसका ज़िक्र करने का मतलब उस बात को इतना महत्त्व देना होगा, जिसके लायक़ वह नहीं है।' उसे याद आया कि कैसे उसने पति से उसके अधीन काम करने वाले एक युवा व्यक्ति की लगभग प्रेम-स्वीकारोक्ति की चर्चा की थी और कैसे करेनिन ने जवाब में यह कहा था कि ऊँचे समाज में आने-जाने वाली हर महिला के साथ ऐसी घटना घट सकती है, किन्तु वह उसकी समझ-बूझ पर पूरा भरोसा करता है और कभी भी उसे तथा अपने को ईर्ष्या में घटिया स्तर तक नीचे नहीं आने देगा। 'तो मतलब यह हुआ कि कहने में कोई तुक नहीं है? और भला हो भगवान का, कहने को कुछ भी तो नहीं,' उसने अपने-आपसे कहा।

33

करेनिन दिन के चार बजे मन्त्रालय से लौटा, किन्तु, जैसा कि अक्सर होता था, पत्नी के पास नहीं जा पाया। वह प्रतीक्षा कर रहे प्रार्थियों की बातें सुनने और सेक्रेटरी द्वारा लाये गये कुछ काग़ज़ों पर हस्ताक्षर करने के लिए अपने अध्ययन-कक्ष में चला गया। दोपहर के खाने के वक़्त (इनके यहाँ कोई तीन मेहमान तो हमेशा खाना खाते थे) करेनिन की बूढ़ी ममेरी बहन, पत्नी के साथ विभाग का डायरेक्टर और एक नौजवान, जिसकी करेनिन के पास काम करने की सिफ़ारिश की गयी थी, आ गये। आन्ना मेहमानों से बातचीत करने के लिए मेहमानख़ाने में चली गयी। ठीक पाँच बजे, प्योतर प्रथम के समय की दीवाल-घड़ी के पाँचवीं बार टनटनाने के पहले ही करेनिन सफ़ेद टाई लगाये और दो पदकों से सुशोभित फ्रॉक-कोट पहने हुए (क्योंकि भोजन करने के तुरन्त बाद ही उसे कहीं जाना था) मेहमानख़ाने में आ गया। करेनिन के जीवन का हर क्षण व्यस्त और पहले से तय होता था। उसे हर दिन जो कुछ करना होता था उसे कर पाने के लिए वह वक़्त की बड़ी पाबन्दी का ख़याल रखता था। 'न उतावली और न काहिली'—यही उसका मूलमन्त्र था। वह हॉल में गया, उसने सबका अभिवादन किया और पत्नी की ओर मुस्कुराकर झटपट बैठ गया।

"हाँ, मेरे एकाकीपन का अन्त हो गया। तुम तो कल्पना भी नहीं कर सकतीं कि अकेले भोजन करना कितना अप्रिय (उसने अप्रिय शब्द पर ज़ोर दिया) लगता है।"

भोजन करते समय करेनिन ने पत्नी के साथ मास्को के मामलों के बारे में बातचीत की और उपहासपूर्ण मुस्कान के साथ ओब्लोन्स्की के बारे में पूछा। किन्तु वैसे तो पीटर्सबर्ग के सरकारी दफ़्तरों और सामाजिक मामलों के सम्बन्ध में आम बातचीत ही चलती रही। खाना ख़त्म होने के बाद उसने मेहमानों के साथ आध घंटा बिताया और फिर मुस्कुराते हुए प्यार से पत्नी का हाथ दबाकर परिषद में चला गया।

इस शाम को आन्ना न तो प्रिन्सेस बेत्सी त्वेरस्काया के यहाँ गयी, जिसे उसके मास्को से लौटने की ख़बर मिल गयी थी और जिसने उसे बुलाया था, और न ही थिएटर गयी, जहाँ उस शाम के लिए उसका अलग बॉक्स था। मुख्यतः तो वह इसलिए नहीं गयी कि उसने जिस पोशाक की आशा की थी, वह तैयार नहीं हुई थी। मेहमानों के जाने पर जब उसने अपने कपड़ों की तरफ़ ध्यान दिया तो बहुत परेशान हो उठी। आन्ना ने, जो कम महँगे कपड़े पहनने की कला जानती थी, मास्को जाने से पहले अपनी तीन पोशाकें दर्ज़िन को नये रूप में ढालने के लिए दे दी थीं। इन पोशाकों को ऐसे बदलना चाहिए था कि वे पहचानी न जा सकें और तीन दिन पहले ही उन्हें तैयार हो जाना चाहिए था। अब पता चला कि दो पोशाक तैयार ही नहीं हुई थीं और तीसरी को वैसे नहीं बदला गया था, जैसे आन्ना चाहती थी। दर्ज़िन अपनी सफ़ाई देने आयी और उसने इस बात पर ज़ोर दिया कि पोशाक इसी रूप में ज़्यादा अच्छी रहेगी। आन्ना इतनी अधिक बिगड़ उठी कि बाद में इस बात का ख़याल करके उसे अपने पर शर्म आयी। अपने को पूरी तरह शान्त करने के लिए वह बेटे के कमरे में चली गयी और उसने सारी शाम उसी के साथ बितायी। उसने ख़ुद ही उसे सोने के लिए बिस्तर पर लिटाया, उसके ऊपर सलीब का निशान बनाया और कम्बल ओढ़ाया। वह ख़ुश थी कि कहीं भी नहीं गयी और उसने इतने अच्छे ढंग से शाम बितायी। उसका मन इतना हल्का था, इतना चैन अनुभव कर रहा था और इतने स्पष्ट रूप में वह यह महसूस कर पा रही थी कि रेलगाड़ी में सफ़र करते हुए उसे जो कुछ इतना महत्त्वपूर्ण प्रतीत हो रहा था, वह ऊँचे समाज के जीवन की एक आम तुच्छ घटना थी, कि उसके लिए किसी दूसरे या ख़ुद अपने सामने लज्जित होने की कोई बात नहीं थी। आन्ना अँग्रेज़ी का कोई उपन्यास लेकर अँगीठी के सामने बैठ गयी और पति के आने की राह देखने लगी। रात के ठीक साढ़े नौ बजे दरवाज़े पर घंटी बजी और कुछ क्षण बाद पति उसके कमरे में आया।

"आख़िर तो तुम्हारा घर आना हुआ" उसकी ओर अपना हाथ बढ़ाते हुए आन्ना ने कहा।

पति ने उसका हाथ चूमा और उसके क़रीब बैठ गया।

"कुल मिलाकर मैं देख रहा हूँ कि तुम्हारी मास्को-यात्रा सफल रही," उसने पत्नी से कहा।

"हाँ, बहुत सफल रही," आन्ना ने जवाब दिया और उसे शुरू से ही सब कुछ बताने लगी– कैसे श्रीमती व्रोन्स्काया के साथ उसने यात्रा की, मास्को पहुँची और कैसे वहाँ स्टेशन पर एक दुर्घटना हुई। इसके बाद उसने यह बताया कि कैसे पहले तो उसे अपने भाई और फिर डॉली पर दया आयी।

"मैं यह मानने को तैयार नहीं हूँ कि ऐसे व्यक्ति को, चाहे वह तुम्हारा भाई ही हो, क्षमा किया जा सकता है," करेनिन ने कहा।

आन्ना मुस्कुरायी। वह समझ गयी थी कि उसने यह ज़ाहिर करने को ये शब्द कहे थे कि रिश्तेदारी को ध्यान में रखते हुए भी वह ईमानदारी की बात कहे बिना नहीं रह सकता। आन्ना अपने पति के चरित्र के इस लक्षण से परिचित थी और इसे पसन्द करती थी।

"मैं ख़ुश हूँ कि सब कुछ अच्छे ढंग से समाप्त हो गया और तुम आ गयीं," वह कहता गया। "हाँ, यह तो बताओ कि उस नये प्रस्ताव के बारे में, जो मैंने परिषद में स्वीकार करवाया है, लोगों की क्या राय है?"

आन्ना ने इस प्रस्ताव के बारे में कुछ भी नहीं सुना था और उसे इस बात से शर्म महसूस हुई कि उसने इतनी आसानी से उस चीज़ को भुला दिया, जो उसके पति के लिए इतना अधिक महत्त्व रखती थी।

"यहाँ तो उसने ख़ासी हलचल पैदा कर डाली," पति ने आत्मतुष्ट मुस्कान के साथ कहा।

आन्ना ने महसूस किया कि करेनिन इस मामले को लेकर अपने बारे में उससे कुछ सुखद बात कहना चाहता था और उसने प्रश्न पूछ-पूछकर उसे बताने को प्रेरित किया। पति ने उसी आत्मतुष्ट मुस्कान के साथ उस प्रशंसा की चर्चा की, जो इस प्रस्ताव को स्वीकार करवाने पर उसे परिषद में मिली थी।

"मुझे बहुत, बेहद ख़ुशी हुई थी। यह इस बात का प्रमाण है कि हमारे यहाँ आख़िर तो इस मामले में तर्कसंगत और दृढ़ दृष्टिकोण बनने लगा है।"

क्रीम और डबलरोटी के साथ चाय का दूसरा प्याला ख़त्म करने के बाद करेनिन उठा और अपने अध्ययन-कक्ष की ओर चल दिया।

"तुम कहीं भी नहीं गयीं? तुम्हें तो ऊब महसूस होती रही होगी?" पति ने कहा।

"ओह, नहीं!" आन्ना ने उसके पीछे-पीछे उठते और हॉल में से उसे अध्ययन-कक्ष तक पहुँचाने के लिए उसके साथ जाते हुए कहा। "क्या पढ़ रहे हो आजकल तुम?" आन्ना ने पूछा।

"आजकल मैं Due de Lille, poésie des enfers[1] पढ़ रहा हूँ," पति ने जवाब दिया। "बहुत ही बढ़िया किताब है।"

आन्ना ऐसे मुस्कुरा दी, जैसे प्रिय व्यक्तियों की दुर्बलताओं पर मुस्कुराया जाता है और उसकी बाँह में अपनी बाँह डालकर उसे अध्ययन-कक्ष के दरवाज़े तक पहुँचा दिया। आन्ना सोने से पहले पति की पढ़ने की आदत से, जो एकदम अनिवार्य बात हो गयी थी, परिचित थी। वह जानती थी कि सरकारी नौकरी की ज़िम्मेदारियों में लगभग हर वक़्त डूबे रहने के बावजूद बौद्धिक क्षेत्र में सामने आने वाली हर बढ़िया रचना से परिचित होना वह अपना कर्तव्य मानता था। वह यह भी जानती थी कि राजनीति, दर्शन और धर्म-सम्बन्धी पुस्तकों में उसकी वास्तविक रुचि थी, कि कला

1. ड्यूक दे लील, 'नरक-काव्य'। (फ्रांसीसी)

उसके स्वभाव के लिए बिल्कुल परायी चीज़ थी, लेकिन इसके बावजूद या यह कहना ज़्यादा बेहतर होगा कि इसी कारण से करेनिन इस क्षेत्र में हलचल पैदा कर देने वाली किसी भी रचना को नज़र से ओझल नहीं होने देता था और ऐसी सभी चीज़ों को पढ़ना अपना कर्तव्य मानता था। वह जानती थी कि राजनीति, दर्शन और धर्म के क्षेत्र में करेनिन के मन में कुछ सन्देह और संशय थे या वह कुछ खोजता रहता था, किन्तु कला और काव्य, विशेषतः संगीत के मामले में, जिसकी उसे तनिक भी समझ नहीं थी, उसके बहुत ही सुनिश्चित और दृढ़ विचार थे। उसे शेक्सपियर, राफ़ायल और बिथोविन तथा कविता और संगीत की नयी धाराओं की चर्चा करना अच्छा लगता था और इनके सम्बन्ध में उसकी बहुत ही स्पष्ट धारणाएँ बनी हुई थीं।

"तो भगवान तुम्हारा भला करें," आन्ना ने अध्ययन-कक्ष के दरवाज़े के पास पहुँचकर कहा। कमरे में आरामकुर्सी के क़रीब पहले से ही शेडवाला शमादान जल रहा था और पानी की सुराही रखी हुई थी। "और मैं जाकर मास्को के लिए पत्र लिखती हूँ।"

पति ने फिर प्यार से पत्नी का हाथ दबाया और चूमा।

'फिर भी वह भला आदमी है, सच्चा, दयालु और अपने क्षेत्र में अद्भुत,' अपने कमरे में लौटकर आन्ना ने ख़ुद से कहा मानो उसकी आलोचना और यह कहने वाले किसी व्यक्ति के सामने उसकी सफ़ाई पेश कर रही हो कि उसे प्यार करना सम्भव नहीं। 'लेकिन उसके कान इतने अजीब ढंग से क्यों बढ़े हुए हैं? या फिर उसने अपने बाल बहुत छोटे करवा डाले हैं?'

रात के ठीक बारह बजे, जब आन्ना अभी भी मेज़ पर बैठी डॉली को पत्र लिख रही थी, उसे घरेलू जूतों में नपे-तुले क़दमों की आहट मिली। करेनिन नहा-धोकर, बाल सँवारे तथा बग़ल में किताब दबाये हुए उसके पास आया।

"बस, बस, काफ़ी वक़्त हो गया," उसने ख़ास ढंग से मुस्कुराकर कहा और सोने के कमरे में चला गया।

'क्या हक़ था उसे इस तरह से इसकी तरफ़ देखने का?' करेनिन की ओर व्रोन्स्की की दृष्टि को याद करते हुए आन्ना ने सोचा।

कपड़े उतारकर वह सोने के कमरे में गयी, लेकिन अब उसके चेहरे पर न केवल वह सजीवता नहीं थी, जो मास्को के दिनों में उसकी नज़र और मुस्कान में फूटी पड़ती थी, बल्कि उसके भीतर की आग भी अब या तो बुझ गयी प्रतीत होती थी या कहीं दूर छिपी हुई थी।

34

पीटर्सबर्ग से रवाना होते समय व्रोन्स्की मोर्स्काया सड़क पर अपना बड़ा फ़्लैट अपने दोस्त और प्यारे साथी पेत्रीत्स्की को सौंप गया था।

पेत्रीत्स्की जवान लेफ़्टिनेंट था, कोई ख़ास ख़ानदानी नामवाला नहीं था और अमीर होने की बात तो दूर रही, बुरी तरह क़र्ज़ में दबा हुआ था। शाम को वह हमेशा नशे में धुत होता था और तरह-तरह के मज़ाक़ों तथा गन्दे क़िस्सों-घटनाओं के कारण अक्सर फ़ौजी दंड-चौकी में पहुँचाया जाता था, लेकिन यार-दोस्त और बड़े अफ़सर भी उसे चाहते थे। सुबह के ग्यारह बजे के बाद स्टेशन से अपने घर आने पर व्रोन्स्की ने दरवाज़े के सामने अपनी जानी-पहचानी किराए की बग्घी देखी। घंटी बजाते समय ही उसे भीतर से मर्दों के ठहाके, एक नारी-कंठ की चपर-चपर और पेत्रीत्स्की का चिल्लाकर यह कहना सुनाई दिया–"अगर कोई बदमाश हो, तो उसे भीतर नहीं आने दिया जाये।" व्रोन्स्की ने नौकर को अपने बारे में ख़बर देने से मना कर दिया और दबे पाँव पहले कमरे में गया। पेत्रीत्स्की की दोस्त बैरोनेस शिल्तोन बैंगनी रंग की रेशमी पोशाक और अपने गुलाबी गालोंवाले प्यारे चेहरे तथा सुनहरे बालों की छटा दिखाती और कैनरी चिड़िया की तरह पेरिसी फ्रांसीसी बोली से कमरे को गुंजाती हुई गोल मेज के सामने बैठी कॉफ़ी बना रही थी। पेत्रीत्स्की ओवरकोट और रिसाले का कप्तान कामेरोव्स्की पूरी वर्दी पहने (सम्भवतः दोनों ड्यूटी से लौटे थे) उसके गिर्द बैठे थे।

"हुर्रा ! व्रोन्स्की !" पेत्रीत्स्की उछलकर खड़ा हुआ और कुर्सी को ज़ोर से पीछे घसीटता हुआ चिल्लाया। "ख़ुद मालिक ! बैरोनेस, इसे नये कॉफ़ीदान से कॉफ़ी पिलाओ। हमने तुम्हारी आने की तो कल्पना भी नहीं की थी। उम्मीद करता हूँ कि अपने कमरे की सजावट से तुम ख़ुश हो," उसने बैरोनेस की तरफ़ इशारा करते हुए कहा। "तुम तो एक-दूसरे से परिचित हो न?"

"बेशक परिचित हैं !" व्रोन्स्की ने ख़ुशी से मुस्कुराते और बैरोनेस के हाथ-से-हाथ मिलाते हुए कहा। "वास्तव में ही पुराने दोस्त हैं।"

"आप तो सफ़र से आ रहे हैं," बैरोनेस ने कहा, "तो मैं भाग चली। अगर मेरी वजह से कोई परेशानी हो, तो मैं इसी वक़्त चली जाती हूँ।"

"बैरोनेस, आप जहाँ भी हैं, वहीं घर पर हैं," व्रोन्स्की ने कहा। "नमस्ते, कामेरोव्स्की," उदासीनता से कामेरोव्स्की के साथ हाथ मिलाते हुए उसने इतना और कह दिया।

"देखा, आप कभी ऐसी प्यारी बातें नहीं कह सकते हैं," बैरोनेस ने पेत्रीत्स्की से कहा।

"कह क्यों नहीं सकता? खाने के बाद मैं इससे उन्नीस नहीं रहूँगा।"

"खाने के बाद तो यह कोई ख़ूबी नहीं रहती ! तो, मैं आपके लिए कॉफ़ी बनाती हूँ, आप जाकर हाथ-मुँह धो लीजिये और कपड़े बदल आइये," बैरोनेस ने फिर से बैठते और बड़े ध्यान में नये कॉफ़ीदान का हैंडल घुमाते हुए कहा। "पिएर, कॉफ़ी दीजिये," उसने पेत्रीत्स्की को सम्बोधित किया, जिसे वह उसके पेत्रीत्स्की कुलनाम

के आधार पर पिएर कहती थी। वह उसके साथ अपने सम्बन्धों की घनिष्ठता को नहीं छिपाती थी। "मैं कुछ कॉफ़ी और डालना चाहती हूँ।"

"बिगाड़ देंगी।"

"नहीं, नहीं बिगाडूँगी! अरे हाँ, और आपकी बीवी?" बैरोनेस ने व्रोन्स्की और उसके साथी की बातचीत में ख़लल डालते हुए अचानक पूछा। "हमने तो यहाँ आपकी शादी कर डाली है। अपनी बीवी को लाये?"

"नहीं, बैरोनेस। मैं बंजारे की तरह बेघर-बार ही पैदा हुआ हूँ और ऐसे ही मरूँगा।"

"यह और भी अच्छी बात है, बहुत अच्छी बात है। लाइये, अपना हाथ दीजिये।"

और बैरोनेस व्रोन्स्की को ऐसे ही रोके हुए तरह-तरह के मज़ाक़ों के साथ उसे अपने जीवन की नवीनतम योजनाएँ बताने और उसकी सलाह लेने लगी।

"वह मुझे किसी तरह भी तलाक़ नहीं देना चाहता। तो मैं क्या करूँ? ('वह' उसका पति था।) मैं अब मुक़दमा शुरू करना चाहती हूँ। आपकी क्या राय है? कामेरोव्स्की, कॉफ़ी का ध्यान कीजिये–उफन रही है, आप देख रहे हैं न कि मैं व्यस्त हूँ! मैं मुक़दमा चलाना चाहती हूँ, क्योंकि अपनी सम्पत्ति की मुझे ज़रूरत है। आप इस बेतुकी बात को समझते हैं न, यह मानते हुए कि मैंने उसके साथ बेवफ़ाई की है," उसने तिरस्कार के साथ कहा, "वह इसके आधार पर मेरी ज़ागीर हड़प जाना चाहता है।"

व्रोन्स्की बड़े मज़े से इस प्यारी औरत की यह चुलबुली बक-बक सुन रहा था, उसकी हाँ में हाँ मिला रहा था, मज़ाक़ के पुट के साथ कुछ सलाहें देता जाता था और उस ढंग की औरतों से बातचीत करने के अपने अभ्यस्त अन्दाज़ को फ़ौरन अपना लिया था। उसकी पीटर्सबर्गी दुनिया में सभी लोग एक-दूसरे के बिल्कुल विपरीत दो क़िस्मों में विभाजित थे। एक घटिया क़िस्म तो वह थी, जिसमें ऐसे तुच्छ, मूर्ख और सबसे बढ़कर तो यह कि वे हास्यास्पद लोग शामिल थे, जो ऐसा मानते हैं कि पति को अपनी विवाहिता पत्नी के साथ ही रहना चाहिए, कि लड़की को पाकीज़ा और औरत को शर्म लिहाज़वाली होना चाहिए, मर्द को साहसी, संयत और दृढ़ होना चाहिए, बच्चों का पालन-पोषण करना, अपनी रोज़ी-रोटी कमानी और ऋण चुकाना चाहिए तथा इसी तरह की दूसरी बेहूदा बातें करनी चाहिए। ये पुराने ढर्रे और हास्यास्पद क़िस्म के लोग थे। किन्तु एक-दूसरी, बढ़िया क़िस्म भी थी, जिसमें ये सभी शामिल थे। इसके मुख्य लक्षण ये थे कि आदमी ठाट-बाट से रहे, वह सुन्दर, उदारमना, दिलेर और खुशमिज़ाज हो, किसी भी तरह की शर्म-झेंप के बिना सब तरह की मौज मनाये और बाक़ी सब चीज़ों की खिल्ली उड़ाये।

मास्को की, बिल्कुल दूसरी ही दुनिया से लायी गयी छापों के कारण व्रोन्स्की

शुरू में कुछ क्षण तक ही स्तम्भित रहा, किन्तु उसी समय, मानो पुराने जूतों में पाँव डालते ही वह अपनी प्यारी और हँसी-ख़ुशी से भरपूर दुनिया में लौट आया।

कॉफ़ी तो तैयार ही नहीं हुई, वह सभी पर छींटे डालकर उठ गयी और उसने वह काम कर दिखाया, जिसकी ज़रूरत थी, यानी उसने हँसी-मज़ाक़ और ठहाकों का मौक़ा दिया और क़ीमती क़ालीन तथा बैरोनेस की पोशाक पर धब्बे डाल दिये।

"तो अब विदा, नहीं तो आप कभी नहाये-धोयेंगे नहीं और एक भले आदमी के सबसे बड़े अपराध यानी साफ़-सुथरा न होने के लिए मुझे दोषी बनना पड़ेगा। तो आप मुझे उसके गले पर छुरी रखने की सलाह देते हैं?"

"निश्चित रूप से। सो भी ऐसे कि आपका छोटा-सा हाथ उसके होंठों के बिल्कुल निकट हो। वह आपका हाथ चूमेगा और सब कुछ बढ़िया ढंग से ख़त्म हो जायेगा," व्रोन्स्की ने जवाब दिया।

"तो आज शाम को फ्रांसीसी थिएटर में!" और वह अपनी पोशाक को सरसराती हुई ग़ायब हो गयी।

कामेरोव्स्की भी उठ खड़ा हुआ, व्रोन्स्की ने उसके जाने की प्रतीक्षा किये बिना उससे हाथ मिलाया और हाथ-मुँह धोने चला गया। जब वह ऐसा कर रहा था, पेत्रीत्स्की ने व्रोन्स्की के जाने के बाद अपनी स्थिति में हुए परिवर्तन का संक्षिप्त वर्णन किया। उसने व्रोन्स्की को बताया कि उसके पास फूटी कौड़ी भी नहीं है। पिता ने कह दिया है कि वह पैसे नहीं देगा और क़र्ज़े नहीं चुकायेगा। उसका दर्ज़ी उसे जेल भिजवाना चाहता है और एक अन्य भी ऐसा ही करने की धमकी दे रहा है। रेजिमेंट के कमांडर ने ऐलान कर दिया है कि अगर ये सब क़िस्से ख़त्म नहीं होंगे, तो रेजिमेंट में उसकी छुट्टी कर दी जायेगी। बैरोनेस से भी वह बुरी तरह उकता गया है, ख़ासतौर पर इसलिए कि हमेशा पैसे देने की ही बात करती रहती है। लेकिन एक और है, जिसे वह व्रोन्स्की को दिखायेगा, बहुत ही कमाल की, बहुत प्यारी, बिल्कुल पूर्वी ढंग की, "दासी रिबेका जैसी, समझे?" बेर्कोशेव से भी कल गाली-गलौज हो गयी और वह द्वन्द्व-युद्ध के लिए अपने साक्षी भेजना चाहता है, मगर ज़ाहिर है, ऐसा कुछ भी नहीं होगा। कुल मिलाकर यह कि सब कुछ बहुत बढ़िया है, ख़ूब मज़े की चल रही है उसकी ज़िन्दगी। दोस्त को अपनी परिस्थितियों की तफ़सीलों की गहरायी में डूबने का मौक़ा न देते हुए पेत्रीत्स्की उसे तरह-तरह की दिलचस्प ख़बरें सुनाने लगा। अपने घर के इतने जाने-पहचाने वातावरण में, जहाँ वह तीन साल बिता चुका था, पेत्रीत्स्की के इतने सुपरिचित क़िस्से सुनकर व्रोन्स्की को पीटर्सबर्ग के अभ्यस्त और मस्ती-भरे जीवन में लौटने की अनुभूति होने लगी।

"यह असम्भव है!" वह वाश-बेसिन के पैडल से पाँव हटाकर, जहाँ वह अपनी लाल और मज़बूत गर्दन धो रहा था, चिल्ला उठा। "यह असम्भव है!" वह यह ख़बर सुनकर चिल्ला उठा कि लोरा फ़ेर्तिनगोफ़ को छोड़कर मिलेयेव के साथ

रहने लगी है। "और फ़ेर्तिनगोफ़ वैसा ही बुद्धू तथा ख़ुश है? और बुजुलूकोव का क्या हाल है?"

"अहा, बुजुलूकोव के साथ क्या बढ़िया क़िस्सा हुआ–बस, मज़ा ही आ गया!" पेत्रीत्स्की चिल्ला उठा। "बॉलों का तो वह दीवाना है और दरबारी बॉलों में तो वह ज़रूर ही जाता है। सो वह नया शिरस्त्राण पहनकर बड़े बॉल में चला गया। तुमने देखे हैं नये शिरस्त्राण? बहुत अच्छे हैं, बड़े हल्के हैं। तो वह खड़ा था... नहीं, तुम मेरी बात सुनो।"

"हाँ, मैं सुन रहा हूँ," मोटे तौलिए से हाथ-मुँह पोंछते हुए व्रोन्स्की ने जवाब दिया।

"ग्रैंड डचेस किसी राजदूत के साथ उसके पास से गुज़री और उसकी बदक़िस्मती से उनके बीच नये शिरस्त्राणों की चर्चा चल पड़ी। ग्रैंड डचेस ने राजदूत को यह नया शिरस्त्राण दिखाना चाहा... देखा कि हमारा यह सूरमा खड़ा है। (पेत्रीत्स्की ने मुद्रा बनाकर दिखाई कि कैसे वह शिरस्त्राण पहने खड़ा था।) ग्रैंड डचेस ने उससे शिरस्त्राण दिखाने का अनुरोध किया, लेकिन उसने ऐसा नहीं किया। यह क्या मामला है? सभी उसे आँखों और सिरों से शिरस्त्राण देने के इशारे करें, माथे पर बल डालें। दे दो। उसने नहीं दिया। बुत बना खड़ा रहा था। तुम कल्पना करो तो... तब उसने... कौन था वह... उसने शिरस्त्राण लेना चाहा... फिर भी नहीं दिया!... उसने झपट लिया और ग्रैंड डचेस को दे दिया। "यह है नया शिरस्त्राण," ग्रैंड डचेस ने कहा। उसने शिरस्त्राण को उल्टा किया और अब तुम कल्पना करो, उसमें से धम की आवाज़ करते हुए एक नासपाती और टॉफ़ियाँ, दो पौंड टॉफियाँ नीचे जा गिरीं! ...हमारे इस यार ने चुपके से शिरस्त्राण में यह सब कुछ भर लिया था!"

व्रोन्स्की हँसते-हँसते लोट-पोट हो गया। बाद में किसी दूसरी बात की चर्चा करते हुए भी शिरस्त्राणवाली घटना को याद करके वह अपने सुन्दर और मजबूत दाँतों की चमक दिखाता हुआ देर तक ज़िन्दादिली से ठहाके लगाकर लोट-पोट होता रहा।

सारी ख़बरें सुनने के बाद नौकर की मदद से व्रोन्स्की ने अपनी वर्दी पहनी और अपने आने की रिपोर्ट देने चला गया। इसके बाद उसका अपने भाई और बेत्सी तथा कुछ दूसरे लोगों के यहाँ जाने का इरादा था, ताकि उस सामाजिक हल्क़े में आने-जाने के लिए ज़मीन तैयार करे, जहाँ करेनिना से उसकी भेंट हो सके। जैसा कि पीटर्सबर्ग में हमेशा होता था, वह रात को काफ़ी देर से घर लौटा।

भाग-2

1

जाड़े के अन्त में यह तय करने के लिए कि कीटी की सेहत का क्या हाल है और उसके गिरते स्वास्थ्य को ठीक करने की ख़ातिर क्या किया जाये, श्चेर्बात्स्की परिवार में डॉक्टरों को मशविरे के लिए बुलाया गया। कीटी बीमार रहती थी और वसन्त के निकट आने पर उसकी सेहत और भी ज़्यादा ख़राब हो गयी थी। परिवार के डॉक्टर ने उसे कॉड लिवर ऑयल पिलाया, उसके बाद आयरन खिलाया और इसके पश्चात चाँदी का घोल पीने को दिया, किन्तु किसी भी दवाई से कोई लाभ नहीं हुआ। चूँकि उसने वसन्त में विदेश जाने की सलाह दी, इसलिए एक जाने-माने डॉक्टर से सलाह लेने का निर्णय किया गया। इस प्रसिद्ध डॉक्टर ने, जो अभी जवान और ख़ासा ख़ूबसूरत मर्द था, रोगी का पूरी तरह मुआयना करना चाहा। वह तो मानो विशेष आनन्द के साथ इस बात पर ज़ोर देता था कि लड़की की लाज-शर्म बीते ज़माने की असभ्यता का अवशेष है और इससे अधिक स्वाभाविक कुछ नहीं हो सकता कि वह मर्द, जो अभी खुद भी बूढ़ा नहीं हुआ, जवान नंगी लड़की के शरीर को जाँचे-परखे। वह इसलिए इसे स्वाभाविक मानता था कि हर दिन ही ऐसा करता था और ऐसा करते हुए न तो कुछ महसूस करता था और, जैसा कि उसे प्रतीत होता था, न कोई बुरा विचार ही उसके मन में आता था। इसलिए लड़की के लजाने-शरमाने को वह न केवल जहालत का अवशेष, बल्कि अपना अपमान भी मानता था।

इस डॉक्टर की इच्छा के सामने झुकना ज़रूरी था। कारण कि यद्यपि सभी डॉक्टरों ने एक ही विद्यालय में, एक ही जैसी किताबों से पढ़ाई की थी, वे एक जैसी ही विद्या जानते थे और यद्यपि कुछ ऐसा भी कहते थे कि यह किसी काम का डॉक्टर नहीं है तथापि प्रिन्सेस श्चेर्बात्स्काया के घर और उसकी जान-पहचान के लोगों में ऐसा माना जाता था कि यह विख्यात डॉक्टर कोई ख़ास चीज़ जानता है और सिर्फ़ वही कीटी को बचा सकता है। परेशान और शर्म से बेहाल हुई कीटी की अच्छी तरह से जाँच करने और उसकी पसलियों पर उँगलियाँ बजाने तथा ख़ूब अच्छी तरह से हाथ धोने के बाद प्रसिद्ध डॉक्टर मेहमानख़ाने में खड़ा हुआ प्रिन्स से बातचीत कर रहा था। प्रिन्स डॉक्टर की बातें सुनते हुए तनिक खाँसते थे और नाक-भौंह सिकोड़ रहे थे। वे काफ़ी ज़िन्दगी देख चुके थे, ख़ासे समझदार और स्वस्थ व्यक्ति थे, चिकित्साशास्त्र में विश्वास नहीं करते थे, और मन-ही-मन इस सारे तमाशे पर झल्ला रहे थे। ख़ासतौर पर इसलिए कि वे अकेले ही तो कीटी की

बीमारी के कारण को अच्छी तरह से जानते थे। 'बातूनी कहीं का,' बेटी की बीमारी के लक्षणों के बारे में उसकी बक-बक को सुनते हुए वे मन-ही-मन इस प्रसिद्ध डॉक्टर की तुलना खाली हाथ लौटने, किन्तु बढ़-चढ़कर बातें बनाने वाले शिकारी के साथ कर रहे थे। दूसरी तरफ़ डॉक्टर भी बड़ी मुश्किल से इस बूढ़े कुलीन के प्रति अपनी तिरस्कार भावना पर क़ाबू पा रहा था और कठिनाई से ही उनकी समझ के नीचे स्तर पर बातचीत कर रहा था। वह अच्छी तरह से जानता था कि बूढ़े से बात करने में कोई तुक नहीं और घर में माँ ही सब कुछ हैं। वह उन्हीं के सामने अपने क़ीमती मोती बिखेरना चाहता था। इसी समय प्रिन्सेस परिवार के डॉक्टर के साथ मेहमानख़ाने में आयीं। प्रिन्स इस बात को छिपाने की कोशिश करते हुए कि उन्हें यह सारा तमाशा कितना हास्यास्पद लग रहा है, परे हट गये। प्रिन्सेस बहुत परेशान थीं और समझ नहीं पा रही थीं कि क्या करें। वे अपने को कीटी के सामने दोषी अनुभव करती थीं।

"तो डॉक्टर, कीजिये हमारी क़िस्मत का फ़ैसला," प्रिन्सेस ने कहा। "मुझे सब कुछ बताइये।" 'कोई उम्मीद है या नहीं?' उन्होंने कहना चाहा, किन्तु उनके होंठ काँप गये और वे यह सवाल नहीं पूछ पायीं। "हाँ, तो डॉक्टर?"

"प्रिन्सेस, मैं ज़रा अपने सहयोगी के साथ बात कर लूँ और तब आपकी सेवा में अपनी राय पेश करूँगा।"

"तो हम आपको अकेले छोड़ दें?"

"जैसा ठीक समझें।"

प्रिन्सेस निःश्वास छोड़कर बाहर चली गयीं।

जब दोनों डॉक्टर ही कमरे में रह गये, तो परिवार का डॉक्टर अपना यह मत बताने लगा कि तपेदिक़ की शुरुआत है, लेकिन... इत्यादि। प्रसिद्ध डॉक्टर ने उसकी बात सुनते हुए बीच में ही अपने सोने की बड़ी-सी घड़ी पर नज़र डाली।

"हाँ," प्रसिद्ध डॉक्टर ने कहा। "लेकिन..."

परिवार का डॉक्टर आदरपूर्वक बीच में ही चुप हो गया।

"जैसा कि आप जानते हैं, तपेदिक़ की शुरुआत को हम निश्चित तो कर नहीं सकते, कैविटी के प्रकट होने तक कुछ भी स्पष्ट नहीं हो सकता। किन्तु हम ऐसा सन्देह कर सकते हैं। इसके लिए आधार भी हैं–भूख की कमी, चिड़चिड़ापन दूर किया जाये, तो हमारे सामने सवाल यह है–तपेदिक़ की प्रक्रिया के आरम्भ का सन्देह होने पर भूख को बढ़ाने के लिए क्या किया जाये?"

"किन्तु, जैसा कि आप जानते हैं, इसके पीछे हमेशा नैतिक और मानसिक कारण छिपे रहते हैं," परिवार के डॉक्टर ने हल्की-सी मुस्कान के साथ इतना तो कह ही दिया।

"हाँ, सो तो है ही," नामी डॉक्टर ने फिर से घड़ी पर नज़र डालकर जवाब

दिया। "माफ़ी चाहता हूँ, लेकिन क्या याउज़ा पुल बन गया या अभी तक बड़ा चक्कर काटकर जाना पड़ता है?" उसने पूछा। "अच्छा, बन गया! तब तो मैं बीस मिनट में पहुँच सकता हूँ। हाँ, हम कह रहे थे कि हमारे सामने सवाल यह है–भूख बढ़ाई जाये और चिड़चिड़ापन दूर किया जाये। ये दोनों चीजें, एक-दूसरी से सम्बन्धित हैं और हमें दोनों की ओर ध्यान देना चाहिए।"

"किन्तु विदेश जाने के बारे में आपकी क्या राय है?" परिवार के डॉक्टर ने पूछा।

"मैं विदेश जाने का बड़ा विरोधी हूँ। आप इस बात पर ध्यान दें कि अगर तपेदिक़ की प्रक्रिया का आरम्भ ही है, जो हम निश्चित नहीं कर सकते, तो विदेश-यात्रा से कोई लाभ नहीं होगा। ऐसे इलाज की ज़रूरत है, जिससे भूख बढ़े और हानि किसी तरह की न हो।"

नामी डॉक्टर ने सोडेन खनिज जल से इलाज करने की योजना बतायी। ऐसे इलाज का सुझाव देने का सम्भवतः मुख्य कारण यही था कि इससे किसी तरह की हानि नहीं होगी।

परिवार का डॉक्टर बहुत ध्यान और बड़े आदर से उसकी बात सुन रहा था।

"किन्तु विदेश-यात्रा के पक्ष में मैं यह कहना चाहूँगा कि उससे अभ्यस्त जीवन में कुछ परिवर्तन होगा, यादों को ताज़ा करने वाला वातावरण नहीं रहेगा। इसके अलावा उसकी माँ ऐसा चाहती भी हैं," उसने कहा।

"समझा! अगर ऐसा है, तो जायें, लेकिन ये जर्मन नीम-हकीम नुक़सान ही पहुँचायेंगे... ज़रूरत इस बात की है कि वे मेरी बातों पर कान दें।"

उसने फिर से घड़ी पर नज़र डाली।

"ओह! जाने का वक़्त हो गया..." और दरवाजे की तरफ़ चल दिया।

नामी डॉक्टर ने प्रिन्सेस से कहा (शायद शिष्टतावश ऐसा करना ज़रूरी था) कि उसके लिए रोगी को फिर से देखना ज़रूरी है।

"क्या मतलब! फिर से देखना ज़रूरी है?" प्रिन्सेस घबराकर चिल्लायीं।

"नहीं, नहीं, मेरा मतलब यह है कि कुछ तफ़सीलें जानना ज़रूरी है।"

"कृपया पधारिये।"

और माँ डॉक्टर को मेहमानख़ाने में कीटी के पास ले चलीं। दुबलायी और दहकते गालों तथा आँखों में उस शर्म के कारण, जो उसे सहन करनी पड़ी थीं, विशेष प्रकार की चमक लिये कीटी कमरे के मध्य में खड़ी थी। डॉक्टर के कमरे में दाख़िल होने पर वह बिल्कुल लाल हो गयी और उसकी आँखें छलछला आयीं। उसे अपनी सारी बीमारी और उसका इलाज एक बेवकूफी, यहाँ तक कि हास्यास्पद भी लग रहा था। उसे अपना इलाज टूटे हुए फूलदान के टुकड़ों को जोड़ने के समान बेहूदा प्रतीत हो रहा था। उसके दिल के टुकड़े हो गये थे। तो

क्या वे दवाई की गोलियों और पाउडरों से उसका इलाज करना चाहते हैं? लेकिन वह माँ के दिल को ठेस नहीं लगा सकती थी, ख़ासतौर पर जबकि माँ अपने को दोषी अनुभव करती थीं।

"प्रिन्सेस, ज़रा बैठ जाने की कृपा करें," नामी डॉक्टर ने कहा।

डॉक्टर मुस्कुराता हुआ उसके सामने बैठ गया, उसने नब्ज़ हाथ में ले ली और फिर से ऊब-भरे सवाल पूछने लगा। कीटी ने उत्तर दिये और अचानक नाराज़ होकर खड़ी हो गयी।

"क्षमा चाहती हूँ, डॉक्टर, किन्तु इस सबसे कोई लाभ नहीं होगा। आप मुझसे वही बात तीसरी बार पूछ रहे हैं।"

नामी डॉक्टर ने बुरा नहीं माना।

"यह चिड़चिड़ापन बीमारी के कारण है," कीटी के बाहर चली जाने पर उसने माँ से कहा। "वैसे, मैं अपना काम पूरा कर चुका हूँ..."

डॉक्टर ने एक असाधारण सूझ-बूझ वाली नारी के रूप में माँ के सामने बेटी की हालत को वैज्ञानिक ढंग से स्पष्ट किया और अन्त में यह बताया कि कैसे वह खनिज जल पिया जाये, जिसे पीने की कोई आवश्यकता नहीं थी। यह पूछे जाने पर कि विदेश जायें या नहीं, डॉक्टर ऐसे गहरी सोच में डूब गया मानो कोई मुश्किल सवाल हल कर रहा हो। आख़िर उसने अपना यह फ़ैसला सुनाया–जायें, किन्तु नीम-हकीमों पर विश्वास न करें और हर बात के लिए उसकी सलाह लें।

डॉक्टर के जाने के बाद मानो खुशी-सी छा गयी। बेटी के पास लौटने पर माँ ख़ुश-ख़ुश-सी दिखाई दीं और बेटी ने भी यह ढोंग किया कि वह अच्छे मूड में है। कीटी को अक्सर, लगभग हर समय ही अब ढोंग करना पड़ता था।

"सच कहती हूँ कि मैं भली-चंगी हूँ, maman. किन्तु यदि आप चाहती हैं, तो हम विदेश चल सकती हैं," कीटी ने कहा और यह दिखाने की कोशिश करते हुए कि निकट भविष्य में होने वाली यात्रा में उसकी दिलचस्पी है, उसकी तैयारी की चर्चा करने लगी।

2

डॉक्टर के जाने के फ़ौरन बाद डॉली आ गयी। उसे मालूम था कि इस दिन डॉक्टरों से सलाह-मशविरा किया जायेगा और इस चीज़ के बावजूद कि उसने कुछ ही दिन पहले प्रसूति से मुक्ति पायी थी (जाड़े के अन्त में उसने एक और बेटी को जन्म दिया था), और इस बात की भी परवाह न करते हुए कि ख़ुद उसे भी कुछ कम परेशानियाँ और चिन्ताएँ नहीं थीं, वह अपनी दूध पीती बच्ची और दूसरी बीमार बालिका को छोड़कर कीटी के भाग्य-निर्णय के बारे में जानने का, जो आज तय हो रहा था, यहाँ आयी थी।

"तो क्या कहा डॉक्टरों ने?" उसने टोपी उतारे बिना ही मेहमानख़ाने में दाख़िल होते हुए पूछा। "आप सभी ख़ुश नज़र आ रहे हैं। सब कुछ ठीक-ठाक है न?"

नामी डॉक्टर ने जो कुछ कहा था, उन्होंने उसे वह बताने की कोशिश की। किन्तु, यद्यपि डॉक्टर बहुत सुन्दर ढंग से और देर तक अपनी बात कहता रहा था, वे किसी तरह भी डॉली को यह न बता सकीं कि उसने क्या कहा था। दिलचस्प बात सिर्फ़ इतनी ही थी कि विदेश जाने का निर्णय कर लिया गया था।

डॉली ने अनचाहे ही गहरी साँस ली। उसकी सबसे अच्छी मित्र, उसकी बहन विदेश जा रही थी। और डॉली का अपना जीवन सुखी नहीं था। सुलह के बाद ओब्लोन्स्की के साथ उसके सम्बन्ध अपमानजनक हो गये थे। आन्ना ने जो सन्धि करवायी थी, वह बहुत पक्की साबित नहीं हुई और पारिवारिक मेल-मिलाप में उसी जगह फिर से दरार पड़ गयी थी। ख़ास बात तो नहीं हुई थी, किन्तु ओब्लोन्स्की घर पर लगभग कभी नहीं रहता था, घर में पैसे भी लगभग कभी नहीं होते थे, पति की बेवफ़ाई के सन्देह डॉली को निरन्तर यातना देते रहते थे और डॉली ईर्ष्या भाव की पीड़ा से डरती हुई इन सन्देहों को अपने से दूर भगाती रहती थी। ईर्ष्या का जो पहला विस्फोट वह सहन कर चुकी थी, अब उसकी पुनरावृत्ति नहीं हो सकती थी और बेवफ़ाई की जानकारी होने पर भी अब उस पर वैसा ही असर न होता, जैसा पहली बार हुआ था। ऐसी जानकारी होने पर उसका केवल अभ्यस्त पारिवारिक जीवन भी गड़बड़ा जाता और वह उसे तथा इस दुर्बलता के लिए अपने से और भी अधिक घृणा करती हुई अपने को धोखा देने देती। इस परेशानी के अलावा बड़े कुनबे की चिन्ताएँ उसे निरन्तर घेरे रहती थीं–कभी तो बच्ची को दूध पिलाने में कठिनाई होती, फिर आया चली गयी और फिर कभी कोई बच्चा बीमार हो जाता, जैसा आज था।

"तुम्हारे बच्चों का क्या हालचाल है?" माँ ने पूछा।

"ओह, maman, आपकी अपनी परेशानियाँ ही बहुत हैं। लिली बीमार हो गयी है और मुझे डर है कि उसे लाल बुख़ार है। मैं कीटी के बारे में जानने को अभी चली आयी, नहीं तो भगवान न करें, अगर उसे लाल बुखार होगा, तो मेरा घर से निकलना ही नहीं हो सकेगा।"

बूढ़े प्रिन्स भी डॉक्टर के जाने के बाद अपने कमरे से बाहर निकल आये और डॉली से अपने गाल पर चुम्बन पाने तथा उससे बातचीत करने के बाद पत्नी से बोले–

"तो क्या जाने का फ़ैसला कर लिया? मेरे बारे में क्या विचार है?"

"मैं समझती हूँ कि तुम्हें यहीं रहना चाहिए, अलेक्सान्द्र," बीवी ने जवाब दिया।

"जैसा ठीक समझें।"

"Maman, पापा भी क्यों न चलें हमारे साथ?" कीटी ने कहा। "वे भी ख़ुश

रहेंगे और हम भी।"

बूढ़े प्रिन्स उठे और उन्होंने कीटी के बाल सहलाये। कीटी ने मुँह ऊपर को किया और यत्नपूर्वक मुस्कुराकर पापा की तरफ़ देखा। कीटी को हमेशा ऐसा लगता था कि यद्यपि पापा उससे बहुत कम बात करते थे, वही उसे परिवार में सबसे ज़्यादा अच्छी तरह समझते थे। सबसे छोटी होने के नाते वह पापा की लाड़ली थी और कीटी को ऐसा प्रतीत होता था कि उसके प्रति पापा के प्यार ने उन्हें सूक्ष्मदर्शी बना दिया है। उसे एकटक देखती हुई पापा की नीली और दयालु आँखों से जब उसकी आँखें मिलीं तो उसे लगा कि पापा उसे आर-पार देख रहे हैं और उसकी आत्मा की हर बेचैनी को समझते हैं। कीटी लज्जारुण होते हुए इस आशा से पापा की ओर झुकी कि वे उसे चूमेंगे, किन्तु उन्होंने केवल उसके बाल थपथपा दिये और बोले–

"ये मूर्खतापूर्ण पराये बाल! अपनी बिटिया के पास सहलाने के बजाय किन्हीं मृत बुढ़ियाओं के बालों को ही सहला पाता हूँ। हाँ, तो डॉली," उन्होंने बड़ी बेटी को सम्बोधित किया, "तुम्हारा वह तुरुप का इक्का क्या तीर मार रहा है?"

"ठीक है, पापा," डॉली ने यह समझते हुए कि उसके पति की चर्चा हो रही है, जवाब दिया। "हमेशा बाहर ही रहता है, मैं तो उसे लगभग घर में नहीं देख पाती," वह व्यंग्यपूर्ण मुस्कान के साथ इतना और कहे बिना न रह सकी।

"तो क्या वह अभी तक जंगल बेचने के लिए गाँव नहीं गया?"

"नहीं, सोच रहा है जाने की।"

"अच्छा!" प्रिन्स ने कहा। "तो क्या मुझे भी जाने की तैयारी करनी चाहिए? मैं हुक्म बजाने को तैयार हूँ," उन्होंने बैठते हुए अपनी बीवी से कहा। "और कीटी, तुम ऐसा करो," वे छोटी बेटी से बोले, "किसी एक शुभ दिन तुम आँख खोलते ही अपने-आपसे कहना–मैं बिल्कुल स्वस्थ और ख़ूब मज़े में हूँ और फिर से पापा के साथ तड़के ही जाड़े-पाले में सैर को जाया करूँगी। क्या ख़याल है?"

पापा ने जो कुछ कहा था, वह यों तो बहुत सीधा-सादा प्रतीत होता था, किन्तु ये शब्द सुनकर कीटी एक अपराधी की तरह बेचैन और परेशान हो उठी। "हाँ, पापा सब कुछ जानते, सब कुछ समझते हैं और इन शब्दों द्वारा मुझसे यह कह रहे हैं कि बेशक तुम्हें शर्मिन्दगी का सामना करना पड़ रहा है, फिर भी तुम्हें उससे निजात पानी चाहिए।" वह उन्हें जवाब देने की हिम्मत नहीं बटोर पायी। उसने कुछ कहना शुरू किया, लेकिन अचानक रो पड़ी और कमरे से बाहर भाग गयी।

"यह नतीजा होता है तुम्हारे मज़ाक़ों का!" प्रिन्सेस पति पर बरस पड़ीं। "तुम हमेशा..." उन्होंने पति को डाँट पिलानी शुरू कर दी।

प्रिन्स देर तक पत्नी की डाँट सुनते हुए चुप रहे, किन्तु उनके तेवर चढ़ते चले गये।

"वह इतनी ज़्यादा दुःखी है, इतनी ज़्यादा दुःखी है, बेचारी, लेकिन तुम यह

महसूस नहीं करते कि उसे असली वजह की तरफ़ ज़रा-सा इशारा करने पर भी कितनी ठेस लगती है। आह! कितना धोखा खा जाते हैं हम लोगों के बारे में!" प्रिन्सेस ने कहा और उनका अन्दाज़ बदलने से डॉली तथा प्रिन्स समझ गये कि अब वे व्रोन्स्की की चर्चा कर रही हैं। "मेरी समझ में नहीं आता कि ऐसे दुष्ट और बुरे लोगों के खिलाफ़ कोई क़ानून-क़ायदे क्यों नहीं हैं?"

"ओह, यह तुम क्या कह रही हो!" प्रिन्स ने दुःखी होते और मानो बाहर जाने की इच्छा ज़ाहिर करते हुए कहा। लेकिन वे दरवाज़े के पास जाकर रुक गये। "क़ानून तो हैं और अब अगर तुमने मुझे ज़बान खोलने को मजबूर कर ही दिया है, तो सुनो कि इस सबके लिए तुम, और केवल तुम ही दोषी हो। ऐसे छैल-छबीलों के विरुद्ध क़ानून सदा थे, और हैं! हाँ, अगर वैसा न होता, जैसा कि नहीं होना चाहिए था, तो मैं, बूढ़ा होते हुए भी, उस शैतान को द्वन्द्व-युद्ध की चुनौती देता। और अब इसका इलाज करवाइये, इन ढोंगी नीम-हकीमों के फेर में पड़िये!"

प्रिन्स सम्भवतः और भी बहुत कुछ कहना चाहते थे, किन्तु प्रिन्सेस ने जैसे ही उनका बात कहने का यह अन्दाज़ देखा, वैसे ही, जैसे कि हमेशा सभी गम्भीर मामलों में होता था, फ़ौरन झुक गयीं और पश्चाताप करने लगीं।

"अलेक्सान्द्र, अलेक्सान्द्र," पति की ओर बढ़ती हुई प्रिन्सेस फुसफुसायीं और रो पड़ीं।

पत्नी के रो पड़ते ही प्रिन्स चुप हो गये। वे पत्नी के पास जाकर बोले–

"बस, बस करो! मैं जानता हूँ कि तुम्हारे मन पर भी भारी गुज़र रही है। किया क्या जाये? कोई बड़ी मुसीबत नहीं है। भगवान दयालु हैं..." ख़ुद यह न समझते हुए कि वे क्या कह रहे हैं तथा हाथ पर पत्नी के आँसू भीगे चुम्बन को अनुभव करके और धन्यवाद देकर वे क़मरे से बाहर चले गये।

कीटी जैसे ही आँखों में आँसू भरे हुए कमरे से निकली, डॉली ने स्वयं माँ और पारिवारिक जीवन की अभ्यस्त होने के नाते फ़ौरन यह समझ लिया कि अब नारी के रूप में उसे कुछ करना चाहिए और उसने अपने को इसके लिए तैयार कर लिया। उसने अपनी टोपी उतार दी और मन-ही-मन मानो आस्तीनें चढ़ाकर मैदान में उतरने को तत्पर हो गयी। माँ जब पिता पर बरस रही थीं, तो उसने बेटी के नाते जहाँ तक उचित था, माँ को रोकने की कोशिश की। पिता के फट पड़ने पर वह ख़ामोश रही। उसे माँ के लिए शर्म और पिता के प्रति, उनकी उसी क्षण लौट आने वाली दयालुता के कारण प्यार की अनुभूति हो रही थी। किन्तु पिता के बाहर चले जाने पर वह सबसे महत्त्वपूर्ण चीज़ यानी कीटी के पास जाकर उसे शान्त करने की सोचने लगी।

"Maman, मैं बहुत दिनों से आपको एक बात कहना चाहती थी–आपको यह मालूम है या नहीं कि लेकिन जब आख़िरी बार यहाँ था, तो वह कीटी से विवाह

प्रस्ताव करना चाहता था? उसने स्तीवा से यह कहा था।"

"तो क्या हुआ? तुम्हारी बात मेरी समझ में नहीं आ रही..."

"हो सकता है कि कीटी ने उसे इनकार कर दिया हो? उसने आपसे नहीं कहा?"

"नहीं, उसने दोनों में से किसी के बारे में भी कुछ नहीं कहा, वह बड़ी गर्वीली है। लेकिन मैं जानती हूँ कि यह सब कुछ इसी बात के कारण है..."

"हाँ, आप कल्पना करें कि अगर उसने लेविन को इनकार कर दिया है, किन्तु वह उसे कभी इनकार न करती अगर वह दूसरा न होता। मैं जानती हूँ... और बाद में इसने उसे कैसे धोखा दिया?"

प्रिन्सेस के लिए यह सोचना बड़ा भयानक था कि कीटी के सामने वे कितनी अधिक दोषी हैं और इसलिए वे झल्ला उठीं।

"ओह, मेरी समझ में अब कुछ नहीं आ रहा! आजकल सब अपनी ही अक़्ल से जीना चाहते हैं और माँ को कुछ भी नहीं बताते। इसीलिए बाद में यह..."

"Maman, मैं उसके पास जाती हूँ।"

"जाओ। मैं क्या तुम्हें मना कर रही हूँ?" माँ ने जवाब दिया।

3

कीटी के सुन्दर, गुलाबी रंगवाले और सैक्सोनी चीनी मिट्टी की गुड़ियाओं सहित छोटे कमरे में दाख़िल होने पर, जो दो महीने पहले की कीटी के समान की ताज़गी, गुलाबीपन और प्रफुल्लता लिये हुए था, डॉली को यह याद हो आया कि पिछले साल कैसे दोनों बहनों ने मिलकर कितनी ख़ुशी और प्यार से इस कमरे को सजाया-सँवारा था। उसने जब कीटी को दरवाज़े के क़रीब नीची-सी कुर्सी पर बैठे और क़ालीन के एक कोने पर निश्चल दृष्टि जमाये देखा, तो उसका दिल बैठ गया। कीटी ने अपनी बहन की तरफ़ नज़र उठायी और उसके चेहरे पर रुखाई, बल्कि कुछ कठोरता का भाव नहीं बदला।

"मैं अभी चली जाऊँगी, फिर घर से निकल नहीं सकूँगी और तुम मेरे पास आ नहीं सकोगी," डॉली ने कीटी के निकट बैठते हुए कहा। "मैं तुम्हारे साथ कुछ बातचीत करना चाहती हूँ।"

"किस बारे में?" घबराकर सिर ऊँचा करते हुए कीटी ने झटपट पूछा।

"अगर तुम्हारे दुःख के बारे में नहीं तो और किस बारे में?"

"मुझे कोई दुःख नहीं है।"

"हटाओ, कीटी! क्या तुम यह सोचती हो कि मुझसे यह सब छिपा रह सकता है? मैं सब कुछ जानती हूँ। और मुझ पर यक़ीन करो कि यह इतनी तुच्छ चीज़ है... हम सभी को इसका अनुभव हुआ है।"

कीटी ख़ामोश रही और उसके चेहरे पर कठोरता का भाव बना रहा था।

"वह इसके लायक नहीं है कि तुम उसके लिए अपना मन दुःखाओ," डॉली ने सीधे-सीधे मतलब की बात कह दी।

"हाँ, क्योंकि उसने मेरी उपेक्षा कर दी है," कीटी काँपती आवाज़ में कह उठी। "कुछ नहीं कहो! कृपया इस बारे में कुछ नहीं कहो!"

"ऐसा तुमसे किसने कहा है? किसी ने भी ऐसा नहीं कहा। मुझे विश्वास है, वह तुमसे प्यार करता था और अब भी करता है, किन्तु..."

"आह, ये सहानुभूति के प्रदर्शन ही सबसे ज़्यादा भयानक होते हैं!" कीटी अचानक गुस्से में आकर चिल्ला उठी। उसने कुर्सी पर घूमकर मुँह दूसरी ओर कर लिया, गुस्से से लाल हो गयी और उँगलियों को जल्दी-जल्दी हिलाते हुए कभी एक, तो कभी दूसरे हाथ से पेटी के उस बकसुए को दबाने लगी, जो वह हाथ में लिये थी। गुस्से में आने पर हाथों को ऐसे पकड़ने-दबाने की कीटी की आदत से डॉली परिचित थी। उसे यह भी मालूम था कि क्रोध के ऐसे क्षणों में कीटी को भले-बुरे का कुछ भी ध्यान नहीं रहता और वह बहुत-सी अवांछित तथा कड़वी बातें भी कह सकती है। डॉली ने उसे शान्त करना चाहा, किन्तु देर हो चुकी थी।

"क्या, तुम क्या अनुभव करवाना चाहती हो मुझे?" कीटी जल्दी-जल्दी कह रही थी। "यही कि मैं ऐसे आदमी को प्यार करती थी, जिसने मेरी रत्ती-भर परवाह नहीं की और यह कि मैं उसके प्यार में मरी जा रही हूँ? और मुझसे ऐसा मेरी बहन कह रही है, जो यह समझती है कि... कि वह मेरे प्रति सहानुभूति प्रकट कर रही है! ... मुझे नहीं चाहिए ऐसी सहानुभूति और ऐसा ढोंग!"

"कीटी, यह तुम्हारी ज़्यादती है!"

"किसलिए तुम मुझे यह यातना दे रही हो?"

"मैं तो उल्टे... मैं देख रही हूँ कि तुम दुःखी हो..."

किन्तु कीटी ने अपने गुस्से में उसकी बात नहीं सुनी।

"मेरे लिए दुःखी होने और सान्त्वना पाने का कोई कारण नहीं है। मैं इतनी गर्वीली हूँ कि कभी ऐसे आदमी को प्यार नहीं करूँगी, जो मुझे प्यार नहीं करता।"

"मैं तो यह कह ही नहीं रही हूँ... तुम एक बात मुझे सच-सच बताओ," कीटी का हाथ अपने हाथ में लेकर डॉली बोली, "मुझे बताओ, क्या लेविन ने तुमसे अपने इरादे का ज़िक्र किया था?..."

लेविन की याद दिलाने पर तो कीटी मानो बिल्कुल आपे से बाहर हो गयी। वह उछलकर कुर्सी से उठ खड़ी हुई, उसने बकसुआ ज़मीन पर दे मारा और हाथों को तेज़ी से हिलाते-डुलाते हुए कह उठी—

"लेविन का यहाँ क्या सवाल पैदा होता है? समझ में नहीं आता कि तुम किसलिए मुझे सताना चाहती हो? मैं कह चुकी हूँ और दोहराती हूँ कि मुझमें आत्माभिमान है और कभी, कभी भी वह नहीं करूँगी, जो तुम करती हो—उस

आदमी के पास कभी नहीं लौटूँगी, जिसने मेरे साथ बेवफ़ाई की है और किसी दूसरी नारी को प्यार करने लगा है। यह मेरी समझ में नहीं आता, नहीं आता। तुम ऐसा कर सकती हो, मैं नहीं कर सकती!"

ये शब्द कहकर उसने बहन पर नज़र डाली और यह देखकर कि डॉली सिर झुकाये हुए ख़ामोश है, कीटी कमरे से बाहर आने के बजाय, जैसा कि उसका इरादा था, दरवाज़े के पास बैठ गयी और मुँह को रूमाल से ढँककर उसने सिर झुका लिया।

कोई दो मिनट तक ख़ामोशी बनी रही। डॉली अपने बारे में सोच रही थी। अपना यही अपमान, जो वह हमेशा अनुभव करती थी, बहन के याद दिलाने पर विशेषतः ज़ोर से टीस उठा। उसने बहन से ऐसी निर्ममता की आशा नहीं की थी और वह उससे नाराज़ हो गयी। किन्तु अचानक उसे पोशाक की सरसराहट और साथ ही दबी-घुटी सिसकियों की आवाज़ सुनाई दी और किसी ने नीचे की तरफ़ से उसके गले में बाँहें डाल दीं। कीटी उसके सामने घुटने टेके हुए थी।

"प्यारी डॉली, मैं इतनी दुःखी हूँ, इतनी अधिक दुःखी हूँ!" वह दोषी की तरह फुसफुसायी।

कीटी ने आँसुओं से तर अपना प्यारा चेहरा डॉली के स्कर्ट में छिपा लिया।

आँसू तो मानो उस ज़रूरी तेल के समान थे, जिनके बिना दोनों बहनों के आपसी मेल-मिलाप की गाड़ी सफलतापूर्वक नहीं चल सकती थी। आँसुओं के बाद बहनों ने उस बात की चर्चा नहीं की, जिसमें उन दोनों की दिलचस्पी थी। किन्तु दूसरी बातों की चर्चा करते हुए भी वे एक-दूसरी को समझ गयीं। कीटी समझ गयी कि उसने गुस्से में डॉली के पति की बेवफ़ाई और उसके अपमान के बारे में जो कुछ कहा था, उससे बेचारी बहन के दिल को गहरी ठेस लगी है, मगर उसने उसे क्षमा कर दिया है। दूसरी तरफ़ डॉली वह सब समझ गयी, जो जानना चाहती थी। उसे यक़ीन हो गया कि उसके अनुमान बिल्कुल सही थे, कीटी का दुःख, वह दुःख, जिसका कोई इलाज नहीं था, इसी बात में निहित था कि लेविन ने उससे विवाह का प्रस्ताव किया और उसने उसे इनकार कर दिया, किन्तु व्रोन्स्की ने उसे धोखा दिया और वह लेविन को प्यार करने को तैयार थी तथा व्रोन्स्की से घृणा करती थी। कीटी ने इस सम्बन्ध में एक शब्द भी नहीं कहा, उसने तो केवल अपनी मानसिक स्थिति की चर्चा की।

"मुझे किसी तरह कोई दुःख नहीं है," शान्त होने पर उसने कहा, "लेकिन तुम समझ सकती हो कि मुझे कुछ गन्दा, घिनौना और बेहूदा लगता है और सबसे पहले मैं ख़ुद अपनी नज़रों में ही ऐसी हो गयी हूँ। तुम कल्पना भी नहीं कर सकतीं कि सभी चीज़ों के बारे में मेरे दिल में कैसे बुरे विचार आते हैं।"

"कैसे बुरे विचार हो सकते हैं तुम्हारे मन में?" डॉली ने मुस्कुराते हुए पूछा।

"बहुत, बहुत ही बुरे और बेहूदा। मैं तुम्हें बता भी नहीं सकती। यह बेचैनी नहीं, ऊब नहीं, बल्कि इससे कहीं अधिक बुरी चीज़ है। ऐसे लगता है कि मानो मेरे भीतर जो कुछ भी अच्छा था, सब ग़ायब हो गया और सिर्फ़ सबसे बुरा ही बाक़ी रह गया है। कैसे समझाऊँ मैं तुम्हें यह?" बहन की आँखों में यह भाव देखकर मानो वह उसे समझ न पा रही हो, वह कहती गयी। "पापा अभी मुझसे कहने लगे... मुझे लगता है, वे केवल यही समझते हैं कि मुझे शादी करनी चाहिए। अम्मा, मुझे बॉल में ले जाती हैं–मुझे लगता है, वे इसीलिए मुझे वहाँ ले जाती हैं कि जल्दी से मेरी शादी करके मुझसे पिंड छुड़ा लें। मैं जानती हूँ कि यह सच नहीं है, किन्तु ऐसे विचारों को दिल से खदेड़ नहीं पाती। तथाकथित वरों को तो मैं फूटी आँखों नहीं देख पाती। ऐसा लगता है कि वे मानो मेरी माप लेते हैं। पहले तो बॉल की पोशाक पहनकर कहीं जाना मेरे लिए बड़ी ख़ुशी की बात होती थी, मैं अपने पर मुग्ध हुआ करती थी, किन्तु अब मुझे शर्म आती है, अटपटापन महसूस होता है। तो क्या करूँ मैं? और डॉक्टर... हाँ..."

कीटी झिझक गयी। वह आगे यह कहना चाहती थी कि जिस समय से उसमें यह परिवर्तन हुआ है, स्तेपान अर्काद्येविच उसकी नज़र में बुरी तरह खटकने लगा है और वह बहुत ही बुरे और घिनौने विचारों के बिना उसकी कल्पना नहीं कर सकती।

"हाँ, सब कुछ बहुत बुरे और घिनौने रूप में मेरे सामने आता है," वह कहती गयी। "यही मेरी बीमारी है। शायद यह दूर हो जायेगी..."

"तुम सोचा न करो..."

"मैं ऐसा नहीं कर पाती। सिर्फ़ बच्चों के साथ, सिर्फ़ तुम्हारे यहाँ ही मैं खुश रहती हूँ।"

"दुःख की बात है कि तुम मेरे यहाँ नहीं आ सकतीं।"

"नहीं, मैं आऊँगी। मुझे लाल बुख़ार हो चुका है और मैं maman से तुम्हारे यहाँ जाने की अनुमति ले लूँगी।"

कीटी ने अपनी बात मनवा ली, बहन के यहाँ चली गयी और लाल बुख़ार के दौरान, जो सचमुच ही प्रकट हो गया था, बच्चों की देखभाल करती रही। दोनों बहनों ने छः-के-छः बच्चों को इस रोग के संकट से सही-सलामत उबार लिया, किन्तु कीटी का स्वास्थ्य बेहतर नहीं हुआ। लेंट पर्व के अवसर पर श्चेर्बात्स्की परिवार विदेश चला गया।

4

पीटर्सबर्ग का ऊँचा सामाजिक हलका वास्तव में एक ही है–सभी एक-दूसरे को जानते हैं, एक-दूसरे के यहाँ आते-जाते भी हैं। किन्तु एक बड़े हल्क़े में अपने

छोटे-छोटे दायरे भी हैं। आन्ना अर्कादृयेव्ना करेनिना के तीन विभिन्न दायरों के साथ घनिष्ठ सम्बन्ध थे और वहाँ उसकी सहेलियाँ और मित्र थे। एक दायरा तो उसके पति का सरकारी और औपचारिक दायरा था, जिसमें उसके साथ काम करने वाले तथा उसके मातहत लोग शामिल थे। ये लोग अत्यधिक विविधतापूर्ण और अजीब ढंग से सामाजिक सम्बन्धों में बँधे या बँटे हुए थे। आन्ना अब मुश्किल से ही उस लगभग पावन सम्मान की भावना को याद कर सकती थी, जो शुरू में वह उन लोगों के प्रति अनुभव करती थी। अब तो वह उन सभी को वैसे ही जानती थी, जैसे छोटे-से शहर में एक-दूसरे को जानते हैं। उसे मालूम था कि किसकी कैसी आदतें और कमज़ोरियाँ हैं, किसको किसके कारण परेशानी होती है, एक-दूसरे और मुख्य केन्द्र के प्रति उनके रवैये से परिचित थी। उसे पता था कि कौन किसका, कैसे और किस चीज़ के बल पर दामन थामे है और कौन किस चीज़ में सहमत और असहमत है। लेकिन काउंटेस लीदिया इवानोव्ना के समझाने-बुझाने के बावजूद इन सरकारी हितोंवाले मर्दों का यह दायरा उसे कभी अच्छा नहीं लगता था, और वह उससे कतराती थी।

आन्ना के मेल-जोल का दूसरा दायरा वह था, जिसके ज़रिये उसके पति करेनिन ने अपनी नौकरी में तरक़्क़ी की थी। काउंटेस लीदिया इवानोव्ना इस दायरे का केन्द्र-बिन्दु थी। यह बूढ़ी, बदसूरत, सदाचारी और धर्म-कर्म में डूबी हुई औरतों और समझदार, विद्वान तथा महत्त्वाकांक्षी मर्दों का दायरा था। इस दायरे से सम्बन्ध रखने वाले एक बुद्धिमान व्यक्ति ने इसे 'पीटर्सबर्ग के समाज की आत्मा' की संज्ञा दी थी। करेनिन इस दायरे को बहुत महत्त्व देता था और सबके साथ निबाह कर लेने वाली आन्ना ने पीटर्सबर्ग के अपने प्रारम्भिक जीवन में इस दायरे में भी मित्र बना लिये थे। अब मास्को से लौटने पर यह दायरा उसे बहुत ही बुरी तरह से अखरने लगा। उसे प्रतीत होता कि वह ख़ुद और बाक़ी सभी लोग भी ढोंग करते हैं। इसलिए इस दायरे में वह बड़ी ऊब तथा अटपटापन अनुभव करने और काउंटेस लीदिया इवानोव्ना के यहाँ कम-से कम जाने लगी।

तीसरा, आख़िरी दायरा, जिसके साथ उसके सम्बन्ध थे, बॉलों, दावतों और शानदार पोशाकों का दायरा था। यह वह कुलीन समाज था, जो एक हाथ से दरबार को थामे रहता था, ताकि अपने से नीचे के समाज में न खिसक जाये। इस कुलीन समाज के लोग अपने ख़याल में इस नीचेवाले समाज को तिरस्कार की दृष्टि से देखते थे, किन्तु उसके साथ उनकी रुचियाँ न केवल मिलती-जुलती ही, बल्कि सर्वथा समान थीं। इस दायरे के साथ प्रिन्सेस बेत्सी त्वेरस्काया के ज़रिये उसका सम्बन्ध बना हुआ था। प्रिन्सेस बेत्सी उसके चचेरे भाई की पत्नी थी, उसकी एक लाख बीस हज़ार की आमदनी थी, और आन्ना के कुलीन समाज में प्रकट होते ही उसे उससे विशेष अनुराग हो गया था। वह आन्ना की बहुत ख़ातिरदारी करती थी

और काउंटेस लीदिया इवानोव्ना के दायरे का मज़ाक़ उड़ाते हुए उसे अपने दायरे में खींच लायी थी।

"बूढ़ी-खूसट और बदसूरत होने पर मैं भी उसके जैसी ही हो जाऊँगी," बेत्सी कहती, "लेकिन आपके जैसी जवान और सुन्दर नारी के लिए अभी उन बूढ़ी औरतों के आश्रम में जाने का वक़्त नहीं आया।"

पहले कुछ समय में तो आन्ना प्रिन्सेस बेत्सी त्वेरस्काया के दायरे से यथासम्भव दूर रहने का प्रयास किया, क्योंकि इसके लिए जितने ख़र्च की ज़रूरत थी, वह उसके साधनों से बाहर की बात थी और वैसे दिल से भी वह पहले दायरे को ही तरजीह देती थी। लेकिन मास्को से लौटने के बाद उसका रुख़ बिल्कुल दूसरा हो गया। वह अपने नैतिक झुकाववाले मित्रों से कन्नी काटती और ऊँचे कुलीन समाज में जाती। वहाँ व्रोन्स्की से उसकी भेंट होती और ऐसी भेंटें उसे उत्तेजनापूर्ण ख़ुशी प्रदान करतीं। बेत्सी के यहाँ तो विशेषतः उसकी व्रोन्स्की से अक्सर मुलाक़ात होती। बेत्सी भी व्रोन्स्की परिवार में ही जन्मी थी और उसकी चचेरी बहन थी। व्रोन्स्की हर उस जगह पर पहुँचता, जहाँ उसे आन्ना से मिलने की आशा होती और जब भी सम्भव होता, उससे अपने प्यार की चर्चा करता। वह उसे किसी भी तरह का बढ़ावा न देती, किन्तु उससे होने वाली हर मुलाक़ात के समय उसे वैसी ही सजीवता की अनुभूति होती, जैसी उसने उस दिन रेलगाड़ी में व्रोन्स्की को पहली बार देखने पर अनुभव की थी। आन्ना ने ख़ुद यह महसूस किया था कि उसे देखते ही उसकी आँखों में ख़ुशी की चमक आ जाती है, होंठों पर मुस्कान खिल उठती है और अपनी ख़ुशी की इस अभिव्यक्ति को वह किसी तरह भी छिपा नहीं पाती है।

शुरू-शुरू में आन्ना सच्चे मन से यह विश्वास करती थी कि व्रोन्स्की का हर जगह उसके पीछे-पीछे पहुँच जाना उसे अच्छा नहीं लगता है। किन्तु मास्को से लौटने के कुछ ही दिन बाद जब वह एक समारोह में गयी, जहाँ उसे उससे मिलने की आशा थी, किन्तु वह वहाँ नहीं आया था, तो उस पर हावी हो जाने वाले निराशा भाव से वह स्पष्टतः यह समझ गयी कि अपने को धोखा देती रही है, कि व्रोन्स्की द्वारा हर जगह उसके पीछे-पीछे जाना न केवल उसे रुचिकर है, बल्कि उसके जीवन का सबसे बड़ा सुख है।

प्रसिद्ध गायिका दूसरी बार गा रही थी और सारा ऊँचा समाज थिएटर में था। पहली क़तार में बैठे व्रोन्स्की ने चचेरी बहन बेत्सी त्वेरस्काया को बॉक्स में बैठे देख लिया और अन्तराल की प्रतीक्षा किये बिना ही उसके पास चला गया।

"आप दोपहर के खाने पर क्यों नहीं आये?" बेत्सी ने पूछा। "प्रेमियों के दिलों में एक समान बजने वाले तारों से हैरानी होती है," उसने मुस्कुराकर ऐसे धीरे से कि केवल व्रोन्स्की को ही सुनाई दे, इतना और जोड़ दिया। "वह भी नहीं आयी। लेकिन ऑपेरा के बाद आ जाइये।"

व्रोन्स्की ने प्रश्नसूचक दृष्टि से बेत्सी की ओर देखा। उसने सिर झुकाया। व्रोन्स्की ने मुस्कुराकर आभार प्रकट किया और उसके निकट बैठ गया।

"मुझे याद आता है कि कैसे आप दूसरों का मज़ाक़ उड़ाया करते थे," प्रिन्सेस बेत्सी ने कहा, जिसे इस प्रेम-लीला की प्रगति की चर्चा में विशेष सुख मिलता था। "कहाँ हवा हो गया अब वह सब कुछ! मेरे प्यारे, तुम जाल में फँस गये हो।"

"मैं सिर्फ़ यही तो चाहता हूँ कि जाल में फँस जाऊँ," व्रोन्स्की ने अपने शान्त और खुशमिज़ाजी की द्योतक मुस्कान के साथ कहा। अगर सच कहूँ, तो मुझे सिर्फ़ यही शिकायत है कि जाल में बहुत कम फँसा हूँ। मैं तो निराश होने लगा हूँ।"

"आप आशा ही कैसे कर सकते हैं?" बेत्सी ने अपनी सहेली के लिए बुरा मानते हुए कहा।

"Entendons nous...[1]" लेकिन उसकी आँखों में ऐसी लौ थी, जो कह रही थी कि वह बहुत अच्छी तरह, ठीक वैसे ही जैसे व्रोन्स्की, यह समझती है कि उसे क्या आशा हो सकती है।

"कुछ भी नहीं," व्रोन्स्की ने हँसते और अपने सुन्दर दाँतों की झलक दिखाते हुए कहा। "माफ़ी चाहता हूँ," बेत्सी के हाथ से दूरबीन लेते और उसके उघाड़े कन्धे के ऊपर से सामनेवाले बॉक्सों पर उसे केन्द्रित करते हुए व्रोन्स्की ने इतना और जोड़ दिया। "मुझे लगता है कि मैं उपहास-पात्र बनता जा रहा हूँ।"

व्रोन्स्की बहुत अच्छी तरह से यह जानता था कि बेत्सी और उसके दायरे के अन्य सभी लोगों की नज़रों में उसके उपहास-पात्र बनने का कोई ख़तरा नहीं था। उसे बहुत अच्छी तरह से यह मालूम था कि इन लोगों की दृष्टि में किसी युवती या किसी आज़ाद नारी के बदक़िस्मत प्रेमी की भूमिका उपहासजनक हो सकती है, किन्तु उस व्यक्ति की भूमिका, जो किसी विवाहिता पर बुरी तरह लट्टू हो और हर क़ीमत पर उसे अपने प्रेम-पाश में बाँधना चाहता हो, सुन्दर और गरिमापूर्ण भूमिका है और कभी भी उपहासजनक नहीं हो सकती। इसीलिए अपनी मूँछों के नीचे होंठों पर गर्वीली और सुखद मुस्कान के साथ उसने दूरबीन नीचे की और चचेरी बहन की ओर देखा।

"तो आप दोपहर के खाने पर क्यों नहीं आये?" मुग्ध भाव से उसे देखते हुए उसने फिर पूछा।

"यह तो मुझे आपको बताना ही चाहिए। मैं व्यस्त था। और जानती हैं किस चीज़ में? आप सौ बार, एक हज़ार बार कोशिश कर लीजिये, फिर भी अनुमान नहीं लगा सकेंगी। मैं एक पत्नी का अपमान करने वाले के साथ उसके पति की सुलह करवा रहा था। हाँ, बिल्कुल सच कहता हूँ।"

"तो करवा दी सुलह?"

---

1. एक-दूसरे को समझ लें। (फ्रांसीसी)

"लगभग।"

"आपको यह तो सारा क़िस्सा मुझे सुनाना चाहिए," प्रिन्सेस बेत्सी ने उठते हुए कहा। "अगले अन्तराल में आ जाइयेगा।"

"यह मुमकिन नहीं। मैं फ्रांसीसी थिएटर में जा रहा हूँ।"

"निल्सोन को छोड़कर?" बेत्सी ने स्तब्ध होते हुए पूछा, यद्यपि यह निल्सोन और किसी मामूली सहगान-गायिका में किसी तरह भी अन्तर नहीं कर सकती थी।

"लेकिन किया क्या जाये? मुझे अपने सुलह-सफ़ाई के इसी काम के सिलसिले में वहाँ किसी से मिलना है।"

"खुदा की रहमत हो इन सुलह करवाने वालों पर, उनकी बदौलत वे बच जायेंगे," बेत्सी ने किसी के मुँह के सुने-सुनाये कुछ इसी तरह के शब्दों को याद करते हुए कहा। "तो बैठिये, सुनाइये कि यह क्या क़िस्सा है?"

और वह फिर बैठ गयी।

5

"यह क़िस्सा कुछ बेहूदा, मगर इतना दिलचस्प है कि सुनाने को बहुत ही मन हो रहा है," हँसती आँखों से बेत्सी की ओर देखते हुए व्रोन्स्की ने कहा। "मैं नाम नहीं बताऊँगा।"

"लेकिन मैं बूझूँगी और यह तो और भी ज़्यादा अच्छा रहेगा।"

"तो सुनिये—रंग में आये हुए दो जवान आदमी घोड़ों पर जा रहे थे..."

"ज़ाहिर है, आपकी रेजिमेंट के अफ़सर।"

"मैं अफ़सर नहीं कह रहा हूँ, बस, नाश्ता करने के बाद दो जवान आदमी..."

"कहिये-पिये हुए।"

"मुमकिन है। वे बहुत ख़ुशी के मूड में एक दोस्त के यहाँ दोपहर का खाना खाने जा रहे थे। क्या देखते हैं कि एक बहुत ही प्यारी-सी औरत किराए की बग्घी में उनसे आगे निकली जाती है, मुड़कर देखती है और कम-से-कम उन्हें तो ऐसा लगता है कि उनकी ओर सिर हिलाकर इशारा करती और हँसती है। ज़ाहिर है कि वे उसके पीछे हो लिये। ख़ूब ज़ोर से घोड़े दौड़ाने लगे। उन्हें बड़ी हैरानी हुई कि इस सुन्दरी की बग्घी उसी घर के सामने रुकी, जहाँ वे जा रहे थे। सुन्दरी जल्दी से सबसे ऊपरवाली मंज़िल पर भाग गयी। उन्हें उसके छोटे-से झीने आवरण में से सिर्फ़ लाल होंठों और छोटे-छोटे, सुन्दर पैरों की ही झलकी मिली।"

"आप ऐसे मज़े ले-लेकर यह सुना रहे हैं कि मुझे ऐसे लग रहा है मानो आप इन दोनों में से एक हों।"

"और आपने मुझसे अभी क्या कहा था? तो ये दोनों जवान आदमी अपने दोस्त के यहाँ पहुँचे और वहाँ विदाई-भोज था। वहाँ उन्होंने निश्चय ही पी और

सम्भव है कि कुछ ज़्यादा ही पी हो, जैसा कि विदाई की दावतों में हमेशा होता है। खाना खाते हुए उन्होंने यह पूछताछ की कि इस घर में ऊपर की मंज़िल पर कौन रहता है। किसी को भी यह मालूम नहीं था और मेज़बान के नौकर से यह पूछने पर कि ऊपर mademosielles रहती हैं या नहीं, उन्हें जवाब मिला कि यहाँ तो वे बहुत-सी हैं। ख़ाना ख़त्म होने पर ये दानों जवान आदमी मेज़बान के लिखने-पढ़ने के कमरे में चले गये और वहाँ बैठकर उन्होंने इस अनजानी औरत को ख़त लिखा। उन्होंने प्रेम-मुहब्बत और अपने दिल की हालत की चर्चा की और ख़ुद ही उसे ख़त देने के लिए ऊपर गये, ताकि वह स्पष्ट कर सकें, जो पत्र से पूरी तरह समझ में न आ पाये।"

"आप मुझे ऐसी गन्दी बातें क्यों सुना रहे हैं? तो आगे क्या हुआ?"

"उन्होंने दरवाजे की घंटी बजायी। एक लड़की बाहर निकली, उन्होंने उसे ख़त दिया और यह यक़ीन दिलाने लगे कि दोनों इस बुरी तरह उसके प्रेम में पागल हो रहे हैं कि इसी वक़्त दरवाज़े पर ही जान दे देंगे। हकबकाई-सी लड़की उनसे बातचीत कर रही थी। अचानक सासेजों जैसी क़लमोंवाला तथा केंकड़े की तरह लाल एक हज़रत नमूदार हुआ और यह कहते हुए कि उसकी बीवी के सिवाय घर में और कोई नहीं रहता, उसने उन दोनों को बाहर निकाल दिया।"

"आपको यह कैसे मालूम है कि उसकी क़लमें सासेजों जैसी हैं?"

"ख़ैर, आप सुनिये। तो मैं आज उनकी सुलह करवाने गया।"

"तो क्या नतीजा निकला?"

"यही तो सबसे दिलचस्प बात शुरू होती है। पता चला कि यह ख़ुशक़िस्मत दम्पति उपाधि-प्राप्त कौन्सिलर और उसकी पत्नी हैं। कौन्सिलर ने शिकायत कर दी और मैं सुलह करवाने वाला बन गया। सो भी कैसा! तैलीराँ भी मेरा क्या मुक़ाबला करेगा!"

"तो मुश्किल क्या सामने आयी?"

"सुनिये, बताता हूँ... हमने, जैसे होना चाहिए था, अच्छी तरह माफ़ी माँगी—'हमें बहुत ही ज़्यादा अफ़सोस है, हमसे होने वाली इस गलतफ़हमी के लिए माफ़ी चाहते हैं।' साजेसों जैसी क़लमोंवाला कौन्सिलर कुछ नर्म होने लगा, लेकिन वह भी अपनी भावनाएँ व्यक्त करना चाहता था। ज्यों ही वह उन्हें व्यक्त करना आरम्भ करता आग-बबूला होने और भला-बुरा कहने लगता, मुझे फिर से अपनी व्यवहार-कुशलता दिखानी पड़ती। 'मैं मानता हूँ कि यह बुरी हरकत है, लेकिन आपसे इस बात को ध्यान में रखने का अनुरोध करता हूँ कि ग़लतफ़हमी हो गयी, जवानी ठहरी। इसके अलावा जवान लोग नाश्ता करते ही घर से निकले थे। आप समझते हैं न! वे सच्चे दिल से माफ़ी चाहते हैं, क़सूर माफ़ करने की प्रार्थना करते हैं!' कौन्सिलर फिर से नर्म पड़ जाता—'मैं सहमत हूँ, काउंट, और माफ़ करने को

तैयार हूँ। लेकिन आप इस बात को समझिये कि मेरी बीवी, जो शरीफ़ औरत है, मेरी बीवी का पीछा किया जाता है, उसे किन्हीं छोकरों के बुरे बर्ताव और बेहूदा हरकतों का सामना करना पड़ता है, कमीने कहीं के... आप ज़रा ख़याल करें कि एक बेहूदा छोकरा वहीं खड़ा था। और मुझे उनकी सुलह करवानी थी। मैं फिर से अपनी व्यवहार-कुशलता दिखाता और जैसे ही मामला ख़त्म होने को आता, कौन्सिलर फिर से गर्म हो उठता, लाल हो जाता, उसकी सासेजें ऊपर को उठतीं और मैं फिर से व्यवहार-कुशलता की बारीकियों का जाल बुनने लगता।"

"आह, यह क़िस्सा तो आपको ज़रूर सुनना चाहिए," बेत्सी ने हँसते हुए अपने बॉक्स में आने वाली महिला को सम्बोधित करके कहा। "इन्होंने मुझे ऐसे हँसाया है कि कुछ न पूछो।"

"तो bonne chance,"[1] हाथ में थामे हुए पंखे से मुक्त एक उँगली व्रोन्स्की की ओर बढ़ाते हुए उसने कहा और कन्धे को ऐसे हिलाया कि उसके फ्रॉक की ऊपर को उठी हुई चोली नीचे हो जाये, ताकि जब वह स्टेज लाइटों और गैस की रोशनी में आगे जाये और सबकी नज़रों के सामने आये, तो पूरी तरह से नग्न दिखाई दे।

व्रोन्स्की फ्रांसीसी थिएटर में चला गया, जहाँ उसे सचमुच ही रेजिमेंट के कमांडर से मिलना था, जो हर फ्रांसीसी तमाशा ज़रूर देखता था। व्रोन्स्की उससे अपने उस सुलह-सम्बन्धी काम की चर्चा करना चाहता था, जिसमें वह पिछले तीन दिनों से व्यस्त रहा था और जिससे उसका काफ़ी मनोरंजन हुआ था। इस क़िस्से में एक तो पेत्रीत्स्की उलझा हुआ था, जिसे वह प्यार करता था और दूसरा अफ़सर था जवान, बड़ा प्यारा तथा बहुत अच्छा साथी प्रिन्स केद्रोव, जों कुछ ही समय पहले इनकी रेजिमेंट में आया था। सबसे बड़ी बात तो यह थी कि रेजिमेंट की इज़्ज़त का सवाल था।

ये दोनों अफ़सर व्रोन्स्की के दस्ते में थे। सरकारी अधिकारी, कौन्सिलर वेन्देन रेजिमेंट के कमांडर से इन दोनों की, जिन्होंने उसकी पत्नी का अपमान किया था, शिकायत करने आया था। वेन्देन ने बताया था कि केवल छः महीने पहले ही उसने शादी की है और उसकी जवान बीवी अपनी माँ के साथ गिरजाघर गयी थी। वहाँ अचानक उसकी तबीयत ख़राब हो गयी, क्योंकि वह गर्भवती है और अधिक देर तक खड़ी रहने में असमर्थ थी। इसलिए किराए की पहली बग्घी सामने आते ही वह उसमें बैठकर घर को चल दी। अफ़सरों ने उसका पीछा किया, वह डर गयी और पहले से भी ज़्यादा बुरी तबीयत के साथ भागती हुई सीढ़ियाँ चढ़कर घर पहुँची। खुद वेन्देन दफ़्तर से लौटा और दरवाज़े पर घंटी तथा कुछ आवाज़ें सुनकर बाहर निकला और पत्र लिये हुए नशे में धुत अफ़सरों को देखकर उसने उन्हें बाहर धकेल दिया। उसने कमांडर से अनुरोध किया कि इन दोनों अफ़सरों

1. सफलता की कामना करती हूँ। (फ्रांसीसी)

को कड़ी सज़ा दी जाये।

"नहीं, आप चाहे कुछ भी क्यों न कहें," रेजिमेंट ने व्रोन्स्की को अपने पास बुलाकर कहा, "पेत्रीत्स्की तो बर्दाश्त के बाहर होता जा रहा है। हर हफ़्ते ही कोई-न-कोई बखेड़ा खड़ा कर देता है। यह कौन्सिलर मामले को यहीं नहीं छोड़ेगा, ऊपर तक ले जायेगा।"

व्रोन्स्की इस क़िस्से के सभी मुमकिन बुरे नतीजों को समझ रहा था कि द्वन्द्व-युद्ध नहीं हो सकता, कि कौन्सिलर को ठंडा और मामले को रफ़ा-दफ़ा करने के लिए पूरा ज़ोर लगाना चाहिए। रेजिमेंट के कमांडर ने व्रोन्स्की को इसीलिए बुलाया था कि वह उसे नेक और समझदार आदमी मानता था और मुख्यतः तो इसलिए कि व्रोन्स्की अपनी रेजिमेंट के नाम को बहुत महत्त्व देता था। इन दोनों ने इस मसले पर ग़ौर करके यह फ़ैसला किया कि पेत्रीत्स्की और केद्रोव को व्रोन्स्की के साथ जाकर कौन्सिलर से माफ़ी माँगनी चाहिए। रेजिमेंट का कमांडर और व्रोन्स्की दोनों ही यह समझते थे कि व्रोन्स्की के नाम और ज़ार के एड-डी. कैम्प के रूप में उसके पद-चिह्न से कौन्सिलर को शान्त करने में बड़ी सहायता मिलेगी। वास्तव में ही इन दोनों बातों का प्रभाव पड़ा, लेकिन सुलह करवाने का नतीजा साफ़ नहीं हो पाया था, जैसा कि व्रोन्स्की ने बताया था।

फ्रांसीसी थिएटर में व्रोन्स्की रेजिमेंट-कमांडर के साथ लॉबी में चला गया और उसने उसे अपनी सफलता या असफलता के बारे में बताया। मामले पर सभी पहलुओं से विचार करने के बाद रेजिमेंट-कमांडर ने उसे जहाँ का तहाँ छोड़ देने का फ़ैसला किया। लेकिन बाद में महज़ मजा लेने के लिए वह व्रोन्स्की से कौन्सिलर के साथ हुई बातचीत की तफ़सीलें पूछने लगा और व्रोन्स्की से यह सुनकर देर तक हँसता रहा कि कुछ शान्त होने वाला कौन्सिलर मामले के सभी ब्यौरों को याद करके फिर-फिर भड़क उठता था और कैसे व्रोन्स्की ने सुलह के अन्तिम शब्द कहकर अपनी होशियारी दिखाते हुए पेत्रीत्स्की को आगे की तरफ़ धकेला और खुद पीछे हट गया था।

"बड़ा बेहूदा, मगर मज़ेदार क़िस्सा है यह। केद्रोव उस कौन्सिलर महोदय से द्वन्द्व-युद्ध तो नहीं कर सकता न, तो इतना अधिक लाल-पीला हो उठा था वह?" कमांडर ने हँसते हुए पूछा। "और क्लेर आज कैसी लग रही है? अद्‌भुत!" उसने नयी फ्रांसीसी अभिनेत्री के बारे में कहा। "बेशक कितनी बार ही देखो, हर बार नयी दिखाई देती है। सिर्फ़ फ्रांसीसी ही ऐसा कर सकते हैं।"

6

अन्तिम अंक की समाप्ति की प्रतीक्षा किये बिना ही प्रिन्सेस बेत्सी थिएटर से चली गयी। शृंगार-कक्ष में जाकर उसने अपने लम्बोतरे तथा पीले चेहरे पर पाउडर

लगाया, केश-विन्यास ठीक किया और बड़े मेहमानखाने में चाय का प्रबन्ध करने का आदेश दिया ही था कि बोल्शाया मोर्स्काया सड़क पर उसके बड़े घर के सामने एक के बाद एक बग्घियाँ आकर रुकने लगीं। मेहमान बड़े-से दरवाज़े पर बग्घी से उतरते और भारी-भरकम दरबान, जो सुबह के वक़्त शीशे के दरवाज़े के पीछे राहगीरों पर प्रभाव डालने के लिए अख़बार पढ़ता रहता था, किसी तरह की आवाज़ के बिना धीरे से इस बड़े दरवाज़े को खोल देता और मेहमान भीतर चले जाते।

केश-विन्यास को सँवारने और चेहरे पर ताज़गी लाने के बाद गृह-स्वामिनी और मेहमान लगभग एक ही समय अलग-अलग दरवाज़ों से बड़े मेहमानख़ाने में दाख़िल हुए। मेहमानख़ाने की दीवारें गहरे रंग की थीं, उसमें गुदगुदे क़ालीन बिछे थे और वह मोमबत्तियों की रोशनियों, मेज़ पर बिछे सफ़ेद मेज़पोश, चाँदी के समोवार और चीनी मिट्टी के पारदर्शी बर्तनों की चमक से चमचमा रहा था।

गृह-स्वामिनी समोवार के पास बैठ गयी और उसने दस्ताने उतार लिये। अपनी उपस्थिति का भास न देने वाले नौकरों की मदद से कुर्सियों को खिसकाकर मेहमान दो भागों में बँटकर बैठ गये। कुछ लोग तो गृह-स्वामिनी के साथ समोवार के क़रीब और बाक़ी एक राजदूत की सुन्दर पत्नी के निकट बैठ गये, जो मख़मल की काली पोशाक पहने थी और जिसकी कमान जैसी काली भौंहें थीं। जैसा कि हमेशा होता है, दोनों ही जगहों पर शुरू में बातचीत का रंग नहीं जम सका, क्योंकि और लोगों के आने, दुआ-सलाम तथा चाय के पेश किये जाने आदि से खलल पड़ जाता था, मानो यह खोज हो रही हो कि किस विषय पर रुका जाये।

"वह कमाल की अभिनेत्री है। साफ़ ही पता चलता है कि उसने काउलबाख़ का अध्ययन किया है," राजदूत की बीवी के मंडल में बैठे एक कूटनीतिज्ञ ने कहा। "आपने ध्यान दिया कि वह कैसे गिरी थी..."

"ओह, कृपया निल्सोन की चर्चा नहीं कीजिये! उसके बारे में नया कुछ भी नहीं कहा जा सकता!" एक मोटी, लाल चेहरे, बिना भौंहों और बिना नक़ली बालोंवाली स्वर्णकेशी महिला ने कहा, जो पुरानी रेशमी पोशाक पहने थी। यह प्रिन्सेस म्याग्काया थी, जो अपनी सादगी तथा बातचीत के फूहड़पन के लिए मशहूर थी और जिसे लोग enfant terrible[1] कहते थे। प्रिन्सेस म्याग्काया दोनों दलों के बीच बैठी थी और दोनों तरफ़ कान लगाये हुए कभी इस, तो कभी उस दल की बातों में हिस्सा लेती थी। "काउलबाख़वाला वाक्य मुझसे आज तीन आदमी कह चुके हैं, मानो उन्होंने आपस में यह तय कर रखा हो। समझ में नहीं आता कि उन्हें यह वाक्य किसलिए इतना पसन्द आया है!"

इस टिप्पणी से बातचीत का तार टूट गया और अब फिर से नया विषय ढूँढ़ना ज़रूरी था।

1. हुल्लड़बाज। (फ्रांसीसी)

"हमें कोई दिलचस्प बात सुनाओ, लेकिन वह निन्दा-चुगली नहीं होनी चाहिए," राजदूत की बीवी ने कूटनीतिज्ञ को सम्बोधित करते हुए कहा, जिसे ऐसी सुन्दर बातें करने में, जिन्हें अँग्रेज़ी में small talk कहा जाता है, कमाल हासिल था। कूटनीतिज्ञ की समझ में भी नहीं आ रहा था कि वह क्या बात शुरू करे।

"कहते हैं कि यह बहुत मुश्किल काम है, कि सिर्फ़ निन्दा-चुगली ही मजेदार होती है," कूटनीतिज्ञ ने मुस्कुराते हुए कहना शुरू किया। "लेकिन मैं कोशिश करता हूँ। कोई विषय सुझाइये। असली बात तो विषय ही है। विषय बता देने पर उसके इर्द-गिर्द ताना-बाना बुनना आसान हो जाता है। मेरे दिमाग में अक्सर ऐसा ख़याल आता है कि पिछली सदी के जाने-माने बातूनियों के लिए अब कोई अक़्लमन्दी की बात कहना मुश्किल होता। अक़्लमन्दी की सभी बातों से लोग बुरी तरह ऊब चुके हैं..."

"यह तो बहुत पहले कही जा चुकी है," राजदूत की बीवी ने हँसते हुए उसे टोक दिया।

प्यारी बातचीत शुरू हुई, लेकिन चूँकि वह बहुत ही प्यारी थी, इसलिए फिर से बीच में ही बन्द हो गयी। सबसे ज़्यादा भरोसे के साधन का ही, जो कभी धोखा नहीं देता था, उपयोग ज़रूरी था। यह साधन था–निन्दा-चुग़ली।

"आपको ऐसा नहीं लगता कि तुश्केविच में लुई 15वें जैसा कुछ है?" उसने मेज़ के क़रीब खड़े सुनहरे बालोंवाले सुन्दर नौजवान की तरफ़ आँखों से इशारा करके कहा।

"अरे हाँ! उसमें मेहमानख़ाने के साथ जँचने वाली कोई चीज़ है और इसीलिए वह इतना अक्सर यहाँ आता है।"

यह बातचीत कुछ देर तक चलती रही, क्योंकि संकेतों से वह चर्चा की जा रही थी, जो इस मेहमानख़ाने में नहीं की जानी चाहिए थी, यानी घर की मालकिन के साथ तुश्केविच के सम्बन्ध की।

इसी बीच समोवार और गृह-स्वामिनी के निकट भी शुरू में बातचीत तीन अनिवार्य विषयों–नवीनतम सामाजिक समाचार, थिएटर और निन्दा-चुगली के बीच डावाँडोल होती रही और आख़िर अन्तिम विषय यानी निन्दा-चुगली से उसका रंग जम गया।

"आप लोगों ने माल्तीश्चेवा–बेटी नहीं, माँ के बारे में सुना है कि वह अपने लिए diable rose[1] फ्रॉक बनवा रही है?"

"यह असम्भव है! बहुत ख़ूब!"

"मैं हैरान हूँ कि उसकी अक़्ल को क्या हो गया है, वह बुद्धू तो नहीं है–क्या इतना भी नहीं समझती कि वह कितनी हास्यास्पद लगती है?"

---

1. चटख गुलाबी। (फ्रांसीसी)

बदक़िस्मत माल्तीश्चेवा की भर्त्सना और उसका उपहास करने के लिए सभी के पास कुछ-न-कुछ मसाला था और बातचीत दहकते अलाव की तरह बड़े मज़े से चलने लगी।

प्रिन्सेस बेत्सी का पति, जो खुशमिज़ाज, मोटा आदमी और रेखाचित्रों के संग्रह का दीवाना था, यह मालूम होने पर कि पत्नी के पास अतिथि आये हैं, क्लब जाने से पहले कुछ देर को मेहमानख़ाने में आया। नर्म क़ालीन पर आहट किये बिना वह प्रिन्सेस म्याग्काया के पास पहुँचा।

"निल्सोन कैसी लगी आपको?" उसने पूछा।

"आह, कोई ऐसे दबे पाँव भी आता है। कैसे डरा दिया आपने मुझे!" उसने जवाब में कहा। "कृपया मेरे साथ ऑपेरा की चर्चा नहीं करें, आप तो संगीत के बारे में कुछ भी नहीं समझते। यही ज़्यादा अच्छा रहेगा कि मैं आपके स्तर पर उतर आऊँ और आपसे रेखाचित्रों तथा मेजोलिकों के बारे में ही बातचीत करूँ। तो बताइये, हाल में कौन-सी अनूठी चीज़ ख़रीदी है आपने कबाड़ियों के बाज़ार से?"

"चाहती हैं, तो दिखाऊँ? लेकिन आप कुछ जानती तो हैं नहीं।"

"दिखाइये। मैंने... उनसे, क्या कहते हैं उन्हें... बैंकरों से कुछ सीख लिया है... उनके यहाँ रेखाचित्रों के बहुत बढ़िया नमूने हैं। उन्होंने हमें दिखाये थे।"

"तो क्या आप शुत्सबुर्ग के यहाँ गयी थीं?" समोवार के पास बैठी गृह-स्वामिनी ने पूछा।

"हाँ, ma chére, उन्होंने हम पति-पत्नी को खाने पर बुलाया था। मुझे बताया गया कि उनके खाने में परोसी गयी चटनी पर एक हज़ार रूबल ख़र्च हुआ है," म्याग्काया ने यह महसूस करते हुए कि सभी उसकी बात सुन रहे हैं, ऊँचे स्वर में कहा, "और बहुत ही बेहूदा थी वह चटनी, हरी-सी। हमारे लिए भी उन्हें बुलाना ज़रूरी था, मैंने पचासी कोपेक की चटनी बनायी और सबसे ख़ुश होकर खायी। मैं तो एक हज़ार रूबलोंवाली चटनियाँ नहीं बना सकती।"

"इसकी कोई मिसाल नहीं!" गृह-स्वामिनी ने कहा।

"अद्‌भुत है!" किसी अन्य ने ज़ाहिर की।

प्रिन्सेस म्याग्काया की बातें हमेशा एक जैसा ही प्रभाव पैदा करती थीं और उसके द्वारा पैदा किये जाने वाले असर का राज़ इस बात में छिपा था कि वह बेशक मौक़े के मुताबिक़ बात नहीं कहती थी, जैसा कि इस वक़्त हुआ था, लेकिन वह समझदारी की और सीधी-सादी होती थी। वह जिस सामाजिक हलक़े में रहती थी, उसमें ऐसे शब्द सूझ-बूझवाले मज़ाक़ों का प्रभाव पैदा करते थे। प्रिन्सेस म्याग्काया यह समझने में असमर्थ थी कि ऐसा क्यों होता था, लेकिन इतना जानती थी कि ऐसा असर होता है और वह इसका फ़ायदा उठाती थी।

चूँकि प्रिन्सेस म्याग्काया के बात करने के वक़्त सभी उसे सुन रहे थे और

राजदूत की पत्नी के आस-पास बातचीत बन्द हो गयी थी, इसलिए गृह-स्वामिनी ने सभी लोगों को एक ही जगह पर एकत्रित करने की इच्छा से राजदूत की पत्नी को सम्बोधित किया–

"आप सचमुच बिल्कुल चाय नहीं पीना चाहतीं? आप भी यहाँ, हमारे पास ही आ जाइये।"

"नहीं, हम यहाँ मज़े में हैं," राजदूत की बीवी ने मुस्कुराकर जवाब दिया और शुरू की हुई बातचीत जारी रखी।

बातचीत बहुत दिलचस्प थी। करेनिन दम्पति पर टीका-टिप्पणी हो रही थी।

"अपनी मास्को-यात्रा के बाद आन्ना बहुत बदल गयी है। उसमें कुछ अजीब-सा प्रतीत होता है," उसकी एक सहेली ने कहा।

"सबसे बड़ी तब्दीली यह है कि वह अपने साथ अलेक्सेई व्रोन्स्की की छाया लेकर आयी है," राजदूत की बीवी ने कहा।

"तो क्या हुआ? ग्रीम का एक क़िस्सा है– छाया के बिना, छाया से वंचित व्यक्ति। और यह उसके लिए किसी चीज़ का दंड होता है। मेरी समझ में कभी नहीं आया कि यह दंड क्या है। लेकिन औरत को तो छाया के बिना बुरा लगना चाहिए।"

"हाँ, लेकिन छायावाली औरतों का अक्सर बुरा अन्त होता है," आन्ना की सहेली ने कहा।

"आपकी ज़बान जल जाये," इन शब्दों को सुनकर प्रिन्सेस म्याग्काया ने अचानक कहा। "आन्ना बहुत ही बढ़िया औरत है। उसका पति मुझे अच्छा नहीं लगता, लेकिन उसे मैं बहुत प्यार करती हूँ।"

"उसका पति क्यों अच्छा नहीं लगता आपको? बहुत अच्छा आदमी है वह," राजदूत की बीवी ने कहा। "मेरे पति का कहना है कि यूरोप में इस जैसे राजकीय कार्यकर्ता बहुत कम हैं।"

"मेरा पति भी मुझसे ऐसा ही कहता है, लेकिन मुझे यक़ीन नहीं होता," प्रिन्सेस म्याग्काया ने कहा। "अगर हमारे पति यह सब न कहते, तो हम यह देख लेतीं, जो वास्तव में है। मेरे ख़याल में तो अलेक्सेई अलेक्सान्द्रोविच बुद्धू है। मैं फुसफुसाकर यह कह रही हूँ... सच है न कि ऐसा करने में सब कुछ स्पष्ट हो जाता है? पहले जब मुझसे उसमें समझदारी देखने को कहा जाता था, तो मैं खोजती रहती और यह महसूस करती कि मैं ख़ुद बुद्धू हूँ, क्योंकि उसकी अक़्ल को नहीं देख पाती हूँ। लेकिन ज्यों ही मैंने फुसफसाकर कहा–वह बुद्धू है–तो सब कुछ बिल्कुल स्पष्ट हो गया। सच है न?"

"कैसी जली-कटी बातें कर रही हैं आज आप!"

"ज़रा भी नहीं! मेरे लिए और कोई चारा ही नहीं। हम दोनों में से एक तो बुद्धू है ही। लेकिन आप यह जानती हैं कि अपने बारे में आदमी यह कभी नहीं

कह सकता।"

"अपनी दौलत से कोई ख़ुश नहीं, मगर अक़्ल से हर कोई ख़ुश है," कूटनीतिज्ञ ने फ्रांसीसी कविता की पंक्ति सुनाई।

"बिल्कुल, बिल्कुल यही बात है," प्रिन्सेस म्याग्काया जल्दी से अपनी ओर मुड़ी। "लेकिन यह जान लीजिये कि आन्ना पर मैं आपको उँगली नहीं उठाने दूँगी। वह इतनी अच्छी, इतनी प्यारी है। वह कर ही क्या सकती है, अगर सभी उसे प्यार करते हैं और उसके इर्द-गिर्द छायाओं की तरह मँडराते हैं?"

"मैं उस पर उँगली उठाने की सोच ही कब रही हूँ," आन्ना की सहेली ने अपनी सफ़ाई पेश की।

"अगर हमारे पीछे-पीछे कोई छाया की तरह नहीं घूमता तो इसका यह मतलब नहीं है कि हमें दूसरों पर छींटे फेंकने का हक़ हासिल है।"

आन्ना की सहेली की अच्छी तरह से तबीयत साफ़ करने के बाद प्रिन्सेस म्याग्काया उठी और राजदूत की बीवी के साथ उस मेज़ पर जा बैठी, जहाँ प्रशा के बादशाह के बारे में आम बातचीत हो रही थी।

"वहाँ आप लोगों ने किसकी निन्दा-चुगली की?" वेत्सी ने पूछा।

"करेनिन दम्पति की। प्रिन्सेस ने अलेक्सेई अलेक्सान्द्रोविच का बढ़िया ख़ाका खींचा," राजदूत की बीवी ने मेज़ पर बैठते हुए मुस्कुराकर जवाब दिया।

"अफ़सोस की बात है कि हम नहीं सुन सकीं," घर की मालकिन ने दरवाजे की तरफ देखते हुए कहा। "आख़िर आप आ ही गये," उसने भीतर आते व्रोन्स्की को सम्बोधित करते हुए मुस्कुराकर कहा।

व्रोन्स्की यहाँ उपस्थित सभी लोगों को न सिर्फ़ जानता था, बल्कि इनसे हर दिन मिलता था। इसलिए वह ऐसे इत्मीनान से अन्दर आया, जैसे आदमी उन लोगों के पास आता है, जिन्हें छोड़कर अभी बाहर गया हो।

"मैं कहाँ से आया हूँ?" उसने राजदूत की बीवी के सवाल के जवाब में कहा। "क्या हो सकता है, बताना ही पड़ेगा। बुफ़ थिएटर से। शायद सौवीं बार, फिर भी नयी ख़ुशी लेकर। कमाल है! मैं जानता हूँ कि यह शर्म की बात है, फिर भी मानना पड़ेगा कि ऑपेरा में मुझे नींद आ जाती है, लेकिन बुफ़ थिएटर में अन्तिम क्षण तक बड़े मज़े से बैठा रहता हूँ। आज..."

उसने फ्रांसीसी अभिनेत्री का नाम लिया और उसके बारे में कुछ कहना चाहा, लेकिन राजदूत की बीवी ने मज़ाक़िया ढंग से घबराहट ज़ाहिर करते हुए उसे रोक दिया–

"कृपया, ये भयानक बातें नहीं सुनाइये!"

"अच्छी बात है, नहीं सुनाऊँगा, ख़ासतौर पर जबकि सभी ये भयानक बातें जानते हैं।"

"और अगर उसे भी ऑपेरा की भाँति माना जाता तो सभी वहाँ जाते," प्रिन्सेस म्याग्काया ने इतना और जोड़ दिया।

7

दरवाज़े पर पैरों की आहट सुनाई दी और प्रिन्सेस बेत्सी ने यह जानते हुए कि आन्ना आयी है, व्रोन्स्की पर नज़र डाली। वह दरवाज़े की तरफ़ देख रहा था और उसके चेहरे पर अजीब, नया-सा भाव था। वह ख़ुशी से, टकटकी बाँधे और साथ ही सहमा हुआ-सा भीतर आती आन्ना को देख रहा था और धीरे-धीरे उठकर खड़ा हो गया। आन्ना मेहमानखाने में दाख़िल हुई। हमेशा की भाँति बिल्कुल सीधी तनी हुई और अपनी तेज़, दृढ़ और हल्की-फुल्की चाल से, जो उसे ऊँचे समाज की दूसरी महिलाओं से अलग करती थी, और अपनी दृष्टि को एक ही दिशा में रखते हुए वह कुछ क़दम बढ़ाकर गृह-स्वामिनी के पास पहुँची और उससे हाथ मिलाया, मुस्कुरायी और इसी मुस्कान के साथ उसने व्रोन्स्की की ओर देखा। व्रोन्स्की ने सिर झुकाया और उसकी तरफ़ कुर्सी बढ़ा दी।

आन्ना ने सिर्फ़ सिर ही झुकाया, लज्जारुण हो गयी और भौंहें सिकोड़ लीं। किन्तु इसी समय जल्दी से परिचितों को सिर झुकाकर और अपनी ओर बढ़े हाथों से हाथ मिलाकर उसने गृह-स्वामिनी को सम्बोधित किया–

"मैं काउंटेस लीदिया के यहाँ गयी थी और जल्दी ही यहाँ आ जाना चाहती थी, मगर ज़्यादा देर तक बैठी रही। उसके यहाँ सर जॉन आया हुआ था। बहुत दिलचस्प आदमी है वह।"

"अरे, वही मिशनरी?"

"हाँ, वह रेड इंडियनों के जीवन के बारे में बहुत दिलचस्प बातें सुनाता रहा।"

आन्ना के आने से बातचीत का तार टूट गया था, मगर अब उसमें बुझाये जाते लैम्प की फड़फड़ा उठने वाली लौ की तरह फिर से जान आ गयी।

"सर जॉन! हाँ, सर जॉन। मैंने उसे देखा है। उसका बयान करने का अन्दाज़ बहुत अच्छा है। व्लास्येवा तो उस पर जान छिड़कती है।"

"क्या यह सच है कि छोटी व्लास्येवा तोपोव से शादी कर रही है?"

"हाँ, कहते हैं कि यह बिल्कुल तय हो चुका है।"

"मुझे तो माँ-बाप पर हैरानी होती है। सुनते हैं कि यह प्रेम-विवाह होगा।"

"प्रेम-विवाह? कैसे बाबा आदम के ज़माने के ख़याल हैं तुम्हारे! आजकल कौन प्रेम की चर्चा करता है?" राजदूत की बीवी ने कहा।

"क्या हो सकता है? यह बेवकूफ़ी भरा पुराना फ़ैशन अभी तक ख़त्म होने का नाम नहीं लेता," व्रोन्स्की ने कहा।

"यह उनके लिए और भी बुरा है, जो इस फ़ैशन के फेर में पड़े हुए हैं। मैं तो

केवल ऐसे सुखी विवाह ही जानती हूँ, जो भौतिक लाभ के लिए किये गये हैं।"

"हाँ, लेकिन दूसरी तरफ़ भौतिक लाभ के लिए किये गये विवाह अक्सर इसीलिए धूल की तरह हवा में उड़ जाते हैं कि वही प्रेम प्रकट हो जाता है जिसकी अवहेलना की गयी थी," व्रोन्स्की ने कहा।

"लेकिन हम भौतिक लाभवाले विवाह उन्हें कहते हैं, जब दोनों अपने जनून से निजात पा चुकते हैं। यह तो जैसे लाल बुख़ार है, जिसको भुगतना ही पड़ता है।"

"तब तो प्रेम से बचने के लिए चेचक की तरह कृत्रिम ढंग से टीका लगाना सीखना चाहिए।"

"अपनी जवानी के दिनों में मैं एक डीकन को प्यार करती थी," प्रिन्सेस म्याग्काया ने कहा। "मालूम नहीं, मुझे इससे कोई फ़ायदा हुआ या नहीं।"

"मैं मज़ाक़ के बिना ऐसा सोचती हूँ कि प्यार को जानने के लिए भूल करना और फिर उसे सुधारना ज़रूरी है," प्रिन्सेस बेत्सी ने कहा।

"शादी के बाद भी?" राजदूत की पत्नी ने मज़ाक़ किया।

"भूल जब सुधार ली जाये तभी अच्छा है," कूटनीतिज्ञ ने एक अँग्रेजी कहावत का हवाला दिया।

"बिल्कुल सही," बेत्सी ने झटपट पुष्टि की, "भूल करना और फिर उसे सुधारना ज़रूरी है। आपका इस बारे में क्या ख़याल है?" उसने आन्ना से पूछा, जो तनिक दिखाई देने वाली विश्वासपूर्ण मुस्कान के साथ इस बातचीत को चुपचाप सुन रही थी।

"मैं सोचती हूँ," आन्ना ने हाथ से उतारे हुए दस्ताने के साथ खिलवाड़ करते-करते कहा, "मैं सोचती हूँ... कि जितने सिर हैं उतनी ही अक़्लें, तो जितने दिल हैं, उतनी ही क़िस्म के प्रेम हैं।"

व्रोन्स्की आन्ना को देख रहा था और धड़कते दिल से उसके जवाब का इन्तज़ार कर रहा था। आन्ना के जवाब के बाद उसने ऐसे राहत की साँस ली मानो ख़तरा टल गया हो।

आन्ना ने अचानक उसे सम्बोधित किया–

"मेरे पास मास्को से पत्र आया है। उसमें लिखा है कि कीटी श्चेर्बात्स्काया बहुत बीमार है।"

"सच?" व्रोन्स्की ने माथे पर बल डालकर कहा।

आन्ना ने कड़ी नज़र से उसकी तरफ़ देखा।

"आपको इसमें कोई दिलचस्पी नहीं?"

"उल्टे, बेहद दिलचस्पी है। अगर मैं पूछ सकता हूँ, तो बताइये कि क्या लिखा है उन्होंने आपको?" उसने कहा।

आन्ना उठी और बेत्सी के पास चली गयी।

"मुझे चाय की प्याली दीजिये," उसकी कुर्सी के पीछे खड़े होकर वह बोली।

प्रिन्सेस बेत्सी ने जब तक चाय डाली, इसी बीच व्रोन्स्की आन्ना के पास आ गया।

"क्या लिखा है उन्होंने आपको?" व्रोन्स्की ने दोहराया।

"मैं अक्सर ऐसा सोचती हूँ कि भौंड़ी हरकत किसे कहते हैं, मर्द लोग यह नहीं समझते, गो वे इसकी बहुत चर्चा करते हैं," आन्ना ने व्रोन्स्की को जवाब दिये बिना कहा। "मैं बहुत दिनों से आपसे यह कहना चाहती थी," उसने इतना और कहा तथा कुछ क़दम चलकर कोनेवाली उस मेज़ के पास जा बैठी, जिस पर एल्बम रखे थे।

"मैं आपके शब्दों का अर्थ पूरी तरह नहीं समझ पा रहा हूँ," चाय की प्याली उसे देते हुए व्रोन्स्की ने कहा।

आन्ना ने अपने पासवाले सोफ़े की तरफ़ देखा और वह फ़ौरन वहाँ बैठ गया।

"हाँ, मैं आपसे यह कहना चाहती थी," व्रोन्स्की की तरफ़ देखे बिना आन्ना ने कहा। "आपने बुरा व्यवहार किया, बुरा, बहुत बुरा व्यवहार किया।"

"क्या मैं यह नहीं जानता हूँ कि मैंने बुरा व्यवहार किया है? लेकिन मेरे ऐसा व्यवहार करने का कारण कौन है?"

"आप मुझसे यह क्यों कह रहे हैं?" कड़ाई से उसकी ओर देखते हुए आन्ना ने कहा।

"आप जानती हैं कि क्यों कह रहा हूँ," व्रोन्स्की ने आन्ना से नज़रें मिलाते और उन्हें झुकाये बिना दिलेरी तथा ख़ुशी से जवाब दिया।

व्रोन्स्की नहीं, आन्ना परेशान हो उठी।

"इसमें सिर्फ़ इसी बात का सबूत मिलता है कि आपके सीने में दिल नहीं है," आन्ना ने कहा। लेकिन उसकी नज़र कह रही थी कि वह जानती है कि उसके पास दिल है और इसीलिए वह उससे डरती है।

"वह जिसकी आपने अभी चर्चा की है, प्रेम नहीं था, भूल थी।"

"याद है न कि मैंने आपको यह शब्द, यह घिनौना शब्द मुँह से निकालने की मनाही कर दी थी," आन्ना ने सिहरते हुए कहा। किन्तु इसी क्षण उसने यह अनुभव किया कि केवल इस एक 'मनाही' शब्द से उसने यह ज़ाहिर कर दिया है कि उसे उस पर कुछ विशेष अधिकार प्राप्त हैं और इसी से वह उसे प्रेम के बारे में चर्चा करने को प्रोत्साहित करती है। "मैं बहुत पहले ही आपसे यह कहना चाहती थी," वह दृढ़ता से उससे नज़र मिलाते हुए कहती गयी और उसका चेहरा तमतमाहट से लाल होता जा रहा था, "और आज तो मैं यह जानते हुए कि आपसे यहाँ भेंट हो सकेगी, जान-बूझकर यहाँ आयी हूँ। मैं आपसे यह कहने आयी हूँ कि इस क़िस्से को ख़त्म होना चाहिए। कभी और किसी के सामने भी मेरी आँखें शर्म से नहीं झुकीं, लेकिन आप मुझे किसी बात के लिए अपने को अपराधी अनुभव

करने को विवश करते हैं।"

व्रोन्स्की ने आन्ना की ओर देखा और उसके चेहरे के नये आत्मिक सौन्दर्य से चकित रह गया।

"आप मुझसे क्या चाहती हैं?" व्रोन्स्की ने सरलता और गम्भीरता से पूछा।

"मैं चाहती हूँ कि आप मास्को जायें और कीटी से क्षमा-याचना करें," उसने जवाब दिया।

"आप ऐसा नहीं चाहतीं," व्रोन्स्की ने कहा।

व्रोन्स्की देख रहा था कि आन्ना जो कहना चाहती है, वह नहीं, बल्कि वह कह रही है, जो अपने को कहने के लिए मजबूर कर रही है।

"अगर मुझसे प्रेम करते हैं, जैसा कि आप कहते हैं," आन्ना फुसफुसायी, "तो ऐसा करें, कि मुझे चैन मिल सके।"

व्रोन्स्की का चेहरा खिल उठा।

"क्या आप यह नहीं जानतीं कि मेरे लिए आप मेरी ज़िन्दगी हैं? लेकिन चैन तो न मैं ख़ुद जानता हूँ और न आपको ही दे सकता हूँ। हाँ... पूरी तरह अपने को और अपना प्रेम दे सकता हूँ। मैं अपने और आपके बारे में अलग-अलग सोच ही नहीं सकता। मेरे लिए मैं और आप एक ही हैं। और मुझे न तो अपने लिए और न आपके लिए ही चैन की सम्भावना दिखाई देती है। मैं हताशा और दुःख की सम्भावना देखता हूँ... या मुझे सुख की सम्भावना नज़र आती है, कैसे सुख की! ...क्या वह सम्भव नहीं?" उसने केवल होंठ हिलाकर इतना और कह दिया, किन्तु आन्ना ने उसे सुन लिया।

आन्ना अपनी बुद्धि का सारा ज़ोर लगा रही थी ताकि वह कहे, जो उसे कहना चाहिए, किन्तु इसके बजाय उसने अपनी प्रेम-भरी नज़र उसके चेहरे पर टिका दी और कुछ भी जवाब नहीं दिया।

'तो यह बात है!' व्रोन्स्की आह्लादपूर्वक सोच रहा था। 'उस क्षण, जब मैं हताश हो रहा था और जब मुझे ऐसा लग रहा था कि इस क़िस्से का कोई अन्त नहीं होगा–तो यह बात है! वह मुझसे प्रेम करती है! वह इसे स्वीकार करती है!'

"तो मेरे लिए इतना कीजिये कि कभी भी मुझसे ये शब्द नहीं कहिये और हम अच्छे मित्र बने रहेंगे," उसने कहा, किन्तु उसकी नज़र कुछ दूसरा ही कह रही थी।

"मित्र हम नहीं बनेंगे, यह तो आप स्वयं जानती हैं। किन्तु हम या तो सबसे सुखी अथवा दुःखी लोग होंगे–यह आपके हाथ में है।"

आन्ना ने कुछ कहना चाहा, मगर व्रोन्स्की ने उसे इसका अवसर नहीं दिया।

"मैं आपको कभी भी भगाना नहीं चाहती।"

"केवल कुछ भी बदलिये नहीं। जैसा है, सब कुछ वैसा ही रहने दीजिये," उसने काँपती आवाज़ में कहा। "लीजिये, आपके पति आ गये।"

सचमुच इसी समय अलेक्सेई अलेक्सान्द्रोविच अपनी शान्त और अटपटी चाल से मेहमानख़ाने में दाख़िल हुआ।

अपनी पत्नी और व्रोन्स्की पर नज़र डालकर वह गृह-स्वामिनी के पास गया और चाय का प्याला लेकर बैठने के बाद उसने अपने धीमे-धीमे, किन्तु सदा सुनाई देने वाले और किसी को निशाना बनाते हुए मज़ाकिया अन्दाज़ में बोलना शुरू किया।

"आपकी राम्बुल्ये[1] तो ख़ूब अच्छी तरह जमी हुई है," उसने लोगों पर दृष्टि दौड़ाते हुए कहा, "रूप का निखार और कला का शृंगार भी है।"

किन्तु प्रिन्सेस बेत्सी उसके इस sneering[2] लहजे को, जैसा वह कहती थी, बर्दाश्त ही नहीं कर सकती थी और एक अच्छी मेज़बान के नाते उसने बातचीत को अनिवार्य सैनिक सेवा के गम्भीर विषय की ओर मोड़ दिया। अलेक्सेई अलेक्सान्द्रोविच फ़ौरन इस चर्चा में उलझ गया और नये आदेश का, जिसकी प्रिन्सेस बेत्सी ने आलोचना की थी, गम्भीरता से पक्ष-पोषण करने लगा।

व्रोन्स्की और आन्ना छोटी मेज़ पर ही बैठे रहे।

"यह तो अशिष्ट मामला होता जा रहा है," एक महिला ने व्रोन्स्की, आन्ना और उसके पति की ओर आँखों से संकेत करते हुए फुसफुसाकर कहा।

"मैंने क्या कहा था आप लोगों से?" आन्ना की सहेली ने जवाब दिया।

लेकिन इन्हीं महिलाओं ने नहीं, बल्कि मेहमानख़ाने में बैठे सभी लोगों, यहाँ तक कि प्रिन्सेस म्याग्काया और ख़ुद बेत्सी ने भी अन्य सभी से दूर बैठे हुए इन दोनों व्यक्तियों की ओर कई बार देखा, जो मानो बाक़ी लोगों की उपस्थिति के कारण बाधा अनुभव कर रहे हों। सिर्फ़ करेनिन ने ही एक बार भी उधर नज़र नहीं डाली और शुरू हुई बातचीत में ही दिलचस्पी लेता रहा।

प्रिन्सेस बेत्सी ने सभी पर पड़ने वाले बुरे प्रभाव की ओर ध्यान देते हुए किसी अन्य को करेनिन की बातें सुनने के लिए अपनी जगह पर बिठा दिया और आन्ना के पास गयी।

"आपके पति की अभिव्यक्ति की स्पष्टता और अचूकता से मैं हमेशा दंग रह जाती हूँ," बेत्सी ने कहा। "जब वह बात करते हैं, तो बहुत ही उलझी-उलझायी बातें भी अच्छी तरह से मेरी समझ में आ जाती हैं।"

"अरे, हाँ!" आन्ना ने ख़ुशी से चमकते और बेत्सी ने जो कुछ कहा था, उसका एक भी शब्द समझे बिना कहा। वह बड़ी मेज़ पर आ बैठी और साझी बातचीत में हिस्सा लेने लगी।

आध घंटे तक बैठने के बाद करेनिन पत्नी के पास गया और उससे अपने

1. महफ़िल।
2. फ़बतियाँ कसने का। (अँग्रेज़ी)

साथ घर चलने को कहा। किन्तु आन्ना ने उसकी तरफ़ देखे बिना ही यह जवाब दिया कि वह खाना खाने के लिए रुक रही है। करेनिन ने सिर झुकाकर विदा ली और चला गया।

चमड़े की चमकती हुई जाकेट पहने आन्ना करेनिना का बूढ़ा और मोटा तातार कोचवान बाईं ओर से घोड़े को बड़ी मुश्किल से क़ाबू में रख पा रहा था, जो ठिठुर जाने के कारण उछलता और दुलत्ती चलाता था। नौकर बग्घी का दरवाज़ा खोले खड़ा था। दरबान बाहर जाने का दरवाज़ा थामे था। आन्ना अपने छोटे और फुर्तीले हाथ से आस्तीन के लैस को फ़र-कोट की हुक में से छुड़ा रही थी और सिर झुकाये हुए ख़ुशी से व्रोन्स्की की बातें सुन रही थी, जो उसे बाहर पहुँचाने आया था।

"आपने कुछ भी तो नहीं कहा। ख़ैर, मैं ऐसी कोई माँग भी नहीं करता," व्रोन्स्की कह रहा था, "लेकिन आप जानती हैं कि मुझे दोस्ती की ज़रूरत नहीं है। मेरी ज़िन्दगी में केवल एक ही ख़ुशी मुमकिन है और यह वह शब्द है, जो आपको इतना नापसन्द है... हाँ, प्रेम..."

"प्रेम," उसने अपने लिए ही धीमे-धीमे इसे दोहराया और अचानक उसी समय, जब उसने लैस को हुक से छुड़ा लिया, यह और कह दिया, "मैं इसलिए इस शब्द को नापसन्द करती हूँ कि यह मेरे लिए बहुत ज़्यादा मानी रखता है, उससे कहीं अधिक, जितना कि आप समझ सकते हैं।" और उसने बहुत ग़ौर से व्रोन्स्की के चेहरे को देखा। "नमस्ते!"

उसने व्रोन्स्की से हाथ मिलाया और तेज, लचीला क़दम बढ़ाकर दरबान के पास से गुज़री और बग्घी में जाकर ओझल हो गयी।

आन्ना की दृष्टि और उसके हाथ के स्पर्श से व्रोन्स्की मानो झुलस गया। आन्ना ने जिस जगह उसकी हथेली को छुआ था, उसने उस जगह को चूमा और यह सुखद चेतना लिये कि पिछले दो महीनों की तुलना में आज की शाम वह अपनी लक्ष्य-सिद्धि के कहीं निकट पहुँच गया है, घर को चल दिया।

8

करेनिन को इस चीज़ में कुछ अजीब और बुरा दिखाई नहीं दिया कि उसकी बीवी एक अलग मेज़ पर बैठकर बड़ी ज़िन्दादिली से व्रोन्स्की के साथ बातें कर रही थी। लेकिन उसने देखा कि मेहमानख़ाने में बैठे दूसरे लोगों को यह कुछ अजीब और बुरा लग रहा था और इसलिए उसे भी भद्दा प्रतीत हुआ। उसने तय किया कि उसके बारे में बीवी से कहना चाहिए।

घर लौटने पर करेनिना, जैसा कि वह हमेशा करता था, अपने अध्ययन-कक्ष में चला गया और पोपवाद के बारे में किताब को उसी जगह पर खोलकर, जहाँ काग़ज़ काटने का चाक़ू रखा हुआ था, आरामकुर्सी पर बैठकर उसे पढ़ने लगा।

जैसा कि वह आमतौर पर करता था, रात के एक बजे तक उसका पढ़ना जारी रहा। केवल कभी-कभी वह अपने ऊँचे माथे को हाथ से मसलता और सिर को झटकता मानो किसी चीज़ को दूर भगा रहा हो। हर दिन के नियत समय पर वह उठा और बिस्तर में जाने के लिए तैयार हुआ। आन्ना अभी तक नहीं आयी थी। किताब बग़ल में दबाये वह ऊपर गया, लेकिन आज आम विचारों और दफ़्तरी मामलों से सम्बन्धित ख़यालों के बजाय उसके दिमाग़ में बीवी और उसके बारे में कुछ बुरे विचार भरे हुए थे। आदत के मुताबिक़ बिस्तर में लेटने की जगह वह पीठ पीछे अपने दोनों हाथ बाँधकर एक सिरे से दूसरे सिरे तक कमरों में आने-जाने लगा। यह महसूस करते हुए कि उसे पैदा हो जाने वाली परिस्थितियों पर एक बार फिर से अच्छी तरह सोच-विचार करना चाहिए, वह बिस्तर पर नहीं जा सकता था।

करेनिन ने जब मन-ही-मन यह तय किया था कि बीवी के साथ बात करनी चाहिए, तो उसे यह बहुत आसान और मामूली बात लगी थी। लेकिन अब, जब उसने पैदा हुई परिस्थिति पर फिर से सोच-विचार करना शुरू किया, तो उसे यह बहुत पेंचीदा और मुश्किल प्रतीत हुई।

करेनिन शक्की तबीयत का आदमी नहीं था। उसके विश्वास के अनुसार शक करने का मतलब बीवी का अपमान करना था और उसे उस पर भरोसा करना चाहिए। उसे क्यों भरोसा करना चाहिए यानी उसे क्यों इस बात का पूरा यक़ीन होना चाहिए कि उसकी जवान बीवी उसे हमेशा प्यार करेगी, यह वह अपने से नहीं पूछता था। लेकिन उसे सन्देह की अनुभूति भी नहीं होती थी, क्योंकि वह यक़ीन करता था और अपने-आपसे कहता था कि उसे यक़ीन करना चाहिए। यद्यपि उसकी यह आस्था कि बीवी पर शक करना एक लज्जाजनक भावना है और उसे उस पर यक़ीन करना चाहिए, अभी तक खंडित नहीं हुई थी, फिर भी अब वह यह अनुभव करता था कि उसे बेतुकी और समझ में न आने वाली परिस्थिति का सामना करना पड़ रहा है और यह नहीं जानता था कि क्या करे। करेनिन को जीवन का सामना करना पड़ रहा था, उसे यह सम्भावना दिखाई दे रही थी कि उसकी बीवी उसके सिवाय किसी और से भी प्यार कर सकती है, और यह उसे बेहद उलझी तथा समझ में न आने वाली बात प्रतीत हो रही थी, क्योंकि यह तो खुद ज़िन्दगी थी। करेनिन ने अपना सारा जीवन सरकारी काम-काज के क्षेत्रों में, जिनका केवल जीवन की परछाइयों से सम्बन्ध था, बिता दिया था। और जब कभी उसे जीवन से दो-चार होना पड़ता था, वह दामन बचाकर निकल जाता था। अब उसे कुछ ऐसा महसूस हो रहा था, जैसा कि वह आदमी अनुभव कर सकता है, जो बड़े चैन से पुल पर चलता हुआ खड्ड पार कर लेता है और फिर अचानक यह देखता है कि वहाँ पुल नहीं रहा और नीचे खड्ड है। स्वयं जीवन ही वह खड्ड था और पुल था वह अवास्तविक जीवन, जो करेनिन ने बिताया था। उसकी बीवी के

किसी दूसरे आदमी को प्यार कर सकने की सम्भावना के सवाल पहली बार उसके सामने आये थे और वह स्तब्ध रह गया था।

कपड़े उतारे बिना वह केवल एक लैम्प से प्रकाशित भोजन-कक्ष के आवाज़ पैदा करते तख़्तों से फ़र्श पर, अँधेरे मेहमानख़ाने के क़ालीन पर, जिसमें कुछ ही समय पहले बनाये गये और सोफ़े के ऊपर लटके हुए उसके अपने बड़े चित्र पर रोशनी पड़ रही थी, और फिर आन्ना के कमरे में, जहाँ दो मोमबत्तियाँ आन्ना के रिश्तेदारों और सहेलियों के चित्रों तथा लिखने की मेज़ पर रखी हुई उसकी सुन्दर और चिरपरिचित छोटी-मोटी चीज़ों को रौशन कर रही थीं, सधे हुए क़दमों से जाता। आन्ना के कमरे से वह सोने के कमरे तक जाकर वापस लौट आता।

अपने ऐसे हर चक्कर में और अधिकतर रौशन भोजन-कक्ष के तख़्तोंवाले फ़र्श पर वह रुकता और अपने-आपसे कहता–'हाँ, इस मामले को तय और ख़त्म करना ज़रूरी है, मेरे लिए अपनी राय ज़ाहिर करना और अपना फ़ैसला बताना ज़रूरी है।' और इसके बाद वह वापस चल देता। 'लेकिन क्या बताऊँ? कैसा फ़ैसला?' वह मेहमानख़ाने में अपने से पूछता और उसे कोई जवाब न मिलता। 'आख़िर हुआ ही क्या है?' आन्ना के कमरे की ओर मुड़ने के पहले वह यह सवाल करता। 'कुछ भी तो नहीं। उसने उससे देर तक बातचीत की। तो क्या हुआ? लोगों से मिलने-जुलने वाली औरत किसी से भी बातचीत कर सकती है। और फिर शक करना–यह तो ख़ुद अपना और उसका अपमान करना है,' आन्ना के कमरे में दाख़िल होते हुए वह अपने-आपसे कहता। किन्तु वह दलील, जो पहले उसके लिए इतना अथक वज़न रखती थी, अब बेमानी और महत्त्वहीन हो गयी थी। और वह सोने के कमरे के दरवाज़े से फिर हॉल की तरफ़ मुड़ जाता। किन्तु जैसे ही वह अँधेरे मेहमानख़ाने में दाख़िल होता, कोई आवाज़ उससे कहती कि वह मामला सीधा-सादा नहीं है और अगर दूसरों का इसकी तरफ़ ध्यान गया है, तो इसका मतलब है–कुछ तो है ही। और भोजन-कक्ष में आकर वह फिर अपने से कहता–'हाँ, इस मामले को तय और ख़त्म करना तथा अपनी राय ज़ाहिर करना ज़रूरी है...' और फिर आन्ना के कमरे की ओर मुड़ने से पहले वह मेहमानख़ाने में अपने से पूछता–'क्या तय किया जाये?' इसके बाद अपने से सवाल करता–'क्या हुआ है?' और जवाब देता–'कुछ नहीं,' तथा उसे यह याद आ जाता कि शक की भावना तो पत्नी का अपमान करने वाली भावना है, किन्तु मेहमानख़ाने में उसे फिर से यक़ीन हो जाता कि कुछ तो हुआ है। उसके शरीर की तरह उसके विचार भी चक्कर पूरा करते और उन्हें कुछ भी नया न सूझता। इस बात की ओर उसका ध्यान गया, उसने अपने माथे को हाथ से रगड़ा और आन्ना के कमरे में बैठ गया।

यहाँ, उसकी मेज़ पर मेलाकाइट की फ़ाइलवाली लेखन-सामग्री और अधूरे पत्र को देखते हुए उसके विचारों में अचानक परिवर्तन हो गया। वह आन्ना के बारे में,

इस बारे में सोचने लगा कि वह क्या सोचती और अनुभव करती है। उसने पहली बार आन्ना के व्यक्तिगत जीवन, उसके विचारों, उसकी इच्छाओं की मूर्त कल्पना की और यह ख़याल कि उसका कोई अपना अलग जीवन हो सकता है और होना चाहिए, उसे इतना भयानक प्रतीत हुआ कि उसने उसे जल्दी से दूर भगा दिया। यह वही खड्ड था, जिसमें झाँकते हुए उसका दिल डरता था। विचार और भावना से अपने को किसी अन्य व्यक्ति की आत्मा में ले जाना एक ऐसी आत्मिक क्रिया थी, जिससे करेनिन अनजान था। वह ऐसी आत्मिक क्रिया को हानिकारक और कल्पना की ख़तरनाक उड़ान मानता था।

'और सबसे बुरी बात तो यह है,' वह सोच रहा था, 'कि इस वक़्त, जब मेरा काम ख़त्म होने को आ रहा है (वह उस परियोजना के बारे में सोच रहा था, जिसे इस समय अमली शक़्ल दे रहा था), जब मुझे पूरी शान्ति और मानसिक शक्ति की आवश्यकता है, इस बेहूदा परेशानी ने मुझे आ घेरा है। लेकिन क्या हो सकता है? मैं तो इन लोगों में से नहीं हूँ, जो परेशानी और चिन्ता को बर्दाश्त करते हैं तथा उनका सामना करने की हिम्मत नहीं रखते?'

"मुझे अच्छी तरह सोच-विचार करना, निर्णय पर पहुँचना और इस चीज़ को दिमाग़ से निकाल फेंकना चाहिए," उसने ऊँचे-ऊँचे कहा।

'उसकी भावनाओं के प्रश्नों और इस बात का मुझसे कोई वास्ता नहीं है कि उसकी आत्मा में क्या हुआ है या हो रहा है। यह उसकी आत्मा का मामला है और धर्म के अन्तर्गत आता है,' उसने इस चेतना से राहत महसूस करते हुए अपने-आपसे कहा कि उसे नैतिक नियमावली का वह बिन्दु मिल गया है, जिसके अन्तर्गत इस समय पैदा होने वाली यह परिस्थिति आती है।

'तो,' करेनिन ने अपने-आपसे कहा, 'उसकी भावनाओं आदि के प्रश्न उसकी आत्मा के ही प्रश्न हैं और मुझे उनसे कुछ मतलब नहीं। मेरा उत्तरदायित्व बिल्कुल स्पष्ट है। परिवार के मुखिया के नाते मैं वह व्यक्ति हूँ, जिसे उसका निदेशन करना चाहिए और इसीलिए मैं वह व्यक्ति हूँ, जो कुछ हद तक उसके लिए ज़िम्मेदार हूँ। मुझे उस ख़तरे की तरफ़ इशारा करना चाहिए, जो मुझे नज़र आ रहा है, उसे सावधान और यहाँ तक कि अपने प्रभाव का भी उपयोग करना चाहिए। मुझे उससे साफ़-साफ़ कह देना चाहिए।'

और करेनिन के दिमाग़ में वह सब कुछ स्पष्ट हो गया, जो अब वह अपनी बीवी से कहेगा। यह सोच-विचार करते हुए कि वह क्या कहेगा, उसे इस बात का अफ़सोस हो रहा था कि उसे घरेलु मामले के लिए अपने समय और शक्ति का उपयोग करना पड़ रहा है और जिसका लोगों पर कोई प्रभाव नहीं पड़ेगा, मगर उसके बावजूद उसके मस्तिष्क में उन सभी बातों का, जो वह अपनी बीवी से कहेगा, रूप और क्रम ऐसे स्पष्ट होने लगा मानो वह कोई सरकारी रिपोर्ट पेश करने

वाला हो। 'मुझे यह सब कुछ कहना और पूरी तरह से स्पष्ट कर देना चाहिए–एक, जनमत और शिष्टाचार का महत्त्व; दो, विवाह के महत्त्व का धार्मिक पक्ष; तीन, आवश्यक होने पर यह भी कि इससे बेटे को कैसे दुर्भाग्य का शिकर होना पड़ सकता है; चार, ख़ुद उसके लिए भी क्या दुर्भाग्य हो सकता है।' और उसने हथेलियों को नीचे की ओर करके उँगलियों में डालकर दबाया और वे चटक उठीं।

उँगलियों के चटखाने की इस हरकत, इस बुरी आदत से वह हमेशा शान्त हो जाता था और उसे वह मानसिक सन्तुलन प्राप्त होता था, जिसकी उसे इस वक़्त बेहद ज़रूरत थी। घर के प्रवेश-द्वार के निकट आती बग्घी की आवाज़ सुनाई दी। करेनिन हॉल के बीचोबीच खड़ा हो गया।

ज़ीने पर औरत के क़दमों की आहट मिल रही थी। अपना भाषण देने के लिए तैयार करेनिन अपनी गुँथी हुई उँगलियों पर ज़ोर डालते हुए यह प्रतीक्षा कर रहा था कि उनमें से कोई और भी चटकती है या नहीं। आख़िर एक उँगली चटकी।

ज़ीने पर हल्के क़दमों की आहट से उसने अनुभव यिका कि वह निकट आ रही है और यद्यपि वह अपने सोचे हुए भाषण से सन्तुष्ट था, तथापि कुछ क्षण बाद पत्नी से होने वाली बातचीत के विचार से उसे दहशत महसूस हुई...।

9

आन्ना सिर झुकाये और अपने हुड के फुँदनों से खिलवाड़ करती चली आ रही थी। उसका चेहरा तेज़ चमक से दीप्तिमान था, किन्तु यह उल्लासपूर्ण दीप्ति नहीं थी। यह अँधेरी रात में आग की भयानक चमक की याद दिलाती थी। पति को देखकर आन्ना ने सिर ऊपर किया और मानो नींद से जागते हुए मुस्कुरायी।

"तुम बिस्तर में नहीं गये? यह भी कमाल है!" आन्ना ने कहा, हुड उतार फेंका और रुके बिना अपने शृंगार-कक्ष की ओर आगे बढ़ गयी। "सोने का वक़्त हो गया, अलेक्सेई अलेक्सान्द्रोविच," उसने दरवाज़े के पीछे से कहा।

"आन्ना, मुझे तुमसे कुछ बात करनी है।"

"मुझसे?" उसने हैरान होते हुए कहा और दरवाज़े के पीछे से सामने आकर उसकी तरफ़ देखा। "क्या बात है? किस बारे में?" आन्ना ने बैठते हुए पूछा। "अगर ज़रूरी है, तो आओ कर लें बात। लेकिन शायद बेहतर होगा कि सोया जाये।"

आन्ना के मुँह में जो कुछ आ रहा था, वह वही कहती जा रही थी और अपने को सुनते हुए उसे झूठ बोलने की अपनी क्षमताओं से आश्चर्य हो रहा था। कितने सीधे-साद और स्वाभाविक थे उसके शब्द तथा कितना अधिक ऐसा प्रतीत हो रहा था कि वह सोना चाह रही है! वह ऐसा अनुभव कर रही थी मानो झूठ का अभेद्य कवच पहने हो। उसे लग रहा था मानो कोई अदृश्य शक्ति उसकी मदद कर रही है, उसे सहारा दे रही है।

"आन्ना, मेरे लिए तुम्हें सावधान करना ज़रूरी है," पति ने कहा।

"सावधान करना?" उसने पूछा। "किस बात के लिए?"

वह ऐसी मासूमियत, ऐसी ख़ुशमिज़ाजी से उसकी तरफ़ देख रही थी कि जो व्यक्ति उसे उसके पति की भाँति ही अच्छी तरह नहीं जानता-पहचानता था, न तो उसके अन्दाज़ और न ही उसके शब्दों के अर्थ में कोई बनावटीपन महसूस कर सकता था। लेकिन उसके लिए, जो उसे अच्छी तरह से जानता था, जो यह जानता था कि अगर वह पाँच मिनट भी देर से बिस्तर पर जाता था, तो आन्ना का इस चीज़ की ओर ध्यान जाता था और वह उसका कारण पूछती थी, उसके लिए, जो यह जानता था कि अपनी सभी खुशियों, सभी मनोरंजनों और दुःख-मुसीबतों की वह फ़ौरन उससे चर्चा करती थी–उसके लिए अब यह देखना कि वह उसकी मानसिक स्थिति को अनदेखा करना चाहती है, अपने बारे में एक शब्द भी नहीं कहना चाहती, बहुत माने रखता था। वह देख रहा था कि उसकी आत्मा की गहराई, जो पहले हमेशा उसके सामने खुली रहती थी, अब उसके लिए पर्दे की ढकी हुई है। इतना ही नहीं, उसके बात करने के अन्दाज़ से वह देख रहा था कि इससे उसे किसी प्रकार की घबराहट भी नहीं महसूस हो रही, बल्कि मानो वह साफ़ कह रही थी– 'हाँ, मेरे दिल का दरवाज़ा बन्द कर दिया गया है और यह ऐसे ही होना चाहिए तथा आगे भी ऐसा ही होगा।' अब उसे उस आदमी जैसी अनुभूति हो रही थी, जो घर लौटने पर वहाँ ताला लटकता देखता है। 'लेकिन हो सकता है कि अभी भी चाबी मिल जाये,' करेनिन सोच रहा था।

"मैं तुम्हें इस बारे में सावधान करना चाहता हूँ," उसने धीमी आवाज़ में कहा,"कि असावधानी और गम्भीरता की कमी के कारण तुम सोसाइटी को अपने सम्बन्ध में चर्चा करने का मौक़ा दे सकती हो। काउंट व्रोन्स्की (उसने दृढ़ता और शान्ति से इस नाम पर ज़ोर दिया) के साथ आज तुम्हारी बहुत ही सजीव बातचीत ने सभी का ध्यान आकृष्ट किया।"

वह अपनी बात कह तथा आन्ना की हँसती और अभेद्यता के कारण अब भयानक बनी आँखों को देख रहा था और बोलते हुए अपने शब्दों की पूरी व्यर्थता तथा निरर्थकता को अनुभव कर रहा था।

"तुम्हारा हमेशा ऐसा ही हाल रहता है," उसने ऐसे कहा मानो उसकी बात बिल्कुल न समझ रही हो और उसने जो कुछ कहा, उसमें से अन्तिम बात को ही जान-बूझकर समझा हो। "कभी तुम्हें यह अच्छा नहीं लगता कि मैं ऊबी-ऊबी रहूँ, तो कभी यह अखरता है कि मैं ख़ुश हूँ। मैं ऊब महसूस नहीं कर रही थी। तुम्हें यह बुरा लगा?"

करेनिन सिहरा और उसने उँगलियाँ चटकाने के लिए हाथों को नीचे की ओर झुकाया।

"ओह, कृपया उँगलियाँ नहीं चटकाना, मुझे यह बिल्कुल पसन्द नहीं," उसने कहा।

"आन्ना, यह तुम ही हो?" करेनिन ने जैसे-तैसे अपने पर क़ाबू पाते और हाथों की हरकत को रोकते हुए धीमी आवाज़ में कहा।

"पर यह मामला क्या है?" आन्ना ने बड़े निष्कपट और हास्यपूर्ण आश्चर्य के अन्दाज़ में पूछा। "क्या चाहते हो तुम मुझसे?"

करेनिन ख़ामोश रहा और माथे पर तथा आँखों पर हाथ फेरा। वह स्पष्टतः यह समझ रहा था कि जो कुछ करना चाहता था वह न करते हुए, यानी पत्नी को सासाइटी की दृष्टि में भूल करने से बचाने के बजाय अनचाहे ही उस चीज़ के लिए परेशान हो रहा है, जिसका आन्ना की आत्मा से सम्बन्ध था और अपने द्वारा कल्पित किसी दीवार के विरुद्ध संघर्ष कर रहा है।

"मैं यह कहना चाहता हूँ," उसने रुखाई और शान्ति से अपनी बात जारी रखी, "और मैं तुमसे पूरी बात सुन लेने का अनुरोध करता हूँ। जैसा कि तुम जानती हो, मैं शक करने को अपमानजनक और तिरस्कारपूर्ण भावना मानता हूँ तथा कभी भी इसे अपने पर हावी नहीं होने दूँगा। किन्तु शिष्टाचार के कुछ नियम हैं, जिनके उल्लंघन का अनिवार्य रूप से दंड भुगतना पड़ता है। आज मैंने ऐसा कुछ नहीं देखा, किन्तु सोसाइटी पर पड़े प्रभाव के आधार पर ऐसा कहा जा सकता है कि सभी ने इस बात की ओर ध्यान दिया कि तुमने वैसा व्यवहार नहीं किया, जैसा कि करना चाहिए था।"

"मैं बिल्कुल कुछ भी नहीं समझ पा रही हूँ," आन्ना ने कन्धे झटककर कहा। 'इसके लिए सब बराबर है,' आन्ना ने सोचा। 'लेकिन दूसरे लोगों ने ध्यान दिया और इससे इसे परेशानी हो रही है।' "तुम स्वस्थ नहीं हो, अलेक्सेई अलेक्सान्द्रोविच," उसने इतना और कहा, उठी और दरवाज़े की तरफ़ जाना चाहा, किन्तु करेनिन मानो उसे रोकने के लिए आगे बढ़ा।

उसका चेहरा ऐसा विकृत और उदास था, जैसा कि आन्ना ने पहले कभी नहीं देखा था। आन्ना रुकी और सिर को पीछे की ओर तनिक टेढ़ा झुकाकर फुर्ती से उँगलियाँ चलाती हुई बालों में से सूइयाँ निकालने लगी।

"तो मैं सुनने को तैयार हूँ, जो कहना है कहो," आन्ना शान्त और उपहासपूर्ण ढंग से बोली। "यहाँ तक कि दिलचस्पी से सुनूँगी, क्योंकि जानना चाहती हूँ कि मामला क्या है।"

अपने स्वाभाविक, शान्त तथा विश्वासपूर्ण अन्दाज़ और शब्दों के चुनाव से उसे हैरानी हो रही थी।

"तुम्हारी भावनाओं की सारी तफ़सीलों में जाने का मुझे अधिकर नहीं है और वैसे भी मैं इसे बेकार, यहाँ तक कि हानिकारक भी मानता हूँ," करेनिन ने कहना

शुरू किया। "अपनी आत्मा की छानबीन करने पर हम अक्सर कुछ ऐसा खोज निकालते हैं, जो वहाँ अनदेखा ही पड़ा रहता है। तुम्हारी भावनाएँ–तुम्हारी आत्मा का मामला है, लेकिन मैं तुम्हारे, अपने और भगवान के सामने इस बात के लिए उत्तरदायी हूँ कि तुम्हें तुम्हारी ज़िम्मेदारियों का एहसास कराऊँ। हमारा जीवन आपस में बँधा हुआ है और इसे लोगों ने नहीं, बल्कि भगवान ने बन्धन में बाँधा हुआ है। कोई अपराध ही इस बन्धन को तोड़ सकता है और इस तरह के अपराध के लिए कड़ा दंड अनिवार्य होता है।"

"मेरे तो कुछ भी पल्ले नहीं पड़ा। हे भगवान, फिर यह नींद भी मुसीबत बनी जा रही है!" उसने बालों में से बाक़ी सूइयाँ निकालने के लिए उनमें जल्दी-जल्दी उँगलियाँ चलाते हुए कहा।

"आन्ना, भगवान के लिए ऐसे नहीं कहो," उसने नम्रता से आपत्ति की। "हो सकता है कि मुझसे भूल हो रही हो, किन्तु विश्वास करो कि मैं जो कुछ कह रहा हूँ, वह उतना ही अपने लिए कह रहा हूँ, जितना तुम्हारे लिए। मैं तुम्हारा पति हूँ और तुम्हें प्यार करता हूँ।"

क्षण-भर को आन्ना का चेहरा उतर गया और उसकी आँखों में से उपहास की चमक ग़ायब हो गयी। लेकिन 'प्यार करता हूँ' इन शब्दों से वह फिर भड़क उठी। उसने सोचा–'प्यार करता है? क्या वह प्यार कर भी सकता है? अगर उसने यह सुना न होता कि प्यार जैसी कोई चीज़ होती है, तो उसने इन शब्दों का कभी उपयोग न किया होता। वह क्या जाने कि प्यार किसे कहते हैं!'

"अलेक्सेई अलेक्सान्द्रोविच, सचमुच मेरी समझ में कुछ नहीं आ रहा," आन्ना बोली। "तुम मुझे साफ़-साफ़ समझाओ कि तुम क्या महसूस कर रहे हो..."

"कृपया मुझे अपनी बात कह लेने दो। मैं तुम्हें प्यार करता हूँ। लेकिन मैं अपनी बात नहीं कर रहा हूँ–इस मामले में मुख्य तो है हमारा बेटा और तुम ख़ुद। मैं दोहराता हूँ, बहुत सम्भव है कि तुम्हें मेरे शब्द बिल्कुल व्यर्थ और अनुचित प्रतीत हों, हो सकता है कि वे मेरी भूल का परिणाम हों। ऐसा होने पर मैं क्षमा चाहता हूँ। लेकिन अगर तुम ख़ुद यह महसूस करो कि कहीं ज़रा-सा भी आधार है, तो मैं तुमसे अनुरोध करूँगा कि तुम सोचो-विचारो और अगर तुम्हारा मन ऐसा करना चाहे, तो मुझसे कहो..."

करेनिन ने जो कुछ सोचा था, वह उससे बिल्कुल भिन्न बात कह रहा था और ऐसा अनुभव भी नहीं कर रहा था।

"मुझे कुछ भी तो नहीं कहना। और फिर..." मुश्किल से अपनी मुस्कान पर क़ाबू पाते हुए आन्ना अचानक तेज़ी से कह उठी, "सच, सोना चाहिए।"

करेनिन ने गहरी उसाँस छोड़ी और इसके बाद और कुछ भी कहे बिना सोने के कमरे की तरफ़ चल दिया।

आन्ना जब सोने के कमरे में आयी, तो करेनिन बिस्तर पर लेट चुका था। वह अपने होंठ कसकर भींचे था और उसने आन्ना की तरफ़ नहीं देखा। आन्ना अपने पलँग पर जाकर लेट गयी और हर क्षण यह आशा कर रही थी कि वह उसके साथ फिर बातचीत करने लगेगा। आन्ना इससे घबरा भी रही थी और ऐसा चाह भी रही थी। मगर वह ख़ामोश रहा। आन्ना हिले-डुले बिना देर तक इन्तज़ार करती रही और फिर उसके बारे में भूल गयी। वह अब दूसरे के बारे में सोच रही थी, उसे अपनी कल्पना में देख और यह अनुभव कर रही थी कि उसके ख़याल से कैसे उसका मन बेचैनी और अपराधपूर्ण हर्ष से भर उठता था। अचानक उसे स्थिर और शान्त ढंग से नाक बजती सुनाई दी। पहले क्षण में करेनिन मानो अपनी नाक बजाने से डर गया और यह आवाज़ बन्द हो गयी। किन्तु दो साँसों के बाद वह फिर से शान्त लय में लगातार बजने लगी।

"देर हो चुकी है, देर हो चुकी है, देर हो चुकी है," आन्ना मुस्कुराते हुए फुसफुसायी। वह हिले-डुले बिना देर तक आँखें खोले लेटी रही और उसे लगा कि मानो अँधेरे में वह खुद अपनी आँखों की चमक देख रही है।

10

इस शाम से करेनिन और उसकी पत्नी का एक नया जीवन आरम्भ हुआ। कोई ख़ास बात नहीं हुई थी। आन्ना हमेशा की तरह ऊँची सोसाइटी में जाती थी, प्रिन्सेस बेत्सी के यहाँ उसका बहुत अक्सर जाना होता और हर जगह व्रोन्स्की से उसकी भेंट होती। करेनिन यह देखता, मगर कुछ भी नहीं कर सकता था। इस सिलसिले में बातचीत शुरू करने की उसकी सारी कोशिशों के जवाब में आन्ना उसके सामने उल्लासपूर्ण आश्चर्य की अभेद्य दीवार खड़ी कर देती। बाहरी तौर पर सब कुछ वैसे ही था, मगर उसके आन्तरिक सम्बन्ध पूरी तरह बदल गये थे। अपने सरकारी काम-काजों में इतना सशक्त करेनिन इस मामले में अपने को बिल्कुल असहाय अनुभव करता था। एक साँड़ की तरह वह चुपचाप सिर झुकाये हुए उस डंडे की चोट पड़ने की प्रतीक्षा कर रहा था, जिसे वह अपने ऊपर उठा हुआ अनुभव कर रहा था। जब भी वह इस बारे में सोचने लगता, हर बार यही अनुभव करता कि एक बार फिर कोशिश करनी चाहिए, कि उदारता और प्यार-मुहब्बत से तथा समझा-बुझाकर अभी भी उसे बचाने की उम्मीद की जा सकती है, उसे होश में लाया जा सकता है और वह हर दिन उससे बात करने की सोचता। लेकिन हर बार, जब भी वह उससे बातचीत शुरू करता, उसे महसूस होता कि आन्ना को अपनी गिरफ़्त में ले लेने वाली बदी और छल-कपट की भावना उस पर हावी हो गयी है और वह उससे न तो अपने मन की बात तथा न उस अन्दाज़ में ही उसे कह रहा है, जिसमें कहना चाहता था। वह उसके साथ अनचाहे ही उसका मज़ाक़

उड़ाने के अपने उसी अभ्यस्त ढंग से बात करता, जो ऐसे बात करते थे। और इस अन्दाज़ में वह नहीं कहा जा सकता था, जिसे आन्ना से कहने की ज़रूरत थी।

11

व्रोन्स्की के जीवन की लगभग एक साल तक जो एकमात्र चाह बनी रही थी और जिसने उसकी पहले की सभी चाहों की जगह ले ली थी, वह, जो आन्ना के लिए असम्भव, अत्यधिक भयानक और इसीलिए सुख की मनमोहिनी कल्पना बनी रही थी, वह चाह पूरी हो गयी थी। व्रोन्स्की का चेहरा पीला था, उसकी ठोड़ी काँप रही थी और वह आन्ना के पास खड़ा हुआ उससे शान्त होने का अनुरोध कर रहा था, मगर स्वयं यह नहीं जानता था कि वह क्यों और कैसे शान्त हो।

"आन्ना! आन्ना!" वह काँपती हुई आवाज़ में कह रहा था। "आन्ना, भगवान के लिए..."

व्रोन्स्की का स्वर जितना अधिक ऊँचा होता था, आन्ना का कभी गर्वीला, उल्लासमय और अब लज्जित सिर उतना ही अधिक नीचे झुकता जाता था। वह अधिकाधिक नीचे को धसकती और जिस सोफ़े पर बैठी थी, उससे फ़र्श पर व्रोन्स्की के पैरों की ओर गिरती जा रही थी। अगर व्रोन्स्की ने उसे थाम न लिया होता, तो वह क़ालीन पर गिर पड़ती।

"हे भगवान! मुझे क्षमा करो!" उसने सिसकियाँ भरते और व्रोन्स्की के हाथों को अपने वक्ष पर दबाते हुए कहा।

आन्ना अपने को इतनी अपराधिनी और दोषी अनुभव कर रही थी कि उसके लिए विनीत होकर क्षमा-याचना के अतिरिक्त कोई चारा नहीं था। चूँकि उसके जीवन में व्रोन्स्की के अलावा अब और कोई नहीं रह गया था, इसलिए वह क्षमादान की अपनी प्रार्थना भी उसी को सम्बोधित कर रही थी। व्रोन्स्की की ओर देखते हुए वह शारीरिक रूप से अपने पतन को अनुभव कर रही थी और इससे अधिक कुछ भी नहीं कह सकी। व्रोन्स्की को वैसी ही अनुभूति हो रही थी, जैसी हत्यारे को वह शव देखकर होती है, जिसके उसने प्राण लिये होते हैं। उसने जिस शरीर के प्राण लिये थे, वह उनका प्रेम था, पहली अवस्था में प्रेम। उस चीज़ को याद करने में कुछ भयानक और घृणित था, जिसके लिए शर्म की यह भारी क़ीमत चुकानी पड़ी थी। अपनी आत्मिक नग्नता के कारण अनुभूत शर्म उसे कुचल रही थी और व्रोन्स्की को भी प्रभावित कर रही थी। अपने शिकार की लाश को सामने देखकर हत्यारे द्वारा अनुभूत सारी अरुचि के बावजूद उसके टुकड़े तो किये ही जाने चाहिए, उसे छिपाना तो चाहिए ही, हत्यारे ने हत्या करके जो कुछ प्राप्त किया है, उसका उपयोग तो करना ही चाहिए।

और जैसे हत्यारा बड़ी झुँझलाहट से, मानो आवेश में आकर लाश पर झपटता

है, उसे घसीटकर ले जाता है और उसके टुकड़े कर डालता है, वैसे ही व्रोन्स्की ने उसके चेहरे और कन्धों को चुम्बनों से ढक दिया। आन्ना उसका हाथ थामे थी, निश्चल थी। हाँ, ये चुम्बन ही तो हैं, जो शर्म की क़ीमत देकर ख़रीदे गये हैं। हाँ, और यह हाथ भी, जो हमेशा मेरा होगा—मेरे सहपराधी का हाथ है। उसने इस हाथ को ऊपर उठाकर चूमा। व्रोन्स्की घुटनों के बल हो गया और उसने आन्ना का चेहरा देखना चाहा, लेकिन वह उठी और उसने व्रोन्स्की को परे धकेल दिया। उसका चेहरा पहले की तरह सुन्दर था, किन्तु इसीलिए अधिक दयनीय भी।

"सब कुछ ख़त्म हो गया," उसने कहा। "तुम्हारे सिवाय मेरे पास कुछ भी नहीं रहा, यह याद रखना।"

"जो मेरी ज़िन्दगी ही है, उसे मैं कैसे भूल सकता हूँ। सुख के इस क्षण के लिए..."

"कैसा सुख!" आन्ना ने घृणा और वितृष्णा से कहा और यह वितृष्णा अपने-आप ही व्रोन्स्की को सम्प्रेषित हो गयी। "भगवान के लिए एक भी शब्द, एक भी और शब्द नहीं कहना।"

वह जल्दी से उठी और उससे दूर हट गयी।

"एक भी और शब्द नहीं कहना," आन्ना ने दोहराया और चेहरे पर व्रोन्स्की को अजीब लगने वाला रुखाई-भरी हताशा का भाव लिये हुए चली गयी। वह अनुभव कर रही थी कि इस नये जीवन की दहलीज़ पर पाँव रखने से उसे लज्जा, खुशी और भय की जो अनुभूति हुई है, उसे इसी क्षण शब्दों में व्यक्त करने में असमर्थ थी, वह इसकी चर्चा नहीं करना चाहती थी, अनुपयुक्त शब्दों के उपयोग से इस भावना को भ्रष्ट नहीं करना चाहती थी। किन्तु बाद में, दूसरे और तीसरे दिन भी, उसे न केवल वे शब्द ही नहीं मिले, जिनसे वह इन भावनाओं की सारी जटिलता को व्यक्त कर सकती, बल्कि वे विचार तक नहीं ढूँढ़ सकी, जिनसे जो कुछ उसकी आत्मा में था, उस पर अपने-आप चिन्तन ही कर पाती।

वह अपने-आपसे कहती—'नहीं, इस वक़्त मैं इस बारे में सोच-विचार नहीं कर सकती। बाद में, जब मैं अधिक शान्त हो जाऊँगी।' लेकिन सोचने-समझने के लायक़ होने की यह शान्ति उसे कभी नसीब नहीं हुई। हर बार, जब उसे अपनी करनी का और यह ध्यान आता कि आगे उसका क्या होने वाला तथा उसे क्या करना चाहिए, तो घबराहट से उसका बुरा हाल हो जाता और वह इन विचारों को अपने से दूर खदेड़ देती।

'बाद में, बाद में,' वह कहती, 'जब मैं अधिक शान्त हो जाऊँगी।'

किन्तु सपनों में, जब अपने विचारों पर उसका कोई वश न रहता, वह अपनी स्थिति को पूरी घिनौनी नग्नता के साथ देख पाती। लगभग हर रात को वह एक ही स्वप्न देखती। स्वप्न में उसे नज़र आता कि दोनों एक साथ उसके पति हैं, कि दोनों

उस पर खुले दिल से अपना प्यार लुटाते हैं। करेनिन उसके हाथों को चूमता हुआ रोता और कहता, कितना अच्छा है अब! और अलेक्सेई व्रोन्स्की भी वहीं नज़र आता और वह भी उसका पति होता। वह इस बात से हैरान होते हुए कि पहले उसे यह असम्भव प्रतीत होता था, हँसते-हँसते उन्हें यह स्पष्ट करती रहती कि अब मामला कहीं अधिक सीधा-सादा है और अब वे दोनों ही सन्तुष्ट और सुखी हैं। किन्तु वह दुःस्वप्न उसके मन पर भारी बोझ बन जाता और वह बहुत घबराकर जाग उठती।

12

मास्को से लौटने के पहले दिनों में ही, जब लेविन कीटी द्वारा उसके विवाह-प्रस्ताव को ठुकराने के कारण अनुभूत शर्म की याद करके काँप उठता था और लज्जारुण हो जाता था, वह अपने-आपसे कहता–'मैं तब भी ऐसे ही शर्म से लाल होता और काँप उठता था तथा सब कुछ ख़त्म हुआ मानता था, जब भौतिकशास्त्र में मुझे बहुत बुरे अंक मिले थे और मैं एक साल के लिए उसी कक्षा में रह गया था। इसी तरह मैं तब भी अपना सत्यानाश हुआ समझता था, जब मैंने वह सारा काम-काज चौपट कर दिया था, जो बहन ने मुझे सौंपा था। और वास्तव में हुआ क्या?–अब, जब बहुत-से साल गुज़र चुके हैं, तो मैं इन बातों को याद करके हैरान होता हूँ कि मुझे इनके कारण इतना दुःख हो सकता था। इस ग़म का भी यही हाल होगा। वक़्त बीतेगा और मैं इसे भी महसूस नहीं करूँगा।'

लेकिन तीन महीने गुज़रने पर भी ऐसा नहीं हुआ और उसे इसकी याद आने पर पहले दिनों की भाँति ही पीड़ा अनुभव होती थी। उसे चैन नहीं मिल रहा था, क्योंकि इतने समय से पारिवारिक जीवन का सपना देखते, अपने को पूरी तरह विवाह के योग्य अनुभव करते हुए भी शादी नहीं कर सका था और पहले की तुलना में अब इससे कहीं दूर था। जैसे कि उसके इर्द-गिर्द के सभी लोग, वैसे ही वह ख़ुद भी यह अनुभव करते हुए दुःखी होता था कि उसकी उम्र में आदमी का अविवाहित रहना अच्छी बात नहीं है। उसे याद था कि मास्को जाने के पहले कैसे उसने अपने पशुपालक निकोलाई से, जो सीधा-सादा किसान था और जिससे उसे बातचीत करना अच्छा लगता था, यह कहा था–"तो निकोलाई! मैं शादी करना चाहता हूँ!" और कैसे निकोलाई ने ऐसे झटपट जवाब दिया था मानो इस बारे में शक-शुबहा की कोई गुंजाइश ही न हो–"अब तक तो ब्याह कर भी लेना चाहिए था, कोन्स्तान्तीन द्मीत्रियेविच।" लेकिन अब पहले किसी भी वक़्त की तुलना में शादी उससे कहीं दूर हो गयी थी। दिल में जगह ख़ाली नहीं रही थी और अब जब वह अपनी जान-पहचान की लड़कियों में से किसी अन्य की इस जगह पर कल्पना करता, तो उसे अनुभव होता कि ऐसा करना बिल्कुल नामुमकिन है। उसके अलावा कीटी से इनकार और इस सिलसिले में उसकी अपनी भूमिका की याद उसे लज्जा

से व्यथित करती। वह अपने-आपसे चाहे कितना भी क्यों न कहता कि उसका इस मामले में कोई क़सूर नहीं है, यह स्मृति, इसी तरह की अन्य लज्जाजनक स्मृतियों की भाँति उसे सिहरने और शर्म से लाल होने को विवश कर देती। हर अन्य व्यक्ति की भाँति उसके अतीत में भी कुछ ऐसी हरकतें थीं, जिनके बुरा होने की उसे चेतना थी और जिनसे उसकी आत्मा को सन्तप्त होना चाहिए था, किन्तु इन बुरी हरकतों की यादें उसे इन तुच्छ, किन्तु लज्जाजनक अनुभवों की तुलना में कहीं कम व्यथित करती थीं। इन यादों के घाव कभी नहीं भरे थे। इन यादों में ही अब कीटी का इनकार और वह दयनीय स्थिति, जिसमें वह उस शाम को दूसरों को प्रतीत हुआ होगा, शामिल हो गयी थी। लेकिन समय और काम ने अपना रंग दिखाया। ग्राम-जीवन की साधारण, किन्तु महत्त्वपूर्ण घटनाएँ कटु स्मृतियों को अधिकाधिक धुँधली बनाती चली गयीं। बीतने वाले हर सप्ताह से कीटी की याद कम होती जाती थी। वह बड़ी बेचैनी से इस ख़बर का इन्तज़ार कर रहा था कि कीटी की शादी हो गयी है या कुछ दिनों में होने वाली है और उसे आशा थी कि ऐसी ख़बर दुःखता हुआ दाँत निकलवा देने की भाँति उसे पूरी तरह शान्त कर देगी।

इसी बीच वसन्त आ गया था, सुन्दर और मधुर, वसन्त की प्रत्याशाओं और छल-कपटों के बिना वसन्त, कभी-कभार आने वाला ऐसा वसन्त, जिससे वनस्पतियों, जानवरों और इन्सानों को समान रूप में ख़ुशी होती है। ऐसा प्यारा वसन्त लेविन को और अधिक उत्प्रेरित करता था और उसके इस इरादे को और ज़्यादा पक्का बनाता था कि वह पहले के सब मंसूबों को त्यागकर अपने एकाकी जीवन को दृढ़ और स्वतन्त्र रूप दे। यह सही है कि वह जो इरादे बनाकर गाँव लौटा था, उनमें से अनेक को अमली शक्ल नहीं दे पाया था, फिर भी सबसे मुख्य बात यानी जीवन को पवित्र ढंग से बिताने का निश्चय बनाये रहा था। उसे वह लज्जा अनुभव नहीं होती थी, जो पतन के बाद उसे यातना देती थी और वह बेझिझक लोगों से आँखें मिला सकता था। फ़रवरी में ही उसे मारीया निकोलायेव्ना का इस आशय का पत्र मिला था कि भाई निकोलाई की सेहत ज़्यादा बिगड़ती जा रही है, लेकिन वह इलाज नहीं करवाना चाहता। यह पत्र पाने के बाद लेविन अपने भाई के पास मास्को गया और उसे इस बात के लिए राज़ी करने में कामयाब हो गया कि वह किसी डॉक्टर की सलाह ले और विदेश के किसी खनिज जल-केन्द्र में इलाज कराने जाये। भाई को राज़ी करने और उसे नाराज़ किये बिना ख़र्च के लिए क़र्ज़ देने में उसे इतनी अधिक सफलता मिली कि इस दृष्टि से उसने अपने प्रति बड़ा सन्तोष अनुभव किया। अध्ययन और खेती-बारी के अलावा, जो वसन्त में विशेष ध्यान की माँग करती है, लेविन ने इस जाड़े में खेती-बारी पर एक निबन्ध भी लिखना शुरू कर दिया था, जिसका मुख्य भाव यह था कि खेती-बारी में मज़दूर के चरित्र को जलवायु, और भूमि की भाँति अभिन्न अंग के रूप में मानना चाहिए

और इसीलिए खेती-बारी के विज्ञान के सम्बन्ध में सभी परिणाम जलवायु और भूमि के तथ्यों के आधार पर ही नहीं, बल्कि भूमि, जलवायु तथा खेत-मज़दूर के पूर्व-स्वीकृत अपरिवर्तनीय चरित्र के तथ्यों के आधार पर निकालने चाहिए। तो इस तरह एकाकीपन के बावजूद या उसके परिणामस्वरूप लेविन का जीवन बहुत भरा-पूरा था और केवल कभी-कभी ही उसे अपने दिमाग़ में घूमने वाले विचारों को अगाफ़्या मिख़ाइलोव्ना के अलावा किसी अन्य व्यक्ति से कहने की इच्छा की अतृप्ति की अनुभूति होती। वैसे तो अगाफ़्या मिख़ाइलोव्ना के साथ भी बहुत बार भौतिकशास्त्र, खेती-बारी के सिद्धान्तों और विशेषकर दर्शनशास्त्र पर, जो अगाफ़्या मिख़ाइलोव्ना का प्रिय विषय था, विचार-विनिमय करता था।

वसन्त देर तक खुलकर सामने नहीं आया। लेंट के अन्तिम सप्ताहों में निर्मल और पालेवाला ठंडा मौसम बना रहा। दिन को धूप में बर्फ़ पिघलती और रात को शून्य से सात दर्जे नीचे तक की ठंड होती। जमी हुई बर्फ़ की सतह इतनी सख़्त थी कि उस पर रास्ते के बिना भी हर जगह घोड़ा-गाड़ियाँ चल सकतीं। ईस्टर के वक़्त भी बर्फ़ बनी रही। तब अचानक ईस्टर के सोमवार को तेज़ी से गरम हवा चलने लगी, काले मेघ घिर आये और तीन दिन तथा तीन रातों तक ख़ूब ज़ोर से गुनगुनी बारिश हुई। बृहस्पति के दिन हवा शान्त हो गयी और सलेटी रंग का घना कुहासा छा गया, जो मानो प्रकृति में होने वाले परिवर्तनों को छिपा रहा हो। कुहासे में हिम-जल की धाराएँ बह चलीं, नदियों पर जमी बर्फ़ की तहें चटकीं और बहने लगीं, गँदली और फेनिल प्रचंड धाराएँ तेज़ी से भागने लगीं और अगले इतवार की शाम को ही कुहासा छँटा, बादल ऊन के फूले-फूले गोलों की तरह इधर-उधर भाग चले, आसमान साफ़ हुआ और असली वसन्त प्रकट हुआ। सुबह को गर्म सूरज निकला, वह पानी की सतह पर छायी बर्फ़ की पतली तह को जल्दी से निगल गया और सारी गुनगुनी हवा जागकर साँस लेती धरती की भाप से दोलायमान हो उठी। पुरानी घास हरी हो गयी और नयी घास की सूइयों जैसी नुकीली पत्तियाँ निकल आयीं, गल्दर रोज़ वृक्षों, फलदार झाड़ियों और चिपचिपे भोज वृक्षों के अंकुर फूल गये और सुनहरे फूलों से ढके बेंत के वृक्ष पर अपने छत्ते से अभी बाहर आने वाली मधुमक्खी भिनभिना उठी। खेतों की हरी मख़मल और बर्फ़ ढके डंठलोंवाले मैदानों के ऊपर अदृश्य लवा पक्षियों के तराने गूँजने लगे। नदियों के ढालू स्थानों तथा दलदलों के ऊपर, जो पानी से भरपूर थे, टिटिहरियाँ शोर मचा रही थीं और सारस तथा हंस वसन्त के दिनों की अपनी आवाज़ें गुंजाते हुए आकाश में बहुत ऊँचे उड़ रहे थे। जाड़े में अपने रोयें बदल देने और कहीं-कहीं पर रोयों के बिना हो जाने वाली गउएँ चरागाहों में रम्भा रही थीं, टेढ़ी-मेढ़ी कमज़ोर टाँगोंवाले मेमने अपनी मिमियाती और ऊन गिराती माँओं के गिर्द फुदक रहे थे, तेज़ दौड़ने वाले बालक पद-चिह्नोंवाली सूखी जाती पगडंडियों पर दौड़ रहे थे, पोखर पर लिनन

धोती देहाती औरतों के हँसी-ख़ुशी से बोलने-बतियाने की आवाज़ें सुनाई दे रही थीं और अहातों में हलों और हेंगों की मरम्मत कर रहे किसानों के हथौड़े बज रहे थे। सचमुच वसन्त आ गया था।

13

लेविन ने घुटनों तक बूट चढ़ाये और पहली बार फ़र के कोट के बजाय बनाती अंगरखा पहनकर अपने फ़ॉर्म का चक्कर लगाने चल दिया, धूप में आँखों को चकाचौंध करती जल-धाराओं में से क़दम बढ़ाते हुए कभी तो बर्फ़ पर और कभी चिपचिपे कीचड़ में उसका पाँव पड़ता।

वसन्त–यह योजनाओं और सम्भावनाओं के अनुमान का समय होता है। उस पेड़ की भाँति, जिसे वसन्त में यह मालूम नहीं होता कि उसके फूले अंकुरों में छिपी हुई नयी जड़ें और शाखाएँ किस दिशा में तथा कैसे बड़ी होंगी, लेविन को भी अहाते में आने पर इस बात का स्पष्ट ज्ञान नहीं था कि अपने प्यारे फ़ार्म में अब वह किस काम को शुरू करेगा। किन्तु यह अनुभव कर रहा था कि उसके दिमाग में ढेरों योजनाएँ और बहुत ही बढ़िया स्कीमें हैं। सबसे पहले तो वह पशुशाला की तरफ़ गया। गउओं को बाहर अहाते में छोड़ दिया गया था और वे अपनी मुलायम खाल की चमक दिखाती तथा धूप से गर्मायी हुई रम्भा रही थीं, चरागाहों में जाना चाह रही थीं। मुग्ध होकर अपनी गउओं को देखने के बाद, जिनके बारे में वह हर छोटी-से-छोटी बात भी जानता था, लेविन ने उन्हें चरागाहों में ले जाने और बछिया-बछड़ों को अहाते में छोड़ने का आदेश दिया। चरवाहा बहुत खुश होता हुआ चरागाहों में जाने की तैयारी करने के लिए भाग गया। पशुओं की देख-भाल करने वाली औरतें अपने स्कर्टों को नंगी, गोरी टाँगों पर ऊपर उठाये, जो अभी तक धूप में सँवलाई नहीं थीं, तथा हाथों में कमचियाँ लिये रम्भाते और वसन्त की ख़ुशी के मतवाले हुए बछड़े-बछियों को अहाते में हाँकने के लिए कीचड़ में इधर-उधर भागती फिर रही थीं।

इस वर्ष जन्मे बछड़े-बछियों को, जो असाधारण रूप से बहुत अच्छे थे–पहले जन्मी बछियाँ किसानों की गउओं के समान हो चुकी थीं और पावा की तीन महीने की बछिया क़द में एक साल की गाय के बराबर थी–मुग्ध होकर निहारने के बाद लेविन ने यह आदेश दिया कि उनके लिए नाँद बाहर लायी जाये और सूखी घास झाबों में डाल दी जाये। लेकिन पता चला कि जाड़े में इस्तेमाल में न लाये जाने वाले अहाते में पतझर के दिनों में बनाये गये झाबे टूटे हुए हैं। उसने बढ़ई को बुलवा भेजा, जिसे माँड़ने की मशीन की मरम्मत करते होना चाहिए था। लेकिन मालूम हुआ कि बढ़ई हेंगों की मरम्मत कर रहा था, जिन्हें श्रोवटाइड के त्योहार तक तैयार हो जाना चाहिए था। लेविन को इससे बड़ी खीझ महसूस हुई। खीझ इसलिए

महसूस हुई कि फ़ार्म के काम में यह बेढंगापन, जिसके विरुद्ध वह अपनी पूरी ताक़त लगाकर कई सालों से संघर्ष कर रहा था, लगातार दोहराया जाता था। मालूम करने पर उसे पता चला कि जाड़े में काम न आने वाले झाबों को जुतने वाले घोड़ों के अस्तबल में ले जाया गया था और वहाँ वे टूट गये थे, क्योंकि बछड़े-बछियों के लिए उन्हें कच्चे ढंग से बनाया गया था। इसके अलावा यह भी पता चला कि हेंगें और खेती-बारी के दूसरे औज़ार, जिन्हें उसने जाड़े में ही जाँचने और मरम्मत करने का आदेश दिया था और जिनके लिए तीन बढ़इयों को ख़ासतौर से काम पर रखा गया था, अभी तक वैसे ही पड़े थे और हेंगों की उस वक़्त मरम्मत की जा रही थी, जब उन्हें खेतों में होना चाहिए था। लेविन ने अपने कारिन्दे को बुलवा भेजा, लेकिन उसी वक़्त खुद उसे ढूँढ़ने चल दिया। इस दिन अन्य सभी चीजों की भाँति चमकता हुआ कारिन्दा मेमने के फ़र से सजा भेड़ की खाल का कोट पहने और फूस को हाथों में मरोड़ता हुआ खलिहान से चला आ रहा था।

"माँड़ने की मशीन पर बढ़ई क्यों नहीं है?"

"मैं कल आपको यह बताना चाहता था कि हेंगों की मरम्मत करना ज़रूरी है। जुलाई का वक़्त तो आ भी गया है।"

"लेकिन जाड़े में क्या होता रहा?"

"आपको बढ़ई की किसलिए ज़रूरत है?"

"बछड़े-बछियों के अहाते के झाबे कहाँ हैं?"

"मैंने उन्हें उनकी जगह पर रख देने को कह दिया था। कैसे निपटे कोई इन लोगों से!" कारिन्दे ने हाथ झटककर कहा।

"इन लोगों से नहीं, बल्कि इस कारिन्दे से!" लेविन ने भड़कते हुए कहा। "आख़िर तुम किस मर्ज़ की दवा हो!" वह चिल्ला उठा। लेकिन यह ध्यान आने पर कि इससे कोई फ़ायदा नहीं होगा, उसने इस बात को बीच में छोड़ दिया और केवल गहरी साँस ली। "तो बुवाई शुरू की जा सकती है?" उसने कुछ क्षण चुप रहकर पूछा।

"तुर्कीनो के परे कल या परसों शुरू कर सकते हैं।"

"और तिपतिया घास?"

"वसीली और मीशा को भेज दिया है, बो रहे हैं, मालूम नहीं वे जा भी सकेंगे या नहीं—बेहद कीचड़ है।"

"कितने देसियातीना[1] में?"

"छः में।"

"सारी ज़मीन में क्यों नहीं?" लेविन चिल्लाया।

तिपतिया घास बीस के बजाय केवल छः देसियातीना में बोयी जा रही है, यह

1. देसियातीना—रूस में भूमि का पुराना नाप, जो 1.09 हेक्टर के बराबर है।

और भी ज़्यादा खीझ पैदा करने वाली बात थी। सैद्धान्तिक ज्ञान और व्यक्तिगत अनुभव से लेविन यह जानता था कि तिपतिया घास की बुवाई केवल तभी अच्छी होती थी, जब उसे यथासम्भव जल्दी, लगभग बर्फ़ में ही बोया जाता था। किन्तु लेविन को ऐसा कर पाने में कभी कामयाबी नहीं मिली थी।

"लोग नहीं हैं। क्या करे कोई इन लोगों का? तीन आये नहीं। सेम्योन को ही लीजिये..."

"आप छप्पर डालने के काम से कुछ को रोक लेते।"

"वही तो मैंने किया है।"

"कहाँ हैं लोग?"

"पाँच खाद बना रहे हैं, चार जई पलट रहे हैं, नहीं तो वह फूटने लग सकती है, कोन्स्तान्तीन द्मीत्रियेविच।"

लेविन बहुत अच्छी तरह से जानता था कि 'नयी फूटने लग सकती है' का मतलब यह था कि बुवाई के लिए रखी गयी अँग्रेज़ी जई का सत्यानाश हो चुका है, यानी फिर उसके आदेश को पूरा नहीं किया गया।

"मैंने तो लेंट के वक़्त ही कहा था न कि पाइपों से हवा भरो!..." वह चिल्लाया।

"कोई फ़िक्र नहीं करें, सब कुछ वक़्त पर कर देंगे।"

लेविन ने गुस्से से हाथ झटका, जई को देखने के लिए खत्ती में गया और फिर अस्तबल की ओर चला गया। जई अभी ख़राब नहीं हुई थी। लेकिन मज़दूर उसे फावड़ों से पलट रहे थे, जबकि उसे निचली खत्ती में ही सीधे डाला जा सकता था। ऐसा करने का आदेश देकर और दो मज़दूरों को तिपतिया घास की बुवाई के लिए यहाँ से भेजने के बाद कारिन्दे के खिलाफ़ लेविन का गुस्सा ठंडा हो गया। फिर दिन भी तो इतना प्यारा था कि नाराज़ होना सम्भव नहीं था।

"इग्नात!" उसने सईस को आवाज़ दी, जो आस्तीनें ऊपर चढ़ाये हुए कुएँ के पास बग्घी को धो रहा था। "मेरे लिए घोड़े पर ज़ीन कस दो..."

"किस पर, हुजूर?"

"कोल्पिक पर ही सही।"

"जो हुक्म।"

जब तक घोड़े पर ज़ीन कसा गया, तब तक लेविन ने आँखों के सामने इधर-उधर चक्कर काटते हुए कारिन्दे को फिर से अपने पास बुला लिया, ताकि उससे सुलह कर ले और उसके साथ वसन्त में किये जाने वाले कामों तथा खेती-बारी की योजनाओं की चर्चा करने लगा।

खाद को ले जाने का काम कुछ पहले शुरू किया जाना चाहिए, ताकि प्रारम्भिक घास काटने के वक़्त तक यह काम पूरा हो जाये। साथ ही दूर के खेत को हलों से जोता जाना चाहिए और उसे बुवाई के बिना छोड़ दिया जाये। घास को अपने

लोगों की मदद से नहीं, जो आधी घास ले लेंगे, बल्कि मज़दूरों की सहायता से समेटा जाना चाहिए।

कारिन्दे ने ध्यान से यह सब सुना और मन मारकर प्रकटतः मालिक के सुझावों का अनुमोदन भी किया। लेकिन फिर भी उसके चेहरे पर निराशा और उदासी का वह भाव अंकित था, जिससे लेविन भली-भाँति परिचित था और जिससे उसे हमेशा झल्लाहट होती थी। चेहरे का यह भाव कह रहा था कि यह सब कुछ तो ठीक है, मगर होगा वही, जो भगवान चाहेगा।

लेविन को और किसी भी चीज़ से इतना ज़्यादा रंज नहीं होता था, जितना इस अन्दाज़ से। उसके यहाँ जितने भी कारिन्दे आ चुके थे, यह अन्दाज़ उन सभी का सामान्य लक्षण था। उसके सुझावों के प्रति भी उन सबका ऐसा ही रवैया था और इसलिए अब वह नाराज़ नहीं, बल्कि दुःखी होता था और मानो प्रकृति की इस अन्ध ताक़त के विरुद्ध, जिसे वह 'भगवान जो करेगा, वही होगा' के अतिरिक्त कोई दूसरी संज्ञा नहीं दे सकता था और जो हमेशा उसके आड़े आती थी, डटकर संघर्ष करने का और अधिक उत्साह अनुभव करता था।

"देखें, कितना कुछ कर पाते हैं, कोन्स्तान्तीन द्मीत्रियेविच," कारिन्दे ने कहा।

"कर क्यों नहीं पायेंगे?"

"कम-से-कम पन्द्रह मज़दूर तो और रखने ही चाहिए। लेकिन वे लोग आते ही नहीं। आज आये थे, गर्मी-भर के लिए सत्तर-सत्तर रूबल माँगते हैं।"

लेविन चुप रहा। फिर से वही शक्ति सामने आ खड़ी हुई थी। वह जानता था कि वे चाहे कितनी भी कोशिश क्यों न करें, सैंतीस, अड़तीस या चालीस से ज़्यादा मज़दूरों को ठीक मज़दूरी पर हासिल नहीं कर सकते थे। चालीस रखे जा चुके थे और इससे अधिक नहीं मिल रहे थे। फिर भी वह संघर्ष किये बिना नहीं रह सकता था।

"सूरी और चेफ़ीरोव्का गाँवों में किसी को भेजिये। मज़दूरों को ढूँढ़ना चाहिए।"

"भेजने को तो भेज दूँगा," वसीली फ़्योदोरोविच ने मरी-सी आवाज़ में कहा। "लेकिन घोड़े भी तो मरियल हो गये हैं।"

"और ख़रीद लेंगे। मैं तो जानता हूँ," लेविन ने हँसकर इतना और जोड़ दिया, "आप तो बस, कम और घटिया के फेर में ही रहते हैं। लेकिन इस साल मैं आपको मनमानी नहीं करने दूँगा। सब कुछ ख़ुद करूँगा।"

"मेरे ख़याल में आप अभी भी पूरी तरह नहीं सोते हैं। मालिक के सामने रहने पर हमें तो ख़ुशी ही होती है..."

"तो भोज-घाटी के परे तिपतिया घास बोयी जा रही है न? जाकर देखता हूँ," लेविन ने सईस द्वारा लाये गये छोटे-से कुम्मैत घोड़े पर सवार होते हुए कहा।

"नाले में से नहीं जा सकेंगे, कोन्स्तान्तीन द्मीत्रियेविच," सईस ने पुकारकर

कहा।

"तो जंगल में से चला जाऊँगा।"

और तेज़ दुगामा चाल से चलने वाले अपने अच्छे-से घोड़े पर, जो देर तक अस्तबल में ही बँधा रहा था और डबरों पर भर्राटा लेता तथा लगाम की छूट चाहता था, लेविन अहाते के कीचड़ से फाटक पर पहुँचा और फिर खेत को चल दिया।

लेविन को अगर पशुओं के बाड़े और खलिहान में जाकर ख़ुशी हुई थी, तो खेत में उसे और भी ज़्यादा अच्छा लग रहा था, दुगामा चाल वाले अपने अच्छे घोड़े पर समगति से डोलते, जंगल लाँघते समय गुनगुनी बर्फ़ तथा हवा की ताज़गी लिये गन्ध को साँसों में भरते और कहीं-कहीं रह गयी टूटती, धँसती और पिघलते चिह्नोंवाली बर्फ़ पर से गुज़रते हुए वह फूले अंकुरों और छाल पर सजीव हो उठी काईवाले अपने हर वृक्ष को देखकर खुश हो रहा था। जंगल से बाहर आने पर उसे बहुत बड़े विस्तार में ख़ाली जगह से एक भी धब्बे के बिना मख़मली क़ालीन की तरह हरियाली फैली दिखाई दी। केवल कहीं-कहीं गड्ढों में ही पिघलती बर्फ़ के धब्बे बाक़ी रह गये थे। न तो किसान के घोड़े और बछेड़े को देखकर ही, जो उसकी नयी, हरी फ़सल को कुचल रहे थे (उसने सामने आ जाने वाले एक किसान को उन्हें खदेड़ देने का आदेश दिया) और न ही इपात नाम के किसान को मुलाक़ात हो जाने तथा यह पूछने पर–"तो इपात जल्द ही बुवाई होगी?" और उसके हास्यास्पद तथा मूर्खतापूर्ण यह जवाब देने पर ही–"पहले तो जुताई करनी चाहिए, कोन्स्तान्तीन द्मीत्रियेविच," उसे गुस्सा आया। वह ज्यों-ज्यों आगे बढ़ता जा रहा था, उसका मन त्यों-त्यों और अधिक खिलता जाता था तथा खेती-बारी सम्बन्धी एक-से-एक बढ़िया योजना उसके दिमाग़ में आती जा रही थी। सभी खेतों में मध्याह्न रेखाओं पर बेंत के वृक्ष उगा दिये जायें, ताकि उनके नीचे बहुत देर तक बर्फ़ न पड़ी रहे, खेतों को विभाजित कर दें–छः में खाद डाली जाये और तीन पर तिपतिया घास उगायी जाये, खेत के दूरस्थ सिरे पर पशुशाला और एक तालाब बनाया जाये तथा खाद के लिए पशुओं के वहनशील बाड़े बनाये जायें। तब तीन सौ देसियातीना ज़मीन में गेहूँ, सौ में आलू और डेढ़ सौ में तिपतिया घास उगायी जाये और इस तरह एक देसियातीना भूमि का भी उपजाऊपन नष्ट नहीं हो पायेगा।

इस तरह के सपने देखते और बड़ी सावधानी से मेड़ों के बीच घोड़े को मोड़ते हुए, ताकि अपनी हरी फ़सल को न कुचल दे, वह तिपतिया घास बोने वाले मज़दूरों के पास पहुँचा। बीजोंवाली गाड़ी मेड़ पर नहीं, बल्कि जुती हुई ज़मीन पर खड़ी थी और गेहूँ की रबी की फ़सल गाड़ी के पहियों तथा घोड़े के सुमों से रौंदी हुई थी। दोनों मज़दूर मेड़ पर बैठे हुए सम्भवतः एक ही पाइप से तम्बाकू के कश खींच रहे थे। गाड़ी में पड़ी बीज-मिश्रित मिट्टी मली हुई नहीं थी, बल्कि टिकियों या जमकर गोलों का रूप लिये थी। मालिक को देखकर खेत-मज़दूर वसीली गाड़ी की तरफ़

चल दिया और मीशा बुवाई करने लगा। यह कोई अच्छी बात तो नहीं थी, मगर लेविन मज़दूरों पर बहुत कम ही बिगड़ता था। वसीली के निकट आने पर लेविन ने उसे घोड़े को मेड़ पर ले जाने को कहा।

"कोई बात नहीं, हुजूर, फ़सल फिर से खड़ी हो जायेगी," वसीली ने जवाब दिया।

"कृपया बहस में नहीं पड़ो," लेविन ने कहा, "जो कहा गया है, वही करो।"

"जो हुक्म," वसीली ने उत्तर दिया और घोड़े की लगाम पकड़ ली। "बुवाई तो कोन्स्तान्तीन द्मीत्रियेविच," उसने ख़ुशामदी ढंग से कहा, "अव्वल दर्जे की हो रही है। लेकिन यहाँ चलना मुसीबत है! छाल के जूते एक-एक मन के भारी हो जाते हैं।"

"यह मिट्टी छनी हुई क्यों नहीं है?" लेविन ने पूछा।

"हम इसे मल लेते हैं," वसीली ने बीज-मिश्रित मिट्टी देकर उसे हाथों से मलते हुए जवाब दिया।

वसीली का इसमें कोई क़सूर नहीं था कि उसे बिना छनी मिट्टी दे दी गयी थी, फिर भी थी तो यह दुःख की बात।

अपनी खीझ पर क़ाबू पाने और बुरी प्रतीत होने वाली चीज़ को फिर से अच्छा बनाने के एक ज्ञात उपाय को लेविन कई बार सफलतापूर्वक आज़मा चुका था और उसने अब भी इसी का उपयोग किया। उसने ध्यान से देखा कि मीशा अपने हर पाँव के साथ चिपक जाने वाले मिट्टी के बड़े-बड़े ढेलों को घसीटता हुआ कैसे चलता था, घोड़े से उतरा और वसीली से बुवाई की टोकरी लेकर बोने चल दिया।

"तुम कहाँ रुके थे?"

वसीली ने पाँव से निशान की तरफ़ इशारा किया और लेविन अपनी पूरी कोशिश से बुवाई करने लगा। चलने में दलदल जैसी ही कठिनाई होती थी और एक क़तार पूरी करते-करते पसीने से तर हो गया, रुका और बीजों की टोकरी उसने वसीली को दे दी।

"हुजूर, गर्मी में मुझे इस क़तार के लिए भला-बुरा नहीं कहियेगा।"

"क्यों, क्या बात है?" अपने उपाय के अनुकूल प्रभाव को अनुभव करते हुए लेविन से ख़ुशमिज़ाजी से पूछा।

"गर्मियों में देखियेगा। वह भिन्न होगी। ज़रा उधर नज़र दौड़ाइये, जहाँ मैंने पिछले वसन्त में बुवाई की थी। कितना बढ़िया काम किया है! मुझे लगता है, कोन्स्तान्तीन द्मीत्रियेविच, मैं तो ऐसे ही पूरा ज़ोर लगाता हूँ, जैसे कि वह मेरे अपने सगे बाप का काम हो। मुझे ख़ुद बुरा काम करना पसन्द नहीं और दूसरों को भी नहीं करने देता। मालिक का भला, तो हमारा भला। जैसे ही उधर नज़र जाती है," वसीली ने खेत की तरफ़ इशारा करते हुए कहा, "दिल ख़ुश हो जाता है।"

"यह वसन्त बहुत प्यारा है, वसीली।"

"ऐसा वसन्त तो बड़े-बूढ़ों को याद ही नहीं। मैं घर होकर आया हूँ, वहाँ हमारे बूढ़े ने भी एक एकड़ ज़मीन में गेहूँ बोया है। उसका कहना है कि उसमें और रई में भेद नहीं किया जा सकता।"

"बहुत अर्से से गेहूँ बो रहे हैं क्या आप लोग?"

"पार साल की गर्मी में आप ही ने तो यह सिखाया था। आप ही ने तो दो बोरी गेहूँ दिया था, जिसका एक-चौथाई हमने बेच दिया और बाक़ी बो दिया।"

"तो देखो, ढेलों को तोड़ देना," लेविन ने घोड़े के पास जाते हुए कहा। "और मीशा का भी ध्यान रखना। अगर घास अच्छी हुई, तो हर देसियातीना के पीछे तुम्हें पचास कोपेक मिलेंगे।"

"बहुत, बहुत शुक्रिया। आपकी तो हम पर यों ही बड़ी मेहरबानी है।"

लेविन घोड़े पर सवार होकर उस खेत में गया, जहाँ पिछले साल की तिपतिया घास थी और इसके बाद उस खेत में, जिसे ख़रीफ़ का गेहूँ बोने के लिए जोता जा चुका था।

डंठलोंवाले खेत में तिपतिया घास ख़ूब बढ़िया ढंग से बढ़ रही थी। वह काफ़ी मज़बूत थी और पिछले वर्ष के गेहूँ की टूटी खूँटियों के बीच बहुत हरी दिख रही थी। घोड़ा टखने तक धँस जाता था और आधी पिघली हुई ज़मीन में से उसके सुम बाहर निकालने पर छप की आवाज़ होती। जोते हुए खेत को लाँघना तो बिल्कुल असम्भव था—घोड़ा सिर्फ़ वहीं चल सकता था, जहाँ बर्फ़ की सख़्त सतह थी, लेकिन पिघली हुई हल-रेखाओं में तो घोड़े की टाँग टखने से ऊपर तक धँस जाती थी। जुताई बहुत कमाल की हुई थी, दो दिन में हेंगा फेरना और बुवाई करना सम्भव होगा। सब कुछ बहुत बढ़िया था, सब कुछ मन को खुश करने वाला था। लेविन यह आशा करते हुए कि नाले में पानी उतर गया होगा, वापसी पर उसी में से लौटा। सचमुच ऐसा ही था और नाले को पार करते हुए उसने दो बतख़ों को डरा दिया। 'तो कुनाल भी होने चाहिए,' उसने सोचा और घर की तरफ़ मुड़ते हुए वन के चौकीदार से उसकी मुलाक़ात हो गयी, जिसने कुनालों के बारे में उसके अनुमान की पुष्टि की।

लेविन दुलकी चाल से घोड़े को दौड़ाता हुआ घर गया, ताकि दोपहर का खाना खाने के बाद शाम को शिकार के लिए बन्दूक़ भी तैयार कर ले।

14

बहुत ही ख़ुशी के मूड में घर के क़रीब पहुँचने पर लेविन ने मुख्य रास्ते की ओर से घंटी की आवाज़ सुनी।

'हाँ, यह तो कोई स्टेशन की तरफ़ से आ रहा है,' उसने सोचा, 'मास्को से आने

वाली गाड़ी का वक़्त हुआ है... कौन हो सकता है? सम्भव है कि भाई निकोलाई हो? उसने तो कहा भी था—खनिज जल के इलाज के लिए भी जा सकता हूँ और तुम्हारे पास भी आ सकता हूँ।' पहले क्षण में उसे यह बुरा लगा और इस बात का भय अनुभव हुआ कि भाई निकोलाई की उपस्थिति से उसका वसन्त का ऐसा बढ़िया मूड ख़राब हो जायेगा। किन्तु ऐसी भावना के कारण उसे लज्जा की अनुभूति हुई और उसने उसी समय मानो अपने मन की बाँहें फैला दीं और स्नेहपूर्ण प्रसन्नता के साथ उसकी प्रतीक्षा तथा जी-जान से यह कामना करने लगा कि आगन्तुक उसका भाई ही हो। उसने घोड़े को बढ़ाया और अकासिया को लाँघते ही उसे रेलवे स्टेशन से किराए की स्लेज गाड़ी आती दिखाई दी, जिसमें फ़र-कोट पहने एक साहब बैठा था। यह उसका भाई नहीं था। 'काश, कोई अच्छा आदमी हो, जिससे बातें की जा सकें,' उसने सोचा।

"भई वाह!" लेविन दोनों हाथ ऊपर को उठाकर ख़ुशी से चिल्ला उठा। "यह है ख़ुशी लेकर आने वाला मेहमान! ओह, कितना ख़ुश हूँ मैं तुम्हारे आने से! ओब्लोन्स्की को पहचान लेने के बाद उसने ऊँची आवाज़ में कहा।"

'पूरी तरह से यह मालूम कर लूँगा कि उसकी शादी हो गयी या नहीं या कब होने वाली है,' लेविन ने मन-ही-मन सोचा।

और वसन्त के इस अद्‌भुत दिन में उसे लगा कि उसकी स्मृति उसे तनिक भी नहीं खटकी।

"तुमने ऐसी उम्मीद नहीं की होगी?" ओब्लोन्स्की ने स्लेज से बाहर निकलते हुए कहा। उसकी नाक की नोक, गाल और भौंहों पर कीचड़ के छींटे पड़े हुए थे, मगर वह ख़ुशी तथा स्वास्थ्य से चमक रहा था। "तुमसे मिल लूँ—एक चीज़," उसने लेविन को गले लगाते और चूमते हुए कहा, "कुछ शिकार कर लूँ—दो, और येर्गूशोवो गाँव का जंगल बेच दूँ—तीन।"

"बहुत ख़ूब! वसन्त तो कितना प्यारा है! लेकिन स्लेज में यहाँ कैसे पहुँच गये?"

"पहियोंवाली गाड़ी में और भी बुरा हाल होता, कोन्स्तान्तीन द्मीत्रियेविच," परिचित कोचवान ने जवाब दिया।

"तुम्हारे आने से बहुत, बहुत ही ख़ुश हूँ मैं," लेविन ने निश्छल और बाल-सुलभ खुशी-भरी मुस्कान के साथ कहा।

लेविन अपने मेहमान को अतिथियों के ठहरने के कमरे में ले गया। उसका सामान—बड़ा थैला, गिलाफ़ चढ़ी बन्दूक़ और सिगार केस वहाँ पहुँचा दिये गये। उसे नहाने-धोने और कपड़े बदलने के लिए छोड़कर लेविन जुताई तथा तिपतिया घास के बारे में बताने को अपने कार्यालय की ओर चल दिया। अगाफ़्या मिख़ाइलोव्ना, जिसे घर की इज़्जत का हमेशा बहुत ध्यान रहता था, उससे खाने के बारे में पूछताछ

करने के लिए ड्योढ़ी में मिली।

"जो भी चाहें पका लें, लेकिन जल्दी से," उसने कहा और कारिन्दे की तरफ़ चल दिया।

जब वह लौटा, तो ओब्लोन्स्की नहाने-धोने और बाल सँवारने के बाद मुस्कान बिखराता हुआ अपने कमरे से बाहर निकल रहा था। वे दोनों एक साथ ऊपर गये।

"ओह, कितना ख़ुश हूँ मैं कि तुम्हारे यहाँ आ पहुँचा। तुम यहाँ जो रहस्यपूर्ण चीज़ें करते रहते हो, अब मैं उन्हें समझ जाऊँगा। सच कहता हूँ, मुझे तुमसे ईर्ष्या होती है। कितना अच्छा घर है, कितना बढ़िया है सब कुछ! कितना उजला, कितना ख़ुशी में डूबा हुआ!" ओब्लोन्स्की यह भूलकर कि न तो हमेशा वसन्त होता है और न आज के समान उजले दिन ही होते हैं, कहता जा रहा था। "और तुम्हारी आया कितनी अच्छी है! वैसे तो पेशबन्द बाँधे हुए कोई प्यारी-सी नौकरानी बेहतर रहती, लेकिन तुम्हारे संन्यासीपन और कठोर जीवन-ढंग को ध्यान में रखते हुए वह आया बहुत अच्छी है।"

ओब्लोन्स्की ने बहुत-सी दिलचस्प खबरें बतायीं और लेविन के लिए यह समाचार विशेष रूप से दिलचस्प था और उसका भाई सेर्गेई इवानोविच इस गर्मी में उसके पास गाँव आने वाला है।

ओब्लोन्स्की ने कीटी और श्चेर्बात्स्की परिवार के बारे में एक भी शब्द नहीं कहा। केवल अपनी पत्नी की ओर से नमस्कार कह दिया। उसकी इस समझदारी के लिए लेविन ने कृतज्ञता अनुभव की और वह उसके आने से बहुत ख़ुश थी। हमेशा की भाँति अब भी उसके एकान्तवास के दौरान बहुत से विचार और भाव उसके दिमाग़ में जमा हो गये थे, जिनकी वह अपने इर्द-गिर्द के लोगों से चर्चा नहीं कर सकता था और अब उन्हें ओब्लोन्स्की पर लादता जा रहा था। उसने वसन्त के काव्यमय उल्लास को अभिव्यक्ति दी, अपनी असफलताओं और खेती-बारी की योजनाओं तथा उन किताबों के बारे में अपनी टिप्पणियों और विचारों का उल्लेख किया, जो उसने पढ़ी थीं तथा विशेष रूप से उसे अपने उस निबन्ध का भाव बताया, जिसका आधार, यद्यपि वह स्वयं ऐसा नहीं समझ रहा था, खेती-बारी सम्बन्धी सभी पुरानी पुस्तकों की आलोचना ही था। हमेशा बहुत मधुर और इशारे से ही हर बात को समझने वाला ओब्लोन्स्की इस बार विशेष रूप से बहुत मधुर था और लेविन ने उसमें एक नया लक्षण, अपने प्रति आदर और मानो प्यार का भाव देखा, जो उसे अच्छा लगा।

अगाफ़्या मिख़ाइलोव्ना और बावर्ची की ख़ासतौर पर अच्छा खाना बनाने की कोशिशों का अन्त यह हुआ कि दोनों बेहद भूखे दोस्तों ने असली गर्म खाने के पहले हल्का कलेवा करते हुए ही मक्खन-रोटी, दम किये हुए हंस के मांस और अचारी खुमियों से अपना पेट भर लिया और फिर लेविन ने कचौड़ियों के बिना ही,

जिनसे बावर्ची मेहमानों को विशेषतः चकित करना चाहता था, शोरबा परोसने का आदेश दिया। लेकिन ओब्लोन्स्की को, जो दूसरे ढंग से भोजन का आदी था, सभी कुछ-जड़ी-बुटियों की ब्रांडी, डबलरोटी, मक्खन, ख़ासतौर पर दम किया हुआ हंस का मांस, ख़ुमियाँ, बिच्छूबूटी का शोरबा, सफ़ेद चटनी के साथ मुर्ग़ी और क्रीमिया की सफ़ेद अंगूरी शराब–बहुत ज़ायकेदार और अद्‌भुत प्रतीत हो रहा था।

"बहुत बढ़िया, बहुत ही बढ़िया," तला हुआ मांस खाने के बाद मोटी-सी सिगरेट के कश खींचते हुए उसने कहा। "तुम्हारे यहाँ तो मैं बिल्कुल ऐसे महसूस कर रहा हूँ मानो जहाज़ के शोर-शराबे और झटकों के बाद शान्त तट पर जा उतरा हूँ। तो तुम्हारा कहना है कि खेती-बारी के तरीक़ों का चुनाव और फ़ैसला करते समय मज़दूर का एक स्वतन्त्र कारक के रूप में अध्ययन किया जाना चाहिए। मैं तो इस मामले में बिल्कुल कोरा हूँ, लेकिन मुझे लगता है कि सिद्धान्तों और उनके व्यावहारिक उपयोग का मज़दूर पर भी असर होना चाहिए।"

"तुम ज़रा रुको–मैं राजनीतिक अर्थशास्त्र की नहीं, बल्कि कृषिविज्ञान की बात कर रहा हूँ। उसे प्राकृतिक विज्ञान के समान होना चाहिए और विशेष परिघटनाओं तथा मज़दूर का उसके आर्थिक तथा नृवंशीय दृष्टिकोण से निरीक्षण..."

अगाफ़्या मिख़ाइलोव्ना इसी समय मुरब्बा लेकर आ गयी।

"ओह अगाफ़्या मिख़ाइलोव्ना," ओब्लोन्स्की ने अपनी मोटी-मोटी उँगलियों के सिरों को चूमते हुए कहा, "कितना बढ़िया है दम किया हुआ हंस का मांस, कितनी बढ़िया है जड़ी-बूटियों की ब्रांडी! ...कोस्त्या, क्या हमारे चलने का वक़्त नहीं हो गया?" उसने इतना और जोड़ दिया।

लेविन ने खिड़की में से निपत्ते जंगल की फुनगियों के पीछे डूबते सूरज पर नज़र डाली।

"हाँ, हो गया, चलने का वक़्त हो गया," उसने कहा। "कुज़्मा, छोटी गाड़ी तैयार करो!" और यह कहकर नीचे भाग गया।

ओब्लोन्स्की ने नीचे जाकर पॉलिश किये हुए डिब्बे पर से गिलाफ़ को बहुत सावधानी से खुद उतारा और डिब्बे को खोलकर अपनी क़ीमती, नवीनतम मॉडल की बन्दूक को व्यवस्थित करने लगा। कुज़्मा, जिसने यह भाँप लिया था कि उसे ओब्लोन्स्की से वोद्‌का पीने के लिए बड़ी बख़्शीश मिलने वाली है, उसके पास से हटता ही नहीं था और उसने उसे खुद ही मोज़े तथा घुटनों तक के बूट पहनाये और ओब्लोन्स्की ने ख़ुशी से उसे ऐसा करने दिया।

"कोस्त्या, कह दो कि अगर व्यापारी रियाबीनिन आये–मैंने उसे आज आने को कहा है–तो वह यहाँ बैठकर इन्तज़ार करे..."

"तो तुम क्या रियाबीनिन को जंगल बेच रहे हो?"

"हाँ, क्या तुम उसे जानते हो?"

"बेशक जानता हूँ। मैंने उसके साथ धन्धा किया है–'पक्का और मुकम्मल तौर पर'।"

ओब्लोन्स्की हँस पड़ा। 'पक्का और मुकम्मल तौर पर'–ये शब्द व्यापारी के तकिया-कलाम थे।

"हाँ, वह बहुत ही मज़ेदार ढंग से बातें करता है। समझ गयी कि मालिक किधर जा रहा है!" उसने कुतिया लास्का को थपथपाते हुए कहा, जो कूँ-कूँ करती हुई लेविन के आस-पास उछल रही थी और कभी उसके हाथ, कभी बूटों और कभी बन्दूक़ को चाट रही थी।

छोटी-सी घोड़ा-गाड़ी बाहर खड़ी थी।

"बेशक दूर तो नहीं है, फिर भी मैंने गाड़ी जोतने को कह दिया था। शायद हम पैदल चलेंगे?"

"नहीं, सवारी ही बेहतर रहेगी," ओब्लोन्स्की ने गाड़ी के क़रीब जाकर कहा। वह गाड़ी में बैठ गया, चीते की खाल से उसने अपने पैर ढक लिये और सिगार सुलगा लिया। "अजीब बात है कि तुम तम्बाकूनोशी नहीं करते। सिगार–यह तो ख़ुशी नहीं, बल्कि ख़ुशी का ताज, उसका प्रतीक है। इसे कहते हैं ज़िन्दगी! कितना मज़ा है! काश, मैं भी ऐसे ही जी सकता!"

"कौन मना करता है तुम्हें ऐसे जीने से?" लेविन ने मुस्कुराते हुए कहा।

"सच, तुम बहुत खुशक़िस्मत आदमी हो। तुम्हें जो पसन्द है, सब कुछ तुम्हारे पास है। घोड़े पसन्द हैं–वे हैं, कुत्ते पसन्द हैं–वे हैं, शिकार– सो भी है, खेती-बारी– वह भी है।"

"शायद इसलिए कि मेरे पास जो कुछ है उससे ख़ुश हूँ और जो नहीं है, उसके अभाव से दुःखी नहीं होता," लेविन ने कीटी का ध्यान आने पर कहा।

ओब्लोन्स्की समझ गया, उसने लेविन की तरफ़ देखा, मगर कहा कुछ नहीं।

लेविन ने इस बात के लिए ओब्लोन्स्की के प्रति कृतज्ञता अनुभव की कि उसने अपनी सदा की-सी व्यवहार-कुशलता से यह भाँपकर कि वह श्चेर्बात्स्की परिवार की चर्चा से घबराता है, उसके बारे में कुछ भी नहीं कहा। मगर लेविन जब उस बारे में जानना चाहता था, जो उसे इतनी यातना दे रहा था, मगर यह चर्चा चलाने की उसकी हिम्मत नहीं हुई।

"तो यह बताओ कि तुम्हारा कैसा हाल-चाल है?" लेविन ने यह सोचकर कि उसके लिए केवल अपनी ही चिन्ता करना अच्छी बात नहीं है, पूछा।

ओब्लोन्स्की की आँखें ख़शी से चमक उठीं।

"तुम तो यह मानने को तैयार नहीं हो कि अपनी रोटी होने पर आदमी को केक अच्छे लग सकते हैं। तुम्हारे मुताबिक़ तो यह गुनाह है; मगर मैं प्यार-मुहब्बत के बिना ज़िन्दगी को स्वीकार नहीं करता हूँ," लेविन के प्रश्न को अपने ढंग से

समझते हुए उसने कहा। "लेकिन हो ही क्या सकता है, मैं ऐसी ही मिट्टी का बना हुआ हूँ। और सब, इससे किसी को कोई विशेष हानि नहीं होती और स्वयं को इतनी ख़ुशी मिलती है..."

"वही मामला है या कुछ नया है?" लेविन ने जानना चाहा।

"है दोस्त, नया है! ...देखो न, ओसियान ढंग की औरतों को तुम जानते ही हो... ऐसी औरतें, जिन्हें हम सपनों में ही देखते हैं... लेकिन ये वास्तविक जीवन में भी होती हैं... और बड़ी भयानक हैं ये औरतें। बात यह है कि औरत तो एक ऐसी चीज़ है कि उसका चाहे कितना भी अध्ययन क्यों न किया जाये, वह हमेशा नयी ही बनी रहती है।"

"तब तो अध्ययन न करना ही बेहतर होगा।"

"नहीं। किसी गणितज्ञ ने कहा था कि सच्चाई जानने से नहीं, बल्कि उसकी खोज से खुशी मिलती है।"

लेविन चुपचाप सुन रहा था और बहुत कोशिश करने पर भी वह अपने मित्र की आत्मा में घुसने और ऐसी औरतों के अध्ययन के बारे में उसकी भावनाओं तथा उसके आनन्द को समझने में असमर्थ रहा।

15

शिकार की जगह क़रीब ही थी–नदी किनारे, एस्प के नौउम्र वृक्षों के छोटे-से जंगल में। वहाँ पहुँचकर लेविन गाड़ी से उतरा और ओब्लोन्स्की को काई और कीचड़वाले वन-प्रांगन के कोने में ले गया, जो बर्फ़ से मुक्त हो चुका था। वह खुद दूसरे सिरे पर दोहरे भोज वृक्ष की तरफ़ चला गया और नीचेवाली सूखी शाखा के सहारे बन्दूक़ टिकाकर उसने अपना चोग़े जैसा लम्बा कोट उतारा, पेटी कसी और हाथों को हिला-डुलाकर यह जाँच लिया कि गतिविधि में किसी तरह की बाधा तो नहीं पड़ती।

बूढ़ी, पके बालोंवाली लास्का कुतिया, जो उसके पीछे-पीछे आ रही थी, सावधानी से उसके सामने बैठ गयी और उसने अपने कान खड़े कर लिये। बड़े जंगल के पीछे सूरज डूब रहा था और डूबते सूरज की रोशनी में एस्प वृक्षों के जंगल में जहाँ-तहाँ बिखरे, झुकी हुई शाखाओं और फूटने के लिए तैयार अंकुरोंवाले भोज वृक्ष बिल्कुल साफ़ नज़र आ रहे थे।

घने जंगल में जहाँ अभी भी बर्फ़ बाक़ी थी, मुश्किल से सुनाई देने वाली आवाज़ पैदा करता हुआ पानी टेढ़ी-मेढ़ी और पतली धाराओं के रूप में बह रहा था। छोटे-छोटे पक्षी चहचहा रहे थे और कभी-कभी एक वृक्ष से उड़कर दूसरे पर जा बैठते थे।

पूर्ण निस्तब्धता के क्षणों में भूमि के पिघलने और घास के बढ़ने के कारण

हिलने वाले पिछले वर्ष के पत्तों की सरसराहट सुनाई देती।

'अरे वाह! घास का उगना सुनाई पड़ रहा है और दिखाई दे रहा है!' लेविन ने एस्प के सलेटी रंग के भीगे पत्ते को घास की नयी पत्ती के पास हिलते-डुलते देखकर अपने-आपसे कहा। वह कान लगाये खड़ा था, कभी तो नीचे गीली तथा काईवाली ज़मीन तथा चौकन्नी लास्का को, कभी अपने सामने पहाड़ी के दामन में जंगल की पातहीन फुनगियों के दूर तक फैले सागर और कभी बादलों की सफ़ेद धारियों से सजे धूसर आकाश को देखता। इत्मीनान से पंख हिलाता और ऊँचा उड़ता हुआ एक बाज़ दूरस्थ जंगल के ऊपर से गुज़रा। दूसरा भी इसी तरह और उसी दिशा में उड़ता हुआ आँखों से ओझल हो गया। घने जंगल में पक्षी अधिकाधिक ज़ोर से और अधिक उत्तेजना के साथ चहचहा रहे थे। कुछ ही फ़ासले पर बड़े उल्लू की आवाज़ सुनाई दी, लास्का ने चौंककर सावधानी से कुछ क़दम बढ़ाये और एक ओर को सिर झुकाकर ध्यान से सुनने लगी। नदी के पार से कोयल की कूक सुनाई दी। वह दो बार सामान्य ढंग से कूकी, इसके बाद उसकी आवाज़ खरखरी हो गयी, जल्दी-जल्दी कूकने लगी और फिर तो कोई क्रम ही नहीं रहा।

"सुन रहे हो न! कोयल भी कूकने लगी है!" ओब्लोन्स्की ने झाड़ी के पीछे से सामने आते हुए कहा।

"हाँ, मैं सुन रहा हूँ," लेविन ने मन मारकर जंगल की नीरवता में खलल डालते और खुद अपनी आवाज़ को अप्रिय अनुभव करते हुए कहा। "अब ज़्यादा इन्तज़ार नहीं करना पड़ेगा।"

ओब्लोन्स्की की आकृति फिर से झाड़ी के पीछे ग़ायब हो गयी और लेविन को सिर्फ़ दियासलाई जलने की तेज़ रोशनी, उसके बाद सिगरेट के छोटे-से अंगारे और नीले धुएँ की ही झलक मिली।

"क्लिक! क्लिक !" ओब्लोन्स्की ने अपनी बन्दूक़ के घोड़े चढ़ाये।

"यह किसकी चीख़ है?" ओब्लोन्स्की ने अपनी बन्दूक़ के घोड़े चढ़ाये।

"यह किसकी चीख़ है?" ओब्लोन्स्की ने लम्बी, खेलते-मचलते बछेड़े की पतली-सी हिनहिनाहट जैसी आवाज़ की ओर लेविन का ध्यान आकृष्ट करते हुए पूछा।

"अरे, यह नहीं जानते? यह तो नर खरगोश है। बस, अब बातें ख़त्म करो! सुनो, शिकार उड़ा आ रहा है!" बन्दूक़ के घोड़े चढ़ाते हुए लेविन लगभग चीख़ उठा।

दूरी पर पतली सीटी सुनाई दी और ठीक उसी सामान्य विराम के बाद, जिससे शिकारी भली-भाँति परिचित होते हैं, दो सेकेंड के बाद दूसरी और तीसरी सीटी सुनाई दी तथा तीसरी सीटी के बाद खरखरी चीख़ सुनाई देने लगी।

लेविन ने दाएँ-बाएँ नज़र दौड़ायी और उसे धुँधले नीले आकाश में एस्प वृक्षों

के कोमल अंकुरोंवाली आपस में लिपटी फुनगियों के ऊपर उड़ा आता पक्षी दिखाई दिया। वह सीधा उसी की तरफ़ उड़ा आ रहा था। खींचकर फाड़े जाने वाले कपड़े की आवाज़ जैसी निकट आती खरखरी चीख़ बिल्कुल कानों के ऊपर गूँजी। पक्षी की लम्बी चोंच और गर्दन नज़र आ रही थी और उसी क्षण, जब लेविन ने निशाना साधा, उस झाड़ी के पीछे से, जहाँ ओब्लोन्स्की था, लाल बिजली-सी कौंधी। पक्षी तीर की तरह नीचे लपका और फिर ऊपर चढ़ गया। बिजली फिर से कौंधी, आघात की आवाज़ सुनाई दी और पंखों को फड़फड़ाते, मानो हवा में बने रहने की कोशिश करते हुए पक्षी रुका, घड़ी-भर को ऐसे ही वहाँ रहा और फिर धम से कीचड़वाली ज़मीन पर जा गिरा।

"क्या निशाना चूक गया?" ओब्लोन्स्की ने, जिसे धुएँ के कारण कुछ दिखाई नहीं दे रहा था, चिल्लाकर पूछा।

"यह रहा!" लेविन ने लास्का की ओर इशारा करते हुए कहा, जो एक कान उठाये और झबरीली दुम के सिरे को ऊँचा हिलाते-डुलाते, धीरे-धीरे, मानो अपने आनन्द को लम्बा करना चाहती हो और मानो मुस्कुराते हुए गोली का निशाना बने पक्षी को मालिक के पास ला रही थी। "मैं ख़ुश हूँ कि तुम कामयाब रहे," लेविन ने कहा, मगर साथ ही उसने इस बात की ईर्ष्या भी महसूस की कि उसे यह कुनाल मार गिराने का मौक़ा नहीं मिला।

"दाईं नली का निशाना तो बुरी तरह चूका," ओब्लान्स्की ने अपनी बन्दूक़ में कारतूस भरते हुए जवाब दिया। "शी... और आ रहा है।"

सचमुच ही एक के बाद एक जल्दी-जल्दी कई तेज़ सीटियाँ सुनाई दीं। दो कुनाल मानो खेलते, एक-दूसरे का पीछा करते, खरखरी आवाज़ में चीख़े बिना केवल सीटियाँ बजाते हुए ठीक शिकारियों के सिरों के ऊपर उड़ते आये। चार गोलियाँ दगीं, कुनाल जल्दी से अबाबीलों की तरह घूमे और नज़र से ओझल हो गये।

शिकार बहुत बढ़िया रहा। ओब्लोन्स्की ने दो पक्षी और मार लिये तथा लेविन भी दो का शिकार करने में सफल रहा, जिनमें से एक को खोज नहीं पाया। अँधेरा होने लगा। निर्मल और रुपहला शुक्र तारा पश्चिम में भोज वृक्षों के पीछे निचाई पर अपनी प्यारी चमक दिखाने लगा था और पूरब में मलिन स्वाति तारा काफ़ी ऊँचाई पर अपनी लाल रोशनी बिखरा रहा था। लेविन अपने सिर के ऊपर सप्तऋषि तारों को पाता और खो देता था। कुनालों ने उड़ानें भरना बन्द कर दिया था, किन्तु लेविन ने भोज वृक्ष की टहनी के नीचे नज़र आने वाले शुक्र तारे से टहली के ऊपर आ जाने तथा सप्तऋषियों के साफ़ दिखाई देने तक रुकने का निर्णय किया। शुक्र तारा टहनी से ऊपर जा चुका था और सप्तऋषि के सभी तारे काले-नीले आकाश में बिल्कुल साफ़ दिखाई देने लगे थे, किन्तु लेनिन फिर भी प्रतीक्षा कर रहा था।

"शायद चलना चाहिए?" ओब्लोन्स्की ने कहा।

जंगल में बिल्कुल ख़ामोशी थी और कहीं कोई पक्षी भी हिल-डुल नहीं रहा था।

"कुछ देर और रुकेंगे," लेविन ने जवाब दिया।

"जैसा चाहो।"

वे अब एक-दूसरे से पन्द्रह क़दमों की दूरी पर खड़े थे।

"स्तीवा!" लेविन ने अचानक कहा, "तुम मुझे यह क्यों नहीं बताते कि तुम्हारी साली की शादी हो गयी या कब होने जा रही है?"

लेविन अपने को इतना दृढ़ और शान्त अनुभव कर रहा था कि उसे पूरा विश्वास था कि किसी भी जवाब से उसे कोई फ़र्क नहीं पड़ेगा। किन्तु ओब्लोन्स्की ने जो जवाब दिया, उसकी तो उसने बिल्कुल उम्मीद नहीं की थी।

"उसका न तो ऐसा इरादा था और न है। हाँ, वह सख़्त बीमार है और डॉक्टरों ने उसे इलाज के लिए विदेश भेज दिया है। उसकी तो जान तक ख़तरे में है।"

"यह तुम क्या कह रहे हो!" लेविन चिल्ला उठा। "सख़्त बीमार है? क्या हुआ है उसे? कैसी है..."

इसी समय, जब वे दोनों बातें कर रहे थे, लास्का ने कान खड़े करके ऊपर आसमान और फिर भर्त्सना से इन दोनों की तरफ़ देखा।

'बातें करने का भी ख़ूब वक़्त चुना है,' लास्का सोच रही थी। 'और वह उड़ा आ रहा है... वह रहा, हाँ, बिल्कुल निकट है। बचकर निकल जायेगा...' लास्का के मन में ऐसा ही भाव आ रहा था।

किन्तु इसी क्षण इन दोनों ने भी बड़ी तेज़ सीटी सुनी, जो मानो चाबुक की तरह इसके कानों पर पड़ी। दोनों ने सहसा अपनी बन्दूक़ें सँभालीं, दो बिजलियाँ कौंधीं और एक साथ ही दो धमाके हुए। ऊँचाई पर उड़ते हुए कुनाल ने उसी क्षण अपने पंख समेटे और घने झुरमुट में गिरते हुए उसने पतले अंकुरों को झुका दिया।

"बहुत ख़ूब! यह दोनों का साझा शिकार रहा!" लेविन ने ऊँचे कहा और लास्का को साथ लेकर घने झुरमुट में उसे खोजने भाग गया। 'अरे, शायद कोई बुरी बात थी?' उसने याद करने की कोशिश की। 'हाँ, कीटी बीमार है... लेकिन क्या हो सकता है, बहुत अफ़सोस है,' उसने सोचा।

"ढूँढ़ लायी! बड़ी समझदार है!" उसने लास्का के मुँह से गर्म शरीरवाला पक्षी निकालते और उसे शिकारों से लगभग भरे थैले में डालते हुए कहा। "स्तीवा, मिल गया शिकार!" उसने पुकारकर कहा।

16

घर लौटते समय लेविन ने कीटी की बीमारी और श्चेर्बात्स्की परिवार की योजनाओं के बारे में सभी तफ़सीलें पूछ लीं। यह सही है कि इस बात को स्वीकार करते हुए

उसे शर्म आती, फिर भी जो कुछ जान पाया, उससे खुशी हुई थी। उसे ख़ुशी हुई थी कि अभी उसके लिए कुछ उम्मीद बाक़ी थी और इस कारण और भी ज़्यादा अच्छा लगा था कि जिसने उसे व्यथा दी थी अब वह खुद पीड़ा सह रही थी। किन्तु ओब्लोन्स्की ने जब कीटी की बीमारी के कारणों की चर्चा शुरू की और व्रोन्स्की का नाम लिया, तो लेविन ने उसे टोका—

"मुझे पारिवारिक ब्यौरे जानने का कोई अधिकार नहीं है। सच कहूँ तो कोई दिलचस्पी भी नहीं है।"

ओब्लोन्स्की ने लेविन के चेहरे पर आन-की-आन में होने वाले और अच्छी तरह से जाने-पहचाने इस परिवर्तन को भाँपा और उसके होंठों पर मुश्किल से दिखाई देने वाली मुस्कान झलकी। लेविन का चेहरा क्षण-भर पहले जितना अधिक खिला हुआ था, अब उतना ही मुरझा गया था।

"तुम रियाबीनिन से जंगल की बात पूरी तरह तय कर चुके हो?" लेविन ने पूछा।

"हाँ, तय कर चुका हूँ। क़ीमत बहुत अच्छी मिली है—अड़तीस हज़ार। आठ पेशगी और बाक़ी छः साल में। मैं बहुत देर तक इस झंझट में पड़ा रहा। कोई भी इससे ज़्यादा देने को तैयार नहीं हुआ।"

"मतलब यह कि जंगल मुफ़्त दे डाला," लेविन ने उदासी से कहा।

"मुफ़्त क्यों?" ओब्लोन्स्की यह जानते हुए कि लेविन को अब सब कुछ बुरा प्रतीत होगा, सौजन्यता से मुस्कुराया।

"इसलिए कि जंगल की कम-से-कम पाँच सौ रूबल प्रति देसियातीना क़ीमत है," लेविन ने जवाब दिया।

"ओह, तुम देहातों में रहने वाले ज़मींदार लोग!" ओब्लोन्स्की ने मज़ाक़ में कहा। "हम शहरवालों के लिए तुम्हारा तिरस्कारपूर्ण यह अन्दाज़!... लेकिन जब धन्धे की बात होती है, तो हम हमेशा तुम लोगों से बेहतर रहते हैं। यक़ीन करो, मैंने सभी बातों को ध्यान में रखा है," वह कहता गया, "और जंगल इतनी अच्छी क़ीमत पर बिका है कि मुझे डर है, वह कहीं इनकार न कर दे। आख़िर वह पक्की लकड़ी का जंगल तो है नहीं," लेविन को यह विश्वास दिलाने की इच्छा से कि उसके सन्देह बिल्कुल अनुचित हैं, उसने 'पक्की लकड़ी' शब्दों का उपयोग किया, "बल्कि ज़्यादातर तो ईंधन ही है। हर देसियातीना से तीस साजेन[1] से अधिक लकड़ी नहीं मिलेगी और वह हर देसियातीना के लिए दो सौ रूबल दे रहा है।"

लेविन तिरस्कारपूर्वक मुस्कुराया। 'जानता हूँ मैं,' वह सोच रहा था, 'केवल इसी का नहीं, सभी शहरियों का ऐसा ही ढंग है। दस सालों में एक-दो बार गाँव के दो-तीन शब्द याद कर लेते हैं और इस पक्के विश्वास के साथ कि वे सब कुछ

1. साजेन—पुरानी रूसी माप, जो 2.13 मीटर के बराबर है।

जानते हैं, उनका उचित-अनुचित उपयोग करते हैं–'पक्की लकड़ी, हर देसियातीना से तीस साजेन से अधिक लकड़ी नहीं मिलेगी।–मुँह से शब्द निकाल दिये और स्वयं कुछ भी नहीं समझता।'

"तुम अपने दफ़्तर में क्या लिखते रहते हो, मैं तुम्हें उसके बारे में शिक्षा नहीं दूँगा," उसने कहा, "और अगर मुझे ऐसी ज़रूरत महसूस होगी तो तुमसे पूछ लूँगा। लेकिन तुम ऐसे यक़ीन से बात कर रहे हो मानो जंगल के बारे में सभी कुछ जानते-समझते हो। यह कठिन विद्या है। तुमने वृक्षों की गिनती की है?"

"वृक्षों की गिनती कैसे की जा सकती है?" ओब्लोन्स्की ने हँसकर कहा, जो अपने दोस्त का बुरा मूड ख़त्म करने को उत्सुक था। "बालूकणों या नक्षत्र की किरणों को गिनना, यह तो कोई बहुत पहुँचा हुआ दिमाग़ ही..."

"हाँ, रियाबीनिन का पहुँचा हुआ दिमाग़ यह कर सकता है। एक भी व्यापारी गिनती किये बिना जंगल नहीं खरीदेगा, बशर्ते उसे वह तुम्हारी तरह मुफ़्त न दिया जा रहा हो। तुम्हारे जंगल को मैं अच्छी तरह से जानता हूँ। मैं हर साल वहाँ शिकार के लिए जाता हूँ। तुम्हारे जंगल के एक देसियातीना की पाँच सौ रूबल नकद क़ीमत है और वह तुम्हें दो सौ रूबल क़िस्तों में दे रहा है। इसका मतलब यह है कि तुमने तीस हज़ार उसे भेंट कर दिये।"

"बस, बस, रहने दो," ओब्लोन्स्की ने दयनीय ढंग से कहा, "तो किसी ने अधिक दिये क्यों नहीं?"

"इसलिए कि उसकी दूसरे व्यापारियों से मिलीभगत है, उसने इस मामले में अलग रहने के लिए उसकी मुट्ठियाँ गर्म कर दी हैं। मेरा इन सभी से वास्ता पड़ चुका है, मैं इन्हें ख़ूब जानता हूँ। बात यह है कि ये व्यापारी नहीं, मुनाफ़ाख़ोर हैं। वह तो ऐसा धन्धा करेगा ही नहीं, जिसमें उसे दस या पन्द्रह प्रतिशत नफ़ा मिलने की उम्मीद हो। वह तो इस इन्तज़ार में रहता है कि बीस कोपेक देकर रूबल हासिल कर ले।"

"चलो हटाओ! तुम्हारा मूड ख़राब है।"

"ज़रा भी नहीं," घर के पास पहुँचते हुए लेविन ने उदासी से कहा।

घर के मुख्य द्वार के सामने लोहे और चमड़े से ख़ूब अच्छी तरह मढ़ी गाड़ी खड़ी थी और उसमें चौड़े पट्टों से कसा मोटा-तगड़ा घोड़ा जुता हुआ था। गाड़ी में रियाबीनिन का पेटी कसा हुआ, लाल-लाल गालोंवाला कारिन्दा बैठा था, जो उसका कोचवान भी था। ख़ुद रियाबीनिन घर में जा चुका था और ड्योढ़ी में दोनों मित्रों से मिला। लम्बे क़द, दुबले-पतले शरीर, मूँछों और सफ़ाचट बड़ी ठोड़ी तथा फूली-फूली, धुँधली आँखोंवाला रियाबीनिन अधेड़ उम्र का आदमी था। वह लम्बा नीला फ्रॉककोट, जिसके पिछले बटन बहुत नीचे थे, तथा घुटनों तक के बूट पहने था। इन बूटों पर टखनों के पास शिकनें पड़ी हुई थीं और पिंडलियों पर वे

सीधे थे। बूटों पर बड़े-बड़े गैलोश चढ़े हुए थे। उसने सारे मुँह पर रूमाल फेरकर उसे पोंछा, अपने फ्रॉककोट को, जो वैसे ही उस पर ख़ूब फ़िट था, शरीर पर और अच्छी तरह से फ़िट कर लिया, मुस्कुराकर दोनों का स्वागत किया और स्तेपान अर्कादृयेविच की ओर ऐसे हाथ बढ़ाया मानो कुछ पकड़ना चाहता हो।

"तो आप आ गये," ओब्लोन्स्की ने उससे हाथ मिलाते हुए कहा। "बहुत अच्छा किया।"

"हुज़ूर, बेशक रास्ता तो बहुत ख़राब है, मगर आपके हुक्म की तामील न करने की जुर्रत कैसे कर सकता था। मुकम्मल तौर पर रास्ते-भर पैदल चला, मगर वक़्त पर आ पहुँचा। कोन्स्तान्तीन द्मीत्रियेविच, आपको नमस्कार करता हूँ," उसने लेविन का भी हाथ पकड़ पाने की कोशिश करते हुए उसे सम्बोधित किया। किन्तु लेविन ऐसा ज़ाहिर करते हुए कि उसके हाथ की तरफ़ उसका ध्यान नहीं गया है, थैले में से कुनाल निकालने लगा। "तो शिकार का मज़ा लेते रहे? कौन-सा परिन्दा है यह?" कुनालों की ओर तिरस्कार से देखते हुए उसने अपनी बात जारी रखी। "मज़ेदार होगा।" और उसने ऐसे नापसन्दगी से सिर हिलाया मानो इस तुच्छ परिन्दे को पकाने के लिए साफ़ करने में भी कोई तुक हो सकती है।

"मेरे अध्ययन-कक्ष में जाना चाहते हो?" लेविन ने उदासी से नाक-भौंह सिकोड़ते हुए ओब्लोन्स्की से फ्रांसीसी में कहा। "मेरे अध्ययन-कक्ष में चले जाइये, वहाँ आप मामला तय कर सकते हैं।"

"जहाँ भी चाहें जनाब," रियाबीनिन ने ऐसी तिरस्कारपूर्ण गरिमा के साथ कहा, मानो यह अनुभव कराना चाहता हो, दूसरों के लिए ये मुश्किलें हो सकती हैं कि उसके साथ कैसे निपटा जाये, लेकिन उसे कभी और किसी मामले में भी मुश्किल नहीं हो सकती।

अध्ययन-कक्ष में दाख़िल होने पर रियाबीनिन ने आदत के मुताबिक़ देव-प्रतिमा को ढूँढ़ते हुए इधर-उधर नज़र दौड़ायी, मगर दिख जाने पर सलीब नहीं बनायी। उसने किताबों से भरी अलमारियों और ताकों पर नज़र डाली और कुनालों के मामले जैसे सन्देह के साथ तिरस्कारपूर्वक मुस्कुराया तथा नापसन्दगी से सिर हिलाया। यह किसी तरह भी यह मानने को तैयार नहीं था कि ऐसा परिन्दा साफ़ करने के लायक़ है।

"तो पैसे ले आये?" ओब्लोन्स्की ने पूछा।

"पैसों की कोई फ़िक्र नहीं कीजिये। आपसे मिलने, बातचीत करने आया हूँ।"

"क्या बातचीत करने? आप बैठिये न।"

"हाँ, बैठा तो जा सकता है," रियाबीनिन ने बैठते और बड़े अटपटे ढंग से कुर्सी की टेक पर अपनी पीठ टिकाते हुए कहा। "कुछ कम कीजिये, प्रिन्स। ऐसा न करना, गुनाह होगा। पैसे बिल्कुल तैयार हैं, एक-एक कोपेक तक। पैसों के मामले

में कोई झंझट नहीं है, ज़रा भी।"

लेविन इसी वक़्त अलमारी में बन्दूक़ रखकर बाहर जा रहा था, लेकिन व्यापारी के शब्द सुनकर रुक गया।

"आपने तो यों भी जंगल मुफ़्त में ले लिया है," उसने कहा। "देर से आया है यह मेरे पास, नहीं तो मैंने क़ीमत तय की होती।"

रियाबीनिन उठकर खड़ा हो गया और मुस्कुराते हुए लेविन को नीचे से ऊपर तक देखा।

"बहुत ही कंजूस हैं कोन्स्तान्तीन द्मीत्रियेविच," उसने मुस्कुराकर ओब्लोन्स्की को सम्बोधित किया। "मुकम्मल तौर पर इनसे कुछ भी नहीं खरीदा जा सकता। इनसे गेहूँ खरीदना चाहता था, अच्छी क़ीमत भी दे रहा था।"

"मुफ़्त में भला मैं अपनी चीज़ क्यों दूँगा? मुझे वह न तो कहीं पड़ी मिली है और न ही मैंने चुरायी है।"

"माफ़ी चाहता हूँ, हुजूर, आज के ज़माने में चोरी करना मुकम्मल तौर पर मुमकिन नहीं। आजकल तो सब कुछ मुकम्मल तौर पर क़ानून-क़ायदे के मुताबिक़ होता है, सब कुछ भले ढंग से किया जाता है, चोरी का सवाल ही नहीं उठता। अच्छे लोगों की तरह हमने सब कुछ तय किया है। जंगल बहुत महँगा पड़ रहा है, लागत भी पूरी नहीं होगी। बेशक थोड़ा ही, मगर कुछ ज़रूर कम कर दीजिये।"

"आपका मामला तय हो चुका या नहीं? अगर तय हो चुका है, तो सौदेबाज़ी बेकार है, लेकिन अगर तय नहीं हुआ, तो," लेविन ने कहा, "मैं ख़रीदता हूँ जंगल।"

रियाबीनिन के चेहरे से मुस्कान एकदम ग़ायब हो गयी। उसके चेहरे पर बाज़ जैसा हिंसक और कठोर भाव आ गया। उसने अपनी पतली-हड़ीली उँगलियों से झटपट फ्रॉककोट के बटन खोले, जिससे उसकी क़मीज़, जाकेट के ताँबे के बटनों और घड़ी की ज़ंजीर की झलक मिली, और उसने जल्दी से पुराना, फूला हुआ बटुआ निकाला।

"जनाब, जंगल मेरा है," जल्दी से सलीब बनाते और हाथ बढ़ाते हुए उसने कहा। "पैसे ले लीजिये, जंगल मेरा है। रियाबीनिन ऐसे धन्धा करता है, कोपेक गिनने के फेर में नहीं पड़ता," नाक-भौंह सिकोड़ते और बटुए को लहराते हुए उसने कहा।

"तुम्हारी जगह मैंने तो ऐसी जल्दबाज़ी न की होती," लेविन बोला।

"लेकिन सुनो," ओब्लोन्स्की ने हैरानी से कहा, "मैं तो वचन दे चुका हूँ।"

लेविन फटाक से दरवाज़ा बन्द करके बाहर चला गया। रियाबीनिन ने दरवाज़े की तरफ़ देखते हुए मुस्कुराकर सिर हिलाया।

"यह सब जवानी है, मुकम्मल तौर पर बचपन है। ईमानदारी से कहता

हूँ, सिर्फ़ इसीलिए, इस नाम की ख़ातिर ख़रीद रहा हूँ कि और किसी ने नहीं, रियाबीनिन ने ही ओब्लोन्स्की का जंगल ख़रीदा है। रहा नफ़ा तो वह तो भगवान देगा। भगवान पर भरोसा करना चाहिए। लीजिये, मेहरबानी करके क़रारनामे पर दस्तख़्त कर दीजिये..."

एक घंटे बाद व्यापारी रियाबीनिन क़रारनामे को जेब में डाले हुए ढंग से अपना चोग़ा लपेटकर, फ्रॉककोट की हुकें बन्द करके लोहे से अच्छी तरह मढ़ी हुई अपनी गाड़ी में जा बैठा और घर की तरफ़ रवाना हो गया।

"ओह, ये कुलीन लोग!" उसने अपने कारिन्दे से कहा। "ये भी ख़ास नमूने ही हैं।"

"सो तो है ही," कारिन्दे ने उसे लगाम थमाते और चमड़े के पेशबन्द के बटन बन्द करते हुए जवाब दिया। "तो सौदा अच्छा रहा, मिख़ाइल इग्नात्येविच?"

"ठीक है, ठीक है..."

17

नोटों से फूली हुई जेब के साथ, जो व्यापारी ने उसे तीन महीने पहले ही दे दिये थे, ओब्लोन्स्की ऊपर गया। जंगल का सौदा हो गया था, पैसे जेब में थे, शिकार बहुत अच्छा रहा था और वह बहुत रंग में था। इसीलिए वह ख़ासतौर पर लेविन के उस बुरे मूड को दूर करने को इच्छुक था, जो उस पर हावी हो गया था। वह चाहता था कि रोत के खाने के साथ आज का दिन उसी तरह ख़त्म हो जाये जैसे वह शुरू हुआ था।

लेविन सचमुच ही बुरे मूड में था और अपने प्यारे मेहमान के प्रति बहुत स्नेहशील और मधुर होने की हार्दिक इच्छा के बावजूद अपने को ऐसा करने के लिए वश में नहीं कर पा रहा था। इस ख़बर का नशा कि कीटी की शादी नहीं हुई, उस पर धीरे-धीरे अपना असर दिखाने लगा था।

कीटी की शादी नहीं हुई और वह बीमार है, उस व्यक्ति के प्रति प्रेम के कारण बीमार है, जिसने उसे ठुकरा दिया। इस तिरस्कार की छाया तो मानो उस पर भी पड़ती थी। व्रोन्स्की ने कीटी को ठुकराया और कीटी ने उसे यानी लेविन को। इसलिए व्रोन्स्की को उसका तिरस्कार करने का अधिकार था और इस कारण वह उसका दुश्मन था। किन्तु लेविन ने यह सब कुछ नहीं सोचा। उसे धुँधला-सा आभास हो रहा था कि इस मामले में उसके लिए कुछ अपमानजनक बात ज़रूर है और अब उस चीज़ पर झल्लाने के बजाय, जिसके कारण वह खिन्न हुआ था, दिमाग़ में आने वाली हर बात को लेकर भुनभुना रहा था। जंगल का मूर्खतापूर्ण विक्रय, ओब्लोन्स्की का इस धोखे का शिकार होना और सो भी उसके घर में, उसे इसे बड़ी खीझ महसूस हो रही थी।

"तो ख़त्म कर जाये?" ओब्लोन्स्की के ऊपर आने पर उसने पूछा। "भोजन करना चाहोगे?"

"हाँ, इनकार नहीं करूँगा। गाँव में कितनी भूख लगती है मुझे, कमाल है! तुमने रियाबीनिन से खाने को क्यों नहीं कहा?"

"भाड़ में जाये वह!"

"लेकिन कुछ अजीब ही बर्ताव करते हो तुम उसके साथ," ओब्लोन्स्की ने कहा। "तुमने तो उससे हाथ भी नहीं मिलाया। किसलिए तुमने ऐसा किया?"

"इसीलिए कि मैं अपने नौकर से हाथ नहीं मिलाता और नौकर उससे सौ गुना बेहतर है।"

"ओह, कितने पुरानपन्थी हो तुम! और श्रेणियों का विलय?" ओब्लोन्स्की ने पूछा।

"जिसे अच्छा लगता है, वह करे विलय, मगर मुझे तो नफ़रत है इससे।"

"मैं देख रहा हूँ कि तुम बिल्कुल पुरानपन्थी हो।"

"वास्तव में मैंने इस पर कभी विचार नहीं किया कि मैं कौन हूँ। मैं कोन्स्तान्तीन लेविन हूँ, इससे अधिक कुछ नहीं।"

"और वह कोन्स्तान्तीन लेविन, जिसका मूड बहुत ख़राब है," ओब्लोन्स्की ने मुस्कुराकर कहा।

"हाँ, मेरा मूड ख़राब है। जानते हो, क्यों? तुम मुझे माफ़ करना, जंगल की तुम्हारी मूर्खतापूर्ण बिक्री के कारण।"

ओब्लोन्स्की ने उस व्यक्ति की भाँति, जिसे किसी क़सूर के बिना ही अपराधी ठहराया और परेशान किया जा रहा हो, ख़ुशमिज़ाजी से नाक-भौंह सिकोड़ी।

"हटाओ भी!" उसने कहा। "क्या कभी ऐसा हुआ है कि किसी ने कुछ बेचा हो और उसके फ़ौरन बाद ही उससे यह न कहा गया हो—यह तो कहीं ज़्यादा क़ीमत का था। लेकिन जब कोई बेच रहा होता है, तो ज़्यादा क़ीमत देने वाला सामने नहीं आता... मैं देख रहा हूँ कि उस बदक़िस्मत रियाबीनिन के खिलाफ़ तुम ख़ार खाये बैठे हो।"

"शायद ऐसा ही हो। लेकिन तुम जानते हो कि क्यों? तुम फिर से मेरे लिए पुरानपन्थी या इससे भी अधिक किसी बुरे शब्द का उपयोग करोगे। लेकिन फिर भी कुलीनों को, जिनका मैं अंग हूँ, और श्रेणियों के विलय के बावजूद ख़ुश हूँ कि उनका अंग हूँ, चारों तरफ़ से ख़स्ताहाल होते देखकर मुझे दुःख होता है, मेरे दिल को चोट लगती है। यह ख़स्ताहाली ऐश-इशरत का नतीजा नहीं है—ऐसा होता, तो कोई बात नहीं थी। ठाठ से जीना तो कुलीनों का काम है और वही ऐसा कर सकते हैं। अब किसान लोग हमारे आस-पास ज़मीन ख़रीदते हैं, मुझे इससे भी कोई दुःख नहीं होता। रईस कुछ भी नहीं करता, किसान पसीना बहाता है और काहिल की

छुट्टी कर देता है। ऐसा ही होना चाहिए। मुझे किसान के लिए बहुत ख़ुशी होती है। लेकिन... समझ में नहीं आता कि कैसे कहूँ...बुद्धूपन के कारण कुलीनों को खस्ताहाल होते देखकर मुझे दुःख होता है। यहाँ पट्टे पर ज़मीन लेने वाले एक पोलैंडी ने अब नीस में रहने वाली एक रूसी कुलीना से आधी क़ीमत पर बहुत ही बढ़िया ज़ागीर ख़रीद ली। यहाँ किसी व्यापारी को एक रूबल प्रति देसियातीना के हिसाब से ज़मीन ठेके पर दे दी जाती है, जिसके दस रूबल लिये जाने चाहिए। तुमने ही बेमतलब उस बदमाश को तीस हज़ार रूबल भेंट कर दिये।"

"तो तुम क्या चाहते हो, हर वृक्ष को गिना जाये?"

"ज़रूर गिना जाये। तुमने नहीं गिना, लेकिन रियाबीनिन ने ऐसा किया। रियाबीनिन के बच्चों के पास जीने और पढ़ने-लिखने के साधन होंगे, जबकि तुम्हारे बच्चों के पास सम्भवतः यह सब नहीं होगा।"

"तुम मुझे माफ़ करना, लेकिन इस गिनती में कुछ घटियापन है। हमारे अपने काम हैं और उनके अपने। उन्हें तो नफ़ा चाहिए। ख़ैर, सौदा हो चुका और मामला ख़त्म। लो, मेरे मनपसन्द तले हुए अंडे आ गये। अगाफ़्या मिख़ाइलोव्ना हमें जड़ी-बूटियों की वह अद्भुत ब्रांडी भी देगी..."

ओब्लोन्स्की मेज़ पर जा बैठा और अगाफ़्या मिख़ाइलोव्ना से मज़ाक़ करने तथा उसे यह यक़ीन दिलाने लगा कि दिन और शाम का इतना बढ़िया खाना उसने एक अर्से से नहीं खाया।

"आप कम-से-कम तारीफ़ तो करते हैं," अगाफ़्या मिख़ाइलोव्ना ने कहा, "मगर कोन्स्तान्तीन द्मीत्रियेविच को तो चाहे कुछ भी दे दो, बेशक रोटी का टुकड़ा ही, खाया और चल दिये।"

लेविन अपने को वश में करने की बेशक बहुत कोशिश कर रहा था, मगर उदास और गुमसुम ही बना रहा। वह ओब्लोन्स्की से एक सवाल पूछना चाहता था, लेकिन ऐसा कर नहीं पा रहा था। किस रूप में और किस वक़्त, कैसे और कब ऐसा करे, उसकी समझ में नहीं आ रहा था। ओब्लोन्स्की अपने कमरे में नीचे जा चुका था, कपड़े उतारकर उसने फिर से हाथ-मुँह धोया, रात की झालरदार क़मीज़ पहन ली और बिस्तर पर लेट गया। किन्तु लेविन उसके कमरे से जाने का नाम नहीं ले रहा था, इधर-उधर की बातें कर रहा था और जो पूछना चाहता था, उसे पूछने की हिम्मत नहीं कर पा रहा था।

"कितना बढ़िया बनाते हैं यह साबुन," साबुन की ख़ुशबूदार टिकिया का काग़ज़ उतारते और उसे ग़ौर से देखते हुए उसने कहा। अगाफ़्या मिख़ाइलोव्ना ने मेहमान के लिए यह टिकिया रखी थी, मगर उसने इसका इस्तेमाल नहीं किया था। "तुम देखो तो, यह तो कला-कृति है।"

"हाँ, आजकल हर चीज़ को बढ़िया-से-बढ़िया बनाया जा रहा है," ओब्लोन्स्की

ने नम और आनन्दपूर्ण जम्हाई लेते हुए कहा। "मिसाल के लिए थिएटर और ये दिल बहलाने की जगहें... आ-आ-आ!" उसने जम्हाई ली। "हर जगह पर बिजली की रोशनी है... आ-आ!"

"हाँ, बिजली की रोशनी," लेविन ने कहा। "हाँ! और व्रोन्स्की अब कहाँ है?" उसने साबुन रखकर अचानक पूछा।

"व्रोन्स्की?" ओब्लोन्स्की ने जम्हाई लेना बन्द करते हुए दोहराया। "वह पीटर्सबर्ग में है। तुम्हारे जाने के फ़ौरन बाद ही चला गया और उसके पश्चात एक बार भी मास्को नहीं आया। सुनो कोत्स्या, मैं तुमसे सच्ची बात कहता हूँ" उसने मेज़ पर कोहनियाँ और एक हाथ पर अपना सुन्दर लाल गालोंवाला चेहरा टिकाते हुए, जिससे आर्द्र, दयालु और अलसाई आँखों की सितारों जैसी चमक आ रही थी, अपनी बात जारी रखी। "तुम्हारा ही क़सूर है। तुम प्रतिद्वन्द्वी से डर गये। लेकिन जैसा कि मैंने तब कहा था, मुझे मालूम नहीं कि किसकी सफलता की अधिक सम्भावना थी। तुमने सीधे टक्कर क्यों नहीं ली? मैंने तुमसे तब कहा था कि..." उसने मुँह खोले बिना सिर्फ़ जबड़ों से ही जम्हाई ली।

'इसे मालूम है या नहीं कि मैंने कीटी से अपने साथ विवाह करने का प्रस्ताव किया था?' उसने उसकी ओर देखते हुए सोचा। 'हाँ, उसके चेहरे पर चालाकी और कूटनीति की झलक है,' और यह अनुभव करते हुए कि ख़ुद झेंप रहा है, उसने चुपचाप सीधे ओब्लोन्स्की की आँखों में झाँका।

"अगर उस वक़्त कीटी किसी बात से खिंची तो वह सिर्फ़ शक्ल-सूरत का बाहरी आकर्षण था," ओब्लोन्स्की कहता गया। "उसकी इस परिष्कृत रईसी और आगे चलकर ऊँचे समाज में उसके दर्जे का उस पर नहीं, माँ पर असर पड़ा था।"

लेविन के माथे पर बल पड़ गये। ठुकराये जाने का अपमान, जिसे उसने सहा था, एक ताज़ा, अभी-अभी लगे घाव की तरह उसके दिल में बुरी तरह टीस उठा। इस वक़्त वह अपने घर में था और घर पर दो दीवारें भी आदमी की मदद करती हैं।

"रुको, रुको," उसने ओब्लोन्स्की को टोकते हुए कहा, "तुम रईसी की बात कर रहे हो। तुम मुझे यह पूछने की अनुमति दो कि व्रोन्स्की या किसी अन्य की भी यह रईसी क्या है, जिसके लिए मुझे ठुकराया जाये? तुम व्रोन्स्की को रईस मानते हो, लेकिन मैं नहीं। यह वह आदमी है, जिसका बाप तिकड़मबाज़ी से ऊपर उठा, उसकी माँ की न जाने किस-किसके साथ आशनाई रही... नहीं, तुम मुझे माफ़ करना, लेकिन मैं ख़ुद को और अपने जैसे लोगों को रईस मानता हूँ, जिनके पीछे उच्चतम शिक्षावाली (प्रतिभा और समझ-बूझ ये दूसरी चीज़ें हैं) तीन-चार ईमानदार पीढ़ियाँ रही हैं, जिन्होंने कभी नीचता से काम नहीं लिया, कभी किसी के सामने हाथ नहीं फैलाया, जो मेरे बाप-दादा की तरह रहे। मैं ऐसे बहुत-से लोगों को जानता हूँ। तुम्हें यह घटियापन लगता है कि मैं जंगल के वृक्ष गिनता हूँ, जबकि

तुमने रियाबीनिन को तीस हज़ार रूबल भेंट कर दिये। लेकिन तुम्हें लगान और इसके अलावा जाने क्या-क्या मिलता है, जो मुझे नहीं मिलता। इसलिए मैं उसे सहेजता हूँ, जो मुझे बाप-दादों या अपनी मेहनत से मिला है... हम रईस हैं, वे नहीं, जो बड़े लोगों के टुकड़ों पर पलते हैं या जिन्हें दो टके देकर ख़रीदा जा सकता है।"

"किस पर बरस रहे तुम? मैं तुम्हारे साथ सहमत हूँ," ओब्लोन्स्की ने निश्छलता और ख़ुशी से कहा, यद्यपि वह यह अनुभव कर रहा था कि जिन्हें दो टके में खरीदा जा सकता है, लेविन उनमें उसकी गिनती भी कर रहा है। लेविन का ऐसे भड़क उठना उसे सचमुच ही अच्छा लग रहा था। "किस पर बरस रहे हो तुम? यह सच है कि व्रोन्स्की के बारे में तुम जो कह रहे हो, उसमें बहुत कुछ सही नहीं है। लेकिन मैं इस वक़्त उसकी चर्चा नहीं कर रहा हूँ। तुमसे साफ़ कहता हूँ कि तुम्हारी जगह मैं फिर मास्को चला गया होता..."

"नहीं, मुझे मालूम नहीं कि तुम जानते हो या नहीं जानते हो, लेकिन मुझे इससे कोई फ़र्क नहीं पड़ता। मैं तुम्हें बताता हूँ कि मैं विवाह का प्रस्ताव कर चुका हूँ और उसे ठुकराया जा चुका है। येकातेरीना अलेक्सान्द्रोव्ना अब मेरे लिए एक बोझिल और लज्जाजनक स्मृति ही रह गयी है।"

"वह किसलिए? कैसी बेतुकी बात है।"

"लेकिन हम इस मामले पर और बातचीत नहीं करेंगे। अगर मैं तुम्हारे साथ बदतमीज़ी से पेश आया हूँ, तो माफ़ करना," लेविन ने कहा। अब सब कुछ कहने के बाद वह फिर वैसा ही हो गया था, जैसा कि सुबह के वक़्त था। "तुम मुझसे नाराज़ तो नहीं हो न, स्तीवा? कृपया नाराज़ नहीं होना," उसने कहा और मुस्कुराकर उसका हाथ अपने हाथ में ले लिया।

"अरे नहीं, ज़रा भी नाराज़ नहीं, और फिर उसका कोई कारण भी तो नहीं। मैं ख़ुश हूँ कि हमने बात साफ़ कर ली। सुनो, सुबह के वक़्त शिकार करना अच्छा रहता है। कैसा रहे, अगर हम सुबह ही चलें? मैं तो यों भी उसके बाद नहीं सोऊँगा और शिकार से सीधे ही स्टेशन को चल दूँगा।"

"बहुत ख़ूब!"

18

इस बात के बावजूद कि व्रोन्स्की का आन्तरिक जीवन उसकी प्रेम-भावना से ओत-प्रोत था, उसका बाहरी जीवन ऊँचे समाज और रेजिमेंट के सम्पर्कों तथा रुचियों की पहली जैसी और अभ्यस्त लीकों पर किसी परिवर्तन और रोक-टोक के बिना चलता जा रहा था। रेजिमेंट सम्बन्धी दिलचस्पियों का व्रोन्स्की के जीवन में महत्त्वपूर्ण स्थान था, क्योंकि उसे रेजिमेंट से प्यार था, और इससे भी ज़्यादा इसलिए कि रेजिमेंट में उसे प्यार किया जाता था। रेजिमेंट के लोग व्रोन्स्की को सिर्फ़ प्यार

ही नहीं, बल्कि उस पर गर्व भी करते थे। गर्व इसलिए करते थे कि यह व्यक्ति, जो बेहद अमीर था, जो बहुत सुशिक्षित तथा सुयोग्य था तथा जिसके सामने सभी तरह की सफलता और महत्त्वाकांक्षा की पूर्ति तथा नाम कमाने के लिए दरवाज़े खुले थे, इन सब चीज़ों की अवहेलना करता था और जीवन की सभी रुचियों में रेजिमेंट और साथियों से सम्बन्धित दिलचस्पियों को अपने दिल में सबसे ज़्यादा ऊँची जगह देता था। व्रोन्स्की को अपने बारे में साथियों के इस दृष्टिकोण की चेतना थी और इस चीज़ के अलावा कि उसे ऐसी ज़िन्दगी अच्छी लगती थी, अपने बारे में बनी हुई इस राय को बनाये रखना भी ज़रूरी समझता था।

यह तो स्पष्ट ही है कि किसी भी दोस्त-साथी से उसने अपने प्यार की चर्चा नहीं की, शराबनोशी की ज़बर्दस्त महफ़िलों में भी इस बात को मुँह से नहीं निकलने दिया (वैसे उसे कभी इतना ज़्यादा नशा नहीं होता था कि अपना सन्तुलन खो दे) और उन मनचले दोस्तों की ज़बान भी बन्द कर देता था, जो उसके इस सम्बन्ध की ओर संकेत करने की कोशिश करते थे। लेकिन यह होने पर भी सारा शहर उसके प्यार के बारे में जानता था—आन्ना के प्रति उसके रवैये के बारे में सभी का अनुमान कमोबेश सही था—अधिकतर युवा लोग उसके प्यार के सबसे कष्टप्रद तत्त्व, अर्थात् करेनिन की ऊँची पदवी और इसके परिणामस्वरूप ऊँचे समाज में उसकी अधिकतम चर्चा के लिए ही उससे ईर्ष्या करते थे।

आन्ना से ईर्ष्या करने वाली अधिकांश युवा महिलाएँ, जो उसके बारे में 'सुचरित्रा' का विशेषण सुनते-सुनते कभी की तंग आ चुकी थीं, इसलिए ख़ुश थीं कि उनके अनुमान सही निकले थे और इसी बात का इन्तज़ार कर रही थीं कि आन्ना के बारे में लोगों की राय बदले और तब वे अपनी पूरी घृणा से उस पर टूट पड़ेंगी। उन्होंने तो कीचड़ के ऐसे गोले भी तैयार कर लिये थे, जो वक़्त आने पर वे उस पर फेंकेंगी। अधिकतर बुज़ुर्ग और ऊँचे रुतबोंवाले लोग निकट भविष्य में हो सकने वाले इस लज्जापूर्ण हंगामे के कारण नाख़ुश थे।

व्रोन्स्की की माँ इस सम्बन्ध के बारे में जानकारी पाकर शुरू में तो खुश हुई। वह इसलिए कि उसके मतानुसार ऊँचे समाज में ऐसे प्रेम-सम्बन्ध से बढ़कर कोई भी चीज़ बढ़िया नौजवान को इतना अच्छा अन्तिम निखार प्रदान नहीं करती, और इस कारण भी कि उसको इतनी अच्छी लगने और अपने बेटे की इतनी ज़्यादा चर्चा करने वाली आन्ना भी आख़िर सभी सुन्दर तथा, उसकी धारणा के अनुसार, ढंग की औरतों जैसी थी। किन्तु पिछले कुछ समय में उसे यह पता चला था कि बेटे ने उसकी भावी प्रगति के लिए बहुत महत्त्व रखने वाली नौकरी से केवल इसलिए इनकार कर दिया है कि वह रेजिमेंट में ही बना रहे, जिसकी बदौलत वह आन्ना से मिल-जुल सकता था, कि इस कारण ऊँचे अधिकारी उससे नाख़ुश हैं और इसलिए उसने अपनी राय बदल ली। उसे यह भी अच्छा नहीं लगा कि इस

सम्बन्ध के बारे में प्राप्त सारी जानकारी के अनुसार यह बहुत बढ़िया और शानदार सोसाइटीवाला वह सम्बन्ध नहीं था, जिसका उसने अनुमोदन किया होता, बल्कि बहुत ही भावुकतापूर्ण तथा दीवानों जैसा लगाव था, जो, जैसा कि उसे बताया गया था, उसके बेटे से कोई मूर्खता करवा सकता था। व्रोन्स्की के मास्को से अचानक चले जाने के बाद से उसकी उससे मुलाक़ात नहीं हुई थी और इसलिए उसने अपने बड़े बेटे के ज़रिये उससे यह माँग की कि वह उसके पास आये।

बड़ा भाई भी छोटे से नाख़ुश था। उसे इस बात से कोई फ़र्क नहीं पड़ता था कि यह किस तरह का प्यार था—बड़ा या छोटा, बहुत तीव्र या कम तीव्र, पक्का या कच्चा (बच्चों का बाप होते हुए उसकी एक नर्तकी रखैल थी और इसलिए वह इस मामले में नर्मदिल था), लेकिन इतना जानता था कि यह प्यार उन लोगों को पसन्द नहीं है, जिन्हें ख़ुश रखना चाहिए और इसलिए भाई का रंग-ढंग उसे अच्छा नहीं लगा था।

रेजिमेंट और ऊँचे समाज के अतिरिक्त व्रोन्स्की की एक और भी दिलचस्पी थी—घोड़े। उनका वह बहुत ही शौक़ीन था।

इसी साल अफ़सरों की बाधारहित घुड़दौड़ें होने वाली थीं। व्रोन्स्की ने उनमें नाम लिखवा लिया था, बढ़िया नस्ल की असली अँग्रेजी घोड़ी ख़रीद ली थी और आन्ना के प्रति अपने प्रेम के बावजूद बहुत बेचैनी से, यद्यपि कुछ संयत रहते हुए, इन घुड़दौड़ों की राह देख रहा था...

ये दो लगाव एक-दूसरे के मार्ग में बाधा नहीं डालते थे। इसके विपरीत, उसे अपनी मुहब्बत से अलग ऐसी दिलचस्पी और ऐसे शौक़ की ज़रूरत थी, जो उसके बहुत ही भाव-विह्वल मन को ताज़गी और चैन देता।

19

क्रास्नोये सेलों में होने वाली घुड़दौड़ों के दिन व्रोन्स्की और दिनों की तुलना में कुछ पहले ही बीफ़स्टीक खाने के लिए रेजिमेंट के भोजन-कक्ष में आ गया। उसके लिए खाने-पीने के मामले में ख़ास ध्यान रखने की ज़रूरत नहीं थी, क्योंकि उसका वज़न उतना ही था, जितना कि घुड़दौड़ के नियमों के अनुसार होना चाहिए था, यानी 72 किलोग्राम। लेकिन साथ ही उसे और अधिक मोटे नहीं होना चाहिए था और इसी कारण वह मीठी और आटेवाली चीज़ों से परहेज़ करता था। वह सफ़ेद वास्कट पर फ़ौजी जाकेट के बटन खोले और मेज़ पर दोनों हाथ टिकाये बैठा था और बॉर्डर किये हुए बीफ़स्टीक के इन्तज़ार में तश्तरी पर रखे एक फ्रांसीसी उपन्यास को देख रहा था। वह किताब पर इसलिए नज़र जमाये था कि उसे भीतर आते और बाहर जाते हुए अफ़सरों से बातचीत न करनी पड़े। वह कुछ सोच रहा था।

व्रोन्स्की की सोच का विषय यह था कि आन्ना ने घुड़दौड़ों के बाद आज उससे

मिलने का वादा किया था। किन्तु वह तीन दिनों से उससे नहीं मिला था और नहीं जानता था कि उसके पति के विदेश से लौटने के परिणामस्वरूप आज ऐसा सम्भव हो सकेगा या नहीं और किस तरह वह यह मालूम करे। पिछली बार वह अपनी चचेरी बहन बेत्सी के देहातवाले बँगले पर आन्ना से मिला था। करेनिन परिवार के बँगले पर वह यथासम्भव बहुत कम जाता था। अब वह वहाँ जाना चाहता था और इस सवाल पर ग़ौर कर रहा था कि किस तरह ऐसा करे।

'ज़ाहिर है, मैं यह कह सकता हूँ कि बेत्सी ने मुझे यह जानने के लिए भेजा है कि वह घुड़दौड़ों में आयेगी या नहीं। हाँ, तो मैं जाऊँगा,' उसने पुस्तक से नज़र ऊपर उठाते हुए मन-ही-मन तय कर लिया। उससे मिलने की ख़ुशी की सजीव कल्पना से उसका चेहरा खिल उठा।

"किसी को मेरे घर यह कहने को भेज दो कि जल्दी से त्रोइका घोड़ा-गाड़ी तैयार कर दी जाये," उसने चाँदी की गर्म तश्तरी में बीफ़स्टीक लाने वाले बैरे से कहा और तश्तरी को अपनी तरफ़ खींचकर खाने लगा।

बग़ल के बिलियार्डवाले कमरे से गेंदों के टकराने की आवाज़ें, बातचीत और ठहाके सुनाई दे रहे थे। भीतर आने के दरवाज़े पर दो अफ़सर दिखाई दिये—एक तो नौ उम्र, कमज़ोर और पतले चेहरेवाला था तथा कुछ ही समय पहले शाही सैनिक स्कूल से उनकी रेजिमेंट में आया था; दूसरा हाथ में कंगन पहने छोटी-छोटी फूली आँखों और गदराये जिस्मवाला बुजुर्ग अफ़सर था।

व्रोन्स्की ने उन पर नज़र डाली, नाक-भौंह सिकोड़ी और ऐसा ज़ाहिर करते हुए मानो उन्हें देखा ही न हो, कनखी से पुस्तक पर नज़र टिकाकर एक साथ ही खाने और पढ़ने लगा।

"कहो, काम के लिए अपने को मज़बूत कर रहे हो?" गदराये अफ़सर ने उसके पास बैठते हुए पूछा।

"देख ही रहे हो," व्रोन्स्की ने माथे पर बल डालते और मुँह पोंछते हुए तथा उसकी तरफ़ देखे बिना जवाब दिया।

"मोटा होने से नहीं डरते?" नौउम्र अफ़सर के लिए कुर्सी को बढ़ाते हुए उसने पूछा।

"क्यों?" व्रोन्स्की ने नापसन्दगी से मुँह बनाते और अपने मज़बूत दाँत दिखाते हुए गुस्से से कहा।

"मोटा होने से नहीं डरते?"

"बैरा, शेरी लाओ!" व्रोन्स्की ने सवाल का जवाब दिये बिना बैरे को पुकारा और पुस्तक को दूसरी ओर रखकर पढ़ना जारी रखा।

गदराये हुए अफ़सर ने शराबों की सूची ली और नौजवान अफ़सर को सम्बोधित किया।

"तुम ख़ुद ही चुन लो कि क्या पियेंगे," उसने मदिरा-सूची उसकी ओर बढ़ाते और उसे देखते हुए कहा।

"शायद राइन शराब ठीक रहेगी," नौजवान अफ़सर ने कनखी से व्रोन्स्की पर सहमी-सी नज़र डालते और अपनी कुछ भीगी मसों को उँगलियों से पकड़ने की कोशिश करते हुए कहा। यह देखकर कि व्रोन्स्की उनकी ओर मुँह नहीं कर रहा है, नौजवान अफ़सर उठ खड़ा हुआ।

"आओ, बिलियार्ड के कमरे में चलें," उसने कहा।

गदराया हुआ अफ़सर आपत्ति किये बिना चुपचाप उठा और वे दोनों दरवाज़े की ओर चल दिये।

इसी वक़्त लम्बा-तड़ंगा और सुडौल कप्तान याश्विन कमरे में दाख़िल हुआ और इन दोनों अफ़सरों की तरफ़ तिरस्कारपूर्वक सिर झटककर व्रोन्स्की के पास आया।

"तो, यहाँ हो तुम!" व्रोन्स्की की पद-चिह्नोंवाली पट्टी पर ज़ोर से अपना बड़ा-सा हाथ मारते हुए उसने कहा। व्रोन्स्की ने झल्लाते हुए मुड़कर देखा, लेकिन उसी क्षण उसका चेहरा उसके स्वभाव के अनुसार शान्त और दृढ़ स्नेह भाव से चमक उठा।

"यह अक़्ल की बात है, अल्योशा," कप्तान से अपनी ज़ोरदार आवाज़ में कहा। "अब कुछ खाकर एक जाम पी लो।"

"खाने को मन नहीं है।"

"ज़रा देखो उस जोड़ी को," याश्विन ने इसी वक़्त कमरे से बाहर जा रहे दोनों अफ़सरों की तरफ देखते हुए व्यंग्यपूर्वक कहा। वह कुर्सियों की ऊँचाई की तुलना में तंग बिरजिस से कसी अपनी बहुत ही लम्बी टाँगों के नुकीले कोण बनाते हुए उसके पास बैठ गया। "तुम कल क्रास्नेंस्की थिएटर क्यों नहीं आये? नूमेरोवा कुछ बुरी नहीं थी। तुम कहाँ थे?"

"मैं त्वेरस्की दम्पति के यहाँ बैठा रहा," व्रोन्स्की ने जवाब दिया।

"ओह, हाँ," याश्विन बोला।

जुआरी, लम्पट और न सिर्फ़ उसूलों के बिना, बल्कि अनैतिक उसूलोंवाला याश्विन रेजिमेंट में व्रोन्स्की का सबसे अच्छा दोस्त था। व्रोन्स्की उसे उसकी असाधारण शारीरिक शक्ति के लिए, जो अक्सर घड़ों शराब पीने, सोये बिना ताज़ादम बने रहने के रूप में प्रकट करता था, नैतिक शक्ति के लिए, जो अपने संचालकों और साथियों के मामले में दिखाता था और जिससे उसके प्रति भय और आदर पैदा होता था, तथा जिसे जूआ खेलते हुए भी ज़ाहिर करता था, जहाँ हज़ारों की बाज़ी लगाता था और बेहद पी लेने के बावजूद इतनी दृढ़ता तथा बारीकी से खेलता था कि अँग्रेजी क्लब का सबसे अच्छा खिलाड़ी माना जाता था, पसन्द

करता था। व्रोन्स्की ख़ासतौर पर तो याश्विन को इसलिए पसन्द तथा उसका आदर करता था कि वह उसे उसके नाम तथा दौलत के लिए नहीं, बल्कि खुद उसी के रूप में चाहता था। अपनी जान-पहचान के सभी लोगों में से व्रोन्स्की केवल उसी के साथ अपने प्यार की चर्चा करना चाहता था। वह महसूस करता था कि ऐसा प्रतीत होने के बावजूद कि याश्विन किसी भी तरह की भावना को तिरस्कार की दृष्टि से देखता है, वही एक ऐसा व्यक्ति है, जो अब उसके समूचे जीवन पर छा जाने वाली तीव्र अनुराग-भावना को समझ सकता है। इसके अलावा उसे इस बात का भी पूरा यक़ीन था कि याश्विन अफ़वाहें फैलाने और बदनामी करने के काम में कोई दिलचस्पी नहीं लेता, बल्कि इस भावना को वैसे ही समझता है, जैसे समझना चाहिए, यानी यह जानता और विश्वास करता है कि मुहब्बत कोई मज़ाक़ या मनबहलाव न होकर कहीं अधिक गम्भीर तथा महत्त्वपूर्ण चीज़ है।

व्रोन्स्की ने उसके साथ अपने प्यार की चर्चा नहीं की, लेकिन उसे मालूम था कि याश्विन सब कुछ जानता है और सब कुछ वैसे ही समझता है, जैसे समझना चाहिए और उसकी आँखों में ही यह भाव पढ़कर उसे ख़ुशी हुई।

"ओह, हाँ!" उसने इस बात के जवाब में कहा कि व्रोन्स्की त्वेरस्की दम्पति के यहाँ बैठा रहा था, और काली आँखों को चमकाकर अपनी बुरी आदत के मुताबिक़ बाईं मूँछ को मुँह में घुसेड़ने लगा।

"और तुमने कल शाम को क्या किया? पैसे जीते?" व्रोन्स्की ने पूछा।

"आठ हज़ार। तीन हज़ार तो कच्चे हैं, जिनके मिलने की बहुत कम उम्मीद है।"

"तो अब तुम मुझ पर हार सकते हो," व्रोन्स्की ने हँसते हुए कहा। (याश्विन ने उस पर बड़ी रक़म की शर्त लगा रखी थी।)

"किसी भी हालत में नहीं हारूँगा। सिर्फ़ मख़ोतिन से ख़तरा है।"

बातचीत अपने-आप ही आज होने वाली घुड़दौड़ की ओर मुड़ गयी। व्रोन्स्की अब केवल उसी के बारे में सोच सकता था।

"आओ, चलें, मैं खाना ख़त्म कर चुका हूँ," व्रोन्स्की ने कहा और उठकर दरवाज़े की तरफ़ बढ़ गया। अपनी लम्बी टाँगों और लम्बी पीठ को सीधे करते हुए याश्विन भी उठकर खड़ा हो गया।

"मेरा खाने का वक़्त तो अभी नहीं हुआ, मगर कुछ पीना ज़रूर चाहिए। मैं अभी आता हूँ! शराब लाओ!" उसने परेड के मैदान में मशहूर अपनी उस ज़ोरदार आवाज़ में बैरे को पुकारा, जिससे खिड़कियों के शीशे काँप उठते थे। "नहीं, रहने दो," उसने उसी वक़्त फिर से ऊँची आवाज़ में कहा। "तुम घर जा रहे हो, तो मैं भी तुम्हारे साथ चलता हूँ।"

और वे दोनों चल दिये।

20

व्रोन्स्की फ़िन्नी ढंग के एक बड़े और साफ़-सुथरे झोंपड़े में खड़ा था। झोंपड़े को बीच में दीवार डालकर दो भागों में विभाजित कर दिया गया था। पेत्रीत्स्की शिविरों में भी व्रोन्स्की के साथ ही रहता था। व्रोन्स्की और याश्विन जब झोंपड़े में आये, तो पेत्रीत्स्की सो रहा था।

"उठो, बहुत सो लिये," याश्विन ने बीच की दीवार के दूसरी ओर जाकर अस्त-व्यस्त बालोंवाले तथा तकिये में मुँह घुसेड़कर सो रहे पेत्रीत्स्की का कन्धा झकझोरते हुए कहा।

पेत्रीत्स्की अचानक उछलकर घुटनों के बल हो गया और उसने इधर-उधर नज़र दौड़ायी।

"तुम्हारा भाई यहाँ आया था," उसने व्रोन्स्की से कहा। "मुझे जगा दिया, शैतान उसका बुरा करे, और कह गया है कि फिर आयेगा।" उसने फिर से कम्बल अपने ऊपर खींचा और तकिये पर जा गिरा। "परेशान नहीं करो, याश्विन," उसने याश्विन पर झल्लाते हुए कहा, जो उसका कम्बल खींच रहा था। "ऐसे नहीं करो!" वह घूमा और उसने आँखें खोलीं, "बेहतर होगा, तुम यह बताओ कि मैं क्या पिऊँ, मुँह का ज़ायका इतना बिगड़ा-बिगड़ा-सा है कि..."

"वोद्का सबसे अच्छी चीज़ है," याश्विन ने ज़ोरदार आवाज़ में कहा। "तेरेश्चेन्को! अपने साहब के लिए वोद्का और खीरे लाओ," उसने चिल्लाकर कहा। स्पष्टतः उसे अपनी आवाज़ सुनना अच्छा लगता था।

"तुम्हारे ख़याल में वोद्का ही? वही ठीक रहेगी क्या?" पेत्रीत्स्की ने बुरा-सा मुँह बनाते और आँखें मलते हुए पूछा। "तुम पियोगे न? तो यह साथ पियेंगे! व्रोन्स्की, तुम भी पियोगे?" पेत्रीत्स्की ने उठते और बग़लों के नीचे से चीते की खाल के कम्बल में अपने को लपेटते हुए कहा।

वह बीच की दीवार के दरवाज़े से बाहर निकला, उसने हाथ ऊपर उठाये और फ्रांसीसी में गाने लगा, "एक बादशाह था तू-ऊ-ऊ-ला में। व्रोन्स्की, पियोगे?"

"भागो यहाँ से," व्रोन्स्की ने नौकर द्वारा दिया गया फ्रॉककोट पहनते हुए कहा।

"किधर चल दिये?" याश्विन ने व्रोन्स्की से पूछा। "लो, त्रोइका भी आ गयी," उसने झोंपड़े के क़रीब आती तीन घोड़ोंवाली बग्घी को देखकर कहा।

"अस्तबल को। इसके अलावा मुझे घोड़ों के सिलसिले में ब्रियान्स्की के यहाँ भी जाना है," व्रोन्स्की ने कहा।

व्रोन्स्की ने सचमुच ब्रियान्स्की के यहाँ जाने और उसे घोड़े की क़ीमत चुकाने का वादा किया था। ब्रियान्स्की पीटरहोफ़ से कोई पन्द्रह किलोमीटर दूर रहता था और व्रोन्स्की चाहता था कि वहाँ हो आये। लेकिन उसके साथी फ़ौरन यह समझ गये कि वह केवल वहीं नहीं जा रहा है। पेत्रीत्स्की ने अपना गाना जारी रखते हुए

उसे आँख मारी और होंठों को ऐसे फुला लिया मानो कह रहा हो–'मालूम है हमें, कौन है तुम्हारा यह ब्रियान्स्की।'

"देखो, कहीं आने में देर नहीं कर देना!" याश्विन ने इतना ही कहा और बातचीत का विषय बदलने के लिए बोला– "मेरा चितकबरा घोड़ा अच्छी खिदमत कर रहा है न?" उसने खिड़की से बाहर झाँककर त्रोइका गाड़ी के उस मुख्य घोड़े के बारे में पूछा, जो उसने व्रोन्स्की को बेच दिया था।

"ठहरो!" बाहर जाते व्रोन्स्की को रोकते हुए पेत्रीत्स्की चिल्लाया। "तुम्हारा भाई एक ख़त और तुम्हारे नाम रुक़्क़ा भी छोड़ गया है। ज़रा याद करने दो, वे कहाँ हैं?"

व्रोन्स्की रुक गया।

"कहो, कहाँ हैं ख़त और रुक़्क़ा?"

"कहाँ हैं? यही तो सवाल है!" अपनी तर्जनी को नाक से ऊपर की ओर ले जाते हुए पेत्रीत्स्की ने गम्भीरतापूर्वक कहा।

"बताओ भी, यह बेवकूफ़ी है!" व्रोन्स्की ने मुस्कुराते हुए कहा।

"अँगीठी तो मैंने उनसे जलायी नहीं। यहीं कहीं होंगे।"

"बस, काफ़ी नाटक कर लिया! कहाँ है ख़त?"

"नहीं, सचमुच याद नहीं रहा। या शायद मुझे सपने में ऐसा दिखाई दिया था? ज़रा ठहरो, ठहरो! बिगड़ क्यों रहे हो! अगर तुमने भी अकेले ही चार बोतलें ख़ाली कर दी होतीं, जैसे कल मेरे साथ हुआ, तो तुम भी यह भूल गये होते कि कहाँ लेटे हुए थे। ज़रा रुको, अभी याद कर लेता हूँ!"

पेत्रीत्स्की कमरे के अपने हिस्से में जाकर पलँग पर लेट गया।

"ठहरो! मैं ऐसे लेटा हुआ था, वह ऐसे खड़ा था। हाँ-हाँ-हाँ... यह रहा!" और पेत्रीत्स्की ने गद्दे के नीचे से, जहाँ उसने ख़त छिपा दिया था, उसे निकाला।

व्रोन्स्की ने भाई का ख़त और रुक़्क़ा ले लिया। यह वही क़िस्सा था, जिसकी उसे उम्मीद थी। ख़त माँ का था, जिसमें उसने लानत-मलामत की थी कि वह आया नहीं और रुक़्क़ा भाई का था, जिसमें उसने लिखा था कि कुछ बातचीत करना ज़रूरी है। व्रोन्स्की जानता था कि सब कुछ उसी मामले से सम्बन्धित है। 'इन्हें क्या मतलब है इससे?' व्रोन्स्की ने सोचा और ख़त को मोड़-माड़कर फ्रॉककोट के बटनों के बीच घुसेड़ लिया ताकि रास्ते में उसे ध्यान से पढ़ सके। झोंपड़े की ड्योढ़ी में उसकी दो अफ़सरों से मुलाक़ात हुई–एक उनकी रेजिमेंट का था और दूसरा किसी दूसरी रेजिमेंट का।

व्रोन्स्की का घर सदा सभी अफ़सरों का अड्डा बना रहता था।

"किधर?"

"काम से, पीटरहोफ़!"

"त्सारस्कोए से घोड़ी आ गयी?"

"आ गयी, लेकिन मैंने उसे अभी तक नहीं देखा।"

"कहते हैं कि मख़ोतिन का ग्लादियातर घोड़ा लँगड़ाने लगा है।"

"बिल्कुल झूठ! लेकिन इस कीचड़ में तुम लोग घोड़े दौड़ाओगे कैसे?" दूसरे ने कहा।

"लो, ये आ गये मेरे रक्षक!" भीतर आते हुए अफ़सरों को देखकर पेत्रीत्स्की चिल्लाया। उसके सामने एक अर्दली ट्रे में वोद्का और अचारी खीरा लिये खड़ा था। "देखो, याश्विन मुझे ताज़ादम होने के लिए वोद्का पीने को कह रहा है।"

"आपने तो कल ख़ूब हमारे नाक में दम किया," आने वालों में से एक अफ़सर ने कहा, "रात-भर सोने नहीं दिया।"

"लेकिन तुम यह सुनो कि कैसे हमने कल की शाम ख़त्म की," पेत्रीत्स्की ने बताना शुरू किया। "वोल्कोव छत पर चढ़ गया और बोला कि उसे ऊब अनुभव हो रही है। मैंने कहा–तो लाओ संगीत शुरू करें, मातमी जुलूस के वक़्त की धुन! वह मातमी धुन सुनते-सुनते छत पर ही सो गया।"

"लो, पियो, अभी वोद्का पियो और इसके बाद नीबू का बहुत-सा रस डालकर सोडावाटर," पेत्रीत्स्की के पास खड़ा याश्विन बच्चे को दवाई पीने के लिए मजबूर करने वाली माँ की तरह उससे कह रहा था, "और उसके बाद थोड़ी शेम्पेन पी सकते हो, कोई एक बोतल।"

"यह हुई अक़्ल की बात। रुको, व्रोन्स्की, आओ पियें।"

"नहीं, विदा, भले लोगो! मैं आज नहीं पीता हूँ।"

"इस डर से कि वज़न न बढ़ जाये? तो हम खुद ही पियेंगे। इधर दो सोडावाटर और नीबू।"

"व्रोन्स्की!" कोई चिल्लाया, जब वह ड्योढ़ी में जा चुका था।

"क्या है?"

"तुम बाल कटवा लो। वे बहुत बढ़े हुए हैं, ख़ासतौर से तुम्हारी चाँद पर।"

व्रोन्स्की वास्तव में ही वक़्त से पहले गंजा होने लगा था। वह अपने सुन्दर दाँत दिखाते हुए खिलखिलाकर हँस पड़ा और अपनी चाँद की ओर टोपी खिसकाकर बाहर निकला तथा त्रोइका में जा बैठा।

"अस्तबल चलो!" उसने कहा और पढ़ने के लिए पत्र निकालना चाहा, लेकिन फिर यह सोचकर कि घोड़ी को देखने से पहले किसी दूसरी तरफ़ ध्यान नहीं जाना चाहिए, इरादा बदलते हुए अपने से कहा, "बाद में!..."

21

तख़्तों का वक़्ती अस्तबल रेस-कोर्स के क़रीब ही बनाया गया था और वहीं कल व्रोन्स्की की घोड़ी लायी जाने वाली थी। उसने अभी तक उसे नहीं देखा था। पिछले

कुछ दिनों में उसने ख़ुद घोड़ी को अभ्यास नहीं कराया था और ट्रेनर को यह काम सौंप रखा था। इसलिए अब उसे बिल्कुल यह मालूम नहीं था कि उसकी घोड़ी कैसी हालत में आयी है और कैसी है। व्रोन्स्की अपनी त्रोइका गाड़ी से निकला ही था कि उसके सईस ने, जो दूर से ही उसकी त्रोइका को पहचान गया था, ट्रेनर को बुला लिया। घुटनों तक के बूट और छोटी जाकेट पहने हुए दुबला-पतला अँग्रेज, जिसकी ठोड़ी के नीचे ही बालों का एक गुच्छा-सा रह गया था, घोड़ों के ट्रेनरों की अटपटी चाल से चलता, कोहनियों को बाहर की तरफ़ निकालकर सुलाता हुआ व्रोन्स्की के सामने आया।

"कैसी है फ्रू-फ्रू?" व्रोन्स्की ने अँग्रेजी में पूछा।

All right, sir—सब कुछ ठीक है, हुजूर," कहीं गले के भीतर से अँग्रेज़ ने जवाब दिया। "उसके पास न जाना ही बेहतर है," अपना टोप ऊपर उठाते हुए उसने इतना और जोड़ दिया। "मैंने उसे मुँहबन्द पहना दिया है और वह बेचैन है। वहाँ न जाना ही अच्छा है, इससे घोड़ी परेशान होती है।"

"नहीं, मैं तो जाऊँगा। मैं उसे देखना चाहता हूँ।"

"तो चलिये," पहले की तरह मुँह खोले बिना तथा नाक-भौंह सिकोड़कर अँग्रेज़ ने कहा और कोहनियाँ झुलाता हुआ अपनी ढीली-ढाली चाल से आगे-आगे चल दिया।

वे बैरक के सामने छोटे-से अहाते में पहुँचे। साफ़-सुथरी जाकेट पहने सजा-धजा नौजवान, जो यहाँ ड्यूटी पर था, हाथ में झाड़ू लिये इनसे मिला और इनके पीछे-पीछे हो लिया। बैरक में पाँच घोड़े अपने अलग-अलग स्टाल में खड़े थे। व्रोन्स्की को मालूम था कि उसके मुख्य प्रतिद्वन्द्वी मख़ोतिन का ऊँचा लाल घोड़ा ग्लादियातर भी आज यहीं लाया जाने वाला था और यहीं खड़ा है। व्रोन्स्की अपनी घोड़ी से भी कहीं ज़्यादा ग्लादियातर को देखना चाहता था, जिसे उसने नहीं देखा था। किन्तु व्रोन्स्की जानता था कि घुड़दौड़ की शिष्टता के नियमों के अनुसार उसे उस घोड़े को न केवल देखना ही नहीं चाहिए, बल्कि उसके बारे में पूछ-ताछ करना भी अनुचित है। जिस वक़्त वह बैरक के गलियारे में से जा रहा था, उस वक़्त लड़के ने बाईं ओर के दूसरे स्टाल का दरवाज़ा खोला और व्रोन्स्की को सफ़ेद टाँगोंवाले लाल रंग के तगड़े घोड़े की झलक मिली। उसे मालूम था कि यह ग्लादियातर है, लेकिन किसी का खुला हुआ पत्र सामने पड़ा देखकर मुँह मोड़ लेने वाले व्यक्ति जैसी भावना के साथ उसने मुँह फेर लिया और फ्रू-फ्रू के स्थल के पास गया।

"यहाँ घोड़ा है माक... माक... का... कभी यह नाम नहीं बोल पाता," अँग्रेज़ ट्रेनर ने गन्दे नाखूनवाली लम्बी उँगली से ग्लादियातर के स्टाल की ओर संकेत करते हुए कन्धे के ऊपर से कहा।

"मख़ोतिन? हाँ, वही मेरा एक गम्भीर प्रतिद्वन्द्वी है," व्रोन्स्की ने कहा।

"अगर आप इस घोड़े पर दौड़ में हिस्सा लेते," अँग्रेज़ ने कहा, "तो मैं पूरी तरह आपके पक्ष में होता।"

"फ्रू-फ्रू ज़्यादा तेज़ मिज़ाज है और वह ज़्यादा ताकतवर," अपनी घुड़सवारी की प्रशंसा सुनकर व्रोन्स्की ने मुस्कुराते हुए कहा।

"बाधाओं वाली घुड़दौड़ में सब कुछ अच्छी घुड़सवारी और pluck पर निर्भर करता है," अँग्रेज़ ने कहा।

जहाँ तक pluck यानी जोश और दिलेरी का सम्बन्ध था, तो उनको तो व्रोन्स्की न केवल पर्याप्त मात्रा में अनुभव करता था, बल्कि, जो और भी ज़्यादा महत्त्वपूर्ण था, उसे इस बात का भी पक्का यक़ीन था कि दुनिया में उससे बढ़कर pluck और किसी में नहीं हो सकता था।

"आपको पूरा यक़ीन है कि इसे और ज़्यादा अभ्यास कराने की ज़रूरत नहीं थी?"

"हाँ, नहीं थी," अँग्रेज़ ने जवाब दिया। "कृपया, ऊँचे नहीं बोलिये। घोड़ी घबराई हुई है," उसने बन्द स्टाल की तरफ़, जिसके सामने वे खड़े थे और जहाँ से फूस पर पाँव बदलने की आवाज़ आ रही थी, इशारा करते हुए इतना और कह दिया।

उसने दरवाज़ा खोला और व्रोन्स्की स्टाल में गया, जहाँ एक छोटे-से झरोखे से छनने वाली मद्धिम-सी रोशनी थी। स्टाल में ताज़ा फूस पर पाँव बदलती हुई काली घोड़ी खड़ी थी, जिसकी थूथनी पर मुँहबन्द चढ़ा हुआ था। स्टाल की धुँधली रोशनी का अभ्यस्त हो जाने पर व्रोन्स्की ने एक ही नज़र में अपनी प्यारी घोड़ी की सारी सुन्दरता को एक बार फिर अनुभव कर लिया। फ्रू-फ्रू मँझोले क़द की थी और आकृति के लक्षणों की दृष्टि से पूरी तरह दोषहीन नहीं थी। वह पूरी-की-पूरी कम चौड़ी काठी की थी। यद्यपि उसकी छाती की हड्डी आगे की ओर काफ़ी उभरी हुई थी फिर भी छाती चौड़ी नहीं थी। पीछे का भाग कुछ झुका हुआ था और आगे की, तथा ख़ासतौर पर पीछे की टाँगों में काफ़ी टेढ़ापन था। उसकी अगली और पिछली टाँगों की मांसपेशियाँ विशेषतः बड़ी नहीं थीं, लेकिन दूसरी तरफ़ ज़ीनवाले स्थान पर उसकी पीठ असाधारण रूप से चौड़ी थी और यह चीज़ उसके कड़े अभ्यास तथा पेट के बहुत पतले हो जाने से अब ख़ासतौर पर हैरान करती थी। घुटनों के नीचे उसकी टाँगों की हड्डियाँ सामने से देखने पर उँगली से ज़्यादा मोटी नहीं लगती थीं, लेकिन बग़ल से देखने पर असाधारण रूप से चौड़ी थीं। पसलियों को छोड़कर वह अग़ल-बग़ल में मानो दबा दी गयी थी और लम्बाई में फैला दी गयी थी। किन्तु उसमें एक बहुत बड़ा गुण था, जो उसकी सभी त्रुटियों को भूल जाने को विवश करता था। यह गुण था उसका ख़ून, जो अँग्रेज़ी भाषा की एक कहावत के अनुसार अपना रंग दिखाता है। पतली, गतिशील और मख़मल की तरह चिकनी त्वचा में फैली हुई शिराओं के जाल के नीचे से साफ़ नज़र आने वाली मांसपेशियाँ

भी उसकी हड्डियों की तरह ही मज़बूत प्रतीत होती थीं। फूली-फूली, चमकती और ख़ुशी-भरी आँखों सहित उसका पतला-सा सिर थूथनी के पास आकर आगे को बढ़ी हुई नासिकाओं के रूप में, जिनके भीतर लाल झिल्लियाँ थीं, चौड़ा हो गया था। घोड़ी की पूरी आकृति, विशेषतः उसके सिर की बनावट में एक निश्चित उत्साह और साथ ही कोमलता लक्षित होती थी। वह उन पशुओं में से थी, जो ऐसा लगता है, केवल इसीलिए नहीं बोलते कि उनके मुँह की रचना उन्हें ऐसा नहीं करने देती।

कम-से-कम व्रोन्स्की को तो ऐसा प्रतीत हुआ कि उसने वह सब कुछ समझ लिया, जो उसे देखते हुए वह इस वक़्त अनुभव कर रहा था।

व्रोन्स्की ज्यों ही सल में दाख़िल हुआ, घोड़ी ने गहरी साँस ली और अपनी फूली-सी आँख को कनखी से ऐसे घुमाया कि उसमें सफ़ेदी की जगह लाली आ गयी तथा मुँहबन्द को झटकते और लचीले ढंग से पाँव बदलते हुए उसने दूसरी दिशा से भीतर आने वालों की तरफ़ देखा।

"देख रहे हैं न, कितनी उत्तेजित है घोड़ी," अँग्रेज ने कहा।

"ओ, मेरी प्यारी, ओ!" व्रोन्स्की ने घोड़ी के पास जाते और उसे तसल्ली देते हुए कहा।

किन्तु व्रोन्स्की उसके जितना अधिक निकट जा रहा था, वह उतनी ही ज़्यादा उत्तेजित होती जा रही थी। हाँ, जब वह उसके सिर के नज़दीक पहुँच गया, तो घोड़ी अचानक शान्त हो गयी और उसकी पतली तथा कोमल चमड़ी के नीचे उसकी मांसपेशियाँ काँप उठीं। व्रोन्स्की ने उसकी मज़बूत गर्दन सहलायी, दूसरी ओर को गिरी हुई अयालों की एक लट को ठीक किया और चमगादड़ के पंखों जैसे पतले, फैले हुए नथुनोंवाली थूथनी की ओर अपना मुँह किया। घोड़ी ने तने हुए नथुनों से आवाज़ निकालते हुए गहरी साँस ली और छोड़ी, सिहरकर नुकीले कान को दबाया और अपने मज़बूत काले होंठ को व्रोन्स्की की तरफ़ ऐसे बढ़ाया मानो उसकी आस्तीन पकड़ना चाहती हो। किन्तु मुँहबन्द का ध्यान आने पर उसने उसे झटका और फिर से अपनी सुघड़ टाँगों को बदलने लगी।

"शान्त हो जाओ, मेरी प्यारी, शान्त हो जाओ!" उसने घोड़ी के पुट्ठे को फिर सहलाते हुए कहा और इस दुःखद चेतना के साथ कि घोड़ी बहुत अच्छी हालत में है, स्टाल से बाहर आ गया।

घोड़ी की उत्तेजना ने व्रोन्स्की को भी प्रभावित कर दिया। उसने अनुभव किया कि उसके दिल की धड़कन तेज़ हो गयी है और घोड़ी की भाँति वह भी हिलना-डुलना, किसी को काटना चाहता है। उसे इससे खुशी भी अनुभव हो रही थी और डर भी।

"तो मैं आप पर भरोसा करता हूँ," उसने अँग्रेज़ से कहा। "साढ़े छः बजे वहाँ पहुँच जाइये।"

"बिल्कुल इत्मीनान रखिये," अँग्रेज़ ने कहा। "लेकिन आप कहाँ जा रहे हैं, मी लॉर्ड?" उसने अचानक my-Lord का यह सम्बोधन इस्तेमाल करते हुए, जैसा कि वह लगभग कभी नहीं करता था, पूछा।

व्रोन्स्की ने हैरानी से सिर ऊपर उठाया और उसके सवाल की दिलेरी से चकित होते हुए ऐसे, जैसे कि वह देखना जानता था, उसकी आँखों में न देखकर माथे पर नज़र डाली। किन्तु यह समझकर कि उसने मालिक से नहीं, बल्कि घुड़सवार व्रोन्स्की से यह सवाल पूछा है, उत्तर दिया–

"मुझे ब्रियान्स्की के यहाँ कुछ काम है। एक घंटे बाद मैं घर पहुँच जाऊँगा।"

"कितनी बार मुझसे आज यह सवाल पूछा गया है!" उसने अपने-आपसे कहा और शरमा गया, जैसा कि उसके साथ बहुत कम होता था। अँग्रेज़ ने उसे बहुत ग़ौर से देखा और मानो यह जानते हुए कि व्रोन्स्की कहाँ जा रहा है, उसने इतना और जोड़ दिया–

"घुड़दौड़ से पहले शान्तचित्त होना तो सबसे ज़रूरी बात है," उसने कहा। "आपको किसी भी हालत में परेशान और बुरे मूड में नहीं होना चाहिए।"

"All right," व्रोन्स्की ने मुस्कुराकर जवाब दिया और बग्घी में बैठकर पीटरहोफ़ चलने को कहा।

बग्घी कुछ ही दूर गयी थी कि बादल, जो सुबह से ही बरसने की धमकी दे रहे थे, फट पड़े और मूसलाधार बारिश शुरू हो गयी।

"यह बुरा हुआ!" बग्घी का हुड ऊपर करते हुए व्रोन्स्की ने सोचा। "यों ही कीचड़ था और अब तो बिल्कुल दलदल जैसा हाल हो जायेगा।" बन्द बग्घी में अकेले बैठे हुए उसने माँ का ख़त और भाई का रुक़्क़ा निकाला तथा उन्हें पढ़ा।

हाँ, यह सब कुछ वही था, उसी मामले के बारे में था। उसकी माँ, उसका भाई, सभी उसके दिल से सम्बन्धित मामलों में दख़ल देना ज़रूरी समझते थे। उनकी इस दख़लन्दाज़ी से उसे गुस्सा आता था–गुस्से की इस भावना को वह बहुत कम ही महसूस किया करता था। 'उन्हें क्या मतलब है इस मामले से? क्यों हर कोई मेरी चिन्ता करना अपना कर्तव्य मानता है? किसलिए मेरे पीछे पड़ते हैं ये सब? इसलिए कि वे देखते हैं कि यह कुछ ऐसा मामला है, जो उनकी समझ के बाहर है। अगर यह ऊँचे समाज का तुच्छ और साधारण सम्बन्ध होता, तो वे मुझे परेशान न करते। वे अनुभव करते हैं कि यह कुछ दूसरी ही बात है, कि यह खिलवाड़ नहीं, कि यह औरत मुझे जान से भी ज़्यादा प्यारी है। यही उनकी समझ में नहीं आता और इसीलिए उन्हें झल्लाहट होती है। चाहे जैसा भी है, और जैसा भी होगा हमारा भाग्य, हमने खुद उसे बनाया है और हम उसकी कोई शिकायत नहीं करते हैं,' वह अपने-आपसे कह रहा था। 'हम' शब्द में उसने आन्ना को अपने साथ जोड़ लिया था। 'नहीं, उनके लिए हमें यह सिखाना ज़रूरी है कि हमें

कैसे जीना चाहिए? सुख क्या होता है, वे तो इसकी कल्पना तक नहीं कर सकते। वे नहीं जानते कि इस प्यार के बिना हमारे लिए न सुख है, न दुःख है–ज़िन्दगी ही नहीं है,' वह सोच रहा था।

व्रोन्स्की को इस दख़लन्दाज़ी पर इसलिए खीझ आती थी कि अपनी आत्मा में वह अनुभव करता था कि ये, सभी लोग, सही थे। वह अनुभव करता था कि आन्ना के साथ उसे जोड़ने वाला प्यार वह क्षणिक आकर्षण नहीं था, जो वैसे ही समाप्त हो जायेगा, जैसे ऊँचे समाज के ऐसे सम्बन्ध समाप्त हो जाते हैं और एक या दूसरे व्यक्ति के जीवन में मधुर या कटु स्मृतियों के अतिरिक्त और कोई भी चिह्न नहीं छोड़ते हैं। वह अपनी और आन्ना की स्थिति की यातना और ऊँचे समाज की नज़र में आने के कारण पैदा हुई उस कठिनाई को अनुभव करता था कि उन्हें अपना प्यार छिपाना, झूठ बोलना और दूसरों को धोखा देना पड़ता था, और उन्हें तब झूठ बोलना, धोखा देना, चालाकी करना तथा लगातार दूसरों के बारे में सोचना पड़ता था, जब उन्हें सूत्रबद्ध करने वाला अनुराग इतना तीव्र होता था कि उन दोनों को अपने प्यार के सिवाय और किसी चीज़ की सुध-बुध ही नहीं रहती थी।

झूठ और छल-फ़रेब को, जिनसे उसे बेहद नफ़रत थी, ज़रूरी बनाने वाली घटनाएँ उसकी स्मृति में पूरी तरह सजीव हो उठीं। इस छल-फ़रेब और झूठ की ज़रूरत के कारण आन्ना में कई बार प्रकट होने वाली शर्म की भावना की तो उसे विशेषतः सजीव रूप में याद आयी। आन्ना के साथ उसका नाता जुड़ जाने के बाद उसे अपने पर कभी-कभी हावी हो जाने वाली एक अजीब भावना की अनुभूति होती थी। यह किसी चीज़ के प्रति घृणा की भावना थी–करेनिन के प्रति, अपने प्रति या सारी सोसाइटी के प्रति–यह वह अच्छी तरह से नहीं जानता था। लेकिन वह इस अजीब भावना को हमेशा अपने से दूर भगा देता था। अब भी उसने अपने को झटका देकर ऐसा किया और अपने विचारों के प्रवाह को आगे बढ़ाता चला गया।

'हाँ, वह पहले सुखी नहीं थी, किन्तु शान्त और गर्वीली थी। मगर अब वह शान्त और गर्वीली नहीं हो सकती, यद्यपि यह प्रकट नहीं होने देती। हाँ, इस स्थिति का अन्त करना चाहिए,' उसने मन-ही-मन तय किया।

पहली बार उसके दिमाग़ में यह स्पष्ट विचार आया कि इस झूठ को ख़त्म करना चाहिए और जितनी जल्दी ऐसा कर दिया जाये, उतना ही ज़्यादा अच्छा होगा। 'उसे और मुझे सब कुछ छोड़-छाड़कर अपना प्यार सहेजे हुए कहीं जा छिपना चाहिए,' उसने अपने-आपसे कहा।

22

मूसलाधार बारिश बहुत देर तक नहीं चली। बग्घी का मुख्य घोड़ा तेज़ दुलकी चाल से दौड़ता और अग़ल-बग़ल के घोड़ों को लगामों के निर्देशन के बिना कीचड़ में

सरपट दौड़ाता हुआ जब व्रोन्स्की की मंज़िल के क़रीब पहुँचा, तो सूरज फिर से झाँकने लगा। देहाती बँगलों की छतों तथा मुख्य सड़क के दोनों ओर पुराने लाइम वृक्षों पर नम चमक दिख रही थी,शाखाओं से पानी की सुखद बूँदें टपक रही थीं और छतों से पानी बह रहा था। व्रोन्स्की अब यह नहीं सोच रहा था कि इस मूसलाधार बारिश से रेस-कोर्स कितना ख़राब हो जायेगा, बल्कि इस ख़याल से ख़ुश हो रहा था कि बारिश की बदौलत आन्ना उसे घर पर मिल जायेगी, सो भी अकेली, क्योंकि उसे मालूम था कि कुछ ही समय पहले विदेश से लौटने वाला करेनिन पीटर्सबर्ग से यहाँ नहीं आया है।

आन्ना को अकेली पाने की आशा करते हुए व्रोन्स्की सदा की भाँति, ताकि लोगों का उसकी ओर कम ध्यान जाये, छोटे-से पुल को लाँघे बिना ही बग्घी से उतरकर पैदल चल दिया। वह सड़क की ओर से न जाकर अहाते की तरफ़ से घर में गया।

"तुम्हारे साहब आ गये?" उसने माली से पूछा।

"नहीं तो। मेम साहब घर में हैं। आप मेहरबानी करके मुख्य दरवाज़े की तरफ़ से जाइये, वहाँ नौकर हैं, दरवाज़ा खोल देंगे," माली ने जवाब दिया।

"नहीं, मैं बगीचे में से ही चला जाऊँगा।"

यह यक़ीन करके कि वह अकेली है और उसे आश्चर्यचकित करने की इच्छा से, क्योंकि उसने आज आने का वादा नहीं किया था और आन्ना ने घुड़दौड़ से पहले उसके आने के बारे में निश्चय ही सोचा भी नहीं होगा, वह अपनी तलवार को सँभाले तथा रेतीली पगडंडी पर, जिसके किनारे पर फूलों के पौधे लगे थे, सावधानी से पाँव रखते हुए बगीचे की ओर बने बरामदे की दिशा में बढ़ चला। व्रोन्स्की अपनी स्थिति के बोझ और कठिनाई के बारे में रास्ते में जो कुछ सोचता रहा था, अब सब भूल गया। वह केवल एक ही बात सोच रहा था कि अभी उसे केवल कल्पना में नहीं, बल्कि जीती-जागती तथा उसी रूप में पूरी-की-पूरी देख सकेगा, जैसी कि वह वास्तव में है। वह बरामदे की चौड़ी पैड़ियों पर पूरा पाँव रखता हुआ, ताकि शोर न हो, भीतर दाख़िल हो ही रहा था कि उसे अचानक यह याद हो आया, जिसे हमेशा भूल जाता था और जो आन्ना के साथ उसके सम्बन्धों का सबसे यातनाप्रद पक्ष था। उसे याद आया उसका बेटा, अपनी प्रश्नसूचक और, जैसा कि व्रोन्स्की को लगता था, शत्रुतापूर्ण दृष्टि से उसकी ओर देखता हुआ।

अन्य सभी की तुलना में यह लड़का उनके सम्बन्धों में कहीं अक्सर बाधा सिद्ध होता था। जब वह सामने होता, तो न केवल यह कि व्रोन्स्की और आन्ना कोई ऐसी बात न करते, जो वे सबके सामने कर सकते हों, बल्कि इशारों से भी ऐसा कुछ न कहते जिसे बालक समझ न पाये। उन्होंने आपस में ऐसा तय नहीं किया था, बल्कि अपने-आप ही ऐसा हो गया था। इस बालक को धोखा देना वे स्वयं अपने लिए अपमान की बात मानते। उसकी उपस्थिति में वे परिचितों की

भाँति आपस में बातचीत करते। किन्तु इस सावधानी के बावजूद व्रोन्स्की अक्सर इस लड़के को बहुत ध्यान और उलझन-भरी दृष्टि से अपने को एकटक देखते पाता और अपने प्रति लड़के के व्यवहार में एक अजीब भीरुता, उतार-चढ़ाव, कभी स्नेह, तो कभी रुखाई और शर्मीलापन अनुभव करता। लड़का मानो यह महसूस करता था कि इस व्यक्ति और उसकी माँ के बीच कोई ऐसा महत्त्वपूर्ण सम्बन्ध है, जिसकी महत्ता को समझने में वह असमर्थ है।

वास्तव में ही बालक यह अनुभव करता था कि वह इस सम्बन्ध को समझ नहीं सकता। वह बहुत कोशिश करता, मगर उस भावना को अपने लिए स्पष्ट न कर पाता, जो इस व्यक्ति के प्रति उसके दिल में होनी चाहिए। अनुभूति-अभिव्यक्तियों के प्रति बालक की सहज सुग्राह्यता के अनुरूप वह स्पष्टतः यह देखता था कि पिता, शिक्षिका और आया—ये सभी लोग व्रोन्स्की के बारे में चाहे कभी कहते कुछ नहीं थे, मगर उसे न केवल पसन्द ही नहीं करते थे, बल्कि उसके प्रति घृणा और भय का भाव भी दिखाते थे। दूसरी ओर माँ उसे अपने सबसे अच्छे मित्र के रूप में देखती थी। 'इसका क्या मतलब है? कौन है यह ऐसा व्यक्ति? कैसे मुझे उसे प्यार करना चाहिए? अगर मैं नहीं समझता, तो मैं दोषी हूँ, या मैं बुद्धू या बुरा लड़का हूँ,' वह सोचता। यही कारण था उसकी दृष्टि के कुछ खोजते, प्रश्नसूचक और कुछ हद तक शत्रुतापूर्ण भाव का, उसकी उस भीरुता और व्यवहार के उतार-चढ़ाव का, जिनसे व्रोन्स्की को इतनी अधिक परेशानी होती थी। इस बालक की उपस्थिति से व्रोन्स्की को हमेशा और अनिवार्य रूप से उस अजीब तथा अकारण घृणा-भावना की अनुभूति होती, जो वह पिछले कुछ समय से अनुभव करने लगा। इस बालक की उपस्थिति से व्रोन्स्की और आन्ना के दिल में उस जहाज़ी जैसा ही भाव आता, जिसे कम्पास पर नज़र डालने से यह पता चल जाता है कि जिस दिशा में उसका जहाज़ तेज़ी से बढ़ता जा रहा है, वह सही दिशा से बहुत दूर है, लेकिन जहाज़ को रोकना उसके बस की बात नहीं, कि हर क्षण वह सही दिशा से अधिकाधिक दूर होता चला जा रहा है और उसके लिए यह स्वीकार करना कि वह रास्ते से भटक गया है वैसा ही है, जैसे कि अपने नाश को मान लेना।

जीवन के प्रति अपनी भोली-भाली दृष्टि सहित यह बालक वह कम्पास था, जो उन्हें यह दिखाता था कि वे जिस सही दिशा को जानते हैं, किन्तु जिसे जानना नहीं चाहते, उससे कितना दूर हो गये हैं।

इस बार सेर्योझा घर पर नहीं था। आन्ना एकदम अकेली थी और बरामदे में बैठी हुई बेटे के लौटने की राह देख रही थी, जो घूमने गया था और बारिश के कारण कहीं अटक गया था। आन्ना ने एक नौकर और नौकरानी को उसे ढूँढ़ने भेजा था और अब बैठी हुई इन्तज़ार कर रही थी। वह कशीदाकारी वाला सफ़ेद फ्रॉक पहने पौधों के पीछे बरामदे में बैठी थी और उसे व्रोन्स्की के पैरों की आहट

नहीं मिली। काले घुँघराले बालोंवाला अपना सिर झुकाये हुए वह जँगले की मुँड़ेर पर रखे पौधे सींचने के ठंडे जल-पात्र से माथा सटाये थी और अपने सुन्दर हाथों से, जिनमें पहनी अँगूठियों से वह इतनी अच्छी तरह परिचित था, उसे थामे थी। आन्ना की सारी आकृति, उसके सिर, गर्दन, हाथों की सुन्दरता ने व्रोन्स्की को आज भी वैसे ही अप्रत्याशित रूप से चकित किया, जैसे कि हर बार करती थी। वह मुग्ध होकर उसे देखता हुआ रुक गया। व्रोन्स्की ने उसके नज़दीक होने के लिए क़दम बढ़ाना ही चाहा था कि आन्ना ने उसकी निकटता को अनुभव कर लिया, जल-पात्र को पीछे हटा दिया और अपना तमतमाया हुआ चेहरा उसकी ओर किया।

"क्या हुआ है आपको? क्या तबीयत ठीक नहीं है?" व्रोन्स्की ने उसकी तरफ़ बढ़ते हुए फ्रांसीसी में कहा। वह भागकर उसके पास पहुँचना चाहता था, लेकिन यह ख़याल करके कि आस-पास दूसरे लोग भी हो सकते हैं, उसने छज्जे के दरवाज़े की ओर देखा और शर्म से लाल हो गया, जैसे कि हर बार ही यह अनुभव करते हुए कि उसे डरना और इधर-उधर देखना चाहिए, उसके चेहरे पर शर्म की लाली दौड़ जाती थी।

"नहीं, मैं ठीक-ठाक हूँ," उसने उठते और व्रोन्स्की का अपनी ओर बढ़ा हुआ हाथ ज़ोर से दबाते हुए कहा। "मैंने... तुम्हारे आने की उम्मीद नहीं की थी।"

"हे भगवान! कैसे ठंडे हाथ हैं!" व्रोन्स्की ने कहा।

"तुमने मुझे डरा दिया," वह बोली। "मैं अकेली हूँ और सेर्योझा के आने की बाट जोह रही हूँ। वे लोग यहीं से आयेंगे।"

बेशक वह शान्त रहने की कोशिश कर रही थी, फिर भी उसके होंठ काँप रहे थे।

"क्षमा कीजिये कि मैं यहाँ आ गया, लेकिन आपसे मिले बिना मेरे लिए दिन बिताना सम्भव नहीं था," वह फ्रांसीसी में कहता गया, जैसा कि हमेशा करता था, ताकि अपने सम्बन्धों में रूसी भाषा के औपचारिक 'आप' तथा ख़तरनाम 'तुम' से बच सके।

"क्षमा करने की कौन-सी बात है? मैं तो बहुत खुश हूँ!"

"लेकिन या तो आपकी तबीयत अच्छी नहीं या आप किसी कारण परेशान हैं, उसके हाथों को थामे हुए और उस पर झुककर व्रोन्स्की ने कहा। "किस चीज़ के बारे में सोच रही थीं आप?"

"हमेशा एक ही चीज़ के बारे में सोचती हूँ," आन्ना ने मुस्कुराकर जवाब दिया।

आन्ना ने बिल्कुल सच कहा था। उससे कभी, किसी भी क्षण क्यों न पूछा जाता कि वह किस चीज़ के बारे में सोच रही है, तो वह किसी भी तरह की भूल के बिना यह जवाब दे सकती थी—एक ही चीज़ के बारे में—अपने सुख और अपने दुःख के बारे में। व्रोन्स्की के आने के समय वह सोच रही थी कि क्यों दूसरे लोगों के

लिए, मसलन बेत्सी के लिए (आन्ना ऊँचे समाज की नज़र से छिपे हुए तुश्केविच के साथ उसके सम्बन्ध के बारे में जानती थी) यह सब कुछ इतना आसान था, जबकि उसके लिए इतना यातनाप्रद? कुछ कारणों से यह विचार आज उसे ख़ासतौर पर यातना दे रहा था। आन्ना ने उससे घुड़दौड़ों के बारे में पूछा। व्रोन्स्की ने उसे जवाब दिया और यह देखते हुए कि आन्ना परेशान है, उसका ध्यान बँटाने के लिए वह बहुत ही साधारण अन्दाज़ में उसे घुड़दौड़ की तैयारियों के बारे में बताने लगा।

'बताऊँ या न बताऊँ?' व्रोन्स्की की शान्त और प्यार-भरी आँखों में झाँकते हुए वह सोच रही थी। 'वह इतना खुश है, अपनी घुड़दौड़ों में इतना व्यस्त है कि इस बात को जैसे समझना चाहिए, नहीं समझेगा, हमारे लिए इस घटना के पूरे महत्त्व को नहीं समझ पायेगा।'

"लेकिन आपने यह नहीं बताया कि जब मैं आया, तो आप किस बारे में सोच रही थीं," अपनी बात को अधूरी छोड़ते हुए उसने कहा, "कृपया, बताइये!"

आन्ना ने जवाब नहीं दिया और थोड़ा सिर झुकाकर तथा भौंह चढ़ाकर लम्बी-लम्बी बरौनियों के पीछे चमकती आँखों से उसकी ओर प्रश्नसूचक दृष्टि से देखा। तोड़े हुए पत्ते से खिलवाड़ करता हुआ उसका हाथ काँप रहा था। व्रोन्स्की ने यह देखा और उसके चेहरे पर आज्ञाकारिता, दासतापूर्ण अनुराग का वह भाव आ गया था, जो आन्ना को मुग्ध कर लेता था।

"मैं देख रहा हूँ कि कोई बात हो गयी है। यह जानते हुए कि आप किसी ऐसी मुसीबत में हैं, जिसका मैं भागीदार नहीं हूँ, क्या मैं क्षण-भर को भी चैन अनुभव कर सकता हूँ? भगवान के लिए बताइये!" उसने मिन्नत करते हुए दोहराया।

'हाँ, अगर वह इस बात के पूरे महत्त्व को नहीं समझेगा, तो मैं उसे क्षमा नहीं कर सकूँगी। न बताना ही बेहतर होगा, किसलिए इसकी परीक्षा ली जाये?' उसी भाँति व्रोन्स्की की ओर देखते और यह अनुभव करते हुए कि वह हाथ, जिसमें पत्ता है, अधिकाधिक काँप रहा है, आन्ना मन-ही-मन सोच रही थी।

"भगवान के लिए!" उसने आन्ना का हाथ अपने हाथ में लेकर अपना अनुरोध दोहराया।

"बताऊँ?"

"हाँ, हाँ, हाँ..."

"मुझे गर्भ रह गया है," आन्ना ने धीमी आवाज़ में धीरे-धीरे कहा।

पत्ता उसके हाथ में और ज़ोर से सिहर उठा, मगर वह उसके चेहरे पर नज़र गड़ाये रही, ताकि यह देख सके कि इस ख़बर का उस पर क्या असर होता है। व्रोन्स्की के चेहरे का रंग उड़ गया, उसने कुछ कहना चाहा, मगर रुक गया, उसका हाथ छोड़ दिया और सिर झुका लिया। 'हाँ, उसने इस घटना के सारे महत्त्व को समझ लिया है,' आन्ना ने सोचा और कृतज्ञता से उसका हाथ दबाया।

लेकिन उसका ऐसा सोचना ग़लत था कि व्रोन्स्की ने इस ख़बर का महत्त्व वैसे ही समझा था, जैसे वह एक नारी के रूप में समझती थी। इस ख़बर से उसने पिछले कुछ समय से किसी के प्रति अनुभव होने वाली घृणा की अजीब भावना को दस गुना अधिक तीव्रता के साथ महसूस किया। लेकिन साथ ही वह यह भी समझ गया कि वह जिस संकट की राह देख रहा था, वह अब आकर रहेगा, कि उसके पति से अब और अधिक छिपाव सम्भव नहीं था तथा इस अस्वाभाविक स्थिति को किसी-न-किसी तरह ख़त्म करना होगा। लेकिन इसके अलावा आन्ना की बेचैनी को उसने शारीरिक रूप से अनुभव किया। उसने प्यार और अधीनता की दृष्टि से आन्ना की ओर देखा, उसका हाथ चूमा, उठा और चुपचाप बरामदे का चक्कर लगाया।

"हाँ," दृढ़ता से उसके पास आकर उसने कहा। "न तो आपने और न ही मैंने हमारे सम्बन्धों को खेल समझा था और अब हमारे भाग्य का निर्णय हो गया है। हमें उस झूठ को ख़त्म करना होगा," उसने इधर-उधर नज़र दौड़ायी, "जिसमें हम जी रहे हैं।"

"ख़त्म करना होगा? लेकिन कैसे ख़त्म किया जाये, अलेक्सेई?" उसने धीमे से पूछा।

वह अब शान्त हो चुकी थी और उसके चेहरे पर स्निग्ध मुस्कान की चमक थी।

"पति को छोड़ दो और हम दोनों बन्धन में बँध जायें।"

"हम तो वैसे ही बँधे हुए हैं," मुश्किल से सुनाई देने वाली धीमी आवाज़ में उसने जवाब दिया।

"हाँ, लेकिन पूरी तरह, बिल्कुल पूरी तरह।"

"मगर, अलेक्सेई, यह बताओ कि कैसे?" अपनी स्थिति की लाचारी पर उदासी-भरी व्यंग्यात्मक मुस्कान के साथ उसने कहा। "क्या ऐसी परिस्थिति में भी कोई रास्ता है? क्या मैं अपने पति की पत्नी नहीं हूँ?"

"हर परिस्थिति से निकलने का कोई-न-कोई रास्ता होता है। हमें निर्णय करना चाहिए," उसने कहा। "उस परिस्थिति से, जिसमें तुम जी रही हो, सभी कुछ बेहतर होगा। क्या मैं यह नहीं देख रहा हूँ कि कैसे तुम सभी बातों के बारे में, ऊँचे समाज, बेटे और पति के सिलसिले में यातना सह रही हो?"

"आह, पति के बारे में नहीं," उसने सरल मुस्कान के साथ कहा। "मैं उसे नहीं जानती, मैं उसके बारे में नहीं सोचती। मेरे लिए उसका अस्तित्व ही नहीं है।"

"तुम दिल की बात नहीं कह रही हो। मैं तुम्हें जानता हूँ। तुम उसके बारे में भी यातना सहती हो।"

"वह तो कुछ जानता ही नहीं," उसने कहा और अचानक उसके चेहरे पर गहरी सुर्ख़ी छाने लगी– उसके गाल, माथे और गर्दन पर। आँखों में शर्म के आँसू छलछला आये। "हम उसकी चर्चा नहीं करेंगे।"

23

व्रोन्स्की कई बार ऐसी कोशिश कर चुका था, यद्यपि इस समय जैसी दृढ़ता से नहीं, कि आन्ना को अपनी स्थिति पर विचार करने को विवश करे और हर बार उसे ऐसे ही सतही तथा हल्के-फुल्के विचारों का सामना करना पड़ा था, जैसे उसकी चुनौती के जवाब में उसने इस वक़्त व्यक्त किये थे। इसमें मानो कुछ ऐसा था, जिसे वह अपने लिए स्पष्ट करने में असमर्थ थी या ऐसा नहीं चाहती थी, मानो वह जैसे ही इसकी चर्चा शुरू करती थी, वह असली आन्ना, कहीं अपने में ही सिकुड़-सिमट जाती थी और कोई दूसरी, अजीब तथा उसके लिए परायी औरत सामने आ जाती थी, जो उसे अच्छी नहीं लगती थी, जिससे वह डरता था और जो उसका मुँह बन्द कर देती थी। लेकिन व्रोन्स्की ने आज सभी कुछ कह देने का निर्णय कर लिया।

"वह जानता है या नहीं जानता," अपने सामान्य रूप से दृढ़ और शान्त अन्दाज़ में उसने कहा, "वह जानता है या नहीं, हमें इससे मतलब नहीं। हम ऐसे... आप ऐसे नहीं रह सकतीं, ख़ासकर अब।"

"तो आपके ख़याल में क्या करना चाहिए?" आन्ना ने पहले जैसे हल्के व्यंग्यात्मक अन्दाज में पूछा। आन्ना, जिसे इस बात का डर था कि वह कहीं उसके गर्भवती हो जाने के बारे में लापरवाही न दिखाये, अब इस बात से परेशान हो रही थी कि इससे उसने कोई क़दम उठाने की ज़रूरत का नतीजा निकाला है।

"उससे सब कुछ कह दो और उसे छोड़ दो।"

"चलिये, मान लीजिये कि मैं ऐसा करती हूँ," उसने कहा, "जानते हैं कि इसका क्या नतीजा निकलेगा? मैं आपको पहले से ही सब कुछ बता देती हूँ"—और एक ही क्षण पहले उसकी स्नेहपूर्ण आँखों में द्वेषपूर्ण चमक आ गयी। " 'तो आप किसी दूसरे को प्यार करती हैं और उसके साथ आपने अपराधपूर्ण सम्बन्ध जोड़ा है?' " (वह अपने पति की नक़ल कर रही थी और उसी भाँति, जैसे करेनिन करता, उसने 'अपराधपूर्ण' शब्द पर ज़ोर दिया।) " 'मैंने आपको धार्मिक, नागरिक और पारिवारिक दृष्टियों से इसकी चेतावनी दे दी थी। आपने मेरी बात पर कान नहीं दिया। अब मैं अपने...' 'और अपने बेटे...' "—उसने कहना चाहा, मगर बेटे के बारे में मज़ाक़ नहीं कर सकती थी। " 'नाम को बेइज़्जत नहीं होने दे सकता। मैं अपने नाम को बेइज़्जत नहीं करूँगा' और ऐसा ही कुछ और कहेगा," उसने जोड़ा। "कुल मिलाकर वह अपने राजकीय ढंग, स्पष्टता और अचूकता से कहेगा कि मुझे जाने नहीं देगा, मगर बदनामी से बचने के लिए वे सभी उपाय करेगा, जो उसके लिए सम्भव हैं। वह जो कुछ कहेगा, उसे बड़े शान्त और अच्छे ढंग से पूरा करेगा। तो यह होगा। वह इन्सान नहीं, मशीन है, और जब गुस्से में हो, तो क्रूर मशीन है," उसने करेनिन की आकृति, बातचीत के ढंग और स्वभाव की सभी तफ़सीलों को याद करके और उसमें जो कुछ भी बुरा मिल सकता था, उसके मत्थे मढ़कर

तथा उसके सम्मुख अपने भयानक अपराध के लिए उसे कुछ भी क्षमा न करते हुए उक्त शब्द और जोड़ दिये।

"लेकिन आन्ना," व्रोन्स्की ने उसे शान्त करते हुए आग्रहपूर्ण और कोमल आवाज़ में कहा, "फिर भी उसे बताना और वह जो क़दम उठायेगा, उसके मुताबिक कुछ करना होगा।"

"तो क्या भाग चलें?"

"क्यों न भागा जाये? मैं ऐसी स्थिति को बनाये रखना सम्भव नहीं समझता। सो भी सवाल मेरा नहीं है—मैं देख रहा हूँ कि आप यातना सहती हैं।"

"हाँ, भाग जायें और मैं आपकी रखैल बन जाऊँ?" उसने द्वेषपूर्वक कहा।

"आन्ना!" व्रोन्स्की ने प्यार से उसकी भर्त्सना की।

"हाँ," वह कहती गई, "आपकी रखैल बन जाऊँ और सब कुछ तबाह कर डालूँ..."

आन्ना ने फिर से 'बेटा' कहना चाहा, मगर यह शब्द उसके मुँह से निकल नहीं सका।

व्रोन्स्की यह नहीं समझ पा रहा था कि अपने इतने दृढ़ और निष्कपट स्वभाव के बावजूद वह छल-फ़रेब की इस स्थिति को कैसे बर्दाश्त कर सकती थी और इससे मुक्त नहीं होना चाहती थी। लेकिन वह यह नहीं भाँप सका कि इसका मुख्य कारण वह 'बेटा' शब्द था, जिसे आन्ना कह नहीं पायी थी। जब वह बेटे और उसके बाप को छोड़ देने वाली माँ के प्रति उसके भावी रुख़ के बारे में सोचती थी, तो अपनी करनी के लिए उसे इतना डर महसूस होता था कि सोच-विचार करने के बजाय नारी की भाँति अपने को झूठे तर्कों और शब्दों में इसी हेतु तसल्ली देने की कोशिश करती कि सभी कुछ पहले की तरह ही बना रहे और इस भयानक प्रश्न को भुलाया जा सके कि बेटे का क्या होगा।

"मैं तुमसे अनुरोध, तुम्हारी मिन्नत करती हूँ," अचानक व्रोन्स्की का हाथ अपने हाथ में लेते हुए उसने बिल्कुल दूसरी, निश्छल और प्यार-भरी आवाज़ में कहा, "मुझसे इस बारे में कभी बात नहीं करना!"

"लेकिन, आन्ना..."

"कभी भी नहीं। यह मुझ पर छोड़ दो। अपनी स्थिति की तुच्छता, उसकी सारी भयानकता मैं जानती हूँ, लेकिन यह सवाल हल करना उतना आसान नहीं, जितना तुम समझते हो। यह मुझ पर छोड़ दो और जो मैं कहती हूँ, वह करो। मेरे साथ कभी इसकी चर्चा नहीं करना। वादा करते हो?...नहीं, नहीं, तुम वादा करो!..."

"मैं हर चीज़ का वादा करता हूँ, लेकिन मुझे चैन नहीं मिल सकता, ख़ासतौर पर उसके बाद, जो तुमने कहा है। जब तुम्हें चैन नहीं है, तो मैं कैसे चैन से रह सकता हूँ..."

"मुझे!" आन्ना ने दोहराया। "हाँ, मैं कभी-कभी बहुत परेशान हो उठती हूँ। लेकिन अगर तुम मुझसे इस बारे में कोई बात नहीं करोगे, तो यह परेशानी दूर हो जायेगी। जब तुम मुझसे इसकी चर्चा करते हो, केवल तभी मैं इससे सन्तप्त होती हूँ।"

"मैं समझ नहीं पा रहा हूँ," उसने कहा।

"मैं जानती हूँ," आन्ना ने उसकी बात काटी, "तुम्हारे निश्छल स्वभाव के लिए झूठ बोलना कितना बोझिल होता होगा और मुझे तुम पर तरस आता है। मैं अक्सर यह सोचती हूँ कि मेरे लिए कैसे तुमने अपनी ज़िन्दगी बर्बाद कर डाली है।"

"मैं भी अभी यही सोच रहा था," व्रोन्स्की ने कहा, "कैसे तुमने मेरे लिए सब कुछ कुर्बान कर दिया? तुम्हारी बदक़िस्मती के लिए मैं अपने को क्षमा नहीं कर सकता।"

"मैं बदक़िस्मत हूँ?" उसने व्रोन्स्की के निकट होते हुए कहा और प्यार की उल्लासपूर्ण मुस्कान के साथ उसकी ओर देखा, "मैं उस भूखे आदमी जैसी हूँ, जिसे खाना दिया गया है। मुमकिन है कि उसे ठंड लगती हो, उसकी पोशाक फटी-पुरानी हो, उसे शर्म आती हो, मगर वह बदक़िस्मत नहीं हो सकता। मैं बदक़िस्मत हूँ? नहीं, यह रहा मेरा सुख-सौभाग्य..."

आन्ना को घर लौटते हुए बेटे की आवाज़ सुनाई दी और वह बरामदे में तेज़ी से इधर-उधर नज़र दौड़ाकर झटपट उठी। उसकी आँखों में व्रोन्स्की की जानी-पहचानी चमक आ गयी, उसने फुर्ती से अपने सुन्दर, अँगूठियों से सुशोभित हाथ ऊपर उठाये, व्रोन्स्की का सिर अपने हाथों में साधा, देर तक उसे ध्यान से निहारा और खुले तथा मुस्कुराते होंठोंवाला अपना चेहरा नज़दीक ले जाकर, उसका मुँह चूमा, दोनों आँखें चूमीं और उसे परे धकेल दिया। उसने जाना चाहा, मगर व्रोन्स्की ने उसे रोक लिया।

"कब?" उसने आन्ना की ओर उल्लासपूर्वक देखते हुए फुसफुसाकर पूछा।

"आज रात के एक बजे," आन्ना फुसफुसायी और गहरी साँस लेकर अपनी हल्की-फुल्की और तेज़ चाल से बेटे की तरफ़ चल दी।

जब बारिश आयी, तो सेर्योझा बड़े बाग़ में था और आया के साथ कुंज में बैठा रहा था।

"तो नमस्ते," आन्ना ने व्रोन्स्की से कहा। "अब जल्द ही घुड़दौड़ों के लिए जाना होगा। बेत्सी ने वादा किया है कि वह मुझे अपने साथ ले जायेगी।"

व्रोन्स्की ने घड़ी पर नज़र डाली और तेज़ी से बाहर चल दिया।

24

व्रोन्स्की ने जब करेनिनों के छज्जे में घड़ी पर नज़र डाली थी, तो वह इतना अधिक परेशान और अपने ख़यालों में खोया हुआ था कि उसने सूइयाँ तो देखीं,

मगर यह समझ नहीं पाया कि क्या वक़्त हुआ है। वह सड़क पर गया और कीचड़ को सावधानी से लाँघता हुआ अपनी बग्घी की ओर बढ़ चला। वह आन्ना के प्रति भावनाओं से इतना ओत-प्रोत था कि उसने यह सोचा ही नहीं कि क्या बजा है और उसके पास ब्रियान्स्की के यहाँ जाने का वक़्त है या नहीं। जैसा कि बहुधा होता है, उसकी स्मृति की वह बाहरी क्षमता ही बनी रही, जो यह संकेत करती है कि किस चीज़ के बाद क्या करने का निर्णय किया गया है। वह अपने कोचवान के पास पहुँचा, जो घने लाइम वृक्ष की तिरछी हो चुकी छाया में अपने बक्स कर ऊँघ रहा था, उसने पसीने से तर घोड़ों के ऊपर बादलों की तरह मँडराते छोटे मच्छरों के झुंडों को मुग्धता से निहारा, कोचवान को जगाकर बग्घी में सवार हुआ और ब्रियान्स्की के यहाँ चलने का आदेश दिया। कोई दस किलोमीटर का रास्ता तय करने पर ही उसे घड़ी देखने का होश आया, वह यह समझ पाया कि साढ़े पाँच बजे हैं और उसे देर हो गयी है।

उस दिन कई घुड़दौड़ें होने वाली थीं– घुड़सवार रक्षकों की घुड़दौड़, उसके बाद ढाई किलोमीटर की अफ़सरों की घुड़दौड़ और पाँच किलोमीटर की वह घुड़दौड़, जिसमें उसे हिस्सा लेना था। अपनी घुड़दौड़ शुरू होने के वक़्त तक वह पहुँच सकता था, लेकिन अगर ब्रियान्स्की के यहाँ गया, तो केवल तभी पहुँचेगा, जब राजदरबार के सभी लोग वहाँ आ चुके होंगे। यह अच्छा नहीं था। किन्तु उसने ब्रियान्स्की को वचन दिया कि उसके यहाँ आयेगा और इसलिए आगे चलने का ही निर्णय किया और कोचवान से यह कह दिया कि घोड़ों पर दया न करे।

वह ब्रियान्स्की के यहाँ पहुँचा, पाँच मिनट वहाँ रुका और वापस हो लिया। इस तेज़ सवारी ने उसे शान्त कर दिया। आन्ना के साथ उसके सम्बन्धों में जो कुछ बोझिल था, उनकी बातचीत के बाद जो कुछ अस्पष्ट और अनिश्चित रह गया था, वह सब उसके दिमाग से निकल गया। वह आनन्दित और उत्तेजित होकर अब घुड़दौड़ के बारे में तथा यह सोचने लगा कि आख़िर तो वक़्त पर पहुँच जायेगा और कभी-कभी आज रात को होने वाले मधुर मिलन की ख़ुशी प्रखर प्रकाश की भाँति उसकी कल्पना में कौंध जाती।

जैसे-जैसे पीटर्सबर्ग और देहाती बँगलों से रेस-कोर्स की ओर जाने वाली बग्घियों को पीछे छोड़ता हुआ वह घुड़दौड़ के वातावरण में अधिकाधिक पहुँचता जा रहा था, कुछ देर बाद होने वाली घुड़दौड़ की उत्तेजना उस पर अधिकाधिक हावी होती जा रही थी।

अपने घर पर उसे कोई भी नहीं मिला–सभी रेस-कोर्स में जा चुके थे और उसका अर्दली फाटक के पास उसका इन्तज़ार कर रहा था। व्रोन्स्की जब कपड़े बदल रहा था, तो अर्दली ने ख़बर दी कि दूसरी घुड़दौड़ शुरू हो चुकी है, कि बहुत-से लोग उसके बारे में पूछने आ चुके हैं और अस्तबल का लड़का दो बार

यहाँ चक्कर लगा गया है।

उतावली किये बिना (व्रोन्स्की कभी उतावली नहीं करता था और आत्म-सन्तुलन नहीं खोता था) उसने कपड़े बदले और बैरकों की ओर चलने का आदेश दिया। बैरकों से उसे रेस-कोर्स को घेरे हुए बग्घियों, पैदल लोगों और सैनिकों का सागर तथा दर्शक-मंडपों में ठसाठस भरे लोग दिखाई दे रहे थे। सम्भवतः दूसरी घुड़दौड़ चल रही थी, क्योंकि जब वह बैरक में दाख़िल हुआ, तो उसे घंटी सुनाई दी। अस्तबल के निकट पहुँचने पर उसे रेस-कोर्स की ओर ले जाया जाने वाला मख़ोतिन का सफ़ेद टाँगोंवाला लाल घोड़ा, ग्लादियातर, दिखाई दिया। उस पर नारंगी-नीले रंग का झूल बिछा था और उसके कान नीली झालर के कारण बड़े-बड़े लग रहे थे।

"कोर्ड कहाँ है?"

"अस्तबल में, ज़ीन कस रहे हैं।"

फ्रू-फ्रू के स्टाल का दरवाज़ा खुला था। उस पर ज़ीन कसा जा चुका था और वह बाहर लायी जाने वाली ही थी।

"मुझे देर तो नहीं हो गयी?"

"All right ! All right ! सब ठीक है, सब ठीक है," अँग्रेज़ ने कहा, "उत्तेजित नहीं होइयेगा।"

व्रोन्स्की ने सिर से पाँव तक काँपती घोड़ी की सुन्दर अंग-रचना पर एक बार फिर दृष्टि डाली और मुश्किल से नज़र हटाकर अस्तबल से बाहर निकला। इस दृष्टि से कि उसकी ओर किसी का ध्यान न जाये, वह बहुत अनुकूल समय पर दर्शक-मंडपों के पास पहुँचा। ढाई किलोमीटर की घुड़दौड़ ख़त्म हो रही थी और सभी की नज़रें घुड़सेना के गार्ड अफ़सर, जो आगे था, और शाही हुस्सार पर, जो उसके पीछे था, जमी हुई थीं। वे दोनों अपने घोड़ों की बची-बचायी अन्तिम शक्ति पर ज़ोर डालते हुए उन्हें समाप्ति-स्तम्भ की ओर दौड़ा रहे थे। घेरे के बीच और बाहर से सभी लोग समाप्ति-स्तम्भ के गिर्द जमा हो गये थे और घुड़सेना के गार्ड के फ़ौजी तथा अफ़सर अपने अफ़सर और साथी की जीत की आशा करते हुए ऊँचे-ऊँचे चिल्लाकर अपनी खुशी ज़ाहिर कर रहे थे। व्रोन्स्की किसी की नज़र में आये बिना चुपके से उस समय भीड़ में घुस गया, जब दौड़ की समाप्ति की घंटी बजी और लम्बा-तगड़ा गार्ड अफ़सर, जो प्रथम रहा था और जिस पर कीचड़ के धब्बे पड़े हुए थे, काठी पर झुककर पसीने से तर होने के कारण काला दिखने तथा बुरी तरह हाँफते हुए भूरे घोड़े की लगाम ढीली छोड़ रहा था।

ज़ोर से पाँव रखते हुए बड़े शरीरवाले घोड़े ने अपनी चाल धीमी की और गार्ड अफ़सर ने मानो बोझिल नींद के बाद जागते हुए अपने इर्द-गिर्द नज़र घुमायी तथा यत्न करके मुस्कुराया। अपनों और परायों की भीड़ ने उसे घेर लिया था।

व्रोन्स्की चुने हुए ऊँचे समाज की उस भीड़ से जान-बूझकर बचा, जो दर्शक-मंडपों के सामने संयत और मुक्त ढंग से चल-फिर तथा बातचीत कर रही थी। उसे मालूम था कि आन्ना, बेत्सी और उसकी अपनी भाभी भी वहाँ है, मगर जान-बूझकर, ताकि उसका ध्यान दूसरी ओर न जाये, वह उनके क़रीब नहीं गया। लेकिन लगातार मिलने वाले जान-पहचान के लोग उसे रोकते, अब तक हो चुकी घुड़दौड़ों की तफ़सीलें बताते और उससे पूछते कि उसे आने में क्यों देर हो गयी।

जिस समय दौड़ में भाग ले चुके घुड़सवारों को इनाम देने के लिए दर्शक-मंडप में बुलाया गया और सभी लोगों का ध्यान उधर केन्द्रित हो गया, तो व्रोन्स्की का बड़ा भाई कर्नल अलेक्सान्द्र, जिसके कन्धों पर पद-चिह्नों के भारी झब्बे लगे थे, उसके पास आया। मँझोले क़द और अलेक्सेई की ही भाँति मज़बूत काठीवाला उसका बड़ा भाई उससे अधिक सुन्दर और लाल-लाल गालोंवाला था, उसकी नाक भी लाल थी और उसके निश्छल चेहरे पर नशे की साफ़ झलक मिल रही थी।

"तुम्हें मेरा रुक़्क़ा मिला?" उसने पूछा। "तुम तो कभी मिलते ही नहीं।"

अलेक्सान्द्र व्रोन्स्की अपनी लम्पट, विशेषकर पियक्कड़पन की ज़िन्दगी के बावजूद, जिसके लिए मशहूर था, राजदरबार का आदमी था।

इस समय छोटे भाई के साथ सर्वथा कटु बातचीत करते और यह जानते हुए कि बहुत-से लोगों की नज़रें उन पर केन्द्रित हो सकती हैं, वह मुस्कुराने का भाव बनाये रहा ताकि लोग यही समझें कि किसी मामूली-सी बात पर भाई के साथ हँसी-मज़ाक़ चल रहा है।

"तुम्हारा रुक़्क़ा मुझे मिल गया और सचमुच समझ में नहीं आता कि तुम किस बात के लिए परेशान हो," अलेक्सेई ने कहा।

"मैं इस बात के लिए परेशान हूँ कि अभी मुझे यह बताया गया कि तुम यहाँ नहीं आये और यह कि सोमवार को तुम्हें पीटरहोफ़ में देखा गया।"

"कुछ ऐसे मामले होते हैं, जिन पर प्रत्यक्ष सम्बन्ध रखने वाले लोगों को ही विचार-विनिमय करना चाहिए और तुम जिस मामले के बारे में चिन्तित हो रहे हो, ऐसा ही है..."

"हाँ, लेकिन तब सेना से भी अलग हो जाना चाहिए, तब..."

"मैं तुमसे इस मामले में दख़ल न देने का अनुरोध करता हूँ, बस इतना ही।"

तनी हुई भौंहोंवाले अलेक्सेई व्रोन्स्की का चेहरा पीला पड़ गया और उसका आगे को निकला हुआ निचला जबड़ा काँप उठा, जैसा कि उसके साथ बहुत कम होता था। बहुत दयालु हृदयवाले व्यक्ति के नाते उसे बहुत कम गुस्सा आता था, लेकिन जब उसे गुस्सा आता था और उसकी ठोड़ी काँपने लगती थी, तो, जैसा कि अलेक्सान्द्र जानता था, वह ख़तरनाक आदमी होता था। अलेक्सान्द्र व्रोन्स्की ख़ुशमिज़ाजी से मुस्कुरा दिया।

"मैं तो सिर्फ़ माँ का ख़त तुम्हें देना चाहता था। उसे जवाब लिख भेजना और घुड़दौड़ से पहले अपना मूड ख़राब नहीं करो। Bonne chance,"[1] उसने मुस्कुराकर इतना और कहा तथा इससे दूर हट गया।

लेकिन उसके फ़ौरन बाद ही दोस्ताना ढंग की सलाम-दुआ ने उसे फिर रोक लिया।

"यार-दोस्तों को पहचानना नहीं चाहते! नमस्ते, mon cher!"[2] ओब्लोन्स्की ने कहा और यहाँ, पीटर्सबर्ग की चमक-दमक में भी उसका लाल-लाल गालोंवाला चेहरा तथा ढंग से सँवारी हुई लम्बी-मोटी, चमकीली क़लमें मास्को की तुलना में कुछ कम लौ नहीं दे रही थीं। "मैं कल आया था और मुझे इस बात की ख़ुशी है कि तुम्हारी जीत का झंडा लहराया जाता देखूँगा। कब मुलाक़ात होगी?"

"कल हमारे सैनिक भोजनालय में आ जाना," व्रोन्स्की ने कहा और ओब्लोन्स्की के कोट की आस्तीन दबाकर क्षमा माँगते हुए रेस-कोर्स के बीच चला गया, जहाँ बाधाओं सहित बड़ी घुड़दौड़ के लिए घोड़े लाये जाने लगे थे।

घुड़दौड़ में हिस्सा ले चुके पसीने से तर और बुरी तरह थके-हारे घोड़ों को उनके सईस वापस ले आ रहे थे और अगली घुड़दौड़ के लिए एक के बाद एक नया और ताजादम घोड़ा सामने आ रहा था। इनमें से अधिकांश अँग्रेज़ी घोड़े थे और हुडों तथा कसे हुए पेटोंवाले ये घोड़े अजीब क़िस्म के विराट पक्षियों जैसे लगते थे। दाईं ओर दुबली-पतली और सुन्दर फ्रू-फ्रू को इधर-उधर ले जाया जा रहा था, जो अपने लचीले तथा काफी लम्बे टखनों पर ऐसे चल रही थी मानो वहाँ स्प्रिंग लगे हों। उसके क़रीब ही लम्बे कानोंवाले ग्लादियातर का झूला उतारा जा रहा था। उसकी सुन्दर, सुघड़ आकृति तथा मज़बूत पुट्ठों और असाधारण रूप से छोटे, सुमों के ऊपर ही सटे हुए टखनों ने बरबस व्रोन्स्की का ध्यान अपनी ओर खींच लिया। व्रोन्स्की अपनी फ्रू-फ्रू के पास जाना चाहता था, मगर जान-पहचान के किसी आदमी ने उसे फिर रोक लिया।

"लो, वह रहा करेनिन!" उस परिचित ने कहा, जिससे वह बातचीत कर रहा था। "बीवी को ढूँढ़ रहा है और वह दर्शक-मंडप के मध्य में है। आपने उसे नहीं देखा?"

"नहीं, नहीं देखा," व्रोन्स्की ने जवाब दिया और उस दर्शक-मंडप की ओर मुड़कर ऐसे देखे बिना ही, जिधर करेनिना की ओर संकेत किया गया था, वह अपनी घोड़ी के पास गया।

व्रोन्स्की ने काठी की जाँच की ही थी, जिसके बारे में कुछ हिदायत देना ज़रूरी था, कि घुड़दौड़ में हिस्सा लेने वालों को अपने नम्बर निकालने और घुड़दौड़ शुरू

1. सफलता की कामना करता हूँ (फ्रांसीसी)
2. मेरे प्यारे। (फ्रांसीसी)

करने के लिए मंडप में बुला लिया गया। गम्भीर, कठोर और कुछ ज़र्द चेहरों के साथ सत्रह अफ़सर मंडप में आये और उन्होंने अपने नम्बर निकाले। व्रोन्स्की को सात नम्बर मिला। "सवार हो जाइये!" आदेश सुनाई दिया।

यह अनुभव करते हुए कि घुड़दौड़ में हिस्सा लेने वाले अन्य लोगों के साथ वह सभी की नज़रों का केन्द्र-बिन्दु है, व्रोन्स्की तनाव की उस स्थिति में, जिसमें आमतौर पर उसकी गतिविधि धीमी और शान्त हो जाती थी, अपनी घोड़ी के क़रीब आया। कोर्ड घुड़दौड़ के समारोह के सम्मान में ख़ूब बना-ठना हुआ था। वह बटन-बन्द काला फ्रॉककोट, कलफ़ लगा अकड़ा हुआ कालर, जो उसके गालों को छू रहा था, गोल काला टोप और घुटनों तक के बूट पहने था। वह हमेशा की भाँति शान्त और धीर-गम्भीर था और स्वयं ही घोड़ी की दोनों लगामों को थामकर उसके सामने खड़ा था। फ्रू-फ्रू ऐसे ही काँपती जा रही थी मानो उसे जूड़ी आ रही हो। उसने निकट आते व्रोन्स्की को अपनी दहकती-सी आँख की कनखी से देखा। व्रोन्स्की ने ज़ीन की पेटी के नीचे उँगली घुसेड़ी। घोड़ी ने उस पर और अधिक तिरछी नज़र डाली, दाँत दिखाये और कान दाबे। अँग्रेज़ ने होंठों पर बल डाल लिये और इस बात पर मुस्कुराना चाहा कि उसके कसे हुए ज़ीन को भी कोई जाँचने की ज़रूरत महसूस कर सकता है।

"सवार हो जाइये, कम उत्तेजना अनुभव करेंगे।"

व्रोन्स्की ने अपने प्रतिद्वन्द्वियों की ओर अन्तिम बार दृष्टि घुमायी। वह जानता था कि दौड़ के समय उन्हें नहीं देख पायेगा। उनमें से दो अपने घोड़ों पर सवार दौड़ शुरू होने की जगह की तरफ़ जा भी रहे थे। व्रोन्स्की का दोस्त और एक ख़तरनाक प्रतिद्वन्द्वी गालत्सिन अपने कुम्मैत घोड़े के इर्द-गिर्द, जो उसे सवार नहीं होने दे रहा था, चक्कर काट रहा था। तंग बिरजिस पहने नाटा हुस्सार अफ़सर अपने घोड़े को सरपट दौड़ाता और अँग्रेज़ों के ढंग की नक़ल करने की इच्छा से बिल्ले की भाँति उसके पुट्ठे पर झुका हुआ था। प्रिन्स कुज़ोव्लेव बढ़िया, ग्राबोव्स्की नसल की घोड़ी पर ज़र्द चेहरा लिये बैठा था और एक अँग्रेज़ लगामें थामे उसे ले जा रहा था। व्रोन्स्की और उसके सभी साथी कुज़ोव्लेव तथा उसकी 'कमज़ोर स्नायुओं' और अत्यधिक अहम्मन्यता की विशेषता से परिचित थे। उन्हें मालूम था कि वह सभी चीज़ों से डरता है, फ़ौजी घोड़े पर सवारी करते हुए घबराता है, लेकिन अब इसीलिए कि यह ख़तरनाक था, कि लोग अपनी गर्दनें तोड़ लेते थे और हर बाधा के पास डॉक्टर था, रेडक्रॉस के निशानवाली एम्बुलेन्स गाड़ी और नर्स खड़ी थी, उसने घुड़दौड़ में हिस्सा लेने का निर्णय किया था। उनकी नज़रें मिलीं और व्रोन्स्की ने स्नेहपूर्वक तथा उसकी हिम्मत बढ़ाते हुए उसे आँख मारी। किन्तु ग्लादियातर घोड़े पर सवार अपना प्रमुख प्रतिद्वन्द्वी मख़ोतिन उसे दिखाई नहीं दिया।

"उतावली नहीं कीजिये," कोर्ड ने व्रोन्स्की से कहा, "और एक बात याद

रखिये—बाधा के निकट इसे न तो रोकिये और न तेज़ी से बढ़ाइये, इसे अपनी इच्छानुसार कूदने दीजिये।"

"ठीक है, ठीक है," लगामें थामते हुए व्रोन्स्की ने कहा।

"अगर सम्भव हो, तो सबसे आगे रहिये, लेकिन अगर आप पीछे भी हों, तो अन्तिम क्षण तक हिम्मत नहीं हारिये।"

घोड़ी हिल-डुल भी नहीं पायी कि व्रोन्स्की फुर्ती और लचीलेपन से दाँतेदार इस्पाती रकाब में खड़ा हो गया और ज़ीन के चरमराते चमड़े पर उसने आसानी से अपने सुगठित शरीर का आसन जमा लिया। दायाँ पाँव भी रकाब में डालने के बाद उसने अभ्यस्त ढंग से दोनों लगामों को उँगलियों के बीच बराबर किया और कोर्ड ने अपने हाथ हटा लिये। फ्रू-फ्रू जैसे यह न जानते हुए कि कौन-सा क़दम पहले आगे बढ़ाये, अपनी लम्बी गर्दन से लगाम को खींचते हुए मानो स्प्रिंगों पर आगे बढ़ी, जिससे उसकी लचीली पीठ पर बैठा सवार कुछ डोल गया।। तेज़ी से क़दम बढ़ाता हुआ कोई इनके पीछे-पीछे चलने लगा। उत्तेजित घोड़ी सवार को धोखा देने की कोशिश करते हुए कभी एक, तो कभी दूसरी लगाम को खींचती और व्रोन्स्की अपनी आवाज़ तथा हाथ से उसे शान्त करने का बेकार यत्न कर रहा था।

वे उस स्थान की ओर जाते हुए, जहाँ से दौड़ शुरू होनी थी, बाँधवाली नदी के क़रीब पहुँच चुके थे। घुड़दौड़ में भाग लेने वाले बहुत-से सवार आगे और बहुत-से पीछे थे कि अचानक व्रोन्स्की को अपने पीछे कीचड़ में से सरपट दौड़े आते घोड़े की टापें सुनाई दीं और सफ़ेद टाँगों तथा बड़े कानोंवाले ग्लादियातर पर मख़ोतिन उससे आगे निकल गया। मख़ोतिन अपने लम्बे-लम्बे दाँत दिखाता हुआ मुस्कुराया, लेकिन व्रोन्स्की ने गुस्से से उसकी तरफ़ देखा। व्रोन्स्की उसे यों भी पसन्द नहीं करता था और अब उसे सबसे ज़्यादा खतरनाक प्रतिद्वन्द्वी मानता था। उसे उस पर इसलिए गुस्सा आ रहा था कि वह क़रीब से सरपट घोड़ा दौड़ाते हुए निकल गया था और इस तरह उसने उसकी घोड़ी को उत्तेजित कर दिया था। फ्रू-फ्रू ने सरपट दौड़ने के लिए बायाँ पाँव आगे बढ़ाया और दो बार उछली तथा कसी हुई लगामों पर झुँझलाते हुए सवार को झकझोरने वाले झटकों की दुलकी चाल से दौड़ने लगी। कोर्ड की भी त्यौरी चढ़ गयी और लगभग दुगामा चाल से ही वह व्रोन्स्की के पीछे-पीछे दौड़ने लगा।

25

कुल सत्रह अफ़सर घुड़दौड़ में भाग ले रहे थे। घुड़दौड़ कोई पाँच किलोमीटर के बड़े अंडाकार घेरे में दर्शक-मंडप के सामने होने वाली थी। इस घेरे में नौ बाधाएँ बनायी गयी थीं—नदी, दर्शक-मंडप के सामने कोई डेढ़ मीटर ऊँचा अवरोध, सूखी खाई, पानी से भरी खाई, ढाल, आयरलैंडी बैंक (एक सबसे कठिन बाधा),

जिसमें टहनियों से ढका हुआ था, जहाँ घोड़े को या तो दोनों बाधाओं को लाँघना या अपनी जान गँवानी थी, उसके बाद पानी से भरी दो अन्य खाइयाँ और एक सूखी खाई थी। घुड़दौड़ को दर्शक-मंडप के सामने ख़त्म होना था। लेकिन घुड़दौड़ घेरे से नहीं, बल्कि उससे दो सौ मीटर से कुछ अधिक की दूरी पर शुरू होने वाली थी। इस फ़ासले में पहली बाधा थी–दो मीटर से अधिक चौड़ी बाँधवाली नदी। घुड़सवार अपनी इच्छानुसार नदी के पार घोड़े को कुदा सकते थे या उसे पानी में से ले जा सकते थे।

घुड़सवार तीन बार क़तार में खड़े हुए, लेकिन हर बार किसी का घोड़ा दौड़ शुरू करने के संकेत से पहले ही आगे बढ़ गया और उन्हें फिर से क़तार में खड़े होना पड़ा। दौड़ का माहिर कर्नल सेस्त्रीन झल्लाने भी लगा और आख़िर जब चौथी बार उसने 'शुरू करो!' कहा, तो दौड़ आरम्भ हुई।

घुड़सवार जब क़तार में खड़े थे, तो सभी की नज़रें और सभी दूरबीनें उन्हीं पर केन्द्रित थीं।

"दौड़ शुरू हो गयी! बढ़े आ रहे हैं!" प्रतीक्षा की निस्तब्धता के बाद सभी ओर से यह सुनाई दिया।

लोगों के जमघट या अकेले-दुकेले लोग दौड़ को अच्छी तरह से देख पाने के लिए एक जगह से दूसरी जगह भागने लगे। पहले मिनट में ही घुड़सवार फैल गये और यह साफ़ नज़र आने लगा कि कैसे वे दो-दो, तीन-तीन और एक के बाद एक नदी के क़रीब पहुँच रहे हैं। दर्शकों को तो ऐसे प्रतीत हुआ था कि उन सभी ने एक ही समय पर घुड़दौड़ शुरू की है, लेकिन घुड़सवारों के लिए कुछ सेकेंडों का अन्तर था, जो बहुत अधिक महत्त्व रखता था।

बहुत अधिक उत्तेजित और घबरायी हुई फ्रू-फ्रू ने पहला क्षण गँवा दिया और कुछ घोड़े उससे आगे निकल गये। लेकिन नदी तक पहुँचने के पहले ही व्रोन्स्की पूरी ताक़त से घोड़ी की लगामें खींचते हुए आसानी से तीन को पीछे छोड़ गया और मख़ोतिन का लाल ग्लादियातर, जिसके पुट्ठे हल्की-फुल्की और समगति से व्रोन्स्की के बिल्कुल सामने हिल-डुल रहे थे, तथा सबसे आगे जाने वाली सुन्दर डायना ही रह गयी, जिस पर सवार कुज़ोव्लेव की साँस गले में अटकी हुई थी।

पहले क्षणों में व्रोन्स्की न ख़ुद को और न अपनी घोड़ी को ही वश में कर पाया। पहली बाधा यानी नदी तक वह अपनी घोड़ी की गतिविधि को निर्देशित करने में असमर्थ रहा।

ग्लादियातर और डायना एक साथ, लगभग एक ही क्षण में नदी के ऊपर से कूदे और दूसरे किनारे पहुँच गये। उनके पीछे-पीछे फ्रू-फ्रू ऐसे हल्के-फुल्के ढंग से, मानो हवा में उड़ रही हो, उछली। किन्तु उसी समय, जब व्रोन्स्की ने अपने को हवा में महसूस किया, उसने अचानक लगभग अपनी घोड़ी के पैरों के नीचे

कुज़ोव्लेव को देखा, जो डायना के साथ नदी के दूसरी ओर लुढ़कता चला जा रहा था (कुज़ोव्लेव ने छलाँग के बाद लगामें छोड़ दीं और घोड़ी के साथ वह भी कलाबाज़ी खाते हुए नीचे जा गिरा था)। ये तफ़सीलें व्रोन्स्की को बाद में मालूम हुईं, लेकिन इस समय तो वह यही देख रहा था कि जहाँ फ्रू-फ्रू के पाँव ज़मीन को छुयेंगे, ठीक वहीं डायना की टाँग या सिर हो सकता है। लेकिन नीचे जाती हुई फ्रू-फ्रू ने बिल्ली की भाँति अपनी छलाँग में टाँगों और पीठ पर ज़ोर लगाया तथा डायना से बचकर आगे निकल गयी।

'ओ, मेरी प्यारी!' व्रोन्स्की ने सोचा।

नदी के बाद व्रोन्स्की ने घोड़ी को पूरी तरह अपने वश में कर लिया और इस इरादे से उसे तेज़ होने से रोकने लगा कि मख़ोतिन के पीछे रहते हुए बड़े अवरोध को लाँघे तथा अगले, लगभग 400 मीटर लम्बे बाधाहीन फ़ासले में उससे आगे निकलने की कोशिश करे।

बड़ा अवरोध ज़ार के मंडप के बिल्कुल सामने था। जब वे शैतान (बड़े अवरोध का यही नाम था) के क़रीब पहुँचे, तो ज़ार, सभी दरबारियों और आम लोगों की भीड़ की नज़रें इन दोनों यानी व्रोन्स्की और उससे कुछ आगे मख़ोतिन पर जमी हुई थीं। व्रोन्स्की सभी दिशाओं से अपने पर केन्द्रित इन नज़रों को अनुभव कर रहा था, किन्तु अपनी घोड़ी के कानों और गर्दन, अपनी तरफ़ भागी आती ज़मीन तथा तेज़ी से आगे दौड़ते और एक जैसा फ़ासला बनाये रखते हुए ग्लादियातर के पुट्ठे और सफ़ेद टाँगों के सिवाय वह और कुछ नहीं देख रहा था। ग्लादियातर उछला, किसी भी चीज़ के साथ नहीं टकराया, उसने अपनी छोटी-सी पूँछ हिलायी और व्रोन्स्की की नज़र से ओझल हो गया।

"शाबाश!" एक आवाज़ सुनाई दी।

इसी क्षण व्रोन्स्की की आँखों को सामने, खुद उसके सम्मुख अवरोध के तख़्ते झलक उठे। अपनी गति में तनिक परिवर्तन किये बिना ही घोड़ी उसके ऊपर उछली, तख़्ते ग़ायब हो गये और केवल पीछे किसी चीज़ के टकराने की आवाज़ सुनाई दी। आगे जा रहे ग्लादियातर के कारण जोश में आयी घोड़ी ने अवरोध के पहले कुछ अधिक जल्दी ही छलाँग लगा दी और इसलिए उसका पिछला सुम तख़्तों से टकरा गया। लेकिन उसकी गति में कोई अन्तर नहीं हुआ, व्रोन्स्की के मुँह पर कीचड़ का गोला आ लगा और वह समझ गया कि ग्लादियातर पहले जितने फ़ासले पर ही है। उसका पुट्ठा, छोटी-सी पूँछ और तेज़ी से हिलती-डुलती सफ़ेद टाँगें फिर से उसी फ़ासले पर दिखाई दीं।

व्रोन्स्की ने जिस क्षण यह सोचा कि अब मख़ोतिन से आगे निकलना चाहिए, फ्रू-फ्रू ख़ुद ही उसके मन की बात को भाँप गयी, किसी तरह के बढ़ावे के बिना उसने अपनी चाल काफ़ी तेज़ कर दी और सबसे अधिक अनुकूल यानी रस्सेवाली

दिशा से मख़ोतिन के निकट होने लगी। मख़ोतिन उसे ऐसा नहीं करने दे रहा था। व्रोन्स्की ने यह सोचा ही था कि बाहर की ओर से भी आगे निकला जा सकता है कि फ्रू-फ्रू ने रास्ता बदल लिया और इसी ढंग से आगे निकलने लगी। पसीने से काला होता हुआ फ्रू-फ्रू का कन्धा ग्लादियातर के पुट्ठे के बराबर हो गया। कुछ देर तक वे एक-दूसरे के क़रीब दौड़ते रहे। लेकिन उस बाधा के पहले, जिसके निकट वे पहुँच रहे थे, व्रोन्स्की यह चाहते हुए कि बड़ा चक्कर न काटना पड़े, लगामों से काम लेने लगा और तेज़ी से ढाल पर ही मख़ोतिन से आगे निकल गया। व्रोन्स्की को मख़ोतिन के चेहरे की, जिस पर कीचड़ के छींटे पड़े हुए थे, हल्की झलक मिली। उसे लगा कि वह मुस्कुराया भी है। व्रोन्स्की उससे आगे तो निकल गया, किन्तु उसे अपने निकट ही पीछे अनुभव करता रहा और अपनी पीठ के पीछे उसे ग्लादियातर की लयबद्ध टापें और तनिक रुक-रुककर, अभी भी ताज़ा साँसें भी लगातार सुनाई दे रही थीं।

अगली दो बाधाएँ–खाई और अवरोध–आसानी से पार कर ली गयीं, लेकिन व्रोन्स्की को ग्लादियातर की टापें और साँसें अधिक नज़दीक सुनाई देने लगीं। उसने घोड़ी को कुछ और तेज़ किया और उसे इस बात की खुशी हुई कि घोड़ी ने आसानी से अपनी गति और बढ़ा ली तथा ग्लादियातर की टापें फिर से पहले जितने फ़ासले पर ही सुनाई देने लगीं।

व्रोन्स्की घुड़दौड़ में सबसे आगे आ रहा था–वह यही तो करना चाहता था और कोर्ड ने भी उसे यही सलाह दी थी। अब उसे अपनी सफलता का विश्वास हो गया था। उसकी उत्तेजना, ख़ुशी और फ्रू-फ्रू के प्रति उसका प्यार बढ़ता जा रहा था। उसका पीछे मुड़कर देखने को मन हो रहा था, लेकिन वह ऐसा करने की हिम्मत नहीं कर सकता था। उसने अपने को शान्त करने की कोशिश की और घोड़ी की रफ़्तार नहीं बढ़ायी, ताकि उसमें उतनी ही शक्ति बची रहे, जितनी वह ग्लादियातर में बाक़ी रह गयी अनुभव करता था। एक, और सबसे मुश्किल बाधा बाक़ी थी। अगर वह दूसरों से पहले उसे लाँघ लेगा, तो वही प्रथम रहेगा। उसकी घोड़ी आयरलैंडी बैंक के क़रीब पहुँच रही थी। फ्रू-फ्रू के साथ उसने दूर से ही इस बैंक को देखा और एक साथ ही, उसके तथा घोड़ी के दिमाग़ में घड़ी-भर को सन्देह ने सिर उठाया। उसने घोड़ी के कानों में हिचकिचाहट देखी और अपना चाबुक ऊपर उठाया। किन्तु उसी क्षण यह महसूस किया कि सन्देह निराधार था–घोड़ी जानती थी कि उसे क्या करना चाहिए। उसने गति बढ़ायी और बहुत ही नपे-तुले ढंग से, जैसी कि व्रोन्स्की ने आशा की थी, पाँव मारकर ऊपर उछली और अपने को छलाँग की वाहक-शक्ति को सुपुर्द कर दिया, जो उसे खाई से कहीं दूर ले गयी। उसी रफ़्तार से, किसी प्रयास के बिना और पहलेवाली चाल से ही फ्रू-फ्रू ने दौड़ जारी रखी।

"शाबाश, व्रोन्स्की!" उसे कुछ लोगों की आवाज़ें सुनाई दीं—उसे मालूम था कि वे उसकी रेजिमेंट के लोग और यार-दोस्त हैं, जो इस बाधा के निकट खड़े थे। उसने याश्विन की आवाज़ पहचान ली, लेकिन उसे देख नहीं पाया।

'ओ, मेरी बाँकी!' व्रोन्स्की ने फ्रू-फ्रू के बारे में मन-ही-मन सोचा। साथ ही इस बात पर कान लगाये रहा कि उसके पीछे क्या हो रहा है। 'लाँघ गया!' उसने अपने पीछे ग्लादियातर की टापें सुनकर सोचा। पानी से भरी हुई कोई डेढ़ मीटर चौड़ी एक खाई ही बाक़ी रह गयी थी। व्रोन्स्की ने उसकी तरफ़ तो कोई ध्यान ही नहीं दिया और बहुत पहले ही समाप्ति-रेखा पर पहुँचने की इच्छा से लगामों को चक्राकार ढंग से संचालित करने तथा घोड़ी की छलाँगों की गति के साथ उसका सिर ऊपर उठाने तथा नीचे झुकाने लगा। वह अनुभव कर रहा था कि घोड़ी अपनी अन्तिम शक्ति का उपयोग कर रही है—न केवल उसकी गर्दन और कन्धे ही पसीने से भीगे हुए थे, बलिक उसकी गर्दन, सिर और नुकीले कानों पर भी पसीने की बूँदें उभर आयी थीं और वह बहुत तेज़ी से तथा छोटी-छोटी साँसें ले रही थी। लेकिन व्रोन्स्की जानता था कि उसकी बची हुई शक्ति बाक़ी रह गये चार सौ मीटर के फ़ासले को तय करने के लिए बहुत काफ़ी होगी। केवल इसलिए कि व्रोन्स्की अपने को भूमि के निकट और घोड़ी की गति में विशेष समलयता अनुभव कर रहा था, वह जानता था कि उसकी घोड़ी ने अपनी चाल कितनी अधिक बढ़ा दी है। खाई की मानो परवाह किये बिना ही वह उसे लाँघ गयी। परिन्दे की भाँति वह उसके ऊपर से कूद गयी, मगर इसी वक़्त व्रोन्स्की ने घबराकर यह अनुभव किया कि घोड़ी की गति का साथ न देते और खुद भी न समझ पाते हुए उसने ज़ीन पर बैठते समय एक बड़ी बेहूदा और अक्षम्य हरकत कर दी थी। अचानक उसकी स्थिति बदल गयी और वह समझ गया कि कोई भयानक बात हो गयी है। वह अभी यह नहीं समझ पा रहा था कि हुआ क्या है कि इसी समय खुद उसके क़रीब लाल घोड़े की सफ़ेद टाँगें झलकीं और मख़ोतिन बहुत तेज़ी से घोड़ा कुदाता हुआ पास से निकल गया। व्रोन्स्की का एक पाँव ज़मीन को छू रहा था और उसकी घोड़ी उसी पाँव पर गिर रही थी। व्रोन्स्की ने अपना पाँव हटाया ही था कि वह बुरी तरह हाँफती और पसीने से तर अपनी पतली गर्दन से उठने की बेकार कोशिश करते हुए उसी पहलू लुढ़क गयी। वह व्रोन्स्की के पैरों के पास घायल पक्षी की भाँति तड़फ रही थी। व्रोन्स्की की अटपटी हरकत से घोड़ी की पीठ टूट गयी थी। लेकिन यह बात तो बहुत देर बाद उसकी समझ में आयी। इस समय तो वह केवल यही देख रहा था कि मख़ोतिन तेज़ी से दूर होता जा रहा है और वह लड़खड़ाता हुआ कीचड़ सनी तथा गतिहीन ज़मीन पर अकेला खड़ा है, बुरी तरह हाँफती हुई फ्रू-फ्रू उसके सामने पड़ी है तथा उसकी ओर सिर झुकाकर उसे अपनी सुन्दर आँख से देख रही है। अभी भी यह न समझ पाते हुए कि क्या हुआ है, व्रोन्स्की ने घोड़ी को

लगाम से खींचा। वह काठी के किनारों को चरमराते हुए फिर से मछली की भाँति छटपटायी, उसने अगली टाँगें फैलायीं, लेकिन पुट्ठे को उठाने में असमर्थ रहने के कारण लड़खड़ायी और फिर से उसी पहलू गिर गयी। व्रोन्स्की का चेहरा गुस्से से विकृत और पीला था तथा ठोड़ी काँप रही थी। व्रोन्स्की ने घोड़ी के पेट में एड़ी मारी और फिर लगाम से उसे खींचने लगा। लेकिन वह हिली और नथुनों को ज़मीन पर टिकाकर अपनी बोलती-सी नज़र से मालिक को एकटक देखती रही।

"आह!" व्रोन्स्की अपना सिर थामते हुए बुदबुदाया। "आह! यह मैंने क्या कर डाला!" वह चिल्ला उठा। "घुड़दौड़ में हार भी गया। तो भी अपनी लज्जाजनक और अक्षम्य भूल के कारण! और यह बदक़िस्मत और प्यारी घोड़ी भी तबाह हो गयी! आह! यह क्या किया मैंने!"

लोग, डॉक्टर और उसका सहायक तथा उसकी रेजिमेंट के अफ़सर भागे हुए उसके पास आये। उसे इस बात का बड़ा अफ़सोस था कि वह सही-सलामत था। घोड़ी की पीठ टूट गयी थी और इसलिए उसे गोली मार देने का निर्णय किया गया। व्रोन्स्की किसी के सवालों के जवाब नहीं दे सका, किसी से भी बातचीत नहीं कर सका। वह मुड़ा और ज़मीन पर जा गिरी टोपी को उठाये बिना और यह न जानते हुए कि किधर जा रहा है, रेस-कोर्स से चल दिया। बहुत ही दुःखी मन था उसका। ज़िन्दगी में पहली बार उसे बहुत गहरे और ऐसे दुर्भाग्य की अनुभूति हुई, जिस पर किसी तरह भी क़ाबू पाना सम्भव नहीं था और जिसके लिए वह ख़ुद दोषी था।

टोपी लिये हुए याश्विन उसके पास पहुँचा, उसने व्रोन्स्की को घर तक पहुँचा दिया। आध घंटे बाद व्रोन्स्की के होश-हवास ठिकाने हुए। लेकिन घुड़दौड़ की स्मृति उसकी आत्मा में बहुत समय तक उसके जीवन की सबसे कटु और यातनाप्रद स्मृति बनी रही।

26

आन्ना के साथ करेनिन के सम्बन्ध बाहरी तौर पर पहले जैसे ही बने रहे। सिर्फ़ इतना ही फ़र्क पड़ा कि वह पहले से भी ज़्यादा व्यस्त रहने लगा। अन्य सालों की भाँति इस साल भी वह वसन्त आ जाने पर जल-चिकित्सा द्वारा अपने स्वास्थ्य को सुधारने के लिए, जो हर जाड़े में बढ़ते श्रम के कारण बिगड़ जाता था, विदेश गया। हमेशा की तरह वह जुलाई में घर लौटा और उसी समय अधिक उत्साह के साथ अपने सामान्य काम में जुट गया। हमेशा की तरह उसकी बीवी गर्मियों के लिए देहाती बँगले में रहने चली गयी और वह पीटर्सबर्ग में ही रह गया।

प्रिन्सेस त्वेरस्काया की पार्टी के बाद हुई बातचीत के समय से उसने अपने सन्देहों और ईर्ष्या की आन्ना से कभी चर्चा नहीं की और किसी का मज़ाक़ उड़ाता हुआ-सा सामान्य अन्दाज़ बीवी के प्रति उसके वर्तमान रवैये के लिए बहुत उपयुक्त

था। पत्नी के प्रति उसमें कुछ रुखाई आ गयी थी। उस रात को बीवी के साथ हुई पहली बातचीत के कारण, जिससे उसने बचने की कोशिश की थी, वह उससे मानो थोड़ा-सा नाराज़ था। पत्नी के प्रति उसके रवैये में थोड़ी-सी खीझ के सिवाय और कुछ नहीं था। 'तुमने मेरे साथ खुलकर बात नहीं करनी चाही,' वह मानो मन-ही-मन उसे सम्बोधित करते हुए कहता, 'यह तुम्हारे लिए ही बुरा है। अब तुम मुझसे ऐसा करने का अनुरोध करोगी, मगर मैं ऐसा नहीं करूँगा। यह तो तुम्हारे लिए ही और अधिक बुरा है,' वह अपने दिल में उस आदमी की तरह कहता, जिसने आग बुझाने की बेसूद कोशिश की हो, अपनी इस नाकाम कोशिश पर झल्ला उठा हो और फिर बोला हो–'तुम इसी लायक़ हो! तो जल जाओ!'

सरकारी काम-काज में बहुत ही समझदार और सूक्ष्म दृष्टि रखने वाला यह व्यक्ति अपनी पत्नी के प्रति ऐसे रवैये के सारे पागलपन को समझने में असमर्थ था। वह इसलिए यह नहीं समझता था कि अपनी वर्तमान स्थिति को समझना उसके लिए बहुत ही भयानक था और उसने अपनी आत्मा के उस डिब्बे को, जिसमें परिवार यानी पत्नी और बेटे के प्रति उसकी भावनाएँ संचित थीं, बन्द करके उसमें ताला लगा दिया था, उसे मुहरबन्द कर दिया था। वह, जो बहुत ही चिन्ताशील पिता था, इस जाड़े के अन्त से बेटे के प्रति विशेषतः उदासीन हो गया और पत्नी की भाँति उसके प्रति भी उसका खिल्ली-सी उड़ाने का रवैया हो गया। "आह! नौजवान!" वह उसे इस तरह से सम्बोधित करता।

करेनिन ऐसा सोचता और कहता भी था कि अन्य किसी भी साल में उसके पास इतना अधिक काम नहीं था, जितना इस साल में। उसे इस बात की चेतना नहीं थी कि इस साल उसने ख़ुद अपने लिए काम ढूँढ़ निकाले थे और यह उस डिब्बे को बन्द रखने का एक उपाय था, जिसमें पत्नी और परिवार के बारे में उसकी भावनाएँ और विचार बन्द थे, और वे जितनी ज़्यादा देर तक वहाँ पड़े रहे थे, उतने ही अधिक भयानक होते जाते थे। अगर किसी को करेनिन से यह पूछने का अधिकार होता कि अपनी पत्नी की गतिविधि के बारे में उसकी क्या राय है, तो विनम्र और शान्त करेनिन कुछ भी जवाब न देता, लेकिन ऐसा सवाल करने वाले व्यक्ति से बेहद नाराज़ हो गया होता। इसीलिए जब उससे पत्नी के स्वास्थ्य के बारे में पूछा जाता, तो उसके चेहरे पर हठ और कठोरता का-सा भाव आ जाता। करेनिन अपनी पत्नी की गतिविधियों और भावनाओं के बारे में कुछ भी नहीं सोचना चाहता था और वास्तव में ही वह इस सिलसिले में कुछ नहीं सोचता था।

करेनिन का स्थायी देहाती बँगला पीटरहोफ़ में था और काउंटेस लीदिया इवानोव्ना भी आमतौर पर पड़ोस में तथा आन्ना के साथ निरन्तर सम्पर्क रखते हुए वहीं गर्मी बिताती थी। इस साल काउंटेस लीदिया इवानोव्ना ने पीटरहोफ़ में रहने से इनकार कर दिया, एक बार भी आन्ना से मिलने नहीं आयी और करेनिन

को बेत्सी तथा व्रोन्स्की के साथ आन्ना की घनिष्ठता के अनौचित्य के बारे में संकेत किया। करेनिन ने यह विचार व्यक्त करके कि उसकी पत्नी किसी भी तरह के सन्देह से ऊपर है, कड़ाई से उसकी ज़बान बन्द कर दी और उस समय से काउंटेस लीदिया इवानोव्ना से कन्नी काटने लगा। वह यह नहीं देखना चाहता था और देखता भी नहीं था कि ऊँचे समाज में बहुत-से लोग उसकी पत्नी को बुरी नज़र से देखते थे। वह यह समझना नहीं चाहता था और समझता भी नहीं था कि उसकी पत्नी त्यारस्कोये सेलो में रहने के लिए क्यों ज़ोर दे रही थी, जहाँ बेत्सी रहती थी और जहाँ से व्रोन्स्की की रेजिमेंट का शिविर भी बहुत दूर नहीं था। वह अपने को यह सोचने नहीं देता था और सोचता भी नहीं था, लेकिन इसके साथ ही किसी तरह के प्रमाणों या सन्देहों के न होते हुए भी अपनी आत्मा की गहराई में निश्चित रूप से यह जानता था कि उसके साथ बेवफ़ाई की गयी है और इसलिए दिल में बहुत ही दुःखी था।

अपनी पत्नी के साथ आठ साल के सुखी जीवन में उसने अनेक बार परायी बेवफ़ा पत्नियों और धोखे के शिकार होने वाले पतियों को देखते हुए अपने दिल में यह सोचा था–'कैसे मामले को इस हद तक जाने दिया गया? इस बेहूदा स्थिति को ठीक क्यों नहीं किया जाता?' लेकिन अब जब ख़ुद उसके सिर पर मुसीबत आयी थी, तो वह न केवल यह नहीं सोचता था कि इस स्थिति को कैसे ठीक करे, बल्कि इसे जानना तक नहीं चाहता था। इसलिए जानना नहीं चाहता था कि वह बहुत ही भयानक, बहुत ही अस्वाभाविक स्थिति थी।

विदेश से लौटने के बाद करेनिन दो बार अपने देहातवाले बँगले पर गया था। एक बार उसने दोपहर का खाना वहाँ खाया और दूसरी बार मेहमानों के साथ शाम बितायी। लेकिन एक बार भी वह रात को वहाँ नहीं सोया, जैसा कि पिछले सालों में आमतौर पर करता था।

घुड़दौड़ों वाला दिन करेनिन के लिए बहुत व्यस्त दिन था। लेकिन सुबह ही अपनी दिन-भर की कार्य-सूची बनाते हुए उसने यह तय कर लिया कि दोपहर का खाना हमेशा से कुछ पहले खाने के बाद वह देहातवाले बँगले में बीवी के पास और वहाँ से घुड़दौड़ देखने जायेगा, जहाँ राजदरबार के सभी लोग होंगे और जहाँ उसे भी होना चाहिए। बीवी के पास वह इसलिए जायेगा कि उसने जग-दिखावे के लिए सप्ताह में एक बार वहाँ जाने का निर्णय किया था। इसके अलावा उस दिन उसे निश्चित व्यवस्था के अनुसार ख़र्च के लिए पैसे भी देने थे।

पत्नी के बारे में यह सब सोचने के बाद उसने अपने विचारों पर सामान्य नियन्त्रण के अनुसार उससे सम्बन्धित अन्य किसी बात की ओर अपने विचारों को नहीं बढ़ने दिया।

करेनिन की यह सुबह बहुत व्यस्त थी। काउंटेस लीदिया इवानोव्ना ने पिछली

शाम को चीन-यात्रा के बाद पीटर्सबर्ग आने वाले एक प्रसिद्ध यात्री की पुस्तिका के साथ एक पत्र भी भेजा था, जिसमें यह अनुरोध किया था कि विभिन्न कारणों से बहुत दिलचस्प और बहुत ही काम के इस व्यक्ति से वह खुद भी मिले। करेनिन इस पूरी पुस्तिका को रात को नहीं पढ़ सका और उसे सुबह ख़त्म किया। इसके बाद प्रार्थी आ गये, रिपोर्टें पेश की जाने लगीं, मिलने वाले आये, नियुक्तियों और कार्य से हटाने के निर्णय किये गये, पुरस्कारों, पेन्शनों और वेतनों पर विचार किया गया, पत्र पढ़े गये—मतलब यह कि उसने हर दिन का वह काम निबटाया, जो उसका इतना अधिक वक़्त ले लेता था। इसके बाद कुछ निजी काम भी था—डॉक्टर और कारिन्दा आया। कारिन्दे ने बहुत समय नहीं लिया। उसने करेनिन को उसकी ज़रूरत की रक़म दी और संक्षेप में हिसाब-किताब समझा दिया, जिससे यह पता चला कि इस साल सफ़र पर ज़्यादा ख़र्च हो गया था और आमदनी से ख़र्च अधिक था। लेकिन पीटर्सबर्ग के प्रसिद्ध डॉक्टर ने, जिसका करेनिन के साथ दोस्ताना सम्बन्ध था, बहुत वक़्त लिया। करेनिन ने उसके आज आने की आशा नहीं की थी और उसके आने तथा इस बात से वह और भी ज़्यादा हैरान हुआ कि डॉक्टर ने बहुत ही ध्यान से करेनिन से उसकी तबीयत के बारे में सवाल किये, दिल-छाती की जाँच की, उँगलियाँ बजाकर फेफड़े जाँचे और जिगर को छूकर देखा। करेनिन को मालूम नहीं था कि उसकी मित्र लीदिया इवानोव्ना यह देखकर कि इस साल करेनिन की सेहत अच्छी नहीं है, डॉक्टर से अनुरोध किया था कि वह जाकर उसकी जाँच करे। "मेरी ख़ातिर यह कीजिये," काउंटेस लीदिया इवानोव्ना ने उससे कहा था।

"मैं रूस के लिए ऐसा करूँगा, काउंटेस," डॉक्टर ने जवाब दिया था।

"हीरा आदमी है!" काउंटेस लीदिया इवानोव्ना ने राय ज़ाहिर की थी।

करेनिन की जाँच के बाद डॉक्टर बहुत असन्तुष्ट था। उसने पाया कि उसका जिगर बहुत काफ़ी बढ़ा हुआ है, भूख और ख़ुराक कम हो गयी है और जल-चिकित्सा का कोई प्रभाव नहीं हुआ है। उसने बताया कि जितना भी मुमकिन हो, ज़्यादा शारीरिक श्रम और जितना भी सम्भव हो सके, कम मानसिक श्रम किया जाये तथा सबसे प्रमुख चीज़ तो यह है कि किसी भी तरह की चिन्ता में न घुला जाये, जो अलेक्सेई अलेक्सान्द्रोविच के लिए वैसे ही असम्भव था, जैसे कि साँस न लेना। डॉक्टर चला गया और करेनिन के मन में यह अप्रिय-सी चेतना रह गयी कि उसके अन्दर कहीं कुछ गड़बड़ है, जिसे ठीक करना सम्भव नहीं।

करेनिन के यहाँ से बाहर निकलते हुए डॉक्टर की करेनिन के निजी सेक्रेटरी स्लूदिन से, जिसे डॉक्टर बहुत अच्छी तरह जानता था, भेंट हो गयी। वे दोनों विश्वविद्यालय के ज़माने के साथी थे और यद्यपि कभी-कभार ही मिलते थे, फिर भी एक-दूसरे की इज़्ज़त करते थे और अच्छे दोस्त थे। ज़ाहिर है कि स्लूदिन से

अधिक अच्छा और कौन आदमी हो सकता था, जिसके सामने डॉक्टर रोगी के बारे में अपनी साफ़-साफ़ राय ज़ाहिर करता।

"मैं बहुत ख़ुश हूँ कि आप उनकी जाँच करने आये," स्लूदिन ने कहा। "उनकी तबीयत अच्छी नहीं है और मुझे लगता है... हाँ, तो आपका क्या ख़याल है?"

"मेरा ख़याल यह है," डॉक्टर ने स्लूदिन के सिर के ऊपर से हाथ हिलाकर अपने कोचवान को बग्घी लाने का इशारा करते हुए कहा, "मेरा ख़याल यह है," डॉक्टर ने अपने मुलायम दस्ताने की उँगली को गोर-गोरे हाथों में लेते और उसे ऊपर खींचते हुए कहा, "तार को कसे बिना उसे तोड़ने की कोशिश कीजिये–यह बहुत मुश्किल है, लेकिन उसे पूरी तरह कस दीजिये, तो ऐसे बेहद कसे तार पर उँगली रख देने से भी वह टूट जायेगा। करेनिन अपने कड़े श्रम और काम के प्रति ईमानदारी के कारण तनाव की आख़िरी हद तक पहुँचा हुआ है। बाहरी तनाव भी है, तो भी बहुत ज़्यादा," भौंहों को अर्थपूर्ण दृष्टि से ऊपर चढ़ाते हुए डॉक्टर ने अपनी बात ख़त्म की। "घुड़दौड़ों में आयेंगे?" अपनी बग्घी की ओर बढ़ते हुए उसने पूछा। "हाँ, सो तो ज़ाहिर ही है, बहुत वक़्त लग जाता है," डॉक्टर ने स्लूदिन की कही हुई किसी बात के जवाब में कहा, जिसे वह सुन नहीं पाया था।

डॉक्टर के बाद, जिसने इतना अधिक समय ले लिया था, प्रसिद्ध यात्री आ गया और करेनिन ने उसी सुबह को पढ़ी गयी पुस्तिका तथा इस विषय से सम्बन्धित अपनी पहली जानकारी का उपयोग करते हुए यात्री को इस विषय-सम्बन्धी अपने ज्ञान और प्रबुद्ध दृष्टि-विस्तार से चकित कर दिया।

यात्री के साथ ही पीटर्सबर्ग आने वाले गुबेर्निया के कुलीन-मुखिया के आगमन की भी सूचना दी गयी थी और उसके साथ बातचीत करना भी ज़रूरी था। उसके जाने के बाद सेक्रेटरी के साथ रोज़मर्रा का काम-काज निपटाना था और उसके बाद एक गम्भीर तथा महत्त्वपूर्ण काम के सिलसिले में एक महत्त्वपूर्ण व्यक्ति के यहाँ जाना था। करेनिन कहीं दिन के खाने के वक़्त यानी पाँच बजे लौटा और सेक्रेटरी के साथ खाना खाने के बाद उसने उसे देहातवाले बँगले और फिर घुड़दौड़ पर चलने के लिए आमन्त्रित कर लिया।

इस बात को स्वीकार किये बिना करेनिन अब इसके लिए यत्नशील रहता कि पत्नी से मिलन के समय कोई-न-कोई तीसरा व्यक्ति उपस्थित रहे।

27

आन्ना ऊपरवाले कमरे में दर्पण के सामने खड़ी थी, आन्नुश्का की मदद से फ्रॉक पर अन्तिम रिबन लगा रही थी, जब उसे बाहर दरवाज़े पर रोड़ी को कुचलते हुए पहियों की आवाज़ सुनाई दी।

'बेत्सी तो इतनी जल्दी नहीं आ सकती,' उसने सोचा और खिड़की से झाँकने

पर उसे बग्घी तथा उसमें से करेनिन का बाहर आता काला टोप और जाने-पहचाने बड़े-बड़े कान दिखाई दिये। 'कैसे बेमौक़े आया है, कहीं रात को तो यहीं नहीं रहेगा?' उसने सोचा और उसके सम्भव नतीजे उसे इतने भयानक और ख़तरनाक प्रतीत हुए कि एक मिनट को भी कुछ सोचे-समझे बिना वह ख़ुशी से चमकता चेहरा लिये उसके स्वागत को बढ़ गयी। अपने भीतर झूठ और कपट की परिचित भावना की उपस्थिति को अनुभव करते हुए उसने फौरन अपने को उसके अधीन कर दिया और खुद यह न जानते हुए कि क्या कहने जा रही है, बोलने लगी।

"कितनी मेहरबानी की है!" उसने पति से हाथ मिलाते और घर के व्यक्ति के रूप में स्लूदिन का मुस्कुराकर स्वागत करते हुए कहा। "आशा करती हूँ कि तुम रात तो यहीं बिताओगे?" यही वे पहले शब्द थे, जिन्हें कपट-भावना ने उसे कहने को प्रेरित किया, "और अब हम एक साथ जायेंगे। लेकिन अफ़सोस की बात है कि मैंने बेत्सी से वादा कर रखा है। वह मुझे लेने आयेगी।"

बेत्सी का नाम सुनकर करेनिन के माथे पर बल पड़ गये।

"ओ, मैं कभी न अलग होने वालों को अलग नहीं करूँगा," उसने अपने सामान्य मज़ाक़िया अन्दाज़ में कहा। "मैं तो मिख़ाइल वसील्येविच के साथ जाऊँगा। मुझे तो डॉक्टर भी पैदल चलने की सलाह देते हैं। मैं कुछ दूर तक पैदल चलूँगा और यह कल्पना करूँगा कि जल-चिकित्सावाले स्वास्थ्य-नगर में हूँ।"

"कोई जल्दी तो है नहीं," आन्ना ने कहा। "चाय पियेंगे न?" उसने घंटी बजायी।

"चाय ले आइये और सेर्योझा से कहिये कि अलेक्सेई अलेक्सान्द्रोविच आये हैं। तो कहो, कैसी सेहत है तुम्हारी? मिख़ाइल वसील्येविच, आप तो कभी यहाँ नहीं आये। देखिये तो, मेरे यहाँ छज्जे में कैसी बहार है," आन्ना कभी पति और कभी उसके सेक्रेटरी को सम्बोधित करते हुए कह रही थी।

आन्ना बड़े साधारण और स्वाभाविक ढंग से, किन्तु बहुत अधिक तथा बहुत जल्दी-जल्दी बोल रही थी। वह ख़ुद भी यह महसूस कर रही थी और इस कारण उसे इस बात की और भी अधिक चेतना हो गयी थी कि उसका ध्यान स्लूदिन की उस जिज्ञासु दृष्टि की ओर गया था, जिससे मानो वह उसे आँक रहा था।

स्लूदिन फ़ौरन बाहर छज्जे में चला गया।

आन्ना पति के पास बैठ गयी।

"तुम स्वस्थ नहीं दिख रहे हो," आन्ना ने कहा।

"हाँ," उसने जवाब दिया, "आज डॉक्टर आया था, एक घंटे का समय ले लिया उसने। मुझे लगता है कि मेरे किसी मित्र ने ही उसे भेजा था—इतना बहुमूल्य जो है मेरा स्वास्थ्य..."

"तुम यह बताओ कि उसने क्या कहा?"

आन्ना ने पति से उसकी सेहत और काम-काज के बारे में पूछ-ताछ की, उससे आराम करने और यहाँ देहातवाले बँगले में आकर रहने का अनुरोध किया।

आन्ना ने यह सब कुछ ख़ुशमिज़ाजी से, जल्दी-जल्दी और आँखों में विशेष चमक के साथ कहा। लेकिन करेनिन उसके बात करने के इस ढंग में कोई अर्थ नहीं खोजता था। वह केवल उसके शब्दों को सुनता था और उन्हें सिर्फ़ उनका प्रत्यक्ष, सतही अर्थ ही प्रदान करता था। वह सीधे-सादे ढंग से, यद्यपि कुछ मज़ाक़ करते हुए उसे जवाब देता था। इस सारी बातचीत में कुछ भी तो ख़ास चीज़ नहीं थी, लेकिन बाद में आन्ना इसे लज्जा की यातनाप्रद पीड़ा के बिना कभी याद नहीं कर पायी।

अपनी शिक्षिका के पीछे-पीछे सेर्योझा भीतर आया। करेनिन ने अगर ध्यान दिया होता, तो वह ज़रूर यह देख पाता कि सेर्योझा ने कैसी सहमी-सहमी और खोयी-खोयी दृष्टि से पहले पिता तथा फिर माँ की ओर देखा था। लेकिन वह कुछ भी देखना नहीं चाहता था और उसने देखा भी नहीं।

"अहा, नौजवान। वह बड़ा हो गया है...सचमुच, बिल्कुल मर्द बनता जा रहा है। नमस्ते, नौजवान।"

और उसने सहमे हुए सेर्योझा की तरफ़ हाथ बढ़ा दिया।

पिता के मामले में सेर्योझा पहले भी कुछ झेंपता-सा रहता था और अब, जब से करेनिन उसे नौजवान कहने लगा था और उसके दिमाग़ में इस पहेली ने जन्म ले लिया था कि व्रोन्स्की दोस्त है या दुश्मन, वह पिता से कतराने लगा था। उसने मानो अपने लिए रक्षा कवच ढूँढ़ते हुए माँ की तरफ़ देखा। सिर्फ़ माँ के साथ ही वह अपने को ख़ुश महसूस करता था। करेनिन इसी समय शिक्षिका से बात करते हुए बेटे का कन्धा थामे रहा और सेर्योझा ऐसा यातनापूर्ण अटपटापन महसूस कर रहा था कि आन्ना को लगा, वह किसी क्षण भी रो पड़ेगा।

आन्ना, जिसके चेहरे पर बेटे के भीतर आने के समय लाली दौड़ गयी थी, यह देखकर कि सेर्योझा का बुरा हाल है, झटपट उठी, उसने बेटे के कन्धे से करेनिन का हाथ हटाया, बेटे को चूमा, उसे छज्जे में ले गयी और उसी क्षण लौट आयी।

"तो चलने का वक़्त हो गया," अपनी घड़ी पर नज़र डालते हुए आन्ना ने कहा, "न जाने, बेत्सी अभी तक क्यों नहीं आयी..."

"अरे हाँ, वक़्त हो गया," करेनिन ने कहा, उठा, और हाथों को मिलाकर उसने उँगलियाँ चटखायीं। "मैं इसलिए भी आया था कि तुम्हें पैसे दे दूँ, क्योंकि सिर्फ़ तरानों से ही बुलबुलों का पेट नहीं भरता," उसने कहा। "मेरे ख़याल में तुम्हें उनकी ज़रूरत है।"

"नहीं, ज़रूरत नहीं है... हाँ, है," पति की ओर देखे बिना और शर्म से पानी-पानी होते हुए उसने कहा। "हाँ, मेरे ख़याल में तुम घुड़दौड़ के बाद तो यहाँ लौट आओगे।"

"ओ, हाँ," करेनिन ने जवाब दिया। "लो, पीटरहोफ़ की शोभा प्रिन्सेस त्वेरस्काया आ गयी," उसने खिड़की में से बाहर झाँकते और अँग्रेज़ी ढंग की बहुत ही ऊँची तथा छोटी-सी बॉडीवाली बग्घी को घर के नज़दीक आते देखकर कहा। "क्या ठाठ हैं! बहुत ख़ूब! तो, हमें भी चलना चाहिए।"

प्रिन्सेस त्वेरस्काया बग्घी से बाहर नहीं निकली। केवल घुटने तक के बूट, चोगा और काला टोप पहने उसका नौकर बग्घी से कूदकर बँगले के दरवाज़े के पास आकर खड़ा हो गया।

"मैं जा रही हूँ, विदा!" आन्ना ने कहा और बेटे को चूमकर करेनिन के पास आयी तथा उसकी तरफ़ हाथ बढ़ाकर बोली– "तुमने बड़ी मेहरबानी की, जो आये।"

करेनिन ने उसका हाथ चूमा।

"तो फिर मुलाक़ात होगी। तुम चाय पीने आओगे, यह बहुत अच्छी बात है!" आन्ना ने कहा और बहुत ख़ुश-ख़ुश तथा खिले चेहरे से बाहर निकली। लेकिन ज्यों ही उसका पति आँख से ओझल हुआ, उसे हाथ पर उस जगह का एहसास होने लगा, जहाँ पति के होंठों का स्पर्श हुआ था और वह घृणा से सिहर उठी।

28

करेनिन जब घुड़दौड़ के मैदान में पहुँचा, तो आन्ना बेत्सी के साथ उसी दर्शक-मंडप में बैठी थी, जहाँ पूरे ऊँचे समाज के लोग जमा थे। उसने पति को दूर से ही देख लिया। दो व्यक्ति, पति और प्रेमी, उसके लिए उसके जीवन के दो केन्द्र-बिन्दु थे और किसी बाहरी प्रभाव के बिना ही वह उनकी निकटता को अनुभव करती थी। उसने दूर से ही पति को निकट आते महसूस कर लिया और अनचाहे ही भीड़ की उन लहरों में, जिनके बीच वह चल रहा था, लगातार उसे देखने लगी। उसने उसे दर्शक-मंडप के क़रीब पहुँचते देखा, वह कभी तो चापलूसी-भरे अभिवादनों का कृपालु ढंग से उत्तर देता, तो कभी अपने ही समान दर्जेवाले लोगों के साथ दोस्ताना ढंग से सलाम-दुआ करता, तो कभी अपने से ऊँचे दर्जेवालों की नज़र में आने के लिए पूरी कोशिश करता और अपना बड़ा तथा गोल टोप उतार लेता, जो उसके कानों के सिरों को दबाता रहता था। आन्ना उसके इन सभी तौर-तरीक़ों से परिचित थी और उसे ये सभी बहुत अखरते थे। 'सिर्फ़ महत्त्वाकांक्षा, सिर्फ़ सफलता पाने की तीव्र चाह– उसकी आत्मा में बस यही कुछ है,' वह सोच रही थी, 'और ऊँचे आदर्श, प्रबुद्धता तथा धर्म का प्यार–ये सब तो सफलता पाने के साधन मात्र हैं।'

महिलाओं के दर्शक-मंडप की ओर उठी हुई दृष्टि से वह समझ गयी कि उसी को खोज रहा है (वह सीधे उसी की तरफ़ देख रहा था, मगर जालियों, रिबनों, परों, छतरियों और फूलों के सागर में उसे पहचान नहीं सका), लेकिन आन्ना ने

जान-बूझकर उसे देखा-अनदेखा कर दिया।

"अलेक्सेई अलेक्सान्द्रोविच!" प्रिन्सेस बेत्सी ने पुकारकर उससे कहा, "आपको निश्चय ही आपकी पत्नी दिखाई नहीं दे रही। यह रही वह!"

वह अपनी रूखी मुस्कान के साथ मुस्करा दिया।

"यहाँ इतनी चमक-दमक है कि नज़र कहीं ठहर ही नहीं पाती," उसने कहा और दर्शक-मंडप की ओर बढ़ चला। पत्नी की तरफ़ देखकर वह वैसे ही मुस्कुरा दिया, जैसे ऐसा पति मुस्कुरायेगा, जो कुछ ही देर पहले उससे मिला हो। इसके बाद उसने प्रिन्सेस और जान-पहचान के बाक़ी लोगों का अभिवादन किया, हर किसी की ओर यथायोग्य ध्यान दिया यानी महिलाओं के साथ कुछ हँसी-मज़ाक़ किया और पुरुषों को अभिवादन के शब्द कहे। नीचे, दर्शक-मंडप के नज़दीक जार का जनरल-एडजुटेंट खड़ा था, जो अपनी बुद्धिमत्ता और शिक्षा-दीक्षा के लिए विख्यात था तथा करेनिन जिसकी बड़ी इज़्जत करता था। करेनिन उससे बातचीत करने लगा।

घुड़दौड़ के बीच विराम का समय था और इसलिए बातचीत में किसी तरह की बाधा नहीं पड़ रही थी। जनरल-एडजुटेंट घुड़दौड़ों की भर्त्सना कर रहा था। करेनिन आपत्ति करते हुए इनका पक्ष ले रहा था। आन्ना एक भी शब्द अनसुना किये बिना उसकी चिचियाती तथा समलयवाली आवाज़ को सुन रही थी, हर शब्द उसे बनावटी लग रहा था और उसके कानों को बुरी तरह अखर रहा था।

जब बाधाओं वाली छः किलोमीटरों की घुड़दौड़ शुरू हुई, तो आन्ना आगे को झुक गयी, घोड़े के पास आते और उस पर सवार होते व्रोन्स्की को टकटकी बाँधकर देखती तथा साथ ही पति के घृणित और बन्द न होने वाले स्वर को भी सुनती रही। वह व्रोन्स्की के लिए घबरा रही थी, लेकिन उसे लग रहा था कि परिचित उतार-चढ़ावों के साथ पति की लगातार सुनाई देने वाली चिचियाती आवाज़ उसमें कहीं अधिक घबराहट पैदा कर रही है।

'मैं बहुत बुरी औरत हूँ, मैं गयी-बीती औरत हूँ,' आन्ना सोच रही थी, 'लेकिन मुझे झूठ बोलना अच्छा नहीं लगता, मैं झूठ को बर्दाश्त नहीं कर सकती, पर उसकी (पति की) तो झूठ ही ख़ुराक है। वह सब जानता है, सब कुछ देखता है, लेकिन अगर इतने इत्मीनान से बातचीत कर सकता है, तो महसूस क्या करता है? अगर वह मुझे मार डालता, व्रोन्स्की की हत्या कर देता, तो मैं उसकी इज़्जत करती। लेकिन नहीं, उसे तो झूठ और जग-दिखावा चाहिए,' आन्ना यह सोचे बिना कि वह पति से क्या उपेक्षा करती है, उसे कैसा देखना चाहती है, मन-ही-मन अपने से कह रही थी। वह यह नहीं समझ पा रही थी कि करेनिन का आज विशेष रूप से अधिक बातें करना, जिससे उसे इतनी खीझ महसूस हो रही थी, उसकी आन्तरिक चिन्ता और घबराहट को अभिव्यक्ति दे रहा था। जैसे चोट खा जाने वाला बालक

उछल-कूदकर अपनी मांसपेशियों में हरकत लाता है ताकि दर्द को भुला सके, उसी भाँति करेनिन के लिए भी मानसिक गतिशीलता ज़रूरी थी, ताकि पत्नी के बारे में उन विचारों को भुला सके, जो पत्नी और व्रोन्स्की की उपस्थिति में तथा लगातार व्रोन्स्की का नाम दोहराया जाने पर उसका ध्यान अपनी ओर आकृष्ट करते थे। बालक के लिए जैसे उछलना-कूदना स्वाभाविक है, वैसे ही करेनिन के लिए अच्छी-अच्छी और बुद्धिमत्तापूर्ण बातें करना स्वाभाविक था। वह कह रहा था–

"फ़ौजी यानी रिसाले की घुड़दौड़ों में ख़तरा तो घुड़दौड़ों की एक ज़रूरी शर्त है। अगर इंग्लैंड अपने सैन्य-इतिहास में घुड़सेना के बहुत ही शानदार कारनामों का उल्लेख कर सकता है, तो केवल इसलिए कि उसने पुराने ज़माने से अपने लोगों और पशुओं में यह शक्ति पैदा की है। मेरे मतानुसार तो खेल-कूद का बहुत महत्त्व है, और सदा की भाँति, हम केवल सतही पहलू की तरफ़ ध्यान देते हैं।"

"सतही पहलू की तरफ़ नहीं," प्रिन्सेस त्वेरस्काया ने कहा। "कहते हैं कि एक अफ़सर ने अपनी दो पसलियाँ तोड़ ली हैं।"

करेनिन केवल दाँतों की झलक देते हुए अपने विशेष ढंग से मुस्कुराया।

"प्रिन्सेस, चलो हम मान लेते हैं कि यह सतही नहीं, बाहरी नहीं, बल्कि आन्तरिक है। किन्तु महत्त्व की बात यह नहीं है," और उसने फिर से जनरल को सम्बोधित किया, जिसके साथ गम्भीरतापूर्वक बातचीत कर रहा था, "यह नहीं भूलियेगा कि सैनिक ही घुड़दौड़ में हिस्सा लेते हैं, जिन्होंने इस काम को ख़ुद अपने लिए चुना है और आपको यह भी मानना होगा कि हर पेशे का अपना बुरा पहलू भी होता है। यह तो सैनिक के प्रत्यक्ष कर्तव्यों में से एक है। घूँसेबाज़ी का बेहूदा खेल या साँड़ों के साथ लोगों की लड़ाई का स्पेनी खेल बर्बरता का लक्षण है। किन्तु विशेषीकृत खेल विकास का लक्षण है।"

"नहीं, मैं तो फिर कभी नहीं जाऊँगी। बहुत ही उत्तेजित हो जाती हूँ मैं इससे," प्रिन्सेस बेत्सी ने कहा। "मैं ठीक कह रही हूँ न आन्ना?"

"उत्तेजना तो होती है, मगर नज़र हटाना मुमक़िन नहीं," किसी दूसरी महिला ने ख़याल ज़ाहिर किया। "अगर मैं रोम-वासिनी होती, तो सरकस का हर तमाशा देखती।"

आन्ना ने कुछ भी नहीं कहा और दूरबीन को आँखों के सामने किये हुए एक ही जगह पर दृष्टि जमाये रही।

इसी समय ऊँचे क़द का एक जनरल दर्शक-मंडप के बीच से गुज़रा। करेनिन अपनी बात बीच में ही छोड़कर झटपट, किन्तु गरिमापूर्वक उठा और उसने बहुत झुककर जनरल को प्रणाम किया।

"आप घुड़दौड़ में हिस्सा नहीं ले रहे हैं?" जनरल ने उससे मज़ाक़ किया।

"मेरी घुड़दौड़ ज़्यादा मुश्किल है," करेनिन ने आदरपूर्वक उत्तर दिया।

यद्यपि इस उत्तर का कोई अर्थ नहीं था, तथापि जनरल ने ऐसा ज़ाहिर किया कि उसे समझदार आदमी से समझदारी की बात सुनने को मिली है और वह उसके la pointe de la sauce[1] को अच्छी तरह समझता है।

"दो पक्ष हैं," करेनिन ने फिर से कहना शुरू किया, "खेल में भाग लेने वाले और दर्शक। ऐसे तमाशों का शौक़ दर्शकों के नीचे स्तर का लक्षण है, मैं इससे सहमत हूँ, लेकिन..."

"प्रिन्सेस, शर्त हो जाये!" नीचे से ओब्लोन्स्की ने बेत्सी को सम्बोधित किया। "आप किसके हक़ में हैं?"

"आन्ना और मैं तो प्रिन्स कुज़ोव्लेव के हक़ में हैं," बेत्सी ने जवाब दिया।

"और मैं व्रोन्स्की के। दस्तानों की जोड़ी की शर्त हो जाये।"

"ठीक है!"

"कितना बढ़िया है यह नज़ारा, ठीक है न?"

जब तक उसके आस-पास दूसरे बातें करते रहे, करेनिन ख़ामोश रहा, लेकिन उनके चुप होते ही फिर से बोलने लगा।

"मैं सहमत हूँ, किन्तु साहसपूर्ण खेल..." उसने कहना आरम्भ किया।

मगर इसी वक़्त घुड़सवारों को दौड़ आरम्भ करने का संकेत दिया गया और सभी ने बातचीत बन्द कर दी। करेनिन भी ख़ामोश हो गया और हर कोई उठकर नदी की ओर देखने लगा। करेनिन को घुड़दौड़ों में कोई दिलचस्पी नहीं थी और इसलिए वह घुड़दौड़ में भाग लेने वालों की तरफ़ न देखते हुए खोया-खोया-सा दर्शकों पर नज़र दौड़ाने लगा। उसकी दृष्टि आन्ना पर रुक गयी।

आन्ना के चेहरे का रंग उड़ा हुआ था और उस पर कठोरता झलक रही थी। वह प्रत्यक्षतः एक को छोड़कर अन्य किसी व्यक्ति या चीज़ को नहीं देख रही थी। उसका हाथ पंखे को कसकर दबाये था और उसने साँस रोक रखी थी। करेनिन ने उसकी तरफ़ देखा और झटपट नज़र हटाकर दूसरे चेहरों को देखने लगा।

'हाँ, वह महिला और दूसरी महिलाएँ भी बहुत उत्तेजित हैं, यह बिल्कुल स्वाभाविक है,' करेनिन ने अपने-आपसे कहा। उसने आन्ना की तरफ़ देखना नहीं चाहा, लेकिन उसकी दृष्टि बरबस उसकी तरफ़ खिंच गयी। उसने यह कोशिश करते हुए फिर इस चेहरे को गौर से देखा कि उस पर जो कुछ इतना स्पष्ट लिखा हुआ है, उसे न पढ़े, मगर अपनी इच्छा के विरुद्ध भयभीत होते हुए उस पर वह पढ़ा, जो वह पढ़ना नहीं चाहता था।

नदी लाँघते समय कुज़ोव्लेव के गिरने से सभी परेशान हो उठे, लेकिन करेनिन ने आन्ना के पीले, उल्लासपूर्ण चेहरे पर यह साफ़ देखा कि जिसकी ओर वह देख रही थी, वह नहीं गिरा। मख़ोतिन और व्रोन्स्की के बड़ा अवरोध लाँघने के बाद

1. हाज़िरजवाबी। (फ्रांसीसी)

जब अगला अफ़सर सिर के बल गिरकर मौत के मुँह में पहुँच गया और सभी लोग काँप उठे, तब भी करेनिन ने देखा कि आन्ना का इसकी ओर ध्यान तक नहीं गया और वह मुश्किल से यह समझ पायी कि लोग उसके इर्द-गिर्द क्या बात कर रहे हैं। लेकिन वह बार-बार और बड़ी दृढ़ता से आन्ना के चेहरे को ध्यानपूर्वक देखता था। सरपट घोड़ी दौड़ाते व्रोन्स्की को देखने में पूरी तरह खोयी हुई आन्ना ने बग़ल से अपने चेहरे पर पति की रूखी आँखों की एकटक दृष्टि अनुभव की।

क्षण-भर को उसने मुड़कर देखा, पति के चेहरे पर प्रश्नसूचक दृष्टि डाली, तनिक नाक-भौंह सिकोड़ी और फिर से मुँह फेर लिया।

"ओह, मेरी बला से," उसने मानो उससे कहा और इसके बाद एक बार भी पति की तरफ नहीं देखा।

घुड़दौड़ बड़ी मनहूस रही और सत्रह लोगों में से आधे से ज़्यादा गिरकर बुरी तरह घायल हो गये। घुड़दौड़ के अन्त में सभी बहुत परेशान थे और यह परेशानी इसलिए और अधिक बढ़ गयी कि ज़ार भी अप्रसन्न रहे थे।

29

सभी ऊँचे स्वर में अपनी नापसन्दगी ज़ाहिर कर रहे थे, सभी किसी के द्वारा कहा गया यह वाक्य 'बस, अब बबर-शेरों के साथ सरकस की ही कमी रह गयी है,' दोहरा रहे थे। सभी के दिल बुरी तरह से दहले हुए थे और इसलिए व्रोन्स्की के गिरने पर जब आन्ना ज़ोर से चीख़ उठी, तो इसमें भी किसी को कुछ असाधारण प्रतीत नहीं हुआ। किन्तु इसके फ़ौरन बाद आन्ना के चेहरे पर ऐसा परिवर्तन हो गया, जो निश्चित रूप से अशोभनीय था। वह पूरी तरह से अपना सन्तुलन खो बैठी और पिंजरे में बन्द कर दिये गये पंछी की तरह छटपटाने लगी–कभी उठना और कहीं जाना चाहती, तो कभी बेत्सी को सम्बोधित करती–

"आओ चलें, चलें यहाँ से," वह कहती।

किन्तु बेत्सी उसकी बात नहीं सुन रही थी। वह नीचे को झुकी हुई अपने पास आने वाले जनरल से बातें कर रही थी।

करेनिन आन्ना के क़रीब आया और उसने बड़ी नम्रता से उसकी तरफ़ हाथ बढ़ाते हुए फ्रांसीसी में कहा–

"अगर आपकी ऐसी इच्छा है, तो आइये चलें।"

किन्तु आन्ना जनरल के शब्दों पर कान लगाये थी और पति की तरफ़ उसने कोई ध्यान नहीं दिया।

"कहते हैं कि उसकी भी टाँग टूट गयी है," जनरल कह रहा था। "यह तो हद ही हो गयी।"

आन्ना ने पति को कोई जवाब दिये बिना अपनी दूरबीन ऊँची की और उस

जगह को ग़ौर से देखा, जहाँ व्रोन्स्की गिरा था। किन्तु वह जगह इतनी दूर थी और वहाँ लोगों की इतनी भीड़ जमा थी कि कुछ भी देख पाना सम्भव नहीं था। उसने दूरबीन नीचे कर ली और जाना चाहा, मगर इसी समय एक अफ़सर घोड़ा दौड़ाता हुआ आया और उसने ज़ार को कुछ सूचना दी। आन्ना सुनने की कोशिश करते हुए आगे को झुक गयी।

"स्तीवा ! स्तीवा !" उसने अपने भाई को पुकारा।

लेकिन भाई ने उसकी आवाज़ नहीं सुनी। आन्ना ने फिर यहाँ से जाना चाहा।

"अगर आप जाना चाहती हैं, तो मैं एक बार फिर अपना हाथ आपकी ओर बढ़ाता हूँ," करेनिन ने आन्ना का हाथ छूते हुए कहा।

उसने वितृष्णा से अपना हाथ हटा लिया और उसकी तरफ़ देखे बिना उत्तर दिया !

"नहीं, नहीं, मुझे परेशान नहीं कीजिये, मैं नहीं जाना चाहती।"

आन्ना ने इस समय देखा कि व्रोन्स्की जहाँ गिरा था, वहाँ से एक अफ़सर घेरे को लाँघता हुआ दर्शक-मंडप की तरफ़ भागा आ रहा है। बेत्सी ने उसकी तरफ़ रूमाल हिलाया।

अफ़सर ने यह ख़बर दी कि घुड़सवार को चोट नहीं लगी, मगर घोड़ी की पीठ टूट गयी है।

यह सुनकर आन्ना झटपट बैठ गयी और उसने पंखे से अपना चेहरा ढक लिया। करेनिन ने देखा कि वह रो रही है और न सिर्फ़ आँसुओं, बल्कि उन सिसकियों को भी नहीं रोक पा रही है, जिनसे उसका वक्ष हिल-डुल रहा था। करेनिन ने उसे सँभलने का समय देने के लिए अपनी ओट में कर लिया।

"मैं तीसरी बार आपको अपना हाथ थामने के लिए कहता हूँ," कुछ देर बाद उसने आन्ना को फिर सम्बोधित करते हुए कहा। आन्ना उसकी तरफ़ देख रही थी और उसकी समझ में नहीं आ रहा था कि क्या कहे। प्रिन्सेस बेत्सी ने उसकी मदद की।

"नहीं, अलेक्सेई अलेक्सान्द्रोविच, मैं आन्ना को अपने साथ लायी थी और मैं ही उसे पहुँचा आऊँगी," बेत्सी ने उनकी बातचीत में दख़ल देते हुए कहा।

"मैं माफ़ी चाहता हूँ, प्रिन्सेस," उसने शिष्टता से मुस्कुराकर, किन्तु दृढ़तापूर्वक उससे आँख मिलाते हुए जवाब दिया, "लेकिन मैं देख रहा हूँ कि आन्ना की तबीयत अच्छी नहीं है और चाहता हूँ कि वह मेरे साथ चले।"

आन्ना ने निराशा से इधर-उधर देखा, चुपचाप उठी और पति का हाथ थाम लिया।

"मैं अपने किसी आदमी को उसके पास भेज दूँगी, हाल-चाल मालूम करके वह तुम्हें सूचना दे जायेगा," बेत्सी ने फुसफुसाकर कहा।

दर्शक-मंडप से बाहर जाते हुए करेनिन ने सदा की भाँति मिलने-जुलने वालों से बातचीत की और आन्ना को भी हमेशा की तरह उसके उत्तर देने और बातचीत करनी पड़ी। लेकिन उसे तो अपनी सुध-बुध ही नहीं थी और वह पति का हाथ थामे हुए मानो सपने में चली जा रही थी।

'उसे चोट लगी या नहीं? लोगों का कहना सच है या नहीं? आयेगा या नहीं? आज उससे मुलाक़ात होगी या नहीं?' वह सोच रही थी।

आन्ना चुपचाप करेनिन की बग्घी में जा बैठी और चुप्पी साधे हुए ही बग्घियों के जमघट में से निकल गयी। करेनिन ने जो कुछ देखा था, उसके बावजूद अपनी पत्नी की वास्तविक स्थिति के बारे में उसने अपने को सोचने नहीं दिया। उसने केवल बाहरी लक्षणों को देखा। उसने देखा कि आन्ना ने वहाँ शिष्टता का परिचय नहीं दिया और उससे यह कह देना अपना कर्तव्य माना। लेकिन उसके लिए सिर्फ़ इतना ही कहना, इससे अधिक कुछ न कहना बड़ा मुश्किल था। उसने यह कहने के लिए कि कैसे आन्ना ने वहाँ अशिष्ट व्यवहार किया, मुँह खोला, लेकिन अनचाहे ही बिल्कुल दूसरी बात कह दी।

"फिर भी ऐसे क्रूर दृश्यों के प्रति हमारा कैसा झुकाव है," उसने कहा, "मैं देख रहा हूँ..."

"क्या? मेरी समझ में कुछ नहीं आ रहा," आन्ना ने तिरस्कारपूर्वक कहा।

करेनिन बुरा मान गया और उसी वक़्त वह कहने लगा, जो कहना चाहता था।

"मुझे आपसे कहना ही होगा," उसने शुरू किया।

'लो, मामला सामने आने लगा,' आन्ना ने सोचा और उसे दहशत महसूस होने लगी।

"मुझे आपसे कहना ही होगा कि आज आपने अशिष्टता का परिचय दिया," करेनिन ने फ्रांसीसी में कहा।

"कैसे मैंने अशिष्टता का परिचय दिया?" जल्दी से पति की ओर घूमते और नज़रें मिलाते हुए उसने ऊँची आवाज़ में पूछा। इस बार उसके चेहरे पर पहले की तरह तनिक प्रसन्नतापूर्ण दुराव-छिपाव की जगह दृढ़ता का भाव था और वह बड़ी मुश्किल से अनुभूत भय को उसकी ओट में छिपा पा रही थी।

"उसे नहीं भूलिये," उसने कोचवान के पीछे खुली हुई खिड़की की तरफ़ संकेत करते हुए कहा।

करेनिन ने उठकर खिड़की का शीशा चढ़ा दिया।

"क्या अशिष्ट लगा आपको?" आन्ना ने दोहराया।

"वह हताशा, जो एक घुड़सवार के गिरने पर आपने प्रकट की।"

पति को आशा थी कि वह आपत्ति करेगी, लेकिन आन्ना अपने सामने देखती हुई ख़ामोश रही।

"मैंने पहले ही आपसे यह अनुरोध किया था कि ऊँचे समाज में आपका आचरण ऐसा होना चाहिए कि दुर्भावनापूर्ण लोग आपके बारे में कुछ बुरा न कह सकें। कभी वह वक़्त भी था, जब मैंने हमारे आपसी सम्बन्धों की बात की थी, लेकिन मैं अब उनकी चर्चा नहीं करता हूँ। अब मैं बाहरी सम्बन्धों का ही ज़िक्र करता हूँ। आपका आचरण अच्छा नहीं था और मैं चाहता हूँ कि फिर कभी ऐसा न हो।"

आन्ना ने उसके आधे शब्द तो सुने ही नहीं। उसे उससे भय अनुभव हो रहा था और वह यह सोच रही थी, क्या यह सच है कि व्रोन्स्की को चोट नहीं लगी? क्या उसी के बारे में यह कहा जा रहा था कि वह सही-सलामत है, मगर घोड़ी की पीठ टूट गयी? करेनिन की बात ख़त्म होने पर वह केवल बनावटी ढंग से व्यंग्यपूर्वक मुस्कुरा दी और उसने कोई जवाब नहीं दिया, क्योंकि पति जो कुछ कह रहा था, उसने सुना ही नहीं था। करेनिन साहसपूर्वक बोलने लगा, किन्तु जब उसने साफ़ तौर पर अपने शब्दों का भाव समझा, तो उसी भय ने, जिसे आन्ना अनुभव कर रही थी, उसे भी दबोच लिया। उसने आन्ना की यह मुस्कान देखी और वह एक अजीब चक्कर में पड़ गया।

'वह मेरे सन्देहों पर मुस्कुरा रही है। हाँ, वह अभी मुझसे वही कहेगी, जो उसने कहा था—मेरे सन्देहों के लिए कोई आधार नहीं है, कि यह सब हास्यास्पद है।'

अब, जबकि सारी बात स्पष्ट हो जाने का भय उसके ऊपर मँडरा रहा था, वह जी-जान से यही चाहता था कि आन्ना पहले की भाँति मज़ाक़ उड़ाती हुई उसे यही जवाब दे कि उसके सन्देह हास्यास्पद हैं और उनका कोई आधार नहीं है। जो कुछ वह जानता था, इतना भयानक था कि अब सभी बातों पर विश्वास करने को तैयार था। किन्तु आन्ना के डरे-सहमे और उदास चेहरे का भाव अब धोखे की भी आशा नहीं पैदा करता था।

"मुमकिन है कि मुझसे भूल हुई हो," उसने कहा। "अगर ऐसा हो, तो माफ़ी चाहूँगा।"

"नहीं, आपसे भूल नहीं हुई," पति के कठोर चेहरे को हताशा से देखकर आन्ना ने धीरे से कहा। "आपसे भूल नहीं हुई। मैं बेहद परेशान थी और अब भी परेशान हुए बिना नहीं रह सकती। मैं आपकी बातें सुन रही हूँ और उसके बारे में सोच रही हूँ। मैं उसे प्यार करती हूँ, मैं उसकी प्रेमिका हूँ, मैं आपको बर्दाश्त नहीं कर सकती, आपसे डरती हूँ, आपसे घृणा करती हूँ... आप मेरे साथ जो भी चाहें, कर सकते हैं।"

बग्घी के कोने में होकर वह हाथों से मुँह ढाँपकर सिसकने लगी। करेनिन बुत बना बैठा रहा और सामने की ओर टिकी हुई दृष्टि को भी उसने नहीं बदला। किन्तु उसके चेहरे पर मुर्दे जैसी निश्चल गम्भीरता आ गयी और देहातवाले बँगले तक

पहुँचने के सारे रास्ते में उसके चेहरे पर यही भाव बना रहा। घर के पास पहुँचने पर उसने इसी भाव को बनाये रखते हुए आन्ना की ओर मुँह किया।

"तो यह बात है! लेकिन मैं उस समय तक बाहरी शिष्टता निभाने की माँग करता हूँ" उसकी आवाज़ काँप रही थी, "जब तक मैं अपनी मान-मर्यादा की रक्षा के उपाय नहीं कर लेता और आपको उनकी सूचना नहीं दे देता।"

वह बग्घी के नीचे उतरा और फिर सहारा देकर उसे उतारा। नौकरों-चाकरों की उपस्थिति में उसने चुपचाप आन्ना का हाथ दबाया, बग्घी में जा बैठा और पीटर्सबर्ग चला गया।

करेनिन के जाने के फ़ौरन बाद बेत्सी का नौकर आया और आन्ना के नाम यह रुक़्क़ा लाया।

'मैंने व्रोन्स्की की तबीयत के बारे में जानने को आदमी भेजा था। उसने लिखा है कि तन्दरुस्त और सही-सलामत, मगर बहुत दुःखी है।'

'इसका मतलब यह है कि वह आयेगा!' आन्ना ने सोचा। 'कितना अच्छा किया मैंने कि पति से सब कुछ कह दिया।'

आन्ना ने घड़ी पर नज़र डाली। व्रोन्स्की के आने में अभी तीन घंटे का वक़्त बाक़ी था। पिछले मिलन की तफ़सीलों की यादों से उसे अपने ख़ून में गर्मी महसूस होने लगी।

'हे भगवान, कैसी रोशनी है! यह भयानक है, किन्तु मुझे उसका चेहरा देखना अच्छा लगता है और मुझे यह विलक्षण प्रकाश अच्छा लगता है... पति! अरे, हाँ... भला हो भगवान का कि उसके साथ सब कुछ समाप्त हो गया।'

30

उन सभी जगहों की तरह, जहाँ लोग जमा होते हैं, वैसे ही छोटी-सी जर्मन जल-चिकित्सा नगरी में, जहाँ श्चेर्बात्स्की परिवार के लोग आये थे, समाज का मानो एक सामान्य 'स्फटिकीकरण' हो गया था, जो उसके हर सदस्य का विशेष और अपरिवर्तनीय स्थान निश्चित कर देता है। जिस प्रकार ठंड के कारण पानी की बूँद निश्चित और अनिवार्य रूप से बर्फ़ीले स्फटिक की एक ख़ास शक्ल धारण कर लेती है, वैसे ही जल-चिकित्सा नगरी में आने वाले हर व्यक्ति का फ़ौरन उसके अनुरूप स्थान निश्चित हो जाता था।

फ़ूर्स्ट श्चेर्बात्स्की ज़ाम्ट गेमालिन उण्ड टोहटेर[1]–फ़्लैट, जिसमें वे आकर रहे, उसके नाम तथा उन परिचितों के अनुसार, जिनसे वे मिलते-जुलते थे, उनका निश्चित और पूर्व नियत स्थान स्पष्ट हो गया था।

जल-चिकित्सा नगरी में इस वर्ष एक असली जर्मन राजकुमारी आयी हुई थी

1. बीवी और बेटी के साथ प्रिन्स श्चेर्बात्स्की। (जर्मन)

और इसलिए समाज का 'स्फटिकीकरण' और अधिक तीव्रता से हुआ था। प्रिन्सेस श्चेर्बात्स्काया ने अपनी बेटी को फ़ौरन राजकुमारी के सामने पेश करना चाहा और दूसरे ही दिन यह रस्म पूरी कर डाली। पेरिस से मँगवाया गया 'अतिसाधारण' यानी अत्यधिक बढ़िया हल्का फ्रॉक पहने हुए कीटी ने बहुत झुककर तथा बड़े सुन्दर ढंग से राजकुमारी को प्रणाम किया। राजकुमारी ने कहा, "आशा करती हूँ कि इस प्यारे चेहरे पर फिर से गुलाब खिल उठेंगे," और श्चेर्बात्स्की परिवारवालों के लिए फ़ौरन जीवन के ऐसे विशेष पथ निश्चित हो गये, जिनसे हटना सम्भव नहीं था। एक अँग्रेज़ लेडी, एक जर्मन काउंटेस और पिछले युद्ध में घायल हुए उसके बेटे, स्वीडन के एक विद्वान और M. Canut तथा उसकी बहन से भी श्चेर्बात्स्की परिवारवालों का परिचय हो गया। किन्तु श्चेर्बात्स्की परिवार के साथ सबसे ज़्यादा मिलने-जुलने वालों में अनचाहे ही मास्को की महिला मारीया येव्गेन्येव्ना र्‌तिश्चेवा और उसकी बेटी थीं, किन्तु कीटी को यह लड़की इसलिए अच्छी नहीं लगती थी कि वह उसकी भाँति प्यार के कारण ही बीमार हुई थी। मास्को का यह कर्नल भी उनसे बहुत मिलता-जुलता था, जिसे कीटी बचपन से वर्दी पहने और पद-चिह्नोंवाले झब्बे लगाये देखती रही थी और जो अपनी छोटी-छोटी आँखों और फूलदार टाई के साथ गर्दन के खुले बटन के कारण बहुत हास्यास्पद लगता था और इसलिए ही बड़ी ऊब पैदा करता था कि उससे पिंड छुड़ाना मुश्किल होता था। जब यह सब कुछ इतने दृढ़ रूप में सुनिश्चित हो गया, तो कीटी को बहुत उकताहट महसूस होने लगी, ख़ासतौर पर इसलिए कि उसके पिता कार्ल्सबाद चले गये थे और वह माँ के साथ रह गयी थी। कीटी जिन्हें जानती थी, उनमें यह अनुभव करते हुए विशेष रुचि नहीं लेती थी कि उनसे कुछ भी नया नहीं जान पायेगी। इस जल-चिकित्सा नगरी में उसकी मुख्य दिलचस्पी का विषय तो उन लोगों का निरीक्षण करना और उनके बारे में अनुमान लगाना था, जिन्हें वह नहीं जानती थी। अपने स्वभाव के अनुसार कीटी लोगों में, विशेषतः अपरिचित लोगों में, सर्वश्रेष्ठ गुणों की कल्पना करती। इसलिए अब यह अनुमान लगाते हुए कि कौन क्या है, उनके बीच कैसे सम्बन्ध हैं और वे कैसे लोग हैं, कीटी बहुत ही अद्‌भुत और श्रेष्ठ स्वरूपों की कल्पना करती तथा अपने निरीक्षणों द्वारा उनकी पुष्टि पाती।

ऐसे लोगों में एक रूसी लड़की कीटी की विशेष रुचि का केन्द्र-बिन्दु बनी हुई थी। वह बीमार रूसी महिला के साथ, जिसे सभी मदाम श्ताल कहते थे, यहाँ आयी थी। मदाम श्ताल ऊँचे समाज से सम्बन्ध रखती थी, लेकिन अधिक बीमार होने के कारण चलने-फिरने में असमर्थ थी और कभी-कभार अच्छे मौसमवाले दिनों में ही पहियोंवाली कुर्सी में बाहर आती। किन्तु, जैसा कि प्रिन्सेस श्चेर्बात्स्काया ने स्पष्ट किया, वह बीमारी के कारण उतना नहीं, जितना कि घमंड की वजह से किसी रूसी से परिचित नहीं थी। रूसी लड़की मदाम श्ताल की देखभाल करती

और इसके अलावा, जैसा कि कीटी ने देखा, ज़्यादा बीमार लोगों के साथ, जिनकी यहाँ काफ़ी बड़ी संख्या थी, मिलती-जुलती और बहुत ही स्वाभाविक ढंग से उनकी सेवा-सुश्रूषा में लगी रहती। कीटी के निरीक्षणों के अनुसार यह रूसी लड़की मदाम श्ताल की कोई रिश्तेदार नहीं थी, मगर साथ ही वेतन पाने वाली सहायिका भी नहीं थी। मदाम श्ताल उसे वारेन्का कहकर बुलाती थी और दूसरे लोग उसे m-lle वारेन्का कहते थे। मदाम श्ताल और कीटी के लिए अपरिचित अन्य लोगों के प्रति इस लड़की के सम्बन्धों के निरीक्षणों में तो कीटी रुचि लेती ही थी, लेकिन साथ ही, जैसा कि अक्सर होता है, इस m-lle वारेन्का के प्रति वह अनबूझ आकर्षण अनुभव करती और उनकी आपस में मिलने वाली नज़रों से यह भी महसूस करती कि वह खुद भी उसे अच्छी लगती है।

M-lle वारेन्का कुछ ऐसी नहीं थी, जिसके यौवन का पहला उभार ढल चुका हो, बल्कि ऐसे प्राणी जैसी थी, जिस पर जवानी का रंग कभी आया ही न हो। उसकी उम्र उन्नीस भी हो सकती थी और तीस भी। नाक-नक़्शे की दृष्टि से चेहरे के रोगी जैसे पीले रंग के बावजूद वह बदसूरत होने के बजाय ख़ूबसूरत थी। अगर वह बहुत ही कृशकाय न होती और मँझोले क़द के साथ उसका बहुत बड़ा सिर न होता, तो उसकी आकृति भी अच्छी लगती। किन्तु पुरुषों के लिए वह आकर्षक नहीं हो सकती थी। वह सुन्दर और बेशक पूरी पँखुड़ियोंवाले, किन्तु मुरझा चुके तथा सुगन्धहीन पुष्प के समान थी। इसके अलावा वह इस कारण भी पुरुषों के लिए आकर्षक नहीं हो सकती थी कि उसमें वह कुछ नहीं था, जो कीटी में बहुत अधिक था यानी जीवन की संयत अग्नि और अपने आकर्षण की चेतना।

वारेन्का हमेशा काम में व्यस्त प्रतीत होती, जिसके बारे में कोई सन्देह भी नहीं हो सकता था, और इसलिए ऐसा लगता था कि अन्य किसी चीज़ में उसकी दिलचस्पी नहीं हो सकती। कीटी की तुलना में इस प्रतिकूलता के कारण वह कीटी को विशेषतः अपनी ओर खींचती थी। कीटी अनुभव करती कि उसमें, उसके जीवन के ढंग में उसे वह कुछ मिल जायेगा, जिसे वह अब यातनापूर्वक ढूँढ़ रही थी यानी ऊँचे समाज में मर्दों के प्रति लड़कियों के सम्बन्धों के दायरे के बाहर, जो अब उसे ग्राहकों की प्रतीक्षा में माल के लज्जाजनक प्रदर्शन लगते थे, वह जीवन में रुचियाँ और जीवन की गरिमा पा सकेगी। अपनी इस अपरिचित सहेली को कीटी जितना अधिक देखती, उसे इस बात का उतना ही अधिक विश्वास होता जाता था कि उसके बारे में वह जैसी कल्पना करती है, वह वैसी ही पूर्णता का आदर्श रूप है और उससे परिचित होने की उसकी इच्छा उतनी ही तीव्र होती जाती थी।

दोनों लड़कियाँ दिन में कई बार एक-दूसरी के सामने आतीं और हर मुलाक़ात में कीटी की आँखें यह कहती प्रतीत होतीं–'कौन हो तुम? क्या हो तुम? यह सच है न कि तुम वैसी ही अद्भुत हो, जैसी मैं तुम्हारी कल्पना करती हूँ? किन्तु

भगवान के लिए ऐसा नहीं सोचियेगा,' उसकी नज़र इतना और कहती लगती कि 'मैं ज़बर्दस्ती आपसे जान-पहचान करना चाहती हूँ। मैं तो केवल मुग्ध होकर आपको देखती और आपसे प्यार करती हूँ।' 'मैं भी आपको प्यार करती हूँ और आप बहुत, बहुत ही प्यारी हैं। अगर मेरे पास फ़ुर्सत का वक़्त होता, तो आपको और भी ज़्यादा प्यार करती,' इस अज्ञात लड़की की नज़र जवाब देती। वास्तव में ही कीटी देखती कि वह हमेशा बहुत व्यस्त रहती है—या तो किसी रूसी परिवार के बच्चों को खनिज जल के स्रोतों से ले जाती होती, या किसी बीमार औरत के लिए कम्बल लाती और उसे अच्छी तरह से ओढ़ाती दिखाई देती, या खीझ उठने वाले किसी रोगी का ध्यान किसी दूसरी ओर करने की कोशिश में लगी दिखती, या फिर किसी के लिए बिस्कुट चुनती और ख़रीदती होती।

श्चेर्बात्स्की परिवार के आने के जल्द बाद ही सुबह के समय जल-स्रोतों पर दो और व्यक्ति दिखाई देने लगे, जिनकी ओर सभी अप्रिय भावना से देखते थे। इनमें से एक बहुत ही लम्बा-तड़ंगा और कुछ झुकी हुई पीठ तथा बहुत ही बड़े-बड़े हाथोंवाला पुरुष था। उसकी आँखें काली, भोली-भाली, और साथ ही भयानक थीं और वह अपने क़द की तुलना में छोटा और पुराना-सा ओवरकोट पहने रहता था। उसके साथ एक चेचकरू तथा प्यारी-सी नारी थी, जो बहुत ही भद्दे तथा कुरुचिपूर्ण कपड़े पहने थी। इन दोनों को रूसियों के रूप में पहचानकर कीटी अपनी कल्पना में उसके बारे में बहुत बढ़िया और मर्मस्पर्शी प्रेम-कथा भी रचने लगी थी। किन्तु प्रिन्सेस श्चेर्बात्स्काया ने आगन्तुक-सूची से यह मालूम करके कि ये दोनों निकोलाई लेविन और मारीया निकोलायेव्ना थे, कीटी को बताया कि यह लेविन कितना बुरा आदमी है और इन दोनों के बारे में उसकी सारी कल्पनाएँ हवा हो गयीं। माँ की बातों के कारण तो इतना अधिक ऐसा नहीं हुआ, जितना इस वजह से कि वह कोन्स्तान्तीन लेविन का भाई था। कीटी के लिए ये दोनों व्यक्ति सहसा अत्यधिक अप्रिय हो गये। सिर को झटकने की अपनी आदत के कारण यह लेविन अब कीटी के हृदय में अदम्य घृणा-भाव पैदा करता।

कीटी को लगता कि उसकी बड़ी-बड़ी और भयानक आँखें, जो उसे एकटक देखती रहती थीं, नफ़रत और व्यंग्य का भाव व्यक्त करती हैं और वह इस कोशिश में रहती कि उससे मुलाक़ात न हो।

31

बुरे मौसम का दिन था, सुबह से पानी बरस रहा था और छतरियाँ लिये हुए रोगी गैलरी में जमा थे।

कीटी अपनी माँ और मास्कोवासी कर्नल के साथ, जो फ्रैंक़फ़ुर्ट में खरीदे गये सिले-सिलाये यूरोपीय ढंग के फ्रॉक-कोट की बड़ी ख़ुशी से नुमाइश कर रहा था,

गैलरी में टहल रही थी। ये तीनों गैलरी के एक ओर टहल रहे थे और इस तरह दूसरी ओर चल रहे लेविन से बचने की कोशिश करते थे। वारेन्का अपना काला फ्रॉक और नीचे की ओर मुड़े हुए किनारोंवाली काली टोपी पहने एक अन्धी फ्रांसीसी नारी के साथ सारी गैलरी का चक्कर लगाती थी और हर बार ही जब कीटी सामने आती, तो वे मैत्रीपूर्ण दृष्टि से एक-दूसरी को देखतीं।

"माँ, मैं इससे बात कर सकती हूँ?" अपनी अपरिचिता की ओर देखती और यह महसूस करती हुई कि वह जल-स्रोत के पास आ रही है और वहाँ वे मिल सकती हैं, उसने पूछा।

"हाँ, अगर तुम ऐसा चाहती हो, तो मैं खुद उसके बारे में पहले जानकारी प्राप्त करके बात कर लेती हूँ," माँ ने उत्तर दिया। "क्या ख़ास चीज़ पा ली है तुमने उसमें? कोई सहचरी ही होगी। यदि चाहती हो, तो मैं मदाम श्ताल से परिचय कर लेती हूँ। मैं उसकी belle soeur[1] को जानती थी," माँ ने गर्व से सिर ऊपर उठाते हुए इतना और कह दिया।

कीटी को मालूम था कि उसकी माँ इस बात से नाराज़ है कि मदाम श्ताल मानो उससे परिचय करने से कतराती है। कीटी ने अपनी बात पर ज़ोर नहीं दिया।

"कितनी अद्भुत, कैसी प्यारी है!" उसने वारेन्का की ओर देखते हुए कहा, जो उस समय फ्रांसीसी नारी को पानी से भरा गिलास दे रही थी। "देखिये तो कितनी सादगी और मधुरता है उसमें!"

"तुम्हारे ऐसे engouements[2] पर मुझे हँसी आती है," प्रिन्सेस ने कहा। "यही अच्छा होगा कि वापस चलें," अपनी संगिनी और एक जर्मन डॉक्टर के साथ लेविन को अपनी तरफ़ आते देखकर उसने कहा। लेविन डॉक्टर को ऊँची और झल्लायी हुई आवाज़ में कुछ कह रहा था।

वे वापस जाने के लिए मुड़े ही थे कि अचानक ऊँची बातचीत नहीं, बल्कि चिल्लाहट सुनाई दी। लेविन नहीं रुककर चिल्ला रहा था और डॉक्टर भी गुस्से से लाल-पीला हो रहा था। उनके गिर्द लोगों की भीड़ जमा होने लगी थी। प्रिन्सेस और कीटी जल्दी से खिसक चलीं, लेकिन कर्नल यह जानने के लिए कि क्या मामला है, भीड़ में जा खड़ा हुआ।

कुछ मिनट बाद कर्नल उनसे आ मिला।

"क्या हुआ था वहाँ?" प्रिन्सेस पूछा।

"बहुत शर्म और बेइज़्जती की बात है!" कर्नल ने जवाब दिया। "एक ही चीज़ से डर लगता है–विदेश में कहीं रूसी से मुलाक़ात न हो जाये। उस लम्बे महाशय ने डॉक्टर को भला-बुरा और यह कहने की हिम्मत की कि वह उसका ढंग से इलाज

1. भाभी। (फ्रांसीसी)
2. आकर्षण। (फ्रांसीसी)

नहीं करता और उसे अपनी छड़ी तक उठाकर दिखाई। डूब मरने की बात है!"

"ओह, कितना बुरा हुआ यह!" प्रिन्सेस ने कहा। "तो क्या अन्त हुआ इस क़िस्से का?"

"यही शुक्र समझिये कि इसी वक़्त उस लड़की ने आकर दख़ल दे दिया... क्या नाम है उसका... वह जो खुमी जैसी टोपी पहने रहती है। रूसी लगती है," कर्नल ने कहा।

"M-lle वारेन्का?" कीटी ने ख़ुश होते हुए पूछा।

"हाँ, हाँ। उसी ने सबसे पहले स्थिति को सँभाला, उस महाशय की बाँह थामकर वह उसे दूर ले गयी।"

"देखा, अम्माँ," कीटी ने माँ से कहा, "आप हैरान होती हैं कि मैं उस पर मुग्ध हुआ करती हूँ।"

अगले दिन से अपनी इस अपरिचित सहेली की ओर ध्यान देते हुए कीटी ने देखा कि m-lle वारेन्का के लेविन और उसकी संगिनी के साथ भी वैसे ही सम्बन्ध हो गये हैं, जैसे अन्य protégés यानी उन लोगों के साथ थे, जिनकी वह चिन्ता करती थी। वह उनके पास जाती, उनसे बातचीत करती और उस नारी के लिए, जो कोई भी विदेशी भाषा नहीं जानती थी, दुभाषिए की भूमिका निभाती।

कीटी अपनी माँ से वारेन्का के साथ जान-पहचान करने की अनुमति देने के लिए और अधिक अनुरोध करने लगी। प्रिन्सेस को मदाम श्ताल के साथ, जो कुछ घमंड दिखा रही थी, परिचय करने के मामले में पहले क़दम उठाना बेशक नापसन्द था, फिर भी उन्होंने वारेन्का के बारे में जाँच-पड़ताल की और सारी तफ़सीलें मालूम करके इस नतीजे पर पहुँची कि उससे जान-पहचान करने में यदि कोई ख़ास अच्छाई नहीं, तो कुछ बुराई भी नहीं। इसके बाद उन्होंने स्वयं वारेन्का के पास जाकर उससे परिचय किया।

कीटी जब जल-स्रोत पर गयी थी और वारेन्का नानबाई की दुकान के सामने अकेली खड़ी थी, तो यह अच्छा मौक़ा देखकर प्रिन्सेस उसके क़रीब पहुँचीं।

"मैं आपसे परिचय करना चाहती हूँ," प्रिन्सेस ने अपनी गौरवमयी मुस्कान के साथ कहा। "मेरी बेटी तो आप पर लट्टू है," वह बोलीं। "शायद आप मुझे नहीं जानतीं। मैं..."

"मैं खुद भी उन्हें बहुत चाहती हूँ, प्रिन्सेस," वारेन्का ने झटपट जवाब दिया।

"हमारे दयनीय हमवतन के लिए कितना भला काम किया कल आपने!" प्रिन्सेस ने कहा।

वारेन्का लज्जारुण हो गयी।

"मुझे तो कुछ याद नहीं, लगता है कि मैंने तो कुछ नहीं किया," वारेन्का ने जवाब दिया।

"किया कैसे नहीं। आपने उस लेविन को कटु परिणामों से बचा लिया।"

"हाँ, sa compagne[1] ने मुझे पुकारा और मैंने लेविन को शान्त करने का यत्न किया। वह बहुत ज़्यादा बीमार हैं और डॉक्टर से बहुत नाराज़ थे। मुझे तो इन रोगियों की चिन्ता करने की आदत है।"

"हाँ, मैंने सुना है कि आप मेन्तोन में अपनी मौसी सम्भवतः, मदाम श्ताल के साथ रहती हैं। मैं उनकी belle soeur को जानती थी।"

"नहीं, वह मेरी मौसी नहीं हैं। मैं उन्हें maman कहती हूँ, लेकिन सगी बेटी नहीं हूँ। उन्होंने मुझे पाला है," फिर से लज्जारुण होते हुए वारेन्का ने उत्तर दिया।

यह इतनी सादगी से कहा गया था और उसके चेहरे का भाव इतना सच्चा और निश्छल था कि प्रिन्सेस को यह समझते देर न लगी कि कीटी वारेन्का को क्यों प्यार करने लगी थी।

"तो उस लेविन का क्या हुआ?" प्रिन्सेस ने पूछा।

"वह यहाँ से जा रहे हैं," वारेन्का ने उत्तर दिया।

इसी समय इस ख़ुशी से बाग-बाग होते हुए कि माँ ने उसकी अज्ञात सहेली से जान-पहचान कर ली है, कीटी जल-स्रोत से इनके पास आयी।

"तो कीटी, पूरी हो गयी तुम्हारी जान-पहचान करने की अति तीव्र इच्छा m-lle..."

"वारेन्का से," वारेन्का ने मुस्कुराकर प्रिन्सेस की बात पूरी की, "मुझे सब ऐसे ही बुलाते हैं।"

कीटी का चेहरा ख़ुशी से लाल हो गया और वह कुछ कहे बिना देर तक अपनी नयी सहेली का हाथ दबाती रही। वारेन्का ने जवाब में कीटी का हाथ नहीं दबाया। उसका हाथ हिले-डुले बिना कीटी के हाथ में पड़ा रहा। हाथ ने तो हाथ का जवाब नहीं दिया, लेकिन m-lle वारेन्का का चेहरा शान्तिमय, प्रसन्नतापूर्ण, यद्यपि कुछ उदासी-भरी मुस्कान के साथ खिल उठा और उसके बड़े-बड़े, किन्तु सुन्दर दाँतों की झलक मिली।

"मैं तो ख़ुद बहुत अर्से से यही चाहती थी," वारेन्का ने कहा।

"लेकिन आप तो इतनी व्यस्त रहती हैं..."

"ओह नहीं, इसके विपरीत मैं तो बिल्कुल व्यस्त नहीं रहती हूँ..." वारेन्का ने कहा, मगर इसी समय से उसे अपने नये परिचितों को छोड़कर जाना पड़ा, क्योंकि एक रूसी रोगी की छोटी-छोटी दो बच्चियाँ उसके पास भागी आयी थीं।

"वारेन्का, माँ बुला रही हैं," उन्होंने चिल्लाकर कहा।

और वारेन्का उनके पीछे-पीछे चल दी।

---

1. उनकी संगिनी। (फ्रांसीसी)

32

प्रिन्सेस श्चेर्बात्स्काया ने वारेन्का के अतीत और मदाम श्ताल के साथ उसके सम्बन्धों तथा खुद मदाम श्ताल के बारे में जो तफ़सीलें मालूम कीं, वे निम्न थीं।

मदाम श्ताल, जिसके बारे में कुछ लोगों का यह कहना था कि उसने अपने पति को बुरी तरह सताया था, मगर दूसरे यह कहते थे कि पति ने अपनी बदचलनी से उसके नाक में दम कर डाला था, हमेशा से ही बीमार तथा सनकी क़िस्म की औरत रही थी। पति से तलाक़ लेने के बाद ही उसने अपने पहले बच्चे को जन्म दिया। यह बच्चा उसी वक़्त मर गया और मदाम श्ताल के रिश्तेदारों ने, जो उसके अत्यधिक संवेदनशील स्वभाव से परिचित थे और डरते थे कि इस ख़बर से कहीं उसकी मौत ही न हो जाये, उसी रात को पीटर्सबर्ग के उसी घर में शाही बावर्ची के परिवार में पैदा हुई बेटी को लाकर मरे हुए बच्चे की जगह लिटा दिया। यह वारेन्का थी। मदाम श्ताल को बाद में पता चल गया कि वारेन्का उसकी बेटी नहीं है, मगर वह उसका पालन-पोषण करती रही, ख़ासतौर पर इसलिए भी कि जल्द ही वारेन्का का अपना कोई सगा-सम्बन्धी इस दुनिया में नहीं रह गया था।

मदाम श्ताल दस साल से अधिक समय से लगातार विदेश में दक्षिण में ही रह रही थी और उसने कभी अपना बिस्तर नहीं छोड़ा था। कुछ लोगों का कहना था कि मदाम श्ताल ने अपने को बहुत नेक और अत्यधिक धार्मिक नारी प्रकट करके ऊँची सामाजिक स्थिति प्राप्त कर ली है और दूसरों का यह मत था कि वह वास्तव में ही बहुत ऊँची नैतिकतावाली नारी है, जो अपने आस-पास के लोगों की भलाई करने के लिए ही जीती है, जैसा कि वह ज़ाहिर करती है। कोई भी यह नहीं जानता था कि किस धर्म से उसका सम्बन्ध है, वह कैथोलिक, प्रोटेस्टेंट या आर्थोडाक्स धर्म की अनुयायी है। मगर एक बात बिल्कुल स्पष्ट थी कि सभी धर्मों और सम्प्रदायों के सबसे बड़े लोगों के साथ उसके मैत्रीपूर्ण सम्बन्ध थे।

वारेन्का स्थायी रूप से उसके साथ विदेश में रहती थी और जो लोग भी मदाम श्ताल को जानते थे, m-lle वारेन्का को भी, जैसा कि सभी उसे कहते थे, जानते और प्यार करते थे।

इन सभी तफ़सीलों को जानने पर प्रिन्सेस को वारेन्का के साथ अपनी बेटी के दोस्ती करने में कोई बुराई नज़र नहीं आयी। विशेष रूप से इसलिए भी कि वारेन्का बहुत ही अच्छा आचार-व्यवहार जानती थी और उसका बहुत अच्छा पालन-शिक्षण हुआ था–वह बढ़िया फ्रांसीसी और अँग्रेज़ी बोलती थी तथा सबसे बड़ी बात तो यह थी कि उसने मदाम श्ताल की ओर से यह सन्देश दिया कि बीमारी के कारण वह प्रिन्सेस से परिचित होने का सुख पाने में असमर्थ है।

वारेन्का से जान-पहचान होने के बाद कीटी अपनी सहेली पर अधिकाधिक मुग्ध होती गयी और हर दिन ही उसे उसमें कोई नयी ख़ूबी दिखाई देती।

यह मालूम होने पर कि वारेन्का अच्छा गाती है, प्रिन्सेस ने उससे शाम को अपने यहाँ आकर गाना सुनाने का अनुरोध किया।

"कीटी पियानो बजाती है, हमारे यहाँ पियानो भी है, बहुत अच्छा तो नहीं, किन्तु हम बहुत आनन्दित होंगी," प्रिन्सेस ने अपनी बनावटी मुस्कान के साथ कहा, जो कीटी को इस वक़्त ख़ासतौर पर अच्छी नहीं लगी, क्योंकि उसने महसूस किया कि वारेन्का की गाने की इच्छा नहीं थी। फिर भी वारेन्का स्वर-लिपियों की कॉपी लिये हुए शाम को आयी। प्रिन्सेस ने मारीया येव्गेन्येव्ना, उसकी बेटी और कर्नल को भी बुला लिया था।

वारेन्का ने इस बात की बिल्कुल परवाह नहीं की कि वहाँ बहुत अपरिचित लोग थे और फ़ौरन पियानो के पास चली गयी। वह पियानो पर ख़ुद अपनी संगत नहीं कर सकती थी, लेकिन स्वर-लिपि को देखकर अच्छा गा लेती थी। कीटी ने, जो अच्छा पियानो बजाती थी, उसके साथ संगत की।

"आपमें तो असाधारण प्रतिभा है," वारेन्का के बहुत ही अच्छे ढंग से पहला गाना गाने के बाद प्रिन्सेस ने कहा।

मारीया येव्गेन्येव्ना और उसकी बेटी ने वारेन्का को धन्यवाद दिया और उसकी प्रशंसा की।

"देखिये तो," कर्नल ने खिड़की में से झाँकते हुए कहा, "आपको सुनने के लिए कितने लोग जमा हो गये हैं।" वास्तव में खिड़की के नीचे काफ़ी भीड़ जमा हो गयी थी।

"मैं बहुत ख़ुश हूँ कि आपको अच्छा लग रहा है," वारेन्का ने सरलता से कहा।

कीटी ने अपनी सहेली की ओर गर्व से देखा। वह उसकी कला, उसकी आवाज़ और उसके चेहरे पर मुग्ध हो रही थी, लेकिन सबसे ज़्यादा तो उसके इस अन्दाज़ से कि वारेन्का स्पष्टतः अपने गायन को कोई विशेष महत्त्व नहीं देती थी और अपनी प्रशंसा के प्रति सर्वथा उदासीन थी। वह तो मानो सिर्फ़ यही पूछ रही थी–और गाऊँ या इतना ही काफ़ी है?

'अगर इसकी जगह मैं होती,' कीटी अपने बारे में सोच रही थी, 'तो कितना नाज़ होता मुझे अपने पर! खिड़कियों के नीचे जमा भीड़ को देखकर कितनी ख़ुशी हुई होती मुझे! मगर इसे कोई फ़र्क नहीं पड़ा। उसकी सिर्फ़ इतनी ही इच्छा है कि इनकार न करे और maman को ख़ुशी प्रदान करे। ऐसी क्या चीज़ है इसमें? क्या चीज़ इसे सभी चीज़ों की अवहेलना करने, ऐसे आत्मनिर्भर ढंग से शान्त रहने की शक्ति प्रदान करती है? यह जानने और इससे यह सीखने को मैं कितनी उत्सुक हूँ,' वारेन्का के शान्त चेहरे को देखती हुई कीटी सोच रही थी। प्रिन्सेस ने वारेन्का से और गाने को कहा तो उसने पियानो के पास खड़े होकर अपने दुबले-पतले तथा साँवले हाथ से पियानो पर ताल देते हुए दूसरा गाना भी वैसे ही सधे, स्पष्ट

और सुन्दर ढंग से गा दिया।

स्वर-लिपियों की कॉपी में अगला गाना इतालवी था। कीटी ने उसका प्रारम्भिक संगीत बजाया और वारेन्का की तरफ़ देखा।

"इसे छोड़ देते हैं," वारेन्का ने लजाते हुए कहा।

कीटी ने अपनी चिन्तित और प्रश्नसूचक दृष्टि वारेन्का के चेहरे पर जमा दी।

"तो दूसरा ही सही," उसने पृष्ठ उलटते और उसी क्षण यह समझते हुए कि इस गाने के साथ कुछ सम्बन्धित है, झटपट कहा।

"नहीं," वारेन्का ने स्वर-लिपि पर अपना हाथ रखते और मुस्कुराते हुए कहा, "नहीं, यही गाऊँगी।" और उसने पहले की भाँति विचलित हुए बिना शान्त और अच्छे ढंग से इसे भी गा दिया।

गाना ख़त्म होने पर सबने फिर उसके प्रति आभार प्रकट किया और चाय पीने चले गये। कीटी और वारेन्का घर के पासवाले बगीचे में निकल गयीं।

"यह सच है न कि इस गाने के साथ आपकी कोई स्मृति जुड़ी हुई है?" कीटी ने पूछा। "आप मुझे इसके बारे में बतायें नहीं," जल्दी से इतना और जोड़ दिया, "सिर्फ़ यही कह दें कि यह सच है?"

"न बताने की कौन-सी बात है? मैं बताती हूँ," वारेन्का ने साधारण ढंग से कहा और उत्तर की प्रतीक्षा किये बिना कहती गयी, "हाँ, कभी तो यह स्मृति बहुत बोझिल थी। मैं एक व्यक्ति को प्यार करती थी और उसे ही यह गाना सुनाया करती थी।"

कीटी बड़ी-बड़ी और फैली-फैली आँखों से चुपचाप और भाव-विह्वल होकर वारेन्का की ओर देख रही थी।

"मैं उसे प्यार करती थी और वह मुझे। लेकिन उसकी माँ को यह पसन्द नहीं था और इसलिए उसने दूसरी लड़की से शादी कर ली। अब वह हमारे नज़दीक ही रहता है और मैं कभी-कभार उसे देखती हूँ। आपने ऐसा नहीं सोचा होगा कि कभी मेरी ज़िन्दगी में भी प्यार आया था?" उसने कहा और उसके सुन्दर चेहरे पर वह हल्की-सी लौ चमक उठी, जो जैसा कि कीटी अनुभव कर रही थी, कभी उसके सारे व्यक्तित्व को रौशन करती थी।

"सोचा कैसे नहीं था? अगर मैं मर्द होती, तो आपको जानने के बाद अन्य किसी को प्यार ही न कर पाती। मैं समझ नहीं पा रही हूँ कि अपनी माँ की ख़ुशी के लिए वह आपको कैसे भूल गया और उसने आपको दुःख दिया—उसके सीने में दिल नहीं था।"

"ओह नहीं, वह बहुत अच्छा आदमी है और मैं दुःखी नहीं, बल्कि बहुत सुखी हूँ। तो क्या आज और गाना-बजाना नहीं होगा?" घर की ओर बढ़ते हुए उसने इतना और कहा।

"कितनी अच्छी, कितनी अच्छी हैं आप!" कीटी ज़ोर से कह उठी और उसे

रोककर चूम लिया। "काश कि मैं थोड़ी-सी भी आपके समान होती!"

"किसी दूसरे के समान आप क्यों होना चाहती हैं? आप जैसी हैं, वैसी ही बहुत अच्छी हैं," अपनी विनम्र और अलस मुस्कान के साथ वारेन्का ने कहा।

"नहीं, मैं ज़रा भी अच्छी नहीं हूँ। आप मुझे बतायें... रुकिये, आइये बैठ जायें," कीटी ने उसे फिर से बेंच पर अपने पास बिठाते हुए कहा। "कहिये, क्या यह सोचना अपमानजनक नहीं लगता कि किसी व्यक्ति ने आपका प्यार ठुकरा दिया, कि उसने आपको अपना नहीं बनाना चाहा?..."

"नहीं, उसने ठुकराया नहीं। मुझे विश्वास है कि वह मुझे प्यार करता था, किन्तु आज्ञाकारी बेटा है..."

"लेकिन अगर उसने माँ की इच्छा को पूरा करने के लिए नहीं, बल्कि ख़ुद ही ऐसा किया होता?" कीटी ने कहा और यह अनुभव किया कि उसने अपना राज़ खोल दिया है और शर्म से दहकते हुए उसके चेहरे ने उसका पर्दाफाश कर डाला है।

"तब उसने बुरा किया होता और मुझे उसके लिए अफ़सोस न होता," वारेन्का ने उत्तर दिया और सम्भवतः वह समझ गयी थी कि अब उसकी नहीं, कीटी की चर्चा हो रही है।

"किन्तु अपमान?" कीटी ने कहा। "अपमान को नहीं भुलाया जा सकता, नहीं भुलाया जा सकता," अन्तिम बॉल में संगीत के रुक जाने पर अपनी दृष्टि को याद करते हुए उसने कहा।

"अपमान की कौन-सी बात है? आपने तो कोई बुरी बात नहीं की?"

"बुरी से भी बढ़कर–शर्मनाक।"

वारेन्का ने सिर हिलाया और कीटी के हाथ पर अपना हाथ रख दिया।

"शर्म किस बात की?" वारेन्का ने कहा। "आप उस व्यक्ति से, जो आपके प्रति उदासीन है, यह तो नहीं कह सकती थीं कि उसे प्यार करती हैं?"

"ज़ाहिर है कि नहीं। मैंने कभी एक भी शब्द नहीं कहा, लेकिन वह जानता था। नहीं, नहीं, कुछ ऐसी नज़रें, कुछ ऐसे अन्दाज़ भी होते हैं। मैं अगर सौ बरस भी जीती रही, तो भी इस बात को नहीं भूल पाऊँगी।"

"लेकिन क्यों? मेरी समझ में नहीं आ रहा। असली चीज़ तो यह है कि आप उसे अब प्यार करती हैं या नहीं," वारेन्का ने साफ़-साफ़ कह दिया।

"मैं उससे नफ़रत करती हूँ। मैं अपने को क्षमा नहीं कर सकती।"

"लेकिन क्यों?"

"शर्म, अपमान।"

"आह, काश सभी आपकी तरह संवेदनशील होते," वारेन्का ने कहा। "एक भी ऐसी लड़की नहीं होगी, जिसे ऐसा अनुभव न हुआ हो। यह सब महत्त्वहीन है।"

"तो महत्त्वपूर्ण क्या है?" कीटी ने जिज्ञासापूर्ण आश्चर्य से उसके चेहरे को

ग़ौर से देखते हुए पूछा।

"ओह, बहुत कुछ महत्त्वपूर्ण है," यह न समझ पाते हुए कि क्या कहे, वारेन्का ने उत्तर दिया। लेकिन इसी समय खिड़की से प्रिन्सेस की आवाज़ सुनाई दी–

"कीटी, ठंड हो गयी है! या तो शॉल ले जाओ या भीतर आ जाओ।"

"हाँ, सचमुच, चलने का वक़्त हो गया!" वारेन्का ने उठते हुए कहा। "मुझे अभी m-me Berthe के यहाँ भी जाना है, उन्होंने आने का अनुरोध किया है।"

कीटी उसका हाथ थामे रही और उसकी जिज्ञासापूर्ण तथा अनुनय करती हुई दृष्टि पूछ रही थी–'क्या है वह, क्या है वह सबसे महत्त्वपूर्ण चीज़, जो ऐसा चैन देती है? आप जानती हैं, बतायें मुझे।' लेकिन वारेन्का तो यह समझ भी नहीं पायी कि कीटी की नज़र उससे क्या पूछ रही है। उसे तो केवल यही याद था कि अभी m-me Berthe के यहाँ भी जाना है और रात के बारह बजने से पहले घर पहुँचकर maman को चाय देनी है। वह कमरे में गयी, स्वर-लिपियाँ उठायीं और सबसे विदा लेकर जाने को हुई।

"अनुमति हो तो मैं आपको छोड़ आऊँ," कर्नल ने कहा।

"हाँ, अब रात को आप अकेली कैसे जायेंगी?" प्रिन्सेस ने कहा। "और कुछ नहीं, तो मैं अपनी नौकरानी पराशा को ही भेज देती हूँ।"

कीटी ने देखा कि छोड़ने के लिए जाने के बारे में शब्द सुनते हुए वारेन्का ने बड़ी मुश्किल से अपनी मुस्कान पर क़ाबू पाया।

"नहीं, मैं हमेशा अकेली जाती हूँ और मेरे साथ कभी कुछ नहीं होता," उसने टोपी उठाते हुए कहा। कीटी को एक बार फिर चूमकर और यह बताये बिना ही कि महत्त्वपूर्ण चीज़ क्या है, वह बग़ल में स्वर-लिपियाँ दबाये फुर्ती से बाहर निकली, गर्मी की रात के हल्के अँधेरे में ग़ायब हो गयी और यह रहस्य अपने साथ ही ले गयी कि क्या महत्त्वपूर्ण है और क्या उसे वह गरिमा और शान्ति प्रदान करता है, जिससे ईर्ष्या हो सकती है।

33

कीटी ने मदाम श्ताल से परिचय कर लिया और इस जान-पहचान तथा वारेन्का के साथ दोस्ती ने न केवल उसे बहुत प्रभावित ही किया, बल्कि उसके घाव पर मरहम भी रख दिया। उसे यह सान्त्वना इस चीज़ में मिली कि इसकी बदौलत उसके सामने एक ऐसी बिल्कुल नयी दुनिया का उद्‌घाटन हुआ, जिसमें उसकी अतीत की दुनिया जैसा कुछ भी नहीं था। यह बहुत ऊँची और अद्‌भुत दुनिया थी, जिसकी ऊँचाई से इस अतीत पर चैन से दृष्टि डाली जा सकती थी। उसे यह मालूम हुआ कि सहज वृत्ति की दुनिया के अलावा, वह अब तक जिसके वश में रही थी, एक आत्मिक जीवन भी था। धर्म ने उसके सामने ऐसे जीवन के द्वार खोले। किन्तु उस धर्म ने,

जो उससे कोई सम्बन्ध नहीं रखता था, जिससे कीटी बचपन से परिचित थी और जो गिरजाघर में दोपहर तथा शाम की प्रार्थना करने, वहाँ लोगों से मिलने-जुलने तथा पादरी के साथ स्लाव भाषा में इंजील पढ़ने के अलावा और कुछ नहीं था। यह नया धर्म ऊँचा और रहस्यपूर्ण तथा कुछ श्रेष्ठ विचारों और भावनाओं से सम्बन्धित था, जिस पर केवल इसलिए विश्वास नहीं किया जा सकता था कि ऐसा करने का आदेश दिया गया था, बल्कि जिसे प्यार करना भी सम्भव था।

कीटी ने शब्दों से ही यह सब नहीं जाना था। मदाम श्ताल कीटी से ऐसे प्यारे बच्चे की तरह बातचीत करती थी, जिसे देखकर जवानी की यादें ताज़ा हो जाती हैं। सिर्फ़ एक बार ही उसने इस बात का उल्लेख किया कि लोगों के सभी दुःख-दर्दों में केवल प्यार और आस्था ही सान्त्वना प्रदान करते हैं और ईसा की दया के लिए कोई भी दुःख-दर्द तुच्छ नहीं होता। इतना कहने के फ़ौरन बाद ही उसने बातचीत का विषय बदल दिया। किन्तु कीटी ने उसकी हर गतिविधि, हर शब्द, हर आसमानी दृष्टि-क्षेप से, जैसा कि कीटी उसकी दृष्टि के बारे में कहती थी, तथा विशेषतः वारेन्का से सुनी हुई उसकी जीवन-गाथा से यह जान लिया कि 'महत्त्वपूर्ण चीज़ क्या है' और जिसे वह अब तक नहीं जानती थी।

किन्तु मदाम श्ताल का चरित्र चाहे कितना ही ऊँचा क्यों न था, उसकी सारी कहानी चाहे कितनी ही मर्मस्पर्शी क्यों न थी, उसकी वाणी चाहे कितनी ही उत्कृष्ट तथा कोमल क्यों न थी, कीटी को अनचाहे ही उसमें कुछ ऐसे लक्षण दिखाई दिये, जिनसे उसे परेशानी हुई। उसने देखा कि उसके रिश्तेदारों के बारे में पूछे जाने पर मदाम श्ताल ऐसे तिरस्कारपूर्वक मुस्कुरायी, जो ईसाई धर्म की कल्याणकारी भावना के अनुरूप नहीं था। उसने यह भी देखा कि एक दिन मदाम श्ताल के यहाँ एक कैथोलिक पादरी के आने पर वह बड़े यत्न से लैम्प के शेड में अपना चेहरा किये रही और मुस्कुराती भी ख़ास ढंग से थी। इन दोनों बातों के मामूली होने पर भी कीटी को उनसे परेशानी हुई और मदाम श्ताल के बारे में कुछ सन्देहों ने उसके दिल में सिर उठा लिया। किन्तु दूसरी ओर एकदम अकेली, रिश्तेदारों और मित्रों के बिना तथा प्यार में निराश होने के बावजूद कुछ भी न चाहने तथा किसी भी बात की शिकवा-शिकायत न करने वाली वारेन्का उस पूर्णता का आदर्श रूप थी, जिसकी कीटी कल्पना भी नहीं कर सकती थी। वारेन्का के उदाहरण से वह यह समझ गयी कि अपने को भूलने और दूसरों को प्यार करने की ही देर है कि वह अपने को शान्त, सुखी और बहुत अच्छी अनुभव करने लगेगी। कीटी ऐसी ही बनना चाहती थी। अब अच्छी तरह से यह समझने के बाद कि 'सबसे महत्त्वपूर्ण चीज़ क्या है' कीटी ने इस पर मुग्ध होने तक ही अपने को सन्तुष्ट नहीं कर लिया, बल्कि उसी क्षण पूरे मन से अपने सम्मुख उद्घाटित होने वाले इस नये जीवन को अपना व्यक्तित्व समर्पित कर दिया। मदाम श्ताल और दूसरी नारियों के बारे में कहानियों

के आधार पर, जिनका वारेन्का उल्लेख करती थी, कीटी ने अपने जीवन की भावी योजना बना ली। मदाम श्ताल की भानजी Aline की तरह, जिसके बारे में वारेन्का ने बहुत कुछ बताया था, वह भी हर जगह क़िस्मत के मारों को ढूँढ़ेगी, उनकी यथाशक्ति सहायता करेगी, उनमें इंजील की प्रतियाँ बाँटेगी, बीमारों, अपराधियों और मरते हुओं को इंजील पढ़कर सुनायेगी। अपराधियों को इंजील पढ़कर सुनाने का विचार, जैसा कि Aline करती थी, उसे विशेषतः रुचा। किन्तु ये सब गुप्त योजनाएँ थीं, जिनका कीटी ने न तो अपनी माँ और न वारेन्का से ही ज़िक्र किया।

वैसे तो बड़े पैमाने पर अपनी योजनाओं को अमली शक्ल देने के वक़्त का इन्तज़ार करते हुए कीटी अभी, यहाँ जल-चिकित्सा नगरी में भी, जहाँ बहुत-से रोगी और दुःखी लोग थे, वारेन्का के ढंग से अपने नये उसूलों को व्यवहार में लाने के बड़ी आसानी से मौक़े ढूँढ़ लेती थी।

शुरू में तो प्रिन्सेस ने सिर्फ़ इसी बात की तरफ़ ध्यान दिया कि कीटी मदाम श्ताल और विशेषतः वारेन्का की ओर अपनी engouement के, जैसा कि वह कहती थीं, बहुत अधिक प्रभाव में है। उन्होंने देखा कि कीटी न केवल अपने कार्य-कलापों, बल्कि चलने-फिरने, बातचीत करने और आँखें झपकाने के ढंग में भी अनजाने ही वारेन्का की नकल करती है। किन्तु बाद में प्रिन्सेस ने यह भी देखा कि इस मुग्धता के अलावा बेटी में कोई गम्भीर आत्मिक परिवर्तन भी हो रहा है।

प्रिन्सेस ने देखा कि कीटी शामों को मदाम श्ताल द्वारा उसे भेंट की गयी फ्रांसीसी भाषा की इंजील पढ़ती है, जो वह पहले नहीं करती थी, कि वह ऊँचे समाज के परिचितों से कन्नी काटती है तथा उन रोगियों से मिलती-जुलती है, जो वारेन्का के संरक्षण में थे। रोगी और ग़रीब चित्रकार पेत्रोव के परिवार के तो विशेष रूप से सम्पर्क में आती थी। कीटी स्पष्टतः इस बात पर गर्व करती थी कि इस परिवार में वह नर्स का कर्तव्य पूरा करती है। यह सब कुछ अच्छा था और प्रिन्सेस इसके बिल्कुल खिलाफ़ नहीं थीं, ख़ासतौर पर इसलिए कि पेत्रोव की बीवी एक बाइज़्जत औरत थी और जर्मन राजकुमारी ने कीटी की गतिविधियों की ओर ध्यान देते हुए उसे फ़रिश्ता कहकर उसकी तारीफ़ की थी। अगर अति न होती, तो यह सब कुछ बहुत अच्छा होता। किन्तु प्रिन्सेस ने देखा कि उनकी बेटी अति की सीमा की ओर जा रही है और इसी की इन्होंने उसे चेतावनी दी–

"Il ne faut jamais rien outrer,"[1] उन्होंने कीटी से कहा। परन्तु बेटी ने माँ को कुछ भी जवाब नहीं दिया। वह तो केवल मन-ही-मन यह सोचती रही कि ईसाई धर्म से सम्बन्धित मामलों में अति की बात करना उचित नहीं। उस शिक्षा के अनुसरण में अति हो ही कहाँ सकती है, जिसमें यह कहा गया है कि अगर तुम्हारे एक गाल पर तमाचा मारा गया है तो तुम दूसरा गाल सामने कर दो; जब कोट

1. किसी भी चीज़ में अति अच्छी नहीं। (फ्रांसीसी)

उतारा जाता है तो क़मीज़ भी दे दो? किन्तु प्रिन्सेस को उसका इस अति की ओर बढ़ना पसन्द नहीं था तथा इससे भी ज़्यादा यह पसन्द नहीं था कि कीटी, जैसा कि प्रिन्सेस अनुभव करती थीं, उनके सामने अपना दिल नहीं खोलना चाहती थी। वास्तव में कीटी ने अपने दृष्टिकोणों और भावनाओं को माँ से छिपा रखा था। उसने इसलिए ऐसा नहीं किया था कि अपनी माँ को प्यार या उनका आदर नहीं करती थी, बल्कि इसलिए कि वे उसकी माँ थीं। वह माँ की तुलना में किसी के सामने भी उन्हें आसानी से प्रकट कर देती।

"न जाने क्यों, आन्ना पाव्लोव्ना बहुत दिनों से हमारे यहाँ नहीं आयी," प्रिन्सेस ने एक दिन पेत्रोव की पत्नी के बारे में कहा। "मैंने उसे बुलवाया था। लेकिन वह तो जैसे किसी वजह से नाखुश है।"

"नहीं, मुझे तो ऐसा कुछ दिखाई नहीं दिया, maman," कीटी ने शर्म से लाल होते हुए कहा।

"बहुत दिनों से तुम उनके यहाँ नहीं गयीं क्या?"

"हम कल पहाड़ों पर सैर करने के लिए जा रहे हैं।" कीटी ने जवाब दिया।

"ठीक है, जाओ," प्रिन्सेस ने बेटी के परेशान चेहरे को ध्यान से देखते और उसकी परेशानी के कारण का अनुमान लगाते हुए कहा।

इसी दिन वारेन्का दोपहर के खाने पर आयी और उसने बताया कि आन्ना पाव्लोव्ना ने अगले दिन पहाड़ों पर सैर के लिए जाने का इरादा बदल लिया है। प्रिन्सेस ने फिर से इस बात की तरफ़ ध्यान दिया कि कीटी के चेहरे पर लाली दौड़ गयी है।

"कीटी, पेत्रोव परिवार में तुम्हारे साथ कोई अप्रिय बात तो नहीं हो गयी है?" जब माँ-बेटी अकेली रह गयीं, तो प्रिन्सेस ने पूछा। "उसने हमारे यहाँ बच्चों को भेजना और ख़ुद आना भी क्यों बन्द कर दिया?"

कीटी ने जवाब दिया कि उनके बीच कोई ऐसी बुरी बात नहीं हुई और वह बिल्कुल यह नहीं समझ पा रही है कि आन्ना पाव्लोव्ना किस कारण उससे नाराज़ है। कीटी ने बिल्कुल सच्ची बात कही थी। अपने प्रति आन्ना पाव्लोव्ना के बदले हुए रवैये का कारण वह नहीं जानती थी, मगर अनुमान लगाती थी। वह ऐसी बात का अनुमान लगाती थी, जो वह न केवल माँ से, बल्कि ख़ुद से भी नहीं कह सकती थी। यह ऐसी बातों में से एक थी, जिसे आदमी जानता होता है, मगर ख़ुद से भी नहीं कह पाता—भूल हो जाने पर बहुत भयावह और लज्जाजनक स्थिति हो सकती है।

कीटी ने उस परिवार के साथ अपने सम्बन्धों पर बार-बार ग़ौर किया। उसे याद आया कि कैसे भेंट होने पर आन्ना पाव्लोव्ना के गोल और दयालु चेहरे पर भोली-भाली ख़ुशी का भाव आ जाता था। उसे याद आयी रोगी के बारे में हुई उनकी गुप्त बातें, उनका यह षड्यन्त्र कि रोगी को काम से, जिसकी डॉक्टरों ने मनाही

कर दी थी, कैसे हटाया और घूमने के लिए ले जाया जाये। अपने प्रति छोटे लड़के के लगाव का भी ध्यान आया, जो उसे 'मेरी कीटी' कहता था और उसके बिना सोना नहीं चाहता था। कितना अच्छा था यह सब! इसके बाद उसे स्मरण हो आया कत्थई रंग के फ्रॉक-कोट में पेत्रोव की दुबली-पतली आकृति का, उसकी लम्बी गर्दन का, विरले घुँघराले बालों का, कुछ पूछती-सी नीली आँखों का, जो शुरू में कीटी को भयानक लगती थीं, और उसकी उपस्थिति में उसके प्रफुल्ल दिखाई देने के कष्टप्रद प्रयासों का। उसे याद आया कि तपेदिक़ के सभी मरीज़ों की भाँति पेत्रोव के प्रति अनुभव होने वाली अपनी घिन पर क़ाबू पाने के लिए कैसे उसे अपने को मजबूर करना पड़ा था और कितनी कोशिश से वह यह सोचा करती थी कि उससे क्या कहे। उसे उसकी वह सहमी और स्नेहपूर्ण दृष्टि की भी, जिससे पेत्रोव उसे देखता था, सहानुभूति और अटपटेपन की अजीब भावना तथा अपनी परोपकारिता की उस चेतना की भी याद हो आयी, जो कीटी उस समय अनुभव किया करती थी। कितना अच्छा था यह सब! किन्तु यह सब तो शुरू में था। अब, कुछ दिन पहले सब कुछ अचानक बिगड़ गया था। आन्ना पाव्लोव्ना बनावटी अनुग्रह से कीटी का स्वागत करती और लगातार अपने पति तथा कीटी पर नज़र रखती।

"मेरे उसके नज़दीक होने पर वह जिस मर्मस्पर्शी प्रसन्नता को अनुभव करता है, क्या आन्ना पाव्लोव्ना के मेरे प्रति उदासीन हो जाने का यही तो कारण नहीं है?"

"हाँ," कीटी को याद आया, "तीन दिन पहले जब उसने दुःखी होते हुए यह कहा था–'आपकी ही राह देख रहा है, आपके बिना कॉफ़ी पीना नहीं चाहता, यद्यपि बेहद कमज़ोर हो गया है,' तो आन्ना पाव्लोव्ना के अन्दाज़ में कुछ अस्वाभाविक और ऐसा था, जो उसके दयालु स्वभाव से मेल नहीं खाता था।"

'हाँ, सम्भव है कि मेरा उसे कम्बल देना आन्ना पाव्लोव्ना को अच्छा न लगा हो। यह बहुत मामूली-सी बात थी, किन्तु उसने उसे इतने अटपटे ढंग से लिया, इतनी देर तक आभार प्रकट किया कि खुद मुझे भी अटपटापन महसूस होने लगा था। फिर वह मेरा छवि चित्र, जो उसने इतना सुन्दर बनाया है। और सबसे प्रमुख बात उसकी वह नज़र है–सहमी-सहमी और प्यार-भरी! हाँ, हाँ, ऐसा ही है!' बहुत त्रस्त होते हुए कीटी ने मन-ही-मन दोहराया। 'नहीं, ऐसा नहीं हो सकता, ऐसा नहीं होना चाहिए। वह इतना दयनीय है!' एक क्षण बाद उसने अपने-आपसे कहा।

इस सन्देह ने उसके नये जीवन की खुशी को विषाक्त कर दिया।

34

जल-चिकित्सा का कोर्स समाप्त होने के पहले ही प्रिन्स श्चेर्बात्स्की कार्ल्सबाद, फिर बादेन और किसिनगेन में अपने रूसी परिचितों के यहाँ जाने के बाद, जहाँ, उनके शब्दों में वे कुछ रूसी हवा का आनन्द लेने गये थे, अपने परिवार में लौट आये।

विदेश-जीवन के बारे में प्रिन्स और प्रिन्सेस के दृष्टिकोण एक-दूसरे के सर्वथा प्रतिकूल थे। प्रिन्सेस को विदेश की हर चीज़ बहुत बढ़िया लगती थी और रूसी समाज में अपनी दृढ़ स्थिति के बावजूद वे विदेश में अपने को यूरोपीय महिला ज़ाहिर करने की कोशिश करती थीं, जो वे नहीं थीं; क्योंकि विशिष्ट रूसी महिला थीं, इसलिए उन्हें ढोंग-दिखावा करना पड़ता था और इस कारण वे परेशानी का शिकार होती थीं। इसके विपरीत प्रिन्स को विदेश में सब कुछ अटपटा लगता था, यूरोपीय जीवन उन्हें बोझिल प्रतीत होता था, वे अपनी रूसी आदतों से चिपके रहते थे और विदेश में जान-बूझकर अपने को उससे कहीं कम यूरोपीय ज़ाहिर करते थे, जितने वास्तव में थे।

प्रिन्स कुछ दुबलाकर लौटे, उनके गालों की थैलियाँ लटक गयी थीं, मगर बहुत ही ख़ुश थे। जब उन्होंने कीटी को बिल्कुल स्वस्थ देखा, तो उनकी ख़ुशी का यह रंग और भी गाढ़ा हो गया। मदाम श्ताल और वारेन्का के साथ कीटी की दोस्ती की ख़बर और प्रिन्सेस द्वारा दी गयी इस सूचना से कि उन्हें कीटी में कोई विशेष परिवर्तन होता दिखाई दे रहा है, प्रिन्स परेशान हो उठे थे और बेटी के अपने अतिरिक्त किसी भी अन्य चीज़ की ओर आकर्षित होने पर उनके दिल में सामान्य ईर्ष्या की भावना और यह डर पैदा हो गया था कि बेटी कहीं उनके प्रभाव से निकलकर ऐसे क्षेत्र में न चली जाये, जो उनकी पहुँच के बाहर हो। लेकिन ये सभी अप्रिय ख़बरें ख़ुशमिज़ाजी और प्रफुल्लता के उस सागर में डूब गयीं, जो हमेशा उनमें लहराता था और जिसे कार्ल्सबाद के स्वास्थ्यप्रद जल ने और प्रबल कर दिया था।

लौटने के दूसरे ही दिन प्रिन्स अपना लम्बा ओवरकोट पहने, अपनी रूसी झुर्रियों और ढीले-ढाले गालों की झलक देते हुए, जिन्हें कलफ़ लगे कालर ने ऊपर उठा रखा था, बेटी को साथ लेकर बहुत ही अच्छे मूड में जल-स्रोतों की ओर चल दिये।

सुबह बहुत सुहावनी थी–छोटे-छोटे बग़ीचोंवाले साफ़-सुथरे और प्यारे घर, बीयर की शौक़ीन और ख़ुशी-ख़ुशी काम करती जर्मन परिचारिकाओं के लाल चेहरों और लाल बाँहों तथा चमकते सूरज को देखकर मन खिल उठता था। किन्तु वे जल-स्रोतों के जितना अधिक निकट पहुँचते जा रहे थे, उतने ही अधिक रोगी उन्हें मिलते थे और जर्मनी के सुखी जीवन की सामान्य परिस्थितियों में उनके चेहरे और भी अधिक दयनीय लगते थे। कीटी को तो इस असंगति से अब कोई आश्चर्य नहीं होता था। उसके लिए चमकता सूरज, हरियाली की सुखद छटा और गूँजते स्वर इन परिचित चेहरों और उनमें होने वाले अच्छे-बुरे परिवर्तनों के, जिन पर वह नज़र रखती थी, आवश्यक अंग थे। किन्तु प्रिन्स को जून के महीने की सुबह का यह उजाला और चमक, वाल्ज़ की ख़ुशी की प्रचलित धुनें बजाते हुए आर्केस्ट्रा की स्वर-लहरियाँ तथा ख़ासतौर पर स्वस्थ नौकरानियों की सूरतें यूरोप

के कोने-कोने से यहाँ एकत्रित और ढीली-ढाली चाल से डग भरते हुए मुर्दों जैसे रोगियों की उपस्थिति में बेहूदा और घिनौनी लगती थीं।

अपनी प्यारी बेटी का हाथ थामकर चलते हुए प्रिन्स को बेशक गर्व और यौवन के लौट आने जैसी अनुभूति हो रही थी, फिर भी अपनी दृढ़ चाल तथा चर्बी चढ़े बड़े-बड़े अंगों के कारण वे परेशानी और शर्म महसूस करने लगे थे। उन्हें कुछ ऐसा लग रहा था मानो वे नंग-धड़ंग होकर लोगों के बीच आ गये हों।

"मिलाओ, मिलाओ मुझे अपने नये दोस्तों से," कोहनी से बेटी का हाथ दबाते हुए प्रिन्स कह रहे थे। "मुझे तो तुम्हारा यह घिनौना सोडेन भी इसलिए अच्छा लगने लगा है कि इसने तुम्हें इतना स्वस्थ बना दिया है। मगर यहाँ उदासी, बड़ी उदासी महसूस होती है। यह कौन है?"

कीटी अपने पिता को मिलने वाले परिचितों और अपरिचितों के नाम बता रही थी। बाग़ के दरवाज़े के पास ही राह दिखाने वाली औरत को साथ लिये अन्धी m-me Berthe से उनकी भेंट हुई और कीटी की आवाज़ सुनकर बूढ़ी फ्रांसीसी औरत के चेहरे पर प्रकट होने वाले स्नेहपूर्ण भाव देखकर प्रिन्स को ख़ुशी हुई। वह उसी क्षण अतिशय फ्रांसीसी नम्रता के साथ उनसे बात करने, इतनी अच्छी बेटी के लिए उनकी प्रशंसा करने तथा कीटी की उपस्थिति में ही उसकी तारीफ़ों के पुल बाँधने, उसे क़ीमती ख़ज़ाना, मोती और सान्त्वना देने वाला फ़रिश्ता कहने लगी।

"तो यह दूसरा फ़रिश्ता है," प्रिन्स ने मुस्कुराते हुए कहा। "वह m-lle वारेन्का को पहला फ़रिश्ता बताती है।"

"ओह! m-lle वारेन्का–वह असली फ़रिश्ता है, allez,"[1] m-me Berthe ने फ़ौरन सहमति प्रकट की।

गैलरी में ख़ुद वारेन्का से उनकी भेंट हो गयी। वह बढ़िया लाल पर्स हाथ में लिये तेज़ क़दम बढ़ाती हुई सामने से आ रही थी।

"ये मेरे पापा आ गये!" कीटी ने वारेन्का से कहा।

वारेन्का ने हमेशा की तरह सादगी और स्वाभाविकता से प्रिन्स का अभिवादन किया और उसी क्षण सरलता तथा संकोच के बिना उनसे बातचीत करने लगी, जैसे सभी से करती थी।

"निश्चय ही मैं आपको जानता हूँ, बहुत अच्छी तरह जानता हूँ," प्रिन्स ने मुस्कुराते हुए कहा, जिससे कीटी ने सहर्ष यह जान लिया कि पिता को उसकी मित्र अच्छी लगी है। "कहाँ जाने की उतावली में हैं आप?"

"Maman यहाँ हैं," उसने कीटी को सम्बोधित करते हुए कहा। "वे रात-भर नहीं सोयीं और डॉक्टर ने उन्हें बाहर जाने की सलाह दी है। मैं उनका काम लिये जा रही हूँ।"

---

1. उसके बारे में तो कहना ही क्या है। (फ्रांसीसी)

"तो यह फ़रिश्ता नम्बर एक है!" वारेन्का के जाने के बाद प्रिन्स ने कहा।

कीटी ने देखा कि वे वारेन्का का मज़ाक़ उड़ाना चाहते थे, लेकिन किसी तरह भी ऐसा नहीं कर पाये, क्योंकि वारेन्का उन्हें अच्छी लगी थी।

"तो तुम्हारे सभी मित्रों से मिल लेंगे," उन्होंने कहा। "मदाम श्ताल से भी, अगर वह मुझे पहचानने की मेहरबानी करेगी।"

"तुम क्या उन्हें जानते हो पापा?" मदाम श्ताल की चर्चा चलने पर पिता की आँखों में व्यंग्य की चमक देखकर कीटी ने घबराते हुए पूछा।

"उसके पति और उसके पायेटिस्ट हो जाने के पहले थोड़ा-सा उसे भी जानता था।"

"यह पायेटिस्ट कौन होता है पापा?" कीटी ने इस बात से आशंकित होते हुए कि मदाम श्ताल की जिस ख़ास बात का उसने इतना ऊँचा मूल्यांकन किया था, उसका कोई नाम भी है।

"यह तो मैं ख़ुद भी अच्छी तरह नहीं जानता। सिर्फ़ इतना जानता हूँ कि वह हर चीज़ के लिए भगवान को धन्यवाद देती है, हर दुर्भाग्य के लिए, इसके लिए भी कि उसका पति चल बसा। लेकिन यह तो बेतुकी बात मालूम होती है, क्योंकि इन दोनों की बिल्कुल नहीं बनती थी।"

"यह कौन है? कैसा दयनीय चेहरा है!" कीटी के पिता ने कत्थई रंग का ओवरकोट और सफ़ेद पतलून पहने हुए बेंच पर बैठे मँझोले क़द के रोगी को देखकर पूछा। रोगी का पतलून उसकी मांसहीन टाँगों पर अजीब-सी सिलवटें बना रहा था।

इस महाशय ने तिनकों का बना अपना गर्मी का टोप ऊपर उठाया, जिससे उसके विरले घुँघराले बालों और चौड़े माथे की झलक मिली, जिस पर टोप का गहरा लाल निशान पड़ा हुआ था।

"यह चित्रकार पेत्रोव है," कीटी ने लज्जारुण होते हुए कहा। "और वह उसकी बीवी है," उसने इतना और जोड़ते हुए आन्ना पाव्लोव्ना की ओर संकेत किया, जो मानो जान-बूझकर उसी समय जब ये दोनों नज़दीक पहुँच रहे थे, सड़क पर भाग जाने वाले बच्चे के पीछे चली गयी थी।

"कितना दयनीय है वह और कितना प्यारा है इसका चेहरा!" प्रिन्स ने कहा। "तुम उसके पास क्यों नहीं गयीं? वह तुमसे कुछ कहना चाहता था न?"

"तो, आओ चलें," कीटी ने दृढ़ता से मुड़ते हुए कहा। "आज कैसी तबीयत है आपकी?" कीटी ने पेत्रोव से पूछा।

पेत्रोव छड़ी का सहारा लेकर खड़ा हो गया और उसने सहमी-सी नज़र से प्रिन्स की तरफ़ देखा।

"यह मेरी बेटी है," प्रिन्स ने कहा। "आप से मिलकर ख़ुशी हुई।"

चित्रकार ने सिर झुकाया और अप्रत्याशित रूप से सफ़ेद तथा सुन्दर दाँतों की झलक देते हुए मुस्कुराया। "प्रिन्सेस, हम कल आपकी राह देखते रहे," चित्रकार ने कीटी से कहा।

यह कहते हुए वह लड़खड़ाया और अपनी लड़खड़ाहट को फिर से दोहराते हुए यह ज़ाहिर करने की कोशिश की कि उसने जान-बूझकर ही ऐसा किया है।

"मैं आना चाहती थी, किन्तु वारेन्का ने आन्ना पाव्लोव्ना की ओर से यह सन्देश दिया था कि आप लोग नहीं जायेंगे।"

"कैसे नहीं जायेंगे?" पेत्रोव ने गुस्से से लाल होते और इसी क्षण खाँसते तथा आँखों से पत्नी को ढूँढ़ते हुए कहा। "आनेता, आनेता!" उसने बीवी को पुकारा और ऐसा करते समय उसकी गोरी और पतली गर्दन पर रस्सी जैसी मोटी-मोटी नसें तन गयीं।

आन्ना पाव्लोव्ना पास आयी।

"कैसे तुमने प्रिन्सेस को यह कहलवा दिया कि हम नहीं जायेंगे?" वह खरखरी-सी आवाज़ में गुस्से से फुसफुसाया।

"नमस्ते, प्रिन्सेस!" आन्ना पाव्लोव्ना ने बनावटी मुस्कान के साथ, जो उसके पहले के अन्दाज़ से बिल्कुल भिन्न थी, कहा। "आपसे मिलकर बड़ी प्रसन्नता हुई," उसने प्रिन्स को सम्बोधित किया। "बहुत दिनों से आपका इन्तज़ार हो रहा था, प्रिन्स।"

"तुमने कैसे प्रिन्सेस को यह कहलवा दिया कि हम नहीं जायेंगे?" चित्रकार और अधिक झल्लाहट से एक बार फिर खरखरी-सी आवाज़ में फुसफुसाया। स्पष्टतः वह इस कारण और भी अधिक खीझ महसूस कर रहा था कि आवाज़ उसका साथ नहीं दे रही थी और वह अपने शब्दों को वैसी अभिव्यक्ति नहीं दे पा रहा था, जैसी कि देना चाहता था।

"हे मेरे भगवान! मैंने सोचा था कि हम नहीं जायेंगे?" बीवी ने चिड़चिड़ेपन से जवाब दिया।

"यह कैसे, कब..." वह खाँसने लगा और उसने हाथ झटक दिया।

प्रिन्स ने अपना टोप ऊपर उठाया और बेटी के साथ आगे बढ़ गये।

"ओह!" प्रिन्स ने गहरी साँस ली, "कैसे क़िस्मत के मारे हैं ये!"

"हाँ, पापा," कीटी ने जवाब दिया। "और फिर इनके तीन बच्चे हैं, कोई नौकर-चाकर नहीं और साधन भी तो लगभग नहीं के बराबर हैं। अकादमी से उसे कुछ पैसे मिलते हैं," कीटी बड़े उत्साह से यह सब बता रही थी और ऐसे अपने प्रति आन्ना पाव्लोव्ना के रवैये में हुए अजीब परिवर्तन के कारण उत्पन्न मानसिक उथल-पुथल पर क़ाबू पाने की कोशिश कर रही थी।

"और यह रही मदाम श्ताल," कीटी ने पहियोंवाली आराम-कुर्सी की ओर

इशारा करते हुए कहा, जिस पर तकियों के सहारे भूरे और हल्के नीले रंग के कपड़ों में छतरी के नीचे कुछ लेटा हुआ-सा दिखाई दे रहा था।

यह मदाम श्ताल थी। उसके पीछे इस पहिया-कुर्सी को चलाने वाला हट्टा-कट्टा और खिन्न-सा जर्मन मज़दूर खड़ा था। सुनहरे बालोंवाला स्वीडिश काउंट, कीटी जिसे नाम से जानती थी, श्ताल के नज़दीक खड़ा था। कई रोगी इस पहिया-कुर्सी के पास रुककर एक अजूबे की तरह इस महिला को देख रहे थे।

प्रिन्स उसके निकट गये। इसी क्षण कीटी ने पिता की आँखों में उसे परेशान करने वाली व्यंग्यपूर्ण चमक देखी। मदाम श्ताल के पास जाकर वे बहुत ही शिष्ट और मधुर ढंग से ऐसी बढ़िया फ्रांसीसी में बोलने लगे, जैसी कि आजकल बहुत कम लोग बोल पाते हैं।

"मुझे मालूम नहीं कि आपको मेरा ध्यान है या नहीं, किन्तु अपनी बेटी के प्रति आपकी अनुकम्पा के लिए आभार प्रकट करने को मैं अपनी याद दिलाना चाहता हूँ," उन्होंने अपना टोप उतारकर और उसे फिर से न पहनते हुए कहा।

"प्रिन्स अलेक्सान्द्र श्चेर्बात्स्की," मदाम श्ताल ने अपनी आसमानी आँखों को उनकी ओर उठाते हुए कहा, जिसमें कीटी को अप्रसन्नता की झलक मिली। "बहुत ख़ुशी है मुझे। आपकी बेटी से तो मुझे बहुत ही प्यार हो गया है।"

"आपको स्वास्थ्य अभी तक सुधरा नहीं?"

"मैं तो इसकी आदी हो गयी हूँ," मदाम श्ताल ने जवाब दिया और स्वीडिश काउंट से प्रिन्स का परिचय करवाया।

"आप तो लगभग पहले जैसी ही हैं," प्रिन्स ने कहा। "मुझे दस या ग्यारह साल से आपको देखने का सौभाग्य प्राप्त नहीं हुआ।"

"हाँ, भगवान सलीब देता है और उसे उठाने की शक्ति भी देता है। यह सोचकर अक्सर हैरान होती रहती हूँ कि किसलिए यह ज़िन्दगी घिसटती चली जा रही है... दूसरी तरफ़ से!" मदाम श्ताल ने खीझते हुए वारेन्का से कहा, जिसने उसके पैरों पर ठीक तरह से कम्बल नहीं लपेटा था।

"सम्भवतः नेकी करने के लिए," प्रिन्स ने आँखों से हँसते हुए कहा।

"वह निर्णय करना हमारा काम नहीं है," प्रिन्स के चेहरे पर व्यंग्य का हल्का-सा पुट भाँपते हुए मदाम श्ताल ने कहा। "तो प्यारे काउंट, आप मुझे यह किताब भेज देंगे न? बहुत कृतज्ञ हूँ आपकी," उसने जवान स्पीड को सम्बोधित करते हुए कहा।

"अरे आप!" अपने नज़दीक खड़े हुए मास्को के कर्नल को देखकर प्रिन्स कह उठे और मदाम श्ताल को सिर झुकाकर तथा बेटी और मास्को के कर्नल को साथ लेकर आगे बढ़ गये।

"ये हैं हमारे रईस लोग, प्रिन्स!" चुटकी लेने की इच्छा से कर्नल ने कहा, जो मदाम श्ताल से इसलिए नाखुश था कि वह उससे परिचित नहीं थी।

"बिल्कुल पहले जैसी ही है," प्रिन्स ने उत्तर दिया।

"आप क्या इसे बीमार होने यानी बिस्तर थाम लेने के पहले भी जानते थे?"

"हाँ। मेरे सामने ही उसकी ऐसी हालत हो गयी थी," प्रिन्स ने कहा।

"कहते हैं कि वह दस साल से खड़ी नहीं हो पा रही है।"

"इसलिए खड़ी नहीं होती कि उसकी टाँगें बहुत छोटी हैं। बहुत ही भद्दी बनावट है उसके जिस्म की..."

"पापा, ऐसा नहीं हो सकता!" कीटी चिल्ला उठी।

"दुष्ट लोग ऐसा ही कहते हैं, मेरी बिटिया! तुम्हारी वारेन्का को ख़ूब भुगतना पड़ रहा है," उन्होंने इतना और कह दिया। "ओह, ये बीमार रईसज़ादियाँ!"

"ओह नहीं, ऐसी बात नहीं है, पापा!" कीटी ने बड़े जोश से आपत्ति की। "वारेन्का तो उनको पूजती है। फिर कितनी नेकी भी तो करती हैं मदाम श्ताल! तुम किसी से भी पूछ सकते हो! उन्हें और Aline श्ताल को सभी जानते हैं।"

"हो सकता है," कोहनी से बेटी का हाथ दबाते हुए वे बोले। "किन्तु ऐसे नेकी करना ज़्यादा अच्छा होता है कि किसी को भी उसके बारे में मालूम न हो।"

कीटी इसलिए चुप नहीं हो गयी कि उसके पास कहने को कुछ नहीं था, बल्कि इसलिए कि वह पिता के सामने भी अपने गुप्त विचारों को प्रकट नहीं करना चाहती थी। लेकिन यह एक अजीब बात थी कि पिता के विचारों से प्रभावित न होने और उन्हें अपने अन्तर की पावन भावनाओं को न छूने देने का पक्का इरादा बना लेने के बावजूद मदाम श्ताल का वह दिव्य रूप, जो वह एक महीने तक अपने दिल में सहेजे रही थी, वैसे ही कभी न लौटने के लिए यों ग़ायब हो गया, जैसे लापरवाही से फेंके गये फ्रॉक द्वारा बनायी गयी वह आकृति ग़ायब हो जाती है, जब हम यह समझ जाते हैं कि केवल फ्रॉक ही ऐसे पड़ा हुआ है। सिर्फ़ छोटी टाँगोंवाली औरत ही रह गयी, जो इसलिए चारपाई से नहीं उठ पाती कि उसके शरीर की बनावट बड़ी भद्दी है और जो चुप रहने वाली वारेन्का को इस कारण भला-बुरा कहती है कि वह कम्बल ढंग से नहीं ओढ़ाती है। कल्पना की कैसी भी उड़ान से अब पहलेवाली मदाम श्ताल को वापस लाना सम्भव नहीं था।

35

प्रिन्स ने ख़ुशी का अपना यह रंग अपने घरवालों, परिचितों और उस जर्मन मकान-मालिक तक पर चढ़ा दिया जिसके घर में श्चेर्बात्स्की परिवार रह रहा था।

कीटी के साथ जल-स्रोतों से घर लौटते हुए कर्नल, मारीया येव्गेन्येव्ना और वारेन्का को भी अपने साथ कॉफ़ी पीने के लिए आमन्त्रित कर प्रिन्स ने बग़ीचे में चेस्टनट के पेड़ के नीचे मेज़-कुर्सियाँ लगाने और वहीं नाश्ते की व्यवस्था करने का आदेश दिया। प्रिन्स की खुशमिज़ाजी के असर से मकान-मालिक और नौकर-

चाकर भी चहक उठे थे। वे उनकी दरियादिली से परिचित थे और आध घंटे बाद ऊपर की मंज़िल पर रहने वाले हैमबर्ग के बीमार डॉक्टर को चेस्टनट के नीचे जमा होने वाले स्वस्थ रूसी लोगों के इस जमघट को देखकर ईर्ष्या होने लगी। सफ़ेद मेज़पोश से ढकी मेज़ के क़रीब, जिस पर कॉफ़ीदानियाँ, डबलरोटी, मक्खन, पनीर और पक्षियों का ठंडा गोश्त रखा था, बैंगनी रंग के फ़ीतों से सजी ऊँची टोपी पहने प्रिन्सेस बैठी थीं और लोगों को कॉफ़ी के प्याले तथा सैंडविच दे रही थीं। दूसरे सिरे पर बैठे हुए प्रिन्स ख़ूब डटकर खा तथा खुशी की तरंग में ऊँचे-ऊँचे बातें कर रहे थे। उन्होंने सभी जल-चिकित्सा केन्द्रों पर ख़रीदी गयी चीज़ें–नक्काशीवाले छोटे-छोटे डिब्बे, साधारण आभूषण और सभी तरह की काग़ज़-काट छुरियाँ–अपने पास रख ली थीं और लिसहन नाम की नौकरानी तथा मकान-मालिक समेत उन्हें सभी को बाँट रहे थे। वे अपनी हास्यास्पद रूप से बुरी जर्मन भाषा में मकान-मालिक के साथ मज़ाक़ कर रहे थे और उसे इस बात का यक़ीन दिला रहे थे कि खनिज-जल ने नहीं, बल्कि उसके बढ़िया भोजन, ख़ासतौर पर आलूबुख़ारे के शोरबे ने कीटी को स्वस्थ कर दिया था। प्रिन्सेस अपने पति की रूसी आदतों का मज़ाक़ उड़ा रही थीं, किन्तु इतनी ख़ुशी और इतने रंग-तरंग में थीं, जितनी यहाँ आकर अपने जीवन में कभी नहीं हो पायी थीं। कर्नल, जैसा कि सदा होता था, प्रिन्स के मज़ाक़ों पर मुस्कुराता था, मगर जहाँ तक यूरोप का सवाल था, जिसका, जैसा कि वह समझता था, गम्भीर अध्ययन करता था, प्रिन्सेस के पक्ष में था। सरल मनवाली मारीया येव्गेन्येव्ना प्रिन्स के हर मज़ाक़ पर हँसते-हँसते लोट-पोट होती थी और वारेन्का भी, जैसा कि कीटी ने पहले कभी नहीं देखा था, सभी को प्रभावित करने वाले प्रिन्स के मज़ाक़ों से हँसते-हँसते बेदम हो रही थी।

कीटी को इस सबसे ख़ुशी मिल रही थी, मगर उसके लिए चिन्तित न होना सम्भव नहीं था। पिता ने अपने हास्यपूर्ण अन्दाज़ से उसकी सहेलियों तथा उस जीवन के बारे में, जिससे उसे प्यार हो गया था, अनचाहे ही जो सवाल उसके सामने पेश कर दिया था, वह उसे हल नहीं कर पा रही थी। पेत्रोव परिवार के मामले में उसके सम्बन्धों का परिवर्तन, जो आज इतने स्पष्ट और कटु रूप में प्रकट हुआ था, इस सवाल के साथ जुड़ गया था। सब खुश थे, मगर कीटी खुश नहीं हो सकती थी और यह चीज़ उसे और अधिक यातना दे रही थी। उसे लगभग वैसी ही अनुभूति हो रही थी, जैसी बचपन में तब हुई थी, जब दंडस्वरूप उसी के कमरे में उसे बन्द कर दिया गया था और बाहर से बहनों के ख़ुशी-भरे ठहाके सुनाई देते रहे थे।

"तो किसलिए तुमने ये ढेर सारी चीज़ें ख़रीदीं?" प्रिन्सेस ने मुस्कुराते और पति की ओर कॉफ़ी का प्याला बढ़ाते हुए पूछा।

"घूमने-फिरने के लिए निकलता, किसी दुकान में झाँकता और दुकानवाले

'हुजूर, जनाब, महाराज' कहते हुए कुछ ख़रीदने का अनुरोध करते। जैसे ही वे 'महाराज' कहते, वैसे ही मेरे लिए इनकार करना मुश्किल हो जाता और दस थेलर निकल जाते।"

"यह तो ऊब का नतीजा है," प्रिन्सेस ने कहा।

"ज़ाहिर है कि ऊब का। ऐसी ऊब कि पूछो मत।"

"प्रिन्स, भला ऊबना कैसे सम्भव हो सकता है? जर्मनी में अब इतना कुछ दिलचस्प है," मारीया येव्गेन्येव्ना ने कहा।

"हाँ, जो कुछ दिलचस्प है, मैं वह सब जानता हूँ–आलूबुख़ारों का शोरबा और पटरोंवाली सासेज भी जानता हूँ। सब कुछ जानता हूँ।"

"नहीं, आप बेशक कुछ भी कहें, प्रिन्स, इनकी संस्थाएँ दिलचस्प हैं," कर्नल ने विचार प्रकट किया।

"ऐसी क्या दिलचस्प बात है इनमें? सभी चमकते सिक्कों की तरह बेहद खुश हैं–सभी को जीत लिया। लेकिन मैं किस बात के लिए खुश हो सकता हूँ? मैंने तो किसी को नहीं जीता, इसके अलावा खुद ही अपने बूट उतारो और ख़ुद ही उन्हें दरवाज़े के पीछे रखो। सुबह जल्दी उठो, फ़ौरन कपड़े पहनो और घटिया चाय पीने के लिए भोजन-कक्ष में भागे जाओ। घर पर कैसे ठाठ से रहते हैं! इत्मीनान से जागो, किसी बात पर बिगड़ो, बड़बड़ाओ, अच्छी तरह नींद से मुक्ति पा लो, किसी तरह की हड़बड़ी के बिना सब बातों पर ख़ूब सोच-विचार कर लो।"

"लेकिन वक़्त तो पैसा है, आप यह भूल जाते हैं," कर्नल ने कहा।

"यह इस बात पर निर्भर है कि कौन-सा वक़्त है! ऐसा वक़्त भी होता है कि पचास कोपेक के लिए सारा महीना दिया जा सकता है और ऐसा भी कि किसी क़ीमत पर आधा घंटा भी नहीं दिया जाये। ठीक है न प्यारी कीटी? तुम ऐसी उदास-सी क्यों हो?"

"नहीं, ऐसा तो कुछ नहीं।"

"आप कहाँ चल दीं? कुछ देर और बैठिये," प्रिन्स ने वारेन्का से कहा।

"मुझे घर जाना चाहिए," वारेन्का ने उठते हुए कहा और फिर से हँसने लगी।

सन्तुलित होने पर उसने विदा ली और टोपी लेने के लिए घर के भीतर गयी। कीटी भी उसके पीछे-पीछे हो ली। उसे वारेन्का भी अब दूसरी लगती थी। वह बुरी नहीं हो गयी थी, लेकिन जिस रूप में वह पहले उसकी कल्पना करती थी, अब उससे भिन्न थी।

"ओह, एक ज़माने से मैं ऐसे नहीं हँसी!" वारेन्का ने छतरी और थैला लेते हुए कहा। "कितने प्यारे हैं आपके पापा!"

कीटी चुप रही।

"हम कब मिलेंगी?" वारेन्का ने पूछा।

"Maman पेत्रोव दम्पति के यहाँ जाना चाह रही हैं। आप वहाँ नहीं होंगी?" कीटी ने वारेन्का से पूछा।

"मैं होऊँगी," वारेन्का ने जवाब दिया। "वे जाने की तैयारी कर रहे हैं और इसलिए मैंने सामान समेटने में उसका हाथ बँटाने का वादा किया है।"

"तो मैं भी आऊँगी।"

"नहीं, आप किसलिए आयेंगी?"

"क्यों नहीं? क्यों नहीं? क्यों नहीं?" कीटी आँखों को फैलाते और वारेन्का को जाने से रोकने के लिए उसकी छतरी हाथ में लेते हुए कह उठी। "नहीं, रुकिये, क्यों न आऊँ मैं?"

"इसलिए कि आपके पापा आ गये हैं और फिर आपकी उपस्थिति में वे संकोच भी अनुभव करते हैं।"

"नहीं, आप मुझे यह बतायें—क्यों आप ऐसा नहीं चाहतीं कि मैं पेत्रोव परिवार में अक्सर जाया करूँ? आप नहीं चाहती हैं न? मगर क्यों?"

"मैंने ऐसा नहीं कहा," वारेन्का ने शान्ति से उत्तर दिया।

"नहीं, कृपया बता दीजिये!"

"सब कुछ बता दूँ?" वारेन्का ने पूछा।

"सब कुछ, सब कुछ!" कीटी ने आग्रह किया।

"वैसे ख़ास बात तो कुछ नहीं है, सिर्फ़ इतनी ही कि मिख़ाइल अलेक्सेयेविच (चित्रकार का यही नाम था) पहले जल्दी जाना चाहता था, मगर अब ऐसा नहीं करना चाहता," वारेन्का ने मुस्कुराते हुए कहा।

"तो! तो!" कीटी ने उदासी से वारेन्का की ओर देखते हुए जल्दी से बात आगे बढ़ाने के लिए ज़ोर दिया।

"तो, न जाने क्यों, आन्ना पाव्लोव्ना ने यह कहा कि वह इसलिए नहीं जाना चाहता कि आप यहाँ हैं। ज़ाहिर है कि वह बेकार की बात थी, मगर इस कारण, आपके कारण उसके बीच झगड़ा हो गया। आप तो जानती ही हैं कि ये रोगी कितने चिड़चिड़े होते हैं।"

कीटी और अधिक नाक-भौंह सिकोड़ते हुए ख़ामोश रही और उसे शान्त तथा उसके गुस्से को ठंडा करने की कोशिश करती हुई वारेन्का अकेली ही बोलती रही। वह देख रही थी कि विस्फोट होने वाला है—आँसुओं का या शब्दों का—यह उसे ज्ञात नहीं था।

"इसलिए आपका न जाना ही बेहतर होगा... आप तो समझती ही हैं, आप बुरा नहीं मानिये..."

"मैं इसी के लायक़ हूँ, इसी के लायक़ हूँ!" वारेन्का के हाथ से छतरी झपटते और अपनी सहेली से नज़र न मिलाते हुए कीटी जल्दी-जल्दी कह उठी।

अपनी सहेली के बाल-सुलभ गुस्से पर वारेन्का ने मुस्कुराना चाहा, मगर उसने इस डर से ऐसा नहीं किया कि वह बुरा मान जायेगी।

"इसी के लायक़ हूँ? मेरी समझ में नहीं आ रहा," वारेन्का ने कहा।

"इसलिए इसके लायक़ हूँ कि यह सब ढोंग था, क्योंकि यह सब बनावटी था, दिल से निकला हुआ नहीं था। क्या लेना-देना था मुझे किसी पराये आदमी से? नतीजा यह निकला कि मैं झगड़े का कारण बनी और मैंने वह किया, जिसे करने को मुझसे किसी ने नहीं कहा था। इसीलिए कि यह सब ढोंग है! ढोंग है! ढोंग है!"

"लेकिन ढोंग किस उद्देश्य से?" वारेन्का ने धीमे से प्रश्न किया।

"आह, कैसी हिमाकत है, कैसा घटियापन है! कोई ज़रूरत नहीं थी इसकी... सब ढोंग है!" कीटी ने छतरी खोलते और बन्द करते हुए कहा।

"लेकिन किस उद्देश्य से?"

"इसलिए कि दूसरों की नज़र में अच्छी बन जाऊँ, भगवान की नज़र में अच्छी बन जाऊँ, सबकी आँखों में धूल झोंक दूँ। नहीं, अब मैं इसके फेर में नहीं पड़ूँगी! बुरी रहूँगी, मगर झूठी और कपटी तो नहीं बनूँगी!"

"कौन कपटी है?" वारेन्का ने धिक्कारते हुए कहा। "आप ऐसे कह रही हैं, जैसे कि..."

लेकिन कीटी को गुस्से का दौरा पड़ा हुआ था। उसने वारेन्का को उसकी बात पूरी नहीं करने दी।

"मैं आपके बारे में, आपके बारे में बिल्कुल नहीं कह रही हूँ। आप पूर्णता का रूप हैं। हाँ, हाँ, मैं जानती हूँ कि आप पूर्णता का रूप हैं। लेकिन अगर मैं बुरी हूँ, तो इसका क्या किया जाये? अगर मैं बुरी न होती, तो ऐसा कुछ न हुआ होता। इसलिए मैं जैसी हूँ, यही अच्छा है कि वैसी ही रहूँ, मगर ढोंग नहीं करूँगी। मेरा क्या सरोकार है आन्ना पाव्लोव्ना से! वे जैसे चाहें वैसे जियें, और मैं अपने ढंग से। मैं दूसरी नहीं हो सकती... यह सब वैसा नहीं है, वैसा नहीं है!..."

"क्या वैसा नहीं है?" वारेन्का ने समझ न पाते हुए कहा।

"सब कुछ वैसा नहीं है। मैं दिल के सिवाय और किसी दूसरे ढंग से नहीं जी सकती, लेकिन आप नियमों-उसूलों के मुताबिक़ जीती हैं। मुझे तो आपसे यों ही लगाव हो गया, लेकिन आपने निश्चय ही केवल मुझे बचाने, मुझे कुछ सिखाने के लिए ऐसा किया!"

"आप मेरे साथ अन्याय कर रही हैं," वारेन्का ने कहा।

"मैं दूसरों के बारे में कुछ नहीं कह रही हूँ, अपनी बात कह रही हूँ।"

"कीटी!" माँ की आवाज़ सुनाई दी। "इधर आओ, पापा को अपना मूँगे का हार दिखाओ।"

कीटी ने अपनी सहेली से सुलह किये बिना बड़े गर्वीले अन्दाज़ से मूँगे के हार

का डिब्बा मेज़ से उठाया और माँ की ओर चल दी।

"क्या हुआ है तुम्हें? तुम्हारा चेहरा ऐसे क्यों तमतमाया हुआ है?" माँ-बाप दोनों ने एक साथ ही उससे पूछा।

"कुछ नहीं," उसने जवाब दिया, "मैं अभी आती हूँ।" और वापस भाग गयी।

'वह अभी यहीं है!' कीटी ने सोचा। 'क्या कहूँगी मैं उससे, हे भगवान! यह मैंने क्या कर डाला, क्या कह दिया! किसलिए उसके दिल को ठेस लगायी? क्या करूँ मैं? क्या कहूँगी अब मैं उससे?' कीटी दरवाज़े के क़रीब रुककर सोच रही थी।

वारेन्का टोपी पहने और छतरी हाथ में लिये मेज़ के पास बैठी हुई छतरी के उस स्प्रिंग को देख रही थी, जो कीटी ने तोड़ डाला था। उसने सिर ऊपर उठाया।

"वारेन्का, क्षमा कर दीजिये मुझे, क्षमा कर दीजिये!" कीटी उसके क़रीब जाकर फुसफुसायी। "मुझे याद नहीं कि मैंने क्या कहा था। मैं..."

"मैं तो सचमुच आपको परेशान नहीं करना चाहती थी," वारेन्का ने मुस्कुराते हुए कहा।

दोनों के बीच सुलह हो गयी। किन्तु पिता के आ जाने से कीटी के लिए वह सारी दुनिया बदल गयी, जिसमें वह जी रही थी। उसने जो कुछ जान लिया था, उस सबसे इनकार नहीं किया, मगर इतना समझ गयी कि ऐसा सोचते हुए अपने को धोखा दे रही थी कि वह जो बनना चाहती थी, बन सकती है। वह तो मानो होश में आ गयी थी, उसने उस ऊँचाई की सारी कठिनाई को समझ लिया, जिस पर ढोंग और शेख़ी के बिना पहुँचना चाहती थी। इसके अलावा उसे दुःख-दर्दों, रोगों और मरते हुए लोगों की इस दुनिया के पूरे अवसाद की भी अनुभूति हो गयी थी, जिसमें वह रहती थी। इस दुनिया को प्यार कर पाने के लिए उसे जितनी कोशिशें करनी पड़ी थीं, उसे अब वे यातनाप्रद प्रतीत होने लगीं और उसका मन जल्दी से ताज़ा हवा में, रूस, अपने येर्गूशोवों गाँव जाने को ललकने लगा, जहाँ प्राप्त हुए पत्रों के अनुसार उसकी बहन डॉली अपने बच्चों के साथ पहुँच चुकी थी।

किन्तु वारेन्का के प्रति उसके प्यार में कमी नहीं आयी। विदा लेते हुए कीटी ने उससे अपने यहाँ रूस आने का अनुरोध किया।

"जब आपका विवाह होगा, तब आऊँगी," वारेन्का ने कहा।

"शादी तो मेरी कभी होगी ही नहीं।"

"तो मैं भी कभी नहीं आऊँगी।"

"तो केवल इसी के लिए मुझे शादी करनी होगी। देखिये, अपना वादा याद रखियेगा!" कीटी ने कहा।

डॉक्टर ने जो कुछ कहा था, वह सही साबित हुआ। कीटी स्वस्थ होकर अपने घर, अपने रूस लौटी। वह पहले की तरह मस्त और चहकती हुई तो नहीं, किन्तु शान्त थी। मास्को की व्यथा-वेदनाएँ उसके लिए स्मृति ही बनकर रह गयीं।

भाग-3

1

सेर्गेई इवानोविच कोज़्निशेव ने दिमाग़ी काम से आराम पाना चाहा और विदेश जाने के बजाय, जैसा कि वह आमतौर पर करता था, मई के अन्त में भाई के पास गाँव आ गया। उसे विश्वास था कि गाँव का जीवन ही सबसे अच्छा जीवन था। वह अब इसी जीवन का आनन्द लेने के लिए भाई के पास आया। कोन्स्तान्तीन लेविन को बहुत ख़ुशी हुई, ख़ासतौर पर इसलिए कि इस गर्मी में उसे अपने भाई निकोलाई के आने की कोई उम्मीद नहीं थी। किन्तु कोज़्निशेव के प्रति अपने सारे प्यार और आदर के बावजूद लेविन को गाँव में अपने भाई के साथ परेशानी महसूस होती थी। गाँव के प्रति भाई के रवैये से उसे परेशानी ही नहीं होती थी, बुरा भी लगता था। लेविन के लिए गाँव जीवन-स्थल था अर्थात् सुख-दुःख और श्रम का स्थल; कोज़्निशेव के लिए गाँव एक ओर तो विश्राम का स्थान और दूसरी ओर नगर के बुरे प्रभाव की अच्छी दवा था, जिसका वह बड़ी खुशी से तथा उसके उपयोगी होने की चेतना के साथ सेवन करता था। लेविन के लिए गाँव इसलिए अच्छा था कि वह निश्चय ही उपयोगी श्रम की कर्म-भूमि था; कोज़्निशेव के लिए गाँव इसलिए खासतौर पर अच्छा था कि वहाँ आदमी कुछ भी न करे और उसे करना भी नहीं चाहिए। इसके अलावा किसानों के प्रति कोज़्निशेव का रवैया लेविन को अच्छा नहीं लगता था। कोज़्निशेव कहता कि वह आम जनता को प्यार करता है और उसे जानता-समझता है। वह अक्सर किसानों से बातचीत करता, जो वह किसी तरह की बनावट और अपने बड़प्पन के बिना अच्छे ढंग से कर पाता था, और अपनी हर ऐसी बातचीत से किसानों के पक्ष में तथा इस बात के प्रमाण के रूप में सामान्य निष्कर्ष निकालता कि वह जनता को जानता-समझता है। लेविन को किसानों के प्रति यह रवैया पसन्द नहीं था। उसके लिए किसान सामान्य श्रम का एक मुख्य सहभागी तत्त्व था, और किसानों के प्रति अपने सारे आदर-भाव तथा प्रेम के बावजूद, जो जैसा कि वह खुद कहता था, उसे सम्भवतः किसान आया के दूध के साथ मिला था, वह साझे कार्य में भाग लेने वाले के रूप में कभी-कभी तो इन लोगों की शक्ति, विनम्रता तथा न्यायप्रियता पर मुग्ध हो उठता और बहुत अक्सर, जब साझे काम में दूसरे गुणों की आवश्यकता होती, इन किसानों की लापरवाही, गन्दगी, पियक्कड़पन और झूठ से झल्लाहट महसूस करता। लेविन से अगर यह पूछा जाता कि वह आम जनता को प्यार करता है या नहीं, तो निश्चय ही वह यह न तय कर पाता कि इसका क्या जवाब दे। वह किसानों को उसी तरह प्यार भी

करता था और नहीं भी करता था, जैसे आमतौर पर सभी लोगों को। जाहिर है कि एक दयालु व्यक्ति के रूप में वह लोगों को प्यार न करने के बजाय अधिक प्यार ही करता था और इसलिए किसानों पर भी यही बात लागू होती थी। विशेष ढंग से किसानों को प्यार करना या न करना उसके लिए सम्भव नहीं था, क्योंकि वह न केवल किसानों के साथ रहा था, न केवल उसके सारे हित उनके साथ सम्बद्ध थे, बल्कि अपने को आम जनता का अंग भी मानता था, खुद में तथा किसानों में कोई विशेष गुण-अवगुण नहीं देखता था और अपने को उनसे किसी तरह भिन्न नहीं प्रकट कर सकता था। इसके अलावा, बेशक बहुत समय तक मालिक, मध्यस्थ और विशेषतः सलाहकार के रूप में (किसान उस पर विश्वास करते थे और साठ किलोमीटर तक की दूरी से सलाह लेने के लिए उसके पास आते थे) बहुत अर्से से किसानों के पास उसके बहुत घनिष्ठ सम्बन्ध रहे थे, फिर भी किसानों के बारे में उसका कोई निश्चित मत नहीं था। इसलिए इस सवाल का जवाब देना कि वह किसानों को जानता-समझता है या नहीं, वैसे ही मुश्किल होता है, जैसे इस सवाल का कि वह उन्हें प्यार करता है या नहीं। उसके लिए यह कहना कि किसानों को जानता-समझता है वैसा ही होता, जैसे यह कहना कि वह आमतौर पर लोगों को जानता-समझता है। वह सभी तरह के लोगों का, जिनमें किसान भी शामिल थे, जिन्हें वह अच्छे तथा दिलचस्प लोग मानता था, निरन्तर निरीक्षण करता, लगातार उनमें नये लक्षण देखता और उनके बारे में अपनी पहली राय बदलकर नयी राय बनाता। कोज़्निशेव इसके उलट था। जैसे उस जीवन की तुलना में, जिसे प्यार नहीं करता था, वह गाँव के जीवन को प्यार और उसकी प्रशंसा करता था, वैसे ही उस वर्ग की तुलना में, जो उसे अच्छा नहीं लगता था, किसानों को चाहता था और इसी भाँति आमतौर पर लोगों के प्रतिकूल के रूप में किसानों को जानता-समझता था। उसके सुव्यवस्थित मस्तिष्क में किसान-जीवन के निश्चित रंग-ढंग स्पष्ट थे। उनमें से कुछ किसान-जीवन से लिये गये थे, मगर अधिकांश प्रतिकूलता के आधार पर कल्पित थे। किसानों के बारे में अपनी राय और हमदर्दी के रवैये में वह कभी तब्दीली नहीं करता था।

किसानों के विवेचन को लेकर दोनों भाइयों में जो वाद-विवाद हो जाता था, उसमें कोज़्निशेव की इसलिए हमेशा जीत होती थी कि किसानों के चरित्र, गुणों और रुचियों के बारे में उसके कुछ निश्चित विचार थे, जबकि लेविन के ऐसे निश्चित तथा अपरिवर्तनीय विचार नहीं थे और इसलिए वह हमेशा खुद अपनी ही बात का खंडन करने का दोषी ठहराया जा सकता था।

कोज़्निशेव के लिए उसका छोटा भाई एक भला आदमी था, जिसका दिल 'ठीक जगह पर है', जैसा कि वह फ्रांसीसी में कहता था, मगर तेज होते हुए भी जिसका मस्तिष्क क्षणिक प्रभावों के अधीन रहता था और इसलिए असंगतियों से

भरपूर था। बड़े भाई के अनुरूप कृपा-भाव दिखाते हुए वह कभी-कभी उसे कुछ बातों का मतलब स्पष्ट करता, मगर उसे उसके साथ बहस करने में जरा भी मजा न आता, क्योंकि बड़ी आसानी से उसे चित कर देता था।

लेविन अपने भाई को बहुत ही बुद्धिमान और ज्ञानवान, उच्चतम अर्थ में उदात्त व्यक्ति मानता था, जो लोगों की आम भलाई करने की क्षमता से सम्पन्न था। किन्तु ज्यों-ज्यों वह बड़ा होता गया और अपने भाई को अधिक निकटता से जानता-समझता गया, त्यों-त्यों अपनी आत्मा की गहराई में उसे अधिकाधिक अक्सर यह महसूस होने लगा कि लोगों की आम भलाई करने की यह क्षमता, जिससे वह अपने को पूरी तरह वंचित अनुभव करता, शायद गुण नहीं, बल्कि इसके विपरीत किसी चीज की कमी है—नेकी, ईमानदारी और सद्भावनापूर्ण इच्छाओं तथा रुचियों की कमी नहीं, बल्कि जीवन-शक्ति की कमी, उस चीज की कमी है, जिसे दिल कहते हैं, उस उत्प्रेरणा की कमी है, जो आदमी को उसके सामने प्रस्तुत अपने जीवन-पथों में से एक को चुनने और उसी को चाहने के लिए विवश करती है। अपने भाई को वह जितना अधिक जानता गया उतना ही अधिक उसने इस बात को लक्षित किया कि कोज़्निशेव तथा आम भलाई का काम करने वाले दूसरे बहुत-से कार्यकर्ता भी इसी सर्वकल्याण के प्यार की ओर दिल से नहीं खिंचे थे, बल्कि दिमागी तर्क-वितर्क से ऐसा करना अच्छा समझते थे और केवल इसीलिए ऐसा करते थे। इस बात के अवलोकन से लेविन के इस अनुमान की और अधिक पुष्टि हो गयी कि उसका भाई सर्वकल्याण तथा आत्मा की अमरता के प्रश्न को शतरंज की एक बाजी या किसी नयी मशीन की बहुत समझदारी की बनावट से अधिक महत्त्व नहीं देता है।

इसके अलावा, लेविन को भाई के साथ गाँव में इस कारण भी परेशानी होती कि वह तो खासतौर पर गर्मियों में लगातार खेती-बारी के कामों में व्यस्त रहता और गर्मी के लम्बे दिन में भी उन सब कामों को न निपटा पाता, जो उसे करने होते थे, जबकि कोज़्निशेव आराम करता। बेशक यों तो वह अब आराम कर रहा था यानी अपने रचना-कार्य में व्यस्त नहीं था, फिर भी वह दिमागी काम का ऐसा आदी हो चुका कि दिमाग में आने वाले विचारों को सुन्दर तथा नपे-तुले रूप में प्रस्तुत करना पसन्द करता था और चाहता था कि कोई उसकी बातें सुने। भाई ही उसका बहुत सामान्य और स्वाभाविक श्रोता था। इसलिए इनके सम्बन्धों की मैत्रीपूर्ण सरलता के बावजूद लेविन को उसे अकेले छोड़ना अटपटा-सा लगता। कोज़्निशेव को धूप में घास पर लेटना और धूप सेंकते हुए मजे-मजे बातें करना पसन्द था।

"तुम यकीन नहीं करोगे", वह भाई से कहता, "यह देहाती काहिली मेरे लिए कितना बड़ा आनन्द है। एक भी तो विचार नहीं है दिमाग में, बिल्कुल खाली है वह।"

किन्तु लेविन को बैठे-बैठे उसकी बातें सुनने से ऊब महसूस होती थी। खासतौर पर इसलिए कि वह जानता था कि उसके बिना अनजुते खेतों में गोबर ले जाया जा रहा है और अगर वह निगरानी नहीं करेगा, तो लोग उसके बेहूदा ढंग से ढेर लगा देंगे, हलों के फालों के पेंच नहीं कसेंगे, बल्कि फालों को निकाल देंगे और फिर कहेंगे कि ये लोहे के हल बेकार की चीज हैं और लकड़ी के पुराने हल ही बेहतर हैं, आदि।

"बस, काफी दौड़ लिये धूप में", कोज़्निशेव उससे कहता।

"नहीं, मुझे एक मिनट के लिए अपने दफ्तर तक जाना है", लेविन जवाब देता और खेतों में भाग जाता।

2

जून के पहले दिनों में ऐसा हुआ कि आया और गृह-प्रबन्धिका अगाफ़्या मिखाइलोव्ना एक मर्तबान, जिसमें उसने खुमियों का अचार डाला था, नीचे तहखाने में ले आते हुए फिसलकर गिर गयी और उसकी कलाई में मोच आ गयी। कुछ ही समय पहले पढ़ाई समाप्त करने वाला एक जवान और बातूनी डॉक्टर जिला-केन्द्र से गाँव आया। उसने हाथ की जाँच की, यह कहा कि उसमें मोच नहीं आयी है, उसे गर्मी पहुँचाने के लिए कम्प्रेस बाँध दिया और दोपहर का खाना खाने के लिए रुक गया। स्पष्टतः जाने-माने कोज़्निशेव से बातचीत करके उसे बड़ी खुशी हासिल हो रही थी। चीजों के बारे में अपना प्रबुद्ध दृष्टिकोण जाहिर करने के लिए उसने जेम्स्त्वो-परिषद के कामों के बारे में शिकवा-शिकायत करते हुए जिले-भर की अफवाहें उसे सुना दीं। कोज़्निशेव ने सब कुछ बहुत ध्यान से सुना, पूछताछ की, नया श्रोता पाकर जोश में आ गया, खूब बोलता गया और उसने कुछ ऐसी वजनी तथा निशाने पर पड़ने वाली बातें कहीं, जिनका युवा डॉक्टर ने आदरपूर्वक ऊँचा मूल्यांकन किया और इससे कोज़्निशेव में ऐसी जिन्दादिली आ गयी, जो बढ़िया और सजीव बातचीत के बाद उसमें आती थी और जिससे लेविन अच्छी तरह परिचित था। डॉक्टर के जाने के बाद कोज़्निशेव ने मछलियाँ पकड़ने के लिए नदी पर जाने की इच्छा प्रकट की। मछली मारना उसे पसन्द था और वह मानो इस बात पर गर्व करता था कि उसे ऐसे मूर्खतापूर्ण काम की भी इच्छा हो सकती है।

लेविन ने, जिसे खेतों और चरागाह में जाना था, उससे कहा कि वह घोड़ा-गाड़ी में उसे वहाँ छोड़ देगा।

यह गर्मी का वह समय था, जब उस साल की फसल निर्धारित हो चुकती है, जब अगले साल की बुवाई की चिन्ताएँ शुरू हो जाती हैं और घास की कटाई का वक्त नजदीक होता है, जब रई की भूरी-हरी तथा हल्की-फुल्की बालें, जो अभी दानों से नहीं भरी होतीं, हवा में लहराती हैं, जब जई की हरी फसलें, जिनके बीच

में कहीं-कहीं पीली घास के झुंड भी होते हैं, देर से बोये गये खेतों में टेढ़ी-मेढ़ी खड़ी होती हैं, जब कोटू की प्रारम्भिक फसलें फैलकर जमीन को ढक देती हैं, जब पशुओं के पैरों से रौंदी गयी खाली छोड़ी गयी और पत्थर जैसी सख्त हो जाने वाली जमीन आधी जोती जा चुकी होती है और बड़े-बड़े टुकड़े हल के स्पर्श से अछूते ही रह जाते हैं, जब शामों को खेतों से गोबर के सूखे ढेरों की गन्ध के साथ घासों की मधुर गन्ध आती है, जब हँसिए की राह देखते हुए चरागाह, जिनके बीच जहाँ-तहाँ उखाड़े गये डंठलों के काले ढेर दिखाई देते हैं, एक चौड़े सागर की तरह फैले रहते हैं।

यह वह समय था, जब हर साल दोहराये जाने और सभी लोगों की पूरी शक्ति की अपेक्षा करने वाली फसल कटाई से पहले संक्षिप्त विराम होता है। फसल बहुत बढ़िया थी और उजले, गर्म दिनों तथा ओस-भीगी छोटी रातों का वक्त था।

जंगल पार करके ही दोनों भाई चरागाहों तक पहुँच सकते थे। कोज़्निशेव अत्यधिक हरियालीवाले वन के सौन्दर्य को लगातार मुग्ध होकर देख रहा था। कभी वह अपने भाई को लाइम का वह पुराना वृक्ष दिखाता, जो छायावाले पक्ष से काला-सा लगता था, पीली पत्तियों के कारण चटकीला-सा था और पुष्पित होने वाला था, तो कभी इस वर्ष के नौउम्र वृक्षों की मरकती हरी पत्तियों की ओर इशारा करता। लेविन को प्रकृति के सौन्दर्य के बारे में कुछ कहना और सुनना पसन्द नहीं था। उसके लिए शब्द तो मानो इस चीज का सौन्दर्य हर लेते थे, जिसे वह देखता होता था। वह भाई की हाँ में हाँ मिलाता जा रहा था, किन्तु अनचाहे ही किसी दूसरी बात के बारे में सोचने लगा था। जब वे जंगल से बाहर आ गये, तो टीले की एक ढालू और बिना बोयी भूमि पर उसका पूरा ध्यान केन्द्रित हो गया, जो कहीं तो पीली घास से ढकी थी, जिस पर कहीं हल-रेखाओं के चौखाने बने थे, कहीं खाद के ढेर लगे थे और जो कहीं-कहीं पर जुती हुई भी थी। घोड़ा-गाड़ियों की एक पाँत मैदान में से जा रही थी। लेविन ने उन्हें गिना और उसे इस बात की खुशी हुई कि जो कुछ जरूरी है, सब लाया जा रहा है और चारागाहों को देखकर वह घास काटने के बारे में सोचने लगा। घास की कटाई की बात सोचकर वह हमेशा ही विशेष रूप से उत्तेजित हो उठता था। चरागाह के पास पहुँचकर लेविन ने घोड़ा रोक दिया।

घास की घनी जड़ों के पास सुबह की शबनम अभी सूखी नहीं थी। कोज़्निशेव ने इस बात को ध्यान में रखते हुए कि उसके पाँव भीग न जायें, भाई से यह अनुरोध किया कि घोड़ा-गाड़ी में ही उसे चरागाह के पार बेंत के उस झुरमुट तक पहुँचा दे, जहाँ पेर्च मछलियाँ पकड़ी जा सकती थीं। अपनी घास को रौंदते हुए लेविन को चाहे कितना ही दुःख क्यों नहीं हो रहा था, फिर भी वह घोड़ा-गाड़ी को चरागाह में से ले चला। ऊँची-ऊँची घास धीरे से गाड़ी के पहियों तथा घोड़े की टाँगों के

गिर्द लिपट जाती थी और पहियों की गीली घिरनियों तथा स्पोकों पर अपने बीज छोड़ देती थी।

भाई झाड़ी के नीचे बैठकर अपनी बंसी ठीक करने लगा, लेविन ने घोड़े को ले जाकर बाँधा तथा शान्त चरागाह के भूरे-हरे विराट सागर में, जिसे हवा हिला-डुला नहीं रही थी, प्रवेश किया। पानी से खूब तर चरागाह में पके बीजोंवाली रेशम जैसी घास लगभग उसकी कमर को छू रही थी।

चरागाह को लाँघकर लेविन रास्ते पर पहुँच गया, जहाँ शहद की मक्खियों की पेटिका लिये हुए सूजी आँखोंवाले एक बूढ़े से उसकी मुलाकात हुई।

"क्यों फोमिच? मधुमक्खियों का नया झुंड हाथ लग गया क्या?" लेविन ने पूछा।

"कैसा नया झुंड, कोन्स्तान्तीन द्मीत्रियेविच! पुराने सँभाले रहूँ, यही बहुत है। दूसरी बार झुंड निकल भागा... भला हो आपके उन खेत जोतने वाले नौजवानों का। उन्होंने एक घोड़ा जोत से निकाला और इनका पीछा किया..."

"तो क्या खयाल है फोमिच, घास की कटाई शुरू की जाये या इन्तजार करें?"

"क्या कहा जाये, हुजूर! हम लोग तो सन्त पीटर के दिन तक बाट देखा करें। पर आप तो हमेशा कुछ पहले ही कटाई शुरू कर देते हैं। कोई बुराई नहीं, घास बहुत अच्छी है। ढोर-डंगरों के लिए कुछ कमी नहीं पड़ेगी।"

"मौसम के बारे में क्या खयाल है?"

"यह तो भगवान जाने। सायत अच्छा ही रहे।"

लेविन अपने भाई के पास वापस आया। मछली तो उसने एक भी नहीं पकड़ी थी, फिर भी कोज़्निशेव ऊब अनुभव नहीं कर रहा था, बड़े रंग में था। लेविन ने देखा कि डॉक्टर के साथ हुई बातचीत के फलस्वरूप जोश में आया हुआ उसका भाई बात करने को उत्सुक है। इसके विपरीत, लेविन जल्दी से घर जाना चाहता था, ताकि अगले दिन घास काटने वालों को बुलवाकर घास की कटाई के बारे में, जो उसके मन पर बोझ बनी हुई थी, अपने इरादे को पक्का कर ले।

"तो चलें", लेविन ने कहा।

"ऐसी क्या जल्दी है? कुछ देर बैठेंगे। लेकिन तुम कितने ज्यादा भीग गये हो! बेशक मछली तो नहीं फँसी, फिर भी यहाँ बड़ा मजा है। हर तरह का शिकार इसीलिए अच्छा है कि आदमी प्रकृति के बीच रहता है। यह इस्पाती रंग का पानी कितना सुन्दर है!" उसने कहा। "ये चरागाहोंवाले तट मुझे हमेशा वह पहेली याद दिलाते हैं– जानते हो, कौन-सी? घास पानी से कहती है–हम डोलती हैं, हम डोलती हैं।"

"मैं यह पहेली नहीं जानता", लेविन ने उदासी से जवाब दिया।

3

"सुनो, मैं तुम्हारे बारे में सोच रहा था", कोज़्निशेव ने कहा। "तुम्हारे जिले के बारे में मुझे इस डॉक्टर ने जो कुछ बताया, और वह कुछ बेवकूफ नौजवान नहीं है, वह सब बहुत ही बेहूदा है। मैं तुमसे कह चुका हूँ और फिर कहता हूँ– यह अच्छी बात नहीं कि तुम जेम्सत्वो-परिषद की सभाओं में नहीं जाते और उसके काम से तुमने बिल्कुल कन्नी ही काट ली। अगर भले लोग उससे नाता तोड़ लेंगे, तो जाहिर है, भगवान ही जानता है कि वहाँ क्या हालत होगी।। पैसे हम लोग देते हैं और वे सब वेतनों में जाते हैं, लेकिन न तो स्कूल हैं, न डॉक्टर, न दाइयाँ और न दवाखाने, कुछ भी तो नहीं।"

"लेकिन मैं कोशिश करके देख चुका हूँ", लेविन ने मन मारकर धीमे से उत्तर दिया। "नहीं कर सकता! क्या किया जाये!"

"क्या नहीं कर सकते? सच, यह मेरी समझ में नहीं आता। उदासीनता और असमर्थता नहीं हो सकती, तो क्या यह सिर्फ काहिली है?"

"इन तीनों में से कोई भी चीज नहीं। मैंने कोशिश की और इस नतीजे पर पहुँचा कि कुछ भी नहीं कर सकता", लेविन ने कहा।

बड़ा भाई जो कुछ कह रहा था, उसकी तरफ वह बहुत कम ध्यान दे रहा था। नदी पार जोती जा रही जमीन को देखते हुए उसे कोई काली चीज नजर आयी, लेकिन वह तय नहीं कर पाया कि वह घोड़ा है या घोड़े पर सवार कारिन्दा है।

"किसलिए तुम कुछ नहीं कर सकते? तुमने कोशिश की, तुम्हारे मुताबिक वह नाकाम रही और तुमने घुटने टेक दिये। कुछ आत्मसम्मान तो होना चाहिए या नहीं?"

"आत्मसम्मान", भाई के शब्दों से घायल होते हुए लेविन ने कहा। "मैं यह बात समझने में असमर्थ हूँ। अगर विश्वविद्यालय में मुझसे यह कहा जाता कि दूसरे समाकलन गणित समझते हैं, मगर मैं नहीं समझता–तब आत्मसम्मान की बात हो सकती थी। लेकिन इस सिलसिले में तो आदमी को पहले यह यकीन होना चाहिए कि उसमें ऐसे काम करने की योग्यता है तथा मुख्यतः तो वह कि यह काम बहुत महत्त्वपूर्ण है।"

"तो तुम क्या सोचते हो कि यह महत्त्वपूर्ण नहीं है?" कोज़्निशेव ने पूछा। वह इस बात से बुरी तरह तड़प उठा था कि जिस चीज में उसे इतनी गहरी दिलचस्पी थी, भाई उसे महत्त्वपूर्ण ही नहीं समझता था। उसे खासतौर पर तो यह बुरा लगा था कि वह स्पष्टतः उसकी बात लगभग सुन ही नहीं रहा था।

"मुझे यह महत्त्वपूर्ण नहीं लगता, मुझमें दिलचस्पी पैदा नहीं करता, तो तुम बताओ, मैं क्या करूँ?" लेविन ने यह पहचान लेने पर जवाब दिया कि उसने जिसे देखा था, वह कारिन्दा ही है और उसने सम्भवतः किसानों को जुताई से छुट्टी

दे दी है। वे हलों को उलट रहे थे। 'क्या सचमुच उन्होंने जुताई खत्म कर दी?' वह सोच रहा था।

"लेकिन सुनो", बड़े भाई ने अपने सुन्दर चेहरे पर बल डालकर कहा, "हर चीज की कोई हद होती है। सनकी और निश्छल व्यक्ति होना और झूठ-बनावट को नापसन्द करना बहुत अच्छी बात है–मैं यह सब जानता हूँ। किन्तु तुम जो कुछ कह रहे हो, उसका या तो कोई अर्थ नहीं है या बहुत बुरा अर्थ है। कैसे तुम्हें यह महत्त्वपूर्ण नहीं प्रतीत होता कि वह जनता, जिसे जैसा कि तुम विश्वास दिलाते हो, प्यार करते हो..."

"मैंने कभी ऐसा विश्वास नहीं दिलाया", लेविन सोच रहा था।

"...सहायता के बिना मरती है? जाहिल देहाती दाइयाँ बच्चों को मौत के मुँह में धकेलती हैं और जनता उजड्ड है तथा मुंशियों के बस में है। तुम्हें इनकी मदद करने के साधन दिये गये हैं और तुम ऐसा नहीं करते, क्योंकि तुम्हारे ख़याल में यह महत्त्वपूर्ण नहीं है।"

कोज़्निशेव ने छोटे भाई को इस दुविधा में डाल दिया, "या तो दिमागी तौर पर अभी तुम्हारा इतना विकास नहीं हुआ कि जो कुछ तुम्हारे लिए करना सम्भव है, तुम उसे समझ नहीं सकते या फिर अपने चैन अथवा घमंड या किसी अन्य चीज को ऐसा करने के लिए कुर्बान नहीं करना चाहते।"

लेविन ने महसूस किया कि उसे या तो भाई के सामने झुकना होगा या सर्वहित के कार्य के प्रति अपने प्यार की कमी को स्वीकार करना होगा। इससे उसका अपमान होता था और उसे ठेस लगती थी।

"दोनों चीजें ही", उसने दृढ़ता से कहा। "मैं ऐसा नहीं समझता हूँ कि यह करना सम्भव है..."

"क्या मतलब? ढंग से धन का विभाजन करके डॉक्टरी मदद देना असम्भव है?"

"मुझे ऐसा लगता है कि यह सम्भव नहीं... हमारे जिले के छः हजार वर्ग किलोमीटर क्षेत्र, बर्फ पिघलने पर हमारे जैसे गन्दे रास्तों, बर्फ के तूफानों और कभी-कभी काम के तनाव को ध्यान में रखते हुए मुझे ऐसा नहीं लगता कि हर जगह पर डॉक्टरी मदद की व्यवस्था करना सम्भव है। इसके अलावा डॉक्टरी में मेरा विश्वास भी नहीं है।"

"लेकिन यह तो न्यायसंगत बात नहीं है...मैं तुम्हारे सामने हजारों मिसालें पेश कर सकता हूँ...और स्कूल?"

"उनकी क्या जरूरत है?"

"यह तुम क्या कह रहे हो? शिक्षा के लाभ के बारे में भी क्या कोई सन्देह हो सकता है? पढ़ाई अगर तुम्हारे लिए अच्छी है, तो सभी के लिए अच्छी है।"

लेविन ने नैतिक रूप से अपने को पूरी तरह पराजित अनुभव किया, इसलिए गुस्से में आ गया और न चाहते हुए भी उसने सर्वहित के काम में अपनी उदासीनता का मुख्य कारण कह दिया।

"मुमकिन है कि यह सब अच्छा हो, लेकिन मुझे डॉक्टरी मदद के उन केन्द्रों की स्थापना की चिन्ता करने की क्या जरूरत है, जिनका मैं कभी उपयोग नहीं करूँगा? ऐसे स्कूलों की स्थापना भी, जहाँ मैं अपने बच्चे कभी नहीं भेजूँगा, जहाँ किसान भी बच्चे नहीं भेजना चाहते और जिसके बारे में अभी मुझे यह पूरा यकीन भी नहीं है कि उन्हें वहाँ भेजना चाहिए?" लेविन ने कहा।

सर्वहित के प्रति ऐसे रवैये से कोज़्निशेव को क्षणिक आश्चर्य हुआ, मगर उसने उसी समय हमले की नयी योजना बनायी।

वह खामोश रहा, उसने एक बंसी निकाली, उसे फिर से पानी में डाला और मुस्कुराते हुए भाई को सम्बोधित किया।

"लेकिन, सुनो... सबसे पहली बात तो यह है कि चिकित्सा-केन्द्र जरूरी साबित हुआ। आखिर तो हमें अगाफ़्या मिखाइलोव्ना के लिए जिला-केन्द्र से डॉक्टर बुलवाना पड़ा है।"

"पर मैं सोचता हूँ कि हाथ टेढ़ा ही रहेगा।"

"यह तो बाद में देखा जायेगा...फिर पढ़ा-लिखा किसान अधिक अच्छा काम करता है, अधिक महत्त्व रखता है।"

"नहीं, तुम किसी से भी पूछ सकते हो", लेविन ने दृढ़ता से कहा, "पढ़ा-लिखा किसान काम के लिहाज से कहीं बुरा होता है। रास्तों-सड़कों की मरम्मत मुमकिन नहीं और पुल भी ज्यों ही बनाये जाते हैं, चुरा लिये जाते हैं।"

"फिर भी", कोज़्निशेव ने नाक-भौंह सिकोड़कर कहना शुरू किया। उसे अपनी बात काटने वाले और खासतौर पर ऐसे लोग पसन्द नहीं थे, जो लगातार एक बात से दूसरी बात पर छलाँग मारते हुए किसी तरह के सम्बन्ध के बिना नये-नये तर्क पेश करते हों और इस तरह यह तय करना असम्भव बना देते हैं कि किस चीज का जवाब दिया जाये। "वैसे तो मामला यही नहीं है। सुनो, इतना बताओ कि तुम शिक्षा को जनता के लिए वरदान मानते हो या नहीं?"

"मानता हूँ", लेविन के मुँह से अनजाने ही निकल गया और उसी क्षण उसने महसूस किया कि वह कह दिया है, जो सोचता नहीं है। उसने अनुभव किया कि उसके ऐसा मान लेने पर अब यह सिद्ध किया जायेगा कि वह ऐसी बेकार की बातें कह रहा है, जिनका कोई मतलब नहीं है। कैसे यह सिद्ध किया जायेगा, यह वह नहीं जानता था, मगर इतना जानता था कि निश्चय ही तर्कसंगत रूप में ऐसा प्रमाणित किया जायेगा और वह ऐसे प्रमाण की प्रतीक्षा कर रहा था।

लेविन ने जैसी आशा की थी, तर्क उससे कहीं साधारण रहा।

"अगर तुम इसे वरदान मानते हो", कोज़्निशेव ने कहा, "तो यह नहीं हो सकता कि एक ईमानदार आदमी के नाते तुम ऐसे काम के प्रति प्यार और सहानुभूति अनुभव न करो, उसके लिए काम न करो।"

"लेकिन मैं इस काम को अभी अच्छा नहीं मानता हूँ", लेविन ने लाल होते हुए कहा।

"क्या मतलब? तुमने अभी तो कहा था..."

"मेरा मतलब यह था कि मैं इसे न तो अच्छा और न सम्भव ही मानता हूँ।"

"कोशिश किये बिना तुम यह नहीं जान सकते।"

"चलो, मान लेते हैं", लेविन ने कहा, यद्यपि वह ऐसा कुछ भी मान नहीं रहा था, "चलो मान लेते हैं कि यह ऐसा ही है। फिर भी मेरी समझ में यह नहीं आता कि मैं इसकी चिन्ता क्यों करूँ।"

"क्या मतलब?"

"देखो, अगर हम इस मसले पर बात कर रहे हैं, तो तुम मुझे दार्शनिक दृष्टि से यह स्पष्ट करो", लेविन ने कहा।

"मैं समझ नहीं पा रहा हूँ कि दर्शनशास्त्र का इससे क्या सम्बन्ध है", कोज़्निशेव ने, जैसा कि लेविन को लगा, ऐसे अन्दाज में कहा मानो वह दर्शनशास्त्र की विवेचना के भाई के अधिकार को मान्यता देने को तैयार नहीं है। लेविन को इससे झल्लाहट हुई।

"मैं बताता हूँ, क्या सम्बन्ध है!" लेविन ने भड़कते हुए कहा। "मेरे खयाल में तो व्यक्तिगत सुख-सौभाग्य ही हमारी सब कार्रवाइयों की प्रेरक-शक्ति है। एक कुलीन के रूप में मुझे इन जेम्सत्वो-परिषदों में कुछ भी ऐसा नजर नहीं आता, जिससे मेरी खुशहाली बढ़ सके। सड़कें बेहतर नहीं हुईं और हो भी नहीं सकतीं, मेरे घोड़े मुझे बुरी पर भी खींच ले जाते हैं। डॉक्टर और चिकित्सा-केन्द्र की मुझे जरूरत नहीं, न्यायाधीश भी मुझे नहीं चाहिए—मैं कभी उसके पास नहीं गया और नहीं जाऊँगा। स्कूलों की मुझे न सिर्फ कोई आवश्यकता ही नहीं, बल्कि जैसा कि मैं तुमसे कह चुका हूँ, वे हानिकारक भी होंगे। मेरे लिए जेम्सत्वो-परिषदों का मतलब है एक हेक्टर जमीन के पीछे अठारह कोपेक देना, शहर जाना, खटमलोंवाले बिस्तर पर सोना और सभी तरह की बकवास तथा बेसिर-पैर की बातें सुनना। किन्तु मेरा निजी हित मुझे इसके लिए प्रेरित नहीं करता।"

"सुनो तो", कोज़्निशेव ने मुस्कुराते हुए उसे टोका, "निजी हित में हमें किसानों की आजादी के लिए काम करने को प्रेरित नहीं किया था, मगर हमने ऐसा किया।"

"नहीं, ऐसा नहीं है!" लेविन ने और भी गर्म होते हुए उसे टोका। "किसानों की आजादी का सवाल और मामला था। उसमें निजी हित था। हम उस जुए को उतार फेंकना चाहते थे, जो हम सभी भले लोगों को पीस रहा था। किन्तु जेम्सत्वो-

परिषद का सदस्य बनकर मैं इस बात पर विचार करूँ कि शहर में, जहाँ मैं रहता नहीं हूँ, कितने सफाई करने वाले चाहिए तथा कैसे पाइपें बिछायी जायें; बेकन चुरा लेने वाले किसी किसान के मुकदमे में जूरी में बैठकर छः घंटे तक वह बकवास सुनूँ, जो अपराधी का वकील और सरकारी वकील करते हैं, तथा यह भी कि कैसे अध्यक्ष मेरे बूढ़े तथा बुद्धू अल्योश्का से यह पूछता है—"श्री मान अभियुक्त, आप बेकन चुराने का तथ्य स्वीकार करते हैं या नहीं?—" 'ऊँह?' "

लेविन अब अपनी तरंग में बह गया था और वह जूरी के अध्यक्ष और बुद्धू अल्योश्का की नकल करने लगा था। उसे यह सब कुछ मामले से सम्बन्धित प्रतीत हो रहा था।

किन्तु कोज़्निशेव ने सिर्फ कन्धे झटक दिये।

"तो तुम कहना क्या चाहते हो?"

"मैं सिर्फ यह कहना चाहता हूँ कि उन अधिकारों की, जो मुझसे...मेरे हित में सम्बन्ध रखते हैं, मैं हमेशा अपनी पूरी ताकत से रक्षा करूँगा। हमारे विद्यार्थी-जीवन में जब हमारी तलाशी ली गयी और जेनदार्मों ने हमारे खत पढ़े, तो मैं जी-जान से इन अधिकारों को बचाने, तालीम पाने और आजादी के अपने हकों की रक्षा के लिए सब कुछ करने को तैयार था। अनिवार्य सैनिक सेवा की बात मेरी समझ में आती है, जिसका मेरे बच्चों, मेरे भाइयों और खुद मुझसे ताल्लुक है। लेकिन इस बात पर दिमाग खपाना कि जेम्सत्वो-परिषद के चालीस हजार रूबल कैसे खर्च किये जायें या बुद्धू अल्योश्का का मुकदमा सुना जाये—यह मेरी समझ में नही आता और मैं नहीं कर सकता।"

लेविन ऐसे बोल रहा था मानो उसके शब्दों का बाँध टूट गया हो। कोज़्निशेव मुस्कुराया।

"कल तुम पर भी मुकदमा चल सकता है। तो क्या तुम्हें यह अच्छा लगेगा कि पुरानी फौजदारी अदालत में तुम पर मुकदमा चलाया जाये?"

"मुझ पर मुकदमा नहीं चलेगा। मैं कभी किसी का गला नहीं काटूँगा और मुझे इसकी जरूरत नहीं है। समझे न!" वह फिर मामले से कोई सम्बन्ध न रखने वाली बात पर छलाँग लगाता हुआ कहता गया, "हमारी जेम्सत्वो-परिषदें और यह सब कुछ भोज वृक्षों की उन टहनियों जैसा है, जिन्हें हमने ट्रिनिटी पर्व के दिन सभी ओर गाड़ दिया था, ताकि वे जंगल-सा दिखाई दें, जो यूरोप में अपने-आप ही पनप गया है। मैं दिल से ऐसे भोज वृक्ष को सींचने और इन पर भरोसा करने में असमर्थ हूँ।"

कोज़्निशेव ने केवल कन्धे झटक दिये और इस तरह इस बात की हैरानी जाहिर की कि इन दोनों की बहस में अब ये भोज वृक्ष कहाँ से आ धमके, यद्यपि वह फौरन यह समझ गया कि उसके भाई का इससे क्या अभिप्राय है।

"सुनो, इस तरह से भी कभी कोई तर्क-वितर्क होता है?"

किन्तु लेविन जनहित के कामों के प्रति अपनी उदासीनता की, जिसकी उसे चेतना थी, सफाई पेश करना चाहता था और इसलिए कहता गया :

"मेरे खयाल में तो निजी हित के बिना किसी भी काम का कोई दृढ़ आधार नहीं हो सकता। यह आम सच्चाई है, दार्शनिक सच्चाई", उसने 'दार्शनिक' शब्द को जोर से दोहराते हुए कहा मानो, यह जाहिर करना चाहता हो कि सभी दूसरे लोगों की तरह उसे भी दर्शन का जिक्र करने का हक है।

कोज़्निशेव फिर से मुस्कुरा दिया। 'अपने रुझानों की वकालत करने के लिए उसका भी अपना एक दर्शन है', उसने सोचा।

"खैर, दर्शन की बात तो तुम रहने दो", उसने कहा। "सभी युगों के दर्शन का मुख्य कार्यभार यह अनिवार्य सम्बन्ध ढूँढ़ना रहा है, जो निजी और सर्वहित के बीच विद्यमान है। पर मामले से सम्बन्ध रखने वाली बात तो यह है कि मुझे तुम्हारी तुलना को सुधारना है। भोज गाड़े नहीं गये हैं, बल्कि कुछ रोपे गये हैं और कुछ के बीज बोये गये हैं तथा उनके प्रति सावधानी से काम लेना चाहिए। केवल ऐसे ही जनगण का भविष्य है, ऐसे ही जनगण इतिहास में अपनी जगह बना सकते हैं, जो यह महसूस करते हैं कि उनकी संस्थाओं में क्या महत्त्वपूर्ण और गौरवपूर्ण है और वे उसे सहेजते हैं।"

कोज़्निशेव मामले को दार्शनिक-ऐतिहासिक क्षेत्र में ले गया, जो लेविन की पहुँच के बाहर था और उसे यह स्पष्ट कर दिया कि उसका दृष्टिकोण कितना गलत है।

"जहाँ तक इस चीज का ताल्लुक है कि तुम्हें यह पसन्द नहीं, तो तुम मुझे माफ करना–यह हमारी रूसी काहिली और रईसी है तथा मुझे यकीन है कि तुम वक्ती तौर पर गुमराह हो गये हो और आखिर सही रास्ते पर आ जाओगे।"

लेविन खामोश रहा। वह महसूस कर रहा था कि उसे चारों खाने चित कर दिया गया है, मगर साथ ही उसे यह भी अनुभव हो रहा था कि वह कुछ ऐसा कहना चाहता था, जो भाई की समझ में नहीं आया। वह सिर्फ यह नहीं जानता था कि क्यों उसका भाव भाई की समझ में नहीं आया। इसलिए कि वह जो कुछ कहना चाहता था, उसे साफ तौर पर नहीं कह पाया, या इसलिए कि भाई इसकी बात समझना नहीं चाहता था या समझ नहीं सका था। किन्तु वह इन विचारों की गहराई में नहीं जाना चाहता था और भाई की बात काटे बिना किसी दूसरे, अपने निजी मामले के बारे में सोचने लगा।

कोज़्निशेव ने अपनी आखिरी बंसी लपेटी, घोड़े को खोला और वे घर की ओर चल दिये।

4

भाई के साथ बातचीत के समय लेविन जिस निजी मामले के बारे में सोच रहा था, वह यह था–पिछले साल एक दिन घास की कटाई के समय कारिन्दे से किसी बात पर नाराज होने के बाद उसने अपने को शान्त करने के लिए अपने ही एक उपाय का उपयोग किया था–हँसिया लेकर खुद घास काटने लगा था।

उसे यह काम इतना अधिक पसन्द आया था कि उसने कई बार इसे किया–घर के सामने वाले पूरे चरागाह की घास खुद ही काट डाली और इस साल वसन्त के आरम्भ से ही किसानों के साथ दिन-भर असमंजस में था–कटाई करे या न करे? भाई को सारा-सारा दिन अकेले छोड़ते हुए उसे झेंप महसूस होती और इस बात का भी डर था कि कहीं वह ऐसा करने के लिए उसका मजाक न उड़ाये। किन्तु चरागाह का चक्कर लगाने और कटाई से उसे जो मजा आया था, उसकी याद करके उसने लगभग यह तय कर लिया था कि कटाई करेगा। भाई के साथ होने वाली झल्लाहट-भरी बातचीत के बाद उसे फिर से इसकी याद आ गयी।

"शारीरिक श्रम करना चाहिए, नहीं तो मेरा स्वभाव बिल्कुल खराब हो जायेगा", उसने सोचा और भाई तथा किसानों के सामने उसे बेशक यह कितना ही अटपटा क्यों न लगे उसने ऐसा करने का पक्का इरादा बना लिया

लेविन शाम को दफ्तर में गया, उसने काम के बारे में आदेश दिये और अगले दिन अपने सबसे अच्छे तथा सबसे बड़े कालीनोवी चरागाह की घास काटने के लिए लोगों को बुलवाने के हेतु गाँवों में कुछ लोग भेज दिये।

"हाँ, कृपया मेरा हँसिया भी तीत के पास भिजवा दीजिये, ताकि वह उसे तेज करके कल ले जाये। हो सकता है कि मैं खुद भी कटाई करूँ", उसने घबराहट छिपाने की कोशिश करते हुए कहा।

कारिन्दा मुस्कुराया और बोला :

"जो हुक्म।"

शाम को चाय के वक्त लेविन ने भाई से भी यह कह दिया।

"लगता है कि मौसम सुधर गया है", वह बोला। "कल मैं घास की कटाई शुरू कर रहा हूँ।"

"मुझे यह काम बहुत पसन्द है", कोज़्निशेव ने कहा।

"और मुझे बेहद अच्छा लगता है। कभी-कभी तो मैंने भी किसानों के साथ यह काम किया है और कल दिन-भर यही करना चाहता हूँ।"

कोज़्निशेव ने सिर ऊपर उठाया और जिज्ञासा से भाई की तरफ देखा।

"क्या मतलब? किसानों के बराबर, दिन-भर?"

"हाँ, यह बहुत ही सुखद है", लेविन ने कहा।

"कसरत के रूप में ऐसा करना बहुत बढ़िया है, मगर तुम शायद ही इसे बर्दाश्त

कर पाओगे", कोज़्निशेव ने किसी भी तरह के व्यंग्य के बिना कहा।

"मैं आजमाकर देख चुका हूँ। शुरू में कठिनाई होती है, मगर बाद में गाड़ी चल निकलती है। सोचता हूँ कि पिछड़ूँगा नहीं।"

"अच्छा! लेकिन यह बताओ कि किसानों को यह कैसा लगता है? वे तो यह सोचकर हँसते होंगे कि ये रईसजादे अपनी सनक दिखा रहे हैं।"

"नहीं, मैं ऐसा नहीं समझता। यह इतना खुशी-भरा और साथ ही इतना मुश्किल काम होता है कि कुछ सोचने की फुर्सत ही नहीं मिलती।"

"लेकिन तुम उनके साथ दोपहर का खाना कैसे खाओगे? तुम्हारे लिए वहाँ तला हुआ टर्की मुर्गा और लाफीट खराब की बोतल भेजना तो अटपटा लगेगा।"

"नहीं, मैं उनके दोपहर के आराम के वक्त घर आ जाऊँगा।"

अगली सुबह को लेविन हर दिन की तुलना में जल्दी उठा, लेकिन खेती-बारी के प्रबन्ध की समस्यायें निपटाते हुए उसे देर हो गयी। जब वह चरागाह में पहुँचा, तो घास काटने वाले दूसरी कतार की कटाई कर रहे थे।

पहाड़ी के ऊपर से ही उसे उसके दामन में चरागाह का वह छायादार भाग, जहाँ से घास काटी जा चुकी थी, भूरी टालों और कोटों के काले ढेरों के साथ, जो पहली कतार शुरू करने की जगह पर उतारे गये थे, नजर आ रहा था।

अधिक निकट जाने पर एक-दूसरे के पीछे लम्बी कतार में फैले और अपने-अपने ढंग से हँसिया चलाते किसान दिखाई देने लगे। उनमें से कोई कोट पहने था और कोई कुरता ही। लेविन ने गिनती की, कुल बयालीस लोग थे।

चरागाह की ऊबड़-खाबड़ ढाल पर, जहाँ पुराना बाँध था, ये लोग धीरे-धीरे बढ़ रहे थे। अपने कुछ लोगों को लेविन ने पहचान लिया। इनमें बहुत लम्बा सफेद कुरता पहने येर्मील था, जो झुककर हँसिया चला रहा था। नौजवान वास्का भी था, जो पहले लेविन के यहाँ सईस रह चुका था और जो हर कतार को जोरदार तथा बड़े झटके से काटता जा रहा था। लेविन को घास काटने के काम की शिक्षा देने वाला नाटा दुबला-पतला किसान तीत भी दिख रहा था। वह झुके बिना आगे-आगे जाता हुआ अपनी चौड़ी कतार को ऐसे काटता जा रहा था मानो हँसिये से खिलवाड़ कर रहा हो।

लेविन घोड़े से नीचे उतरा और उसे रास्ते के करीब बाँधकर तीत के पास गया। तीत ने झाड़ियों के नीचे से दूसरा हँसिया निकालकर उसे दिया।

"बिल्कुल तैयार है, मालिक, उस्तरे की नाईं, अपने-आप काटत चला जात", तीत ने टोपी उतारकर लेविन को हँसिया देते हुए मुस्कुराकर कहा।

लेविन ने हँसिया ले लिया और उसकी आजमाइश करने लगा। घास की अपनी कतारों को खत्म करके पसीने से तर और प्रफुल्ल घास काटने वाले एक-दूसरे के बाद बाहर रास्ते पर आये और उन्होंने हँसते हुए मालिक से सलाम-दुआ की। वे

सभी लेविन को देख रहे थे, मगर किसी ने कहा कुछ भी नहीं। कुछ क्षण बाद लम्बे कद के एक बूढ़े घास काटने वाले ने, जिसके चेहरे पर झुर्रियाँ पड़ी थीं और जो बिना दाढ़ी के था तथा भेड़ की खाल का कोट पहने था, लेविन को सम्बोधित किया :

"मालिक, अब आगे आयो, घास काटे में पीछे न रहियो", बूढ़े ने कहा और लेविन को घास काटने वालों के बीच दबी-घुटी हँसी सुनाई दी।

"कोशिश करूँगा पीछे न रहने की", लेविन ने जवाब दिया, तीत के पीछे खड़ा हो गया और कटाई शुरू करने के इशारे का इन्तजार करने लगा।

"डटे रहियो", बूढ़े ने फिर से चेतावनी दी।

तीत ने लेविन के लिए जगह छोड़ दी और वह उसके पीछे-पीछे कटाई करने लगा। रास्ते के किनारेवाली घास छोटी-छोटी थी और लेविन, जिसने बहुत अर्से से कटाई नहीं की थी तथा जो अपने ऊपर जमी हुई लोगों की नजरों के कारण झेंप महसूस कर रहा था, शुरू में बुरे ढंग से कटाई करता रहा, यद्यपि यह हँसिये को हिलाता जोर से था। उसे अपने पीछे से ये बातें सुनाई दीं :

"हँसिये की ऊँचाई उसके माफिक न पड़त, कित्ता झुके जात", एक ने कहा।

"हँसिया के फल पर जोर दे के चलावे तो काम बने", दूसरे ने कहा।

"कोई बात नहीं, ठीक है, धीरे-धीरे राह पर आवत", बूढ़ा कह रहा था। "देखत, होई गयो... चौड़ी पात काटत हो, थकी जाओगे, मालिक... ऐसे काम नहीं करत, मालिक, तुम्हारी अपनी घास है। देखो, कित्ती छोड़ दी। हमीं ऐसो करते तो पिटाई होत।"

नर्म घास शुरू हो गयी थी और लेविन ये सभी टिप्पणियाँ सुनता, किन्तु कोई जवाब दिये बिना तथा यथाशक्ति अच्छी तरह कटाई करने की कोशिश करता हुआ तीत के पीछे चलता जा रहा था। कोई सौ कदम तक इन्होंने कटाई कर ली। तीत तो रुके बिना, जरा-सी भी थकावट जाहिर किये बिना बढ़ता चला जा रहा था। किन्तु लेविन बुरी तरह घबराहट महसूस करने लगा था कि वह बर्दाश्त नहीं कर पायेगा—इतना अधिक थक गया था वह।

लेविन को अनुभव हो रहा था कि अपना आखिरी जोर लगाकर वह हँसिया चला रहा है और उसने तीत से रुक जाने के लिए कहने का निर्णय कर लिया। किन्तु इसी समय तीत खुद रुक गया, उसने झुककर घास उठायी, हँसिये को साफ किया और उसे तेज करने लगा। लेविन सीधा हुआ और गहरी साँस छोड़कर उसने अपने पीछे देखा। उसके पीछे एक किसान था और वह भी स्पष्टतः इतना ही थक गया था। लेविन के निकट आये बिना वह उसी जगह रुक गया और हँसिये की धार तेज करने लगा। तीत ने अपना और लेविन का हँसिया तेज कर लिया तथा वे आगे चल दिये।

दूसरी बार भी ऐसे ही हुआ। तीत अपने हँसिये को लगातार चलाता जा रहा

था, न रुकता था, न थकता था। लेविन पिछड़ न जाने की कोशिश करता हुआ उसके पीछे-पीछे चल रहा था और उसके लिए वह मुश्किल होता जा रहा था। आखिर वह घड़ी आयी, जब उसने महसूस किया कि उसमें अब और ताकत नहीं रही। किन्तु तीत इसी वक्त रुक गया और हँसिये को तेज करने लगा।

इस तरह से इन्होंने पहली कतार खत्म की। लेविन को यह लम्बी कतार खासतौर पर मुश्किल लगी। लेकिन जब इस कतार की कटाई पूरी हो गयी और तीत, हँसिये को कन्धे पर रखकर, कटी घास पर अपने बूटों की एड़ियों द्वारा छोड़े गये चिह्नों पर धीमी-धीमी चाल से लौटने लगा, तो लेविन भी अपने द्वारा काटी गयी घास पर ऐसे ही चलने लगा। उसके चेहरे से पसीना चू रहा था, नाक से टपक रहा था और उसकी पीठ ऐसे भीगी हुई थी मानो किसी ने उसे पानी में डुबकी लगवा दी हो, फिर भी वह बहुत खुश था। उसे खास खुशी तो इस बात के एहसास से हो रही थी कि अब वह इस आजमाइश में कामयाब हो जायेगा।

केवल इसी चीज ने उसकी खुशी को विषाक्त किया कि उसकी कतार अच्छी नहीं थी। 'हाथ को कम और धड़ को अधिक घुमाऊँगा', वह तीत की धागे की तरह सीधी कतार की अपनी अटपटी तथा टेढ़ी-मेढ़ी कतार से तुलना करते हुए सोच रहा था।

लेविन ने इस बात की तरफ ध्यान दिया था कि तीत ने पहली कतार खासतौर पर जल्दी-जल्दी खत्म की थी। वह सम्भवतः अपने रईस मालिक की परीक्षा लेना चाहता था, और फिर कतार भी लम्बी थी। अगली कतारें आसान थीं, किन्तु लेविन को इस बात के लिए फिर भी एड़ी-चोटी का जोर लगाना पड़ता था कि वह किसानों से पीछे न रह जाये।

लेविन इसके सिवाय न तो कुछ सोच रहा था, न कुछ चाहता ही था कि किसानों के मुकाबले में पिछड़ न जाये और यथा शक्ति अच्छा काम करे। वह तो सिर्फ हँसियों की सनसनाहट सुन रहा था और अपने सामने तीत की दूर जाती आकृति, कटी घास की अर्द्ध चन्द्राकार कतार, अपने हँसिये के नीचे धीरे तथा लहर के रूप में गिरती घास तथा फूल और सामने की तरफ कतार का अन्त देख रहा था, जहाँ आराम करने का वक्त मिलेगा।

यह न समझ पाते हुए कि क्या किस्सा है और कहाँ से ऐसा हुआ है, लेविन ने काम के दौरान अचानक अपने गर्म और पसीने से तर हुए कन्धों पर ठंडक अनुभव की। उसने हँसिये को तेज करने के समय आकाश पर नजर डाली। झुका-झुका, भारी बादल आ रहा था और मोटी-मोटी बूँदें गिरने लगी थीं। कुछ किसान अपने कोटों की ओर गये और उन्हें पहन लिया, दूसरे लेविन की तरह इस सुखद ठंडक से खुश होते हुए केवल अपने कन्धे उचकाते रहे।

वे एक के बाद एक कतार काटते गये। लम्बी और छोटी, अच्छी तथा बुरी घास

की कतारें सामने आयीं। लेविन को समय के बारे में कोई चेतना न रही और वह निश्चित रूप से यह नहीं जानता था कि बहुत या कम देर हुई है। उसके काम में अब उसे अत्यधिक सुख प्रदान करने वाला परिवर्तन होने लगा। काम के दौरान ऐसे क्षण भी आते, जब वह यह भूल जाता कि क्या कर रहा है, उसे मन में हल्कापन-सा महसूस होता और इन्हीं क्षणों में उसकी कतार तीत की भाँति लगभग सीधी और अच्छी बनती। किन्तु जैसे ही उसे इस बात का ध्यान आ जाता कि वह क्या काम कर रहा है, और उसे अधिक अच्छे ढंग से करने की कोशिश करता, वैसे ही उसे श्रम का सारा बोझ अनुभव होने लगा और कतार बिगड़ जाती।

एक और कतार पूरी करने के बाद उसने अगली कतार आरम्भ करनी चाही, लेकिन तीत ने उसे रोक दिया और बूढ़े के पास जाकर धीमे से कुछ कहा। दोनों ने सूरज की तरफ देखा। 'किस चीज के बारे में बात कर रहे हैं ये और क्यों नयी कतार शुरू नहीं करते?' लेविन सोच रहा था और यह अनुमान नहीं लगा पा रहा था कि किसान लगातार चार घंटों से कटाई कर रहे हैं और अब उनके नाश्ता करने का वक्त हो गया है।

"नास्ते-पानी का बख्त होई गयो, मालिक", बूढ़े ने कहा।

"सच, वक्त हो गया? तो, करो नाश्ता।"

लेविन ने हँसिया तीत को दे दिया और डबलरोटी लेने के लिए कोटों की ओर जाते किसानों के साथ बारिश से कुछ-कुछ भीगी घास की लम्बी कतारों के विस्तार को लाँघता हुआ घोड़े की तरफ चल दिया। इसी समय यह बात उसकी समझ में आयी कि वह मौसम का अनुमान नहीं लगा सका और बारिश ने घास को भिगो दिया।

"घास खराब हो जायेगी", उसने कहा।

"कोई बात नहीं, मालिक, बारिस-बरखा में कटाई करत, मौसम सुधारे तो टाल जमावत", बूढ़े ने जवाब दिया।

लेविन ने घोड़ा खोला और कॉफी पीने घर चल दिया।

कोज़्निशेव अभी-अभी बिस्तर से उठा था। लेविन ने कॉफी पी और भाई के कपड़े पहनकर भोजन कक्ष में आने से पहले ही चरागाह में वापस चला गया।

5

नाश्ते के बाद लेविन पहलेवाली कतार के बजाय हँसी-मजाक करने वाले बूढ़े, जिसने उसे अपने करीब बुला लिया था, और उस जवान किसान के बीच आ गया, जिसने पतझर में ही शादी की थी और उस गर्मी में पहली बार घास काटने आया था।

तना हुआ बूढ़ा अपने बाहर को निकले पैरों से लम्बे डग भरता हुआ आगे-

आगे जा रहा था तथा लयबद्ध हरकत से, जिसमें उसे स्पष्टतः चलते वक्त हाथ हिलाने में कुछ ज्यादा मेहनत नहीं करनी पड़ती थी, मानो खिलवाड़-सा करता हुआ ऊँची और सीधी कतार बनाता जाता था। ऐसा लगता था मानो वह हँसिये को नहीं चलाता था, बल्कि तेज हँसिया अपने-आप ही रसीली घास के बीच सनसनाता हुआ चला जा रहा था।

लेविन के पीछे जवान मीश्का था। वह बालों के गिर्द ताजा घास का गुच्छा बाँधे था और उसके प्यारे, नौजवानी के चेहरे को देखने से पता चलता था कि वह बड़ा जोर लगाकर काम कर रहा है। लेविन फिर भी जैसे ही कोई उसकी तरफ देखता, वह मुस्कुरा देता। यह मानने के बजाय कि उसे मुश्किल हो रही है, वह तो स्पष्टतः जान दे देना बेहतर समझता था।

लेविन इन दोनों के बीच था। दिन की जोरदार गर्मी में घास काटने का काम उसे इतना मुश्किल नहीं लगा। जिस्म को तर करने वाला पसीना उसे ठंडक देता और पीठ, सिर तथा कोहनियों तक उघाड़ी बाँहों को झुलसने वाले सूरज से काम में मजबूती और दृढ़ता मिलती। चेतनाहीन स्थिति के वे क्षण अधिकाधिक आते, जब यह न सोचना सम्भव था, कि वह क्या कर रहा है। हँसिया अपने-आप ही काटता चला जाता था। ये बड़े सुखद क्षण होते थे। इनसे भी अधिक सुखद वे क्षण होते, जब वे कतार के अन्त में नदी तट पर पहुँचते, बूढ़ा घनी और गीली घास से हँसिये को पोंछता, हँसिये के इस्पाती फल को नदी के ताजा पानी में धोता और सिल्ली के डिब्बे में भरकर लेविन को ऐसा पानी पीने के लिए देता।

"कहो, कैसो लगत मेरो क्वास! चोखो है न?" वह आँख मारकर कहता।

और वास्तव में ही लेविन ने इस गुनगुने पानी जैसा पेय, जिसमें घास के छोटे-छोटे टुकड़े तैरते थे और जिसमें मोरचा खाये टीन का स्वाद आता था, कभी नहीं पिया था। इसके फौरन बाद हँसिये पर हाथ रखकर उल्लासपूर्ण मटरगश्ती होती, जिसके दौरान बहते पसीने को पोंछा जा सकता था। खुलकर साँस ली जा सकती थी, घास काटने वालों की लम्बी पाँत तथा जंगल और खेत में जो कुछ हो रहा था, उसे देखा जा सकता था।

लेविन जितनी अधिक देर तक घास काटता जा रहा था, उतना ही अधिक वह विस्मृति के ऐसे क्षणों को अनुभव करता था, जब हाथ हँसिये को नहीं हिलाते थे, बल्कि हँसिया खुद पूरी तरह से चेतन और जीवन से ओत-प्रोत शरीर को अपने पीछे चलाता था और काम उसके बारे में सोचे-विचारे बिना किसी जादू के प्रभाव से अपने-आप सही तथा बढ़िया ढंग से होता जाता था। ये सबसे अधिक सुखद क्षण होते थे।

केवल तभी कठिनाई का सामना करना पड़ता, जब अपने-आप होने वाली इस हरकत को रोकना और सोचना पड़ता, जब किसी ढूह या घास-पात के झुंड के गिर्द घास काटनी पड़ती। बूढ़ा आसानी से यह करता। ढूह सामने आने पर वह

अपने काम का ढंग बदल लेता और हँसिये के फल और कहीं उसके सिरे से दोनों तरफ हल्की-हल्की चोटें करते हुए उसे साफ कर डालता। वह सामने आने वाली हर चीज को देखता। किसी पौधे को उखाड़ लेता, उसे खुद खाता या लेविन को देता, कभी हँसिये के सिरे से किसी टहनी को रास्ते से हटाता, कभी बटेर के उस घोंसले को देखता, जिसमें से उसके हँसिये के पास से ही मादा ऊपर उड़ती, कभी मार्ग में आ जाने वाले किसी साँप को काँटे की तरह हँसिये पर उठा लेता, लेविन को दिखाता और फिर फेंक देता।

लेविन और उसके पीछे आने वाले नौजवान के लिए ऐसी गतिविधियाँ मुश्किल थीं। ये दोनों एक ही तरह तनावपूर्ण ढंग से हँसिया चलाते हुए पूरी तरह काम के जोश में थे। इसके लिए अपनी गतिविधि को बदलना और साथ ही अपने सामने आ जाने वाली चीज की तरफ ध्यान देना सम्भव नहीं था।

वक्त कैसे बीतता जा रहा था, लेविन को इसका पता नहीं चला। अगर उससे पूछा जाता कि वह कितनी देर से घास काट रहा है, तो उसका जवाब होता–आध घंटे से। लेकिन वास्तव में तो दोपहर के खाने का वक्त होने वाला था। नयी कतार शुरू करते हुए बूढ़े ने उन लड़के-लड़कियों की तरफ लेविन का ध्यान दिलाया, जो सड़क पर भिन्न दिशाओं से घास काटने वालों की तरफ आ रहे थे, अपने नीचे की ओर तने छोटे-छोटे हाथों में डबलरोटी की पोटलियाँ और क्वास से भी तथा चिथड़ों से बन्द की गयी सुराहियाँ ला रहे थे।

"देखत, हमारे बाल-गोपाल आवत!" बूढ़े ने उनकी तरफ इशारा करके कहा और हाथ की ओट करके सूरज की तरफ देखा।

दो और कतारों की घास काटने के बाद बूढ़ा रुक गया।

"तो पेट भरने को बख्त होइ गयो, मालिक!" उसने दृढ़तापूर्वक कहा। और घास काटने वाले नदी तट तक जाकर कटी कतारों को लाँघते हुए अपने कोटों की ओर चल दिये, जिनके करीब भोजन लाने वाले उनके बच्चे इन्तजार कर रहे थे। दूर से आने वाले किसान अपनी घोड़ा-गाड़ियों के साये और निकटवाले सरपत की झाड़ी के नीचे, जिस पर उन्होंने घास डाल दी थी, जमा हो गये।

लेविन भी उनके पास ही बैठ गया, उसका घर जाने को मन नहीं हुआ।

मालिक की उपस्थिति में अनुभव होने वाला संकोच कभी का खत्म हो चुका था। किसान खाना खाने के लिए तैयार होने लगे। कुछ ने हाथ-मुँह धोया, नौजवानों ने नदी में स्नान किया, कुछ ने आराम करने की जगह ठीक की और रोटी की पोटलियाँ तथा क्वास से भी सुराहियाँ खोलीं। बूढ़े ने रोटी के छोटे-छोटे टुकड़े करके प्याले में डाले, चमचे के दस्ते से उनका मलीदा-सा बनाया, सिल्ली के डिब्बे से पानी डाला, कुछ और रोटी के टुकड़े काटे और उन पर नमक डालने के बाद पूरब की तरफ मुँह करके प्रार्थना करने लगा।

"तो मालिक, हमारे मलीदा खावत", प्याले के सामने घुटनों के बल बैठते हुए उसने कहा।

मलीदा इतना जायकेदार था कि लेविन ने भोजन करने के लिए घर जाने का इरादा बदल दिया। उसने बूढ़े के साथ खाना खाया, गहरी दिलचस्पी लेते हुए उसके घरेलू मामलों के बारे में बातचीत की और बूढ़े को अपने से सम्बन्धित उन सभी बातों और परिस्थितियों के बारे में बताने लगा, जिनमें बूढ़े ने रुचि प्रकट की। उसने भाई की तुलना में अपने को इस बूढ़े के अधिक निकट अनुभव किया और उसके प्रति अनुभव होने वाले स्नेह से मुस्कुराये बिना न रह सका। बूढ़े ने जब फिर से उठकर प्रार्थना की और अपने सिर के नीचे घास रखकर एक झाड़ी के नीचे लेट गया, तो लेविन ने भी ऐसा ही किया। धूप में बड़ी हठीली हो जाने वाली मक्खियाँ और कीड़े-मकोड़े उसके पसीने से तर चेहरे और शरीर को गुदगुदाते थे, फिर भी वह लेटते ही सो गया और तभी जागा, जब सूरज झाड़ी के दूसरी ओर चला गया था और धूप उस तक पहुँचने लगी थी। बूढ़ा तो कभी का जाग चुका था। और नौजवान घास काटने वालों के हँसिये तेज कर रहा था।

लेविन ने अपने इर्द-गिर्द नजर घुमायी, तो जगह को पहचान नहीं पाया—सभी कुछ इतना बदल गया था। चरागाह के विराट विस्तार में घास काटी जा चुकी थी तथा सूरज की सन्ध्याकालीन टेढ़ी किरणों में महकती कतारों के साथ अपनी विशेष, नयी चमक दिखा रहा था। नदी-तट के पास झाड़ियाँ, जिनके गिर्द घास काट दी गयी थी, और खुद नदी भी, जो पहले दिखाई नहीं देती थी, मगर अब अपने मोड़ों सहित इस्पात की भाँति चमकती थी, हिलते-डुलते और नींद से जगते लोग, चरागाह की वह जगह, जहाँ अभी तक बिना कटी घास खड़ी दीवार-सी लग रही थी, घास के बिना नंगे से लग रहे चरागाह के ऊपर मँडराता हुआ बाज—यह सभी कुछ सर्वथा नया था। पूरी तरह जाग जाने के बाद लेविन यह अनुमान लगाने लगा कि कितनी घास काटी जा चुकी है और आज कितनी और काटी जा सकती है।

काम करने वाले बयालीस लोगों को ध्यान में रखते हुए बहुत ही अधिक कटाई की जा चुकी थी। भूदास-प्रथा के समय तीन आदमी जिस बड़े चरागाह को दो दिन में काटते थे, वह पूरा काटा जा चुका था। छोटी-छोटी कतारोंवाले कोनों में ही घास काटना बाकी रह गया था। किन्तु लेविन आज ही यथासम्भव कटाई करवा लेना चाहता था और जल्दी-जल्दी नीचे जाते सूरज को देखकर उसे अफसोस हो रहा था। उसे जरा भी थकान महसूस नहीं हो रही थी, वह तो जल्दी-जल्दी और जितना सम्भव हो, ज्यादा-से-ज्यादा काम कर डालना चाहता था।

"क्या खयाल है, हम आज माश्किन ऊँचाई पर भी कटाई कर लेंगे या नहीं?" लेविन ने बूढ़े से पूछा।

"जैसी भगवान की इच्छा होत, सूरज तो ऊँचा नहीं है। छोकरा लोगों को कुछ

वोदका देने की सोचत?"

तीसरे पहर, जब फिर से सभी लोग बैठ गये और तम्बाकू पीने वाले तम्बाकू का मजा लेने लगे, तो बूढ़े ने उनको बताया, "माश्किन ऊँचाई पर कटाई कर दिखावत, तो वोदका पावत।"

"अरे, काहे नहीं कर पावत! चलवो, तीत! तेजी से हाथ चलावत! रात को खाइवो पेट भरकर! चलवो!" आवाजें सुनाई दीं और कटाई करने वालों ने झटपट रोटी खत्म करके अगली कतार शुरू कर दी।

"तो छोकरो लोगों, पीठ नहीं दिखावो!" तीत ने कहा और लगभग दुलकी चाल से आगे-आगे भाग चला।

"चलवो, चलवो!" बूढ़े ने झटपट उसके पीछे भागते और आसानी से उसके करीब पहुँचते हुए कहा। "तुम्हें काट देही! सावधान रहिवो!"

बूढ़े और जवान मानो एक-दूसरे को मात देने की कोशिश करते हुए कटाई कर रहे थे। लेकिन वे चाहे कितनी ही जल्दी क्यों नहीं कर रहे थे, घास को बिगाड़ते नहीं थे और घास की कतारें पहले की तरह ही सीधी और ढंग से बन रही थीं। कोने में बचा हुआ छोटा-सा टुकड़ा पाँच मिनट में साफ कर दिया गया। पिछले घास काटने वाले जब अपनी कतारें खत्म कर रहे थे, तो अगले कोट कन्धों पर डाल सड़क लाँघते हुए माश्किन ऊँचाई की तरफ चल दिये।

सिल्ली के डिब्बों की खड़खड़ाहट के साथ जब ये लोग वन से ढके माश्किन खड्ड में पहुँचे तो सूरज वृक्षों के पीछे जाने लगा था। खड्ड के बीचोंबीच घास कमर तक ऊँची, नर्म, कोमल चौड़ी-चौड़ी पत्तियोंवाली थी और उसमें कहीं-कहीं रंग-बिरंगे फूलों की झलक मिलती थी।

कुछ देर तक यह विचार करने के बाद कि वे लम्बाई के रुख या चौड़ाई के रुख कटाई करें, प्रोखोर येर्मीलिन (वह भी प्रसिद्ध घास काटने वाला था), लम्बा-तड़ंगा और काले बालोंवाला किसान आगे-पीछे चल दिया। उसने एक कतार की कटाई की, वापस आया और फिर से कटाई करने लगा। बाकी सब भी खड्ड के नीचे घाटी में और टीले पर जंगल के छोर तक जाते हुए ऐसा ही करने लगे। सूरज जंगल के पीछे डूब गया। ओस गिरने लगी थी और घास काटने वाले केवल टीले पर ही धूप में होते, लेकिन नीचे, जहाँ भाप उठ रही थी, तथा दूसरी ओर से ठंडी ओस-भीगी छाया में चलते। खूब जोर-शोर से काम हो रहा था।

मधुर ध्वनि के साथ काटी जाने और बहुत ही प्यारी सुगन्ध देने वाली घास की ऊँची-ऊँची कतारें बनती जा रही थीं। छोटी कतारोंवाले चरागाह में लोग एक-दूसरे के निकट ही काम करते थे, उनके सिल्ली के डिब्बे खड़खड़ाते, कभी आपस में टकराने पर उनके हँसिये टनटनाते, हँसिये की धार को तेज करते समय सीटी-सी बजती और वे खुशी-भरी आवाजों में चीखते-चिल्लाते हुए सभी ओर से एक-दूसरे

को बाजी मारने का बढ़ावा देते।

लेविन पहले की भाँति ही नौजवान और बूढ़े के बीच चल रहा था। बूढ़े ने भेड़ की खाल की जाकेट पहन ली थी और वह पहले की तरह ही रंग में था, हँसी-मजाक करता था और उसकी गतिविधि में पहले जैसी ही चुस्ती-फुर्ती थी। जंगल में रसीली घास में खूब फूली हुई खुमियाँ लगातार सामने आ रही थीं, जो हँसियों से कट जाती थीं। लेकिन खुमी के सामने आने पर बूढ़ा हर बार झुकता, उसे चुनता और कमीज के अन्दर डालकर कहता, "बुढ़िया के लिए एक और उपहार मिल गया।"

गीली और नर्म घास को काटना चाहे बहुत आसान था, फिर भी खड्ड की खड़ी ढालों पर चढ़ना और उतरना काफी मुश्किल था। मगर बूढ़े को इससे कोई परेशानी नहीं होती थी। अपने हँसिये को पहले की तरह ही घुमाते और छाल के बड़े-बड़े जूतों में अपने छोटे-छोटे तथा दृढ़ कदम रखता हुआ वह धीरे-धीरे खड़ी ढाल पर चढ़ता और यद्यपि उसका सारा शरीर तथा कमीज के नीचे ढीला-ढाला पतलून-जोर से हिलता-डुलता, तथापि वह घास का एक भी तिनका या एक भी खुमी न छोड़ता और पहले की तरह ही किसानों और लेविन से हँसी-मजाक करता जाता। लेविन बूढ़े के पीछे-पीछे चल रहा था और अक्सर उसे यह खयाल आता कि ऐसे खड़े टीले की ढाल पर चढ़ते हुए, जहाँ हँसिये के बिना ही चढ़ना मुश्किल होता है, जरूर गिर पड़ेगा। लेकिन वह चढ़ता और कटाई करता। वह महसूस करता कि कोई बाहरी ताकत ही उसे चलाती जा रही थी।

6

माश्किन ऊँचाई पर कटाई कर ली गयी, घास की अन्तिम कतारें बना दी गयीं, किसानों ने अपने कोट पहने और खुशी-खुशी घरों को चल दिये। लेविन घोड़े पर सवार हुआ और दुःखी मन से किसानों से विदा लेकर घर की ओर रवाना हो गया। पहाड़ी पर से उसने मुड़कर देखा– नीचे से उठ रहे कुहासे के कारण किसान नजर नहीं आ रहे थे, सिर्फ उनकी खुशी-भरी और भोंड़ी आवाजें, ठहाके और आपस में टकराते हँसिये की टनटनाहट सुनाई दे रही थी।

कोज़्निशेव तो कभी का भोजन कर चुका था, नींबू और बर्फ के साथ पानी पी रहा था तथा कुछ ही देर पहले डाक से आये अखबारों और पत्र-पत्रिकाओं को देख रहा था। इसी समय लेविन तेजी से उसके कमरे में घुसा। पसीने के कारण उसके उलझे-उलझाये बाल माथे पर चिपक गये थे, पीठ और छाती गीली और काली थी। उसकी आवाज में खुशी छलक रही थी।

"हमने पूरे चरागाह की घास काट डाली है! अहा, कितना मजा आया, कमाल ही हो गया! और तुम्हारा कैसा हाल रहा?" लेविन ने पूछा। उसे पिछले दिन की अप्रिय बातचीत बिल्कुल भूल गयी थी।

"हे भगवान! यह तुम बने क्या हुए हो!" शुरू में भाई को अप्रसन्नता से देखते हुए कोज़्निशेव ने कहा। "अरे, दरवाजा, दरवाजा तो बन्द करो!" वह चिल्लाया। "जरूर दसेक मक्खियाँ भीतर घुस आने दी होंगी।"

कोज़्निशेव मक्खियों को तो बर्दाश्त ही नहीं कर पाता था, सिर्फ रात को ही अपने कमरे की खिड़कियाँ खोलता था और बड़े ध्यान से दरवाजा बन्द रखता था।

"कसम भगवान की, एक भी नहीं। अगर कोई घुस भी आयी होगी, तो मैं पकड़ लूँगा। तुम तो यकीन ही नहीं करोगे कि कितना मजा आता है कटाई करने में! तुमने अपना दिन कैसे बिताया?"

"मैंने, अच्छी तरह से। लेकिन तुम क्या सचमुच दिन-भर कटाई करते रहे? मेरे खयाल में भूख के मारे तुम्हारे पेट में चूहे कूद रहे होंगे। कुज़्मा ने तुम्हारे लिए सब कुछ तैयार कर रखा है।"

"नहीं, मेरा खाने को मन नहीं है। मैंने वहीं खाना खा लिया था। जाकर हाथ-मुँह धोता हूँ।"

"हाँ, हाँ जाओ। मैं भी अभी तुम्हारे पास आ जाता हूँ", कोज़्निशेव ने भाई की ओर देखकर सिर हिलाते हुए कहा। "जाओ, जल्दी से", उसने मुस्कुराते हुए कहा और अपनी किताबें समेटकर जाने को तैयार हो गया। खुद वह भी अचानक खुशी की तरंग में आ गया था और भाई के करीब ही रहना चाहता था। "हाँ, बारिश के वक्त तुम कहाँ थे?"

"कैसी बारिश? ऐसे ही कुछ बूँदें गिरी थीं। तो मैं अभी आता हूँ। तो तुमने अच्छी तरह दिन बिताया? बहुत अच्छी बात है।" और लेविन हाथ-मुँह धोने तथा कपड़े बदलने के लिए चला गया।

पाँच मिनट बाद दोनों भाई भोजन-कक्ष में मिले। लेविन को बेशक ऐसा लग रहा था कि उसे भूख नहीं है और केवल इसीलिए मेज पर बैठ गया है कि कुज़्मा बुरा न माने, लेकिन जब खाने लगा, तो भोजन उसे बहुत ही स्वादिष्ट प्रतीत हुआ। कोज़्निशेव मुस्कुराता हुआ लेविन को देख रहा था।

"अरे हाँ, तुम्हारा एक खत आया है", वह बोला। "कुज़्मा, कृपया नीचे से खत ले जाओ। हाँ, दरवाजा बन्द करना नहीं भूलना।"

खत ओब्लोन्स्की का था। लेविन ने उसे ऊँचे-ऊँचे पढ़ा। ओब्लोन्स्की ने पीटर्सबर्ग से लिखा था : "मुझे डॉली का पत्र मिला है, वह येर्गूशोवो में है और वहाँ सब कुछ ठीक-ठाक नहीं कर पा रही है। कृपया उसके पास जाओ, सलाह-मशविरा देकर उसकी मदद करो, तुम तो सब कुछ जानते-समझते हो। तुम्हारे आने से उसे बेहद खुशी होगी। वह बेचारी एकदम अकेली है। मेरी सास और बाकी सब लोग तो अभी तक विदेश में हैं।"

"बहुत अच्छी बात है! जरूर जाऊँगा उनके पास", लेविन ने कहा। "हम दोनों

इकट्ठे भी चल सकते हैं। कितनी अच्छी है वह। ठीक है न?"

"बहुत दूर तो नहीं हैं वे लोग?"

"कोई पैंतालीस किलोमीटर। शायद साठ किलोमीटर। लेकिन रास्ता बहुत बढ़िया है। खूब अच्छा सफर रहेगा घोड़ा-गाड़ी में।"

"बहुत खुश हूँ यह जानकर", कोज़्निशेव ने लगातार मुस्कुराते हुए ही जवाब दिया।

छोटे भाई की प्रफुल्ल मुद्रा ने उसका भी खुशी-भरा मुड बना दिया था।

"क्या कहने हैं तुम्हारी भूख के!" बड़े भाई ने तश्तरी पर झुके लेविन के भूरे-लाल और साँवले चेहरे तथा गर्दन को गौर से देखते हुए कहा।

"गजब की है! तुम तो यकीन नहीं करोगे कि सभी तरह की मानसिक गड़बड़ के लिए ऐसा काम कितना लाभदायक है। मैं चिकित्सा-शास्त्र को एक नये Arbeitscur[1] शब्द से समृद्ध करना चाहता हूँ।"

"लेकिन मुझे लगता है कि तुम्हें तो इसकी जरूरत नहीं है।"

"हाँ, किन्तु स्नायुओं के तरह-तरह के रोगियों को तो है।"

"हाँ, इसे आजमाना चाहिए। मैं तुम्हें घास काटते हुए देखने को आना चाहता था, लेकिन गर्मी ऐसी बर्दाश्त के बाहर थी कि मैं जंगल से आगे न जा सका। मैं कुछ देर वहाँ बैठा रहा और फिर जंगल से होते हुए गाँव को चल दिया।। रास्ते में मुझे तुम्हारी धाय मिल गयी और मैंने उससे तुम्हारे बारे में किसानों की राय जाननी चाही। मेरी समझ में यह आया कि वे तुम्हारे इस काम का अनुमोदन नहीं करते। उसने कहा–'यह बड़े लोगों का काम नहीं है।' कुल मिलाकर मुझे ऐसा लगता है कि 'बड़े लोगों' के कार्य-कलापों के बारे में जनसाधारण की बहुत दृढ़ धारणाएँ बनी हुई हैं। वे ऐसा नहीं चाहते कि बड़े लोग उनकी धारणाओं के नपे-तुले चौखटे से बाहर निकलें।"

"हो सकता है, मगर यह तो ऐसा आनन्द है, जो मैंने जीवन में कभी अनुभव नहीं किया। फिर इस काम में बुरा तो कुछ भी नहीं। ठीक है न?" लेविन ने जवाब दिया। "क्या हो सकता है, अगर उन्हें अच्छा नहीं लगता। वैसे मेरे खयाल में यह बुरी बात नहीं है, क्यों?"

"कुल मिलाकर", कोज़्निशेव ने कहा, "जैसा कि मैं देख रहा हूँ, तुम अपने आज के दिन से खुश हो।"

"बहुत खुश हूँ। हमने सारा चरागाह काट डाला है। और कितने अच्छे एक बूढ़े से वहाँ मेरी दोस्ती हो गयी है! तुम तो इसकी कल्पना ही नहीं कर सकते कि कितना बढ़िया आदमी है वह!"

"तो तुम खुश हो अपने आज के दिन से। मैं भी खुश हूँ। पहली बात तो यह है

1. श्रम द्वारा चिकित्सा। (जर्मन)

कि मैंने शतरंज की दो चालें ढूँढ़ ली हैं और एक तो बहुत ही प्यारी चाल है—प्यादे से शुरू होती है। मैं तुम्हें बताऊँगा। इसके बाद मैंने कल की हमारी बातचीत पर विचार किया।"

"क्या? हमारी कल की बातचीत पर?" लेविन ने कहा, जो प्रफुल्लता से आँखें सिकोड़ रहा था, खाना खत्म होने पर हाँफ रहा था तथा बिल्कुल यह याद नहीं कर पा रहा था कि कल किस मामले पर बातचीत हुई थी।

"मेरे खयाल में तुम कुछ हद तक सही हो। हमारा मतभेद इस बात में है कि तुम निजी हित को प्रेरक-शक्ति मानते हो, जबकि मैं ऐसा मानता हूँ कि शिक्षित व्यक्ति में सर्वहित की भावना होनी चाहिए। शायद तुम्हारी बात सही हो कि भौतिक दिलचस्पी से प्रेरित गतिविधि बेहतर होगी। कुल मिलाकर तुम्हारा स्वभाव बहुत ही prime-sautière[1] है, जैसा कि फ्रांसीसी कहते हैं। तुम बड़े जोश और उत्साह से काम करना चाहते हो या फिर बिल्कुल कुछ करना ही नहीं चाहते।"

लेविन अपने भाई की बात सुन रहा था, कुछ नहीं समझ पा रहा था और समझना भी नहीं चाहता था। उसे सिर्फ यही डर था कि भाई ऐसा सवाल न कर दे, जिससे यह जाहिर हो जाये कि वह कुछ नहीं सुन रहा था।

"तो यह मामला है मेरे दोस्त", कोज़्निशेव ने उसका कन्धा छूते हुए कहा।

"सो तो जाहिर ही है। सब ठीक है। मैं अपनी बात पर अड़ता नहीं हूँ", लेविन ने अपराधी बालक जैसी मुस्कान के साथ कहा। 'मैंने किस बात पर बहस की थी?' वह सोच रहा था। 'स्पष्ट है कि मैं भी अपनी जगह ठीक हूँ और वह अपनी जगह और सब कुछ बढ़िया है। हाँ, मुझे दफ्तर में जाकर देखना चाहिए कि वहाँ क्या हाल-चाल है।' वह उठा। उसने अँगड़ाई ली और मुस्कुराया।

कोज़्निशेव भी मुस्कुरा दिया।

"कुछ टहलना चाहते हो, तो आओ, इकट्ठे चलें", उसने कहा, क्योंकि वह भाई से दूर नहीं होना चाहता था, जिससे ताजगी और स्फूर्ति की लहक आ रही थी। "आओ चलें, अगर तुम्हें दफ्तर में कुछ काम है, तो रास्ते में हो लेंगे।"

"हे भगवान?" लेविन इतने जोर से चिल्लाया कि कोज़्निशेव डर गया।

"क्या बात है?"

"अगाफ़्या मिख़ाइलोव्ना का हाथ?" लेविन ने माथे पर हाथ मारकर कहा। "मैं तो उसके बारे में भूल ही गया।"

"पहले से बेहतर है।"

"फिर भी मैं जल्दी से उसके पास हो आता हूँ। तुम टोप भी नहीं पहन पाओगे कि मैं आ जाऊँगा।"

और सीढ़ी से नीचे भागते हुए लेविन की एड़ियाँ जोर से बज उठीं।

---

1. आवेगपूर्ण। (फ्रांसीसी)

7

स्तेपान अर्कादयेविच ओब्लोन्स्की बहुत स्वाभाविक और बहुत ही जरूरी वह कर्तव्य पूरा करने के लिए पीटर्सबर्ग गया था, जिससे सभी सरकारी अधिकारी-कर्मचारी अच्छी तरह परिचित होते हैं और जिसे दूसरे लोग समझने में असमर्थ रहते हैं तथा जिसकी अवहेलना करके सरकारी दफ्तर में नौकरी करते रहना सम्भव नहीं होता। वह कर्तव्य है—मन्त्रालय को अपनी याद दिलाना। इस कर्तव्य की पूर्ति के लिए ओब्लोन्स्की घर में जितने भी पैसे थे, लगभग सभी अपने साथ ले गया और घुड़दौड़ों तथा देहाती बँगलों में खूब मजे की दिलचस्प जिन्दगी बिताता था। इसी वक्त डॉली बच्चों को साथ लेकर गाँव चली गयी, ताकि जहाँ तक सम्भव हो, खर्च को कम कर सके। वह दहेज में मिलने वाले अपने उसी येर्गुशोवो गाँव में गयी थी, जहाँ वसन्त में जंगल बेच दिया गया था और जो लेविन ने पोक्रोव्स्की गाँव से कोई पचहत्तर किलोमीटर दूर था।

येर्गूशोवो में पुरानी बड़ी हवेली कभी की गिरा दी गयी थी और डॉली के पिता ने अपने वक्त में ही उप-भवन को बड़ा और ठीक-ठाक करवा दिया था। बीस साल पहले, डॉली जब बच्ची ही थी, यह उप-भवन खासा बड़ा और आरामदेह था, यद्यपि सभी उप-भवनों की भाँति दक्षिण में और घोड़ा-गाड़ी के मार्ग के सामने न होकर बगल की ओर खड़ा था। लेकिन अब यह उप-भवन पुराना और खस्ता हालत में था। वसन्त में ओब्लोन्स्की जब जंगल बेचने गया था, डॉली ने तभी उससे मकान को गौर से देखने और उसकी जरूरी मरम्मत आदि करवाने का अनुरोध किया था। सभी बेवफा पतियों की भाँति ओब्लोन्स्की ने बीवी के आराम की बहुत चिन्ता की, खुद मकान को अच्छी तरह देखा और उसकी दृष्टि से जो कुछ जरूरी था, सभी कुछ किया। उसके खयाल के मुताबिक यह जरूरी था कि सारे फर्नीचर पर छींटदार कपड़ा चढ़ाया जाये, पर्दे लटकाये जायें, बाग को साफ किया जाये, तालाब के करीब पुल बनाया जाये और फूल उगाये जायें। लेकिन वह दूसरी बहुत-सी चीजें भूल गया, जिनकी कमी बाद में डॉली को बुरी तरह परेशान करती रही।

ओब्लोन्स्की चिन्ताशील पिता और पति होने की चाहे कितनी भी कोशिश क्यों न करता था, फिर भी किसी भाँति यह याद नहीं रख पाता था कि उसकी बीवी और बच्चे हैं। उसकी रुचियाँ छड़ों जैसी थीं और वह उन्हीं से निर्देशित होता था। मास्को लौटकर उसने बड़े गर्व से बीवी को बताया कि सारी व्यवस्था कर दी गयी है, कि घर बहुत प्यारा हो गया है और उसके खयाल में उसके लिए वहाँ जाकर रहना बहुत अच्छा होगा। ओब्लोन्स्की के मतानुसार गाँव में जाना सभी दृष्टियों से बहुत सुखद था—बच्चों का स्वास्थ्य बेहतर हो जायेगा, खर्च कम होगा और खुद उसे अधिक आजादी मिल जायेगी। डॉली तो बच्चों के लिए, खासतौर पर उस बच्ची के लिए, जो लाल बुखार के बाद पूरी तरह स्वस्थ नहीं हो पायी थी, गर्मी-भर को

गाँव में जाना सर्वथा जरूरी मानती थी। वह इस कारण भी ऐसा चाहती थी कि तुच्छ अपमानों, लकड़ी और मछली बेचने वालों तथा मोची के छोटे-छोटे कर्जों के तगादों से बच सके, जिन्होंने उसके नाक में दम कर रखा था। इसके अलावा उसे गाँव जाना इसलिए भी अच्छा लग रहा था कि बहन कीटी को भी, जो गर्मी के मध्य में विदेश से लौटने वाली थी और जिसके लिए डॉक्टरों ने नदी-स्नान की सिफारिश की थी, अपने पास वहाँ बुला लेगी। कीटी ने विदेश से लिखा था कि उसके लिए इससे ज्यादा और कोई सुखद बात नहीं हो सकती थी कि वह येर्गूशोवो में, जो दोनों बहनों के लिए बचपन की स्मृतियों से भरपूर था, डॉली के साथ गर्मियाँ बिताये।

शुरू में गाँव का जीवन डॉली के लिए बहुत कठिन रहा। वह तो बचपन में गाँव में रही थी और उसके मन पर कुछ ऐसी छाप रह गयी थी कि गाँव नगर की सभी कटुताओं से बचने की जगह है कि वहाँ जीवन बेशक सुन्दर नहीं है (डॉली ने इसे आसानी से स्वीकार कर लिया), मगर सस्ता और आरामदेह है। वहाँ सब कुछ उपलब्ध है, सब कुछ सस्ता है, सब कुछ हासिल किया जा सकता है और खूब मजे से रहते हैं। किन्तु अब गृह-स्वामिनी के रूप में गाँव आने पर उसने देखा कि यह सब कुछ वैसा नहीं है, जैसा उसने सोचा था।

गाँव में उनके आने के दूसरे ही दिन मूसलाधार बारिश हुई और रात को दालान तथा बच्चों के कमरे में पानी चूने लगा। इसलिए चारपाइयाँ मेहमानखाने में ले जानी पड़ीं। घर में बावर्चिन नहीं थी। पशु-पालिका के शब्दों में नौ गउओं में से कुछ ब्याने वाली थीं, कुछ पहली बार ब्यायी थीं, कुछ बूढ़ी थीं और कुछ कठोर थनोंवाली थीं। बच्चों तक को न दूध और न मक्खन मिलता था। अंडे भी नहीं थे। मुर्गी खरीदना मुमकिन नहीं था। इसलिए बूढ़े, सख्त नसों और काकरेजी मांसवाले मुर्गे उबालने तथा तलने पड़ते थे। फर्शों को धोने के लिए औरतें ढूँढ़ पाना सम्भव नहीं था–सभी आलुओं के खेतों में काम कर रही थीं। सवारी भी नहीं की जा सकती थी, क्योंकि एक घोड़ा बहुत उद्दंड था और गाड़ी में जुतने को तैयार नहीं था। नदी पर नहाने की कहीं जगह नहीं थी–सारे तट पर पशुओं का जमघट था और वह सड़क की ओर से खुला था। सैर के लिए जाना भी मुमकिन नहीं था, क्योंकि पशु टूटी हुई बाड़ लाँघकर बाग में आ जाते थे। पशुओं में एक भयानक साँड़ भी था, जो गरजता था और शायद सींग भी मारता था। कपड़ों के लिए अलमारियाँ नहीं थीं। जो थीं भी, वे बन्द नहीं होती थीं और जब कोई उनके पास से गुजरता था, तो अपने-आप खुल जाती थीं। पतीले-कड़ाहियाँ नहीं थीं, कपड़े धोने का टब और नौकरानी द्वारा कपड़ों पर इस्तरी करने के लिए तख्त तक नहीं था।

डॉली की दृष्टि से इन भयानक मुसीबतों में पड़ जाने पर आरम्भ में तो आराम और चैन की जगह उसे हताशा अनुभव हुई। वह अपनी हर कोशिश करती, अपनी लाचारी की हालत को अनुभव करती और हर घड़ी छलकने को बेचैन आँसुओं को

बड़ी मुश्किल से रोकती। कारिन्दा, जो भूतपूर्व सार्जेंट था और जिसे ओब्लोन्स्की ने उसकी सुन्दर तथा प्रभावपूर्ण शक्ल-सूरत पर मुग्ध होकर दरबान से कारिन्दा बना दिया था, डॉली की मुसीबतों में कोई दिलचस्पी नहीं लेता था और बड़े आदर से यही कहता रहता था : "कुछ भी तो नहीं हो सकता, ऐसे बेहूदा लोग हैं", और किसी चीज में मदद नहीं करता था।

स्थिति बहुत ही निराशाजनक लग रही थी। किन्तु, जैसे कि अन्य सभी परिवारों में होता है, ओब्लोन्स्की के घर में भी नजर में न आने वाला, मगर बहुत ही उपयोगी एक व्यक्ति था। इस व्यक्ति का नाम था–मात्र्योना फिलिमोनोव्ना। वह अपनी मालकिन को तसल्ली देती, विश्वास दिलाती कि सब कुछ ठीक-ठाक हो जायेगा (ये उसी के शब्द थे, जिन्हें मात्वेई ने रट लिया था) और खुद बड़े इत्मीनान से तथा घबराहट के बिना अपनी कोशिश करती रही।

कारिन्दे की बीवी के साथ वह फौरन घुल-मिल गयी और पहले ही दिन उसने अकासिया झाड़ियों की छाया में बैठकर कारिन्दे और उसकी बीवी के साथ चाय पी और सभी मामलों पर सोच-विचार किया। जल्द ही अकासिया झाड़ियों के नीचे मात्र्योना फिलिमोनोव्ना का क्लब बन गया और इस क्लब के जरिये, जिसमें कारिन्दे की बीवी, गाँव का लम्बरदार और दफ्तर का मुंशी शामिल था, धीरे-धीरे जिन्दगी की मुसीबतों को दूर किया जाने लगा तथा एक सप्ताह बाद सचमुच ही सब कुछ ठीक-ठाक हो गया। छत की मरम्मत कर दी गयी, लम्बरदार की एक रिश्तेदार बावर्चिन के रूप में मिल गयी, मुर्गियाँ खरीद ली गयीं, गउएँ दूध देने लगीं, बाग के गिर्द बाँसों की बाड़ लगा दी गयी, बढ़ई ने बेलन बना दिया, अलमारियों में हुकें लगा दी गयीं और अब वे अपने-आप नहीं खुलती थीं, फौजी वर्दी के कपड़े से लिपटा हुआ इस्तरी करने का तख्ता अलमारी और कुर्सी के हत्थे पर टिका दिया गया तथा नौकरानी के कमरे में इस्तरी की गन्ध आने लगी।

"देखा न! और आप हिम्मत हारे जा रही थीं," मात्र्योना फिलिमोनोव्ना ने तख्ते की ओर संकेत करते हुए कहा।

फूस की टट्टी लगाकर नहाने की जगह भी बना दी गयी। लिली नहाने लग गयी और डॉली के लिए चैन की तो नहीं, मगर आरामदेह जिन्दगी का सपना कुछ हद तक साकार हो गया। छः बच्चों के साथ डॉली चैन तो पा ही नहीं सकती। कोई एक बीमार हो जाता था, दूसरा बीमार हो सकता था, तीसरे को कोई चीज नहीं मिलती थी, चौथे में बुरे स्वभाव के कुछ लक्षण नजर आने लगते थे, आदि, आदि। बहुत कम ही चैन की कुछ घड़ियाँ आती थीं। लेकिन ऐसी दौड़-धूप और बेचैनी ही डॉली के लिए एकमात्र सम्भव सुख थी। अगर यह सब कुछ न होता, तो वह अपने पति से सम्बन्धित विचारों में घुलती रहती, जो उसे प्यार नहीं करता था। लेकिन इसके अलावा बच्चों की बीमारी का भय और स्वयं बीमारियाँ तथा उनमें

बुरे झुकावों के लक्षण माँ के लिए चाहे कितने ही कष्टप्रद क्यों न थे, खुद बच्चे भी अब छोटी-छोटी खुशियाँ देकर उसकी चिन्ताओं का मुआवजा चुकाने लगे थे। यह खुशियाँ इतनी छोटी-छोटी थीं कि बालू में स्वर्ण-कणों की भाँति दिखाई नहीं देती थीं और बुरे क्षणों में उसे सिर्फ बालू ही नजर आती थी। किन्तु ऐसे अच्छे क्षण भी आते थे, जब वह केवल खुशियाँ, केवल स्वर्ण ही देखती थी।

गाँव के एकान्त में उसे अब इन खुशियों की अधिकाधिक अक्सर चेतना होने लगी। उन्हें देखते हुए वह बहुधा अपने को यह विश्वास दिलाने की पूरी कोशिश करती कि उससे भूल हो रही है कि माँ होने के नाते वह अपने बच्चों के प्रति पक्षपात करती है। फिर भी वह अपने से यह कहे बिना न रह पाती कि उसके सभी, छः-के-छः बच्चे, अपने-अपने ढंग से बहुत अच्छे हैं, लेकिन ऐसे, जैसे दुर्लभ ही होते हैं और वह उनकी बदौलत सुखी थी और उन पर गर्व करती थी।

8

मई के अन्त में, जब कमोबेश सभी कुछ ठीक-ठाक हो गया था, डॉली को गाँव की गड़बड़ हालत के बारे में लिखे गये पत्र का अपने पति से जवाब मिला। उसने इस बात के लिए क्षमा माँगी कि सभी बातों का ध्यान नहीं रख पाया और यह वादा किया कि मौका मिलते ही फौरन गाँव पहुँचेगा। ऐसा मौका नहीं आया और जून के शुरू तक डॉली गाँव में अकेली ही रही।

सन्त पीटर्स से पहले एक दिन, इतवार को डॉली अपने सभी बच्चों को प्रार्थना के लिए घोड़ा-गाड़ी में गिरजे ले गयी। बहन, माँ और मित्र-सहेलियों के साथ अपनी दिली और दार्शनिक बातचीत के दौरान धर्म के बारे में अपने स्वतन्त्र विचारों से वह उन्हें बहुत अक्सर हैरान करती थी। उसका अपना, आवागमन का अजीब धर्म था, जिसमें उसकी दृढ़ आस्था थी, और गिरजे के जड़ सूत्रों की वह बहुत परवाह नहीं करती थी। लेकिन परिवार में वह गिरजे की सभी माँगों का कड़ाई से पालन करती थी और सो भी मिसाल पेश करने के लिए नहीं, बल्कि सच्चे दिल से। लगभग एक साल से बच्चे धार्मिक अनुष्ठान में नहीं गये थे, उसे इस बात से बहुत परेशानी हो रही थी और मात्र्योना फिलिमोनोव्ना के पूरे समर्थन तथा सहानुभूति से उसने अब गर्मी में ऐसा करने का निर्णय किया।

डॉली ने कई दिन पहले से ही इस बात पर सोच-विचार किया कि सभी बच्चों को कैसे पहनाया-ओढ़ाया जाये। पोशाकें सी गयीं, ठीक-ठाक की गयीं, धोयी गयीं, मगजी उधेड़ी और चुन्नटें खोली गयीं, बटन टाँके गये तथा रिबन तैयार किये गये। तान्या के फ्रॉक ने, जिसे सीने का जिम्मा अँग्रेज शिक्षिका ने लिया था, डॉली को बहुत परेशान किया। अँग्रेज शिक्षिका ने गलत चुन्नटें डाल दीं, आस्तीनों के सूराख बहुत चौड़े कर दिये और फ्रॉक को लगभग बिगाड़ डाला। तान्या के कन्धों पर वह

ऐसे तंग और कसा हुआ था कि देखकर दिल को कुछ होता था। लेकिन मात्र्योना फिलिमोनोव्ना को कलियाँ जोड़ने और ऊपर से एक छोटा-सा केप डाल देने का अच्छा विचार सूझ गया। बात बन गयी, लेकिन अँग्रेज शिक्षिका के साथ तो झगड़ा होते-होते बचा। इतवार की सुबह तक सब कुछ ठीक-ठाक हो गया था और नौ बजते-बजते–इसी वक्त तक पादरी से प्रार्थना शुरू न करने का अनुरोध किया गया था– खुशी से चमकते-दमकते और बढ़िया पोशाकें पहने बच्चे चबूतरे के पास, बग्घी के सामने खड़े होकर माँ के आने का इन्तजार कर रहे थे।

मात्र्योना फिलिमोनोव्ना के कहने पर उद्दंड मुश्की घोड़े की जगह कारिन्दे का भूरा घोड़ा बग्घी में जोता गया था और अपनी पोशाक की चिन्ता के कारण देर करने वाली डॉली मलमल की सफेद पोशाक पहने हुए बाहर आयी।

डॉली ने बड़े ध्यान और उत्तेजना से अपने बाल सँवारे तथा कपड़े पहने थे। पहले वह अपने लिए कपड़े पहनती थी, ताकि सुन्दर लगे और दूसरों के मन मोह सके। बाद में, वह ज्यों-ज्यों बुढ़ाती गयी, उसे कपड़े पहनना अखरने लगा। वह देखती थी कि उसकी शक्ल-सूरत कितनी खराब हो गयी है। किन्तु अब वह फिर खुशी से तथा उत्तेजना अनुभव करते हुए पहनती-ओढ़ती थी। अब वह अपने लिए, अपनी सुन्दरता के लिए नहीं, बल्कि इसलिए अच्छे ढंग से कपड़े पहनती थी कि इन प्यारे-प्यारे बच्चों की माँ होने के नाते वह सामान्य प्रभाव को न खराब करे। दर्पण में अन्तिम बार अपने को निहारने पर उसे सन्तोष की अनुभूति हुई। वह बहुत अच्छी लग रही थी। वैसी अच्छी तो नहीं, जैसी कि वह कभी बॉल के समय अच्छी दिखना चाहती थी, लेकिन उस उद्देश्य के लिए अच्छी थी, जो अब उसके सामने था।

गिरजे में किसानों, नौकरों-चौकरों और उनकी बीवियों ने सिवाय कोई नहीं था। लेकिन डॉली ने देखा, या फिर उसे ऐसा लगा कि बच्चों और खुद उसे भी सभी प्रशंसा की नजर से देख रहे हैं। बढ़िया पोशाकें पहने हुए बच्चे न केवल खुद ही प्यारे लग रहे थे, बल्कि अपने अच्छे तौर-तरीकों से दूसरों को मुग्ध कर रहे थे। यह सच है कि अल्योशा बहुत अच्छी तरह नहीं खड़ा था, रह-रहकर मुड़ता और पीठ पर अपनी जाकेट को देखना चाहता था, लेकिन फिर भी वह असाधारण रूप से प्यारा लग रहा था। तान्या बड़ों की तरह खड़ी थी और छोटों की देखभाल कर रही थी। किन्तु छोटी लिली इन सब चीजों को देखते हुए अपने भोले-भाले आश्चर्य के कारण बहुत प्यारी लग रही थी और धार्मिक अनुष्ठान के पूरा होने पर जब उसने अँग्रेजी में यह कहा : "Please some more",[1] तो मुस्कुराये बिना नहीं रहा जा सकता था।

घर लौटते हुए बालक ऐसा अनुभव कर रहे थे कि कुछ गम्भीर तथा समारोही

1. कृपया थोड़ा और। (अँग्रेजी)

बात हुई है और इसलिए वे बहुत शान्त रहे।

घर पर भी सब कुछ अच्छा रहा, मगर नाश्ते के वक्त ग्रीशा ने सीटी बजानी शुरू कर दी और इससे भी बुरा यह किया कि अँग्रेज शिक्षिका की बात नहीं मानी और इसलिए दंड के रूप में उसे केक से वंचित कर दिया गया। डॉली अगर खुद मौके पर होती, तो ऐसे दिन सजा देने की नौबत न आने देती। लेकिन अब तो अँग्रेज शिक्षिका के निर्णय का समर्थन जरूरी था और इसलिए उसने भी यह कह दिया कि ग्रीशा को केक नहीं मिलेगा। इससे खुशी का सामान्य वातावरण कुछ बिगड़ गया।

ग्रीशा यह कहता हुआ रो रहा था कि निकोलाई भी सीटी बजा रहा था, लेकिन उसे सजा नहीं दी गयी, और वह केक के लिए नहीं रोता है—उसे इससे कोई फर्क नहीं पड़ता—बल्कि इसलिए रोता है कि उसके साथ बेइन्साफी हुई है। यह तो और भी ज्यादा दुःख की बात थी और डॉली ने अँग्रेज शिक्षिका के साथ बातचीत करके ग्रीशा को माफ कर देने का फैसला कर लिया। इसी उद्देश्य से वह अँग्रेज शिक्षिका की ओर चल दी और हॉल को लाँघते हुए उसे दिल को इतना अधिक खुश करने वाला नजारा दिखाई दिया कि उसकी आँखों में आँसू आ गये और उसने खुद ही कसूरवार को माफ कर दिया।

सजा पाने वाला ग्रीशा हॉल की कोनेवाली खिड़की में बैठा था और उसके करीब ही हाथ में तश्तरी लिये हुए तान्या खड़ी थी। गुड़ियों को भोजन कराने का बहाना करके तान्या ने अँग्रेज शिक्षिका से अपने हिस्से का केक बच्चों के कमरे में ले जाने की अनुमति ले ली और उसे हॉल में भाई के पास ले आयी। सजा के रूप में उसे जिस बेइन्साफी का शिकार होना पड़ा था, उसके बारे में रोना जारी रखते हुए वह केक खा रहा था और सिसकते हुए उसने कहा, "खुद भी खाओ, दोनों मिलकर खायेंगे... दोनों मिलकर।"

तान्या का दिल शुरू में ग्रीशा के लिए दया और इसके बाद अपने नेक काम की चेतना से भर आया तथा उसकी आँखें भी नम हो गयीं। किन्तु केक से इनकार न करके वह भी अपना हिस्सा खाती जा रही थी।

माँ को देखकर वे सहम गये, किन्तु उसके चेहरे को ध्यान से देखने पर समझ गये कि ठीक काम कर रहे हैं, जोर से हँस पड़े और केक से मुँह भरे हुए अपने मुस्कान से फैले होंठों को हाथों से पोंछने लगे और खिले चेहरों पर आँसू तथा मुरब्बा पोत लिया।

"हे भगवान! नया सफेद फ्रॉक! तान्या! ग्रीशा!" माँ ने फ्रॉक को बचाने की कोशिश करते हुए कहा, किन्तु उसकी आँखों में आँसू भरे हुए थे और उसके होंठों पर बड़ी सुखद तथा आनन्दपूर्ण मुस्कान थी।

नयी पोशाकें उतरवा ली गयीं, लड़कियों को ब्लाउज और लड़कों को पुरानी जाकेटें पहनने को कहा गया, खुली बग्घी जोतने का आदेश दिया गया तथा कारिन्दा

की इच्छा के विरुद्ध उसमें फिर से उसका भूरा घोड़ा जोता गया। खुमियाँ बटोरने और नदी में नहाने के लिए जाने का निर्णय किया गया था। बच्चों के कमरे से खुशी-भरी किलकारियाँ सुनाई दीं और वे नहाने के लिए रवाना हो जाने तक शान्त नहीं हुईं।

खुमियों से पूरी टोकरी भर ली गयी। लिली तक ने खुमी ढूँढ़ ली। पहले तो ऐसा होता था कि शिक्षिका मिस गूल खुमी ढूँढ़कर लिली को दिखा देती, लेकिन इस बार तो खुद उसी ने बड़ी-सी खुमी ढूँढ़ी तथा सभी खुशी से चिल्ला उठे, "लिली ने बड़ी-सी खुमी ढूँढ़ी है!"

इसके बाद बग्घी को नदी के तट पर ले जाया गया, घोड़ों को भोज वृक्षों के नीचे खड़ा करके सब नहाने चल दिये। कोचवान तेरेन्ती ने मक्खियों से बचने के लिए पूँछ हिलाते घोड़ों को एक वृक्ष से बाँधा, घास को कुचलते हुए भोज वृक्षों की छाया में लेट गया और देसी तम्बाकू पीने लगा। नहाने के लिए टट्टी लगाकर बनायी गयी जगह से बच्चों की खुशी-भरी किलकारियाँ उसे लगातार सुनाई देती रहीं।

बेशक सभी बच्चों की देखभाल करना तथा उनकी शरारतों को रोकना काफी परेशानी का काम था, बेशक सभी की जुर्राबों, सुथनियों, विभिन्न पैरों के जूतों को याद रखना तथा गड़बड़ न करना, फीते और बटन खोलना तथा उन्हें फिर से बाँधना और बन्द करना मुश्किल काम था, फिर भी डॉली को, जो खुद नदी-स्नान को हमेशा बहुत पसन्द करती रही थी और जिसे बच्चों के लिए भी स्वास्थ्यप्रद मानती थी, किसी भी और चीज से इतना अधिक आनन्द नहीं मिलता था, जितना बच्चों के साथ ऐसे नहाने से। उनकी गुदगुदी टाँगों को छूना, उन पर जुर्राबें चढ़ाना, उनके छोटे-छोटे नंगे शरीरों को हाथों में लेकर डुबकियाँ लगवाना, कभी खुशी भरी और कभी डरी हुई चीखों को सुनना, फैली-फैली, डरी-डरी और खुशी से चमकती आँखोंवाले चेहरों तथा इन हाँफते हुए अपने छोटे-छोटे फरिश्तों को देखना उसके लिए बहुत ही आह्लादपूर्ण था।

आधे बच्चे जब कपड़े पहन चुके थे, तो जंगली फल-फूलों को चुनती और सजी-धजी देहाती औरतें स्नान-स्थान के करीब आयीं और सहमी-सहमी-सी रुक गयीं। मात्र्योना फिलिमोनोव्ना ने उनमें से एक को पानी में गिर गयी चादर और कमीज को सुखाने के लिए पुकार लिया। डॉली इन देहाती औरतों से बातें करने लगी। शुरू में मुँह पर हाथ रखकर हँसने और प्रश्नों को न समझने वाली इन देहाती औरतों की जल्द ही झेंप दूर हो गयी, वे बातें करने लगीं तथा तुरन्त ही उन्होंने बच्चों के प्रति अपने सच्चे प्रशंसा भाव से, जिसे वे स्पष्ट रूप से प्रकट कर रही थीं, डॉली का मन जीत लिया।

"अरे, कैसी खूबसूरत है वह, चीनी-सी सफेद-सफेद," तान्या को मुग्ध होकर देखती और सिर हिलाती हुई एक किसान औरत ने कहा। "पर कित्ती दुबली-

पतली..."

"हाँ, वह बीमार रही है।"

"अरे, या को भी नहलायो गयो," दूसरी ने गोद के बेटे के बारे में कहा।

"नहीं, वह तो अभी तीन महीने का है," डॉली ने गर्व से जवाब दिया।

"अरे, वाह!"

"तुम्हारे बच्चे हैं?"

"चार थे, दू रह गये—बेटो और बिटिया। पिछले धार्मिक पर्व पर दूध छुड़वाया है।"

"कितनी उम्र है इसकी?"

"दूसरा बरस चल रहयो।"

"तो क्या इतनी देर तक दूध पिलाती रहीं?"

"हम तो ऐसो ही करत—तीन बरस तक।"

और डॉली के लिए बातचीत बहुत ही दिलचस्प हो गयी—प्रसूति कैसी रही? बेटे को क्या बीमारी हुई थी? पति कहाँ हैं? अक्सर आता है या नहीं?

डॉली को देहाती औरतों के साथ अपनी बातचीत इतनी दिलचस्प लग रही थी, इनकी रुचियाँ इतनी अधिक समान थीं कि उसका मन उन्हें छोड़कर जाने को नहीं हो रहा था। डॉली के लिए सबसे अधिक सुखद बात स्पष्ट रूप से यह देखना था कि ये औरतें सबसे ज्यादा तो इस तथ्य पर मुग्ध हो रही थीं कि उसके इतने अधिक और ऐसे प्यारे बच्चे हैं। इन औरतों ने डॉली को हँसाया और अँग्रेज शिक्षिका मिस गूल को इस बात के लिए नाराज भी कर दिया कि वही, उसकी समझ में न आने वाली हँसी का कारण थी। एक जवान देहाती औरत सबसे बाद में कपड़े पहनने वाली अँग्रेज शिक्षिका को ध्यान से देख रही थी और जब उसने तीसरा स्कर्ट पहना, तो वह यह टिप्पणी किये बिना न रह सकी, "अरे वाह, पहनत जात है, पहनत जात है, बस करने का नाम ही न लेवत," उसने कहा और वे सभी-की-सभी ठठाकर हँस पड़ीं।

9

नहाये-धोये और गीले बालोंवाले बच्चों से घिरी और खुद अपने सिर पर रूमाल बाँधे डॉली घर के करीब पहुँच रही थी, जब कोचवान ने कहा :

"कोई साहब आ रहे हैं, पोक्रोव्स्कोये गाँववाले लगते हैं।"

डॉली ने गौर से सामने की तरफ देखा और सलेटी रंग के टोप तथा सलेटी रंग के ओवरकोट में लेविन को पहचानकर, जो उनकी तरफ आ रहा था, बहुत खुश हुई। उसके आने पर वह हमेशा ही खुश होती थी और अब खासतौर पर इसलिए खुश हुई कि लेविन उसे उसकी पूरी भव्यता के साथ देख सकेगा। उसकी गरिमा

को लेविन से अधिक अच्छी तरह तो कोई भी नहीं समझ सकता था।

डॉली को देखने पर उसकी आँखों के सामने भावी पारिवारिक जीवन के बारे में उसकी कल्पना का एक चित्र प्रस्तुत हो गया।

"आप तो बिल्कुल अपने चूजों से घिरी हुई मुर्गी जैसी लग रही हैं, दार्या अलेक्सान्द्रोव्ना।

"ओह, कितनी खुश हूँ मैं आपके आने से!" लेविन की ओर हाथ बढ़ाते हुए उसने कहा।

"खुश हैं, मगर आपने यहाँ आने के बारे में खबर नहीं भेजी। मेरे यहाँ बड़ा भाई आया हुआ है। स्तीवा की चिट्ठी से यह पता चला कि आप यहाँ हैं।"

"स्तीवा की चिट्ठी से?" डॉली ने हैरान होकर पूछा।

"हाँ, उसने लिखा है कि आप यहाँ आयी हुई हैं और उसका खयाल है कि आप मुझे किसी चीज में मदद करने की अनुमति देंगी," लेविन ने कहा और यह कहकर अचानक झेंप गया तथा बात को अधूरी छोड़कर चुपचाप बग्घी के साथ चलता हुआ लाइम वृक्ष की कोंपले तोड़कर कुतरता रहा। वह यह सोचकर झेंप गया था कि डॉली को उस काम के लिए किसी पराये आदमी की मदद पाकर खुशी नहीं होगी, जिसे उसके पति को करना चाहिए था। डॉली को सचमुच ही अपने पारिवारिक काम-काजों को दूसरों के मत्थे मढ़ देने की स्तीवा की यह आदत पसन्द नहीं थी। वह फौरन यह समझ गयी कि लेविन को इस बात का एहसास है। मामले की बारीकी को समझने की इस क्षमता, भावनाओं की इस सूक्ष्मता के लिए ही डॉली को लेविन अच्छा लगता था।

"जाहिर है, मुझे यह समझते देर नहीं लगी कि आप मुझसे मिलना चाहती हैं और मुझे इस बात की बड़ी खुशी है। निश्चय ही मुझे ऐसा प्रतीत होता है कि शहरी घर-गिरस्ती चलाने वाली आप जैसी महिला को यहाँ सब कुछ बड़ा अटपटा-सा लगता होगा। इसलिए अगर किसी तरह की कोई जरूरत महसूस हो, तो मैं पूरी तरह आपकी सेवा में हाजिर हूँ।"

"अजी नहीं!" डॉली ने जवाब दिया। "शुरू में कुछ परेशानी हुई, मगर अब तो मेरी बूढ़ी आया की बदौलत सब कुछ ठीक-ठाक हो गया है," उसने मात्र्योना फिलिमोनोव्ना की तरफ संकेत करते हुए कहा। मात्र्योना फिलिमोनोव्ना यह समझते हुए कि उसी की चर्चा चल रही है, खुशी भरी और मैत्रीपूर्ण मुस्कान के साथ लेविन की तरफ देखकर मुस्कुरा दी। वह लेविन को जानती थी और उसे यह भी मालूम था कि वह डॉली की छोटी बहन के लिए अच्छा वर है तथा वह चाहती थी कि मामला सिरे चढ़ जाये।

"कृपया बग्घी में बैठ जाइये, हम थोड़ा खिसक जायेंगी," मात्र्योना फिलिमोनोव्ना ने लेविन से कहा।

"नहीं, मैं पैदल जाऊँगा। बच्चो, कौन घोड़ों से होड़ करने के लिए मेरे साथ चलेगा?"

बच्चे लेविन को बहुत कम जानते थे, उन्हें याद नहीं था कि कब उससे मिले थे, किन्तु उन्होंने उसके मामले में संकोच और अरुचि का वह भाव नहीं दिखाया, जो ढोंग करने वाले वयस्कों के प्रति बच्चे अनुभव करते हैं और जिसके कारण उन्हें अक्सर तथा खासी कड़ी डाँट पड़ती है। बहुत ही समझदार और अत्यधिक पैनी नजर रखने वाले व्यक्ति की आँखों में भी ढोंग धूल झोंक सकता है, किन्तु बहुत ही कम समझ रखने वाले बालक को भी, चाहे यह ढोंग कितनी ही चालाकी से क्यों न छिपाया गया हो, धोखा नहीं दे सकता और उसे उससे घृणा अनुभव होती है। लेविन में बेशक और कैसी भी कमियाँ-त्रुटियाँ क्यों न हों, ढोंग या बनावट तो लेश मात्र नहीं थी और इसलिए उन्होंने उसके प्रति वैसा ही मैत्री भाव दिखाया, जैसा कि उन्हें माँ के चेहरे पर दिखाई दिया था। लेविन के निमन्त्रण पर दो बड़े बच्चे फौरन बग्घी से कूदकर उसके पास पहुँच गये और उसके साथ वैसी ही सहजता से भागने लगे, जैसे आया, मिस गूल या अपनी माँ के साथ भागते। लिली ने भी उसके पास जाना चाहा और माँ ने उसे लेविन को दे दिया। लेविन ने उसे कन्धे पर बिठा लिया और भागने लगा।

"घबराइये नहीं, घबराइये नहीं, दार्या अलेक्सान्द्रोव्ना!" खुशी से डॉली की ओर मुस्कुराते हुए उसने कहा, "यह तो मुमकिन ही नहीं कि मैं उसे चोट लगा दूँ या गिरा दूँ।"

लेविन की फुर्तीली, शक्तिशाली, अत्यधिक सावधान, चिन्ता और तनावपूर्ण गतिविधियों को देखकर माँ शान्त हो गयी और खुशी तथा अनुमोदन प्रकट करती हुई उसकी तरफ देखकर मुस्कुरा दी।

यहाँ, गाँव में, बच्चों और डॉली की संगत में, जो उसे अच्छी लगती थी, लेविन उस पर अक्सर हावी होने वाले बाल-सुलभ तथा खुशी-भरे मूड में आ गया, जो डॉली को विशेष रूप से पसन्द था। बच्चों के साथ भागता हुआ वह उन्हें कसरत सिखाता, मिस गूल को अपनी भद्दी अँग्रेजी बोलकर हँसाता और डॉली को यह बताता कि गाँव में क्या करता रहता है।

दोपहर के खाने के बाद, जब डॉली लेविन के साथ छज्जे में अकेली बैठी थी, तो उसने कीटी की चर्चा शुरू कर दी।

"आप जानते हैं, कीटी यहाँ आ रही है और वह मेरे साथ गर्मी बितायेगी।"

"सच?" लेविन ने झेंप से लाल होते हुए कहा और उसी वक्त बातचीत का विषय बदलने के लिए बोला : "तो आपको दो गउयें भिजवा दूँ? अगर आप हिसाब चुकाना ही चाहें और अगर आपको ऐसा करते हुए लाज न आये, तो हर महीने मुझे पाँच रूबल दे सकती हैं।"

"नहीं, बड़ी मेहरबानी। हमारे यहाँ सब कुछ ठीक चल रहा है।"

"तो मैं आपकी गउयें देख लूँगा और अगर अनुमति देंगी तो यह समझा दूँगा कि उन्हें कैसे चराया जाये। चारा ही तो असली चीज है।"

और लेविन ने बातचीत को बदलने के उद्देश्य से ही डॉली को दूध-उत्पादन का सिद्धान्त स्पष्ट किया, जिसका मुख्य भाव यह था कि गाय चारे को दूध में बदलने वाली मशीन के सिवाय कुछ नहीं है, इत्यादि।

लेविन यह सब कह रहा था और कीटी के बारे में तफसीलें जानने को बहुत उत्सुक था, मगर साथ ही इससे डर भी रहा था। उसे उस बात की शंका थी कि बड़ी मुश्किल से हासिल किया गया उसके मन का चैन फिर से खो जायेगा।

"हाँ, यह सब तो ठीक है, लेकिन इन सब चीजों की तरफ ध्यान देना जरूरी है, वह कौन करेगा?" डॉली ने मन मारकर उत्तर दिया।

मात्र्योना फिलिमोनोव्ना की मदद से डॉली ने अपनी घर-गिरस्ती ऐसे जमा ली थी कि अब वह उसमें किसी भी तरह की तब्दीली नहीं करना चाहती थी। इसके अलावा खेती-बारी सम्बन्धी लेविन की जानकारी में उसे विश्वास नहीं था। इस विचार के बारे में उसे सन्देह था कि गाय दूध बनाने वाली मशीन है। उसे लगा कि इस किस्म के विचार कृषि-व्यवस्था में केवल बाधा ही डाल सकते हैं। उसे प्रतीत हुआ कि यह सब कहीं अधिक सीधा-सरल मामला है, कि सिर्फ, जैसा कि मात्र्योना फिलिमोनोव्ना ने समझाया था, चितकबरी और सफेद पुट्ठेवाली गाय को अधिक चारा-पानी देना चाहिए, कि बावर्ची रसोईघर में बची-खुची खाने-पीने की चीजों और जूठन को धोबिन की गाय के लिए न ले जाये। यह सब कुछ समझ में आता था। मगर अनाज और घास के चारे के बारे में तर्क-वितर्क अस्पष्ट और सन्देहपूर्ण थे। फिर मुख्य बात तो यह थी कि वह कीटी की चर्चा करना चाहती थी।

10

"कीटी ने मुझे लिखा है कि वह एकान्त और शान्ति से अधिक और कुछ नहीं चाहती," डॉली ने मौन छा जाने पर कहा।

"उसका स्वास्थ्य अब अच्छा है क्या?" लेविन ने बेचैनी अनुभव करते हुए पूछा।

"भगवान की दया से वह बिल्कुल स्वस्थ हो गयी है। मुझे कभी यह यकीन नहीं हुआ था कि उसे तपेदित है।"

"ओह, मुझे बड़ी खुशी है!" लेविन ने कहा। डॉली को लगा कि जब लेविन ने ऐसा कहा और चुपचाप उसकी तरफ देखता रहा, तो उसके चेहरे पर मन को कुछ छूने वाला और लाचारी का भाव था।

"कोन्स्तान्तीन द्मीत्रियेविच, मुझे यह बताइये," डॉली ने अपनी दयालु और

तनिक उपहासजनक मुस्कान के साथ कहा, "आप कीटी से किसलिए नाराज हैं?"

"मैं? मैं नाराज हूँ!" लेविन ने जवाब दिया।

"नहीं, आप नाराज हैं। आप जब मास्को गये थे, तो हमारे और उनके यहाँ क्यों नहीं आये थे?"

"दार्या अलेक्सान्द्रोव्ना," लेविन ने शर्म से पानी-पानी होते हुए जवाब दिया, "मुझे इस बात की हैरानी हो रही है कि आप, अपनी दयालुता के बावजूद इस बात को अनुभव नहीं कर रही हैं। आपको मुझ पर तरस क्यों नहीं आ रहा, जबकि आप यह जानती हैं..."

"क्या जानती हूँ मैं?"

"यह जानती हैं कि मैंने प्रस्ताव किया और मुझे इनकार कर दिया गया," लेविन ने कहा और वह कोमल भावना, जो क्षण-भर पहले उसने कीटी के लिए अनुभव की थी, तिरस्कार के लिए गुस्से की भावना में बदल गयी।

"आप ऐसा क्यों सोचते हैं कि मैं जानती हूँ?"

"क्यों, सभी यह जानते हैं..."

"यह आपकी भूल है। मैं यह नहीं जानती थी, यद्यपि कुछ अनुमान जरूर लगाती थी।"

"अच्छा! अब तो आप जानती हैं।"

"मैं सिर्फ इतना जानती थी कि कोई बात हुई है, जो उसे बहुत यातना दे रही थी और यह कि उसने कभी भी इसकी चर्चा न करने का मुझसे अनुरोध किया था। अगर उसने मुझे यह नहीं बताया, तो किसी को भी नहीं बताया। लेकिन क्या हुआ था आप दोनों के बीच? मुझे बताइये।"

"मैंने बता दिया है कि क्या हुआ था।"

"कब हुआ था यह?"

"जब मैं आखिरी बार आपके यहाँ गया था।"

"जानते हैं कि मैं आपसे कहना चाहती हूँ," डॉली बोली, "मुझे बहुत, बहुत ही अफसोस है उसके लिए। आप तो केवल आत्माभिमान की भावना से व्यथित हैं..."

"हो सकता है," लेविन ने कहा, "लेकिन..."

डॉली ने उसकी बात काटी–

"लेकिन उस बेचारी के लिए मुझे बहुत, बहुत ही अफसोस है। अब मैं सब कुछ समझती हूँ।"

"मगर, दार्या अलेक्सान्द्रोव्ना, मैं आपसे माफी चाहता हूँ," लेविन ने उठते हुए कहा। "विदा! दार्या अलेक्सान्द्रोव्ना, फिर मिलेंगे।"

"नहीं रुकिये," लेविन की आस्तीन थामते हुए उसने कहा। "रुकिये, बैठिये।"

"कृपया, कृपया हम इसकी चर्चा नहीं करेंगे," लेविन ने बैठते हुए कहा और

साथ ही उसे यह अनुभव हुआ कि वह उम्मीद, जो उसे दफन हो चुकी प्रतीत हुई थी, फिर से उसके दिल में अँगड़ाई ले रही हैं, हिल-डुल रही है।

"अगर मैं आपको चाहती न होती," डॉली ने कहा और उसकी आँखें डबडबा आयीं, "अगर मैं आपको वैसे ही न जानती होती, जैसे जानती हूँ..."

यह भावना, जो दम तोड़ चुकी प्रतीत होती थी, अधिकाधिक सजीव होकर उभर रही थी और लेविन के हृदय पर हावी होती जा रही थी।

"हाँ, मैं अब सब कुछ समझ गयी हूँ," डॉली कहती गयी। "आप यह नहीं समझ सकते। आप मर्दों को, आजाद और चुनाव करने वालों को, हमेशा यह स्पष्ट होता है कि आप किसे प्यार करते हैं। किन्तु लड़की तो अपनी नारी-सुलभ, अपनी लड़की की लज्जा के साथ प्रत्याशा की स्थिति में होती है वह आपको, मर्दों को दूर से देखती है और आपके शब्दों पर यकीन करती है। लड़की के हृदय में ऐसी भावना हो सकती है और होती है कि वह नहीं जानती कि क्या कहे।"

"हाँ, अगर उसका दिल कुछ न बताये..."

"नहीं, दिल तो कुछ बताता है, लेकिन आप सोचिये, आप, मर्द लोग किसी लड़की में दिलचस्पी महसूस करते हैं आप उसके घर जाते हैं, उसके निकट होते हैं, उसे देखते-भालते हैं, इस बात ही प्रतीक्षा करते हैं कि आपको जो पसन्द है वह मिल रहा है या नहीं और यह यकीन हो जाने पर कि आपकी पसन्द पूरी हो रही है, आप सगाई-विवाह का प्रस्ताव करते हैं..."

"बात पूरी तरह तो ऐसी नहीं है।"

"फिर भी आप विवाह का प्रस्ताव तभी करते हैं, जब आपका प्यार परिपक्व हो जाता है या जब चुनाव के लिए आपके सामने प्रस्तुत दो लड़कियों में से एक का पलड़ा भारी हो जाता है। मगर लड़की से कोई नहीं पूछता। ऐसा चाहा तो जाता है कि वह खुद अपना साथी चुने, मगर वह खुद चुनाव नहीं कर सकती और सिर्फ हाँ या न में ही जवाब दे सकती है।"

"हाँ, मेरे और व्रोन्स्की के बीच चुनाव," लेविन ने सोचा और उसकी आत्मा में सजीव हो उठी आशा फिर से मर गयी और केवल उसके दिल को यातना से मथने लगी।

"दार्या अलेक्सान्द्रोव्ना," उसने कहा, "ऐसे तो कोई पोशाक या कोई दूसरी चीज चुनी जाती है, लेकिन प्यार नहीं। चुनाव किया जा चुका है सो अच्छी बात है...इसे दोहराया नहीं जा सकता।"

"आह, आत्माभिमान, सिर्फ आत्माभिमान!" डॉली ने ऐसे कहा माने उस भावना की तुलना में, जिसे केवल नारियाँ ही जानती हैं, इस भावना की तुच्छता के लिए उसका तिरस्कार कर रही हो। "जिस समय आपने कीटी के सामने विवाह का प्रस्ताव किया था, वह उस स्थिति में थी, जब उसके लिए जवाब देना सम्भव

नहीं था। वह दुविधा में थी। दुविधा यह थी—आप या व्रोन्स्की। उससे वह हर दिन मिलती थी, आपसे काफी अर्से से नहीं मिलती थी। अगर वह कुछ अधिक उम्र की होती—मिसाल के तौर पर उसकी जगह मेरे लिए कोई दुविधा नहीं हो सकती थी। वह मुझे कभी भी फूटी आँखों नहीं सुहाया था और मेरे मन की ही बात ठीक निकली।"

लेविन को कीटी का जवाब याद हो आया। उसने कहा था : "नहीं, ऐसा नहीं, ऐसा नहीं हो सकता..."

"दार्या अलेक्सान्द्रोव्ना," उसने रुखाई से कहा, "अपने प्रति आपके इस विश्वास का मैं बहुत ऊँचा मूल्यांकन करता हूँ। मेरे खयाल में आप गलती कर रही हैं। मैं सही हूँ या गलत हूँ, लेकिन यह आत्माभिमान, जिसे आप ऐसे तिरस्कार से देखती हैं, मेरे लिए येकातेरीना अलेक्सान्द्रोव्ना के बारे में कुछ सोचना ही असम्भव बना देता है। आप समझती हैं न, एकदम असम्भव बना देता है।"

"मैं सिर्फ एक बात और कहूँगी—आप जानते हैं कि मैं अपनी उस बहन की चर्चा कर रही हूँ, जिसे अपने बच्चों की तरह प्यार करती हूँ। मैं यह नहीं कह रही हूँ कि वह आपको प्यार करती थी, बल्कि सिर्फ इतना कहना चाहती थी कि उस वक्त उसका इनकार करना कुछ भी जाहिर नहीं करता।"

"मैं नहीं जानता!" लेविन ने उछलकर खड़े होते हुए कहा। "काश, आप जानतीं कि कैसी ठेस लग रही है मेरे दिल में! यह तो बिल्कुल ऐसी ही बात है कि आपका बच्चा मर जाये और लोग आपसे कहें— वह ऐसा, ऐसा हो सकता था, जिन्दा रह सकता था और आपको ऐसी-ऐसी खुशियाँ दे सकता था। मगर वह मर चुका है, मर चुका है, मर चुका है..."

"कितने हास्यास्पद हैं आप," डॉली ने कहा और लेविन के उत्तेजित होने के बावजूद उदासी से मुस्कुरा दी। "हाँ, मैं अब अधिकाधिक सब कुछ समझती जा रही हूँ," वह कहती गयी। "तो आप कीटी के आ जाने पर हमारे यहाँ नहीं आयेंगे?"

"नहीं, नहीं आऊँगा। जाहिर है कि येकातेरीना अलेक्सान्द्रोव्ना से मैं कन्नी नहीं काटूँगा, लेकिन जहाँ कहीं भी सम्भव होगा, अपनी उपस्थिति से उसका दिल न दुखाने की कोशिश करूँगा।"

"बहुत, बहुत ही हास्यास्पद हैं आप," डॉली ने स्नेह से उसके चेहरे को देखते हुए दोहराया, "अच्छी बात है, ऐसा ही समझिये, मानो इस बारे में हमने कोई बातचीत ही नहीं की। तुम किसलिए आयी हो, तान्या?" डॉली ने यहाँ आने वाली बेटी से फ्रांसीसी में पूछा।

"अम्मा, मेरा बेलचा कहाँ है?"

"मैंने फ्रांसीसी में पूछा है और तुम भी वैसे ही जवाब दो।"

लड़की ने कहना चाहा, मगर भूल गयी कि फ्रांसीसी में बेलचे को क्या कहते

हैं। माँ ने उसे बताया और फिर फ्रांसीसी में ही यह भी कहा कि वह अपना बेलचा कहाँ ढूँढ़े। लेविन को यह अच्छा नहीं लगा।

डॉली के घर और उसके बच्चों में अब उसे कुछ भी तो पहले की तरह मधुर नहीं प्रतीत हो रहा था।

'किसलिए वह बच्चों से फ्रांसीसी में बात करती है?' उसने सोचा। 'यह कितना अस्वाभाविक और बनावटी है! बच्चे भी यह अनुभव करते हैं। फ्रांसीसी सीख जायेंगे और निष्कपटता भूल जायेंगे,' उसने मन-ही-मन सोचा। वह यह नहीं जानता था कि डॉली खुद भी बीसियों बार ऐसे ही सोच चुकी है, लेकिन निष्कपटता की कुछ हानि होने पर भी उसे इसी तरीके से बच्चों को फ्रांसीसी सिखाना जरूरी महसूस हुआ है।

"कहाँ जाने की उतावली है आपको? कुछ देर तो और रुकिये।"

लेविन चाय पीने के वक्त तक रुक गया, मगर उसकी हँसी-खुशी गायब हो चुकी थी और वह अटपटा-सा महसूस कर रहा था।

चाय के बाद लेविन यह आदेश देने के लिए ड्योढ़ी में गया कि उसके लिए बग्घी जोत दी जाये और जब लौटा तो उसने डॉली को बहुत बेचैन पाया, उसके चेहरे पर परेशानी थी और आँखों में आँसू थे। लेविन जब बाहर गया, तो उसी वक्त एक घटना घट गयी, जिसने आज के दिन की उसकी सारी खुशी और बच्चों के बारे में गर्व की भावना को नष्ट कर दिया। ग्रीशा और तान्या के बीच गेंद के लिए हाथापाई हो गयी थी। बच्चों के कमरे से चीख की आवाज सुनकर डॉली भागकर वहाँ गयी और उन दोनों को भयानक हालत में पाया। तान्या ग्रीशा के बाल पकड़े हुए थी, ग्रीशा का चेहरा गुस्से से विकृत था और वह तान्या को जहाँ भी मुमकिन होता, घूँसे मार रहा था। डॉली ने जब यह देखा तो उसके हृदय में मानो कहीं कुछ टूट गया। उसके जीवनाकाश पर काली घटा-सी छा गयी, वह समझ गयी कि उसके यही बच्चे, जिन पर उसे इतना नाज था, न केवल बिल्कुल साधारण, बल्कि बुरे, बुरी शिक्षा-दीक्षा तथा भद्दी और पाशविक प्रवृत्तिवाले क्रूर बच्चे हैं।

वह अन्य किसी बात की चर्चा करने और किसी अन्य चीज के बारे में सोचने में असमर्थ थी तथा लेविन को अपना दुःख बताये बिना नहीं रह सकती थी।

लेविन ने देखा कि वह बहुत दुःखी है और उसने यह कहते हुए उसे शान्त करने की कोशिश की कि यह कुछ भी बुरा जाहिर नहीं करता, कि सभी बच्चे हाथापाई करते हैं। किन्तु ऐसा कहते हुए लेविन मन-ही-मन सोच रहा था : 'नहीं, मैं शान नहीं दिखाऊँगा और अपने बच्चों के साथ फ्रांसीसी में बातचीत नहीं करूँगा, लेकिन मेरे बच्चे ऐसे नहीं होंगे। मुख्य बात तो यह है कि उन्हें बिगाड़ना और खराब नहीं करना चाहिए और वे बहुत अच्छे बन जायेंगे। हाँ, मेरे बच्चे ऐसे नहीं होंगे।'

लेविन विदा लेकर चला गया और डॉली ने उसे रोका नहीं।

11

जुलाई के मध्य में लेविन की बहन के गाँव का मुखिया उसके पास आया। यह गाँव लेविन के पोक्रोव्स्कोये गाँव से तीस किलोमीटर दूर था। मुखिया काम-काज की स्थिति और घास की कटाई के बारे में विवरण लाया था। बहन की जागीर से मुख्यतः चरागाहों में पैदा होने वाली घास से आय प्राप्त होती थी। पहले के वर्षों में किसान एक हेक्टर के लिए बीस रूबल देकर घास काट ले जाते थे। लेविन ने जब इस जागीर का प्रबन्ध अपने हाथ में लिया, तो घास की भूमि का निरीक्षण करके इस नतीजे पर पहुँचा कि उनका अधिक मूल्य होना चाहिए और उसने एक हेक्टर घास के लिए पच्चीस रूबल कीमत निर्धारित कर दी। किसान यह कीमत देने को तैयार नहीं हुए और, जैसा कि लेविन को सन्देह था, दूसरों को भी इतनी कीमत देने से मना करते थे। तब लेविन खुद वहाँ गया और उसने कुछ हद तक नकद मजदूरी तथा शेष को बदले में घास देकर कटाई करवाने की व्यवस्था की। अब किसानों ने हर तरह से इस नयी तरकीब में बाधा डालने की कोशिश की, लेकिन यह तरीका कामयाब रहा और पहले ही साल चरागाहों से लगभग दुगुनी आमदनी हासिल हुई। इसके बाद वाले और पिछले साल भी किसानों का विरोध कायम रहा लेकिन घास की कटाई लेविन के तरीके से ही हुई। इस साल किसान तिहाई फसल लेने के आधार पर कटाई करने को राजी हो गये और मुखिया यह बताने आया था कि घास काटने का काम पूरा हो चुका है और उसने बारिश के डर से दफ्तर के मुंशी को बुलवा भेजा, उसकी हाजिरी में घास का बँटवारा कर दिया और मालिक के हिस्से के ग्यारह गट्ठे बँधवा दिये हैं। मुखिया से पूछे गये इस सवाल के ढुलमुल जवाब से कि मुख्य चरागाह से कुल कितनी घास हासिल हुई, जिस उतावली में उसने अनुमति के बिना घास का बँटवारा कर दिया था उससे तथा बातचीत के पूरे अन्दाज से लेविन समझ गया कि घास के बँटवारे के मामले में कुछ घोटाला है और इसलिए उसने मामले की जाँच करने के लिए खुद वहाँ जाने का फैसला किया।

दोपहर के खाने के वक्त गाँव में पहुँचकर और घोड़े को अपने एक मित्र, भाई की धाय के पति के यहाँ छोड़कर वह घास की फसल के बटोरे जाने के बारे में तफसीलें जानने के लिए मधु-मक्षिका पालन घर में बूढ़े के पास गया। बातूनी और सुन्दर बूढ़े पार्मोनोव ने लेविन का सहर्ष स्वागत किया, उसे अपना सारा काम-काज दिखाया और अपनी मधुमक्खियों के, इस वर्ष के छत्तों के बारे में ब्यौरेवार सब कुछ बताया। किन्तु घास की फसल के बारे में लेविन के प्रश्नों के ढुलमुल और अनिच्छा से उत्तर दिये। इससे लेविन के सन्देहों की और भी पुष्टि हो गयी। उसने चरागाह में जाकर टालें देखीं। हर टाल में पचास छकड़े भरने के गट्ठे नहीं हो सकते थे। किसानों की चालाकी पकड़ने के लिए लेविन ने फौरन घास ले जाने वाले छकड़ों को

लौटाने और एक टाल को खलिहान में ले जाने का आदेश दिया। टाल में से केवल बत्तीस छकड़े भरने के गट्ठे निकले। मुखिया के यह विश्वास दिलाने के बावजूद कि जब गट्ठे बाँधे गये थे, तो घास फूली-फूली थी तथा बाद में दब गयी है और यह कि सब कुछ दीन-ईमान से किया गया है, लेविन अपनी बात पर अड़ा रहा कि उसकी अनुमति के बिना घास का बँटवारा किया गया है और इसलिए वह हर टाल में पचास छकड़े भरने के गट्ठे मानने को तैयार नहीं है। काफी लम्बे बहस-मुबाहसे के बाद मामला यों तय हुआ कि किसान पचास छकड़े मानते हुए इन ग्यारह टालों को खुद ले लें और मालिक का हिस्सा नये सिरे से अलग कर दें। यह बातचीत और घास के बँटवारे का काम सारी दोपहर तक चलता रहा। जब घास का आखिर हिस्सा बँट गया, तो लेविन ने बाकी देखभाल का काम मुंशी को सौंपा और विल्लो की शाखा के निशानवाली घास की टाल पर बैठकर लोगों से भरे चरागाह को मुग्ध होकर देखने लगा।

लेविन के सामने दलदल के पीछे उस जगह, जहाँ नदी मुड़ती थी, रंग-बिरंगी पोशाकें पहने ऊँची और खुशी-भरी आवाजों में बोलती-बतियाती हुई देहाती औरतों की एक पाँत हिल-डुल रही थी और पीले-हरे डंठलों पर फैली हुई घास जल्दी-जल्दी भूरी और टेढ़ी-मेढ़ी कतारों में बदलती जाती थी। औरतों के पीछे-पीछे पाँचे लिये हुए मर्द आ रहे थे और घास की कतारें चौड़ी, ऊँची और फूली-फूली टालों का रूप लेती जा रही थीं। बाईं ओर के उस चरागाह में, जहाँ से घास उठायी जा चुकी थी, छकड़ों की खड़खड़ाहट सुनाई दे रही थी, बड़े-बड़े पाँचों से इनमें लादी जाने वाली घास की टालें एक के बाद एक गायब होती जा रही थीं और मधुर सुगन्धवाली घास के लदे छकड़ों का रूप लेती जाती थीं, जो घोड़ों के पुट्ठों पर टिके हुए थे।

"बस, मौसम अच्छो बनो रहे! चोखो चारो होवत!" लेविन की बगल में बैठते हुए बूढ़े ने कहा। "घास नहीं, चाय होत। तो कैसे काम करत मानो चूजे दाना खावत," घास की उठायी जाने वाली टालों की ओर संकेत करते हुए उसने कहा। "दुपहर के भोजन बाद से आधी घास लाद चुकत।"

"खराब होवे क्या?" उसने पुकारकर उस नौजवान से पूछा, जो छकड़े के अग्रभाग में खड़ा था और सन की लगामों के सिरों को हिलाता हुआ निकट से गुजर रहा था।

"हाँ, खत्म होवे, बापू!" नौजवान ने घोड़े को जरा रोककर ऊँची आवाज में जवाब दिया और मुस्कुराते हुए छकड़े में बैठी प्रफुल्ल, मुस्कुराती और लाल-लाल गालोंवाली देहाती औरत की तरफ देखा और छकड़े को आगे बढ़ा ले गया।

"यह कौन है? बेटा है क्या?" लेविन ने पूछा।

"सबसे छोटे," स्नेह-सिक्त मुस्कान के साथ बूढ़े ने जवाब दिया।

"कितना अच्छा लड़का है!"

"हाँ, अच्छा है।"

"शादी भी हो चुकी इसकी?"

"हाँ, सन्त फिलिप के दिन से तीसरा बरस शुरू होता है।"

"तो क्या बच्चे भी हैं?"

"कैसे बच्चे! साल-भर तो कुछ समझयो ही नहीं और फिर सरमात भी था," बूढ़े ने जवाब दिया। "अहा, कित्ती अच्छी घास है! बिल्कुल चाय जैसी!" बातचीत का सिलसिला बदलने के लिए उसने फिर से घास की प्रशंसा की।

लेविन ने इवान पार्मेनोव और उसकी बीवी को बहुत ध्यान से देखा। वे दोनों उसके करीब ही घास की लदाई कर रहे थे। इवान पार्मेनोव छकड़े में खड़ा हुआ घास के उन बड़े-बड़े ढेरों को लेता था, बराबर करता था और दबाता था, जो उसकी जवान और खूबसूरत बीवी शुरू में बाँहों में भर-भरकर और फिर पाँचे पर उठा-उठाकर दे रही थी। जवान औरत आसानी, खुशी और फुर्ती से काम कर रही थी। बड़ी-बड़ी और दबी हुई घास एकबारगी पाँचे पर नहीं उठ पाती थी। वह पहले तो पाँचा घुसेड़कर घास को ढीला करती, इसके बाद लोच और झटके से पाँचे पर अपने शरीर का पूरा बोझ डाल देती, फौरन ही लाल कमरबन्द से कसी हुई अपनी कमर को सीधी करती और सफेद लबादे के नीचे से अपने उरोजों का उभार दिखाकर बड़ी मुस्तैदी से पाँचे को ऊपर उठाती और फिर घास के ढेर को छकड़े की तरफ बढ़ा देती। इवान स्पष्टतः इस बात की कोशिश करते हुए कि बीवी को एक क्षण के लिए भी बेकार कष्ट न उठाना पड़े, बाँहें फैलाकर घास के ढेर को जल्दी से ले लेता और उसे छकड़े में फैलाकर बराबर कर देता। औरत ने जेली से घास का अन्तिम ढेर दिया, गर्दन पर लटकती घास को झाड़ा, गोरे, धूप में अभी तक नहीं सँवलाये माथे पर लाल रूमाल को ठीक किया और घास को रस्सी से बाँधने के लिए छकड़े के नीचे घुस गयी। इवान उसे सिखा रहा था कि यह काम कैसे करना चाहिए और बीवी द्वारा कहे गये कुछ शब्दों को सुनकर वह जोर से हँस पड़ा। दोनों के चेहरों के भावों में यौवन से मदमदाता, प्रबल और कुछ ही समय पहले पलक खोलने वाला प्यार झलक रहा था।

12

छकड़े पर लदी घास बाँध दी गयी थी। इवान कूदकर नीचे आ गया और बढ़िया तथा मोटे-ताजे घोड़े की लगाम थामकर चलने लगा। उसकी बीवी ने छकड़े पर लदी घास पर जेली फेंक दी और फुर्ती से डग भरती और हाथ हिलाती हुई चक्र में जमा औरतों की तरफ चल दी। सड़क पर पहुँचकर इवान ने छकड़ों की लम्बी पाँत में अपना छकड़ा भी लगा दिया। कन्धों पर जेली रखे, रंग-बिरंगी चटकीली पोशाकों की झलक दिखाती और खुशी भरी ऊँची आवाजों को गुंजाती हुई औरतें

छकड़ों के पीछे-पीछे चल रही थीं। एक खरखरे और अनसधे नारी-कंठ ने एक गाना शुरू किया और उसे दोहरायी जाने वाली स्थायी तक गा दिया तथा पचास मोटी और बारीक और जोरदार आवाजों ने उसे एक साथ ही मिल-जुलकर फिर से गाना शुरू कर दिया।

गाती हुई औरतें लेविन के करीब आती जा रही थीं और उसे ऐसा लगा मानो हँसी-खुशी की गड़गड़ाहट करती हुई एक काली घटा उसकी ओर बढ़ती आ रही है। यह घटा फिर आयी। उसे, जिस टाल पर वह लेटा हुआ था, तथा घास की दूसरी टालों और छकड़ों तथा दूरस्थ खेतों-मैदानों तक को उसने अपनी लपेट में ले लिया और सभी कुछ मानो सीटियों और तरह-तरह की आवाजों की गूँजवाले इस हँसी-खुशी से हुमकते उन्मत्त गाने की लय के साथ डोल और झूम रहा था। लेविन को इस तरह के स्वस्थ आनन्द-मंगल से ईर्ष्या हुई। उसने चाहा कि जीवन की इस खुशी की अभिव्यक्ति में भाग ले। किन्तु वह कुछ भी नहीं कर सकता था और लेटे रहकर देखने तथा सुनने के सिवाय उसके लिए कोई चारा नहीं था। जब गाते हुए ये साधारण लोग नजर से ओझल हो गये और उनकी आवाज भी लुप्त हो गयी, तो अपने एकाकीपन, अपनी शारीरिक काहिली और इस दुनिया के प्रति अपनी शत्रुता के कारण बेचैनी की बोझिल भावना ने उसे जकड़ लिया।

उन्हीं किसानों में से कुछ ने, जिन्होंने घास के लिए उसके साथ सबसे अधिक झगड़ा किया था, जिन्हें उसने नाराज किया था या जो उसे धोखा देना चाहते थे, उन्हीं किसानों ने प्रफुल्लता से सिर झुकाकर उसका अभिवादन किया और स्पष्टतः उन्हें उसके प्रति कोई गुस्सा-गिला नहीं था और न ही हो सकता था या उन्हें न केवल कोई पाश्चाताप ही नहीं, बल्कि इस बात की याद तक भी नहीं थी कि उन्होंने उसे धोखा देना चाहा था। यह सब कुछ साझे श्रम के सागर में डूब गया था। भगवान ने दिन दिया, भगवान ने ही शक्ति दी, दिन और शक्ति भी श्रम को समर्पित हैं और इसी में इनका पुरस्कार है। किन्तु श्रम किसके लिए? श्रम के क्या फल होंगे? उन्हें इन बातों से कोई सरोकार नहीं और इनका कोई महत्त्व नहीं।

लेविन ने अक्सर इस तरह के जीवन को मुग्ध होकर देखा था, इस तरह का जीवन बिताने वाले लोगों के प्रति उसे अक्सर ईर्ष्या हुई थी, किन्तु आज पहली बार, विशेषतः इवान पार्मेनोव के अपनी पत्नी के प्रति मधुर व्यवहार को देखकर मन पर पड़ी छाप के फलस्वरूप लेविन के हृदय में पहली बार यह स्पष्ट विचार आया कि अपने इतने बोझिल, काहिली से भरे और बनावटी व्यक्तिगत जीवन को इस तरह के श्रमपूर्ण, निर्मल तथा साझे श्रमवाले सुखद जीवन में बदलना खुद उसके अपने ही बस की बात है।

लेविन के पास बैठा हुआ बूढ़ा कभी का जा चुका था, किसान बिखर-बिखरा गये थे। करीब रहने वाले अपने घरों को चले गये थे और जो दूर रहते थे, वे रात

को खाना खाने और चरागाह में रात बिताने की तैयारी करने लगे। लेविन, जो लोगों को नजर नहीं आ रहा था, घास की टाल पर लेटा हुआ उन्हें देखता और उनकी आवाजों को सुनता तथा सोचता रहा। चरागाह में सोने के लिए रह जाने वाले किसान गर्मी की इस छोटी-सी रात में लगभग नहीं सोये। शुरू में तो भोजन के वक्त सभी की खुशी-भरी बातचीत और ठहाके गूँजते रहे तथा बाद में फिर गाने और हास-परिहास सुनाई देते रहे।

काम के पूरे लम्बे दिन ने हँसी-खुशी के अतिरिक्त उन पर अन्य कोई छाप नहीं छोड़ी थी। पौ फटने के पहले सब कुछ शान्त हो गया। सिर्फ रात की आवाजें–दलदलों में लगातार टरटराने वाले मेढकों का स्वर और सुबह होने के पहले चरागाह में छा जाने वाले कुहासे में घोड़ों की हिनहिनाहट ही सुनाई दे रही थी। आँख खुलने पर लेविन घास की टाल पर से उठा और तारों को देखते ही समझ गया कि रात गुजर चुकी है।

'तो मैं क्या करूँगा? कैसे करूँगा मैं यह?' उसने अपने-आपसे कहा। वह खुद अपने लिए उस विचार की अभिव्यक्ति ढूँढ़ रहा था, जो उसने इस छोटी-सी रात में सोचा और अनुभव किया था। उसने जो कुछ सोचा और अनुभव किया था, उसे तीन विभिन्न विचार-शृंखलाओं में विभाजित किया जा सकता था। पहली, पुरानी जिन्दगी, अपने अनुपयोगी ज्ञान और उस शिक्षा से इनकार करना था, जिसकी किसी को आवश्यकता नहीं थी। ऐसा करने से उसे आनन्द की अनुभूति होती थी और यह उसके लिए बहुत आसान तथा सीधी-सादी बात थी। दूसरे विचारों और कल्पनाओं का सम्बन्ध उस जीवन से था, जो वह अब बिताना चाहता था। इस जीवन की सादगी, निर्मलता और औचित्य को वह स्पष्ट रूप से अनुभव करता था और उसे विश्वास था कि उस जीवन में उसे वह सन्तोष, चैन और गरिमा प्राप्त हो जायेगी, जिनकी अनुपस्थिति को वह दुःखी मन से अनुभव करता था। तीसरी विचार-शृंखला का सम्बन्ध इस प्रश्न से था कि इस पुराने जीवन से नये की ओर संक्रमण कैसे किया जाये। इस प्रश्न के जवाब में उसे कुछ भी स्पष्ट दिखाई नहीं दे रहा था। 'बीवी ले आऊँ? कोई काम करूँ और काम करने की आवश्यकता अनुभव करूँ? पोत्रोव्स्कोये को छोड़ दूँ? भूमि खरीद लूँ? किसान-कम्यून में शामिल हो जाऊँ? किसी किसान औरत से शादी कर लूँ? कैसे बदलूँ मैं अपनी इस जिन्दगी को?' उसने फिर अपने से यह पूछा और उसे कोई जवाब नहीं मिला। 'वैसे मैं रात-भर नहीं सोया और कुछ भी तो स्पष्ट कल्पना नहीं कर सकता,' उसने अपने-आपसे कहा। 'मैं बाद में इसे स्पष्ट करूँगा। एक बात तय है कि आज की रात ने मेरे भाग्य का निर्णय कर दिया। पारिवारिक जीवन के बारे में मेरे पहले के सभी सपने बकवास हैं, अवास्तविक हैं,' उसने अपने-आपसे कहा। 'यह सब कुछ बहुत सीधा-सादा और कहीं बेहतर है...'

'कितना सुन्दर दृश्य है यह!' लेविन ने आकाश के बीच अपने सिर के ऊपर

दूधिया और नर्म बादलों से बनी अजीब-सी सीपी को देखते हुए मन-ही-मन सोचा। 'इस अद्भुत रात में सब कुछ कितना अद्भुत है! और बादलों की यह सीपी कब बन गयी? कुछ ही देर पहले मैंने आकाश पर नजर डाली थी और वहाँ कुछ भी नहीं था—सिर्फ दो सफेद धारियाँ थीं। हाँ, जीवन के बारे में मेरा दृष्टिकोण भी ऐसे अनजाने ही बदल गया है!'

लेविन चरागाह से निकला और बड़े रास्ते से गाँव की तरफ चल दिया। कुछ हवा चल पड़ी थी और सब कुछ धुँधला तथा उदास-सा हो गया था। पौ फटने, अँधेरे पर प्रकाश की पूर्ण विजय के पहले आमतौर पर छाने वाले झुटपुटे का क्षण आ गया था।

ठंड से सिकुड़ता लेविन धरती की ओर देखता हुआ जल्दी-जल्दी कदम बढ़ा रहा था। 'यह क्या है? बग्घी में कोई आ रहा है?' घंटियों की आवाज सुनकर उसने सोचा और सिर ऊपर उठाया। जिस रास्ते पर वह जा रहा था, उसी बड़े, घासवाले रास्ते पर उससे चालीस कदमों की दूरी पर चार घोड़ों की बग्घी आ रही थी, जिसके ऊपर सामान रखा था। बगलवाले घोड़े पहियों की लीकों से बमों की ओर हटते थे, मगर बक्स पर टेढ़ा बैठा हुआ होशियार कोचवान बम को लीक की सीध में रखता था और इस तरह पहिये समतल भाग पर ही दौड़ते थे।

लेविन ने केवल यही देखा और यह सोचे बिना ही कि बग्घी में कौन हो सकता है, बेखयाली से बग्घी के भीतर नजर दौड़ायी।

बग्घी के कोने में एक बुढ़िया ऊँघ रही थी और खिड़की के करीब सम्भवतः अभी-अभी जागने वाली एक जवान लड़की अपनी सफेद टोपी के फीतों को दोनों हाथों में थामे बैठी थी। उल्लसित और चिन्तनशील, सुन्दर और जटिल आन्तरिक जीवन से परिपूर्ण, जिससे लेविन अपरिचित था, वह उससे दूर, उषा की लालिमा की ओर देख रही थी।

जब यह दृश्य लुप्त हो रहा था, उसी क्षण दो निश्छल आँखों ने उसकी तरफ देखा। लड़की ने लेविन को पहचान लिया और आश्चर्यपूर्ण प्रसन्नता से उसका चेहरा खिल उठा।

लेविन से भूल नहीं हो सकती थी। दुनिया में ऐसी और आँखें तो थीं ही नहीं। दुनिया में केवल वही एक लड़की थी, जो उसके लिए जीवन का सारा प्रकाश और अर्थ संकेन्द्रित कर सकती थी। यह वही थी। यह कीटी ही थी। लेविन समझ गया कि वह स्टेशन से येर्गूशोवो जा रही है। वे सभी चीजें, जो इस उनींदी रात में लेविन को परेशान करती रही थीं, वे सभी निर्णय, जो उसने किये थे, अचानक गायब हो गये। किसी किसान औरत के साथ शादी करने की बात को उसने नफरत से याद किया। केवल वही, तेजी से दूर जाती और सड़क के दूसरी ओर पहुँच जाने वाली इस बग्घी में, केवल वहीं पिछले कुछ अर्से से उसके लिए इतने यातनाप्रद ढंग से

बोझिल बनी हुई जीवन की पहेली का हल था।

कीटी ने फिर बग्घी से बाहर नहीं झाँका। बग्घी के स्प्रिंगों की आवाज अब सुनाई नहीं देती थी, घंटियों की टनटनाहट तनिक सुनाई पड़ रही थी। कुत्तों की भूँक ने स्पष्ट कर दिया कि बग्घी गाँव में पहुँच गयी थी, और इर्द-गिर्द खाली खेत, सामने गाँव तथा वह खुद एकाकी तथा सभी कुछ से बेगाना बड़े मार्ग पर फेंका हुआ-सा अकेला चला जा रहा है।

लेविन ने वह बादल-सीपी देख पाने की आशा से आकाश को ताका, जिसे उसने कुछ क्षण पहले मुग्ध होकर देखा था और जो उसके लिए उस रात के सभी विचारों और भावना-क्रम का प्रतीक बन गयी थी। अब आकाश में सीपी जैसा कुछ भी नहीं था। वहाँ, पहुँच से बाहर की ऊँचाई पर रहस्यपूर्ण परिवर्तन हो चुका था। बादल-सीपी का तो चिह्न तक बाकी नहीं रहा था और आधे आकाश में अधिकाधिक छोटे होते जाते फूले-फूले बादलों का समतल कालीन-सा फैला हुआ था। आकाश नीला हो चुका था और चमक रहा था तथा उसी कोमलता और उसी पहुँच से बाहर की दूरी से उसकी प्रश्नसूचक दृष्टि का उत्तर दे रहा था।

"नहीं," उसने अपने-आपसे कहा, "सादगी और मेहनत की यह जिन्दगी चाहे कितनी ही अच्छी क्यों न हो, मैं उसकी तरफ नहीं लौट सकता। मैं 'उसे' प्यार करता हूँ।"

13

अलेक्सेई अलेक्सान्द्रोविच करेनिन के अत्यधिक घनिष्ठ लोगों के सिवाय कोई भी यह नहीं जानता था कि इस बहुत कठोर और तर्कशील व्यक्ति के चरित्र की सामान्य संरचना से बिल्कुल मेल न खाने वाली एक दुर्बलता भी उसमें थी। करेनिन किसी बच्चे या नारी का रोना देख-सुन नहीं सकता था। आँसू देखकर वह परेशान हो उठता था और उसकी सोचने-समझने की पूरी क्षमता जाती रहती थी। उसके दफ्तर का संचालक और सेक्रेटरी भी यह जानता था और इसलिए वे प्रार्थी नारियों को पहले से ही चेतावनी दे देते थे कि अगर वे अपना मामला बिगाड़ना नहीं चाहतीं, तो रोयें नहीं। "वह झल्ला उठेंगे और आपकी बात नहीं सुनेंगे," वे कहते। वास्तव में ही आँसू देखकर करेनिन को जो मानसिक परेशानी होती थी, वह फौरन गुस्से का रूप ले लेती थी। "मैं कुछ भी, कुछ भी नहीं कर सकता। कृपया जाइये यहाँ से!" ऐसी स्थितियों में वह सामान्यतः चिल्ला उठता।

घुड़दौड़ों से लौटते समय आन्ना ने जब उससे व्रोन्स्की के साथ अपने सम्बन्धों की घोषणा की और इसके बाद हाथों से मुँह ढाँपकर रो पड़ी, तो करेनिन ने आन्ना के प्रति उत्पन्न होने वाले क्रोध के बावजूद वह मानसिक बेचैनी भी अनुभव की, जो आँसुओं के कारण उसे हमेशा महसूस होती थी। यह जानते और समझते हुए

भी कि इस समय अपनी भावनाओं को अभिव्यक्ति देना परिस्थिति के अनुरूप नहीं होगा, उसने अपने भीतर जीवन के हर लक्षण को दबाने-छिपाने की कोशिश की और उसकी तरफ नहीं देखा। इसी कारण उसके चेहरे पर मुर्दे जैसा वह अजीब भाव झलक उठा था जिससे आन्ना स्तम्भित-सी रह गयी थी।

घर के सामने पहुँचने पर करेनिन ने आन्ना को सहारा देकर बग्घी से नीचे उतारा, अपनी भावनाओं को किसी तरह वश में करके सदा की-सी शिष्टता दिखाते हुए उससे विदा ली और वे शब्द कहे, जो उसे किसी भी चीज के लिए बाध्य नहीं करते थे। उसने कहा कि वह अगले दिन उसे अपने निर्णय की सूचना दे देगा।

करेनिन के बुरे-से-बुरे सन्देहों की पुष्टि करने वाले पत्नी के शब्दों से उसका हृदय बुरी तरह टीस उठा। आन्ना के आँसुओं से उसे उसके शारीरिक दया-भाव की जो अजीब-सी अनुभूति हुई, उससे यह पीड़ा और भी तीखी हो गयी। किन्तु बग्घी में अकेले रह जाने पर करेनिन ने हैरानी और खुशी के साथ यह महसूस किया कि उसे इस दया भाव और उन सन्देहों तथा ईर्ष्या की उन यातनाओं से मुक्ति मिल गयी है, जो पिछले कुछ अर्से से उसे बुरी तरह परेशान करती रही थीं।

उसे उस व्यक्ति के समान ही अनुभूति हुई, जिसने अपना दुखता हुआ दाँत निकलवा दिया हो। भयानक दर्द और किसी बहुत बड़ी चीज, सिर से भी बड़ी चीज के जबड़े में से निकाल दिये जाने की अनुभूति के बाद रोगी अभी अपने सौभाग्य पर विश्वास न करते हुए अचानक यह महसूस करता है कि अब वह नहीं रहा, जो इतने समय तक उसके जीवन में विष घोलता रहा, पूरी तरह अपनी ओर ध्यान आकर्षित करता रहा, कि वह अब फिर से जीवित रह सकता है, केवल अपने दाँत के अलावा और चीजों के बारे में सोच और उनमें दिलचस्पी ले सकता है। करेनिन को ऐसी ही अनुभूति हुई। दर्द अजीब और भयानक था, मगर अब वह जाता रहा था। यह अनुभव कर रहा था कि अब फिर से केवल पत्नी के बारे में सोचे बिना जिन्दा रह सकता है।

'मानहीन, हृदयहीन, धर्महीन, चरित्रहीन नारी। मैं सदा यह जानता था और सदा देखता था, यद्यपि उस पर दया करते हुए अपने को धोखा देने का प्रयास करता था,' उसने अपने-आपसे कहा। उसे सचमुच ही ऐसा लगा कि वह हमेशा वह देखता रहा है। वह उन दोनों के बीते जीवन की उन तफसीलों को याद करने लगा, जो पहले उसे किसी तरह बुरी नहीं लगी थीं, मगर अब वही तफसीलें स्पष्ट रूप से यह जाहिर करती थीं कि वह हमेशा बदचलन औरत रही थी। 'अपने जीवन को उसके साथ जोड़कर मैंने भूल की है, लेकिन मेरी भूल में कुछ भी निन्दनीय नहीं है और इसलिए मैं दुःखी नहीं हो सकता। मैं दोषी नहीं हूँ,' उसने अपने-आपसे कहा, 'बल्कि वह है। लेकिन मुझे क्या मतलब है उससे! मेरे लिए अब उसका कोई अस्तित्व नहीं रहा...'

आन्ना और बेटे के साथ, जिसके प्रति पत्नी की तरह उसका रवैया बदल गया था, जो कुछ बीतेगी उसे उसमें दिलचस्पी नहीं रही। उसे अब केवल इसी चीज में दिलचस्पी थी कि कैसे सबसे अच्छे, शिष्टतम और अपने लिए अधिकतम सुविधाजनक और इस तरह न्यायसंगत ढंग से वह कीचड़ साफ कर दे, जो उसकी बीवी ने अपने पतन द्वारा उस पर पोत दिया था तथा अपने क्रियाशील, निष्कपट और उपयोगी जीवन के पथ पर चलता रहे।

'मैं इस कारण दुःखी नहीं हो सकता कि उस घृणित नारी ने अपराध किया है। मुझे तो केवल उस विकट स्थिति से निकलने का रास्ता ढूँढ़ना है, जिसमें उसने मुझे डाल दिया है। और मैं वह रास्ता ढूँढ़ लूँगा,' उसने अधिकाधिक नाक-भौंह सिकोड़ते हुए अपने-आपसे कहा। 'मैं न तो पहला और न अन्तिम हूँ।' और मेनेलास से आरम्भ करके, जो 'सुन्दर हेलेन' के कारण सभी की याद में फिर से ताजा हो गया था, उसे अनेक ऐतिहासिक नाम ही नहीं, बल्कि आधुनिक ऊँचे समाज में पतियों के साथ पत्नियों की बेवफाई की अनेक घटनायें याद आ गयीं। 'दार्यालोव, पोल्तावस्की, प्रिन्स कारीबानोव, काउंट पास्कूदिन, द्राम... हाँ, द्राम भी... इतना ईमानदार और कामकाजी आदमी... सेम्योनोव, चागिन, सिगोनिन,' करेनिन को ये नाम याद आये। 'माना जा सकता है कि कुछ हद तक ये अनुचित ridicule[1] के पात्र बनते हैं, लेकिन मुझे इसमें दुर्भाग्य के सिवाय कभी और कुछ दिखाई नहीं दिया तथा हमेशा ही मैंने उनके प्रति सहानुभूति अनुभव की है,' करेनिन ने अपने-आपसे कहा, यद्यपि यह सच नहीं था और इस तरह के दुर्भाग्य के प्रति उसने कभी सहानुभूति अनुभव नहीं की थी तथा अपने पतियों के साथ बेवफाई करने वाली पत्नियों के जितने अधिक उदाहरण उसके सामने आये थे, स्वयं अपनी दृष्टि में उसका उतना ही अधिक मूल्य बढ़ जाता था। 'यह वह दुर्भाग्य है, जिसका कोई भी आदमी शिकार हो सकता है। और अब इस दुर्भाग्य ने मुझे आ दबोचा है। अब तो मुख्य बात यही है कि कैसे अधिक-से-अधिक अच्छे ढंग से इस स्थिति का सामना किया जाये।' और उसने अपनी जैसी स्थिति में पड़े लोगों की गतिविधि की तफसीलों पर विचार करना शुरू किया।

'दार्यालोव ने द्वन्द्व-युद्ध किया था...'

किशोरावस्था में द्वन्द्व-युद्ध का विचार करेनिन को खासतौर पर इसलिए आकृष्ट करता रहा था कि वह स्वभाव से दब्बू आदमी था और इस बात को अच्छी तरह जानता था, करेनिन अपनी ओर तनी हुई पिस्तौल की कल्पना करके काँप उठता था और उसने अपने जीवन में कभी किसी हथियार का इस्तेमाल नहीं किया था। इस भय से जवानी के दिनों में उसे अक्सर द्वन्द्व-युद्ध के बारे में सोचने और इस स्थिति की कल्पना करने के लिए बाध्य किया, जिसमें उसे अपने जीवन को खतरे

1. उपहास। (फ्रांसीसी)

के सामने करना होगा। जिन्दगी में कामयाबी पाने और मजबूत स्थिति बना लेने के बाद वह कभी का इस भावना को भूल चुका था। मगर इस पुरानी आदत ने अपना रंग दिखाया और अपनी कायरता का भय इतना प्रबल सिद्ध हुआ कि उसने द्वन्द्व-युद्ध पर सभी पहलुओं से देर तक सोचा और मन-ही-मन इस विचार से खिलवाड़ किया, यद्यपि वह पहले से ही यह जानता था कि किसी भी हालत में द्वन्द्व-युद्ध नहीं करेगा।

'निस्सन्देह हमारा समाज अभी इतना असभ्य है (इंग्लैंड जैसी बात तो नहीं) कि बहुत-से लोग'–और इन लोगों में वे भी शामिल थे, जिनके मत को करेनिन महत्त्व देता था–'द्वन्द्व-युद्ध को अच्छा मानते हैं, मगर इसका नतीजा क्या निकलेगा? मान लें, मैं उसे द्वन्द्व-युद्ध के लिए चुनौती देता हूँ,' करेनिन ने मन-ही-मन सोचना जारी रखा और चुनौती के बाद की रात और अपनी ओर तनी हुई पिस्तौल की सजीव कल्पना करके सिहर उठा और समझ गया कि वह कभी ऐसा नहीं करेगा–'मान लें, मैं उसे द्वन्द्व-युद्ध के लिए ललकार लेता हूँ। मान लें, मुझे पिस्तौल चलाना सिखा दिया जाता है,' वह सोचता गया, 'मुझे ढंग से खड़ा कर दिया जाता है, मैं घोड़ा दबा देता हूँ,'–उसने आँखें मूँदकर अपने-आपसे कहा– 'और पता चलता है कि मैंने उसकी हत्या कर डाली,' करेनिन ने अपने-आपसे कहा और इन बेहूदा विचारों को दूर भगाने के लिए सिर झटका। 'अपराधिन पत्नी और बेटे के साथ अपने सम्बन्धों का निपटारा करने के लिए किसी आदमी की हत्या करने में क्या तुक है? फिर भी मुझे यह तो तय करना ही होगा कि बीवी के साथ क्या व्यवहार करूँ? लेकिन इससे भी ज्यादा जिस बात की सम्भावना है और जो निस्सन्देह ही जो जायेगा, वह यह है कि मैं मारा जाऊँगा या घायल हो जाऊँगा। मैं तो बेकसूर आदमी हूँ, बलि का बकरा हूँ, मारा जाऊँगा या घायल हो जाऊँगा। यह तो और भी ज्यादा बेतुकी बात है। लेकिन इतना ही नहीं, मेरी ओर से उसे द्वन्द्व-युद्ध की चुनौती देना ईमानदारी का काम नहीं होगा। क्या मैं पहले से ही यह नहीं जानता हूँ कि मेरे दोस्त मेरे लिए द्वन्द्व-युद्ध की नौबत नहीं आने देंगे–कभी ऐसा नहीं होने देंगे कि राजकीय कार्यकर्ता, रूस के लिए महत्त्व रखने वाले व्यक्ति का जीवन खतरे में पड़े? तो इसका क्या नतीजा होगा? नतीजा यह होगा कि मैंने पहले से ही यह जानते हुए कि मामला कभी भी खतरे की हद तक नहीं पहुँच सकेगा, उसे चुनौती देकर अपनी थोड़ी झूठी शान दिखानी चाही है। यह बेईमानी, यह ढोंग, अपने को और दूसरों को धोखा देना होगा। द्वन्द्व-युद्ध की बात नहीं सोची जा सकती और कोई भी मुझसे इसकी आशा नहीं करता। मेरा लक्ष्य तो यह है कि अपने सम्मान की रक्षा करूँ, ताकि किसी तरह की बाधा के बिना अपने कार्य-कलाप को जारी रख सकूँ।' करेनिन के लिए सरकारी काम पहले भी बहुत ज्यादा माने रखता था और अब तो उसे वह विशेष रूप से महत्त्वपूर्ण प्रतीत होने लगा।

द्वन्द्व-युद्ध पर सोच-विचार और उससे इनकार करने के बाद करेनिन ने तलाक के बारे में सोचना शुरू किया। यह वह दूसरा उपाय था, जिसका उन पतियों ने, जो उसे याद थे, उपयोग किया था। तलाक की सभी घटनाओं को (जिनकी उसके सुपरिचित समाज में बहुत अधिक संख्या थी) मन-ही-मन याद करते हुए करेनिन को एक भी ऐसी घटना याद नहीं आयी, जिसका उद्देश्य वही हो, जो उसका था। इन सभी घटनाओं में पति ने या तो बेवफा बीवी को त्याग दिया या बेच डाला था, और वही पक्ष, जो अपराधी होने के कारण विवाह करने का अधिकार नहीं रखता था, किसी नये साथी के साथ जाली, झूठे कानूनी दाम्पत्य-सम्बन्ध स्थापित कर लेता था। करेनिन ने अपने मामले में यह देखा कि कानूनी यानी ऐसा तलाक देना मुमकिन नहीं, जिसके अनुसार केवल अपराधी पत्नी से ही इनकार किया जा सके। वह समझता था कि जीवन की जिन जटिल परिस्थितियों से घिरा हुआ था, वे इन भोंड़े प्रमाणों की सम्भावनाएँ नहीं देती थीं, पत्नी के अपराध का भंडाफोड़ करने के लिए कानून माँग करता था। वह जानता था कि ऐसे जीवन का स्वीकृत शिष्टाचार इस तरह के प्रमाणों का, यदि वे उपलब्ध भी होते, उपयोग नहीं करने देगा, कि ऐसे प्रमाणों का उपयोग पत्नी की तुलना में उसे ही समाज की नजरों में कहीं अधिक नीचे गिरा देगा।

तलाक की कोशिश से सिर्फ जग-हँसाई का ही मौका पैदा होगा, जिसका उसके दुश्मन उसकी बदनामी करने और समाज में उसके ऊँचे दर्जे पर बट्टा लगाने के लिए इस्तेमाल करेंगे। उसका मुख्य उद्देश्य यानी कम-से-कम परेशानी से मामले को निपटाने का उद्देश्य तलाक से भी पूरा नहीं होता था। इसके अलावा, तलाक लेने की सूरत में, यहाँ तक कि तलाक की कोशिश करने पर भी यह स्पष्ट हो जाता था कि पति के साथ पत्नी के सम्बन्ध टूट जाते हैं और वह प्रेमी के साथ अपने सम्बन्ध जोड़ने को स्वतन्त्र है। किन्तु पत्नी के प्रति तिरस्कारपूर्ण उदासीनता के बावजूद, जैसा कि अब उसे लगता था, करेनिन के दिल की गहराई में यह एक इच्छा जरूर रह गयी थी कि व्रोन्स्की के साथ उसका अबाध ढंग से नाता न जुड़ सके कि उसका अपराध उसके लिए वरदान न बन सके। करेनिन को इस एक विचार से इतनी झल्लाहट अनुभव हुई कि वह इसकी कल्पना करके ही आन्तरिक पीड़ा से तिलमिला उठा, उसने उठकर बग्घी में अपनी जगह बदली और इसके बहुत देर बाद नाक-भौंह सिकोड़े हुए अपनी हड़ीली तथा ठिठुरी टाँगों को रोयेंदार कम्बल में लपेटता रहा।

'कानूनी ढंग से तलाक लेने के अलावा एक और भी तरीका है—वही किया जाये, जो कारीबानोव, पास्कूदिन और भले द्राम ने किया था, यानी पत्नी से अलग हो जाया जाये,' शान्त हो जाने पर उसने फिर से सोचना जारी रखा। किन्तु यह उपाय भी तलाक की तरह ही बदनामी की परेशानी पैदा करता था और फिर सबसे बड़ी

बात तो यह थी कि औपचारिक तलाक की भाँति यह उपाय भी पत्नी को व्रोन्स्की की बाँहों में डाल देता था। 'नहीं, यह सम्भव नहीं, यह सम्भव नहीं!' फिर से कम्बल को लपेटते हुए वह ऊँचे-ऊँचे कह उठा, 'मुझे दुःखी नहीं होना चाहिए, लेकिन आन्ना और व्रोन्स्की को भी सुखी नहीं होना चाहिए।'

मामले के साफ होने तक शक और ईर्ष्या की जो भावना उसे यातना देती रही थी, उसी क्षण खत्म हो गयी थी, जब पत्नी द्वारा कहे गये शब्दों के फलस्वरूप दर्द के साथ दाँत निकल गया था। किन्तु एक दूसरी भावना ने इसकी जगह ले ली थी–उसके दिल में यह इच्छा पैदा हो गयी थी कि पत्नी को न केवल विजय ही न प्राप्त हो, बल्कि अपने अपराध के लिए उसे दंड भी मिले। वह इस भावना को स्वीकार नहीं करता था, किन्तु अपने मन की गहराई में यह चाहता जरूर था कि उसका चैन और प्रतिष्ठा नष्ट करने के लिए उसे कुछ दुःख अवश्य उठाना पड़े। फिर से द्वन्द्व, तलाक और अलग हो जाने की स्थितियों पर विचार करने और फिर से उन्हें ठुकराने के बाद करेनिन को इस बात का यकीन हो गया कि उसके लिए सिर्फ एक ही रास्ता है–जो कुछ हुआ है, उसे समाज से गुप्त रखते हुए पत्नी को अपने से अलग न होने दे और उनके मिलने-जुलने की सम्भावना तथा मुख्यतः–जिसे वह अपने सम्मुख भी स्वीकार करने को तैयार नहीं था–उसे दंड देने के लिए सभी सम्भव उपाय करे। 'मुझे अपना यह निर्णय उसे सूचित कर देना चाहिए कि उस सारी कठिन परिस्थिति पर विचार करने के बाद, जिसमें उसने परिवार को डाल दिया है, बाहरी status quo[1] के अलावा सभी रास्ते दोनों पक्षों के लिए कहीं अधिक बुरे होंगे और मैं ऐसा करने को राजी हूँ, बशर्ते वह मेरी इच्छा का कड़ाई से पालन करे, यानी प्रेमी के साथ अपने सम्बन्ध समाप्त कर दे।' करेनिन ने जब यह निर्णय स्वीकार कर लिया था, तो इसके समर्थन में एक अन्य जोरदार तर्क उसके दिमाग में आया। 'ऐसा निर्णय करके मैं धर्म के अनुसार भी काम कर रहा हूँ,' उसने अपने-आपसे कहा, 'केवल ऐसा निर्णय करके ही मैं न केवल अपराधिनी पत्नी से इनकार नहीं कर रहा हूँ, बल्कि उसे सुधार की सम्भावना भी दे रहा हूँ तथा इतना ही नहीं– मेरे लिए यह चाहे कितना ही कष्टप्रद क्यों न हो–उसके सुधार और उत्थान के लिए अपनी कुछ शक्ति भी समर्पित कर रहा हूँ।' करेनिन यद्यपि यह जानता था कि अपनी पत्नी पर वह नैतिक प्रभाव नहीं डाल सकता, कि सुधार की ऐसी सभी कोशिशों का झूठ और कपट के सिवाय कोई नतीजा नहीं निकलेगा, यद्यपि दुःख के इन क्षणों को सहन करते हुए धर्म का निर्देशन पाने की बात एक बार भी उसके दिमाग में नहीं आयी थी, फिर भी अब उसका यह निर्णय, जैसा कि उसे लगा, धर्म के तकाजों के अनुरूप था, तो इस धार्मिक पुष्टि ने उसे पूरा सन्तोष और कुछ हद तक चैन भी प्रदान किया। उसे यह सोचकर खुशी हुई

1. स्थिति को ज्यों-का-त्यों बनाये रखना। (लैटिन)

कि जीवन के ऐसे महत्त्वपूर्ण मामले में कोई यह नहीं कह सकेगा कि उसने उस धर्म के नियमों के अनुसार आचरण नहीं किया, जिसका सामान्य उदासीनता और उत्साहहीनता की स्थिति में भी उसने हमेशा झंडा ऊँचा रखा है। इस मामले की और अधिक तफसीलों पर विचार करते हुए करेनिन को ऐसी कोई बाधा सामने दिखाई नहीं दी कि पत्नी के साथ उसके सम्बन्ध लगभग पहले जैसे ही क्यों नहीं रह सकते। इसमें कोई शक नहीं कि उसके प्रति अपना आदर भाव तो वह कभी नहीं लौटा सकेगा, किन्तु इसके लिए न तो ऐसे कारण थे और न हो ही सकते थे कि वह अपनी जिन्दगी को बर्बाद करे और इसलिए दुःख सहे कि वह बुरी और बेवफा बीवी थी। 'हाँ, वक्त बीतेगा, सब कुछ ठीक-ठाक कर देने वाला वक्त बीतेगा, और पहले जैसे सम्बन्ध बहाल हो जायेंगे,' करेनिन ने अपने-आपसे कहा, 'यानी उस हद तक बहाल हो जायेंगे कि मैं अपनी जिन्दगी में अशान्ति अनुभव नहीं करूँगा। वह दुःखी होगी, लेकिन मैं दोषी नहीं हूँ और इसलिए मैं दुःखी नहीं हो सकता।'

14

पीटर्सबर्ग पहुँचने तक करेनिन ने इस निर्णय को न केवल पूरी तरह मान लिया, बल्कि अपने दिमाग में वह खत भी तैयार कर लिया, जो वह अपनी बीवी को लिखेगा। दरबान के कमरे में जाकर करेनिन के पत्रों और मन्त्रालय से लाये गये कागजों पर नजर डाली और उन्हें अपने अध्ययन-कक्ष में लाने का आदेश दिया।

"घोड़े खोल दिये जायें और मैं अब किसी से भी नहीं मिलूँगा," अन्तिम शब्दों पर जोर देते हुए दरबान के सवाल के जवाब में कुछ खुशी के साथ, जो इस बात का लक्षण थी कि उसका मूड़ अच्छा है, उसने कहा।

करेनिन ने अपने अध्ययन-कक्ष के दो चक्कर लगाये, लिखने की बहुत बड़ी मेज के सामने रुका, जिस पर उसके यहाँ आने के पहले ही नौकर ने छः मोमबत्तियाँ जला दी थीं, उसने अपनी उँगलियाँ चटकायीं और बैठकर लिखने का सामान व्यवस्थित करने लगा। मेज पर कोहनियाँ टिकाकर उसने एक ओर को सिर झुकाते हुए क्षण-भर को कुछ सोचा और फिर एक पल भी रुके बिना लिखने लगा। वह उसे सम्बोधित किये बिना फ्रांसीसी भाषा में 'आप' सर्वनाम का उपयोग करते हुए, जो रूसी भाषा के 'आप' जैसी रुखाई से मुक्त है, पत्र लिख रहा था।

'हमारी अन्तिम बातचीत के समय मैंने उसी बातचीत से सम्बन्धित एक विषय पर अपने निर्णय की सूचना देने का इरादा जाहिर किया था। सभी चीजों पर बहुत ध्यान से विचार करके मैं अपना वह वचन पूरा करने के उद्देश्य से अब यह पत्र लिख रहा हूँ। मेरा निर्णय यह है—आपकी हरकतें चाहे कैसी भी क्यों न हों, मैं अपने को उन बन्धनों को तोड़ने का अधिकारी नहीं मानता हूँ, जिनमें उच्च शक्ति ने हमें बाँधा है। दम्पति में से किसी एक की सनक, मनमर्जी या अपराध तक से

परिवार को तोड़ा नहीं जा सकता और हमारा जीवन पहले की तरह ही चलता जाना चाहिए। ऐसा मेरे लिए, आपके लिए और हमारे बेटे के लिए जरूरी है। मुझे पूरा विश्वास है कि आप इस चीज के लिए पश्चाताप कर चुकी हैं और यह कि आप हमारे मनमुटाव के कारण को जड़ से खत्म करने तथा अतीत को भूल जाने के लिए मेरे साथ सहयोग करेंगी। ऐसा न करने पर आप स्वयं ही उसकी कल्पना कर सकती हैं, जो आप तथा आपके बेटे के साथ बीतने वाला है। व्यक्तिगत रूप से भेंट होने पर इन सब बातों के बारे में अधिक विस्तार से बातचीत करने की आशा रखता हूँ। चूँकि देहात के बँगले में रहने का समय खत्म हो रहा है, इसलिए मैं आपसे जितनी भी जल्दी हो सके, मंगलवार तक तो अवश्य ही पीटर्सबर्ग आने का अनुरोध करता हूँ। आपके यहाँ आने से सम्बन्धित सब प्रबन्ध कर दिये जायेंगे। इस बात की ओर ध्यान देने का अनुरोध करता हूँ कि अपने इस अनुरोध की पूर्ति को में विशेष महत्त्व देता हूँ।

अ. करेनिन

पुनश्च–इस पत्र के साथ कुछ रकम भी भेज रहा हूँ, जिसकी आपको अपने खर्चों के लिए जरूरत हो सकती है।'

पत्र को फिर से पढ़कर वह खुश हुआ, खासतौर पर इसलिए कि उसे रुपये भेजने का भी ध्यान आ गया था। पत्र में न तो कोई कठोर शब्द था, न किसी तरह की भर्त्सना और न नम्रता ही थी। मुख्य बात तो यह थी–लौटने के लिए सुनहरा पुल उपस्थित था। पत्र को तह करने और हाथी दाँत की बड़ी तथा भारी कागज-काट छुरी से उसे बराबर करने तथा रुपयों के साथ उसे लिफाफे में डालने के बाद उसने उस खुशी को महसूस करते हुए, जो उसकी ढंग से व्यवस्थित लेखन-सामग्री उसे हमेशा प्रदान करती थी, घंटी बजायी।

"हरकारे को देकर कहना कि कल देहात के बँगले पर अन्ना अर्काद्येव्ना को पहुँचा दे," उसने कहा और उठकर खड़ा हो गया।

"जो हुक्म, हुजूर। चाय यहीं लाने की आज्ञा देंगे?"

करेनिन ने अध्ययन-कक्ष में ही चाय लाने का आदेश दिया और हाथी दाँत की बड़ी सारी छुरी से खिलवाड़ करता हुआ उस आरामकुर्सी की तरफ चल दिया, जिसके करीब लैम्प और युगूवाइन उत्कीर्णन-लेखों के बारे में फ्रांसीसी भाषा में वह पुस्तक रखी हुई थी, जिसे वह पढ़ना आरम्भ कर चुका था। आरामकुर्सी के ऊपर एक विख्यात चित्रकार द्वारा बनाया गया तथा अंडाकार सुनहरे चौखटे में जड़ा आन्ना का बहुत ही बढ़िया छविचित्र टँगा हुआ था। करेनिन ने उसकी तरफ देखा। अभेद्य नजरें मजाक उड़ाती-सी और धृष्टता के साथ उसकी तरफ वैसे ही देख रही थीं, जैसे उस अन्तिम शाम को, जब उनके बीच बातचीत हुई थी। करेनिन को चित्रकार द्वारा आन्ना के सिर पर बहुत अच्छे ढंग से बनायी गयी काली लेस, काले बाल और

अँगुठियों से ढकी हुई अनामिका सहित गोरा और बहुत सुन्दर हाथ असह्य रूप से धृष्टतापूर्ण और चुनौती देते-से प्रतीत हुए। एक मिनट तक इस छविचित्र को देखने पर करेनिन ऐसे काँपा कि उसे होठों ने फड़फड़ाहट 'बर्र' की आवाज निकाली तथा उसने मुँह फेर लिया। जल्दी से अरामकुर्सी पर बैठकर उसने पुस्तक खोल ली। उसने पढ़ने की कोशिश की, मगर वह किसी प्रकार भी युगूवाइन उत्कीर्णन-लेखों में पहले जैसी सजीव रुचि अनुभव नहीं कर सका। वह पुस्तक को देख रहा था, मगर सोच कुछ और रहा था। वह पत्नी के बारे में नहीं, बल्कि उस जटिलता के सम्बन्ध में सोच रहा था, जो पिछले कुछ समय में उसके राजकीय कार्य-कलापों में पैदा हो गयी थी और जो इस समय उसके कार्य की मुख्य दिलचस्पी बनी हुई थी। वह अनुभव कर रहा था कि पहले की तुलना में अब वह इस जटिलता की गहराई में कहीं अधिक पैठ गया है और उसके दिमाग में एक ऐसा महत्त्वपूर्ण विचार पैदा हुआ है–ऐसा तो वह आत्मप्रशंसा के बिना ही कह सकता था–जो इस सारे मामले की गुत्थियाँ खोल देगा, उसके कार्य-पद को और ऊँचा कर देगा, दुश्मनों को मात दे देगा और इसलिए राज्य को उससे बहुत लाभ होगा। चाय रखकर नौकर ज्यों ही कमरे से बाहर निकला, करेनिन उसी क्षण उठा और अपनी लिखने की मेज पर जा बैठा। चालू मामलों की फाइल को मेज के मध्य में खिसकाकर उसने आत्मसन्तोष की तनिक दिखाई देने वाली मुस्कान के साथ स्टैंड से पेन्सिल ली और उस जटिलता से सम्बन्धित कागजात को, जो उसने मँगवाये थे, पढ़ने के काम में डूब गया। जटिलता यह थी। राजकीय कार्यकर्ता के रूप में करेनिन की एक खास खूबी थी, जो निरन्तर उन्नति करते हुए हर राजकीय कर्मचारी में होती है, वह खूबी, जिसने उसकी दृढ़ महत्त्वाकांक्षा, संयतता, ईमानदारी और आत्मविश्वास के साथ मिलकर उसे आगे बढ़ाया था। वह खूबी थी–दफ्तरी लाल फीतेबाजी के प्रति उसकी घृणा, पत्र-व्यवहार में यथाशक्ति कमी करना, चालू मामले के तथ्यों के साथ यथासम्भव प्रत्यक्ष सम्पर्क जोड़ना और मितव्ययिता से काम लेना। ऐसा हुआ कि 2 जून के विख्यात आयोग को जारायस्काया गुबेर्निया की जमीनों की सिंचाई के मामले से निपटना पड़ रहा था। वह मामला करेनिन के मन्त्रालय के अन्तर्गत तथा और फिजूलखर्ची तथा दफ्तरी लाल फीतेबाजी की बढ़िया मिसाल था। करेनिन इस बात को अच्छी तरह जानता था। जारायस्काया गुबेर्निया की जमीनों की सिंचाई का मामला करेनिन से पहले और उससे भी पहले के अधिकारी ने शुरू किया था। वास्तव में ही इस मामले पर बहुत-सा बेकार पैसा खर्च किया जा चुका था और किया जा रहा था तथा स्पष्टतः इसका कोई नतीजा नहीं निकलने वाला था। अपना पद सँभालते ही करेनिन यह समझ गया और उसने इस मामले को खत्म करना चाहा। लेकिन शुरू में जब उसकी अपनी स्थिति बहुत मजबूत नहीं थी और जब उसे यह मालूम था कि बहुत-से लोगों के हित इस मामले के साथ उलझे हुए हैं,

उसे ऐसा करना समझदारी की बात प्रतीत नहीं हुआ। बाद को दूसरे मामलों में व्यस्त हो जाने पर वह इसके बारे में भूल गया। अन्य सभी मामलों की भाँति यह मामला भी अपने-आप ही चलता रहा। (बहुत-से लोगों को इससे रोजी-रोटी मिलती थी, खासतौर पर एक बहुत ही नैतिकतावादी संगीत-प्रेमी परिवार को। इस परिवार की सभी बेटियाँ तार वाद्य-यन्त्र बजाती थीं और एक बेटी की शादी के वक्त करेनिन ने धर्म-पिता का कर्तव्य निभाया था।) करेनिन के मतानुसार शत्रुतापूर्ण मन्त्रालय द्वारा इस मामले को उठाना शराफत का काम नहीं था, क्योंकि हर मन्त्रालय में इससे भी कहीं बुरे मामले थे, जिन्हें दफ्तरी काम के जाने-माने शिष्टाचार के मुताबिक कोई नहीं उठाता था। अब अगर उसे ललकारा ही गया था, तो उसने दिलेरी से इस चुनौती को स्वीकार किया था और जारायस्काया गुबेर्निया को जमीनों की खिंचाई के आयोग के काम के अध्ययन और जाँच के लिए एक विशेष आयोग की नियुक्ति की भी माँग की। अब वह उन श्रीमानों को किसी तरह का चैन नहीं लेने दे रहा था। उसने गैर-रूसी निवासियों के जीवन की सुव्यवस्था के बारे में एक अन्य आयोग की नियुक्ति की भी माँग की। गैर-रूसी निवासियों के जीवन की सुव्यवस्था का प्रश्न 2 जून की कमेटी में संयोग से ही उठाया गया था और इन लोगों की दुर्दशा को ध्यान में रखते हुए करेनिन ने इसका जोरदार समर्थन किया था। कमेटी में यह मामला कई मन्त्रालयों के बीच विवाद का कारण था। करेनिन के विरोधी मन्त्रालय ने यह सिद्ध किया कि गैर-रूसी लोग खूब फल-फूल रहे हैं और प्रस्ताविक पुनर्व्यवस्था से उनकी खुशहाली नष्ट हो जायेगी। अगर कोई बुरी बात है भी, तो वह केवल इस कारण कि करेनिन ने मन्त्रालय के कानून द्वारा सुनिश्चित उपायों को लागू नहीं किया है। करेनिन अब ये माँगें करने का इरादा रखता था—एक,गैर-रूसियों की स्थिति का वहीं जाकर अध्ययन करने के लिए एक आयोग नियुक्त किया जाये—दो, अगर गैर-रूसियों की हालत वास्तव में वैसी ही हो, जैसी कि कमेटी के हाथों में विद्यमान सरकारी दस्तावेजों से प्रतीत होती है, तो उनकी इस दुर्दशा के (क) राजनीतिक, (ख) प्रशासकीय, (ग) आर्थिक, (घ) नृवंशीय, (ङ)भौतिक तथा (च) धार्मिक कारणों की जाँच करने के लिए एक अन्य वैज्ञानिक आयोग नियुक्त किया जाये; तीन, शत्रुतापूर्ण मन्त्रालय से उन बुरी परिस्थितियों को दूर करने के लिए, जिनमें अब गैररूसी थे, पिछले दस सालों में उठाये गये कदमों के बारे में सूचना देने की माँग की जाये; और चार, तथा अन्तिम, मन्त्रालय को यह स्पष्ट करने के लिए कहा जाये कि उसने मूलभूत कानून के खंड..., धारा 18 तथा धारा 36 की टिप्पणी की भावना के विरुद्ध क्यों कार्रवाई की, जैसा कि कमेटी को 5 दिसम्बर, 1863 और 7 जून, 1864 को प्राप्त तथा 170 15 और 18 308 नम्बर से फाइल की गयी सूचनाओं से स्पष्ट है। इन विचारों की रूप-रेखा को जल्दी-जल्दी लिखते समय करेनिन के चेहरे पर सजीवता की लालिमा-सी दौड़ गयी। एक कागज लिख लेने के

बाद वह उठा, उसने घंटी बजायी और आवश्यक सूचना-सामग्री भेजने के लिए अपने सेक्रेटरी के नाम एक रुक्का भेज दिया। वह उठा, उसने कमरे का चक्कर लगाया, फिर से आन्ना के छविचित्र पर नजर डाली, नाक-भौंह सिकोड़ी और तिरस्कारपूर्वक मुस्कुराया। युगूवाइन उत्कीर्णन-लेखों के बारे में पुस्तक को थोड़ा और पढ़ने तथा उसमें फिर से रुचि लेने के बाद करेनिन रात के ग्यारह बजे बिस्तर पर चला गया और वहाँ लेटे-लेटे जब उसे पत्नी के साथ अपनी स्थिति का ध्यान आया, तो वह उसे इतनी अधिक निराशाजनक नहीं प्रतीत हुई।

15

व्रोन्स्की ने आन्ना से जब यह कहा कि उसकी स्थिति असहनीय है और उसे इस बात के लिए राजी करना चाहा कि वह पति से सब कुछ कह दे, तो आन्ना ने बेशक बहुत दृढ़ता और क्रोध से उसका विरोध किया, फिर भी अपनी आत्मा की गहराई से वह अपनी स्थिति को झूठी और छलपूर्ण मानती थी तथा जी-जान से उसे बदलना चाहती थी। घुड़दौड़ों के बाद पति के साथ घर लौटते हुए उत्तेजना के क्षण में उसने उससे सब कुछ कह दिया था और उस पीड़ा के बावजूद, जो ऐसा करने पर उसने अनुभव की, वह ऐसा करके खुश थी। पति के जाने पर उसने अपने-आपसे कहा कि वह खुश है कि अब सब कुछ स्पष्ट हो जायेगा और कम-से-कम झूठ तथा छल-कपट तो बाकी नहीं रहेगा। उसे यह बिल्कुल निश्चित प्रतीत हुआ कि उसकी स्थिति अब सदा के लिए स्पष्ट हो जायेगी। उसकी यह नयी स्थिति बुरी हो सकती है, किन्तु स्पष्ट होगी, उसमें अस्पष्टता और झूठ नहीं होगा। वह समझती थी कि ये शब्द कहकर उसने खुद को तथा अपने पति को जो पीड़ा दी थी, अब उसका पुरस्कार यह होगा कि सब कुछ एक स्पष्ट रूप धारण कर लेगा। उसी शाम को व्रोन्स्की से उसकी मुलाकात हुई, मगर पति के साथ उसकी जो बातचीत हुई थी, उसने उसकी चर्चा नहीं की, यद्यपि इसलिए कि स्थिति स्पष्ट हो जाये, व्रोन्स्की से यह कह देना चाहिए था।

अगली सुबह को आँख खुलने पर आन्ना को सबसे पहले वही शब्द याद आये, जो उसने पति से कहे थे। ये शब्द उसे इतने भयानक प्रतीत हुए कि वह यह नहीं समझ पा रही थी कि ऐसे अजीब और भद्दे शब्द कहने का वह साहस ही कैसे कर पायी तथा इस बात की कल्पना करने में असमर्थ थी कि इसका नतीजा क्या होगा। किन्तु शब्द तो कहे जा चुके थे और करेनिन कुछ भी कहे बिना चला गया था। "मैं व्रोन्स्की से मिली और उसे यह नहीं बताया। जब वह जा रहा था, तो मैंने उसे वापस बुलाकर यह बताना चाहा, मगर फिर इरादा बदल लिया, क्योंकि अजीब-सा लगता था कि मैंने शुरू में ही उसे सब कुछ क्यों नहीं बताया था। कहना चाहते हुए भी मैंने क्यों नहीं कहा?" और इस प्रश्न के उत्तर में शर्म की गर्म-सी लाली

उसके चेहरे पर छा गयी। वह समझ गयी कि किस चीज ने उसे ऐसा नहीं करने दिया, समझ गयी कि उसे शर्म महसूस हो रही थी। अपनी स्थिति, जो पिछली शाम को उसे स्पष्ट हो गयी प्रतीत हुई थी, अब अचानक न केवल अस्पष्ट, बल्कि पूरी तरह निराशाजनक लगी। उस बदनामी का खयाल करके, जिसके बारे में पहले उसने सोचा ही नहीं था, वह भयभीत हो उठी। उसने जब यह सोचा कि उसका पति क्या करेगा, तो भयानक-से-भयानक खयाल उसके दिमाग में आने लगे। उसे लगा कि अभी कारिन्दा आकर उसे घर से निकाल देगा और उसकी ऐसी बेइज्जती की खबर घर-घर पहुँच जायेगी। उसने खुद से यह पूछा कि घर से निकाल दी जाने पर वह कहाँ जायेगी और उसे इसका कोई जवाब नहीं सूझा।

व्रोन्स्की का ध्यान आने पर उसे प्रतीत हुआ कि वह उसे प्यार नहीं करता, कि वह उसे बोझ अनुभव करने लगा है, कि उसकी बन जाने के लिए वह उससे नहीं कह सकती और इसलिए उसके प्रति उसे शत्रुभाव की अनुभूति होने लगी। उसे लगा कि उसने पति को जो शब्द कहे थे और जिन्हें वह लगातार अपनी कल्पना में दोहराती जाती थी, वह शब्द उसने सभी से कहे थे और सभी ने सुने थे। उसे उन लोगों के साथ आँख मिलाने की हिम्मत नहीं हो रही थी, जिनके साथ वह रहती थी। उसे नौकरानी को बुलाने और नीचे जाकर अपने बेटे तथा उसकी शिक्षिका को देखने की तो और भी कम हिम्मत हो रही थी।

नौकरानी, जो बहुत देर से आन्ना के दरवाजे पर कान लगाये हुई थी, खुद ही उसके कमरे में आ गयी। आन्ना ने प्रश्नसूचक दृष्टि से उसकी आँखों में झाँका और उसके चेहरे पर भय की लाली छा गयी। नौकरानी ने यह कहकर भीतर आने के लिए माफी माँगी कि उसे प्रतीत हुआ था मानो घंटी बजायी गयी है। वह पोशाक और एक रुक्का ले आयी। रुक्का बेत्सी ने भेजा था। बेत्सी ने उसे याद दिलाया था कि लीजा मेर्कालोवा और काउंटेस श्लोल्त्स अपने प्रशंसकों कलूज्स्की तथा बूढ़े स्त्रेमोव के साथ आज सुबह क्रोकेट की एक बाजी खेलने आयेंगी। 'और कुछ नहीं, तो तौर-तरीकों के अध्ययन के लिए ही आ जाइये। मैं आपकी राह देख रही हूँ,' उसने लिखा था।

आन्ना ने रुक्का पढ़कर गहरी साँस ली।

"कुछ नहीं, कुछ भी नहीं चाहिए," उसने श्रृंगार की मेज पर बोतलों और बाल सँवारने के ब्रुशों को ठीक करती हुई आन्नुश्का से कहा। "तुम जाओ, मैं अभी कपड़े पहनकर बाहर आ जाऊँगी। कुछ भी, कुछ भी नहीं चाहिए।"

आन्नुश्का बाहर चली गयी, मगर आन्ना ने कपड़े पहनने शुरू नहीं किये। वह पहले की तरह ही सिर झुकाये और बाँहें लटकाये बैठी रही, कभी-कभी उसका सारा शरीर सिहर उठता मानो वह कोई संकेत करना या कुछ कहना चाहती हो और फिर से ज्यों-का-त्यों बैठी रह जाती। वह लगातार दोहरा रही थी : "हे भगवान!

हे मेरे भगवान!" लेकिन उसके लिए न तो 'मेरे' और न 'भगवान' शब्द ही कोई अर्थ रखता था। इस चीज के बावजूद कि उसे जिस धर्म की शिक्षा दी गयी थी, उसके प्रति उसके मन में कभी कोई शंका नहीं हुई थी, उसके लिए अपनी इस स्थिति में धर्म का अवलम्ब ढूँढ़ना उतना ही अटपटा था, जितना कि खुद करेनिन से सहायता पाने की इच्छा करना। वह पहले से ही यह जानती थी कि उसके लिए धर्म की सहायता पाना तभी सम्भव है, जब वह उससे इनकार कर दे, जो उसके जीवन का सारतत्त्व था। न केवल उसके मन पर भारी बोझ था, बल्कि वह एक नयी और उस मानसिक स्थिति के कारण भय अनुभव करने लगी, जिसकी उसे पहले कभी अनुभूति नहीं हुई थी। उसने महसूस किया कि उसकी आत्मा में हर चीज वैसे ही दो रूप धारण करने लगी है, जैसे थकी आँखों को सभी कुछ दोहरा दिखाई देने लगता है। क्या वह डरती है और क्या चाहती है, जो हुआ था या जो होगा, वह यह नहीं जानती थी।

"ओह, यह मैं क्या कर रही हूँ!" अचानक सिर के दोनों ओर दर्द महसूस होने पर उसने अपने-आपसे कहा। सँभलने पर उसने देखा कि कनपटियों के पास वह दोनों हाथों से बालों को पकड़े हुए उन्हें खींच रही है। वह उछलकर खड़ी हुई और कमरे में इधर-उधर आने-जाने लगी।

"कॉफी तैयार है और सेर्योझा तथा शिक्षिका आपकी राह देख रहे हैं," आन्नुश्का ने फिर से कमरे में जाकर और फिर से आन्ना को उसी स्थिति में पाकर कहा।

"सेर्योझा? क्या बात है सेर्योझा के बारे में?" सारी सुबह में पहली बार अपने बेटे के अस्तित्व के बारे में याद आने पर आन्ना ने अचानक सजीवता से पूछा।

"लगता है कि कोई कसूर हो गया है उनसे," आन्नुश्का ने मुस्कुराकर उत्तर दिया।

"क्या कसूर हो गया है?"

"कोनेवाले कमरे में आड़ू रखे थे। लगता है कि उन्होंने चुपके से एक खा लिया है।"

आन्ना अपने को जिस असहाय स्थिति में पा रही थी, बेटे का ध्यान आने पर वह अचानक उससे उबर आयी। उसे बेटे के लिए माँ के जीने की कुछ हद तक निश्छल, यद्यपि अतिशयोक्तिपूर्ण वह भूमिका याद आ गयी, जो पिछले कुछ सालों से वह निभा रही थी, तथा उसने खुश होते हुए यह अनुभव किया कि पति और व्रोन्स्की के साथ उसके सम्बन्ध चाहे कोई भी रूप क्यों न लें, उसके बावजूद उसका अपना एक सहारा है। वह सहारा उसका बेटा था। बेटे को वह किसी भी हालत में नहीं छोड़ सकती थी। बेशक पति उसे बेइज्जत करके निकाल दे, बेशक व्रोन्स्की के प्यार का उफान ठंडा पड़ जाये और वह अपनी आजाद जिन्दगी बिताता रहे (उसने फिर कटुता और तिरस्कारपूर्वक उसके बारे में सोचा), वह अपने बेटे

को नहीं छोड़ सकती। उसके जीवन का एक लक्ष्य है। बेटे के साथ अपनी इस स्थिति को मजबूत करने के लिए, ताकि उसे उससे छीन न लिया जाये, उसे कुछ करना चाहिए, करना चाहिए। इतना ही नहीं, जल्दी, जितनी भी जल्दी सम्भव हो, जब तक कि उसे उससे छीन नहीं लिया गया, कुछ करना चाहिए। बेटे को लेकर कहीं चले जाना चाहिए। बस, यही है, जो उसे करना चाहिए। उसके लिए शान्त होना और इस यातनापूर्ण स्थिति से मुक्ति पाना जरूरी था। बेटे को ध्यान में रखते हुए कोई कदम उठाने के विचार, इस खयाल ने कि इसी वक्त उसको साथ लेकर कहीं चले जाना चाहिए, उसे शान्ति प्रदान की।

आन्ना ने झटपट कपड़े पहने, नीचे उतरी और दृढ़ कदमों से मेहमानखाने में गयी, जहाँ हर दिन की तरह मेज पर कॉफी रखी थी और शिक्षिका के साथ सेर्योझा उसकी राह देख रहा था। सिर से पाँव तक सफेद पोशाक पहने हुए सेर्योझा दर्पण के नीचे मेज के पास खड़ा था और पीठ तथा सिर झुकाये हुए बहुत ही ध्यानमग्न होकर, जिससे वह परिचित थी और जिस मुद्रा में वह अपने पिता से मिलता-जुलता प्रतीत होता था, उन फूलों के साथ कुछ कर रहा था, जिन्हें लाया था।

शिक्षिका के चेहरे पर विशेष रूप से बहुत बड़ाई झलक रही थी। सेर्योझा बहुत जोर से, जैसा कि अक्सर उसके साथ होता था, चिल्लाया, "ओ अम्मा!" और इस दुविधा में कि फूल छोड़कर माँ का अभिवादन करने जाये या माला बना ले और फूलों को लेकर जाये, जहाँ-का-तहाँ ठिठककर रह गया।

शिक्षिका अभिवादन करने के बाद बहुत विस्तारपूर्वक और हर चीज को स्पष्ट करते हुए सेर्योझा के कसूर के बारे में बताने लगी, मगर आन्ना उसकी बातें नहीं सुन रही थी। वह यह सोच रही थी कि शिक्षिका को अपने साथ ले जायेगी या नहीं। 'नहीं, नहीं ले जाऊँगी,' उसने तय किया। 'बेटे को लेकर अकेली ही जाऊँगी।'

"हाँ, यह बहुत बुरी बात है," आन्ना ने कहा और बेटे का कन्धा थामकर कड़ी नहीं, बल्कि भीरु-सी दृष्टि से, जिससे लड़का चक्कर में पड़ा और खुश भी हुआ, देखा और चूमा। "इसे मेरे पास छोड़ दीजिये," उसने हैरान होती हुई शिक्षिका से कहा और बेटे के हाथ अपने हाथ में लिये हुए ही उस मेज पर बैठी, जहाँ कॉफी रखी थी।

"अम्मा! मैं... मैं... मैंने नहीं..." बेटे ने उसके चेहरे के भाव से यह समझने की कोशिश करते हुए कि आड़ू के लिए उसके साथ क्या होने वाला है, कहा।

"सेर्योझा," शिक्षिका के कमरे से बाहर जाते ही आन्ना बोली, "यह बुरी बात है, लेकिन तुम फिर कभी ऐसा नहीं करोगे न? तुम मुझे प्यार करते हो न?"

आन्ना ने अनुभव किया कि उसकी आँखें डबडबायी आ रही हैं। 'क्या मैं इससे प्यार किये बिना रह सकती हूँ?' बेटे की डरी-सहमी और साथ ही प्रसन्न आँखों में झाँकते हुए उसने अपने-आपसे कहा। 'क्या मुझे यातना देने के लिए वह

भी अपने पिता का साथ देगा? क्या मुझ पर तरस नहीं आयेगा उसे?' आँसू उसके चेहरे पर छलक आये थे और उन्हें छिपाने के लिए वह तेजी से उठी और लगभग भागती हुई बरामदे में चली गयी।

पिछले दिनों में गरज के साथ बारिश होने के बाद आज मौसम ठंडा और साफ हो गया था। धुले हुए पत्तों के बीच में छनने वाली तेज धूप के बावजूद हवा में ठंड थी।

आन्ना ठंड और आन्तरिक भय से, जिसने खुली हवा में नयी शक्ति के साथ उसे जकड़ लिया था, सिहर उठी।

"जाओ, Mariette के पास जाओ," उसने अपने पीछे-पीछे बाहर आने वाले सेर्योझा से कहा और बरामदे में बिछी चटाई पर इधर-उधर आने-जाने लगी। 'क्या वे मुझे क्षमा नहीं कर देंगे, यह नहीं समझ पायेंगे कि जो हुआ है, उसके सिवाय कुछ हो ही नहीं सकता था?' उसने अपने-आपसे कहा।

ऐस्प वृक्षों के पास रुककर और हवा से काँपती हुई उनकी फुनगियों को देखते हुए, जिनके धुले पत्ते ठंडी धूप में खूब चमक रहे थे, वह समझ गयी कि वे क्षमा नहीं करेंगे और सभी कुछ तथा हर कोई उसके प्रति अब ऐसे ही निर्दयी होगा, जैसे यह आकाश और जैसे यह हरियाली है। उसने फिर से महसूस किया कि उसकी आत्मा में हर चीज दो रूप धारण करने लगी है। 'नहीं, सोचना नहीं, सोचना नहीं चाहिए,' उसने अपने-आपसे कहा। 'जाने की तैयारी करनी चाहिए। कहाँ? कब? किसको अपने साथ लूँ? हाँ मास्को चलना चाहिए, शाम की गाड़ी से। आन्नुश्का और सेर्योझा तथा नितान्त आवश्यक चीजें साथ लेकर। लेकिन इससे पहले उन दोनों को पत्र लिखने चाहिए!' वह जल्दी से घर के भीतर अपने कमरे में गयी और मेज पर बैठकर उसने पति को लिखा :

'जो कुछ हो चुका है, उसके बाद मैं आपके घर में और नहीं रह सकती। मैं जा रही हूँ और बेटे को अपने साथ लिये जा रही हूँ। कानून-कायदे मैं नहीं जानती और इसलिए मुझे यह मालूम नहीं कि बेटे को किसके पास रहना चाहिए। लेकिन मैं इसलिए उसे अपने साथ लिये जा रही हूँ कि उसके बिना जिन्दा नहीं रह सकती। इतनी उदारता दिखाइये, उसे मेरे पास रहने दीजिये।'

अभी तक तो वह जल्दी-जल्दी और स्वाभाविक ढंग से लिखती रही थी, किन्तु पति से उदारता की अपील करने पर, जिसे वह उसमें मानने को तैयार नहीं थी, तथा किसी मर्मस्पर्शी बात के साथ पत्र को समाप्त करने की आवश्यकता ने उसे रोक दिया।

"अपने अपराध और पश्चाताप की चर्चा मैं नहीं कर सकती, क्योंकि..."

अपने विचारों में कोई शृंखला न अनुभव करते हुए वह फिर से रुकी। 'नहीं,' उसने अपने-आपसे कहा, 'कुछ जरूरत नहीं है इसकी,' और पत्र फाड़कर उसने

पति की उदारता की बात छोड़ते हुए उसे फिर से लिखा और मुहर लगा दी।

दूसरा पत्र व्रोन्स्की को लिखना था। 'मैंने पति को सब कुछ बता दिया है,' उसने लिखा और आगे कुछ भी लिखने में असमर्थ देर तक यूँ ही बैठी रही। यह इतना भद्दा और स्त्रैणता के इतना विरुद्ध था। 'और फिर मैं उसे लिख ही क्या सकती हूँ?' उसने अपने-आपसे कहा। फिर से उसके चेहरे पर शर्म की लाली दौड़ गयी, उसकी शान्तचित्तता की याद आ गयी और उसके प्रति खीझ की भावना ने उसे एक ही वाक्य लिखे हुए कागज को फाड़कर उसके छोटे-छोटे टुकड़े कर देने को विवश किया। 'कुछ जरूरत नहीं इसकी,' उसने अपने-आपसे कहा और लेखन-सामग्री रखकर वह ऊपर चली गयी, शिक्षिका और नौकरों-चाकरों को उसने यह बताया कि आज मास्को जा रही है और उसी समय अपनी चीजें इकट्ठी करने लगी।

16

देहात के बँगले के चौकीदार, माली और नौकर-चाकर सभी कमरों में आते-जाते हुए चीजें उठाकर ला रहे थे। छोटी-बड़ी अलमारियाँ खुली हुई थीं, रस्सियाँ लाने के लिए किसी को दुकान पर भेजना पड़ा और फर्श पर अखबारी कागज फैले हुए थे। दो सन्दूक, थैले और कम्बल ड्योढ़ी में लाकर रख दिये गये थे। बग्घी और किराये की दो घोड़ा-गाड़ियाँ बाहर दरवाजे के सामने खड़ी थीं। सामान पैक करने के काम में आन्तरिक परेशानी को भूल जाने वाली आन्ना अपने कमरे की मेज के सामने खड़ी हुई सफरी थैला तैयार कर रही थी, जब आन्नुश्का ने घर के करीब पहुँचती हुई बग्घी की खड़खड़ाहट की ओर उसका ध्यान आकृष्ट किया। आन्ना ने खिड़की में से बाहर झाँका और करेनिन के सन्देशवाहक को दरवाजे की घंटी बजाते देखा।

"जाकर मालूम करो कि क्या मामला है," आन्ना ने कहा और शान्ति से अपने को हर चीज के लिए तैयार करके तथा घुटनों पर हाथ टिकाकर आरामकुर्सी में बैठ गयी। नौकर ने करेनिन के हाथ का लिखा हुआ मोटा-सा पैकेट लाकर दिया।

"सन्देशवाहक को उत्तर लाने का आदेश दिया गया है," नौकर ने बताया।

"अच्छी बात है," आन्ना ने कहा और ज्यों ही नौकर बाहर गया, उसने काँपती उँगलियों से पत्र खोला। नये नोटों की एक गड्डी उसमें से निकलकर गिर पड़ी। वह पत्र निकालकर उसे अन्त से पढ़ने लगी। "आपके यहाँ आने से सम्बन्धित सब प्रबन्ध कर दिये जायेंगे। इस बात की ओर ध्यान देने का अनुरोध करता हूँ कि अपने इस अनुरोध की पूर्ति को मैं विशेष महत्त्व देता हूँ," उसने पढ़ा। उसने जल्दी-जल्दी पीछे की ओर उसे आगे पढ़ा, सारे खत को पढ़ा और एक बार फिर सारे पत्र को शुरू से अन्त तक पढ़ा। पत्र समाप्त करने पर उसे लगा कि वह ठंड महसूस कर रही है और उस पर ऐसी भयानक मुसीबत टूट पड़ी है, जिसकी उसने आशा नहीं की थी।

सुबह उसे अपने पति से कहे हुए शब्दों के लिए पश्चाताप हो रहा था और वह केवल यही चाह रही थी कि वे शब्द न कहे गये होते। यह पत्र उन शब्दों को अनकहा स्वीकार कर रहा था और जो वह चाहती थी, उसे वही दे रहा था। किन्तु अब उसे यह पत्र उससे भी कहीं ज्यादा भयानक प्रतीत हो रहा था, जिसकी वह कल्पना कर सकती थी।

'वह सही है! सही है!' उसने कहा। 'जाहिर है कि वह हमेशा सही होता है, वह ईसाई धर्म का अनुयायी है, वह उदार-दयालु है! हाँ, घटिया और दुष्ट व्यक्ति है वह! मेरे सिवाय यह कोई नहीं समझता और समझ भी नहीं पायेगा। मैं इसे स्पष्ट करने में असमर्थ हूँ। लोग कहते हैं कि वह धर्म-परायण, सदाचारी, ईमानदार और समझदार आदमी है। किन्तु जो कुछ मैंने देखा है, वे उसे नहीं देखते। वे नहीं जानते कि कैसे आठ सालों तक उसने मेरे जीवन को घोंटा, मुझमें जो कुछ सजीव था, उसको दबा दिया, कि उसने एक बार भी यह नहीं सोचा– मैं जीती-जागती नारी हूँ, जिसे प्यार की अपेक्षा है। वे नहीं जानते कि कैसे हर कदम पर उसने मेरा अपमान किया और आत्मतुष्ट रहा। क्या मैंने अपने जीवन का औचित्य ढूँढ़ पाने के लिए कोशिश नहीं की, जी-जान से कोशिश नहीं की? क्या मैंने उससे प्यार करने की, जब पति को प्यार करना सम्भव नहीं रहा, तो बेटे को प्यार करने की कोशिश नहीं की? किन्तु वह वक्त आया, जब मैं यह समझ गयी कि अब अपने को और धोखा नहीं दे सकती, कि मैं हाड़-मांस की बनी हुई हूँ, कि अगर भगवान ने मुझे ऐसा बनाया है कि मैं प्यार करूँ और जिन्दा रहूँ, तो इसमें मेरा कोई अपराध नहीं है। और अब? वह अगर मेरी हत्या कर डालता, उसे मार डालता, तो मैं सब कुछ सहन कर लेती, मैं सब कुछ क्षमा कर देती, लेकिन नहीं, वह...'

'वह क्या करेगा, मैं इसका क्यों अनुमान नहीं लगा पायी? वह वही करेगा, जो उसके नीच स्वभाव के अनुरूप है। वह जो भी करेगा, ठीक ही रहेगा, लेकिन मुझे, तबाह हो चुकी औरत को और बुरी तरह, और नीचतापूर्वक तबाह कर डालेगा...' 'आप स्वयं ही इसकी कल्पना कर सकती हैं, जो आप और आपके बेटे के साथ बीतने वाला है,' उसे पति के पत्र के ये शब्द याद हो आये। 'यह इस बात की धमकी है कि वह बेटे को मुझसे छीन लेगा और सम्भवतः उनके मूर्खतापूर्ण कानून के मुताबिक ऐसा मुमकिन भी है। किन्तु क्या मैं यह नहीं जानती हूँ कि वह ऐसा क्यों कह रहा है? वह बेटे के प्रति मेरे प्यार में भी विश्वास नहीं करता या उसे तिरस्कार की दृष्टि से देखता है (जैसा कि वह हमेशा उसका मजाक उड़ाता रहा है), मेरी इस भावना का तिरस्कार करता है, किन्तु वह जानता है कि मैं बेटे को छोड़कर कभी नहीं जाऊँगी, बेटे को नहीं छोड़ सकती, कि बेटे के बिना मेरे लिए उस व्यक्ति के साथ भी, जिसे मैं प्यार करती हूँ, जीवन का कोई अर्थ नहीं हो सकता, कि बेटे को छोड़कर भाग जाने पर मैं सबसे अधिक कलंकित और घृणित

नारी जैसा व्यवहार करूँगी–वह यह जानता है और जानता है कि मैं ऐसा नहीं कर पाऊँगी।'

'हमारा जीवन पहले की तरह ही चलता जाना चाहिए,' उसे पत्र का एक अन्य वाक्य याद आ गया। 'यह जीवन तो पहले भी यातनाप्रद था और पिछले कुछ समय में तो बहुत ही भयानक था। अब कैसा होगा यह? वह यह सब कुछ जानता है, जानता है कि मैं इस बात के लिए पश्चाताप नहीं कर सकती के साँस लेती हूँ, कि प्यार करती हूँ, कि झूठ और कपट के सिवाय इसका कोई नतीजा नहीं निकलेगा, लेकिन उसके लिए तो मुझे यातना देते जाना जरूरी है। मैं उसे जानती हूँ, मैं जानती हूँ कि जैसे मछली पानी में, वैसे ही वह झूठ में तैरता और उससे आनन्दित होता है। लेकिन नहीं, मैं उसे यह आनन्द नहीं पाने दूँगी, मैं झूठ का वह जाला तार-तार कर डालूँगी, जिसमें वह मुझे उलझाना चाहता है। इसका जो भी नतीजा होना है, हो जाये। झूठ और धोखे-फरेब से तो सभी कुछ बेहतर है।'

'लेकिन कैसे करूँ यह? हे मेरे भगवान! हे मेरे भगवान! क्या मुझसे ज्यादा बदकिस्मत कभी कोई नारी थी?...'

"नहीं, तार-तार कर डालूँगी, तार-तार कर डालूँगी!" उछलकर खड़ी होते और अपने आँसुओं पर काबू पाते हुए वह चिल्ला उठी। वह उसे दूसरा खत लिखने के लिए मेज के पास गयी। किन्तु अपनी आत्मा की गहराई में वह पहले ही यह अनुभव कर रही थी कि कुछ भी तार-तार करने की शक्ति उसमें नहीं होगी, कितनी ही झूठी और बेईमानी की स्थिति होने पर भी वह उसमें से नहीं निकल पायेगी।

वह लिखने की मेज पर बैठ गयी, किन्तु पत्र लिखने के बजाय मेज पर हाथ रखकर उसने उस पर सिर टिका दिया तथा सिसकते और गहरी साँसों के कारण उभरते-गिरते वक्ष के साथ बच्चों की तरह रोने लगी। वह इस कारण रो रही थी कि उसी स्थिति के स्पष्ट तथा निश्चित होने का स्वप्न सदा के लिए भंग हो चुका था। वह पहले से भी यह जानती थी कि सब कुछ ऐसा ही रहेगा और इतना ही नहीं, पहले से ज्यादा बुरा हो जायेगा। वह अनुभव कर रही थी कि ऊँचे समाज में उसे जो स्थिति प्राप्त थी और सुबह के समय जो उसे इतनी महत्त्वहीन प्रतीत हुई थी, वह उसे प्रिय थी; कि उसे पति और बेटे को छोड़ने तथा प्रेमी के साथ अपना भाग्य जोड़ने वाली कलंकित नारी की स्थिति में बदलने की शक्ति वह नहीं जुटा सकेगी; कि कितनी ही कोशिश करने पर भी वह अपने से अधिक शक्तिशाली नहीं हो सकेगी। वह कभी भी प्यार की स्वतन्त्रता को अनुभव नहीं कर पायेगी और हमेशा अपराधिनी पत्नी बनी रहेगी, जिस पर किसी भी क्षण पर्दाफाश होने का खतरा मँडराता रहेगा, जो हमेशा एक पराये स्वतन्त्र व्यक्ति के साथ अपमानजनक सम्बन्ध बनाये रखने के लिए, जिसके जीवन का वह अंग नहीं बन पायेगी, पति को धोखा देती रहेगी। वह जानती थी कि ऐसा ही होगा और साथ ही यह इतना भयानक था कि इसका क्या

अन्त होगा, वह इसकी कल्पना करने में असमर्थ थी। और अपने पर काबू पाने में असमर्थ वह ऐसे रो रही थी, जैसे दंड पाने वाले बच्चे रोते हैं।

नौकर के पैरों की आहट से वह होश में आने को विवश हुई और उससे अपना मुँह छिपाकर उसने यह ढोंग किया कि वह पत्र लिख रही है।

"सन्देशवाहक उत्तर देने का अनुरोध कर रहा है," नौकर ने कहा।

"उत्तर? हाँ," आन्ना बोली, "कह दो, थोड़ा रुके। मैं घंटी बजाकर बुला लूँगी।"

'मैं क्या लिख सकती हूँ?' वह सोच रही थी। 'मैं अकेली क्या तय कर सकती हूँ? मैं क्या जानती हूँ? मैं क्या चाहती हूँ? किस चीज से प्यार है मुझे?' उसने फिर से यह अनुभव किया कि उसकी आत्मा में सभी कुछ दो रूप धारण करने लगा है। इस भावना से वह फिर भयभीत हो उठी और क्रियाशीलता के लिए उसके मस्तिष्क में आने वाले पहले ही उस आधार को थाम लिया, जो अपने बारे में उसके विचारों से उसे मुक्ति दिला सकता था। 'मुझे अलेक्सेई (ऐसे उसने मन-ही-मन व्रोन्स्की को सम्बोधित किया) से मिलना चाहिए, सिर्फ वही यह बता सकता है कि मुझे क्या करना चाहिए। बेत्सी के यहाँ जाऊँगी, सम्भव है कि वहाँ उससे मेरी भेंट हो जाये,' उसने अपने-आपसे कहा और सर्वथा यह भूल गयी कि पिछली रात को, जब उसने व्रोन्स्की से कहा था कि वह प्रिन्सेस त्वेरस्काया के यहाँ नहीं आयेगी, तो व्रोन्स्की ने भी इसी कारण वहाँ जाने से इनकार कर दिया था। आन्ना ने मेज के पास जाकर पति को यह लिख भेजा : 'मुझे आपका पत्र मिल गया है।' आ. –और घंटी बजाकर अपना उत्तर नौकर को दे दिया।

"हम मास्को नहीं जा रही हैं," उसने कमरे में दाखिल होने वाली आन्नुश्का से कहा।

"बिल्कुल नहीं जा रही हैं?"

"नहीं, कल तक सामान को ऐसे ही बँधा रहने दो बग्घी को रोके रहो। मैं प्रिन्सेस त्वेरस्काया के यहाँ जाऊँगी।"

"कौन-सी पोशाक तैयार करूँ?"

17

क्रोकेट की बाजी में हिस्सा लेने वालों में, जिसके लिए प्रिन्सेस त्वेरस्काया ने आन्ना को बुलाया था, दो महिलायें और उनके प्रशंसक शामिल थे। ये दोनों महिलायें पीटर्सबर्ग में बहुत ही चुने हुए लोगों की एक नयी मंडली की, जिन्हें किसी चीज के अनुकरण के अनुकरण में les sept merveilles du monde[1] कहा जाता था, मुख्य प्रतिनिधि थीं। यह सही है कि ये महिलायें ऊँचे समाज के लोगों की मंडली

1. दुनिया के सात अजूबे। (फ्रांसीसी)

से सम्बन्ध रखती थीं, किन्तु उस मंडली की एकदम दुश्मन थीं, जिसमें आन्ना जाती थी। इसके अलावा बूढ़ा स्त्रेमोव, जो पीटर्सबर्ग का एक प्रभावशाली व्यक्ति और लीजा मर्कालोवा का प्रशंसक था, सरकारी नौकरी के मामले में करेनिन का शत्रु था। इन सब बातों को ध्यान में रखते हुए आन्ना यहाँ नहीं आना चाहती थी और प्रिन्सेस त्वेरस्काया के रुक्के में उसके इसी इनकार के बारे में कुछ इशारे किये गये थे। अब व्रोन्स्की से मिल पाने की उम्मीद करते हुए आन्ना यहाँ आने की इच्छुक थी।

आन्ना दूसरे मेहमानों के पहुँचने से पहले ही प्रिन्सेस त्वेरस्काया के यहाँ पहुँच गयी।

आन्ना जब प्रिन्सेस त्वेरस्काया के घर में दाखिल हो रही थी, तो दरबारी प्रबन्धक के समान अपनी कलमों को सँवारे हुए व्रोन्स्की का नौकर भीतर प्रवेश कर रहा था। वह दरवाजे के करीब रुक गया और टोपी उतारकर उसने आन्ना को पहले भीतर जाने दिया। आन्ना ने उसे पहचान लिया और केवल अभी उसे यह याद आया कि व्रोन्स्की ने कल यहाँ आने से इनकार कर दिया था। शायद इसी बारे में उसने रुक्का भेजा है।

आन्ना ड्योढ़ी में खड़ी ऊपर के कपड़े उतार रही थी, जब उसने व्रोन्स्की के नौकर को दरबारी प्रबन्धक की भाँति ही 'र' का उच्चारण करते हुए यह कहते सुना : 'काउंट की ओर से प्रिन्सेस के लिए' और उसने रुक्का दे दिया।

आन्ना ने पूछना चाहा कि उसके साहब कहाँ हैं। उसका मन हुआ कि घर वापस आकर उसे पत्र लिख भेजे कि वह उसके यहाँ आ जाये या फिर खुद उसके यहाँ चली जाये। लेकिन वह पहला, दूसरा या तीसरा, कुछ भी तो नहीं कर पायी। उसे अपने आने की सूचना देने वाली घंटी की आवाज सुनाई दी और उसने देखा कि प्रिन्सेस त्वेरस्काया का नौकर खुले हुए दरवाजे के सामने टेढ़ा खड़ा होकर उसके भीतरवाले कमरों में जाने की राह देख रहा है।

"प्रिन्सेस बाग में हैं, अभी उन्हें सूचना दे दी जायेगी। आप बाग में चलना पसन्द नहीं करेंगी?" दूसरे कमरे में एक अन्य नौकर ने पूछा।

अनिश्चितता और अस्पष्टतता की स्थिति वैसी ही बनी हुई थी, जैसी घर पर। वह तो पहले से भी बुरी थी, क्योंकि कुछ भी करना सम्भव नहीं था, व्रोन्स्की से मिलना मुमकिन नहीं था और यहाँ, पराये तथा इस समय उसके मूड के बिल्कुल प्रतिकूल लोगों की संगत में यहाँ रुकना जरूरी था। किन्तु वह ऐसी पोशाक पहने थी, जो उसे मालूम था कि उस पर फबती है। वह अकेली नहीं थी, उसके इर्द-गिर्द काहिली का अभ्यस्त, ऐश्वर्यपूर्ण वातावरण था और घर की तुलना में यहाँ उसका मन हल्का था। उसे यह सोचने की जरूरत नहीं थी कि वह क्या करे। हर चीज अपने-आप होती जा रही थी। अपने सजीलेपन से चकित करने वाली सफेद पोशाक

पहने अपनी ओर आती हुई बेत्सी को देखकर आन्ना सदा की भाँति मुस्कुरायी। प्रिन्सेस त्वेरस्काया के साथ तुश्केविच और रिश्ते की एक लड़की भी थी, जिसके राजधानी से दूर रहने वाले माँ-बाप की खुशी का इसलिए कोई ठिकाना नहीं था कि उनकी बेटी जानी-मानी प्रिन्सेस के यहाँ गर्मी बिता रही थी।

सम्भवतः आन्ना में कोई अजीब बात रही होगी, क्योंकि बेत्सी का फौरन इसकी ओर ध्यान गया।

"पिछली रात मैं ढंग से सो नहीं पायी," आन्ना ने इन तीनों की तरफ आते नौकर पर नजर डालते हुए, जो उसकी कल्पना के अनुसार व्रोन्स्की का रुक्का लाया था, प्रिन्सेस त्वेरस्काया के प्रश्न का उत्तर दिया।

"मैं कितनी खुश हूँ कि आप आ गयीं," बेत्सी ने कहा। "मैं थक गयी हूँ और जब तक वे लोग आते हैं, चाय का प्याला पीना चाहती हूँ। और आप माशा को साथ लेकर जरा से क्रोकेट ग्राउंड की जाँच कर लें, जहाँ उन्होंने घास काटी है," उसने तुश्केविच को सम्बोधित करते हुए कहा। "हम आपके साथ चाय पीते हुए दिली बातें कर लेंगी–we'll have a cosy chat, ठीक है न?" उसने मुस्कुराते और आन्ना का वह हाथ दबाते हुए कहा, जिसमें वह छाता लिये थी।

"खासतौर पर जबकि मैं आपके यहाँ बहुत देर तक नहीं रुक सकती। मुझे बूढ़ी व्रेदे के यहाँ जरूर ही जाना है। यह समझिये कि सौ साल हो गये हैं मुझे उससे वादा किये हुए," आन्ना ने कहा, जिसके लिए झूठ बोलना, जो उसके स्वभाव के बिल्कुल अनुरूप नहीं था, समाज में न केवल साधारण और स्वाभाविक बन गया था, बल्कि उसे खुशी भी प्रदान करता था।

एक सेकेंड पहले तक उसने जो सोचा भी नहीं था, वह किसलिए कह दिया, आन्ना किसी प्रकार भी यह स्पष्ट न कर पाती। उसने सिर्फ इसी बात को ध्यान में रखते हुए ऐसा कहा था कि चूँकि व्रोन्स्की यहाँ नहीं आयेगा, इसलिए उसे यहाँ से जाने की आजादी सुनिश्चित कर लेनी तथा किसी-न-किसी प्रकार उससे मिलने की कोशिश करनी चाहिए। लेकिन उसने मदाम व्रेदे का ही क्यों नाम लिया, जिसके साथ अन्य बहुत-से लोगों की तरह उसने आने का वादा किया हुआ था, आन्ना यह न बता सकती। फिर भी, जैसा कि बाद में पता चला, व्रोन्स्की के साथ मुलाकात के अधिकतम चातुर्यपूर्ण उपायों की कल्पना करने पर भी वह इससे बेहतर और कुछ न सोच पाती।

"नहीं, मैं आपको किसी हालत में नहीं जाने दूँगी," आन्ना के चेहरे को बहुत गौर से देखते हुए उसने कहा। "सच कहती हूँ कि अगर आपको प्यार न करती होती, तो आपसे नाराज हो जाती। लगता है कि आप इस बात से डरती हैं कि मेरे दोस्तों की संगत से आप अटपटी स्थिति में पड़ जायेंगी। कृपया हमारे लिए छोटे मेहमानखाने में चाय ले आओ," सदा की भाँति नौकर से बात करते हुए उसने

अपनी आँखें सिकोड़कर कहा। उससे रुक्का लेकर उसने पढ़ा। "अलेक्सेई हमें चकमा दे गया," उसने फ्रांसीसी में कहा, "लिखता है कि वह नहीं आ सकता," उसने ऐसे स्वाभाविक और साधारण अन्दाज में कहा, मानो उसके दिमाग में यह बात कभी आ ही नहीं सकती थी कि व्रोन्स्की क्रोकेट के खिलाड़ी के अतिरिक्त आन्ना के लिए कोई और भी महत्त्व रखता है।

आन्ना जानती थी कि बेत्सी को सब कुछ मालूम है, लेकिन उसकी उपस्थिति में वह व्रोन्स्की की जैसे चर्चा करती थी, उसे सुनते हुए उसे हमेशा क्षण-भर को यह विश्वास हो जाता था कि वह कुछ नहीं जानती।

"अच्छा!" आन्ना ने ऐसे उदासीनता से कहा मानो इस मामले में उसकी बहुत कम दिलचस्पी हो और मुस्कुराते हुए कहती गयी, "आपके दोस्तों की संगत से कैसे कोई अटपटी स्थिति में पड़ सकता है?" अन्य नारियों की भाँति शब्दों का यह खिलवाड़, रहस्य का यह दुराव-छिपाव आन्ना को भी बहुत प्रिय था। न तो छिपाने की आवश्यकता और न वह लक्ष्य, जिसके लिए उसे छिपाया गया था, बल्कि छिपाने की यह प्रक्रिया ही उसे आकर्षित करती थी। "मैं पोप से ज्यादा कैथोलिक नहीं हो सकती," वह बोली। "स्त्रेमोव और लीजा मेर्कालोवा हमारी सोसाइटी की क्रीम हैं। फिर हर जगह ही उनका स्वागत-सत्कार होता है और मैं"– उसने 'मैं' पर विशेष जोर दिया, "कभी भी कठोर और अनुदार नहीं रही। बात यह है कि मैं जल्दी में हूँ।"

"नहीं, शायद आप स्त्रेमोव से नहीं मिलना चाहतीं? उसे और अलेक्सेई अलेक्सान्द्रोविच को सरकारी कमेटी में चोंचें लड़ाने दो, हमें इससे कोई मतलब नहीं। लेकिन ऊँचे समाज में मेरी जान-पहचान के लोगों में वह बहुत ही मधुर व्यक्ति है तथा क्रोकेट के खेल का तो दीवाना है। आप खुद देख लेंगी। लीजा के बूढ़े प्रेमी की हास्यास्पद स्थिति के बावजूद यह देखते ही बनता है कि वह इस हास्यास्पद स्थिति से कैसे बच निकलता है। बहुत ही प्यारा व्यक्ति है वह। साफो श्तोल्त्स को आप नहीं जानतीं? यह नया, बिल्कुल नया ही रंग है।"

बेत्सी यह सब कुछ कह रही थी और आन्ना उसकी खुशी से चमकती और बुद्धिमत्तापूर्ण दृष्टि से यह महसूस कर रही थी कि वह कुछ हद तक उसकी परिस्थिति को समझती है और कोई रास्ता ढूँढ़ना चाहती है। वे दोनों अध्ययन-कक्ष में थीं।

"फिर भी अलेक्सेई को रुक्का लिख भेजना चाहिए," और बेत्सी ने मेज पर बैठकर कुछ पंक्तियाँ लिखीं और रुक्के को लिफाफे में डाल दिया। "मैंने लिखा है कि वह दोपहर के खाने के लिए आ जाये। मेरे यहाँ एक महिला खाने के वक्त अकेली होगी। जरा देख लीजिये, मेरा रुक्का प्रभावपूर्ण है या नहीं? क्षमा चाहती हूँ, क्षण-भर को मुझे आपको अकेली छोड़ना होगा। कृपया लिफाफे को बन्द करके

भेज दीजिये," उसने दरवाजे के निकट से कहा, "मुझे कुछ हिदायतें देनी हैं।"

कुछ भी सोचे बिना ही आन्ना बेत्सी का पत्र लेकर मेज पर बैठ गयी और उसे पढ़े बिना उसने नीचे यह लिख दिया : 'आपसे मिलना बहुत जरूरी है। व्रेदे के बाग में आ जाइये। छः बजे वहाँ पहुँच जाऊँगी।' उसने लिफाफा बन्द कर दिया और बेत्सी के लौटने पर उसके सामने ही पत्र को भेज दिया।

सचमुच, चाय पीते वक्त, जो छोटे ठंडे मेहमानखाने में छोटी-सी मेज पर लायी गयी थी, दोनों नारियों के बीच a cosy chat[1] शुरू हो गयी, जिसका मेहमानों के आने से पहले प्रिन्सेस त्वेरस्काया ने वादा किया था। वे आने वालों के बारे में बातचीत करने लगीं और बातचीत लीजा मेर्कालोवा पर केन्द्रित हो गयी।

"वह बहुत प्यारी है और मुझे हमेशा बहुत अच्छी लगती है," आन्ना ने कहा।

"आपको उसे प्यार करना चाहिए। वह आपकी दीवानी है। घुड़दौड़ों के बाद वह मेरे पास आयी और आपसे मुलाकात न होने पर बड़ी निराश हुई। वह कहती है कि आप बिल्कुल किसी उपन्यास की नायिका जैसी हैं और अगर वह पुरुष होती, तो आपके कारण हजारों बेवकूफियाँ कर डालती। स्त्रेमोव उससे कहता है कि वह यों भी ऐसा करती है।"

"किन्तु, कृपया मुझे यह बताइये, मैं कभी भी समझ नहीं पायी," आन्ना ने कुछ देर चुप रहने के बाद ऐसे अन्दाज में कहा, जो स्पष्ट करता था कि वह यों ही बेकार यह सवाल नहीं पूछ रही है, बल्कि उसके लिए जितना होना चाहिए था, वह उससे कहीं अधिक महत्त्वपूर्ण है। "कृपया यह बताइये कि प्रिन्स कालूज्स्की से, जिसे सब मीश्का कहते हैं उसका क्या सम्बन्ध है? मैं उनसे कम मिली हूँ। कैसा सम्बन्ध है यह?"

बेत्सी आँखों में ही मुस्कुरायी और उसने गौर से आन्ना हो देखा।

"नया ढंग है," वह बोली। "उन सभी ने एक ढंग चुना है। परवाह करे उनकी जूती। लेकिन परवाह न करने के अन्दाज तो अलग-अलग हो सकते हैं।"

"हाँ, लेकिन कालूज्स्की के साथ उसके कैसे सम्बन्ध हैं?"

बेत्सी अप्रत्याशित बहुत खुशमिजाजी से तथा खुलकर हँस दी, जैसा कि वह बहुत कम करती थी।

"यह तो आप प्रिन्सेस म्याग्काया के अधिकार-क्षेत्र में प्रवेश कर रही हैं। कोई भला बच्चा ही ऐसा सवाल पूछ सकता है," बेत्सी ने सम्भवतः अपनी हँसी रोकनी चाही, पर असफल रही और उसने दूसरों को भी प्रभावित करने वाला ऐसा ठहाका लगाया, जैसा कि कभी-कभार हँसने वाले लोग ही लगाते हैं। "उनसे पूछना चाहिए," उसने हँसी के आँसुओं के बीच कहा।

"नहीं, आप हँस रही हैं," आन्न खुद भी उसकी हँसी से प्रभावित होकर बरबस

---

1. प्यारी बातचीत। (अँग्रेजी)

हँसते हुए बोली, "लेकिन मैं कभी भी नहीं समझ पायी। इस मामले में पति की भूमिका मेरी समझ में नहीं आती।"

"पति? लीजा मेर्कालोवा का पति उसके पीछे-पीछे उसकी पोशाक का झोल सँभालता है और हमेशा उसका हुक्म बजा लाने को तैयार रहता है। मगर इसके आगे वास्तव में क्या है, कोई भी यह नहीं जानना चाहता। आप तो जानती ही हैं कि अच्छे समाज में पोशाक की कुछ तफसीलों के बारे में न तो सोचा जाता है और न उनकी चर्चा ही की जाती है। यहाँ भी यही बात है।"

"आप रौलैंडकी की पार्टी में जायेंगी?" आन्ना ने बात बदलने के लिए पूछा।

"शायद नहीं जाऊँगी," बेत्सी ने जवाब दिया और अपनी सहेली की ओर देखे बिना छोटे-छोटे पारदर्शी प्यालों में खुशबूदार चाय डालने लगी। प्याले को आन्ना की ओर बढ़ाकर उसने सिगरेट निकाली और उसे चाँदी के होल्डर में लगाकर कश खींचने लगी।

"तो देखिये न, मैं बहुत सौभाग्यशाली स्थिति में हूँ," प्याला हाथ में लेकर उसने अब हँसे बिना कहा। "मैं आपको भी समझती हूँ और लीजा को भी। लीजा तो उन भोले-भाले स्वभाववालों में से है, जो बच्चों की भाँति यह नहीं समझते कि क्या अच्छा और क्या बुरा है। कम-से-कम तब नहीं समझती थी, जब बहुत जवान थी। अब वह यह जानती है कि उसका यह समझ न पाना उसे जँचता है। हो सकता है कि अब वह जान-बूझकर न समझती हो," बेत्सी ने पतली-सी मुस्कान-रेखा के साथ कहा। "लेकिन फिर भी यह उसे जँचता है। बात यह है कि एक ही चीज को दुःखद दृष्टिकोण से देखा और यातना बनाया जा सकता है और उसके प्रति सीधा-सादा और खुशी का रवैया भी अपनाया जा सकता है। सम्भवतः आप चीजों को बहुत ही दुःखद ढंग से देखने की प्रवृत्ति रखती हैं।"

"काश, मैं दूसरों को भी वैसे ही जानती होती, जैसे खुद को जानती हूँ!" आन्ना ने गम्भीरता से और सोचते हुए कहा। "मैं दूसरों से अच्छी या बुरी हूँ? मेरे खयाल में तो बुरी हूँ।"

"बिल्कुल बच्ची, एकदम बच्ची हैं," बेत्सी ने दोहराया। "पर लो, वे आ गये।"

18

कदमों की आहट हुई और मर्दाना आवाज, उसके बाद जनाना आवाज और हँसी सुनाई दी तथा इसके फौरन बाद प्रतीक्षित अतिथि– साफो श्तोल्त्स और अच्छे स्वास्थ्य से बहुत ही चमकता-दमकता हुआ तथाकथित वास्का भीतर दाखिल हुए। साफ नजर आ रहा था कि कम तले मांस, खुमियों और बरगंडी का उस पर बहुत अच्छा असर हुआ था। वास्का ने सिर झुकाकर महिलाओं का अभिवादन किया, उनकी ओर देखा, लेकिन केवल एक सेकेंड को। वह साफो के पीछे-पीछे

मेहमानखाने में दाखिल हुआ और उसके पीछे-पीछे ही उसने मेहमानखाने को ऐसे लाँघा मानो उसके साथ बँधा हुआ हो और अपनी चमकती आँखों को उस पर ऐसे टिकाये रहा मानो उसे खा जाना चाहता हो। साफो श्तोल्त्स के बाल सुनहरे तथा आँखें काली थीं। ऊँची एड़ी के जूते पहने हुए वह छोटे-छोटे तथा तेज कदमों से कमरे में दाखिल हुई और उसने महिलाओं के साथ मर्दों की भाँति खूब मजबूती और जोर से हाथ मिलाया।

इस नयी ख्याति-तारिका से आन्ना पहले कभी नहीं मिली थी और वह उसकी सुन्दरता तथा अति की सीमा तक पहुँची हुई बहुत सजीली पोशाक और उसके साहसपूर्ण अन्दाज से दंग रह गयी। उसके सिर पर अपने तथा पराये सुनहरे और नर्म बालों का ऐसा ढाँचा-सा बना हुआ था कि उसका सिर उसके बड़े-बड़े, तने तथा सामने की ओर काफ़ी नंगे उरोजों जैसा लग रहा था। उसकी हर गतिविधि में कुछ ऐसा था कि हर कदम पर पोशाक के नीचे से उसके घुटनों तथा जाँघों की बनावट बिल्कुल साफ दिखाई देती थी और आदमी यह सवाल पूछने को विवश हो जाता था कि पीठ पर ढेर सारे तथा हिलते-डुलते कपड़े के नीचे उसका छोटा-सा सुन्दर शरीर, जो सामने की ओर इतना नग्न तथा पीछे और नीचे की तरफ इतना ढका हुआ था, वास्तव में कहाँ समाप्त होता है।

बेत्सी ने झटपट आन्ना से उसका परिचय कराया।

"आप कल्पना तो करें कि हमने दो फौजियों को बग्घी के नीचे बस कुचल ही नहीं डाला," वह मुस्कुराते, आँख मटकाते और अपनी पोशाक के झोल को पीछे की तरफ करते हुए, जिसे उसने एक ओर को बहुत अधिक झटक दिया था, फौरन यह बताने लगी। "मैं वास्का के साथ बग्घी में जा रही थी... अरे हाँ, आप तो परिचित नहीं हैं।" और नौजवान आदमी का कुलनाम बताकर परिचय करवाया तथा लाल होते हुए अपनी भूल यानी इस बात पर कि एक अपरिचिता के सामने उसे वास्का कहा था, गूँजती खिलखिलाहट के साथ हँस दी।

वास्का ने फिर से आन्ना के सामने सिर झुका दिया, मगर कुछ कहा नहीं। उसने साफो को सम्बोधित किया–

"आप बाजी हार गयीं। हम यहाँ पहले पहुँच गये हैं। लाइये, शर्त अदा कीजिये," उसने मुस्कुराते हुए कहा।

साफो और भी अधिक रंग में आकर हँस दी।

"इसी वक्त तो अदायगी नहीं होगी," उसने कहा।

"खैर, कोई बात नहीं, बाद में हासिल कर लूँगा।"

"अच्छी बात है, अच्छी बात है। अरे हाँ।" उसने अचानक गृह-स्वामिनी को सम्बोधित किया। "मैं भी खूब हूँ...भूल ही गयी...आपके लिए एक मेहमान लायी हूँ। यह रहा वह।"

अप्रत्याशित युवा मेहमान, जिसे साफो अपने साथ लायी और भूल गयी थी, इतना महत्त्वपूर्ण मेहमान था कि उसके जवान होने के बावजूद दोनों महिलायें उसके स्वागत को खड़ी हो गयीं।

यह साफो का नया प्रशंसक था। वास्का की भाँति अब वह भी उसकी दुम बना फिरता था।

कुछ ही देर बाद प्रिन्स कालूज्स्की और स्त्रेमोव के साथ लीजा मेर्कालोवा आ गयी। काले बालोंवाली लीजा मेर्कालोवा दुबली-पतली थी, उसका चेहरा अलस, पूर्वी ढंग का था और आँखें बड़ी सुन्दर तथा, जैसा कि सभी कहते थे, रहस्यपूर्ण-सी थीं। उसकी काली पोशाक का अन्दाज (आन्ना ने तुरन्त ही उसकी ओर ध्यान दिया तथा ऊँचा आँका) सर्वथा उसकी सुन्दरता के अनुरूप था। साफो जितनी चुस्त और नपी-तुली थी, लीजा उतनी ही नर्म तथा ढीली-ढाली थी।

किन्तु आन्ना की रुचि की दृष्टि से लीजा कहीं अधिक आकर्षक थी। बेत्सी ने उसके बारे में आन्ना से कहा था कि लीजा ने भोले-भाले बालक का चोला-सा धारण कर लिया है मगर उसे देखने पर आन्ना ने महसूस यि कि यह सही नहीं है। वह वास्तव में ही भोली-भाली और लाड़-प्यार से बिगड़ी हुई, किन्तु प्यारी और उदारमना नारी थी। यह सही है कि उसका भी साफो जैसा रंग-ढंग था– उसके साथ नत्थी हुए से घूमते थे और नजरों से उसे हड़पते जाते थे, किन्तु उसमें कुछ ऐसा था, जो उसके इर्द-गिर्द के वातावरण से ऊँचा था– उसमें शीशों के बीच असली हीरे की-सी चमक थी। यह चमक उसकी बहुत सुन्दर और वास्तव में ही रहस्यपूर्ण आँखों में झलकती थी। काले घेरोंवाली इन आँखों की थकी-थकी और साथ ही भावुक दृष्टि अपनी पूर्ण निश्छलता से चकित करती थी। इन आँखों से झाँकने पर हर किसी को ऐसा लगता था कि वह उसे पूरी तरह जान गया है और जानने पर उससे प्यार किये बिना नहीं रह सकता था। आन्ना को देखकर उसका चेहरा अचानक खुशी-भरी मुस्कान से चमक उठा।

"ओह, कितनी खुश हूँ मैं आपको यहाँ पाकर!" आन्ना के पास आकर उसने कहा। "कल घुड़दौड़ों के वक्त में आपके पास आना ही चाहती थी कि आप चली गयीं। खासतौर पर कल मैं बहुत उत्सुक थी आपसे मिलने को। सचमुच ही बड़ा भयानक दृश्य था न वह!" उसने आन्ना को ऐसी दृष्टि से देखते हुए कहा, जिसने मानो उसकी आत्मा को खोलकर रख दिया था।

"हाँ, मैंने कभी यह नहीं सोचा था कि वहाँ ऐसी विह्वलता अनुभव होती है," आन्ना ने लज्जारुण होते हुए कहा।

इसी समय सब लोग बाग में जाने के लिए उठे।

"मैं नहीं जाऊँगी," लीजा ने मुस्कुराते और आन्ना के करीब बैठते हुए कहा। "आप नहीं जायेंगी न? क्रोकेट खेलने में क्या तुक है!"

"नहीं, मुझे पसन्द है," आन्ना ने कहा।

"तो, यह, यह बताइये, आप ऐसा क्या करती हैं कि आपको ऊब नहीं महसूस होती? आपको देखने से ही मन खिल उठता है। आप जिन्दगी को जीती हैं, मगर मैं ऊबती हूँ।"

"आप ऊबती हैं? आप तो पीटर्सबर्ग के सबसे ज्यादा खुश लोगों के हलके में रहती हैं," आन्ना ने कहा।

"यह मुमकिन है कि जो लोग हमारे हलके में नहीं हैं, उन्हें और भी ज्यादा ऊब महसूस होती है। लेकिन हमें, शायद मुझे तो, खुशी नहीं, बहुत, बहुत ही ज्यादा ऊब महसूस होती है।"

साफो सिगरेट जलाकर अपने दोनों जवान प्रशंसकों के साथ बाग में चली गयी। बेत्सी और स्त्रेमोव चाय की मेज पर डटे रहे।

"आपको ऊब महसूस होती है?" बेत्सी ने कहा। "साफो कहती है कि कल उन्होंने आपके यहाँ बहुत मौज मनायी।"

"ओह, बेहद उकताहट रही!" लीजा मेर्कालोवा ने कहा। "घुड़दौड़ों के बाद सभी मेरे यहाँ चले गये। वही, फिर वही-के-वही लोग! फिर वही-की-वही बातें। शाम-भर सोफे तोड़ते रहे। इसमें क्या मौज-मजा हो सकता है? नहीं, आप इसके लिए क्या करती हैं कि आपको ऊब महसूस न हो?" उसने फिर आन्ना से पूछा। "आप पर नजर डालते ही यह अनुभव होता है– यह रही वह नारी, जो शायद सुखी, दुःखी भी हो सकती है, मगर ऊब अनुभव नहीं करती। मुझे सिखा दीजिये कि आप यह कैसे कर पाती हैं?"

"मैं कुछ नहीं करती," इन अनुरोधपूर्ण प्रश्नों से लजाकर लाल होते हुए आन्ना ने जवाब दिया।

"यही सबसे अच्छा ढंग है," स्त्रेमोव ने बातचीत में दखल दिया।

स्त्रेमोव पचास साल का मर्द था, उसके आधे बाल पक चुके थे, फिर भी उसमें ताजगी थी, वह बदसूरत था, मगर चेहरे पर समझदारी और चरित्र की दृढ़ता अंकित थी। लीजा मेर्कालोवा उसकी बीवी की भतीजी थी और वह अपना फुर्सत का सारा वक्त उसी के साथ बिताता था। सरकारी नौकरी के मामले में वह आन्ना के प्रति करेनिन का विरोधी था और उसकी बीवी से मुलाकात होने पर शिष्ट तथा समझदार व्यक्ति के नाते उसने उसके साथ विशेषतः अच्छी तरह से पेश आने की कोशिश की।

"कुछ नहीं करती," उसने हल्की-सी मुस्कान के साथ इन शब्दों को दोहराया, "यही सबसे अच्छा उपाय है। मैं बहुत अर्से से आपसे कह रहा हूँ," उसने लीजा मेर्कालोवा को सम्बोधित किया, "इस बात के लिए कि ऊब महसूस न हो, यह नहीं सोचना चाहिए कि ऊब महससू होगी। यह तो बिल्कुल वही बात है कि अगर

आदमी उनींदेपन से डरता हो, तो उसे इस चीज से नहीं डरना चाहिए कि नींद नहीं आयेगी। आन्ना आर्कादृयेव्ना ने आपसे यही कहा है।"

"अगर मैंने यह कहा होता तो मुझे बड़ी खुशी हुई होती। कारण कि यह न केवल बुद्धिमत्तापूर्ण बल्कि सच भी है," आन्ना ने मुस्कुराते हुए कहा।

"नहीं, यह बताइये कि उनींदेपन और ऊब से कैसे बचा जा सकता है?"

"नींद आये, इसके लिए काम करना चाहिए और खुश होने के लिए भी काम करना चाहिए।"

"अगर मेरे काम की किसी को जरूरत नहीं, तो मैं किसलिए काम करूँ? ढोंग करना मुझे आता नहीं और मैं चाहती भी नहीं।"

"आप कभी नहीं सुधर सकेंगी," लीजा की ओर देखे बिना स्त्रेमोव ने कहा और फिर से आन्ना को सम्बोधित किया।

चूँकि आन्ना के साथ उसकी बहुत कम मुलाकात होती थी, इसलिए मामूली बातों के सिवाय वह उससे और कुछ नहीं कर सकता था। लेकिन स्त्रेमोव ऐसी मामूली बातें ही कहता रहा कि कब वह पीटर्सबर्ग लौटेंगी, कि काउंटेस लीदिया इवानोव्ना उसे कितना अधिक प्यार करती है और सो भी ऐसे अभिव्यक्तिपूर्ण ढंग से, जो जाहिर करता था कि वह जी-जान से उसके लिए मधुर होना तथा उसके प्रति अपना सम्मान ही नहीं, बल्कि उससे भी कुछ अधिक भावना दिखाना चाहता है।

तुश्केविच ने भीतर आकर कहा कि सभी लोग क्रोकेट के खिलाड़ियों की राह देख रहे हैं।

"नहीं, कृपया नहीं जाइये," लीजा मेर्कालोवा ने यह मालूम होने पर कि आन्ना जाना चाहती है, अनुरोध किया। स्त्रेमोव ने भी उसका साथ दिया।

"ऐसे लोगों की संगत के बाद बुढ़िया व्रेदे के यहाँ जाना तो जमीन-आसमान के फर्क के समान होगा। इसके अलावा वहाँ आप निन्दा-चुगली ही सुनेंगी, जबकि यहाँ दूसरी, बहुत ही अच्छी और निन्दा-चुगली के बिल्कुल उलट भावनायें जागृत कर पायेंगी," उसने आन्ना से कहा।

आन्ना कुछ देर तक दुविधा में पड़कर सोचती रही। इस समझदार आदमी की प्रशंसापूर्ण बातें, अपने प्रति लीजा द्वारा प्रकट किया जाने वाला भोला-भाला और बाल-सुलभ स्नेह तथा ऊँचे समाज का यह परिचित वातावरण—यह सब कुछ इतना राहत देने वाला था, जबकि इतना कठिन समय उसके सामने था कि वह घड़ी-भर को इस असमंजस में रही—क्या यहीं रुके रहना और स्पष्टीकरण के इस बोझिल क्षण को टाल देना अच्छा नहीं होगा? किन्तु यह याद आने पर कि अगर वह कोई निर्णय नहीं करेगी, तो घर में अकेली होने पर उसका क्या हाल होगा, उस भयानक हरकत के स्मरण मात्र से, जब वह दोनों हाथों से सिर थामे हुए थी, उसने विदा ली और चली गयी।

19

ऊँचे समाज के जीवन में पहली नजर में चंचल तबीयत का व्यक्ति दिखाई देने के बावजूद व्रोन्स्की को गड़बड़ से बड़ी नफरत थी। जवानी के दिनों में ही, जब वह सैनिक विद्यालय का विद्यार्थी था, उसने किसी मुश्किल में पड़ जाने पर कर्ज माँगा था और कोरा जवाब पाने के अपमान को अनुभव कर लिया था। तब से उसने कभी भी अपने को ऐसी स्थिति में नहीं पड़ने दिया था।

अपने मामलों को ठीक-ठाक करने के लिए वह परिस्थितियों के अनुसार साल में चार-पाँच बार एकान्त में बैठकर अपने सारे हिसाब-किताब को स्पष्ट रूप देता। इसे वह हिसाब चुकाना या faire la lessive[1] कहता ।

घुड़दौड़ों के बाद अगले दिन देर से जागने पर व्रोन्स्की ने दाढ़ी बनाये और नहाये बिना सूती फौजी कमीज पहनी और पैसे, बिल और पत्रों को मेज पर रखकर काम में जुट गया। पेत्रीत्स्की ने यह जानते हुए कि ऐसे मौकों पर वह झल्लाया होता है, आँख खुलते ही दोस्त को लिखने की मेज पर बैठे देखकर चुपचाप कपड़े पहने और उसके काम में खलल डाले बिना बाहर चला गया।

अपने चारों ओर के वातावरण की परिस्थितियों की जटिलता की छोटी-से-छोटी तफसीलों से परिचित हर व्यक्ति अनचाहे ही ऐसा मानता है कि इन परिस्थितियों की जटिलता और उनके स्पष्टीकरण की कठिनाई केवल उसी से सम्बन्धित व्यक्तिगत और सांयोगिक बातें हैं और वह किसी तरह भी यह नहीं सोचता कि दूसरों को भी उसी के समान अपनी जटिल परिस्थितियों का सामना करना होता है। व्रोन्स्की को भी ऐसा ही लगता था। इसलिए वह साधार आन्तरिक गर्व भावना से यह सोचता था कि उसकी जगह कोई दूसरा आदमी अगर अपने को उसके जैसी कठिन परिस्थितियों में पाता तो कभी का भटक गया होता और कोई बुरा रास्ता अपनाने को विवश हो जाता। किन्तु व्रोन्स्की अनुभव कर रहा था कि अगर उसे भटकना नहीं है, तो अब उसके लिए अपनी सारी स्थिति को समझना और स्पष्ट करना जरूरी है।

सबसे आसान काम के रूप में व्रोन्स्की ने सबसे पहले रुपयों-पैसों के हिसाब-किताब की तरफ ध्यान दिया। अपनी बारीक लिखावट में पत्र लिखने के कागज पर सभी ऋण लिखकर जब उसने उनका जोड़ किया, तो पाया कि उसे सत्रह हजार और कुछ सौ रूबल देने हैं। हिसाब को सरल बनाने के लिए उसने सैकड़ों की संख्या को छोड़ दिया। नकद रकम और बैंक की कॉपी में जमा धन को गिनने पर उसे पता चला कि उसके पास कुल अठारह सौ रूबल बाकी हैं और नया साल शुरू होने तक और आमदनी की कोई सम्भावना नहीं है। कर्जों की सूची को फिर से पढ़ने के बाद व्रोन्स्की ने उसे तीन श्रेणियों में बाँटते हुए फिर से लिख लिया।

---

1. धुलाई करना। (फ्रांसीसी)

पहली श्रेणी के अन्तर्गत वे ऋण थे, जिन्हें फौरन अदा करना चाहिए था या कम-से-कम जिनकी अदायगी के लिए रकम तैयार होनी चाहिए थी, ताकि माँगे जाने पर पल-भर की देरी के बिना उन्हें चुकाया जा सके। ऐसे ऋणों की रकम लगभग चार हजार थी–डेढ़ हजार घोड़ी और ढाई हजार उस जमानत की अदायगी के लिए, जो उसने अपने एक नौजवान साथी वेनेव्स्की द्वारा एक पत्तेबाज के साथ खेल में हारी गयी इस रकम के लिए दी थी। व्रोन्स्की ने उसी समय यह रकम चुकानी चाही थी (तब उसकी जेब में इतने रूबल थे) लेकिन वेनेव्स्की और याश्विन ने इस बात पर जिद की कि यह रकम व्रोन्स्की नहीं, जिसने खेल में हिस्सा नहीं लिया था, बल्कि वे चुकायेंगे। यह सब बहुत अच्छा था, मगर व्रोन्स्की जानता था कि इस गन्दे मामले को निपटाने के लिए, जिसमें उसने सिर्फ इतना ही हिस्सा लिया था कि वेनेव्स्की की जबानी जमानत दी थी, उसके पास ढाई हजार रूबल होने चाहिए ताकि उन्हें पत्तेबाज के मुँह पर दे मारे और इससे अधिक कोई बातचीत न करे। तो इस तरह सबसे महत्त्वपूर्ण पहली श्रेणी के लिए उसके पास चार हजार रूबल होने चाहिए। दूसरी श्रेणी के अन्तर्गत आने वाले आठ हजार रूबल कम महत्त्वपूर्ण ऋण थे। ये ऋण मुख्यतः अस्तबल यानी जई, घास, अँग्रेज ट्रेनर, साजगर आदि से सम्बन्धित खर्च थे। इन कर्जों के लिए भी उसके पास दो हजार रूबल होने चाहिए थे, ताकि पूरी तरह से निश्चिन्त हुआ जा सके। अन्तिम श्रेणी में दुकानों, होटलों और दर्जी के ऋण थे, जिनके बारे में चिन्ता की कोई बात नहीं थी। इस तरह चालू खर्चों के लिए उसे कम-से-कम छः हजार रूबल की वार्षिक आयवाले व्यक्ति के लिए, जैसा कि व्रोन्स्की के सम्बन्ध में सभी मानते थे, ऐसा प्रतीत हो सकता था कि इस तरह के ऋण कोई कठिनाई नहीं पेश कर सकते थे। लेकिन बात यह थी कि उसकी आय एक लाख रूबल नहीं थी। पिता द्वारा छोड़ी गयी बहुत बड़ी सम्पत्ति, जिससे दो लाख की वार्षिक आय होती थी, भाइयों के बीच अविभाजित ही रही थी। बड़े भाई ने, जिस पर कर्जों का बहुत बड़ा बोझ था और जिसने जब तक दिसम्बरवादी[1] की सर्वथा सम्पत्तिहीन बेटी प्रिन्सेस वार्या चिरकोवा से शादी की, तो व्रोन्स्की ने अपने लिए केवल पच्चीस हजार रूबल वार्षिक निश्चित करके पिता की जागीर की बाकी सारी आमदनी भाई को देने का निर्णय किया। व्रोन्स्की ने तब भाई से कहा कि जब तक वह शादी नहीं करता, जो सम्भवतः कभी नहीं करेगा, उसके लिए इतनी रकम काफी रहेगी। बड़ा भाई, जो एक सबसे अधिक खर्चीली पलटन का कमांडर था और जिसने उन्हीं दिनों शादी की थी, इस उपहार को स्वीकार करने से इनकार नहीं कर सकता था। माँ, जिसकी अपनी अलग जागीर थी, उन पच्चीस हजार के अलावा बीस हजार रूबल व्रोन्स्की को हर साल और देती

1. दिसम्बरवादी वे कुलीन क्रान्तिकारी थे, जिन्होंने 1825 में ज़ारशाही के विरुद्ध विद्रोह किया था और जिन्हें साइबेरिया में निर्वासित किया गया था।

और व्रोन्स्की यह सब कुछ खर्च कर डालता था। पिछले कुछ समय से माँ आन्ना के साथ व्रोन्स्की के सम्बन्ध और उसके मास्को से चले जाने की बात को लेकर उससे नाराज हो गयी थी और उसने उसे रूबल भेजना बन्द कर दिया था। नतीजा यह हुआ था कि व्रोन्स्की, जो पैंतालीस हजार वार्षिक आय का आदी हो चुका था, इस साल केवल पच्चीस हजार मिलने पर अपने को मुश्किल में पा रहा था। इस मुश्किल से निजात पाने के लिए वह अपनी माँ से पैसे नहीं माँग सकता था। माँ के अन्तिम पत्र ने, जो उसे एक दिन पहले मिला था, उसे खासतौर पर चिढ़ा दिया था, क्योंकि उसमें कुछ ऐसे संकेत थे कि वह ऊँचे समाज और नौकरी के मामले में उसकी मदद करने को तैयार थी, किन्तु ऐसी जिन्दगी के लिए नहीं, जिससे सारे अच्छे समाज में बदनामी होती हो। माँ की उसे इस तरह से खरीद लेने की इच्छा ने उसके मर्म को बुरी तरह आहत कर दिया और उसके प्रति उसका हृदय और भी उदासीन हो गया। लेकिन वह दरियादिली से कहे गये अपने शब्दों को वापस नहीं ले सकता था, यद्यपि आन्ना के साथ अपने सम्बन्ध की कुछ सम्भावनाओं का धुँधला-सा पूर्वानुमान लगाते हुए, अब वह यह महसूस करता था कि दरियादिली के ये शब्द सोचे-समझे बिना कहे गये थे और उसे, अविवाहित को ही, अपनी एक लाख की पूरी आमदनी की जरूरत हो सकती है। किन्तु वह अपने शब्दों को वापस नहीं ले सकता था। उसके लिए केवल अपनी भाभी को याद कर लेना, इतना ही याद कर लेना काफी था कि कैसे प्यारी और अच्छी वार्या हर सम्भव अवसर पर यह याद दिलाती थी कि वह उनकी दरियादिली को भूली नहीं है और उसका ऊँचा मूल्यांकन करती है और व्रोन्स्की को यह समझने में देर नहीं लगती थी कि जो कुछ दिया जा चुका है, उसे वापस लेना मुमकिन नहीं। यह वैसे ही असम्भव था, जैसे किसी नारी को पीटना, चोरी करना या झूठ बोलना। उसके लिए एक ही बात सम्भव थी, जो उसे करनी चाहिए थी और जिसके बारे में उसने क्षण-भर की दुविधा के बिना ही निर्णय कर लिया—सूदखोर से दस हजार रूबल उधार ले, जिसमें कोई कठिनाई नहीं हो सकती, अपने खर्च कम करे और घुड़दौड़ के घोड़े बेच डाले। यह निर्णय करके उसने रोलैंडकी को, जो घोड़े खरीदने के लिए उसके पास कई बार सन्देश भिजवा चुका था, फौरन एक रुक्का लिख भेजा। इसके बाद उसने अँग्रेज ट्रेनर और सूदखोर को बुलवाया तथा उसके पास जो रकम थी, उसे अलग-अलग हिसाबों में बाँट दिया। इन मामलों को निपटाकर उसने माँ को एक कठोर और कटु पत्र लिखा। इसके बाद बटुए में से आन्ना के तीन रुक्के निकाले, उन्हें फिर से पढ़ा, जलाया और पिछले दिन उसके साथ हुई अपनी बातचीत को याद करके सोच में डूब गया।

20

व्रोन्स्की का जीवन इसलिए विशेष रूप से सुखी था कि उसका एक अपना नियम-संग्रह था, जो निश्चित रूप से यह तय करता था कि उसे क्या करना और क्या नहीं करना चाहिए। यह नियम-संग्रह परिस्थितियों के छोटे-से दायरे तक सीमित था, लेकिन दूसरी ओर ये नियम बिल्कुल निश्चित थे और इस दायरे से बाहर न निकलते हुए व्रोन्स्की को कभी क्षण-भर को भी उसे जो कुछ करना चाहिए, उसके बारे में असमंजस नहीं होता था। ये नियम पक्के तौर पर तय करते थे कि पत्तेबाज को पैसे देने चाहिए, मगर दर्जी को देने की जरूरत नहीं, कि मर्दों के साथ झूठ नहीं बोलना चाहिए, लेकिन औरतों के साथ झूठ बोला जा सकता है–किसी को धोखा नहीं देना चाहिए, लेकिन पति को धोखा दिया जा सकता है कि अपमान को क्षमा नहीं करना चाहिए, मगर वह खुद अपमान कर सकता है, आदि। ये सभी नियम बेसमझी के और बुरे हो सकते थे, किन्तु सन्देहहीन थे और इन पर अमल करते हुए व्रोन्स्की अपने को शान्त और यह अनुभव करता कि अपना सिर ऊँचा रख सकता है। केवल पिछले कुछ अर्से से आन्ना के साथ अपने सम्बन्धों के सिलसिले में व्रोन्स्की यह महसूस करने लगा था कि उसका नियम-कानून सभी परिस्थितियों के लिए पर्याप्त नहीं है और भविष्य ऐसी कठिनाइयाँ तथा सन्देह प्रस्तुत कर रहा है, जिनके लिए उसके पास मार्गदर्शन के कोई सूत्र नहीं थे।

आन्ना और उसके पति के प्रति उसका इस समय का रवैया बिल्कुल सीधा-सादा और साफ था। वह जिस नियम-संग्रह से निर्देशित होता था, उसमें उसका निश्चित और स्पष्ट रूप विद्यमान था।

आन्ना एक बाइज्जत औरत थी, जिसने उसे अपना प्यार भेंट किया था और वह खुद भी उसे प्यार करता था। इसलिए उसकी नजर में वह ऐसी औरत थी, जिसे कानूनी बीवी जैसा और उससे भी ज्यादा आदर-सत्कार मिलना चाहिए। किसी शब्द या संकेत से उसका न केवल अपमान ही नहीं करना चाहिए बल्कि वह आदर भी न दिखाने के बजाय, जिसकी कोई नारी आशा-अपेक्षा कर सकती है, वह अपना हाथ कटवा डालना बेहतर समझता।

समाज के प्रति भी उसका रवैया स्पष्ट था। सभी लोग इस बात को जान सकते हैं, इसके बारे में अनुमान लगा सकते हैं, मगर किसी को भी इसके बारे में कुछ कहने की हिम्मत नहीं होनी चाहिए। ऐसा न होने पर वह मुँह खोलने वालों को चुप रहने और अपनी प्रेम-पात्र नारी की अविद्यमान प्रतिष्ठा का आदर करने को विवश कर सकता था।

आन्ना के पति के प्रति उसका रवैया तो सबसे ज्यादा साफ था। आन्ना जब से उसे प्यार करने लगी थी तभी से यह उस पर अपना चुनौतीहीन अधिकार मानता था। पति तो फालतू और खलल डालने वाला ही था। निस्सन्देह उसकी स्थिति

दयनीय थी, किन्तु क्या हो सकता है? पति को सिर्फ इतना ही अधिकार प्राप्त था कि हाथ में हथियार लेकर अपने को सन्तुष्ट करने की माँग करे और व्रोन्स्की इसके लिए पहले ही क्षण से तैयार था।

किन्तु पिछले कुछ समय में आन्ना और उसके बीच कुछ नये आन्तरिक सम्बन्ध प्रकट हो गये थे, जो अपनी अस्पष्टता से व्रोन्स्की को चिन्तित करते थे। आन्ना ने पिछले दिन ही उसे यह बताया था कि वह गर्भवती हो गयी है। उसे अनुभव हो रहा था कि यह खबर और आन्ना उससे जो आशा कर रही थी, वह कुछ ऐसी अपेक्षा रखता है, जिसे वह नियम-संग्रह, जिससे वह निर्देशित होता था, पूरी तरह स्पष्ट नहीं करता। वास्तव में ही उसने ऐसी खबर की आशा नहीं की थी और आन्ना के अपनी स्थिति घोषित करते ही उसके हृदय ने उससे कहा कि वह अन्ना से पति को छोड़ देने की माँग करे। उसने यह कह दिया, किन्तु अब विचार करने पर उसे यह स्पष्ट दिख रहा था कि ऐसा न करना ही बेहतर होता। साथ ही अपने से ऐसे कहते हुए उसे यह शंका भी हो रही थी–क्या ऐसा करना बुरा नहीं होगा?

'अगर मैंने पति को छोड़ने की बात कही है, तो इसका मतलब यह है कि वह मेरे पास आ जाये। क्या मैं इसके लिए तैयार हूँ? मैं उसे अपने साथ कहीं ले जा ही कैसे सकता हूँ, जबकि मेरी जेब खाली है? मान लें कि इस मुश्किल को मैं दूर कर सकता हूँ...लेकिन सेना में रहते हुए उसे मैं कैसे ले जा सकता हूँ? अगर मैंने ऐसा कहा है, तो मुझे इसके लिए तैयार होना चाहिए, यानी मेरे पास पैसे होने चाहिए और मुझे सेना से त्यागपत्र दे देना चाहिए।'

व्रोन्स्की सोच में डूब गया। इस प्रश्न से कि वह सेना से अवकाश ग्रहण करे या नही, एक अन्य, गुप्त, केवल उसे ही ज्ञात और उसके जीवन की लगभग मुख्य दिलचस्पी ने, जिसे उसने बेशक जिन्दगी-भर छिपाये रखा था, सिर उठाया।

महत्त्वाकांक्षा तो उसके बचपन और किशोरावस्था का पुराना सपना रही थी। यह ऐसा सपना था, जिसे वह स्वयं अपने सम्मुख भी स्वीकार नहीं करता था, किन्तु जो इतना प्रबल था कि अब उसकी तीव्रता उसके प्यार से भी टक्कर ले रही थी। ऊँचे समाज और नौकरी के मामले में शुरू में उसे सफलता मिली, किन्तु दो साल पहले उसने एक बड़ी भूल कर दी। उसने अपनी स्वावलम्बिता दिखाने और आगे बढ़ने की इच्छा से उस ओहदे को लेने से इनकार कर दिया, जो उसे पेश किया गया था। उसे उम्मीद थी कि इस इनकार से इसका महत्त्व बढ़ जायेगा, किन्तु ऐसा करने पर वह कुछ अधिक ही साहसी प्रतीत हुआ तथा उसकी अवहेलना कर दी गयी। चाहे-अनचाहे एक स्वतन्त्र व्यक्ति की स्थिति ग्रहण कर लेने पर वह बड़ी व्यवहार-कुशलता और समझदारी से यह जाहिर करते हुए उसे निभाता रहा कि मानो किसी से भी नाराज नहीं है कि किसी ने भी उसे ठेस नहीं पहुँचायी है और केवल यही चाहता है कि उसे चैन से रहने दिया जाये, क्योंकि वह बहुत मजे में है। वास्तव

में पिछले साल से, जब वह मास्को गया, उसके मजे खत्म हो गये थे। वह महसूस करता था कि ऐसे स्वावलम्बी व्यक्ति की स्थिति, जो सब कुछ कर सकता है, मगर जो कुछ भी करने की परवाह नहीं करता, लुप्त होने लगी है, बहुत-से लोग यही सोचने लगे हैं कि ईमानदार तथा भला आदमी होने के अलावा वह कुछ भी करने में असमर्थ है। आन्ना के साथ उसके सम्बन्ध से इतना अधिक शोर मचा, इसने सभी का ध्यान अपनी ओर आकर्षित किया तथा व्रोन्स्की को एक नयी चमक-दमक प्रदान करके कुछ देर के लिए उसकी महत्त्वाकांक्षा के कुरेदते कीड़े को शान्त कर दिया। किन्तु एक सप्ताह पहले यह कीड़ा नयी शक्ति के साथ मचल उठा। उसके बचपन का साथी, एक ही हलके, एक ही समाज और शाही सैनिक स्कूल का साथी सेर्पुख़ोव्स्कोई जिसके साथ उसने सैनिक विद्यालय की शिक्षा पूरी की, जिसके साथ वह कक्षा, कसरत, शरारतों और महत्त्वाकांक्षा के स्वप्नों में होड़ करता रहा था, कुछ ही दिन पहले मध्य एशिया से लौटा था, जहाँ उसकी दो बार पदोन्नति हुई थी और वह प्रतिष्ठा मिली थी, जो ऐसे जवान जनरलों को बहुत कम ही मिलती है।

सेर्पुख़ोव्स्कोई के पीटर्सबर्ग आते ही प्रथम महत्त्व के जगमगाते सितारे के रूप में उसकी चर्चा होने लगी। व्रोन्स्की का हमउम्र और सहपाठी सेर्पुख़ोव्स्कोई जनरल बन चुका था और ऐसी नियुक्ति की आशा कर रहा था, जो राजकीय कार्यों की गतिविधियों को प्रभावित कर सकती थी, जबकि व्रोन्स्की स्वावलम्बी, बहुत होनहार तथा एक सुन्दर नारी का प्रेमपात्र होते हुए भी केवल घुड़सेना का कप्तान था, जो जितना भी चाहे, स्वावलम्बी हो सकता था। 'जाहिर है कि सेर्पुख़ोव्स्कोई से मुझे ईर्ष्या नहीं है और हो भी नहीं सकती। किन्तु उसकी पदोन्नति मुझे यह स्पष्ट करती है कि बस प्रतीक्षा करनी चाहिए और मेरे जैसा व्यक्ति बहुत जल्दी ही उन्नति की सीढ़ी पर चढ़ सकता है। तीन साल पहले उसकी मेरे जैसी ही स्थिति थी। सेना से इस्तीफा देकर मैं अपनी नाव डुबो लूँगा। नौकरी में बने रहने पर मेरा कुछ भी हर्ज नहीं है। उसने तो खुद यह कहा था कि वह अपनी स्थिति नहीं बदलना चाहती। और मैं उसका प्रणय-पात्र होते हुए सेर्पुख़ोव्स्कोई से ईर्ष्या नहीं कर सकता।' अपनी मूँछों को धीरे-धीरे मरोड़ते हुए वह मेज से उठा और उसने कमरे में चक्कर लगाया। उसकी आँखें विशेष रूप से चमक रही थीं और उसे अपने मन में वह दृढ़ता, शान्ति और खुशी महसूस हो रही थी, जो अपनी स्थिति के स्पष्ट हो जाने पर उसे हमेशा अनुभव होती थी। पहले के हिसाब-किताब के बाद की तरह ही सब कुछ स्पष्ट और साफ था। उसने दाढ़ी बनायी, ठंडे पानी से स्नान किया, कपड़े पहने और बाहर निकला।

21

"मैं तुम्हें बुलाने आया हूँ। तुम्हारी 'धुलाई' आज बहुत देर तक चलती रही," पेत्रीत्स्की ने कहा। "खत्म हो गयी न?"

"खत्म हो गयी," व्रोन्स्की ने केवल आँखों से ही हँसते और अपनी मूँछों के सिरों को ऐसे सावधनी से मरोड़ते हुए कहा मानो उसने अपने मामलों में जो सुव्यवस्था की है, कोई भी जोरदार और तेज हरकत उसे गड़बड़ा सकती है।

"इसके बाद तुम हमेशा हमाम से बाहर प्रतीत होते हो," पेत्रीत्स्की ने कहा। "मुझे ग्रीत्स्का (पलटन के कमांडर को वे ऐसे ही बुलाते थे) ने भेजा है, तुम्हारी राह देखी जा रही है।"

व्रोन्स्की ने कोई जवाब दिये बिना और कुछ दूसरी ही बात सोचते हुए अपने दोस्त की तरफ देखा।

"यह संगीत उसी के यहाँ गूँज रहा है?" उसने तुरहियों, पोल्का और वाल्ज नृत्यों की अपने कानों तक पहुँच रही जानी-पहचानी ध्वनियों को सुनकर कहा। "किस बात का जश्न मनाया जा रहा है?"

"सेर्पुख़ोव्स्कोई आया है।"

"सच!" व्रोन्स्की बोला, "मुझे तो मालूम ही नहीं।"

उसकी आँखों की चमक और तेज हो गयी।

अपने मन में यह तय करके कि अपने प्यार की बदौलत वह अधिक सौभाग्यशाली है और उसके लिए उसने अपनी महत्त्वाकांक्षा की बलि दे दी है–कम-से-कम अपने लिए ऐसी भूमिका ग्रहण करने के बाद–व्रोन्स्की न तो सेर्पुख़ोव्स्कोई के प्रति ईर्ष्या और न ही इस बात के लिए नाराजगी महसूस कर सकता था कि पलटन में आने पर वह सबसे पहले उसी के पास नहीं आया था। सेर्पुख़ोव्स्कोई अच्छा मित्र था और व्रोन्स्की को उसके आने से खुशी हुई थी।

"मैं बहुत खुश हूँ।"

पलटन का कमांडर देमिन एक बड़ी हवेली में रहता था। सभी मेहमान नीचे वाले, खुले छज्जे में जमा थे। आँगन में वोद्का से भरे बड़े पीपे के करीब खड़े बावर्दी फौजी गायकों तथा अफसरों से घिरी पलटन-कमांडर की लम्बी-तड़ंगी और खुशी से उमगती आकृति पर ही व्रोन्स्की की सबसे पहले नजर पड़ी। पलटन-कमांडर छज्जे की पहली पैड़ी पर आकर ओफेनबाख का काड्रिल बजाते बैंड से भी अधिक ऊँची आवाज में एक तरफ से खड़े हुए फौजियों को कुछ हुक्म दे रहा था और हाथ हिला रहा था। फौजियों का एक दल, सार्जेंट और कुछ छोटे अफसर व्रोन्स्की के साथ ही छज्जे के करीब पहुँचे। पलटन-कमांडर मेज की तरफ लौटा और हाथ में गिलास लिये हुए फिर छज्जे के चबूतरे पर बाहर आया और जाम ऊपर उठाते हुए उसने ये शब्द कहे, "हमारे भूतपूर्व साथी और बहादुर जनरल प्रिन्स सेर्पुख़ोव्स्कोई की सेहत के लिए। हुर्रा!"

पलटन-कमांडर के पीछे-पीछे ही हाथ में गिलास लिये हुए सेर्पुख़ोव्स्कोई बाहर आया।

"तुम तो लगातार और भी जवान होते जा रहे हो, बोन्दारेन्को," उसने अपने सामने खड़े, सैन्य-सेवा की दूसरी अवधि पूरी कर रहे जवान दिखने तथा लाल-लाल गालोंवाले सार्जेंट से कहा।

व्रोन्स्की तीन सालों से सेर्पुख़ोव्स्कोई से नहीं मिला था। उसने गलमुच्छे बढ़ा लिये थे, अधिक हृष्ट-पुष्ट हो गया था, मगर पहले की तरह की सुघड़-सुडौल था और अपनी सुन्दरता से इतना नहीं, जितना कि सौजन्य और चेहरे तथा आकृति की उदात्तता से चकित करता था। व्रोन्स्की ने उसमें जिस एक तब्दीली को लक्षित किया, वह धीमी-धीमी और स्थायी कान्ति, जो सफलता पाने और इस सफलता की सर्वमान्यता के बारे में विश्वास रखने वाले लोगों के चेहरों पर अंकित हो जाती है। व्रोन्स्की इस चमक से परिचित था और सेर्पुख़ोव्स्कोई के चेहरे पर उसे वह फौरन दिखाई दे गयी।

जीने से नीचे उतरते हुए सेर्पुख़ोव्स्कोई ने व्रोन्स्की को देखा। सेर्पुख़ोव्स्कोई का चेहरा खुशी से चमक उठा। उसने पीछे की तरफ सिर झटका, व्रोन्स्की का अभिवादन करते हुए गिलास ऊपर उठाया और इस संकेत से यह स्पष्ट कर दिया कि उसके पास आने के पहले सार्जेंट से मिलना जरूरी है, जो तनकर सीधा खड़ा था और चुम्बन के लिए होंठों को तैयार कर रहा था।

"लो, वह आ गया!" पलटन-कमांडर चिल्लाया। "और याश्विन ने मुझसे यह कहा था कि तुम अपने बुरे मूड में हो।"

सेर्पुख़ोव्स्कोई ने चुस्त सार्जेंट के गीले और ताजा होंठों को चूमा तथा रूमाल से मुँह पोंछकर व्रोन्स्की के पास गया।

"ओह, कितना खुश हूँ मैं!" व्रोन्स्की से हाथ मिलाते और उसे एक तरफ को ले जाते हुए उसने कहा।

"इसकी चिन्ता करो!" कमांडर ने व्रोन्स्की की तरफ इशारा करते हुए याश्विन से कहा और सैनिकों की तरफ नीचे चला गया।

"तुम कल घुड़दौड़ों में क्यों नहीं आये? मैंने सोचा था कि तुमसे वहाँ मुलाकात हो जायेगी," सेर्पुख़ोव्स्कोई को गौर से देखते हुए व्रोन्स्की बोला।

"मैं आया तो था, लेकिन देर से। माफी चाहता हूँ," उसने इतना और जोड़ दिया तथा अपने एड-डी. कैम्प से बोला, "कृपया मेरी ओर से यह सभी फौजियों में बाँट दीजिये।"

उसने झटपट अपने बटुए से सौ-सौ रूबलों के तीन नोट निकाले और उसके चेहरे पर लाली दौड़ गयी।

"व्रोन्स्की! कुछ खाओगे या पियोगे?" याश्विन ने पूछा। "ऐ, इधर काउंट को कुछ खाने को दो! लो, यह पियो।"

पलटन-कमांडर के यहाँ दावत बहुत देर तक चली।

खूब पिलायी हुई। सेर्पुख़ोव्स्कोई को झुलाया और ऊपर उछाला गया। इसके बाद पलटन-कमांडर को झुलाया गया। इसके पश्चात पेत्रीत्स्की के साथ खुद पलटन-कमांडर गायकों के सामने नाचा। फिर पलटन-कमांडर कुछ कमजोर-सा होकर आँगन में बेंच पर बैठ गया और याश्विन को प्रशा के मुकाबले में रूस की श्रेष्ठता, विशेषकर घुड़सेना के आक्रमण के सिलसिले में ऐसी श्रेष्ठता सिद्ध करने लगा तथा कुछ देर के लिए हो-हल्ला शान्त हो गया। सेर्पुख़ोव्स्कोई हाथ धोने के लिए भीतर गुसलखाने में गया और वहाँ उसे व्रोन्स्की मिल गया। व्रोन्स्की पानी से अपना सिर भिगो रहा था। फौजी कमीज उतारकर उसने बालों से ढकी हुई लाल गर्दन वाश-बेसिन के नल की धार के नीचे कर दी थी और गर्दन तथा सिर को हाथों से मल रहा था। यह काम खत्म करने के बाद व्रोन्स्की सेर्पुख़ोव्स्कोई के पास चला गया। दोनों तुरन्त ही एक सोफे पर बैठ गये और उनके बीच दोनों के लिए ही बहुत दिलचस्प बातचीत छिड़ गयी।

"मुझे बीवी के जरिये तुम्हारे बारे में सभी कुछ मालूम होता रहा," सेर्पुख़ोव्स्कोई ने कहा। "मैं खुश हूँ कि तुम उससे अक्सर मिलते रहे।"

"वह वार्या की सहेली है और पीटर्सबर्ग की मात्र यही तो नारियाँ हैं, जिनसे मिलकर मुझे खुशी होती है," व्रोन्स्की ने मुस्कुराकर जवाब दिया। वह इसलिए मुस्कुराया कि बातचीत के रुख का उसने पहले से ही अनुमान लगा लिया था और यह उसे अच्छा लग रहा था।

"मात्र यही नारियाँ!" सेर्पुख़ोव्स्कोई ने मुस्कुराकर पूछा।

"मुझे भी तुम्हारे बारे में जानकारी मिलती रही, लेकिन सिर्फ तुम्हारी बीवी के जरिये ही नहीं," चेहरे की कठोर अभिव्यक्ति से सेर्पुख़ोव्स्कोई के संकेत के लिए मनाही करते हुए व्रोन्स्की ने कहा। "तुम्हारी सफलता से मुझे बड़ी खुशी हुई, मगर हैरानी जरा भी नहीं। मैं तो इससे ज्यादा की उम्मीद कर रहा था।"

सेर्पुख़ोव्स्कोई मुस्कुराया। अपने बारे में उसे स्पष्टतः यह राय अच्छी लगी और उसने इसे छिपाने की जरूरत नहीं समझी।

"तुम्हारे सामने साफ-साफ मानता हूँ कि मैंने तो इसके उलट कम सफलता की आशा की थी। मैं महत्त्वाकांक्षी हूँ, यह मेरी कमजोरी है और मैं इसे स्वीकार करता हूँ।"

"तुम्हें अगर सफलता न मिली होती, तो शायद तुमने इसे स्वीकार न किया होता," व्रोन्स्की ने कहा।

"नहीं, मैं ऐसा नहीं मानता," सेर्पुख़ोव्स्कोई ने फिर मुस्कुराकर जवाब दिया। "यह नहीं कहूँगा कि इसके बिना जीना बेकार होता, मगर ऊब भरा होता। जाहिर है कि शायद मैं भूल कर रहा हूँ, किन्तु मुझे लगता है कि मैंने अपनी गतिविधि का जो क्षेत्र चुना है, मुझमें उसके लिए कुछ योग्यता है और सत्ता, वह कैसी भी क्यों

न हो, अगर मेरे हाथों में आयी, तो उन अनेक की तुलना में, जिन्हें मैं जानता हूँ, वह अधिक बेहतर रहेगी," सेर्पुख़ोव्स्कोई ने सफलता की चेतना से मुस्कुराते हुए कहा। "इसलिए मैं इसके जितना अधिक निकट पहुँच रहा हूँ, उतना ही खुश हूँ।"

"हो सकता है कि तुम्हारे लिए यह ऐसा हो, मगर सभी के लिए नहीं। मैंने भी ऐसा सोचा था, लेकिन अब जी रहा हूँ और ऐसा पाता हूँ कि केवल इसी के लिए जीने में कोई तुक नहीं," व्रोन्स्की ने कहा।

"अब तुम आये असली बात पर! असली बात पर!" सेर्पुख़ोव्स्कोई हँसते हुए बोला। "मैंने तो उसी चीज से, जो तुम्हारे बारे में सुनी थी, बात शुरू की थी, तुम्हारे इनकार से...जाहिर है कि मैंने तुम्हारे निर्णय का अनुमोदन किया। लेकिन हर चीज को करने का अपना ढंग होता था। मेरे ख़याल में तुमने किया तो ठीक, मगर वैसे नहीं किया, जैसे करना चाहिए था।"

"जो हो चुका, सो हो चुका और तुम जानते हो कि जो कर चुका हूँ, मैं उसकी तरफ मुड़कर नहीं देखता। फिर इसके अलावा मैं खूब मजे में हूँ।"

"मजे में हो—वक्ती तौर पर। लेकिन तुम्हें इससे सन्तोष नहीं होगा। मैं तुम्हारे भाई से ऐसा नहीं कहूँगा। वह तो हमारे इस मेजबान की तरह प्यारा बच्चा-सा है। सुनो तो!" उसने हुर्रा की गूँज सुनते हुए इतना और कहा। "वह बहुत खुश है, लेकिन तुम्हें इससे सन्तोष नहीं होगा।"

"मैं नहीं कह सकता हूँ कि मुझे सन्तोष है।"

"बात सिर्फ इतनी ही नहीं है। तुम्हारे जैसे लोगों की जरूरत है।"

"किसे?"

"किसे? समाज को। रूस को लोगों की जरूरत है, पार्टी की जरूरत है, वरना सब सत्यानाश हो जायेगा।"

"क्या मतलब तुम्हारा? रूसी कम्युनिस्टों के विरुद्ध बेर्तेनेव की पार्टी की?"

"नहीं," इस बात से दुःखी होते हुए कि उस पर ऐसी मूर्खता का सन्देह किया जा रहा है, उसने नाक-भौंह सिकोड़कर जवाब दिया। 'Tout ca est une blaque',[1] ऐसा तो हमेशा था और रहेगा। कहीं कोई कम्युनिस्ट वगैरह नहीं है। लेकिन षड्यन्त्रकारी हमेशा कोई बुरी, खतरनाक पार्टी की कल्पना करते रहते हैं। यह पुरानी बात है। नहीं, मेरे और तुम्हारे जैसे स्वावलम्बी लोगों की सत्तावाली पार्टी की जरूरत है।"

"लेकिन क्यों?" व्रोन्स्की ने कुछ ऐसे लोगों के नाम लिये, जिनके हाथों में सत्ता थी। "लेकिन वे स्वावलम्बी क्यों नहीं हैं?"

"केवल इसलिए कि उनकी जन्म से स्वावलम्बी स्थिति नहीं है या नहीं थी, नाम नहीं था, हमारी तरह उनका भाग्य-सितारा ऊँचा नहीं था। उन्हें या तो पैसे या कृपा-अनुकम्पा से खरीदा जा सकता है। अपनी स्थिति बनाये रखने के लिए उन्हें

1. यह सब बकवास है। (फ्रांसीसी)

किसी दिशा की कल्पना करनी पड़ती है। वे कोई-न-कोई विचार या दिशा ढूँढ़ निकालते हैं, जिसमें खुद उनका भी विश्वास नहीं होता और जिससे केवल अहित होता है। उनकी यह दिशा केवल सरकारी घर और एक विशेष वेतन पाने का ही साधन होती है। जब हम उनके पत्तों पर नजर डालते हैं, तो cela n'est pas plus fin queca[1] हो सकता है कि मैं उनसे हीन, उनसे कम समझदार हूँ, यद्यपि मुझे इसका कोई कारण नहीं दिखता कि मैं उनसे उन्नीस होऊँ। किन्तु सम्भवतः एक महत्त्वपूर्ण बात से मुझे श्रेष्ठता प्राप्त है, वह यह कि हमें खरीदना कहीं अधिक कठिन है। और ऐसे लोगों की आज कहीं अधिक आवश्यकता है।"

व्रोन्स्की बहुत ध्यान से सुन रहा था, किन्तु शब्दों के सार की तुलना में मामले के प्रति सेर्पुख़ोव्स्कोई का रवैया उसके लिए अधिक दिलचस्पी रखता था। वह सत्ता के विरुद्ध संघर्ष करने की सोच रहा था और इस सिलसिले में उसे कुछ पसन्द तथा नापसन्द भी था, जबकि खुद उसकी दिलचस्पी तो अपने दस्ते तक ही सीमित थी। व्रोन्स्की यह भी समझ गया कि चीजों के बारे में सोचने और उन्हें समझने की क्षमता, जिसके बारे में कोई सन्देह नहीं हो सकता था, अपनी अक्ल और वाणी-वरदान की बदौलत, जो उसके क्षेत्र के लोगों में बहुत दुर्लभ चीज थी, सेर्पुख़ोव्स्कोई कितना अधिक शक्तिशाली हो सकता था। व्रोन्स्की को ईर्ष्या और इस कारण शर्म अनुभव हुई।

"फिर भी इसके लिए मेरे पास एक मुख्य चीज की कमी है," व्रोन्स्की ने उत्तर दिया। "सत्ता पाने की इच्छा। ऐसी इच्छा कभी थी, मगर नहीं रही।"

"तुम मुझे माफ करना, यह सच नहीं है," सेर्पुख़ोव्स्कोई मुस्कुरा रहा था।

"नहीं, सच है, सच है!...अब सच है," व्रोन्स्की ने अपने शब्दों की निश्छलता पर जोर देने के लिए कहा।

" 'अब' सच है, यह दूसरी बात है। किन्तु 'अब' हमेशा ही नहीं होगा।"

"सम्भव है," व्रोन्स्की ने उत्तर दिया।

"तुम कहते हो, 'सम्भव है'," व्रोन्स्की के भावों का अनुमान लगाते हुए सेर्पुख़ोव्स्कोई कहता गया, "लेकिन मैं तुमसे कहता हूँ कि 'निश्चय' ही ऐसा होगा। इसके लिए मैं तुमसे मिलना चाहता था। तुमने वैसा ही किया, जैसा कि करना चाहिए था। यह मेरी समझ में आता है, मगर तुम्हें इसे एक सीमा से आगे नहीं ले जाना चाहिए। मैं तुमसे carte blanche[2] चाहता हूँ। मैं तुम्हारी सरपरस्ती नहीं कर रहा हूँ...वैसे मैं तुम्हारी सरपरस्ती करूँ भी क्यों नहीं? तुमने कितनी ही बार मेरी सरपरस्ती की है! आशा करता हूँ कि हमारी मैत्री इससे ऊपर है। हाँ," उसने नारी की भाँति प्यार से मुस्कुराते हुए कहा। "मुझे carte blanche दे दो, पलटन छोड़ दो

---

1. यह सब कुछ सूझ-बूझवाला नहीं है। (फ्रांसीसी)
2. खुली छूट। (फ्रांसीसी)

और मैं तुम्हें चुपके से ऊपर खींच लूँगा।"

"लेकिन तुम इस बात को समझो कि मुझे कुछ भी नहीं चाहिए," व्रोन्स्की ने कहा, "सिर्फ यही चाहता हूँ कि सब कुछ वैसे ही रहे, जैसे था।"

सेर्पुख़ोव्स्कोई उठा और व्रोन्स्की के सामने खड़ा हो गया।

"तुमने कहा कि सब कुछ वैसे ही रहे, जैसे था। मैं समझता हूँ कि इसका क्या मतलब है। लेकिन सुनो—हम दोनों हमउम्र हैं, सम्भव है कि मेरी तुलना में तुम्हारा अधिक औरतों से वास्ता रहा है," सेर्पुख़ोव्स्कोई की मुस्कान और हाव-भाव यह जता रहे थे कि व्रोन्स्की को डरना नहीं चाहिए कि वह बड़ी कोमलता और सावधानी से उसकी दुःखती रग को छुयेगा। "मैं विवाहित हूँ और विश्वास करो कि एक अपनी पत्नी को, जिसे तुम प्यार करते हो, जानकर ही (जैसे कि किसी ने लिखा है), तुम सभी नारियों को पहले से बेहतर समझ जाते हो, जितना कि हजारों को जानकर समझ पाते।"

"अभी आते हैं!" व्रोन्स्की ने कमरे में झाँकने और पलटन-कमांडर के पास बुलाने के लिए आने वाले अफसर से ऊँची आवाज में कहा।

व्रोन्स्की अब वह सुनना और जानना चाहता था, जो सेर्पुख़ोव्स्कोई उससे कहने वाला था।

"तो मेरी राय यह है। नारियाँ—पुरुष के कार्य-कलापों के मार्ग की सबसे बड़ी बाधायें हैं। किसी औरत को प्यार करना और कुछ कर पाना मुश्किल है। इसके लिए बाधा के बिना और सुविधा से प्यार करने का एक ही साधन है—वह है शादी कर लेना। मैं जो सोचता हूँ, उसको कैसे, कैसे स्पष्ट करूँ," तुलनायें और उपमायें पसन्द करने वाला सेर्पुख़ोव्स्कोई बोला, "रुको, जरा रुको! हाँ, कोई fardeau"[1] उठाये रहना और साथ ही हाथों से कुछ कर पाना तभी मुमकिन होता है, जब fardeau पीठ पर बँधा हो—और यही है शादी। शादी करने पर मैंने ऐसा ही अनुभव किया। अचानक मेरे हाथ खाली हो गये। लेकिन शादी के बिना इस बोझ को हम अपने साथ-साथ लिये फिरते रहते हैं— हाथ इतने व्यस्त रहते हैं कि कुछ भी कर पाना सम्भव नहीं होता। माजान्कोव और क्रूपोव को ही ले लो। उन दोनों ने औरतों के कारण अपना भविष्य बर्बाद कर डाला।"

"किन औरतों की बात कर रहे हो!" व्रोन्स्की ने फ्रांसीसी औरत और उस अभिनेत्री को याद करते हुए कहा, जिनके साथ उक्त दोनों व्यक्तियों के सम्बन्ध थे।

"नारियों की ऊँचे समाज में जितनी अधिक दृढ़ स्थिति होती है, उतना ही अधिक बुरा है। यह तो fardeau को हाथों से ढोना नहीं, बल्कि उसे दूसरे से छीनने के समान है।"

"तुमने कभी प्यार नहीं किया," व्रोन्स्की ने अपने सामने देखते और आन्ना के बारे में सोचते हुए धीमे से कहा।

"हो सकता है। लेकिन मैंने तुमसे जो कहा है, उसे याद रखना। एक बात और—नारियाँ हम पुरुषों की तुलना में अधिक व्यावहारिक होती हैं। हम प्यार को

1. बोझ। (फ्रांसीसी)

एक बहुत बड़ी चीज बना देते हैं, किन्तु उनके लिए वह सदा terre-à-terre[1] है।"

"अभी, अभी आ रहे हैं!" उसने भीतर आने वाले नौकर से कहा। लेकिन जैसा कि उसने सोचा था, नौकर उन्हें फिर से बुलाने नहीं आया था। वह तो व्रोन्स्की के नाम रुक्का लाया था।

"प्रिन्सेस त्वेरस्काया का आदमी आपके लिए इसे लाया है।"

व्रोन्स्की ने पत्र खोलकर पढ़ा और उसके चेहरे पर उत्तेजना की लाली छा गयी।

"मेरे सिर में दर्द होने लगा है, मैं घर जा रहा हूँ," उसने सेर्पुख़ोव्स्कोई से कहा।

"तो, जाओ। Carte blancche देते हो?"

"बाद में बात करेंगे। मैं तुमसे पीटर्सबर्ग में मिलूँगा।"

22

पाँच तो कभी के बज चुके थे और इस हेतु कि वह समय पर पहुँच जाये, सो भी अपनी बग्घी में नहीं, जिसे सभी जानते-पहचानते थे, व्रोन्स्की याश्विन की किराये की बग्घी में बैठ गया और उसने कोचवान को जितना सम्भव हो सके, तेजी से बग्घी दौड़ाने को कहा। चार स्थानोंवाली पुरानी बग्घी काफी बड़ी थी। व्रोन्स्की एक कोने में बैठ गया, सामनेवाली सीट पर उसने टाँगें फैला लीं और सोच में डूब गया।

उसने अपने सारे मामलों को जैसे व्यवस्थित कर लिया था, उसकी धुँधली-सी चेतना, सेर्पुख़ोव्स्कोई की दोस्ती और उसकी इस प्रशंसा की धुँधली-सी स्मृति कि वह राज्य के लिए काम का आदमी हे और मुख्यतः तो मिलन की प्रतीक्षा—यह सभी कुछ जीवन की एक सुखद अनुभूति के रूप में घुल-मिल गया। यह अनुभूति इतनी तीव्र थी कि वह अनचाहे ही मुस्कुरा दिया। उसने टाँगें नीचे कर लीं, एक घुटने को दूसरे पर टिका लिया और उसे हाथ में लेकर, इस लचीली पिंडली को छुआ, जिस पर पिछले दिन गिरने के समय चोट आ गयी थी और पीठ टिकाकर कई बार गहरी साँसें लीं।

'खूब, बहुत खूब!' उसने अपने-आपसे कहा। उसे पहले भी अक्सर अपने शरीर की सुखद चेतना की अनुभूति होती थी, किन्तु इस समय की भाँति उसे अपने-आप और अपना शरीर कभी इतना प्यारा नहीं लगा था। मजबूत टाँग में हल्का-सा दर्द उसे अच्छा लग रहा था, साँस लेते समय अपनी छाती के हिलने-डुलने से मांसपेशियों की अनुभूति प्यारी लग रही थी। अगस्त महीने का वही उजला और ठंडा दिन, जिसने आन्ना पर अपना निराशाजनक प्रभाव डाला था, व्रोन्स्की को उत्तेजनापूर्ण सजीवता प्रदान करने वाला प्रतीत हुआ और नल के नीचे खूब भिगोने से सिहरे हुए चेहरे तथा गर्दन को ताजगी प्रदान कर रहा था। इस ताजा हवा में मूँछों पर लगी ब्रिलेन्तीन क्रीम की सुगन्ध उसे विशेषतः बहुत प्यारी लग

1. हर दिन की मामूली बातें। (फ्रांसीसी)

रही थी। बग्घी की खिड़की में से उसे जो कुछ दिखाई दे रहा था, इस ठंडी, निर्मल हवा, सूर्यास्त के समय के इस धुँधले प्रकाश में वैसा ही ताजा, प्रफुल्लतापूर्ण और शक्तिशाली था, जैसा वह खुद—डूबते सूरज की किरणों में घरों की चमकती छतें, बाड़ों की रूप-रेखायें और इमारतों के कोण, कभी-कभार सामने आने वाले राहगीर और बग्घियाँ, वृक्षों और घास की निश्चल हरियाली, ढंग से बनी हुई आलू की क्यारियाँ, घरों और वृक्षों, झाड़ियों तथा आलुओं की क्यारियों से पड़ती हुई टेढ़ी छायाएँ। सब कुछ थोड़ी ही देर पहले खत्म किये तथा वार्निश से चमकाये गये सुन्दर चित्र के समान था।

"तेज, और तेज करो घोड़ों को!" उसने खिड़की में से बाहर झाँकते हुए कोचवान से कहा और जेब से तीन रूबल का नोट निकालकर उसे थमा दिया। कोचवान के हाथ ने लालटेन के पास किसी चीज को छुआ, चाबुक की सटकार सुनाई दी और हमलावर सड़क पर बग्घी तेजी से दौड़ने लगी।

'इस सुख के सिवाय मुझे और कुछ नहीं चाहिए,' खिड़कियों के बीच की जगह पर घंटी और हाथी-दाँत की मुठिया को देखते और जिस रूप में उसने अन्तिम बार आन्ना को देखा था, उसकी कल्पना करते हुए उसने मन-ही-मन सोचा। 'जितना अधिक समय बीतता जा रहा है, उससे मुझे उतना ही अधिक प्यार होता जा रहा है। लो, यह आ गया व्रेदे के सरकारी बँगले का बगीचा। कहाँ है वह यहाँ? कहाँ है? कैसे यहाँ आयी है? उसने यहाँ क्यों मिलन-स्थल तय किया और बेत्सी के खत में क्यों मुझे लिखा है?' उसने केवल अभी यह सोचा, मगर सोचने का वक्त नहीं था। उसने उद्यान-पथ तक पहुँचने के पहले ही कोचवान को बग्घी रोकने को कहा, दरवाजा खोलकर चलती बग्घी से उतर गया आर घर की ओर ले जाने वाले उद्यान-पथ पर बढ़ गया। वहाँ कोई नहीं था, किन्तु दाईं ओर नजर डालने पर उसे आन्ना दिखाई दी। उसका चेहरा परदे से ढँका हुआ था, किन्तु उसने खुशी-भरी नजर से आन्ना की उस विशेष चाल को, जो केवल उसी का लक्षण थी, उसके कन्धों के झुकाव और जिस स्थिति में अपने सिर को रखती थी, पहचान लिया था तथा तुरन्त उसके शरीर में मानो विद्युत तरंग-सी दौड़ गयी। उसने टाँगों की लचीली गतिविधि से साँस लेते समय फेफड़ों के हिलने-डुलने तक अपने को एक नयी शक्ति के साथ अनुभव किया और होंठों पर गुदगुदी-सी महसूस की।

व्रोन्स्की के निकट आ जाने पर आन्ना ने जोर से उसके साथ हाथ मिलाया।

"तुम नाराज तो नहीं हो कि मैंने तुम्हें बुलाया है? मेरे लिए तुमसे मिलना जरूरी था," उसने कहा और परदे के नीचे व्रोन्स्की को दिखने वाली होंठों की गम्भीर और कड़ी रेखा से उसका मूड फौरन बदल गया।

"मैं नाराज होऊँ! लेकिन तुम कैसे आयीं, कहाँ चलें?"

"कहीं भी," व्रोन्स्की के हाथ पर अपना हाथ रखते हुए उसने कहा, "आओ

चलें, मुझे तुमसे बात करनी है।"

व्रोन्स्की समझ गया कि कोई खास बात हो गयी है और यह मिलन सुखद नहीं रहेगा। आन्ना की उपस्थिति में उसकी इच्छाशक्ति जवाब दे जाती थी—आन्ना की परेशानी का कारण न जानते हुए वह अभी से यह महसूस कर रहा था कि अनचाहे खुद उसे भी वही परेशानी अनुभव होने लगी है।

"क्या हुआ? क्या बात है?" व्रोन्स्की ने कुहनी से उसका हाथ दबाते और उसके चेहरे से उसके मनोभावों को पढ़ने की कोशिश करते हुए पूछा।

आन्ना अपनी हिम्मत बटोरते हुए कुछ कदम चुपचाप चलती रही और फिर अचानक रुक गयी।

"मैंने तुमसे कल नहीं कहा," वह जल्दी-जल्दी और मुश्किल से साँस लेते हुए कहने लगी, "कि अलेक्सेई अलेक्सान्द्रेविच के साथ घर लौटते हुए मैंने उसे सब कुछ बता दिया... कह दिया कि मैं उसकी बीवी नहीं रह सकती कि...और सब कुछ कह डाला।"

व्रोन्स्की अनजाने ही अपने सारे शरीर को उसकी ओर झुकाये हुए उसे सुन रहा था मानो ऐसे उसकी स्थिति के बोझ को कम करना चाहता हो। किन्तु उसके ऐसा कहते ही वह अचानक तन गया और उसके चेहरे पर गर्व तथा कठोरता का भाव आ गया।

"हाँ, हाँ, यह बेहतर है, हजार गुना बेहतर है! मैं समझ सकता हूँ कि तुम्हारे लिए यह कितना मुश्किल रहा होगा।"

किन्तु आन्ना उसके शब्द नहीं सुन रही थी, वह चेहरे के भावों से उसके मन के भाव पढ़ रही थी। वह यह नहीं जान सकती थी कि व्रोन्स्की के चेहरे का भाव उसके दिमाग में आने वाले पहले खयाल—अब द्वन्द्व-युद्ध अनिवार्य है—को व्यक्त कर रहा था। द्वन्द्व-युद्ध का खयाल तो भूलकर भी उसके दिमाग में कभी नहीं आया था और इसलिए व्रोन्स्की के चेहरे की इस क्षणिक कठोरता का उसने दूसरा ही अर्थ लगाया।

पति का पत्र पाकर वह अपने मन की गहराई में यह जान गयी थी कि सब कुछ पहले की तरह ही रहेगा कि वह अपनी सामाजिक प्रतिष्ठा की अवहेलना नहीं कर पायेगी, बेटे को छोड़कर प्रेमी के साथ अपना भाग्य नहीं जोड़ सकेगी। प्रिन्सेस त्वेरस्काया के यहाँ बितायी गयी सुबह ने इस बात की और भी पुष्टि कर दी थी। लेकिन फिर भी यह मिलन उसके लिए बहुत ही महत्त्व रखता था। उसे आशा थी कि इस मिलन से उसकी स्थिति बदल जायेगी और उसका बचाव हो जायेगा। अगर वह समाचार पाकर व्रोन्स्की दृढ़ता से, बड़े उत्साह से, घड़ी-भर को भी दुविधा में पड़े बिना उससे यह कहेगा : 'सब कुछ छोड़-छाड़कर मेरे साथ भाग चलो।'—तो वह बेटे को छोड़कर उसके साथ चली जायेगी। किन्तु इस खबर का उस पर वैसा असर नहीं हुआ, जैसी उसने आशा की थी—उसे तो मानो किसी

बात से कुछ बुरा लगा था।

"मेरे लिए यह सब कहना जरा भी मुश्किल नहीं रहा। यह अपने-आप ही हो गया," आन्ना ने झल्लाहट से कहा, "और यह लो..." उसने दस्ताने से पति का पत्र निकालकर उसकी तरफ बढ़ा दिया।

"मैं समझता हूँ, सब समझता हूँ," उसने आन्ना को टोककर पत्र लेते और पढ़े बिना ही उसे शान्त करते हुए कहा, "मैं सिर्फ एक ही चीज चाहता था, एक ही चीज के लिए प्रार्थना करता था—इस स्थिति को खत्म कर दूँ, ताकि तुम्हारे सुख-सौभाग्य को अपना जीवन समर्पित कर सकूँ।"

"तुम मुझसे यह किसलिए कह रहे हो?" वह बोली। "क्या मुझे इसमें सन्देह हो सकता है? अगर मुझे सन्देह होता..."

"ये कौन आ रही है?" व्रोन्स्की ने अपनी ओर आती दो महिलाओं की तरफ संकेत करते हुए अचानक कहा। "हो सकता है कि हमें जानती हों," और वह आन्ना को अपने पीछे-पीछे ले जाते हुए जल्दी से बगल की पगडंडी पर बढ़ गया।

"आह, मेरी बला से!" उसने कहा। आन्ना के होंठ काँप उठे। व्रोन्स्की को लगा कि परदे के नीचे से आन्ना की आँखें अजीब तरह से गुस्से से उसे देख रही हैं। "तो मैं कह रही हूँ कि बात यह नहीं है, मुझे इसके बारे में सन्देह नहीं हो सकता। लेकिन देखो, उसने मुझे क्या लिखा है। पढ़ो।" और वह फिर से रुक गयी।

पति के साथ आन्ना के विच्छेद की खबर सुनने के क्षण की भाँति ही अब पत्र पढ़ते हुए व्रोन्स्की का ध्यान बरबस उस स्वाभाविक प्रभाव की ओर चला गया, जो अपमानित पति के सम्बन्ध में उसके दिमाग में आया था। अब पत्र हाथ में लिये हुए उसने अनचाहे ही उस चुनौती-पत्र की, जो सम्भवतः आज या कल उसे अपने घर पर मिल जायेगा, तथा उस द्वन्द्व-युद्ध की कल्पना की, जिसके समय इसी कठोरता और गर्व के भाव से, जो इस वक्त उसके चेहरे पर था, हवा में गोली छोड़कर वह अपमानित पति की गोली का निशाना बनेगा। इसी क्षण उसके दिमाग में उस बारे में विचार कौंध गया, जो कुछ ही देर पहले सेर्पुख़ोव्स्कोई ने उससे कहा था और जो खुद उसने उसी सुबह को सोचा था यानी यह कि उसे इस झंझट से दूर रहना चाहिए। वह जानता था कि यह विचार वह आन्ना के सामने व्यक्त नहीं कर सकता।

पत्र पढ़ने के बाद उसने आन्ना की ओर नजर उठायी और उसकी नजर में दृढ़ता नहीं थी। आन्ना फौरन समझ गयी कि वह खुद पहले से इसके बारे में सोचता रहा है। वह जानती थी कि व्रोन्स्की उससे चाहे कुछ भी क्यों न कहे, वह सब नहीं कहेगा, जो सोचता है। वह समझ गयी कि उसकी अन्तिम आशा उसे छल गयी। यह वह नहीं था, जिसकी उसने आशा की थी।

"तुम देख रहे हो न कि वह कैसा आदमी है," आन्ना ने काँपती आवाज से कहा, "वह..."

"मैं माफी चाहता हूँ, मगर मुझे इस बात से खुशी हो रही है," व्रोन्स्की ने उसकी बात काटते हुए कहा और उसकी नजर इस बात की मिन्नत कर रही थी कि उसे अपने शब्द स्पष्ट करने का समय दिया जाये। "मैं इसलिए खुश हूँ कि जैसा वह सोचता है, यह सब वैसा नहीं रह सकता, किसी हालत में नहीं रह सकता।"

"क्यों नहीं रह सकता?" अपने आँसुओं को पीते हुए आन्ना ने पूछा। वह अब स्पष्ट उस बात को कोई महत्त्व नहीं दे रही थी, जो व्रोन्स्की कहेगा। उसे अनुभव हो रहा था कि उसके भाग्य का निर्णय हो चुका है।

व्रोन्स्की यह कहना चाहता था कि द्वन्द्व-युद्ध के बाद, जो उसके मतानुसार अनिवार्य था, ऐसी स्थिति बनी नहीं रह सकती थी, मगर उसने कही दूसरी बात।

"यह स्थिति बनी नहीं रह सकती। मैं आशा करता हूँ कि अब तुम उसे छोड़ दोगी। मैं आशा करता हूँ," वह घबराया और उसके चेहरे पर लाली दौड़ गयी, "कि तुम मुझे हमारे जीवन के बारे में सोचने और उसे व्यवस्थित रूप देने की अनुमति दोगी। कल..." उसने कहना शुरू किया।

आन्ना ने उसे अपनी बात नहीं कहने दी।

"मगर मेरा बेटा?" वह चिल्ला उठी। "तुमने पढ़ लिया न कि उसने क्या लिखा है? उसे छोड़ना होगा, लेकिन मैं ऐसा नहीं कर सकती और ऐसा करना नहीं चाहती।"

"किन्तु भगवान के लिए यह सोचो कि क्या बेहतर है? बेटे को छोड़ देना या इसी अपमानजनक स्थिति को बनाये रखना?"

"किसके लिए अपमानजनक स्थिति?"

"सभी के लिए और सबसे अधिक तो तुम्हारे लिए।"

"तुम कहते हो अपमानजनक... ऐसा नहीं कहो। मेरे लिए इन शब्दों का कोई अर्थ नहीं है," आन्ना ने काँपते स्वर में कहा। वह अब यह नहीं चाहती थी कि व्रोन्स्की सच्ची बात न कहे। उसके पास तो सिर्फ उसका प्यार ही रह गया था और वह उसे प्यार करना चाहती थी। "तुम इस बात को समझो कि जब से मुझे तुमसे प्यार हुआ है, उस दिन से मेरे लिए सब कुछ बदल गया है। मेरे लिए सिर्फ एक ही, सिर्फ एक ही चीज बाकी है—वह तुम्हारा प्यार है। अगर वह मेरा है, तो मैं अपने को इतनी ऊँची, इतनी दृढ़ अनुभव करती हूँ कि मेरे लिए कुछ भी अपमानजनक नहीं हो सकता। मुझे अपनी स्थिति पर इसलिए गर्व है कि...इसलिए गर्व है...गर्व है..." वह यह नहीं कह पायी कि उसे किस बात पर गर्व है। लज्जा और हताशा से उसका गला रुँध गया। वह रुककर सिसकने लगी।

व्रोन्स्की ने अनुभव किया कि उसका गला रुँधता जा रहा है कि नाक में खुजली-सी महसूस हो रही है और जीवन में पहली बार उसने रोना चाहा। वह यह न बता पाता कि किस चीज ने उसके मन को ऐसे छू लिया था, उसे आन्ना

पर तरस आ रहा था और वह महसूस कर रहा था कि उसकी कोई मदद नहीं कर सकता तथा साथ ही यह भी जानता था कि उसके दुर्भाग्य के लिए वही दोषी है कि उसने कोई बुरी बात की है।

"क्या तलाक देना मुमकिन नहीं?" उसने कमजोर-सी आवाज में पूछा। आन्ना ने जवाब दिये बिना सिर हिला दिया। "क्या यह नहीं हो सकता कि तुम बेटे को साथ ले लो और उसे छोड़ दो?"

"हो सकता है, लेकिन यह सब उस पर निर्भर करता है। अब मुझे उसके पास जाना चाहिए," उसने रुखाई से कहा। उसकी यह पूर्वानुभूति कि सब कुछ पहले की तरह ही रहेगा, सही सिद्ध हुई।

"मंगल के रोज मैं पीटर्सबर्ग में हूँगा और तब सब कुछ तय हो जायेगा।"

"हाँ," आन्ना बोली। "लेकिन अब इस बारे में हम और चर्चा नहीं करेंगे।"

आन्ना की बग्घी, जो उसने वापस भेज दी थी और जिसे व्रेदे के बाग के जँगले के पास लाने को कह दिया था, आ गयी। आन्ना ने व्रोन्स्की से विदा ली और घर चली गयी।

23

सोमवार को 2 जून को आयोग की सामान्य बैठक थी। करेनिन सभा-भवन में दाखिल हुआ, आयोग के सदस्यों और प्रधान से उसने सामान्य ढंग से हाथ मिलाया और उसने अपने लिए तैयार करके रखे गये कागजों पर हाथ टिकाकर अपनी सीट पर बैठ गया। इन कागजों में वे उद्धरण थे, जिनकी उसे जरूरत हो सकती थी और उस बयान का मसविदा भी था, जो वह यहाँ देने वाला था। वैसे तो उसे हवालों की जरूरत ही नहीं थी। उसे सब कुछ याद था और जो कुछ यहाँ कहने वाला था, उसको अपने दिमाग में दोहराने की जरूरत नहीं समझता था। वह जानता था कि जब वक्त आयेगा और जब वह उपेक्षा का भाव लाने की बेहद कोशिश करने वाले विरोधी का चेहरा अपने सामने देखेगा, तो उसका भाषण अपने-आप ही उमड़ता हुआ उससे कहीं बेहतर हो जायेगा, जितना कि वह अब उसे तैयार कर सकता था। वह अनुभव कर रहा था कि उसका भाषण इतना अधिक सारपूर्ण था कि उसके हर शब्द का महत्त्व होगा। इसी बीच सामान्य विवरण सुनते हुए वह बहुत ही भोली-भाली और मासूम सूरत बनाये बैठा था। फूली नसोंवाले उसके गोरे हाथों को, जिनकी लम्बी उँगलियाँ बड़ी नजाकत से उसके सामने रखे कागज के दोनों सिरों को छू रही थीं, तथा थकान के भाव से एक ओर को झुके हुए सिर को देखकर कोई यह नहीं सोच सकता था कि अभी उसके मुँह से ऐसे शब्द निकलेंगे, जिनसे भयानक तूफान-सा आ जायेगा, जो सदस्य को एक-दूसरे को टोकते हुए चीखने-चिल्लाने को विवश कर देंगे और प्रधान को बैठक में अनुशासन बनाये रखने की

माँग करनी पड़ेगी। रिपोर्ट के खत्म होने पर करेनिन ने अपनी धीमी और पतली आवाज में घोषणा की कि गैर-रूसी लोगों के प्रबन्ध के बारे में वह अपने कुछ विचार प्रकट करना चाहता है। सभी का ध्यान उस पर केन्द्रित हो गया। करेनिन ने खाँसकर गला साफ किया और अपने विरोधी की ओर देखे बिना, बल्कि जैसा कि भाषण देते समय वह हमेशा करता था, सामने बैठे पहले व्यक्ति, नाटे-से विनम्र बूढ़े को चुनकर, जिसका आयोग में कभी कोई मत नहीं रहा था, अपने विचार प्रकट करने लगा। बात जब मूलभूत और बुनियादी कानून पर पहुँची, तो विरोधी उछलकर खड़ा हो गया और चिल्लाने लगा। स्त्रेमोव, जो आयोग का सदस्य था और बुरी तरह तिलमिला उठा था, अपनी सफाई पेश करने लगा। कुल मिलाकर बड़ी तूफानी बैठक रही। किन्तु करेनिन ने मैदान मार लिया और उसका सुझाव स्वीकार हो गया—तीन और आयोग बना दिये गये तथा अगले दिन पीटर्सबर्ग के एक खास हलके में सिर्फ इसी बैठक की चर्चा होती रही। करेनिन को आशातीत सफलता मिली थी।

अगले दिन यानी मंगलवार की सुबह को आँख खुलने पर करेनिन ने खुश होते हुए पिछले दिन की अपनी विजय को याद किया और मुस्कराये बिना न रह सका, यद्यपि उसने अपने को उस समय उदासीन-सा प्रकट करना चाहा, जब उसके बड़े सेक्रेटरी ने उसकी चापलूसी करने के लिए आयोग में जो कुछ हुआ था, उसके सम्बन्ध में उस तक पहुँची हुई अफवाहें उसे बतलायीं।

बड़े सेक्रेटरी से बातचीत करते हुए करेनिन पूरी तरह से यह भूल गया कि आज मंगल का वही दिन था, जो उसने आन्ना के लौटने के लिए तय किया था, और जब नौकर ने उसके आने की सूचना दी, तो उसे हैरानी तथा अप्रिय आश्चर्य हुआ।

आन्ना सुबह ही पीटर्सबर्ग आयी थी। आन्ना के तार के मुताबिक उसे लाने के लिए बग्घी भेजी गयी थी और इसलिए करेनिन को उसके आने की जानकारी होनी चाहिए। किन्तु जब वह आयी तो वह उसके स्वागत के लिए बाहर नहीं निकला। आन्ना को बताया गया कि वह अभी बाहर नहीं गया और अपने सेक्रेटरी के साथ काम में व्यस्त है। उसने पति को अपने आ जाने के बारे में कहलवा दिया, अपने कक्ष में चली गयी और यह आशा करते हुए कि वह उसके पास आयेगा, अपनी चीजों को ठीक-ठाक करने लगी। किन्तु एक घंटा बीतने पर भी वह नहीं आया। आन्ना प्रबन्ध करने के बहाने भोजन-कक्ष में गयी और यह आशा करते हुए कि वह यहाँ आ जायेगा, जान-बूझकर ऊँचे-ऊँचे बोलने लगी। मगर वह नहीं आया, यद्यपि आन्ना को इस बात की आहट मिली कि वह सेक्रेटरी को विदा करने के लिए दरवाजे तक बाहर गया था। आन्ना जानती थी कि हर दिन की तरह वह जल्द ही अपने काम पर चला जायेगा और वह इसके पहले ही उससे मिलना चाहती थी, ताकि उनके सम्बन्ध स्पष्ट हो जायें।

आन्ना ने हॉल को लाँघा और दृढ़ता से उसकी ओर चल दी। जब उसके कमरे में दाखिल हुई, तो करेनिन वर्दी पहने स्पष्टतः जाने को तैयार होकर छोटी-सी मेज पर कोहनियाँ टिकाये बैठा था और थकी-थकी-सी नजर से अपने सामने देख रहा था। करेनिन की तुलना में आन्ना ने उसे पहले देखा और समझ गयी कि वह उसके बारे में सोच रहा है।

आन्ना को देखकर उसने उठना चाहा, इरादा बदल लिया, इसके बाद उसके चेहरे पर लाली आ गयी, जो आन्ना ने पहले कभी नहीं देखी थी। वह जल्दी से उठा और उसकी नजर से नजर न मिलाते हुए, बल्कि कुछ ऊँचाई पर, उसके माथे तथा बालों पर नजर टिकाये हुए तेजी से उसकी तरफ बढ़ चला। वह आन्ना के करीब आया, उसका हाथ थाम लिया और उससे बैठने का अनुरोध किया।

"मैं बहुत खुश हूँ कि आप आ गयीं," उसने आन्ना के करीब बैठते हुए कहा और स्पष्टतः कुछ कहना चाहा, मगर बीच में ही रुक गया। उसने कई बार बात शुरू करनी चाही, पर नहीं की...इस मिलन की तैयारी करते हुए आन्ना ने अपने को यह समझाया था कि उसका तिरस्कार और अपमान करेगी, फिर भी अब उसकी समझ में नहीं आ रहा था कि उससे क्या कहे और उसे उसके लिए अफसोस हो रहा था। इस तरह देर तक खामोशी बनी रही। "सेर्योझा स्वस्थ है न?" करेनिन ने पूछा और जवाब का इन्तजार किये बिना इतना और कह दिया, "मैं आज दोपहर का खाना घर पर नहीं खाऊँगा और अब मुझे जाना चाहिए।"

"मैंने मास्को जाना चाहा था," आन्ना बोली।

"नहीं, आपने बहुत, बहुत अच्छा किया कि यहाँ आ गयीं," उसने कहा और फिर से चुप हो गया।

यह देखते हुए कि वह बात शुरू नहीं कर पा रहा है, आन्ना ने खुद ही उसे आरम्भ किया : "अलेक्सेई अलेक्सान्द्रोविच," पति की ओर देखते तथा अपने बालों पर टिकी उसकी नजर से अपनी दृष्टि को नीचे न करते हुए उसने कहा, "मैं अपराधी नारी हूँ, बुरी औरत हूँ, लेकिन मैं वैसी ही हूँ, जैसा कि मैंने आपको तब बताया था और यही कहने के लिए आयी हूँ कि मैं इसमें कोई परिवर्तन नहीं कर सकती।"

"मैंने आपसे इसके बारे में नहीं पूछा," उसने अचानक दृढ़ता और घृणापूर्वक उससे नजर मिलाते हुए कहा, "मैंने ऐसा ही सोचा था।" स्पष्टतः क्रोध के प्रभाव से उसने अपनी क्षमताओं पर पुनः पूरी तरह अधिकार पा लिया था। "किन्तु जैसा कि आपसे उस समय कहा था और फिर आपको लिखा था," वह तीखी और पतली आवाज में कहता गया, "मैं फिर दोहराता हूँ कि मेरे लिए वह जानना जरूरी नहीं है। मैं इसकी अवहेलना करता हूँ। सभी पत्नियाँ आप जैसी उदार नहीं होतीं कि अपने पतियों को इतना 'सुखद' समाचार देने को इतनी उतावली हों।" उसने 'सुखद' शब्द पर विशेष जोर दिया। "मैं तब तक इसकी अवहेलना करूँगा, जब तक ऊँचे

समाज को इसका पता नहीं चलता, जब तक मेरे नाम पर बट्टा नहीं लगता। इसलिए मैं केवल आपको यह चेतावनी देता हूँ कि हमारे सम्बन्ध वैसे ही रहने चाहिए, जैसे सदा रहे हैं, और अगर आप अपने को अटपटी स्थिति में डालेंगी, तो सिर्फ उसी हालत में मैं अपनी मान-मर्यादा की रक्षा के लिए कदम उठाने को मजबूर हूँगा।"

"लेकिन हमारे सम्बन्ध वैसे ही नहीं हो सकते, जैसे सदा थे," आन्ना ने भय से उसकी तरफ देखते हुए कातर-सी आवाज में कहा।

आन्ना ने जब फिर से उसके शान्त हाव-भाव देखे, उसकी तीखी, बच्चों जैसी और व्यंग्यपूर्ण आवाज सुनी, तो उसके प्रति घृणा ने उसका पहलेवाला दया भाव नष्ट कर दिया और वह केवल भयभीत-सी होकर रह गयी। लेकिन वह हर हालत में अपनी स्थिति को स्पष्ट कर लेना चाहती थी।

"मैं आपकी पत्नी नहीं रह सकती, जब मैंने..." उसने कहना शुरू किया।

करेनिन क्रोध और रुखाई से हँसा :

"ऐसा मानना चाहिए कि आपने जिस तरह का जीवन चुना है, उसका आपके विचारों पर भी प्रभाव पड़ा है। मैं इतना अधिक आदर और इतनी अधिक घृणा करता हूँ–आपके अतीत का आदर और वर्तमान से घृणा–कि मेरा कतई वह आशय नहीं था, जो आपने मेरे शब्दों से समझा।"

आन्ना ने गहरी साँस ली और सिर झुका लिया।

"वैसे, यह बात मेरी समझ में नहीं आ रही कि आपके समान आजाद होते हुए," वह गुस्से में आकर कहता गया, "और पति से अपनी बेवफाई के बारे में साफ-साफ कहते हुए, जैसा कि मुझे लग रहा है, आप कुछ भी बुरा नहीं महसूस कर रही हैं, जबकि पति के प्रति पत्नी के कर्तव्य निभाना आप बुरा समझती हैं।"

"अलेक्सेई अलेक्सान्द्रोविच! आप मुझसे क्या चाहते हैं?"

"मैं चाहता हूँ कि इस आदमी को मैं यहाँ न देखूँ और यह कि आप ऐसा व्यवहार करें कि न तो ऊँचा समाज और न ही नौकर-चाकर आप पर उँगली उठा पायें...कि आप उससे न मिलें। मुझे लगता है कि यह बहुत नहीं है। इसके बदले में आपको एक ईमानदार बीवी के कर्तव्य पूरे किये बिना उसके अधिकार प्राप्त होंगे। बस, यही कुछ है, जो मैं आपसे कह सकता हूँ। अब मेरे जाने का वक्त हो गया। मैं दोपहर का खाना घर पर नहीं खाऊँगा।"

वह उठा और दरवाजे की तरफ चल दिया। आन्ना भी उठकर खड़ी हो गयी। करेनिन ने चुपचाप सिर झुकाकर उसके लिए रास्ता छोड़ दिया।

24

लेविन ने पास की टाल पर जो रात बितायी थी, वह उसके मन पर प्रभाव डाले बिना न रही–उसके लिए खेती-बारी घृणित हो गयी और उसे उसमें कोई दिलचस्पी

न रही। बहुत ही बढ़िया फसल के बावजूद, पहले कभी ऐसा नहीं हुआ था या कम-से-कम उसे कभी ऐसा नहीं लगा था कि इतनी अधिक असफलताओं का मुँह देखना पड़ा हो और उसके तथा उसके किसानों के बीच इस साल जैसे शत्रुतापूर्ण सम्बन्ध रहे हों। इन असफलताओं और इस शत्रुता का कारण अब उसे बिल्कुल स्पष्ट था। किसानों के निकट होने के फलस्वरूप उसे काम में जो आनन्द मिला था, उसे किसानों और उनके जीवन से जो ईर्ष्या तथा जिसे स्वयं अपनाने की इच्छा अनुभव हुई थी, जो इस रात को उसके लिए सपना न रहकर इरादा बन गयी थी और जिसे अमली शक्ल देने के बारे में उसने सोचा-विचारा था—इन सब चीजों ने उसके द्वारा संचालित खेती-बारी के बारे में उसके दृष्टिकोण को इतना बदल दिया कि उसे उसमें किसी भी तरह पहले जैसी दिलचस्पी न रही और वह खेत-कामगारों के प्रति अपने उस अरुचिकर सम्बन्ध को देखे बिना नहीं रह सकता था, जो इस सारे मामले की जड़ में था। पावा जैसी बढ़िया नस्ल की गउओं का झुंड, खाद डाली और लोहे के हलों से जोती गयी सारी जमीन, सरपत के झाड़ों से घिरे नौ एक जैसे खेत, गहरी जोती और खाद से उपजाऊ बनायी गयी लगभग एक सौ हेक्टर भूमि और बीज बोने की ड्रिलें, आदि—यह सब कुछ बहुत बढ़िया होता, अगर वह खुद या अपने प्रति सहानुभूति रखने वाले साथियों और लोगों की मदद से सारा काम कर पाता। लेकिन अब वह साफ तौर पर यह देख रहा था (कृषि-सम्बन्धी उसकी पुस्तक पर किये जाने वाले काम ने, जिसके अनुसार खेती-बारी के कार्य का मुख्य तत्त्व खेत-मजदूर होना चाहिए, उसे यह समझने में बहुत मदद दी) कि जिस ढंग से वह खेती-बारी का संचालन कर रहा था, उसमें उसके तथा खेत-मजदूरों के बीच कठोर और जोरदार संघर्ष चल रहा है। इस संघर्ष में एक ओर से यानी उसकी ओर से तो सब कुछ बेहतर ढंग से बदलने का स्थायी तथा तनावपूर्ण प्रयास था तथा दूसरी ओर से स्थिति को ज्यों-का-त्यों रखने का। उसने देखा कि इस संघर्ष में उसके बहुत यत्न करने तथा दूसरी ओर से किसी प्रयास या इरादे के बिना सिर्फ यही नतीजा निकल रहा था कि खेती-बारी का काम किसी की भी पसन्द के मुताबिक नहीं हो रहा था और बढ़िया औजार, बढ़िया पशु तथा भूमि व्यर्थ खराब हो रहे थे। सबसे बड़ी बात तो यह थी कि न केवल इस ध्येय के लिए लगायी जाने वाली शक्ति ही बेकार जा रही थी, बल्कि अब, जब उसके कार्य का अर्थ उसे स्पष्ट हो गया था, वह यह महसूस किये बिना नहीं रह सकता था कि उसका लक्ष्य भी बिल्कुल अनुचित था। वास्तव में यह संघर्ष किस बात का था? वह अपनी एक-एक कौड़ी के लिए जूझता था (उसके लिए ऐसा करना जरूरी था, क्योंकि अगर वह इसमें जरा-सी भी ढील देता, तो मजदूरों को मजदूरी देने के लिए भी उसके पास पैसों की कमी हो जाती), जबकि वे लोग इस बात के लिए यत्नशील थे कि चैन और मजे से काम करें यानी जैसे उनकी आदत हो गयी थी। उसके हित

में यह था कि हर मजदूर यथाशक्ति अधिक काम करे, सो भी लापरवाही से नहीं, कि वह ओसाने की मशीन, घोड़े की जेली और माँड़ने की मशीन न तोड़े तथा जो कुछ करे, उसके बारे में सोचे-विचारे। दूसरी ओर मजदूर यथासम्भव अधिक मजे तथा आराम से काम करना चाहता था तथा मुख्यतः तो बेफिक्री और मस्ती से, सो भी सोचे-समझे बिना। इस गर्मी में लेविन ने हर कदम पर यह देखा। उसने जमीन के बुरे टुकड़े चुनकर, जिन पर जंगली घास और कड़वे पौधे उगे हुए थे और जो बीज हासिल करने के उपयुक्त नहीं थे, वहाँ तिपतिया घास काटने के लिए लोग भेजे, किन्तु उन्होंने बेहतरीन बीजोंवाले टुकड़ों से घास काटी, अपनी सफाई में यह कहा कि कारिन्दे ने ऐसा ही आदेश दिया था और उसे यह कहकर तसल्ली दी कि बहुत बढ़िया चारा होगा। मगर लेविन तो जानता था, ऐसा इसलिए हुआ कि इन टुकड़ों पर घास काटना आसान था। उसने घास को पलटकर सुखाने का यन्त्र भेजा, उसे पहली कतारों में ही तोड़ डाला गया, क्योंकि किसान के लिए सिर के ऊपर घूमते हुए पंखों के नीचे सीट पर बैठना ऊब का काम था। उससे यह कहा गया : "कोई फिक्र नहीं कीजिये, औरतें इस काम को अधिक अच्छी तरह कर देंगी।" हल इसलिए बेकार थे कि मजदूर के दिमाग में यह बात नहीं आयी कि ऊपर उठे फल को नीचे कर ले और हल पर जोर लगाकर उसने घोड़ों को यातना दी, जमीन को खराब किया और उससे कहा गया कि वह इसका बुरा न माने। घोड़ों को गेहूँ के खेत में छोड़ दिया गया, क्योंकि एक भी मजदूर रात को चौकीदार का काम करने को तैयार नहीं था और मनाही करने के बावजूद मजदूर बारी-बारी से रात को रखवाली करते थे। दिन-भर काम करने के बाद वान्का को नींद आ गयी और उसने अपना अपराध मानते हुए कहा : "कुछ भी सजा दे सकते हैं!" सबसे अच्छे तीन बछड़े मर गये, क्योंकि उन्हें पानी पिलाने के बिना उस चरागाह में छोड़ दिया गया, जहाँ तिपतिया घास काटी जा चुकी थी और मजदूर लोग किसी तरह भी यह मानने को तैयार नहीं थे कि अत्यधिक तिपतिया घास खाकर पेट फूलने से उनकी जान निकल गयी थी। उसे तसल्ली देने के लिए जवाब में यह कहा गया कि तीन दिनों में पड़ोसी के 112 पशु मर गये थे। यह सब इसलिए नहीं होता था कि कोई लेविन या उसके फार्म का अहित चाहता था। इसके विपरीत, वह जानता था कि किसान उसे प्यार करते हैं और अच्छा मालिक मानते हैं (जो सबसे ऊँची तारीफ थी), बल्कि इसलिए होता था कि वे मौज-मस्ती और बेफिक्री से काम करना चाहते थे तथा उसके हित उनके लिए न केवल पराये और उनकी समझ से बाहर थे, बल्कि उनके सर्वाधिक न्यायसंगत हितों के बुरी तरह उलट थे। लेविन बहुत पहले से ही फार्म के प्रति अपने रवैये से असन्तोष अनुभव करता था। वह देख रहा था कि उसकी नाव में सूराख है, मगर शायद जान-बूझकर अपने को धोखा देते हुए उसे न तो ढूँढ़ता और न ही पाता था। किन्तु अब वह अपनी आँखों

में और अधिक धूल नहीं झोंक सकता था। जिस खेती-बारी का वह संचालन कर रहा था, उसके लिए वह न केवल गैर-दिलचस्प, बल्कि घृणित हो गयी थी और इसमें अब उसका मन नहीं लग सकता था।

पचास किलोमीटर की दूरी पर कीटी श्चेर्बात्स्काया की उपस्थिति भी इसके साथ जुड़ गयी थी। वह उससे मिलना चाहता था, मगर मिल नहीं सकता। जब वह डॉली ओब्लोन्स्काया के यहाँ गया था, तो उसने उससे आने को कहा था, सो भी इसलिए कि वह फिर से उसकी बहन के सामने विवाह का प्रस्ताव रखे, जिसे, जैसा कि उसने जाहिर किया था, अब वह स्वीकार कर लेगी। कीटी श्चेर्बात्स्काया को देखने के बाद खुद लेविन यह समझ गया था कि वह अभी भी उसे प्यार करता है। किन्तु यह जानते हुए कि कीटी वहाँ है, वह ओब्लोन्स्की परिवार के यहाँ नहीं जा सकता था। उसने प्रस्ताव किया और किटी ने उसे ठुकरा दिया, इस तथ्य ने उनके बीच ऐसी दीवार खड़ी कर दी थी, जिसे लाँघा नहीं जा सकता था। 'मैं केवल इसीलिए उससे अपनी पत्नी बनने को नहीं कह सकता कि वह उसकी पत्नी नहीं हो सकती, जिसकी होना चाहती थी,' उसने अपने-आपसे कहा। यह विचार उसे कीटी के प्रति कठोर और शत्रुतापूर्ण बना देता था। 'मैं भर्त्सना के भाव के बिना उससे बात नहीं कर सकूँगा, क्रोध के बिना उसकी ओर देख नहीं सकूँगा और जैसा कि होना चाहिए, वह मुझसे और भी अधिक नफरत करने लगेगी। इसके अलावा, डॉली ने मुझसे जो कुछ कहा था, उसके बाद मैं कैसे उनके यहाँ जा सकता हूँ? क्या मैं ऐसा जाहिर किये बिना रह सकता हूँ कि उसने जो कुछ मुझसे कहा था, उसे जानता हूँ? और मैं बड़ी उदारता के साथ उसे क्षमा करने, उस पर दया करने को जाऊँ। मैं अपने को उसके सामने क्षमाकर्ता और अपना प्यार भेंट करने वाले की भूमिका में प्रस्तुत करूँ। डॉली ने मुझसे यह क्यों कहा? कीटी से अचानक मेरी भेंट हो जाती और तब सब कुछ अपने-आप ही हो जाता। लेकिन अब यह असम्भव है, असम्भव है!'

डॉली ने उसे रुक्का भेजा, जिसमें कीटी के लिए महिलाओं की सवारी का जीन माँगा था। उसने लिखा था : 'मुझे बताया गया है कि आपके पास ऐसा जीन है और आशा करती हूँ कि आप स्वयं ही उसे लेकर आयेंगे।'

यह तो उसे बहुत ही अखरा। एक समझदार और संवेदनशील नारी ने कैसे अपनी बहन का ऐसा अपमान किया! उसने दसियों रुक्के लिखे, मगर सब फाड़ डाले और उत्तर के बिना ही जीन भिजवा दिया। यह लिखना अनुचित था कि वह आयेगा, क्योंकि वह जा नहीं सकता था, यह लिखना कि नहीं आ सकता, क्योंकि कोई चीज बाधा बनती है या कहीं बाहर जा रहा है—यह तो और भी बुरा होता। उसने जवाब के बिना और इस चेतना के साथ कि वह लज्जानजनक बात कर रहा है, जीन भिजवा दिया। अगले ही दिन खेती-बारी का सारा काम, जो उनके लिए घृणित हो गया था, कारिन्दे को सौंपकर वह दूर के जिले में रहने वाले अपने मित्र स्वियाज्स्की

की ओर रवाना हो गया। वहाँ बढ़िया दलदल थे, जिनमें ढेरों कुनाल थे, और इस मित्र ने कुछ ही समय पहले अपने यहाँ आने का पुराना इरादा पूरा करने को लिखा था। सूरोव्स्की जिले में कुनालोंवाले दलदल बहुत अर्से से लेविन को अपनी ओर खींच रहे थे, किन्तु खेती-बारी के काम की वजह से वह वहाँ जाने के विचार को टालता रहा था। अब वह श्चेर्बात्स्की परिवार की निकटता और मुख्यतः फार्म से, सो भी शिकार के लिए दूर जाते हुए बहुत खुशी महसूस कर रहा था, क्योंकि शिकार सभी तरह की मुसीबतों-परेशानियों में उसे सबसे ज्यादा चैन देता था।

25

सूरोव्स्की जिले में न तो रेलगाड़ी जाती थी और न ही डाक से जाने वाली सरकारी-घोड़ा-गाड़ियाँ। इसलिए लेविन अपनी ही बग्घी में वहाँ जा रहा था।

आधी मंजिल तय करने के बाद वह घोड़ों का चारा-पानी देने के लिए एक धनी किसान के यहाँ रुका। स्वस्थ, गंजे सिर और गालों के पास सफेद होती चौड़ी लाल दाढ़ीवाले बूढ़े ने फाटक खोला और उसे थामकर खड़ा रहा, ताकि बग्घी फाटक को लाँघ जाये। कोचवान को बड़े, साफ-सुथरे और झाड़े-बुहारे हुए नये अहाते में, जहाँ कुछ जले हुए हल रखे थे, सायबान के नीचे जाने का संकेत करके बूढ़े ने लेविन से मेहमानखाने में चलने को कहा। साफ-सुथरी पोशाक और नंगे पैरों में गैलोश पहने जवान लड़की झुककर नयी ड्योढ़ी का फर्श साफ कर रही थी। लेविन के पीछे-पीछे भीतर भाग आने वाली कुतिया को देखकर वह डरी और चीख उठी, किन्तु यह जानने पर कि वह काटती नहीं है, अपनी चीख पर खुद ही हँस पड़ी। आस्तीन ऊपर चढ़े हाथ से लेविन को मेहमानखाने की ओर जाने का रास्ता बताकर उसने फिर से झुककर अपना सुन्दर मुखड़ा छिपा लिया और फर्श धोने लगी।

"समोवार गर्म करूँ क्या?" उसने पूछा।

"हाँ, कृपया।"

मेहमानखाना बड़ा था। उसमें हालैंडी अँगीठी थी और बीच की दीवार से उसे दो हिस्सो में बाँटा गया था। देव-प्रतिमाओं के नीचे बेल-बूटोंवाली मेज, एक बेंच और दो कुर्सियाँ रखी थीं। दरवाजे के करीब अलमारी में बर्तन थे। शटर बन्द थे, मक्खियाँ बहुत कम थीं और कमरा इतना साफ-सुथरा था कि लेविन ने लास्का को, जो सड़क पर दौड़ती और डबरों में लोटती-पोटती रही थी, दरवाजे के पास एक कोने में बैठ जाने का इशारा किया, ताकि वह फर्श को गन्दा न कर दे। मेहमानखाने को देखने के बाद वह पिछवाड़े के अहाते में गया। गैलोश पहने हुए प्यारी-सी सूरतवाली युवती बहँगी पर खाली बालटियाँ लटकाये हुए कुएँ से पानी लाने के लिए उसके सामने से भागती हुई गुजरी।

"जरा फुर्ती से!" बूढ़े ने खुशमिजाजी में उसे ऊँची आवाज में कहा और लेविन के पास गया। "तो हजूर, आप निकोलाई इवानोविच स्वियाज्स्की के यहाँ जा रहे हैं? वे भी हमारे यहाँ आया करते हैं," ओसारे के जँगले पर कोहनियाँ टिकाकर उसने बातचीत शुरू करने की इच्छा से कहा।

बूढ़ा जब स्वियाज्स्की के साथ अपने परिचय की बात सुना रहा था, तो बीच में ही फिर से फाटक चरमराकर खुला और खेत में काम करने वाले लोग हलों तथा हैंगों के साथ अहाते में दाखिल हुए। हलों और हैंगों के साथ जुते हुए घोड़े मजबूत और बड़े-बड़े थे। काम करने वाले स्पष्टतः घर के ही लोग थे—इनमें से दो नौजवान छींट की कमीजें और नुकीली टोपियाँ पहने थे तथा बाकी दो—एक बूढ़ा और दूसरा जवान—भाड़े के मजदूर थे और गाढ़े के कुरते पहने थे। बूढ़ा ओसारे से हटकर घोड़ों के पास गया और उन्हें खोलने लगा।

"कहाँ हल चलाते रहे हैं?" लेविन ने पूछा।

"आलू खोदते रहे हैं। हम भी कुछ जमीन पट्टे पर लेते हैं। फेदोत, तुम इस बधिया घोड़े को बाहर चरने के लिए नहीं छोड़ो, बल्कि नाँद पर खड़ा कर दो। हम दूसरा घोड़ा जोत लेंगे।"

"बापू, मैंने हलों के जो फाल लाने को कहा था, आ गये हैं क्या?" लम्बे-तड़ंगे और हट्टे-कट्टे नौजवान ने पूछा, जो स्पष्टतः बूढ़े का बेटा था।

"स्ले...स्लेज में हैं," बूढ़े ने उतारी हुई लगामों को लपेटते और जमीन पर फेंकते हुए कहा। "जब तक वे खाना खा रहे हैं, सब कुछ ठीक-ठाक कर दो।"

सुन्दर युवती पानी से भरी बालटियोंवाली बहँगी को कन्धे पर रखे, जिससे उसके कन्धे झुक गये थे, भीतर आयी। कहीं से कुछ अन्य औरतें सामने आ गयीं— सुन्दर और जवान, अधेड़ उम्र की, बूढ़ी तथा असुन्दर, बच्चों के साथ और बच्चों के बिना।

सोमवार में पानी उबलने लगा था। भाड़े के मजदूर और घरवाले लोग घोड़ों की देखभाल करने के बाद खाना खाने चल दिये। लेविन ने बग्घी में से अपनी रसद निकालकर बूढ़े को अपने साथ चाय पीने के लिए आमन्त्रित किया।

"रहने दीजिये, मैं पी चुका हूँ," बूढ़े ने स्पष्टतः सहर्ष उसका प्रस्ताव स्वीकार करते हुए कहा। "साथ देने के लिए पी लूँगा।"

चाय पीते वक्त लेविन ने बूढ़े की खेती-बारी के बारे में सारी जानकारी हासिल कर ली। बूढ़े ने दस साल पहले एक जमींदारिन से लगभग 130 हेक्टर जमीन पट्टे पर ली थी। पिछले साल यह सारी जमीन खरीद ली और पड़ोस के जमींदार से लगभग 330 हेक्टर जमीन और किराये पर ले ली। इस जमीन का थोड़ा-सा भाग, सबसे बुरा भाग, उसने किराये पर दे दिया और लगभग चवालीस हेक्टर जमीन वह अपने परिवार तथा भाड़े के दो मजदूरों की मदद से खुद जोतता-बोता था।

बूढ़े ने शिकायत की कि उसका कामकाज ढीला चल रहा है। किन्तु लेविन समझ गया कि वह केवल कहने के लिए ही ऐसा कह रहा है और वास्तव में उसका फार्म खूब फल-फूल रहा है। अगर उसका मामला ढीला होता, तो वह एक सौ पाँच रूबल प्रति हेक्टर के हिसाब से जमीन खरीदता, तीन बेटों और एक भतीजे की शादी न कर पाता, दो बार आग लगने के बाद निर्माण न करता और सो भी पहले से बेहतर बूढ़े के शिकवे-शिकायत के बावजूद यह साफ दिख रहा था कि वह अपनी खुशहाली, अपने बेटों, अपने भतीजे, बहुओं, घोड़ों और गउओं तथा इस बात पर न्यायसंगत रूप से गर्व करता है कि इस सारे धन्धे को ढंग से चला रहा है। बूढ़े के साथ अपनी बातचीत से उसे यह पता चला कि वह खेती-बारी के नये तरीकों के भी विरुद्ध नहीं था। उसने बहुत बड़ी मात्रा में आलू बोये थे और उसके आलू, जो लेविन ने खेतों के पास गुजरते हुए देखे थे, फूल चुके थे, जबकि लेविन के फूलने ही शुरू हुए थे। उसने जमींदार से लिये हुए नये ढंग के हल से आलू खोदे थे। वह गेहूँ भी बोता था। एक छोटी-सी तफसील ने कि वह रई की छाँट घोड़ों को खिलाता था, लेविन को विशेषतः आश्चर्यचकित किया। लेविन ने इस मूल्यवान चारे को बर्बाद होते देखकर अनेक बार उसे इकट्ठा करवाना चाहा, मगर हमेशा ही यह असम्भव रहा। किन्तु इस किसान ने ऐसा कर लिया और वह चारे के रूप में इसकी तारीफ करते थकता ही नहीं था।

"जवान औरतें करें भी तो क्या? वे छोटे-छोटे ढेरों में इसे सड़क पर पहुँचा देती हैं और वहाँ से घोड़ा-गाड़ी लाद ले जाती हैं।"

"हम, जमींदारों का किराये के मजदूरों के साथ ढंग से काम नहीं चलता," बूढ़े को चाय का गिलास देते हुए लेविन ने कहा।

"धन्यवाद," बूढ़े ने गिलास लेकर कहा, मगर चीनी की कुछ कुतरी और बची हुई डली की ओर संकेत करते हुए चीनी लेने से इनकार कर दिया। "मजदूरों की मदद से क्या खेती-बारी का काम चल सकता है?" उसने कहा। "उसमें बर्बादी-ही-बर्बादी है। स्वियाज्स्की को ही लीजिये। हम जानते हैं कि कैसी जमीन है उनकी, पोस्त के बीजों की तरह काली, लेकिन उनकी फसलों की भी कोई बहुत तारीफ नहीं की जा सकती। यह सब अच्छी देखभाल न होने का नतीजा है!"

"लेकिन तुम तो मजदूरों से काम लेते हो?"

"हमारा किसानों का मामला है। हम सब कुछ खुद ही करते हैं। मजदूर ने बुरा काम किया–भाग यहाँ से। खुद ही अपना काम चला लेंगे।"

"बापू, फीनोगेन ने तारकोल माँगा है," गैलोश पहने हुए युवा नारी ने भीतर आकर कहा।

"तो ऐसी बात है, हुजूर!" बूढ़े ने उठते हुए कहा, देर तक सलीब बनाता रहा, लेविन को धन्यवाद दिया और बाहर चला गया।

लेविन अपने कोचवान को बुलाने के लिए जब पिछले कमरे में गया, तो उसने परिवार के सभी मर्दों को खाने की मेज पर बैठे देखा। औरतें खड़ी हुई उन्हें खाना खिला रही थीं। बूढ़े का हट्टा-कट्टा जवान बेटा दलिये से अपना मुँह-भरे हुए कोई हास्यपूर्ण बात सुना रहा था। सभी ठहाके लगा रहे थे तथा सबसे ज्यादा खुश तो गैलोश पहने हुए युवा नारी थी, जो प्याले में फिर पत्तागोभी का शोरबा डाल रही थी।

बहुत मुमकिन है कि गैलोश पहने हुए जवान औरत के प्यारे चेहरे ने सुख-समृद्धि का वह प्रभाव डालने में, जो इस किसान-परिवार में लेविन के मन पर पड़ा, निर्णायक भूमिका अदा की हो, किन्तु यह प्रभाव इतना गहरा था कि लेविन किसी तरह भी इससे मुक्ति नहीं पा सका। बूढ़े के घर से स्वियाज्स्की के घर तक वह बार-बार इस किसान की खेती-बारी के बारे में सोचता रहा मानो दिल पर पड़ी इस छाप में कुछ तो उसके विशेष ध्यान की माँग करता था।

26

स्वियाज्स्की अपने जिले के कुलीनों का मुखिया था। वह लेविन से पाँच साल बड़ा और एक अर्से से शादीशुदा था। उसकी जवान साली भी उसी के घर में रहती थी और वह लेविन को बहुत पसन्द थी। लेविन जानता था कि स्वियाज्स्की और उसकी बीवी उसके साथ इस लड़की की शादी करने को बहुत उत्सुक हैं। वह पक्की तरह यह जानता था, जैसे कि शादी के लायक सभी जवान लोग हमेशा यह जानते होते हैं, यद्यपि इसके बारे में उसने कभी किसी से यह न कहा होता। वह यह भी जानता था कि बेशक शादी करना चाहता है, कि सभी बातों को ध्यान में रखते हुए यह सुन्दर लड़की बहुत अच्छी बीवी हो सकती है और अगर उसे कीटी से प्यार न होता, तो भी उससे वैसे ही शादी न करता, जैसे कि आसमान में न उड़ता। इस बात की चेतना ने उसकी उस खुशी का कुछ रंग फीका कर दिया, जो स्वियाज्स्की के यहाँ जाकर वह हासिल करने की उम्मीद कर रहा था।

शिकार के लिए जाने के निमन्त्रण के साथ स्वियाज्स्की का पत्र पाते ही लेविन को इस बात का खयाल आया। इसके बावजूद उसने यह तय किया कि अपने बारे में स्वियाज्स्की के ऐसे विचार उसका आधारहीन अनुमान ही हैं और इसलिए वह जायेगा। इसके अलावा अपने दिल की गहराई में वह एक बार फिर अपने को जाँचना, इस लड़की के बारे में अपनी भावनाओं को परखना चाहता था। स्वियाज्स्की का घरेलू जीवन बहुत ही सुखद था और खुद स्वियाज्स्की, जो लेविन की जान-पहचान के जेम्सत्वो-परिषद के कार्यकर्ताओं में सर्वश्रेष्ठ ढंग का व्यक्ति था, लेविन के लिए हमेशा बहुत दिलचस्प रहा था।

स्वियाज्स्की लेविन को हमेशा चकित करने वाले उन लोगों में से था, जिनका चिन्तन मौलिक न होते हुए भी बहुत तर्कसंगत होता है और उनके जीवन से कोई

सम्बन्ध नहीं रखता है। उनके जीवन की दिशा अत्यधिक सुनिश्चित और दृढ़ होती है और जीवन उनके विचारों से सर्वथा स्वतन्त्र और लगभग हमेशा ही उनके प्रतिकूल, अपने-आप ही चलता जाता है। स्वियाज्स्की बहुत ही उदार विचारों का व्यक्ति था। वह कुलीनों को घृणा की दृष्टि से देखता था और अधिकतर कुलीनों को भूदान-प्रथा के पक्षपाती मानता था, जो केवल भीरुतावश अपने विचार व्यक्त नहीं करते थे। वह रूस को तुर्की की तरह गया-बीता देश और रूस की सरकार को इतना बुरा समझता था कि सरकार की गतिविधियों पर कभी गम्भीर टीका-टिप्पणियाँ भी नहीं करना चाहता था। इसके साथ ही वह सरकारी कामकाज करता था, कुलीनों का आदर्श मुखिया था तथा यात्रा के समय सदैव कोकेर्ड और लाल पट्टीवाला टोप पहनता था। उसके मतानुसार ढंग की इन्सानी जिन्दगी सिर्फ विदेश में ही मुमकिन थी और सम्भावना पाते ही वहाँ चला जाता था, लेकिन साथ ही रूस में बहुत ही जटिल तथा बढ़िया ढंग की खेती-बारी का संचालन करता था, रूस में जो कुछ होता था, बड़ी दिलचस्पी से उस पर नजर रखता था तथा सब कुछ जानता था। वह यह मानता था कि मानव विकास की दृष्टि से रूसी किसान बन्दर से मानव बनने की संक्रमण-अवस्था में है, मगर साथ ही जेम्सत्वो-परिषदों के चुनावों में सबसे ज्यादा उत्साह से किसानों के साथ हाथ मिलाता था और उसके विचारों को सुनता था। वह किसी भी तरह के शकुनों-अपशकुनों और मौत में विश्वास नहीं करता था, लेकिन पादरियों के जीवन को बेहतर बनाने, गिरजों की संख्या बढ़ाने के प्रश्न में बड़ी दिलचस्पी लेता था और उसने इस बात के लिए एड़ी-चोटी का जोर लगाया था कि उसके गाँव में गिरजा बना रहे।

औरतों के प्रश्न पर उनकी स्वतन्त्रता और विशेषतः उनके काम करने के अधिकार के मामले में अतिवादी पक्षपातियों का समर्थक था। किन्तु पत्नी के साथ ऐसे रहता था कि सभी उनके सन्तानहीन, मैत्रीपूर्ण पारिवारिक जीव को मुग्ध होकर देखते थे और उसने अपनी बीवी का जीवन ऐसे व्यवस्थित कर दिया था कि वह यथासम्भव बेहतर और अधिकाधिक खुशी-भरा समय बिताने की दम्पति की साझी इच्छा की पूर्ति के सिवाय न तो कुछ करती थी और न कर ही सकती थी।

अगर लेविन में लोगों के जीवन के केवल उजले पहलू को ही देखने का गुण न होता, तो स्वियाज्स्की का चरित्र उसके लिए न तो कोई कठिनाई और न प्रश्न ही प्रस्तुत करता। वह अपने-आपसे कहता—उल्लू है या कूड़ा-करकट और बात साफ हो जाती। लेकिन वह उसे 'उल्लू' नहीं कह सकता था, क्योंकि स्वियाज्स्की निश्चय ही न केवल बहुत बुद्धिमान, बल्कि बड़ा पढ़ा-लिखा आदमी था और अपने सुशिक्षित होने का जरा भी दिखावा नहीं करता था। कोई भी ऐसा विषय नहीं था, जो वह न जानता हो, मगर अपना ज्ञान तभी प्रकट करता था, जब ऐसा करने की विवशता होती। लेविन उसे 'कूड़ा-करकट' तो और भी कम कह सकता था,

क्योंकि स्वियाज्स्की निस्सन्देह एक ईमानदार, दयालु और बुद्धिमान व्यक्ति था, जो खुशमिजाजी और सजीवता से ऐसे काम करता था, जिनका उसके इर्द-गिर्द के सभी लोग बहुत ऊँचा मूल्यांकन करते थे और सम्भवतः कभी भी उसने जान-बूझकर न तो कुछ बुरा किया था और न ही कर सकता था।

लेविन ने उसे समझने की कोशिश की और नहीं समझ पाया और उसके जीवन को वह हमेशा एक जीती-जागती पहेली की तरह देखता था।

लेविन के साथ उसकी दोस्ती थी और इसलिए वह स्वियाज्स्की को कुरेदने की छूट लेता था, उसके जीवन-दृष्टिकोण की तह तक जाने की कोशिश करता था, मगर उसकी यह कोशिश कभी सिरे नहीं चढ़ती थी। जब कभी भी लेविन स्वियाज्स्की की बुद्धि के अतिथि-कक्ष के सभी के लिए खुले द्वारों से आगे झाँकने का प्रयास करता, स्वियाज्स्की तनिक परेशान हो उठता, उसकी दृष्टि में डर की जरा झलक मिलती, मानो वह डरता हो कि लेविन उसे समझ जायेगा, और वह हँसते हुए तथा खुशमिजाजी से उसका प्रतिवाद करता।

अब खेती-बारी के काम में निराश हो जाने के बाद लेविन के लिए स्वियाज्स्की के यहाँ जाना विशेषतः सुखद हो गया था। न केवल यही कि खुद अपने और बाकी सभी कुछ से खुश इस सौभाग्यशाली दम्पति तथा उनके सुखी घर का उस पर प्रफुल्लतापूर्ण प्रभाव पड़ता था, बल्कि वह अपने जीवन से अत्यधिक असन्तुष्ट होने पर अब स्वियाज्स्की के यहाँ उस रहस्य को जानना चाहता था, जो उसके जीवन को इतनी स्पष्टता, सुनिश्चितता और प्रफुल्लता प्रदान करता था। इतना ही नहीं, लेविन जानता था कि स्वियाज्स्की के यहाँ अड़ोस-पड़ोस के जमींदारों से भी उसकी मुलाकात होगी और उसके लिए अब खेती-बारी, फसल और खेत-मजदूरों की मजूरी आदि के बारे में, जिन्हें जैसा कि लेविन जानता था, किसी कारण से घटिया माना जाता था और जो अब उसे बहुत ही महत्त्वपूर्ण लगते थे, बातचीत करना और उनके विचार सुनना विशेष रूप से दिलचस्प था। 'हो सकता है कि भूदास-प्रथा के समय ये बातें महत्त्वपूर्ण नहीं थीं या इंग्लैंड में महत्त्व न रखती हों। दोनों स्थितियों में खेती-बारी की परिस्थितियाँ सुनिश्चित हैं। किन्तु हमारे यहाँ, जब सब कुछ उलट-पुलट गया है और नया रूप धारण कर रहा है, ये परिस्थितियाँ कैसे तय होंगी, यह रूस की सबसे महत्त्वपूर्ण समस्या है,' लेविन सोच रहा था।

लेविन ने जैसी आशा की थी, शिकार उससे कहीं बुरा रहा । दलदल सूख गया था और कुनाल वहाँ थे ही नहीं। वह दिन-भर वहाँ भटकता रहा और केवल तीन पक्षी ही मारकर लाया, लेकिन जैसा कि हमेशा शिकार के बाद होता था, उसकी भूख खूब चमक उठी थी, उसका मूड बहुत बढ़िया था और बौद्धिक उत्साह बहुत तीव्र हो गया था, जो जोरदार शारीरिक गतिविधि के फलस्वरूप उसे सदा अनुभव होता था। शिकार के समय, जब ऐसा प्रतीत हो सकता था कि वह किसी भी चीज

के बारे में नहीं सोच रहा था, उसे रह-रहकर बूढ़े तथा उसके परिवार की याद आती थी और यह प्रभाव न केवल अपनी तरफ ध्यान देने की, बल्कि उससे सम्बन्धित किसी चीज के समाधान की भी माँग करता था।

शाम को चाय के समय दो जमींदारों की उपस्थिति में, जो सरपरस्ती के कुछ मामलों के सिलसिले में आये थे, वह दिलचस्प बातचीत शुरू हो गयी, जिसकी लेविन ने आशा की थी।

चाय की मेज पर लेविन गृह-स्वामिनी के निकट बैठा था और उसे उसके साथ तथा सामने बैठी हुई साली के साथ बातचीत करते रहना चाहिए था। गृह-स्वामिनी नाटे कद की, गोल चेहरे और सुनहरे बालोंवाली नारी थी, वह खूब मुस्कुराती थी और उसके गालों पर खूब गुल पड़ते थे। लेविन ने उसके माध्यम से अपने लिए उस महत्त्वपूर्ण पहेली का हल ढूँढ़ने की कोशिश की, जो उसका पति उसके लिए बना हुआ था। लेकिन वह सोचने-विचारने की पूरी स्वतन्त्रता नहीं पा रहा था, क्योंकि यातनापूर्ण अटपटापन महसूस कर रहा था। उसे इसलिए यातनापूर्ण अटपटापन महसूस हो रहा था कि उसके सामने स्वियाज्स्की की साली, जैसा कि उसे लग रहा था, खास फ्रॉक पहने बैठी थी, जो उसकी गोरी छाती पर वर्गाकार रूप से नीचा काटा गया था। इस चीज के बावजूद कि छाती बहुत गोरी थी, या विशेषतः इसलिए कि छाती बहुत गोरी थी, फ्रॉक की यह वर्गाकार काट लेविन के स्वतन्त्र चिन्तन में बाधा बन रही थी। वह कल्पना कर रहा था, सम्भवतः गलत ही कि फ्रॉक को उसके लिए ही इस तरह काटा गया है और इसलिए उसकी तरफ देखना उचित नहीं समझता था तथा उधर न देखने की कोशिश करता था। किन्तु यह महसूस कर रहा था कि केवल वही इसके लिए अपराधी है कि फ्रॉक को ऐसे काटा गया है। लेविन को लग रहा था कि वह किसी को धोखा दे रहा है कि उसे कुछ स्पष्ट करना चाहिए, लेकिन यह स्पष्ट करना किसी तरह भी सम्भव नहीं और इसलिए वह लगातार शरमा रहा था, बेचैनी और अटपटापन महसूस कर रहा था। उसकी यह झेंप स्वियाज्स्की की सुन्दर साली को भी प्रभावित कर रही थी। किन्तु प्रतीत होता था कि गृह-स्वामिनी ऐसा अनुभव नहीं करती थी और जान-बूझकर उसे बातचीत में घसीटती थी।

"आप कहते हैं," गृह-स्वामिनी ने शुरू की हुई बातचीत को आगे बढ़ाते हुए कहा, "कि मेरे पति को रूसी चीजों में दिलचस्पी नहीं हो सकती। इसके विपरीत वह विदेश में खुश रहता है, मगर कभी भी इतना खुश नहीं रहता, जितना यहाँ। यहाँ वह अपने को निजी वातावरण में अनुभव करता है। ढेरों काम हैं उसके पास और उसमें सभी चीजों में दिलचस्पी लेने का बड़ा गुण है। ओह, आपने हमारा स्कूल नहीं देखा?"

"देखा है... इश्कपेचे की लताओं से ढका हुआ छोटा-सा घर न?"

"हाँ, यह नास्तिया का काम है," उसने बहन की ओर संकेत करते हुए कहा।

"आप खुद वहाँ पढ़ाती हैं?" लेविन ने फ्रॉक की वर्गाकार काट के परे देखने की कोशिश करते हुए पूछा, किन्तु वह यह अनुभव किये बिना न रह सका कि उस दिशा में वह कहीं भी क्यों न देखे, काट उसे जरूर दिखाई देगी।

"हाँ, मैं खुद पढ़ाती थी और पढ़ाती हूँ, लेकिन हमारे यहाँ एक बहुत ही बढ़िया अध्यापिका भी है। हमने व्यायाम करवाना भी शुरू कर दिया है।"

"नहीं, शुक्रिया, मैं और चाय नहीं पीना चाहता," लेविन ने कहा और यह अनुभव करते हुए कि अशिष्टता के बावजूद वह बातचीत जारी नहीं रख सकता, वह झेंप से लाल होते हुए खड़ा हो गया। "मुझे बहुत ही दिलचस्प बातचीत सुनाई दे रही है," उसने इतना और जोड़ दिया और मेज के दूसरे सिरे पर चला गया, जहाँ दो जमींदारों के साथ गृह-स्वामी बैठा था। स्वियाज्स्की मेज की बगल में बैठा था, कोहनी टिके हाथ से प्याले को घुमा रहा था, दूसरे हाथ से दाढ़ी को मुट्ठी में समेटता था और उसे ऐसे नाक के पास ले जाकर मानो सूँघ रहा हो, फिर से नीचे छोड़ देता था। उसकी चमकती हुई काली आँखें पकी मूँछोंवाले तथा गुस्से से भुनभुनाते हुए जमींदार पर जमी थीं और स्पष्टतः उसे उसकी बातों में मजा आ रहा था। जमींदार किसानों के बारे में शिकायतें कर रहा था। लेविन को यह बिल्कुल स्पष्ट था कि स्वियाज्स्की के पास ऐसा जवाब मौजूद है, जो उस जमींदार की लम्बी-चौड़ी बातों को फौरन बेमानी बना सकता है, किन्तु अपनी स्थिति के कारण वह जवाब नहीं दे सकता और मजे ले-लेकर जमींदार की बातें सुन रहा है।

पकी मूँछोंवाला जमींदार स्पष्टतः भूदास-प्रथा का जोरदार समर्थक, खेती-बारी के मामले में बड़ा उत्साही और गाँव का पुराना रहने वाला था। लेविन को उसकी पोशाक–पुराने ढंग के घिसे-फटे फ्रॉककोट, जिसे वह स्पष्टतः पहनने का आदी नहीं था, उसकी बुद्धिमत्तापूर्ण तथा चढ़ी भौंहोंवाली आँखों, मँजी हुई रूसी भाषा, स्पष्टतः लम्बे अनुभव से प्राप्त करने के अधिकारपूर्ण ढंग तथा बड़े, सुन्दर तथा सँवलाये हाथों के हिलने-डुलने के अन्दाज में, जिनमें से एक ही अनामिका में वह शादी की पुरानी अँगूठी पहने था, उसे इसके लक्षण दिखाई दिये।

27

"जो कुछ व्यवस्थित किया गया है, अगर उसे छोड़ते हुए दुःख न होता...बहुत मेहनत की गयी है...तो हाथ झटक देता, बेच डालता और निकोलाई इवानोविच की तरह चल देता 'सुन्दरी हेलेन' सुनने," जमींदार ने कहा, जिसके बुद्धिमत्तापूर्ण बुढ़ाये चेहरे पर मधुर मुस्कान चमक रही थी।

"लेकिन नहीं छोड़ रहे हैं न," स्वियाज्स्की ने कहा, "इसका मतलब है कि कुछ कारण हैं।"

"कारण एक है कि घर में रहता हूँ, जो न खरीदा है और न किराये पर लिया

है। इसके अलावा यह उम्मीद भी है कि कभी किसान समझदार हो जायेंगे। नहीं, अब तो मानिये या न मानिये—बस, शराब और बदमाशी ही चल रही है! जमीन को उन्होंने बार-बार बाँट लिया है, न तो गाय है, न घोड़ा। किसान भूख से मर रहा होगा, उसे मजदूरी पर रख लीजिये, वह तुम्हारा सब कुछ तबाह और चौपट कर डालेगा और इसके अलावा न्यायाधीश के सामने भी खींच ले जायेगा।"

"आप भी तो न्यायाधीश के पास शिकायत लेकर जा सकते हैं," स्वियाज्स्की ने कहा।

"मैं शिकायत करूँगा? किसी हालत में भी नहीं! ऐसी बातें होंगी कि शिकायत करने का अफसोस होगा! घोड़ों के फार्म में क्या हुआ—पेशगी रकम ली और चले गये। न्यायाधीश ने क्या किया? उन्हें मुक्त कर दिया। बस, सरकारी अदालत और मुखिया के बल-बूते पर ही सब कुछ चल रहा है। वह पुराने वक्त की तरह उसकी अच्छी तरह खबर लेता है। अगर यह न हो तो सब कुछ छोड़-छाड़कर कहीं दूर भाग जाओ!"

जमींदार स्पष्टतः स्वियाज्स्की को चिढ़ा रहा था, मगर वह न केवल बिगड़ नहीं रहा था, बल्कि जैसा कि जाहिर था, मजा ले रहा था।

"ऐसा कुछ किये बिना आखिर हम भी तो अपनी खेती-बारी चला रहे हैं," उसने मुस्कुराकर कहा। "मैं, लेविन और ये भी।"

स्वियाज्स्की ने दूसरे जमींदार की तरफ इशारा किया।

"हाँ, मिखाइल पेत्रोविच की खेती-बारी चल रही है, मगर पूछिये तो कैसे? यह क्या युक्तियुक्त खेती-बारी है?" जमींदार ने कहा, जो स्पष्टतः 'युक्तियुक्त' शब्द का बाँकपन दिखा रहा था।

"मेरी खेती-बारी बहुत सीधी-सादी है," मिखाइल पेत्रोविच ने कहा। "शुक्र है भगवान का। मेरी खेती-बारी सिर्फ इतनी ही है कि पतझर के करों के लिए पैसे तैयार रहें। किसान लोग आते हैं, कहते हैं—बापू, माई-बाप, मदद करो! ये अपने लोग, अपने पड़ोसी किसान ही हैं, तरस आता है। उनकी मजदूरी एक-तिहाई पेशगी दे देता हूँ और कहता हूँ : देखो, मैंने तुम्हारी मदद की है, अब तुम भी चाहे जई की बुवाई हो, चाहे घास या फसल की कटाई, मेरी मदद करना। इस तरह हम हर परिवार से मिलने वाले श्रम के बारे में बात तय कर लेते हैं। यह सच है कि उनमें भी कुछ बेईमान निकल आते हैं।"

लेविन बुजुर्गों के इस पुराने तरीकों से बहुत पहले से परिचित था, उसने स्वियाज्स्की से नजरें मिलायीं, मिखाईल पेत्रोविच को टोका और पकी मूँछोंवाले जमींदार को सम्बोधित किया :

"तो आपका क्या विचार है?" उसने पूछा, "खेती-बारी को कैसे चलाना चाहिए?"

"मिखाइल पेत्रोविच की तरह ही—या फिर बटाई अथवा पट्टे पर किसानों को जमीन दे दो। ऐसा किया जा सकता है, मगर ऐसा करके हम राज्य की साझी दौलत को बर्बाद करते हैं। जहाँ भूदासों के श्रम और अच्छे प्रबन्ध से जमीन मुझे नौ गुनी उपज देती थी, बटाई से सिर्फ तीन गुनी ही देती है। भूदासों की मुक्ति ने रूस को बर्बाद कर डाला है!"

स्वियाज्स्की ने मुस्कुराती आँखों से लेविन की तरफ देखा और तनिक दिखाई देने वाला उपहासपूर्ण संकेत भी किया। किन्तु लेविन को जमींदार के शब्द हास्यास्पद नहीं लगे। स्वियाज्स्की को समझने की तुलना में वह इन शब्दों को अधिक अच्छी तरह समझता था। जमींदार ने यह साबित करने के लिए कि भूदासों की मुक्ति से रूस कैसे बर्बाद हो गया है, आगे और जो कुछ कहा लेविन को वह बहुत सही, अपने लिए नया और अकाट्य प्रतीत हुआ। जमींदार स्पष्टतः अपना ही विचार प्रकट कर रहा था, जैसा कि बहुत कम होता है। इसके अलावा यह विचार ऐसा नहीं था, जो काहिल दिमाग को किसी चीज में व्यस्त करने की इच्छा का परिणाम हो, बल्कि ऐसा विचार, जो उसके जीवन की परिस्थितियों की देन था, जिस पर उसने गाँव के अपने एकान्त जीवन में विचार किया था, जिसे सभी पहलुओं से जाँचा-परखा था।

"बात यह है कि हर प्रकार की प्रगति केवल शक्ति के उपयोग से ही सम्भव होती है," वह कह रहा था और स्पष्टतः यह दिखाना चाहता था कि उसने भी कुछ पढ़ा-पढ़ाया है। "पीटर प्रथम, महारानी येकातेरीना और जार अलेक्सान्द्र के सुधारों को ले लीजिये। यूरोप के इतिहास पर ही नजर डालिये। खेती-बारी की प्रगति के बारे में खासतौर पर यह सही है। आलुओं को ही ले लीजिये—उनकी बुवाई भी हम पर जबर्दस्ती लादी गयी। लकड़ी के हल से भी तो हमेशा जमीन नहीं जोती जाती थी। उसका भी शायद मध्य युग में जबर्दस्ती इस्तेमाल शुरू करवाया गया। अब हमारे जमाने में भूदास प्रथा के समय हम जमींदार लोग खेती-बारी के बेहतर तरीकों का उपयोग करते थे। अनाज सुखाने और माँड़ने के यन्त्रों, खाद डालने के तरीकों और तरह-तरह के उपकरणों का उपयोग—सभी कुछ अपनी ताकत के बल पर करते थे। शुरू में किसानों ने उनका विरोध और बाद में हमारे उदाहरण का अनुकरण किया। अब भूदास-प्रथा की समाप्ति से हमारी ताकत छीन ली गयी और हमारी खेती-बारी को, जो ऊँचे स्तर पर थी, नीचे, बहुत ही पिछड़े और आदिम स्तर पर आना पड़ेगा। मैं तो ऐसा ही समझता हूँ।"

"लेकिन क्यों? अगर यह युक्तियुक्त ढंग की है, तो आप उजरती श्रम से उसे चला सकते हैं," स्वियाज्स्की ने कहा।

"अधिकार का जोर नहीं रहा, जनाब। किसकी मदद से चलाऊँगा मैं खेती-बारी? मैं यह जानने की अनुमति चाहता हूँ।"

"तो यह है श्रम-शक्ति, खेती-बारी का मुख्य तत्त्व," लेविन से सोचा।

"मजदूरों की मदद से।"

"मजदूर लोग अच्छी तरह और अच्छे औजारों की मदद से काम नहीं करना चाहते। हमारा मजदूर सिर्फ एक ही चीज जानता है—नशे में धुत हो जाना और पीकर वह सभी कुछ खराब कर डालना, जो उसे दिया जाता है। घोड़ों को बेवक्त पानी पिलाकर मार डालेगा, अच्छे साज को तोड़ देगा, टायरवाले पहिये की जगह बिना टायर का ले आयेगा और बचे पैसों की शराब पी लेगा। अनाज माँड़ने के यन्त्र में काबला डाल देगा, ताकि उसे बिगाड़ दे। जो कुछ उसकी इच्छा के अनुसार नहीं होता, वह उसे फूटी आँखों नहीं सुहाता। इसीलिए खेती-बारी का स्तर नीचा हो गया है। जमीनें बेकार पड़ी हैं, उन पर झाड-झंखाड़ उग आये हैं या उन्हें किसानों के बीच बाँट दिया गया है और जहाँ करोड़ों पूलों में अनाज पैदा होता था, वहाँ अब लाखों में होता है। देश की कुल दौलत कम हो गयी। अगर यह सभी कुछ सोच-समझकर किया जाता, तो..."

और वह भूदासों की मुक्ति की अपनी वह योजना बताने लगा, जिसके अन्तर्गत ये झंझटें न पैदा होतीं।

लेविन को इसमें दिलचस्पी नहीं अनुभव हुई, किन्तु जब उसने अपनी बात खत्म कर ली, तो लेविन उसकी पहली प्रस्थापना की ओर लौटा और स्वियाज्स्की को सम्बोधित तथा इस बात की कोशिश करते हुए कि वह अपना गम्भीर मत प्रकट करे, कहा :

"यह बात कि खेती-बारी का स्तर नीचा हो रहा है और यह कि खेत-मजदूरों के प्रति हमारे रवैये को ध्यान में रखते हुए लाभदायक तथा युक्तियुक्त खेती करना सम्भव नहीं, बिल्कुल सही है।"

"मुझे ऐसा नहीं लगता," स्वियाज्स्की ने गम्भीरता से आपत्ति की। "मुझे तो केवल यही प्रतीत हो रहा है कि हम खेती-बारी का संचालन करना नहीं जानते और भूदास-प्रथा के समय हम जिस तरह की खेती कर रहे थे, उसका स्तर न केवल बहुत ऊँचा, बल्कि बहुत नीचा था। हमारे यहाँ न खेती-बारी की मशीनें हैं, न अच्छे घोड़े हैं, न अच्छा प्रबन्ध है और न हमें हिसाब-किताब ही रखना आता है। किसी भी भूस्वामी से पूछ लो, वह तुम्हें यह नहीं बता पायेगा कि क्या लाभदायक है और क्या नहीं।"

"मतलब यह कि इतालवी ढंग का बही-खाता रखा जाये," जमींदार ने व्यंग्यपूर्वक कहा। "किसी भी तरह का हिसाब-किताब क्यों न रखा जाये, मगर वे सब कुछ का सत्यानाश ही कर देंगे, नफा नहीं होगा।"

"सत्यानाश क्यों कर देंगे? तुम्हारी माँड़ने की घटिया-सी रूसी मशीन तोड़ सकते हैं, मगर मेरी भाप की मशीन को नहीं तोड़ेंगे। रूसी घोड़े को, क्या कहते हैं उसे? पूँछ-घसीट यानी जिसे पूँछ से घसीटकर चलाना पड़ता है, खराब कर

सकते हैं, लेकिन "फ्लैंडर्स नसल के या कम-से-कम घोड़ा-गाड़ी में जुतने वाले बड़े घोड़े ले आइये, उन्हें खराब नहीं कर सकेंगे। बाकी सभी चीजों के बारे में भी यही बात है। हमें अपने खेती-बारी के काम के स्तर को ऊपर उठाना चाहिए।"

"ऊपर उठाने के लिए हाथ-पल्ले कुछ हो भी तो, निकोलाई इवानोविच! आपको तो कोई फिक्र नहीं, मगर मैं बड़े बेटे को विश्वविद्यालय और छोटों को हाईस्कूल में पढ़ाने का खर्च उठाता हूँ—मुझसे तो "फ्लैंडर्स नसल के घोड़े न खरीदे गये।"

"इसके लिए बैंक हैं।"

"ताकि जो कुछ थोड़ा-बहुत अपने पास है, उसकी भी नीलामी हो? नहीं, शुक्रिया आपका!"

"मैं इस बात से सहमत नहीं हूँ कि खेती-बारी करने का स्तर और ऊपर उठाना चाहिए और ऐसा सम्भव भी है," लेविन बोला। "यह मेरा काम है, मेरे पास इसके लिए साधन भी हैं, मगर मैं कुछ भी नहीं कर पाया। नहीं जानता कि बैंक किसके लिए लाभदायक हैं। कम-से-कम मैंने तो खेती-बारी के जिस भी काम में पैसा लगाया, उसी में नुकसान हुआ : पशुओं में—नुकसान, मशीनों में—नुकसान।"

"यह सोलह आने सही है," पकी मूँछोवाले जमींदार ने बड़ी खुशी से हँसते हुए इस बात की पुष्टि की।

"और मैं अकेला ही ऐसा नहीं हूँ," लेविन कहता गया, "मैं युक्तियुक्त ढंग से खेती-बारी करने वाले सभी भूस्वामियों का हवाला दे सकता हूँ। कुछ इने-गिने अपवादों को छोड़कर सभी घाटे में खेती-बारी का काम चला रहे हैं। तो आप ही बताइये कि क्या आपकी खेती मुनाफे में चल रही है?" लेविन ने पूछा और उसी क्षण स्वियाज्स्की की नजर में उसे भय की वह क्षणिक झलक दिखाई दी, जो उसने तब देखी थी, जब उसने स्वियाज्स्की की नजर में उसे भय की वह क्षणिक झलक दिखाई दी, जो उसने तब देखी थी, जब उसने स्वियाज्स्की के मस्तिष्क के मेहमानखाने से आगे जाना चाहा था।

कहना ही होगा कि लेविन ने सवाल पूछकर उचित काम नहीं किया था। गृह-स्वामिनी ने तो कुछ ही देर पहले चाय पीते समय उससे यह कहा था कि इस गर्मी में उन्होंने हिसाब-किताब के एक जर्मन माहिर को मास्को से बुलाया था, जिसने पाँच सौ रूबल लेकर उनके हिसाब-किताब की जाँच की थी और यह पाया था कि खेती-बारी से उनको तीन हजार से कुछ अधिक रूबलों का नुकसान हुआ है। उसे सही रकम याद नहीं थी, लेकिन जर्मन लेखापाल ने तो पाई-पाई तक का हिसाब जोड़ दिया था।

स्वियाज्स्की की खेती से नफे की चर्चा करने पर पकी मूँछोंवाला जमींदार मुस्कुरा दिया। वह सम्भवतः यह जानता था कि उसके पड़ोसी और कुलीनों के

मुखिया को क्या नफा हो सकता है।

"सम्भव है, लाभ न होता तो," स्वियाज्स्की ने उत्तर दिया। "यह केवल यही सिद्ध करता है कि या तो मैं बुरा प्रबन्धक हूँ या लगान की वृद्धि के लिए पूँजी लगा रहा हूँ।"

"ओह, लगान!" लेविन बुरी तरह चिल्ला उठा। "हो सकता है कि यूरोप में लगान हो, जहाँ जमीन उस पर लगाये गये श्रम से बेहतर हो गयी है, लेकिन हमारे यहाँ तो मेहनत करने से जमीन खराब होती है यानी जुताई-बुवाई से उसका उपजाऊपन कम किया जा रहा है। इसका मतलब हुआ कि लगान नहीं है।"

"लगान कैसे नहीं है? यह तो अर्थशास्त्र का एक नियम है।"

"तो हम नियम के बाहर हैं। लगान हमारे लिए कुछ भी स्पष्ट नहीं करता, बल्कि, इसके विपरीत, उलझा देता है। आप मुझे यह बतायें कि लगान का सिद्धान्त कैसे..."

"दही पीना पसन्द करेंगे? माशा, हमारे लिए यहाँ दही या झड़बेरियाँ भेज दो," उसने पत्नी को सम्बोधित किया। "इस साल झड़बेरियाँ काफी देर तक मिल रही हैं।"

और स्वियाज्स्की बहुत ही अच्छे मूड से उठा तथा सम्भवतः यह मानते हुए कि बातचीत वहीं खत्म हो गयी है, जहाँ लेविन को लगा कि वह शुरू ही हो रही है, यहाँ से हट गया।

अपने साथ बहस करने वाले व्यक्ति के चले जाने पर लेविन ने यह सिद्ध करते हुए जमींदार के साथ बातचीत जारी रखी कि सारी मुश्किल इसी बात से पैदा होती है कि हम अपने मजदूरों के विशेष लक्षणों और आदतों को नहीं जानना चाहते। लेकिन जमींदार उन सभी लोगों की तरह, जो अपने मौलिक ढंग से एकान्त में सोचने-विचारने के आदी होते हैं, दूसरों के विचारों को कठिनाई से ग्रहण करता था और अपने विचारों पर अड़ा रहता था। वह यही रट लगाये रहा कि रूसी किसान जानवर है, उसे जानवरों की-सी हरकत करना पसन्द है और उसका यह जानवरपन दूर करने के लिए कानूनी ताकत की जरूरत है, जो नहीं रही, डंडे की जरूरत है, लेकिन हम ऐसे उदार हो गये कि हमने अचानक वकीलों और जेलखानों को हजारों सालों से चले आ रहे डंडे की जगह दे दी है। इन जेलों में सड़ते किसानों को बढ़िया शोरबा खिलाया जाता है और उनके लिए कई घन फुट हवा का प्रबन्ध किया जाता है।

"आप ऐसा क्यों सोचते हैं," लेविन ने फिर से विवाद के प्रश्न की ओर लौटने की कोशिश करते हुए कहा, "कि खेत-मजदूरों के प्रति ऐसा रवैया नहीं अपनाया जा सकता, जिसके अनुसार काम उत्पादनशील हो सके?"

"रूसी किसानों के मामले में ऐसा कभी नहीं हो सकेगा! कानूनी ताकत नहीं

है," जमींदार ने जवाब दिया।

"नयी परिस्थितियाँ पैदा की जा सकती हैं?" स्वियाज्स्की ने दही खाने और सिगरेट पीने के बाद फिर से विवाद करने वालों के पास आकर कहा। "श्रम-शक्ति के बारे में सभी तरह के सम्भव रवैये स्पष्ट हो चुके हैं और उनका अध्ययन किया जा चुका है," उसने कहा। "बर्बरता का अवशेष—पारस्परिक अवलम्ब वाला आदिम कम्यून अपने-आप ही खत्म होता जा रहा है, भूदास-प्रथा को समाप्त किया जा चुका है, केवल स्वतन्त्र श्रम बाकी रह गया है, उसके रूप सुनिश्चित और बने-बनाये हैं तथा उन्हें स्वीकार करना चाहिए। खेत-मजदूर, रोजनदार और फार्मर—आप इस घेरे के बाहर नहीं जा सकते।"

"लेकिन यूरोप इन रूपों से सन्तुष्ट नहीं है।"

"सन्तुष्ट नहीं है और नये रूपों की खोज कर रहा है। सम्भवतः वह खोज भी लेगा।"

"यही तो मैं भी कह रहा हूँ," लेविन ने जवाब दिया। "हम भी उनकी खोज क्यों न करें?"

"इसलिए कि यह तो रेलवे के निर्माण की विधियों का फिर से आविष्कार करने के समान बात होगी। वे विधियाँ सोच ली गयी हैं, हमारे सामने तैयार हैं।"

"लेकिन अगर वे हमारे अनुकूल नहीं बैठतीं, अगर वे बेतुकी हैं, तो?" लेविन ने प्रश्न किया।

और उसे स्वियाज्स्की की आँखों में फिर से डर की झलक मिली।

"हाँ, यह तो हम डींग हाँकना चाहते हैं कि यूरोप जो कुछ ढूँढ़ रहा है, हमने उसे खोज लिया है! मैं यह सब कुछ जानता हूँ, लेकिन, माफी चाहता हूँ, आप वह सब जानते हैं, जो श्रम-संगठन के सिलसिले में यूरोप में किया गया है?"

"नहीं, बहुत कम।"

"यूरोप के सबसे सुलझे हुए दिमाग अब इस सवाल से उलझ रहे हैं। शूल्त्से-डेलिच की प्रवृत्ति...फिर श्रम के प्रश्न पर यह ढेर सारा साहित्य, सबसे अधिक उदारवादी लासाल की धारा का... मिलहाजेन प्रणाली—यह तो ठोस रूप भी ले चुकी है, जैसा कि आप सम्भवतः जानते होंगे।"

"मुझे इसका कुछ आभास है, मगर बहुत ही धुँधला-सा।"

"नहीं, यह तो आप केवल ऐसे ही कह रहे हैं। आप यह सब मुझसे कुछ कम नहीं जानते हैं। जाहिर है कि मैं समाजशास्त्र का प्रोफेसर नहीं हूँ, लेकिन मुझे इसमें दिलचस्पी महसूस हुई और अगर आपको भी सचमुच इसमें रुचि अनुभव होती है, तो आप भी इसका अध्ययन करें।"

"लेकिन वे लोग किस नतीजे पर पहुँचे हैं?"

"क्षमा चाहता हूँ..."

जमींदार उठकर खड़े हो गये और अपने मस्तिष्क के मेहमानखाने के पीछे झाँकने की लेविन की बुरी आदत को फिर से बीच में ही रोककर स्वियाज्स्की अपने मेहमानों को छोड़ने चला गया।

28

इस शाम को लेविन को महिलाओं के साथ असह्य ऊब अनुभव हुई। जैसा कि पहले कभी नहीं हुआ था, उसे यह विचार बहुत परेशान कर रहा था कि खेती-बारी के काम के बारे में वह जो असन्तोष अनुभव करता था, वह केवल उसी तक सीमित नहीं था, बल्कि सारे रूस में व्याप्त एक सामान्य रुख था और कोई ऐसी व्यवस्था करना, जिसके मुताबिक खेत-मजदूर वैसे ही काम करेंगे जैसे कि वे उस किसान के यहाँ काम करते हैं, जहाँ लेविन रास्ते में ठहरा था, सपना नहीं, अपितु एक कार्यभार है, जिसका हल ढूँढ़ना जरूरी है। लेविन को लगा कि यह कार्यभार पूरा किया जा सकता है और उसे इसकी कोशिश करनी चाहिए।

उसने महिलाओं को शुभरात्रि की कामना की और यह वादा किया कि अगला पूरा दिन भी उन्हीं के यहाँ बितायेगा, ताकि घोड़े पर सवार होकर उनके साथ सरकारी जंगल में हुए एक दिलचस्प भूस्खलन को देखने जा सके। सोने से पहले वह गृह-स्वामी के कक्ष में मजदूरों के प्रश्न से सम्बन्धित वे पुस्तकें लेने गया, जिनका स्वियाज्स्की ने उसे पढ़ने का सुझाव दिया। स्वियाज्स्की का अध्ययन-कक्ष एक बहुत बड़ा कमरा था, जिसमें सभी ओर पुस्तकों से भरी अलमारियाँ रखी थीं और दो मेंजे थीं। लिखने की एक बहुत बड़ी मेज तो कमरे के बीचोबीच रखी थी और दूसरी गोल मेज पर विभिन्न भाषाओं में सितारे की शक्ल में लैम्प के चारों ओर पत्र-पत्रिकाओं के नवीनतम अंक सजे हुए थे। लिखने की मेज के करीब सुनहरे लेबल लगे दराजोंवाला एक स्टैंड था, जहाँ सभी तरह की फाइलें रखी थीं।

स्वियाज्स्की ने किताबें निकालीं और झूलने वाली आरामकुर्सी में बैठ गया।

"क्या देख रहे हैं आप?" उसने लेविन से पूछा, जो गोल मेज के करीब रुककर पत्रिकाओं को उलट-पलट रहा था।

"अरे हाँ, इसमें एक बहुत दिलचस्प लेख है," स्वियाज्स्की ने उस पत्रिका के बारे में कहा, जो लेविन हाथ में लिए था। "प्रतीत होता है," उसने रंग में आते हुए अपनी बात जारी रखी, "कि पोलैंड के विभाजन के लिये मुख्यतः फ्रेडरिक जिम्मेदार नहीं था। ऐसा प्रतीत होता है..."

और उसने अपनी विशिष्ट स्पष्टता के साथ संक्षिप्त रूप से इन नयी, बहुत महत्त्वपूर्ण और दिलचस्प खोजों की चर्चा की। इसके बावजूद कि लेविन के दिल-दिमाग पर खेती-बारी के सुप्रबन्ध का प्रश्न छाया हुआ था, वह अपने मेजबान की बातें सुनते हुए खुद से यह सवाल पूछ रहा था : 'इसके मन में क्या चीज है?

आखिर किसलिए, किसलिए उसे पोलैंड के विभाजन में रुचि है?' स्वियाज्स्की की बात खत्म होने पर लेविन ने बरबस ही यह पूछा, "तो क्या हुआ?" लेकिन हुआ कुछ भी नहीं था। केवल इतनी बात ही दिलचस्प थी, "ऐसा प्रतीत होता है।" लेकिन स्वियाज्स्की ने यह स्पष्ट नहीं किया और यह स्पष्ट करने की जरूरत भी नहीं समझी कि उसके लिए यह क्यों दिलचस्प था।

"मुझे उस चिड़चिड़े-से जमींदार में बड़ी रुचि अनुभव हुई," लेविन ने गहरी साँस लेकर कहा। "वह समझदार है और बहुत कुछ सच कह रहा था।"

"ओह, रहने दीजिये! वह ऐसे सभी लोगों की तरह दिल से भूदास-प्रथा का पक्का समर्थक है।"

"आप जिनके मुखिया हैं..."

"हाँ, लेकिन मैं इनकी दूसरी दिशा में अगुवाई करता हूँ," स्वियाज्स्की ने हँसते हुए कहा।

"मेरी सबसे ज्यादा दिलचस्पी की चीज यह है," लेविन ने कहा। "उसकी यह बात सही है कि हमारा कृषि-कार्य यानी हमारा युक्तियुक्त कृषि-संचालन सफल नहीं हो रहा, केवल सूदखोरी के ढंग की खेती-बारी, जैसी यह चुप्पे किस्म का जमींदार करता है, अथवा बहुत ही सीधे ढंग की खेती सिरे चढ़ती है। इसके लिए कौन दोषी है?"

"जाहिर है कि हम खुद ही। इसके अलावा यह भी सही नहीं है कि हमारा काम नहीं चल रहा है। वासीलचिकोव के यहाँ तो चल रहा है।"

"घोड़ों का फार्म..."

"लेकिन मेरी समझ में नहीं आता कि आपको हैरानी किस बात से हो रही है। किसानों के भौतिक और नैतिक विकास का स्तर इतना नीचा है कि उन्हें सम्भवतः उन सभी चीजों का विरोध करना चाहिए, जो उनके लिए परायी हैं। यूरोप में युक्तियुक्त खेती-बारी इसलिए चल रही है कि किसान पढ़े-लिखे हैं। तो नतीजा यह निकलता है कि हमारे यहाँ किसानों को तालीम देनी चाहिए—बस, बात खत्म।"

"लेकिन किसानों को तालीम दी कैसे जाये।"

"किसानों को तालीम देने के लिए तीन चीजों की जरूरत है—स्कूल, स्कूल और स्कूल।"

"मगर आपने तो खुद ही कहा है कि किसानों के भौतिक विकास का स्तर नीचा है। स्कूलों से भला कैसे मदद मिलेगी?"

"सुनिये, आप मुझे बीमार को दी जाने वाली सलाहोंवाले लतीफे की याद दिला रहे हैं। रोगी से कहा जाता है : 'आपको कब्ज-कुशा दवा की आजमाइश करनी चाहिए।' 'कर चुका, मामला और बिगड़ गया।' 'जोंकें लगवाइये।' 'लगवा चुका—मामला और भी बिगड़ गया।' 'तो फिर भगवान की माला जपिये।' 'जप

चुका–मामला और ज्यादा बिगड़ गया।' हम दोनों का भी ऐसा ही हाल है। मैं कहता हूँ अर्थशास्त्र–आप कहते हैं–मामला और बिगड़ जायेगा। मैं कहता हूँ समाजवाद–कहते हैं–और भी बुरा। तालीम–वह और भी ज्यादा बुरी रहेगी।"

"फिर भी स्कूल क्या मदद करेंगे?"

"किसानों में नयी जरूरतें पैदा कर दे देंगे।"

"वह बात कभी भी मेरी समझ में नहीं आयी," लेविन ने गर्म होते हुए आपत्ति की। "किसानों को अपनी माली हालत बेहतर बनाने में स्कूल कैसे मदद करेंगे? आप कहते हैं कि स्कूल और तालीम उनमें नयी जरूरतें पैदा कर देंगे। यह तो और भी बुरा होगा, क्योंकि वे उन्हें पूरा करने में असमर्थ होंगे। जमा, बाकी और धार्मिक प्रश्नोत्तरी की जानकारी उन्हें अपनी माली हालत बेहतर बनाने में कैसे मदद देगी, यह मेरी समझ में कभी नहीं आया। तीन दिन पहले, शाम के वक्त गोद के बच्चे के साथ एक देहाती औरत से मेरी मुलाकात हुई। मैंने उससे पूछा कि वह कहाँ जा रही है। उसने जवाब दिया– 'जादू-टोने करने वाली बुढ़िया के पास से जा रही हूँ, मेरे बेटे को ऐंठन और रोने के दौरे पड़ते हैं, सो उसका इलाज करवाना है।' मैंने पूछा कि वह बुढ़िया इसका कैसे इलाज करती है। 'बच्चे को मुर्गी के दरबे में बिठाकर कोई टोना करती है।' "

"लीजिये, आपने तो खुद ही सब कुछ कह दिया! इसलिए कि वह बच्चे का इलाज करवाने को मुर्गी के दरबे में न ले जाये, यह जरूरी है कि..." स्वियाज्स्की ने प्रफुल्ल मुस्कान के साथ कहा।

"ओह नहीं!" लेविन ने झल्लाते हुए कहा। "मेरे लिए यह इलाज किसानों का स्कूलों से इलाज करने के बराबर है। किसान गरीब और अनपढ़ हैं–यह तो हम वैसे ही अच्छी तरह से देख रहे हैं, जैसे देहाती औरत बच्चे को बीमार देखती है, क्योंकि वह रोता-चिल्लाता है। लेकिन स्कूल गरीबी और निरक्षरता की मुसीबत को दूर करने में कैसे मदद दे सकते हैं, यह वैसे ही समझ में नहीं आता, जैसे यह कि मुर्गी के दरबे में ले जाने से बच्चे की बीमारी कैसे दूर हो सकती है। जिस वजह से वह गरीब है, उस वजह को खत्म करने की कोशिश करनी चाहिए।"

"कम-से-कम इस मामले में तो आप स्पेन्सर से, जिसे इतना अधिक नापसन्द करते हैं, सहमत हो गये हैं। यह भी यही कहता है कि शिक्षा जीवन की बड़ी खुशहाली और आराम-सुविधा का, उनके शब्दों में अक्सर नहाने-धोने का, परिणाम हो सकती है, मगर पढ़ने-लिखने की क्षमता का नहीं..."

"तो मैं बहुत खुश हूँ या, इसके विपरीत बहुत नाखुश हूँ कि स्पेन्सर के साथ सहमत हो गया। लेकिन यह बात तो मैं बहुत पहले से जानता हूँ। स्कूलों से कुछ फायदा नहीं होगा, बल्कि फायदा होगा, ऐसी आर्थिक व्यवस्था से, जिसके अन्तर्गत लोगों की माली हालत बेहतर होगी, उनके पास फुर्सत का ज्यादा वक्त होगा और

तब-तब स्कूल भी हो जायेंगे।"

"फिर भी अब सारे यूरोप में स्कूल अनिवार्य हैं।"

"और आप खुद तो कैसे स्पेन्सर के साथ इस मामले में सहमत हैं?" लेविन ने पूछा।

किन्तु स्वियाज्स्की की आँखों में भय का भाव झलक उठा और उसने मुस्कुराते हुए कहा :

"अरे, वह बच्चे के इलाजवाली बात बहुत बढ़िया थी! आपने अपने कानों से सुनी?"

लेविन ने महसूस किया कि इस व्यक्ति के जीवन और विचारों के बीच वह कभी सम्बन्ध-सूत्र नहीं खोज पायेगा। स्पष्टतः उसके लिए इस बात का कोई महत्त्व नहीं था कि उसका तर्क-वितर्क उसे किस नतीजे पर पहुँचाता है। उसे तो केवल तर्क-वितर्क की प्रक्रिया से ही मतलब था। उसका तर्क-वितर्क जब उसे अन्ध-गली में ले जाता था, तो उसे अच्छा नहीं लगता था। उसे यह पसन्द नहीं था और वह इससे बचता था तथा बातचीत को किसी सुखद और मधुर दिशा में मोड़ ले जाता था।

उस किसान द्वारा, जिसके यहाँ लेविन रास्ते में ठहरा था, मन पर छोड़ गये प्रभाव सहित, जो मानो आज के सभी प्रभावों और विचारों का आधार बना, आज की सारी छापों ने लेविन को बहुत बेचैन कर दिया। यह प्यारा स्वियाज्स्की, जो केवल सामाजिक उपयोग के लिए अपने विचार संचित करता था और सम्भवतः अपने जीवन में लेविन के लिए रहस्य बने रहे किन्हीं दूसरे सिद्धान्तों से निर्देशित होता था, और फिर भी भीड़ का अंग होते हुए ऐसे विचारों से जनमत को संचालित करता है, जिनमें खुद विश्वास नहीं रखता—वह झल्लाया हुआ जमींदार, जो जीवन की यातनाओं से निचोड़े गये अपने तर्क-वितर्क के मामले में बिल्कुल सही है, किन्तु एक पूरे वर्ग, सो भी रूस के सबसे अच्छे वर्ग के प्रति अपने क्रोध की दृष्टि से सही नहीं है; अपने कार्यकलापों से असन्तोष और इन सारी समस्याओं का कोई हल पा जाने की अस्पष्ट आशा—यह सभी कुछ आन्तरिक बेचैनी और समाधान की प्रत्याशा की निकटता में घुल-मिल गया।

अपने कमरे में अकेला रह जाने और स्प्रिंगदार गद्दे पर लेट जाने के बाद, जो हाथ या पाँव को जरा हिलाने-डुलाने पर अचानक उछल पड़ता था, लेविन देर तक नहीं सो पाया। स्वियाज्स्की ने बेशक बहुत कुछ कहा था, मगर उसकी एक भी बात में लेविन को दिलचस्पी महसूस नहीं हुई। हाँ, जमींदार की दलीलें ध्यान देने के योग्य थीं। लेविन को बरबस ही उसके सब शब्द याद हो आये और अपनी कल्पना में वह उसको दिये गये अपने जवाबों को सही करने लगा।

'हाँ, मुझे उससे कहना चाहिए था—आपका कहना है कि हमारा खेती-बारी का

धन्धा इसलिए सफल नहीं हो रहा है कि किसान को किसी भी तरह का सुधार फूटी आँखों नहीं सुहाता और यह कि ऐसे सुधारों को जबर्दस्ती लागू करना चाहिए। लेकिन अगर इन सुधारों के बिना खेती-बारी बिल्कुल ही न चलती हो, तब तो आपकी बात सही हो सकती थी। मगर वह चल रही है और केवल वहीं सफल हो रही है, जहाँ खेत-मजदूर अपनी आदतों के मुताबिक काम करता है, जैसा कि आधे रास्तेवाले बूढ़े के यहाँ। खेती-बारी के सम्बन्ध में हमारा-तुम्हारा साझा असन्तोष यह सिद्ध करता है कि या तो हम या फिर खेत-मजदूर इसके लिए दोषी हैं। हम श्रम-शक्ति की प्रकृति की ओर कोई ध्यान दिये बिना बहुत अर्से से अपने, यूरोपीय ढंग से जोर लगा रहे हैं। आइये, श्रम-शक्ति को आदर्श श्रम-शक्ति न मानकर उसकी सहज प्रवृत्तियों के साथ रूसी दहकान मान लें और इसके मुताबिक अपनी खेती-बारी को शक्ल दें। आप कल्पना करें,' मुझे उससे कहना चाहिए था, 'कि आपके यहाँ खेती-बारी का धन्धा वैसे ही चलता है, जैसे उस बूढ़े के यहाँ, कि आपने काम की सफलता में मजदूरों की दिलचस्पी पैदा करने का साधन और सुधारों के मामले में बीच का वह रास्ता भी ढूँढ़ लिया है, जिसे वे स्वीकार करते हैं, तो आप भूमि का उपजाऊपन कम किये बिना पहले की तुलना में दुगुनी, तिगुनी फसल पायेंगे। उसे आधा-आधा बाँट लीजिये, आधी फसल मजदूरों को दे दीजिये और जो हिस्सा आपके पास रह जायेगा, वह पहले से ज्यादा होगा और मजदूरों को भी ज्यादा उपज मिलेगी। ऐसा करने के लिए खेती-बारी के ढंग के स्तर को नीचे लाना चाहिए और उसकी सफलता में मजदूरों की रुचि पैदा करनी चाहिए। ऐसा कैसे किया जाये–यह तफसीलों की बात है, किन्तु निश्चय ही ऐसा करना सम्भव है।'

इस विचार से लेविन बहुत उत्तेजित हो उठा। इस विचार को अमली शक्ल देने की तफसीलों पर चिन्तन करते हुए उसे आधी रात तक नींद नहीं आयी। उसका अगले दिन यहाँ से जाने का कोई खयाल नहीं था, लेकिन अब उसने यह तय कर लिया कि तड़के ही घर को चल देगा। इसके अलावा फ्रॉक पर नीची काटवाली यह साली भी उसके दिल में शर्म और कोई बुरी हरकत करने के लिए पश्चाताप का-सा भाव पैदा करती थी। सबसे बड़ी बात तो यह थी कि उसे जरा भी देर किये बिना जाना चाहिए था, खरीफ के गेहूँ की बुवाई के पहले किसानों के सामने अपनी योजना रखनी चाहिए थी, ताकि वे नये आधारों पर बुवाई करें। उसने खेती-बारी के अपने पहले ढंग को पूरी तरह से बदल डालने का निर्णय कर लिया था।

29

लेविन की योजना को व्यावहारिक रूप देने में कई कठिनाइयाँ थीं। किन्तु उसने यथाशक्ति संघर्ष किया और यद्यपि जो चाहता था, वह प्राप्त नहीं कर सका, तथापि जितनी सफलता उसे मिली, उससे अपने को धोखा दिये बिना वह ऐसा विश्वास

कर सकता था कि वह कार्य मेहनत करने के लायक है। एक सबसे बड़ी कठिनाई यह थी कि खेती-बारी का काम पहले से ही चल रहा था कि सब कुछ रोककर फिर से सारा काम शुरू करना सम्भव नहीं था और चालू मशीन को सुधारने की जरूरत थी।

घर लौटकर उसी शाम को जब उसने कारिन्दे को अपनी योजनाएँ बतायीं, तो वह स्पष्ट सन्तोष के साथ लेविन के विचारों के उस भाग से सहमत हो गया, जो यह जाहिर करता था कि अब तक जितना कुछ किया गया है वह सब बेतुका और घाटे का काम है। कारिन्दे ने कहा कि वह बहुत पहले से ऐसा कह रहा है कि उसकी बात पर कोई कान नहीं देना चाहता था। जहाँ तक लेविन के इस सुझाव का सम्बन्ध था कि वह खेती-बारी के सारे काम में मजदूरों के साथ हिस्सेदार के रूप में भाग ले, तो कारिन्दे ने इस सिलसिले में केवल बड़ी उदासीनता दिखाई तथा कोई निश्चित राय जाहिर नहीं की, बल्कि उसी समय अगले दिन रई के बाकी पूले ले जाने और दोहरी जुताई के लिए लोगों को भेजने की चर्चा करने लगा। चुनांचे लेविन ने महसूस किया कि इस वक्त उसे उसकी योजना के बारे में सोचने की फुर्सत नहीं है।

किसानों के साथ इस बात की चर्चा करने और नयी शर्तों पर उन्हें खेती के लिए जमीन देने का सुझाव प्रस्तुत करने पर उसे इसी मुख्य कठिनाई से दो-चार होना पड़ा कि वे चालू काम में बहुत अधिक व्यस्त थे और उन्हें इस सुझाव के नफे-नुकसान के बारे में सोचने का तनिक अवकाश नहीं था।

भोला-भाला किसान इवान तो मानो लेविन के सुझाव को पूरी तरह समझ गया कि वह पशु-पालन से होने वाले नफे में अपने परिवार सहित भाग पा सकेगा और उसने इसका पूरा समर्थन किया। किन्तु जब लेविन उसे भावी लाभों के बारे में समझाने लगा, तो इवान के चेहरे पर घबराहट झलक उठी और उसने अफसोस जाहिर किया कि उसकी पूरी बात नहीं सुन सकता। वह कोई ऐसा काम ढूँढ़ लेता था, जिसे टालना मुमकिन नहीं होता था—पाँचे से घास को स्टाल से बाहर फेंकने लगता या नाद में पानी भरने अथवा गोबर साफ करने लगता।

किसानों का यह दृढ़ विश्वास दूसरी कठिनाई था कि उन्हें अधिक-से-अधिक लूटने-निचोड़ने के अतिरिक्त जमींदार का और कोई उद्देश्य हो ही नहीं सकता। उन्हें इस बात का पक्का यकीन था कि उसका असली उद्देश्य (वह उनसे चाहे कुछ भी क्यों न कहे) हमेशा वह होगा, जो वह उनसे नहीं कहेगा। वे खुद अपने विचार प्रकट करते हुए बहुत कुछ कहते थे, लेकिन कभी वह नहीं बताते थे, जो उनका असली उद्देश्य होता था। इसके अलावा (लेविन अनुभव करता था कि चिड़चिड़ा जमींदार सही था) किसान किसी भी तरह के समझौते के लिए पहली और अनिवार्य शर्त यह पेश करते थे कि उन्हें खेतीबारी के किसी भी तरह के नये तरीकों और नये

उपकरणों-यन्त्रों के उपयोग के लिए विवश न किये जायें। वे इस बात से सहमत थे कि लोहे के हल से ज्यादा अच्छी जुताई होती है कि द्रुत-जुताई-यन्त्र अधिक सफलतापूर्वक काम करता है, किन्तु इस बात के हजारों बहाने ढूँढ़ निकालते थे कि वे उनका उपयोग क्यों नहीं कर सकते। यद्यपि लेविन को यह विश्वास हो चुका था कि खेती-बारी के ढंग का स्तर नीचा करना होगा, तथापि उसे उन सुधारों से इनकार करते हुए अफसोस होता था, जिनका लाभ इतना स्पष्ट था। किन्तु इन कठिनाइयों के बावजूद उसने अपने मन की बात पूरी की और पतझर आते न आते मामला ढंग से चल पड़ा या कम-से-कम उसे ऐसा प्रतीत हुआ।

शुरू में लेविन ने सारे फार्म, जैसे वह था, वैसे ही किसानों, खेत-मजदूरों और कारिन्दे को नयी साझी शर्तों पर देना चाहा। किन्तु शीघ्र ही उसे यह विश्वास हो गया कि ऐसा सम्भव नहीं और उसने उसे विभागों में बाँटने का निर्णय किया। डेयरी, बाग, सब्जियों का बगीचा, चरागाह और खेती की जमीनें—इन सबको कई भागों में बाँट देना और हर भाग की एक अलग मद होनी चाहिए थी। भोले-भाले पशु-पालक इवान ने, जो, जैसा कि लेविन को प्रतीत होता था, सबसे ज्यादा अच्छी तरह उसकी योजना को समझ गया था, मुख्यतः अपने ही परिवार के लोगों को मिलाकर पशु-पालन का संगठन बना लिया और इस धन्धे का हिस्सेदार बन गया। दूर की जमीन, जो आठ साल से बंजर पड़ी रही थी, समझदार बढ़ई "फ्योदोर रेजुनोव की मदद से छः किसान-परिवारों ने नये साझे आधारों पर खेती करने के लिए ले ली और किसान शुरायेव ने इन्हीं शर्तों पर सब्जियों के सभी बगीचे ले लिये। बाकी सब कुछ पुराने ढंग से ही रहा, लेकिन ये तीन विभाग नयी प्रणाली के आरम्भ के द्योतक थे और लेविन इसमें पूरी दिलचस्पी लेता था।

यह सही है कि पशु-पालन का काम अभी तक पहले से कुछ बेहतर नहीं चल रहा था और इवान गउओं के लिए गर्म गोशाला तथा ताजा क्रीम के मक्खन बनाने का कड़ा विरोध करता था। उसका कहना था कि ठंडी जगह पर गाय के लिए कम चारे की जरूरत पड़ती है और खट्टी क्रीम से ज्यादा अच्छा मक्खन बनता है। वह पहले की ही तरह वेतन माँगता और इस बात में जरा भी दिलचस्पी नहीं लेता था कि उसे जो पैसे दिये जाते थे, वे वेतन नहीं, बल्कि भावी नफे के आधार पर पेशगी होते थे।

यह सही है कि "फ्योदोर रेजुनोव के दल ने लोहे के हलों से जमीन को दो बार नहीं जोता, जैसा कि तय किया गया था, और इसके लिए उन्होंने वक्त कम होने का बहाना पेश किया। यह सही है कि इस दल के किसान बेशक नये आधारों पर खेती करने को राजी हुए थे, फिर भी वे इस जमीन को साझी न कहकर पट्टे पर ली गयी कहते और इस दल के किसानों तथा खुद रेजुनोव ने अनेक बार लेविन से कहा, "आप जमीन का लगान ले लेते, तो आपको भी चैन रहता और हम अपने

को ज्यादा आजाद महसूस करते।" इसके अलावा ये किसान तरह-तरह के बहाने बनाकर इस जमीन पर पशुशाला और खत्ती बनाने का काम, जो उनके साथ तय किया गया था, टाल देते और इसे जाड़े तक लटकाते चले गये।

यह सही है कि शुरायेव ने सब्जियों के जो बगीचे लिये थे, उन्हें छोटे-छोटे टुकड़ों में किसानों को किराये पर देना चाहा। उसने स्पष्टतः उन शर्तों को, जिन पर जमीन दी गयी थी, बिल्कुल गलत, लगता था कि जान-बूझकर गलत ढंग से समझा था।

यह सही है कि किसानों से बातचीत करते और उन्हें धन्धे के सभी लाभ समझाते हुए लेविन अक्सर यह महसूस करता था कि किसान उसकी आवाज के उतार-चढ़ाव को ही सुन रहे थे और यकीनी तौर पर यह जानते हैं कि वह चाहे कुछ भी क्यों न कहे, वे उसके झाँसे में आने वाले नहीं हैं। सबसे ज्यादा समझदार किसान रेजुनोव से बात करते हुए वह विशेषतः ऐसा अनुभव करता था। उसे रेजुनोव की आँखों में वह चमक दिखाई देती, जो लेविन पर व्यंग्य-सा करती होती और साथ ही यह दृढ़ विश्वास प्रकट करती कि अगर कोई धोखे के इस जाल में फँसेगा, तो वह रेजुनोव नहीं होगा।

इन सब चीजों के बावजूद लेविन को लग रहा था कि काम आगे बढ़ रहा है और कड़ाई से हिसाब-किताब रखते हुए तथा अपनी बात पर डटे रहकर वह उन्हें इस नये प्रबन्ध के भावी लाभ स्पष्ट कर देगा और तब काम अपने-आप ही चल निकलेगा।

इन कामों और उसके पास बच रहे खेती-बारी के काम और साथ ही अध्ययन-कक्ष में अपनी पुस्तक पर किये जाने वाले कार्य ने लेविन को गर्मी-भर इतना व्यस्त रखा कि वह शिकार के लिए लगभग गया ही नहीं। अगस्त के अन्त में ओब्लोन्स्की परिवार का एक नौकर जीन वापस लाया और उसी से लेविन को यह पता चला कि वे लोग मास्को वापस चले गये हैं। उसने अनुभव किया कि डॉली के पत्र का उत्तर न देकर, अपनी इस अशिष्टता से, जिसको वह शर्म से लाल हुए बिना याद नहीं कर सकता था, उसने अपना मामला पूरी तरह चौपट कर लिया है और वह अब कभी उनके यहाँ नहीं जायेगा। स्वियाज्स्की परिवार के साथ भी उसने ऐसा ही व्यवहार किया था, उनसे विदा लिये बिना ही वहाँ से चला आया था। लेकिन उनके यहाँ भी वह कभी नहीं जायेगा। उसे अब इससे कोई फर्क नहीं पड़ता था। अपने नये फार्म को नये ढंग से व्यवस्थित करने के काम में उसे इतनी अधिक दिलचस्पी महसूस हो रही थी, जितनी कभी, किसी चीज में नहीं हुई थी। उसने स्वियाज्स्की द्वारा दी गयी किताबों को, और उसके पास जो किताबें नहीं थीं, उन्हें मँगवाकर पढ़ा, राजनीतिक अर्थशास्त्र की और समाजवादी किताबों को पढ़ा तथा, जैसी कि आशा थी, उसे उनमें कुछ भी ऐसा नहीं मिला, जो उसके काम से

सम्बन्ध रखता हो। राजनीतिक अर्थशास्त्र की किताबों में, उदाहरणार्थ मिल्ल की किताबों में, जिन्हें उसने बड़े जोश के साथ यह आशा करते हुए सबसे पहले पढ़ा था कि किसी भी क्षण अपने सामने प्रस्तुत समस्याओं का समाधान पा जायेगा, उसे यूरोपीय खेती-बारी की स्थिति से उद्भूत नियम ही मिले। लेकिन यह बात किसी भी तरह उसकी समझ में नहीं आयी कि वे नियम, जो रूस पर लागू नहीं होते थे, सबके लिए सामान्य क्यों हैं। समाजवादी पुस्तकों में भी उसे ऐसा ही नजर आया। वे या तो सुन्दर कल्पनाएँ थीं, जिन्हें व्यावहारिक रूप नहीं दिया जा सकता था और जिनकी ओर वह विद्यार्थी-जीवन में आकृष्ट हुआ था या फिर यूरोप में विद्यमान स्थिति को, जो रूसी खेती-बारी की स्थिति से बिल्कुल भिन्न थी, सुधारने अथवा उसमें पैबन्द लगाने का प्रयत्न करती थीं। राजनीतिक अर्थशास्त्र यह कहता था कि जिन नियमों के अनुसार यूरोप का धन बढ़ा है और बढ़ रहा है, उन नियमों का सार व्यापक और सन्देहहीन है। समाजवादी शिक्षा यह कहती थी कि इन नियमों के अनुसार विकास विनाश की ओर ले जाता है। दोनों में से कोई भी तो न केवल इस बात का उत्तर, बल्कि यह संकेत तक नहीं देता था कि वह, लेविन और रूस के सभी किसान तथा भूस्वामी अपने करोड़ों हाथों और हेक्टरों का क्या करें, ताकि वे देश की सामान्य समृद्धि के लिए अधिकतम उत्पादनशील बन सकें।

अब जब उसने यह काम करने का बीड़ा उठा ही लिया था, जो उसने इस विषय से सम्बन्धित सारी सामग्री को बहुत मन लगाकार पढ़ा और पतझर में विदेश जाकर वहाँ इस सिलसिले में और बहुत कुछ पढ़ने का इरादा बनाया, ताकि इस मामले में उसके साथ वह न हो, जो अक्सर दूसरे मामलों में हुआ था। कई बार ऐसा हुआ था कि अपने साथ बात करने वाले के विचारों को वह समझने और अपने विचार प्रकट ही करने लगता था कि अचानक उससे कहा जाता था : "और काउफ़मान और जोन्स, और ट्यूबुआ, और मिचेली? आपने इनको नहीं पढ़ा है। पढ़िये—इन्होंने इस विषय का अच्छी तरह विवेचन किया है।"

लेविन को अब वह बिल्कुल स्पष्ट था कि काउफ़मान और मिचेली उसे कुछ भी नहीं बता सकते। उसे क्या चाहिए, वह यह जानता था। वह देख रहा था कि रूस में बढ़िया जमीनें हैं, बढ़िया श्रमिक हैं और कुछ हालतों में, जैसे कि आधे रास्तेवाले किसान के यहाँ, जमीन और श्रमिक बहुत अधिक पैदावार देते हैं, किन्तु अधिकतर स्थितियों में, जब यूरोपीय ढंग से पूँजी लगायी जाती है, कम पैदावार होती है, और ऐसा केवल इसलिए होता है कि मजदूर लोग अपने स्वाभाविक ढंग से काम करना चाहते हैं और अच्छा काम करते हैं कि उनका विरोध संयोगवश नहीं, बल्कि स्थायी है और उसकी जड़ें किसानों के चरित्र में निहित हैं। वह सोच रहा था कि रूसी लोग, जिनके भाग्य में खाली पड़ी हुई विस्तृत भूमि को सजग रूप से जोतना-बोना बदा था, उस समय तक उन जरूरी तरीकों से चिपके रहे, जब

तक कि यह काम पूरा नहीं हो गया और खेती-बारी के ये तरीके इतने बुरे नहीं हैं, जितने कि आमतौर पर समझे जाते हैं। वह सैद्धान्तिक रूप से अपनी पुस्तक और अमली तौर पर कृषि-व्यवस्था से यह सिद्ध करना चाहता था।

30

सितम्बर के अन्त में दूर की जमीन पर, जो किसानों के दल को साझी खेती के लिए दी गयी थी, पशुशाला बनाने के लिए लकड़ी पहुँच गयी और मक्खन बेचकर नफा बाँट दिया गया। फार्म पर व्यावहारिक रूप से बहुत बढ़िया काम चल रहा था या कम-से-कम लेविन को ऐसा लग रहा था। इस सारे काम को सैद्धान्तिक रूप से स्पष्ट तथा अपनी रचना को समाप्त करने के लिए, जो लेविन की कल्पना की उड़ानों के अनुसार राजनीतिक अर्थशास्त्र में न केवल क्रान्ति ही करेगी, बल्कि इस विज्ञान को पूरी तरह नष्ट करके एक नये—जमीन के प्रति किसानों के रवैये के—विज्ञान की नींव डालेगी, विदेश जाकर इस दिशा में किये गये सारे कार्य का अध्ययन तथा इस बात का विश्वसनीय प्रमाण प्राप्त करना जरूरी था कि वहाँ जो कुछ किया गया है, वह ऐसा नहीं है, जिसकी जरूरत है। लेविन केवल गेहूँ के बेचे जाने की राह देख रहा था, ताकि पैसे मिल जायें और तब वह विदेश चला जायेगा। किन्तु बारिश शुरू हो गयी, जिसने खेत में रह गयी फसल और आलुओं को नहीं बटोरने दिया, सभी काम-काज ठप्प कर दिये और गेहूँ का बेचा जाना भी असम्भव बना दिया। रास्तों पर अगम्य कीचड़ था, दो चक्कियाँ पानी की बाढ़ में बह गयीं और मौसम अधिकाधिक खराब होता जा रहा था।

30 सितम्बर को सुबह सूरज निकल आया और अच्छे मौसम की उम्मीद करते हुए लेविन पूरे मन से विदेश जाने की तैयारी करने लगा। उसने गेहूँ को बोरियों में भर देने का आदेश दिया, कारिन्दे को पैसे लाने के लिए व्यापारी के पास भेजा और खुद घोड़ा-गाड़ी में बैठकर विदेश जाने के पहले फार्म-सम्बन्धी अन्तिम हिदायतें देने चला गया।

सभी काम-काज निपटाकर और जल-धाराओं से तर होकर, जो कभी उसके चमड़े के कोट से गर्दन पर बह आती थीं और कभी ऊँचे बूटों में, किन्तु बहुत खुश और भावनाओं से उमगता हुआ लेविन शाम को घर लौटा। शाम को मौसम और भी ज्यादा खराब हो गया, पूरी तरह भीगी और कानों तथा सिर को झटकती हुई घोड़ी पर मोटी तथा सख्त बर्फ की बौछार ऐसे चोट करती थी कि वह टेढ़ी होकर चल रही थी। किन्तु हुड के नीचे लेविन मजे में था और वह खुशी से अपने इर्द-गिर्द कभी पहियों की लीकों पर भागी जाती जल-धाराओं, कभी पातहीन शाखाओं पर लटकती पानी की बूँदों, कभी पुल के तख्तों पर अभी तक न पिघली सख्त बर्फ के सफेद धब्बों और कभी निपत्ते एल्म वृक्ष के गिर्द गिरे हुए रसिले और अभी तक

चिकने पत्तों की मोटी तह की ओर देखता। इर्द-गिर्द की प्रकृति के उदासी में डूबे होने के बावजूद वह अपने को विशेषतः उमंग में अनुभव कर रहा था। दूर के गाँव में किसानों से हुई बातचीत ने यह स्पष्ट कर दिया था कि वे अपने सम्बन्धों के अभ्यस्त होने लगे हैं। बूढ़े रखवाले ने, जिसके यहाँ लेविन अपने कपड़े सुखाने के लिए गया, स्पष्टतः लेविन की योजना का समर्थन किया और अपनी ही इच्छा से पशु खरीदने के एक साझे कार्य में भाग लेने को कहा।

'मुझे बस, दृढ़ता से अपने लक्ष्य की ओर बढ़ते जाना चाहिए और मैं अपने उद्देश्य में सफल हो जाऊँगा,' लेविन सोच रहा था, 'और काम तथा यत्न करने में कोई तुक है। यह मेरा निजी मामला नहीं, बल्कि यहाँ सामान्य कल्याण का सवाल है। खेती-बारी का सारा काम और मुख्यतः सारी जनता की स्थिति में आमूल परिवर्तन होना चाहिए। गरीबी की जगह—सामान्य समृद्धि, खुशहाली; शत्रुता की जगह—सहमति और हितों का ऐक्य। थोड़े में, रक्तहीन, क्रान्ति, किन्तु महानतम क्रान्ति, शुरू में हमारे छोटे-से जिले, फिर गुबेर्नियां, फिर रूस और सारी दुनिया में। कारण कि न्यायपूर्ण विचार फलप्रद हुए बिना नहीं रह सकता। हाँ, यह वह लक्ष्य है, जिसके लिए काम करने में कोई तुक है। यह कि मैं, कोस्त्या लेविन, वही व्यक्ति इसको पूरा कर रहा हूँ, जो काली टाई लगाकर बॉल में गया था और कीटी श्चेर्बात्स्काया ने जिसका विवाह-प्रस्ताव ठुकरा दिया था तथा जो स्वयं अपनी दृष्टि में ऐसा दयनीय और तुच्छ बन गया था—यह सब कुछ भी सिद्ध नहीं करता। मुझे विश्वास है कि अपने बारे में याद करते हुए फ्रैंकलिन ने भी खुद को ऐसा ही तुच्छ अनुभव किया होगा और उसे अपने पर ऐसे ही भरोसा नहीं हुआ होगा। किन्तु इससे कुछ नहीं सिद्ध होता। जरूर उसकी भी कोई अपनी अगाफ़्या मिखाइलोव्ना रही होगी, जिसे वह अपनी योजनाएँ बताता होगा।'

ऐसे विचारों में डूबा हुआ लेविन अँधेरा होने पर घर लौटा।

व्यापारी के पास गया हुआ कारिन्दा गेहूँ के मूल्य का एक भाग लेकर लौट आया था। बूढ़े रखवाले के साथ मामला तय कर लिया गया और कारिन्दे को रास्ते में यह पता चला कि सभी जगह फसलें खेतों में खड़ी रह गयीं और इसलिए दूसरों की तुलना में खेतों में पड़े हुए अपने 160 पूले कोई महत्त्व नहीं रखते थे।

शाम का भोजन करने के बाद लेविन हर दिन की तरह किताब लेकर आरामकुर्सी में बैठ गया और उसे पढ़ते हुए पुस्तक के सम्बन्ध में अपनी कुछ ही समय बाद की विदेश-यात्रा के बारे में भी सोचता रहा। अब उसे अपने काम का सारा महत्त्व विशेष स्पष्टता से दिखाई दे रहा था और उसके विचारों को अभिव्यक्त करने वाले पूरे-के-पूरे पैरे उसके दिमाग में अपने-आप बनते जा रहे थे। 'मुझे इन्हें लिख लेना चाहिए,' उसने सोचा। 'इनसे संक्षिप्त भूमिका बनानी चाहिए, जिसे मैं पहले अनावश्यक समझता था।' वह लिखने की मेज पर जाने के लिए उठकर

खड़ा हो गया और उसके पैरों के पास लेटी हुई लास्का भी अँगड़ाई लेकर खड़ी हो गयी तथा उसने लेविन की ओर देखा मानो पूछ रही हो कि किधर जाऊँ। किन्तु उसे लिखने का मौका नहीं मिला, क्योंकि दल-मुखिया आ गये और लेविन उनके पास बैठक में चला गया।

कुछ समय तक लिखने के बाद लेविन को अचानक असाधारण सजीवता के साथ कीटी, उसके इनकार और अन्तिम भेंट की याद हो आयी। वह उठकर कमरे में इधर-उधर टहलने लगा।

"बेकार ऊबते रहने में क्या रखा है?" अगाफ़्या मिखाइलोव्ना ने उससे कहा। "किसलिए घर में बैठे हैं? जब सारी तैयारी कर ही ली है, तो जाइये खनिज-जल के किसी स्वास्थ्य-नगर में।"

"मैं परसों जा रहा हूँ, अगाफ़्या मिखाइलोव्ना। इसके पहले काम-काज समाप्त करना चाहिए।"

"क्या काम-काज समाप्त करना है आपको! यों ही क्या कुछ कम किया है आपने किसानों के भले के लिए! वे तो यह कहते हैं–आपके मालिक को इसके लिए ज़ार से कुछ लाभ प्राप्त हो जायेगा। और अजीब बात है कि आप किसानों के लिए परेशान हो रहे हैं।"

"मैं उनके लिए नहीं, अपने लिए ऐसा करता हूँ।"

अगाफ़्या मिखाइलोव्ना खेती-बारी के सम्बन्ध में लेविन की योजनाओं की सभी तफसीलें जानती थी। लेविन सभी बारीकियों के साथ अक्सर उसके सामने अपने विचार रखता था, बहुत बार उससे बहस करता था और उसके स्पष्टीकरणों से सहमत नहीं होता था। किन्तु इस समय लेविन ने जो कुछ कहा, उसने उसका बिल्कुल दूसरा ही मतलब समझा।

"बात साफ है कि अपनी आत्मा के बारे में तो आदमी को सबसे ज्यादा सोचना ही चाहिए," उसने उसाँस छोड़ते हुए कहा। "पारफेन देनीसिच को ही ले लीजिये। वह तो पढ़ना-लिखना भी नहीं जानता, लेकिन उसके जैसी मौत तो भगवान सभी को दें," उसने कुछ ही समय पहले मरने वाले एक नौकर के बारे में कहा। "पवित्र जल पिलाया और ढंग से अन्तिम संस्कार किया।"

"मैं यह बात नहीं कर रहा हूँ," लेविन बोला। "मैं यह कह रहा हूँ कि मैं अपने लाभ के लिए यह सब करता हूँ। किसान अगर बेहतर काम करते हैं, तो मुझे ज्यादा फायदा होता है।"

"आप चाहे कुछ भी क्यों न करते रहें, अगर किसान काहिल है, जो कुछ भी नहीं करेगा-धरेगा। अगर उसका कोई धर्म-ईमान है, तो काम करेगा, नहीं तो किसी के लिए कुछ भी नहीं होगा।"

"आप खुद ही यह कहती हैं कि इवान पशुओं की ज्यादा अच्छी तरह से

देखभाल करने लगा है।"

"मैं तो यही कहना चाहती हूँ," अगाफ़्या मिखाइलोव्ना ने स्पष्टतः संयोगवश नहीं, बल्कि विचार-शृंखला का कड़ा अनुकरण करते हुए उत्तर दिया, "आपको शादी करनी चाहिए। यही असली बात है!"

लेविन खुद जिस चीज के बारे में अभी कुछ देर पहले सोचता रहा था, अगाफ़्या मिखाइलोव्ना द्वारा उसी की याद दिलाये जाने पर उसे रंज हुआ और उसके दिल को ठेस लगी। लेविन ने नाक-भौंह सिकोड़ ली, फिर से अपना काम करने बैठ गया और इस काम के महत्त्व के बारे में उसने जो कुछ सोचा था, उसे मन-ही-मन दोहराया। कभी-कभार ही उसे खामोशी में अगाफ़्या मिखाइलोव्ना की सिलाइयों की आवाज सुनाई देती और जो वह याद नहीं करना चाहता था, उसी को याद करके फिर से उसके माथे पर बल पड़ गये।

नौ बजे घोड़ा-गाड़ी की घंटियों की टनटनाहट और कीचड़ में पहियों की दबी-घुटी आवाज सुनाई दी।

"लीजिये, आपके यहाँ मेहमान आ गये, अब ऊब महसूस नहीं होगी," अगाफ़्या मिखाइलोव्ना ने उठते और दरवाजे की ओर जाते हुए कहा। किन्तु लेविन उससे आगे निकल गया। उसका काम अब आगे नहीं बढ़ रहा था और वह किसी भी मेहमान के आने पर खुश था।

31

भागते हुए आधी सीढ़ियाँ उतर जाने पर लेविन को बाहरी बैठक में खाँसी की जानी-पहचानी आवाज सुनाई दी। किन्तु अपने पैरों की आवाज के कारण उसे वह साफ तौर पर सुनाई नहीं दी और उसे यह आशा थी कि उससे भूल हुई है। कुछ क्षण बाद उसे लम्बी और हड़ीली आकृति दिखाई दी और ऐसा प्रतीत हुआ कि अब अपने को धोखा देना मुमकिन नहीं था, फिर भी उसे आशा बनी रही कि वह भूल कर रहा और फर का कोट उतारने तथा खाँसने वाला यह लम्बा व्यक्ति उसका भाई निकोलाई नहीं है।

लेविन अपने भाई को प्यार करता था, मगर उसकी संगत हमेशा एक यातना होती थी। इस समय, जब लेविन अपने दिमाग में आये विचारों और अगाफ़्या मिखाइलोव्ना द्वारा उसी बात के याद दिलाये जाने के प्रभाव में अस्पष्ट तथा उलझी-उलझायी मानसिक स्थिति में था, भाई के साथ होने वाली भेंट विशेषतः बोझिल प्रतीत हो रही थी। किसी प्रफुल्ल, स्वस्थ और पराये-से मेहमान की जगह, जो जैसी कि उसने आशा की थी, उसकी इस मानसिक अस्पष्टता की स्थिति से किसी दूसरी तरफ उसका ध्यान मोड़ सकेगा, उसे अपने भाई से मिलना होगा, जो उसकी रग-रग को पहचानता है, जो उसकी आत्मा की गहराई में छिपे भावों को

भी अच्छी तरह जानता है और जो उसे उन्हें प्रकट करने को विवश कर देगा। वह ऐसा नहीं चाहता था।

मन में ऐसी बुरी भावना आने के लिए स्वयं अपने पर झल्लाता लेविन भगता हुआ ड्योढ़ी में गया। भाई को निकट से देखते ही व्यक्तिगत निराशा का यह भाव फौरन गायब हो गया और दया के भाव ने उसकी जगह ले ली। अपने दुबलेपन और रोग के कारण भाई निकोलाई बेशक पहले भी भयानक लगता था, मगर अब तो वह और हाड़-हड़ीला और रोग-ग्रस्त दिख रहा था। वह तो त्वचा से ढका हुआ हड्डियों का ढाँचा मात्र था।

अपनी लम्बी, दुबली-पतली गर्दन को झटकते और उस पर से मफलर उतारते तथा अजीब, दयनीय ढंग से मुस्कुराते हुए वह ड्योढ़ी में खड़ा था। उसकी यह शान्त और नम्र मुस्कान देखकर लेविन को लगा कि उसका गला रुँध रहा है।

"लो, मैं तुम्हारे पास आ गया," निकोलाई ने भाई के चेहरे को एकटक देखते हुए घुटी-सी आवाज में कहा। "मैं बहुत समय से ऐसा करना चाहता था, मगर मेरा स्वास्थ्य अच्छा नहीं रह रहा था। अब तो मैं बहुत अच्छा हो गया हूँ," अपनी बड़ी-बड़ी और दुबली-दुबली हथेलियों से दाढ़ी को साफ करते हुए उसने कहा।

"हाँ, हाँ!" लेविन ने जवाब दिया। और भाई को चूमते समय जब उसने अपने होंठों से उसके शरीर के खुरदरेपन को अनुभव किया तथा उसकी बड़ी और अजीब ढंग से चमकती आँखों को निकट से देखा, तो उसे और भी अधिक भय की अनुभूति हुई।

लेविन ने कुछ हफ्ते पहले भाई को लिखा था कि उनके घर में सम्पत्ति का जो अविभाजित भाग रह गया था, उसे बेच देने के फलस्वरूव अब निकोलाई कोई दो हजार रूबल पा सकता है।

निकोलाई ने कहा कि अब वह यह रकम लेने और मुख्यतः तो अपने घोंसले में कुछ समय बिताने और अपनी धरती को छूने के लिए, ताकि पुराने जमाने के सूरमाओं की तरह निकट भविष्य में किये जाने वाले अपने कार्य-कलापों के लिए शक्ति बटोर सके, यहाँ आया है। भाई की पीठ के और झुक जाने तथा उसके लम्बे कद को ध्यान में रखते हुए अत्यधिक दुबलेपन के बावजूद उसकी गतिविधियों में सदा की-सी चुस्ती और फुर्तीलापन था। लेविन उसे अपने अध्ययन-कक्ष में ले गया।

भाई ने बड़ी सावधानी से कपड़े बदले, जैसा कि वह पहले नहीं करता था, अपने सीधे, विरले बालों को सँवारा और मुस्कुराते हुए ऊपर चला गया।

भाई बहुत ही स्नेहपूर्ण और प्रसन्नता की मुद्रा में था, जैसा कि लेविन उसे अक्सर बचपन में देखा करता था। उसने कोई सेर्गेई इवानोविच कोज़्निशेव का भी किसी प्रकार की कटुता के बिना उल्लेख किया। अगाफ़्या मिखाइलोव्ना से मुलाकात

होने पर उसने उसके साथ हँसी-मजाक किया और पुराने नौकरों के बारे में पूछताछ की। पारफेन देनीसिच की मौत की खबर का उस पर बुरा असर पड़ा। उसके चेहरे पर भय झलक उठा, मगर वह जल्द ही सँभल गया।

"वह तो खासा बूढ़ा हो चुका था," उसने कहा और बातचीत का विषय बदल दिया। "तुम्हारे यहाँ एक-दो महीने रहने के बाद मास्को चला जाऊँगा। जानते हो, मुझे म्याग्कोव ने नौकरी दिलवाने का वचन दिया है और मैं सरकारी नौकरी करने लगूँगा। अब मैं अपनी जिन्दगी बिल्कुल दूसरे ही ढंग से चलाऊँगा," वह कहता गया। "जानते हो, मैंने उस औरत से पिंड छुड़ा लिया।"

"मारिया निकोलायेव्ना से? मगर क्यों, किसलिए?"

"ओह, वह बहुत ही बुरी औरत थी। बहुत-सी परेशानियाँ पैदा कीं उसने मेरे लिए।" लेकिन ये परेशानियाँ क्या थीं, उसने यह नहीं बताया। वह यह तो नहीं कह सकता था कि उसने इसलिए मारिया निकोलायेव्ना को भगा दिया था कि चाय हल्की बनाती थी और मुख्यतः इसलिए कि एक रोगी की तरह उसकी देखभाल करती थी। "फिर मैं तो वैसे ही अपनी जिन्दगी को बिल्कुल बदल डालना चाहता हूँ। जाहिर है कि बाकी लोगों की तरह मैंने भी बेवकूफियाँ की हैं, लेकिन सम्पत्ति–यह तो सबसे तुच्छ चीज है और मुझे उसके लिए कोई अफसोस नहीं। बस, सेहत होनी चाहिए और भगवान की कृपा से मेरी सेहत अच्छी हो गयी है।"

लेविन सुन रहा था और यह सोच रहा था कि क्या कहे, मगर उसे कुछ सूझ नहीं रहा था। शायद निकोलाई ने भी यह महसूस कर लिया। वह लेविन से उसके काम-काज के बारे में पूछ-ताछ करने लगा। लेविन को अपने बारे में बातचीत करके खुशी हो रही थी, क्योंकि वह ढोंग किये बिना अपनी बात कह सकता था। उसने भाई को अपनी योजनाओं और कार्रवाइयों के बारे में बताया।

निकोलाई सुनता रहा, मगर सम्भवतः उसे इन बातों में कोई दिलचस्पी नहीं थी।

इन दोनों व्यक्तियों के बीच इतना कुछ एक जैसा और इतनी निकटता थी कि उनकी मामूली-सी गतिविधि, उनकी आवाज का अन्दाज ही उन्हें शब्दों की तुलना में कहीं कुछ ज्यादा बता देता था।

इस समय इन दोनों के दिमागों में एक ही विचार था–निकोलाई की बीमारी और उसकी निकट आती हुई मौत। यही विचार बाकी सब कुछ पर हावी था। लेकिन दोनों में से किसी को भी इसकी चर्चा करने की हिम्मत नहीं हो रही थी और इसलिए वे उस विचार को व्यक्त किये बिना, जो उनके दिल-दिमाग पर छाया था, जो कुछ भी कह रहे थे, सब झूठ था। लेविन को कभी इस बात की इतनी खुशी नहीं हुई थी कि रात हो गयी थी और सोने का वक्त हो गया था। कभी किसी अजनबी के साथ, किसी भी औपचारिक भेंट के समय वह इतना अस्वाभाविक और

कृत्रिम नहीं रहा था, जितना आज। इस कृत्रिमता की चेतना और इसका पश्चाताप उसे और भी अधिक कृत्रिम बना देता था। उसका मन हो रहा था कि वह मौत के मुँह में जाते हुए अपने प्यारे भाई के लिए आँसू बहाये, मगर उसे इस बातचीत को सुनना और उसमें हिस्सा लेना पड़ रहा था कि वह कैसे अपनी जिन्दगी बितायेगा।

घर में चूँकि सीलन थी और केवल एक ही कमरा गर्माया गया था, इसलिए लेविन ने एक परदे के पीछे अपने ही कमरे में भाई के सोने की व्यवस्था थी।

भाई बिस्तर पर चला गया और सोया या नहीं, लेकिन रोगी की तरह करवटें बदलता और खाँसता रहा तथा जब खाँसी का दौरा उसे बेहाल कर देता, तो कुछ बड़बड़ाता। कभी-कभी गहरी साँस लेने पर वह 'हे मेरे भगवान' कहता। कभी-कभी जब बलगम न निकलने से उसका दम घुटने लगता, तो वह झल्लाकर 'ओह, शैतान!' कह उठता। लेविन उसे सुनता हुआ देर तक नहीं सो पाया। लेविन के दिमाग में तरह-तरह के खयाल आ रहे थे, मगर ये सभी खयाल एक ही चीज यानी मौत पर आकर खत्म होते थे।

मौत ही हर चीज का अनिवार्य अन्त है, यह बात पहली बार एक अदम्य शक्ति के रूप में उसके सामने आयी। और यह मौत, जो ऊँघानींदी में आदत के मुताबिक सोचे-विचारे बिना कभी भगवान और कभी शैतान को याद करने वाले उसके प्यारे के भीतर बैठी थी, अब उतनी दूर नहीं थी, जितनी उसे पहले प्रतीत होती थी। यह मौत उसके अपने भीतर भी थी–वह ऐसा अनुभव कर रहा था। अगर आज नहीं, तो कल, कल नहीं तो परसों या तीस साल बाद–क्या यह एक ही बात नहीं है? यह अनिवार्य मृत्यु क्या है, उसे न केवल यह मालूम ही नहीं था, न केवल उसने कभी इसके बारे में सोचा ही नहीं था, बल्कि न तो ऐसा कर सकता था और न उसे ऐसा करने की जुर्रत ही हो सकती थी।

'मैं काम कर रहा हूँ, मैं कुछ करना चाहता हूँ, लेकिन मैं यह भूल ही गया कि सब कुछ समाप्त हो जायेगा कि मौत जैसी कोई चीज भी है।'

वह झुका हुआ और घुटनों के गिर्द हाथ बाँधे अँधेरे में पलँग पर बैठा था और विचारों के तनाव के कारण साँस रोके सोच रहा था। लेकिन वह अपने दिमाग पर जितना अधिक जोर डालता था, उसे उतना ही अधिक यह स्पष्ट होता जाता था कि निस्सन्देह ऐसा ही है, कि वास्तव में उसने जीवन की एक छोटी-सी स्थिति की ओर ध्यान नहीं दिया, उसे भूल गया कि मौत आयेगी और सब कुछ खत्म हो जायेगा कि कुछ भी शुरू करना बेकार था कि इस मामले में आदमी का कोई बस नहीं चलता। हाँ, यह भयानक बात है, मगर है ऐसे ही।

'मैं अभी जिन्दा हूँ। अब क्या किया जाये, क्या किया जाये?' उसने हताशा से कहा। उसने मोमबत्ती जलायी, सावधानी से उठाया और आईने में अपने चेहरे तथा बालों को देखने लगा। हाँ, कनपटियों पर सफेद बाल थे। उसने मुँह खोला।

पीछे दाँत खराब होने लगे थे। उसने उभरी मांसपेशियों वाले हाथों को उघाड़ा। हाँ, बहुत ताकत थी। किन्तु निकोलाई का भी, जो अब बचे-बचाये फेफड़ों से साँस ले रहा है, बहुत स्वस्थ शरीर था। अचानक उसे यह याद हो आया कि बचपन में कैसे वे एक साथ बिस्तर पर सोने जाते थे कि कैसे फ्योदर बोग्दानिच के दरवाजे से बाहर जाने का इन्तजार करते थे और कैसे इसके फौरन बाद एक-दूसरे पर तकिये फेंकते हुए ठहाके मारकर हँसने लगते थे, अदम्य रूप में ऐसे ठठाकर हँसते थे कि फ्योदर बोग्दानिच का डर भी उनके जीवन के सुख की लबालब भरी और ऊनती चेतना को नहीं रोक पाता था। 'और अब यह टेढ़ी हुई खोखली छाती...और मैं, जो यह नहीं जानता कि मेरे साथ क्या और क्यों होगा...'

"खू! खू! ओह, शैतान! तुम वहाँ क्या कर रहे हो, सोते क्यों नहीं?" भाई ने कहा।

"मालूम नहीं, नींद नहीं आ रही।"

"और मुझे अच्छी नींद आयी, मुझे तो अब पसीना भी नहीं आ रहा। देखो, मेरी कमीज छूकर देखो। नहीं है न पसीना?"

लेविन ने कमीज छूकर देखी, परदे के पीछे लौटा, मोमबत्ती बुझा दी, मगर फिर भी देर तक नहीं सो पाया। उसे केवल थोड़ी ही देर पहले कुछ हद तक यह स्पष्ट हुआ था कि कैसे जीना चाहिए और एक नयी—मौत की समस्या सामने आ गयी, जिसका समाधान नहीं था।

'हाँ, वह मरने वाला है—हाँ, वह वसन्त तक मर जायेगा। उसकी कैसे मदद करूँ? क्या कह सकता हूँ मैं उसे? क्या जानता हूँ मैं इसके बारे में? मैं तो यह भूल ही गया था कि ऐसी भी कोई चीज है।'

32

लेविन ने बहुत पहले से ही इस बात की तरफ ध्यान दिया था कि जो लोग जरूरत से ज्यादा नम्रता और विनयशीलता के कारण मुसीबत होते हैं, वही बहुत जल्द अपनी अत्यधिक अनुचित आग्रहशीलता और छिद्रान्वेषण के कारण असह्य हो जाते हैं। वह अनुभव कर रहा था कि भाई के साथ भी ऐसा ही होगा। सचमुच भाई की नम्रता कुछ ही समय तक रही। अगली सुबह से वह चिड़चिड़ा हो गया और लेविन के सबसे अधिक दुःखते घावों पर नमक छिड़कने लगा।

लेविन अपने को दोषी अनुभव करता था, मगर स्थिति को सँभाल नहीं सकता था। वह महसूस करता था कि अगर वे दोनों ढोंग न करें और जिसे ईमानदारी से बात करना कहते हैं, अगर वैसे बात करें यानी वही कहें, जो सोचते और अनुभव करते हैं, तो वे एक-दूसरे से नजरें मिला सकते हैं। तब कोन्स्तान्तीन सिर्फ यही कहता : "तुम मरने वाले हो, तुम मरने वाले हो, तुम मरने वाले हो!" और

निकोलाई ने सिर्फ यही जवाब दिया होता : "जानता हूँ कि मैं मरने वाला हूँ, लेकिन डरता हूँ, डरता हूँ!" अगर वे ईमानदारी से बात करते, तो इसके सिवाय और कुछ न कहते। लेकिन ऐसे तो जीना मुमकिन नहीं और इसलिए कोन्स्तान्तीन ने वह करने की कोशिश की, जिसके लिए वह जीवन-भर प्रयत्नशील रहा था और नहीं कर पाया था तथा जो, जैसा कि उसने देखा था, बहुत-से लोग बड़ी अच्छी तरह से कर पाते थे और जिसके बिना जीना असम्भव था—मतलब यह कि उसने वह न कहने की कोशिश की, जो सोचता था और उसे लगातार ऐसा अनुभव होता था कि वह बनावटी लगता है, कि भाई इस बनावट को अच्छी तरह पहचान रहा है और इस कारण खीझ रहा है।

तीसरे दिन निकोलाई ने लेविन को फिर से अपनी योजना बताने को कहा और न केवल उसकी आलोचना करने, बल्कि जान-बूझकर उसे कम्युनिज्म से गड़बड़ाने लगा।

"तुमने केवल पराया विचार ले लिया है, लेकिन उसे बिगाड़ दिया है और तुम उसे वहाँ लागू करना चाहते हो, जहाँ वह लागू नहीं होता।"

"लेकिन मैं तुमसे कह रहा हूँ कि इनमें कुछ भी तो समान नहीं है। वे निजी सम्पत्ति, पूँजी और उत्तराधिकार की न्यायशीलता से इनकार करते हैं, मगर मैं इस मुख्य स्टिमुलस से इनकार नहीं करता हूँ (लेविन को यह अच्छा नहीं लगता था कि वह ऐसे शब्दों का उपयोग करता था, किन्तु जब से वह अपने काम में गहरी रुचि लेने लगा था, अनजाने ही अधिकाधिक गैर-रूसी शब्दों का इस्तेमाल करता था), केवल श्रम को नियमित करना चाहता हूँ।"

"यही, यही तो बात है। तुमने पराया विचार ले लिया, उससे वह सब काट डाला, जो उसकी जान है और अब यकीन दिलाना चाहते हो कि यह कुछ नया है," निकोलाई ने गुस्से से टाई-बँधी अपनी गर्दन को झटकते हुए कहा।

"लेकिन मेरे विचार और उसके बीच कुछ भी सामान्य नहीं है..."

"उसमें," गुस्से से आँखें चमकाते और व्यंग्यपूर्वक मुस्कुराते हुए निकोलाई कह रहा था, "उसमें कम-से-कम, कैसे कहा जाये, ज्यामितिक सुन्दरता—स्पष्टता और सन्देहहीनता का सौन्दर्य है। सम्भव है कि वह कपोल-कल्पना हो। लेकिन चलो, मान लें कि सारे अतीत को tabula rasa[1] कर दिया जाता है—सम्पत्ति नहीं, परिवार नहीं और श्रम व्यवस्थित हो जाता है। लेकिन तुम्हारे यहाँ तो कुछ भी नहीं..."

"तुम दोनों चीजों को गड़बड़ा क्यों रहे हो? मैं कभी कम्युनिस्ट नहीं था।"

"और मैं था तथा यह समझता हूँ कि अभी उसका वक्त नहीं आया, लेकिन उसमें सूझ-बूझ है और उसका वैसे ही भविष्य है, जैसे पहली शताब्दियों के ईसाई धर्म का था।"

---

1. साफ तख्ता यानी अतीत को मिटा डालना। (लैटिन)

"मैं केवल इतना ही मानता हूँ कि श्रम-शक्ति को प्राकृति विज्ञान की दृष्टि से जाँचना-परखना चाहिए, यानी उसके लक्षणों का अध्ययन और निरूपण करना चाहिए तथा..."

"ऐसा करना तो बिल्कुल बेकार है। यह श्रम-शक्ति अपने विकास की अवस्था के अनुसार अपनी गतिविधि का कोई निश्चित रूप ढूँढ़ लेती है। सभी जगह दास थे, उसके बाद metayers[1], और हमारे यहाँ भी बटाई की व्यवस्था है, पट्टेदार है, खेत-मजदूर हैं–तुम और क्या खोज रहे हो?"

इन शब्दों को सुनकर लेविन अचानक गर्म हो उठा, क्योंकि अपने दिल की गहराई में उसे लग रहा था कि यह सच है–यह सच है कि वह कम्युनिज्म और सुनिश्चित रूपों के बीच सन्तुलन पैदा करना चाहता था और ऐसा करना शायद ही सम्भव था।

"मैं अपने और मजदूर के लिए उत्पादक ढंग से काम करने के साधन ढूँढ़ रहा हूँ। मैं सुव्यवस्था करना चाहता हूँ..." उसने गर्म होते हुए जवाब दिया।

"कोई सुव्यवस्था नहीं करना चाहते तुम। जैसे तुम जीवन-भर करते रहे हो, तुम अब भी मौलिकता चाहते हो, यह दिखाना चाहते हो कि तुम किसानों का यों ही शोषण नहीं कर रहे हो, बल्कि यह कि तुम्हारे पास विचार भी हैं।"

"तुम ऐसा सोचते हो–तो मुझे मेरे हाल पर छोड़ दो!" लेविन ने यह महसूस करते हुए कि उसकी बायें गाल की मांसपेशी लगातार फड़क रही है, कहा।

"तुम्हारी कोई आस्था नहीं थी और नहीं है, बल्कि तुम केवल अपने अहं को तृप्त करना चाहते हो।"

"अच्छी बात है और तुम मुझे मेरे हाल पर छोड़ दो।"

"छोड़ देता हूँ! पहले से ही मुझे ऐसा कर देना चाहिए था। जाओ तुम भाड़ में! बहुत पछता रहा हूँ कि मैं यहाँ आया!"

बाद में लेविन ने अपने भाई को शान्त करने की चाहे कितनी भी कोशिश क्यों न की, निकोलाई ने कुछ भी सुनना नहीं चाहा, यही कहता रहा कि उसे चले जाना चाहिए। कोन्स्तान्तीन ने अनुभव किया कि भाई के लिए जिन्दगी बोझ बन गयी है।

निकोलाई ने जाने की जब पूरी तैयारी कर ली, तो कोन्स्तान्तीन फिर से बनावटी ढंग से अनुरोध करने लगा कि अगर उसने किसी तरह उसके दिल को ठेस पहुँचायी हो, तो वह उसे क्षमा कर दे।

"ओह, अपने दिल का बड़प्पन दिखाना चाहते हो!" निकोलाई ने कहा और मुस्कुराया। "अरे तुम अपने को सही साबित करना चाहते हो, तो मैं तुम्हें ऐसा करने की खुशी दे सकता हूँ। तुम सही हो, लेकिन मैं तो फिर भी चला ही जाऊँगा!"

रवाना होने के पहले निकोलाई ने उसे चूमा और अजीब गम्भीरता से भाई की

---

1. पट्टेदार। (अँग्रेजी)

ओर देखकर अचानक कहा–

"फिर भी मेरे बारे में बुरा नहीं सोचना, कोस्त्या!" और उसकी आवाज काँप गयी।

सिर्फ यही शब्द सच्चे दिल से कहे गये थे। लेविन समझ गया कि इन शब्दों से उसका यह अभिप्राय था : 'तुम देख रहे हो और जानते हो कि मेरी हालत बहुत खराब है और सम्भव है कि फिर कभी हमारी मुलाकात हो ही न पाये।' लेविन यह समझ गया और उसकी आँखें छलछला आयीं। उसने फिर से भाई को चूमा, लेकिन कुछ कह नहीं पाया।

भाई के जाने के दो दिन बाद लेविन भी विदेश रवाना हो गया। रेलवे स्टेशन पर कीटी के चचेरे भाई, श्चेर्बात्स्की से लेविन की मुलाकात हो गयी और उसने उसे अपनी उदासी से बहुत हैरान किया।

"तुम्हें क्या हुआ है?" श्चेर्बात्स्की ने उससे कहा।

"कुछ नहीं हुआ, वैसे दुनिया में खुश होने को कुछ खास तो है भी नहीं।"

"कुछ खास है भी नहीं? म्युलुस-व्युलुस जाने के बजाय तुम मेरे साथ पेरिस चलो तो। वहाँ देखना, कैसा मजा रहता है!"

"नहीं, मेरे लिए सब खत्म हो चुका है। मेरा मरने का वक्त आ गया है।"

"यह भी खूब रही!" श्चेर्बात्स्की ने हँसते हुए कहा। "मैंने तो शुरू करने की ही तैयारी की है।"

"हाँ, कुछ समय पहले तक मैं भी ऐसा ही सोचता था, लेकिन अब यह जानता हूँ कि जल्द ही मर जाऊँगा।"

लेविन वही कह रहा था, जो पिछले कुछ समय से वास्तव में सोच रहा था। उसे हर चीज में केवल मौत दिखती थी या यही लगता था कि वह उसके निकट पहुँच रहा है। लेकिन उसने जो योजना बनायी थी, वह उसे अधिकाधिक अपनी ओर खींच रही थी। मौत आने तक उसे किसी तरह तो जिन्दगी काटनी थी। उसके लिए हर चीज पर अँधेरा छा गया था, लेकिन इसी अँधेरे के फलस्वरूप वह यह महसूस करता था कि इस अँधेरे में उसे राह दिखाने वाली चीज सिर्फ उसका काम है और इसीलिए अपनी बची-बचायी शक्ति बटोरकर उसने इसी का दामन थाम लिया था और इसके साथ चिपका हुआ था।

भाग-4

1

करेनिन पति-पत्नी एक ही घर में रहते जा रहे थे, हर दिन मिलते थे, मगर एक-दूसरे के लिए सर्वथा अजनबी थे। अलेक्सेई अलेक्सान्द्रोविच करेनिन ने पत्नी के साथ हर दिन मिलने का इसलिए नियम-सा बना लिया था कि नौकरों-चाकरों को किसी तरह के अनुमान लगाने का आधार न मिले, लेकिन वह घर पर दिन का भोजन करने से कन्नी काटता। व्रोन्स्की करेनिन के घर नहीं आता था, किन्तु आन्ना उससे घर के बाहर कहीं मिलती थी और पति यह जानता था।

इन तीनों के लिए यह यातनापूर्ण स्थिति थी और अगर उन्हें इस बात की आशा न होती कि यह स्थिति बदल जायेगी कि यह अस्थायी दुःखद कठिनाई है, जो दूर हो जायेगी, तो इन तीनों में से कोई भी इसे एक दिन भी बर्दाश्त न कर पाता। करेनिन को यह उम्मीद थी कि जैसे हर चीज का अन्त होता है, ऐसे ही आन्ना की भावनाओं का यह तूफान भी खत्म हो जायेगा कि सभी इसके बारे में भूल जायेंगे और उसका नाम निष्कलंक ही रह जायेगा। आन्ना, जिस पर यह स्थिति निर्भर करती थी और जिसके लिए यह सबसे ज्यादा यातनाप्रद थी, इसे इसलिए सहन कर रही थी कि उसे न केवल आशा ही, बल्कि इस बात का दृढ़ विश्वास था कि बहुत जल्द यह सारी स्थिति सुलझ जायेगी, स्पष्ट हो जायेगी। वह निश्चय ही यह नहीं जानती थी कि कैसे यह उलझन सुलझेगी, मगर उसे पक्का यकीन था कि बहुत जल्द ऐसा हो जायेगा। अनचाहे ही उसका अनुकरण करते हुए व्रोन्स्की भी किसी ऐसी चीज की प्रतीक्षा कर रहा था, जो उस पर निर्भर नहीं करती थी, मगर फिर भी जो इन सारी कठिनाइयों को स्पष्ट कर देगी।

जाड़े के मध्य में व्रोन्स्की को बहुत ही ऊब-भरा एक सप्ताह बिताना पड़ा। पीटर्सबर्ग आने वाले एक विदेशी राजकुमार के साथ उसकी ड्यूटी लगा दी गयी और उसे पीटर्सबर्ग के दर्शनीय स्थान दिखाने को कहा गया। व्रोन्स्की स्वयं भी विशिष्ट व्यक्तित्व रखता था, इसके अलावा अपने मान-सम्मान की रक्षा करते हुए दूसरे का आदर करने की कला तथा ऐसे लोगों के साथ पेश आने का ढंग भी जानता था। इसलिए राजकुमार के साथ उसे नियुक्त किया गया था। लेकिन उसे अपना यह कर्तव्य बहुत बोझिल प्रतीत हुआ। राजकुमार कुछ भी ऐसा नहीं छोड़ना चाहता था, जिसके बारे में घर पर उससे यह पूछा जा सकता था कि उसने रूस में वह देखा या नहीं। इसके अलावा वह यथासम्भव रूसी मनोरंजनों का भी आनन्द पाना चाहता था। व्रोन्स्की को उसके लिए दोनों चीजों की चिन्ता करनी होती थी। सुबहों

को वे दर्शनीय स्थान देखने जाते और शामों को राष्ट्रीय मनोरंजनों में भाग लेते। राजकुमारों के नाते भी इस राजकुमार की सेहत गैर-मामूली थी। उसने कसरत और अपने शरीर की अच्छी देखभाल से अपने को ऐसा मजबूत बना लिया था कि मौज मनाने के मामले में ज्यादतियाँ करने के बावजूद वह बड़े, हरे-भरे और चमकते हुए हालैंडी खीरे के समान लगता था। राजकुमार ने बहुत देशों की यात्रा की थी और यह मानता था कि यातायात के आधुनिक साधनों का मुख्य लाभ यह है कि विभिन्न राष्ट्रीय मनोरंजनों का मजा लिया जा सकता है। वह स्पेन हो आया था, जहाँ उसने प्रेम-गीत गाये थे और एक स्पेनी मेंडोलिन वादिका से उसकी घनिष्ठता रही थी। स्विट्जरलैंड में उसने साँभर का शिकार किया था। इंग्लैंड में वह लाल फ्रॉककोट पहनकर बाड़ों पर घोड़े को कुदाता, शिकार खेलता रहा और उसने शर्त लगाकर दो सौ तीतर मारे थे। तुर्की में वह हरम में गया और भारत में उसने हाथी पर सवारी की। अब वह रूस में सभी रूसी मनोरंजनों का मजा लेना चाहता था।

चूँकि राजकुमार के मनबहलाव की मुख्यतः व्रोन्स्की पर जिम्मेदारी थी, इसलिए विभिन्न लोगों द्वारा सुझाये गये मनोरंजनों की व्यवस्था करने के लिए उसे बड़ी मेहनत करनी पड़ी। दुलकी चाल की घुड़दौड़ें, पूड़ों की दावत, भालुओं का शिकार, त्रोइका की सवारी, बंजारों का नाच-गाना और नशे में धुत होकर बर्तन तोड़ने तक–सभी तरह के मनोरंजन। राजकुमार बहुत आसानी से रूसी रंग का आदी हो गया, उसने ट्रे में रखे बर्तनों को तोड़ा, बंजारिन को गोद में बिठाया और मानो यह पूछता हुआ प्रतीत हुआ–कुछ और भी या बस, यही है रूसी रंग?

वास्तव में सभी रूसी मनोरंजनों में से राजकुमार को सबसे ज्यादा पसन्द आयीं फ्रांसीसी अभिनेत्रियाँ, बैले-नर्तकी और सफेद निशानवाली शेम्पेन। व्रोन्स्की राजकुमारों का अभ्यस्त था, लेकिन या तो इसलिए कि पिछले कुछ अर्से से वह खुद बहुत बदल गया था या फिर इस राजकुमार के बहुत ज्यादा निकट रहने के कारण उसे यह सप्ताह बहुत ही बोझिल लगा। हफ्ते-भर उसे उस आदमी जैसी अनुभूति होती रही, जिसे किसी खतरनाक पागल के साथ रहने को कह दिया गया हो, जो उस पागल से डरता रहे और साथ ही उसकी निकटता के कारण उसे अपनी अक्ल की भी फिक्र बनी रहे। व्रोन्स्की को लगातार इस बात की जरूरत महसूस होती रही कि राजकुमार के साथ उसके कड़े औपचारिक आदर के अन्दाज में क्षण-भर को भी ढील न आये, ताकि उसका अपमान न हो। व्रोन्स्की को यह देखकर हैरानी होती थी कि जो लोग राजकुमार को रूसी मनोरंजन का आनन्द देने के लिए अपना एड़ी-चोटी का जोर लगाते थे, उनके प्रति उसका रवैया तिरस्कारपूर्ण था। रूसी नारियों से सम्बन्धित, जिन्हें वह समझना चाहता था, राजकुमार की विवेचना से व्रोन्स्की कई बार गुस्से से लाल-पीला हो चुका था। व्रोन्स्की को राजकुमार क्यों बहुत अखरता था, इसका मुख्य कारण यह था कि उसमें वह खुद अपने को देखता

था। इस दर्पण में उसे अपनी जो सूरत दिखाई देती थी, उससे उसके आत्माभिमान को सन्तोष नहीं होता था। यह बहुत ही बुद्धू, बहुत ही आत्मविश्वासी, बहुत ही हृष्ट-पुष्ट और बहुत ही सफाई-पसन्द आदमी था और इससे अधिक कुछ नहीं। वह जेंटिलमैन था—यह सच था और व्रोन्स्की इससे इनकार नहीं कर सकता था। अपने से ऊँचे दर्जेवालों के साथ सहज-भाव और आत्मसम्मान से पेश आता था, अपने बराबर वालों के साथ खुला और सादगी का बर्ताव करता था और अपने से नीचेवालों के प्रति तिरस्कारपूर्ण कृपालुता का रवैया रखता था। व्रोन्स्की खुद भी ऐसा था और इस बात पर बड़ा गर्व करता था, लेकिन राजकुमार के मामले में वह नीचे दर्जेवाला था और अपने प्रति तिरस्कारपूर्ण कृपालुता के रवैये से उसे झल्लाहट होती थी।

'खरदिमाग भैंसा! क्या मैं ऐसा ही हूँ?' वह सोचता था।

खैर, जो भी हो, राजकुमार के मास्को के लिए रवाना होने के सातवें दिन जब उसने उससे विदा ली और राजकुमार ने उसके प्रति आभार प्रकट किया, तो उसे खुशी हुई कि इस अटपटी स्थिति तथा इस अप्रिय दर्पण से उसे मुक्ति मिली। भालू के शिकार और रात-भर रूसी रंगरेलियों के बाद रेलवे स्टेशन पर उसने राजकुमार को विदा किया।

2

घर लौटने पर व्रोन्स्की को आन्ना का एक रुक्का मिला। उसने लिखा था : 'मैं बीमार और बहुत दुःखी हूँ। मैं बाहर नहीं निकल सकती और आपसे मिले बिना भी नहीं रह सकती। शाम को आ जाइये। अलेक्सेई अलेक्सान्द्रोविच सात बजे परिषद की बैठक में जायेगा और दस बजे तक वहीं रहेगा।' क्षण-भर को इस अजीब बात पर विचार करके कि पति की मनाही के बावजूद वह उसे अपने यहाँ बुला रही है, उसने जाने का फैसला किया।

इस जाड़े में व्रोन्स्की को कर्नल बना दिया गया था। वह रेजिमेंट से अलग अकेला रहने लगा था। नाश्ता करने के फौरन बाद वह सोफे पर लेट गया और पाँच मिनट के दौरान पिछले दिनों में देखे गये भद्दे दृश्यों की स्मृतियाँ उलझ-उलझकर आन्ना तथा उस देहाती हँकुआ के बिम्बो के साथ घुल-मिल गयीं, जिसने भालू के शिकार में महत्त्वपूर्ण भूमिका अदा की। और व्रोन्स्की की आँख लग गयी। वह डर से काँपता हुआ अँधेरे में जागा और उसने झटपट मोमबत्ती जलायी। 'क्या था वह? क्या था? ऐसा क्या भयानक देखा था मैंने सपने में? हाँ, हाँ। लगता है कि बिखरी दाढ़ीवाले नाटे और गन्दे-मन्दे देहाती हँकुए ने झुककर कुछ किया था और फिर अचानक फ्रांसीसी में कुछ अजीब-से शब्द बोलने लगा था। हाँ, इसके अलावा तो सपने में और कुछ नहीं था,' उसने अपने-आपसे कहा। 'लेकिन वह

इतना भयानक क्यों था?' उसे बड़ी सजीवता से पुनः इस देहाती और उन अस्पष्ट फ्रांसीसी शब्दों की याद हो आयी, जो इस देहाती ने कहे थे और उसे अपनी पीठ पर भय की झुरझुरी-सी अनुभव हुई।

'यह क्या बकवास है!' व्रोन्स्की ने सोचा और घड़ी पर नजर डाली।

रात के साढ़े आठ बज चुके थे। उसने घंटी बजाकर नौकर को बुलाया, जल्दी से कपड़े पहने और बाहर आ गया। वह सपने के बारे में बिल्कुल भूल गया था और केवल इसी बात से व्यथित था कि इतनी देर हो गयी थी। करेनिन परिवार के घर के पास पहुँचने पर उसने घड़ी देखी–नौ बजने में दस मिनट बाकी थे। ऊँची, सँकरी-सी बग्घी, जिसमें दो भूरे घोड़े जुते थे, दरवाजे के सामने खड़ी थी। उसने आन्ना की बग्घी को पहचान लिया। 'वह मेरे यहाँ जा रही है,' व्रोन्स्की ने सोचा, 'और यही बेहतर भी होता। इस घर में कदम रखना मुझे अच्छा नहीं लगता। लेकिन जो भी हो, मैं छिप तो नहीं सकता,' उसने अपने-आपसे कहा और बचपन से आदी जैसे बन गये उस आदमी के अन्दाज में, जिसके लिए शर्म की कोई बात नहीं, वह अपनी स्लेज से निकलकर दरवाजे के पास पहुँचा। दरवाजा खुला और हाथ पर कम्बल डाले हुए दरबान ने बग्घी को बुलाया। व्रोन्स्की यों तो छोटी-मोटी तफसीलों की ओर ध्यान देने का अभ्यस्त नहीं था, फिर भी इस समय वह दरबान की नजर में आश्चर्य के उस भाव की अवहेलना न कर सका, जिससे उसने उसकी तरफ देखा। दरवाजे के बीच व्रोन्स्की लगभग करेनिन से टकरा गया। गैस की सीधी रोशनी काले टोप के नीचे करेनिन के पीले, धँसे हुए चेहरे और ओवरकोट की ऊदबिलाव की खालवाले कालर के पीछे चमक रही सफद टाई पर पड़ रही थी। करेनिन की निश्छल और बुझी-बुझी आँखें व्रोन्स्की के चेहरे पर जम गयीं। व्रोन्स्की ने सिर झुकाया और करेनिन ने मानो होंठों को चुमकारते हुए टोप की ओर हाथ उठाया और आगे चला गया। व्रोन्स्की ने देखा कि कैसे वह मुड़कर देखे बिना बग्घी में जा बैठा, खिड़की से उसने कम्बल और दूरबीन ली तथा नजर से ओझल हो गया। व्रोन्स्की ने ड्योढ़ी में प्रवेश किया। उसकी भौंहें तनी हुई थीं और आँखों में गुस्से तथा गर्व की चमक थी।

"कैसी बेहूदा स्थिति है!" वह सोच रहा था। 'अगर यह आदमी लड़ता, अपने सम्मान की रक्षा करता, तो मैं भी कुछ कर पाता, अपनी भावनाओं को अभिव्यक्ति दे सकता। लेकिन यह कमजोरी या नीचता...वह मुझे दगाबाज बना देता है, जबकि मैं न तो ऐसा बनना चाहता था और न चाहता हूँ।'

व्रेदे के बाग में आन्ना के साथ हुई अपनी बातचीत के बाद से व्रोन्स्की के विचारों में बहुत परिवर्तन हो चुका था। अनचाहे ही आन्ना की दुर्बलता को स्वीकार करते हुए, जो पूरी तरह अपने को उसे सौंप चुकी थी और केवल उससे ही अपने भाग्य-निर्णय की राह देख रही थी तथा पहले से ही हर चीज के लिए राजी थी,

व्रोन्स्की ने बहुत पहले से यह समझना बन्द कर दिया था कि उनका सम्बन्ध उस तरह समाप्त हो सकता है, जैसा कि वह तब समझता था। उसकी महत्त्वाकांक्षा की सारी योजनाएँ फिर से पीछे चली गयी थीं, और उसने यह महसूस करते हुए कि वह गतिविधियों के उस घेरे से, जिसमें सब कुछ स्पष्ट होता है, बाहर जा चुका है, पूरी तरह अपनी भावना के वश में हो गया और यह भावना उसे अधिकाधिक जोर से आन्ना के साथ बाँधती जा रही थी।

ड्योढ़ी में ही व्रोन्स्की को दूर जाती हुई आन्ना के पैरों की आवाज सुनाई दी। वह समझ गया कि वह उसकी राह देखती रही है, उसकी आहट पर कान लगाये रही है और अब मेहमानखाने को वापस जा रही है।

"नहीं," व्रोन्स्की को देखकर वह चिल्ला उठी और उसके मुँह से पहली ध्वनि निकलते ही उसकी आँखों से आँसू छलछला आये, "नहीं, अगर यह ऐसे ही जारी रहा, तो बहुत पहले, बहुत ही पहले ऐसा हो जायेगा!"

"क्या बात है, मेरी प्यारी!"

"क्या बात है? मैं प्रतीक्षा कर रही हूँ, एक घंटे, दो घंटे से परेशान हो रही हूँ... नहीं, मैं नहीं करूँगी! ...मैं तुम्हारे साथ झगड़ा नहीं कर सकती। जरूर तुम आ नहीं सकते होगे। नहीं, मैं नहीं करूँगी!"

आन्ना ने अपने दोनों हाथ उसके कन्धों पर रख दिये और देर तक उसे गौर से, खुशी-भरी तथा साथ ही परखती नजर से देखती रही। जितने समय से उसने उसे नहीं देखा था, मानो उसकी कमी पूरी करते हुए वह उसे निहार रही थी। सभी मुलाकातों की भाँति इस समय भी वह उसके बारे में अपनी कल्पना में बनने वाले चित्र को (जो कहीं बेहतर वास्तव में असम्भव था) उसके साथ घुला-मिला रही थी, जैसा कि वह वास्तव में था।

3

"तुम उससे मिले?" जब वे मेज के पास लैम्प के नीचे बैठ गये, तो आन्ना ने पूछा। "तो यह तुम्हें देर से आने की सजा मिली है।"

"लेकिन यह हुआ कैसे? उसे तो परिषद की बैठक में होना चाहिए था?"

"वह वहाँ गया था, लौट आया और अब फिर कहीं चला गया है। खैर, यह कोई बात नहीं। इसकी चर्चा नहीं करो। तुम कहाँ थे? राजकुमार के साथ ही?"

आन्ना को उसके जीवन की सभी तफसीलें मालूम थीं। उसने कहना चाहा कि वह सारी रात सो नहीं पाया था और इसलिए उसकी आँख लग गयी, लेकिन उसके भाव-विभोर और खुशी-भरे चेहरे को देखकर उसे लज्जा अनुभव हुई। इसलिए उसने कहा कि उसे राजकुमार की रवानगी के बारे में रिपोर्ट देने जाना था।

"तो अब तो यह सब खत्म हो गया? वह चला गया न?"

"शुक्र है भगवान का कि खत्म हो गया। तुम विश्वास नहीं करोगी कि मेरे लिए यह बस कितना असह्य था।"

"वह क्यों? आप सब जवान मर्दों की यही तो हर दिन की जिन्दगी है," उसने भौंहें चढ़ाकर कहा और मेज पर पड़ी हुई अपनी बुनाई को लेकर व्रोन्स्की की ओर देखे बिना उसमें से क्रोशिया छुड़ाने लगी।

"ऐसी जिन्दगी से मैं बहुत पहलें नाता तोड़ चुका हूँ," आन्ना के चेहरे के भाव-परिवर्तन से हैरान होते तथा उसके अर्थ का अनुमान लगाते हुए उसने कहा। "और वह स्वीकार करता हूँ," उसने मुस्कुराकर अपने सुन्दर, सफेद दाँतों की झलक दिखाते हुए कहा, "इस सप्ताह में मैं इस तरह के जीवन को देखते हुए मानो खुद को दर्पण में निहारता रहा और मुझे बहुत बुरा लगा।"

आन्ना बुनाई को हाथ में लिये थी, मगर बुन नहीं रही थी और व्रोन्स्की को अजीब चमकती और मैत्रीहीन दृष्टि से देख रही थी।

"आज सुबह लीजा मेरे यहाँ आयी थी—ये लोग काउंटेस लीदिया इवानोव्ना के बावजूद मेरे यहाँ आते हुए नहीं डरते," उसने इतना और जोड़ दिया, "उसने मुझे आप लोगों की एथीनी पार्टी के बारे में बताया। कैसी घिनौनी बात है!"

"मैं कहने ही जा रहा था कि..."

आन्ना ने उसे टोक दिया।

"यह Thèrèse थी न, जिसे तुम पहले जानते थे?"

"मैं कहना चाहता था..."

"कितने घिनौने हैं आप मर्द लोग? कैसे आप लोग यह नहीं समझ सकते कि औरत इसे कभी नहीं भूल सकती," आन्ना अधिकाधिक गर्म होती और इस तरह अपनी खीझ के कारण से पर्दा हटाती हुई कहती जा रही थी। "खासतौर पर ऐसी औरत, जो तुम्हारी जिन्दगी के बारे में नहीं जान सकती। मैं क्या जानती हूँ? मैं पहले भी क्या जानती थी?" वह कह रही थी, "वही, जो तुम मुझे बताते हो। मैं भला यह कैसे जान सकती हूँ कि तुम सच कहते हो या नहीं..."

"आन्ना! तुम मेरा अपमान कर रही हो। क्या तुम मुझ पर विश्वास नहीं करतीं? क्या मैंने तुमसे यह नहीं कहा था कि मेरे दिमाग में एक भी ऐसा विचार नहीं है जिसे मैं तुम्हारे सामने न प्रकट करूँ?"

"हाँ, हाँ," उसने सम्भवतः ईर्ष्या के भावों को दूर भगाने का यत्न करते हुए कहा, "मगर काश, तुम जान सकते कि मुझ पर कितनी भारी गुजर रही है! मैं तुम पर विश्वास करती हूँ, विश्वास करती हूँ... हाँ, तो तुम कह रहे थे?"

लेकिन वह फौरन यह याद नहीं कर पाया कि क्या कहना चाहता था। पिछले कुछ अर्से से आत्मा को बहुत अक्सर पड़ने वाले ईर्ष्या के इन दौरों से वह दहल उठता था और बेशक वह इसे छिपाने की बहुत कोशिश करता था, फिर भी इससे

उसमें उदासीनता आती थी, यद्यपि वह यह जानता था कि उसके प्रति आन्ना का प्यार ही इस ईर्ष्या कारण है। कितनी बार उसने अपने-आपसे यह कहा था कि उसका प्यार उसके लिए परम सुख है और अब, जब वह उसे ऐसे प्यार करती थी, जैसे वह औरत कर सकती है, जिसके लिए प्यार दुनिया की सारी खुशियों से ज्यादा महत्त्व रखता हो, उस समय की तुलना में उसका सुख कहीं कम था, जब वह उसके पीछे-पीछे मास्को से रवाना हुआ था। तब वह अपने को दुःखी मानता था, लेकिन सुख अभी आने वाला था। लेकिन अब वह यह महसूस करता था कि सुख पीछे रह गया है। वह बिल्कुल ऐसी नारी नहीं थी, जैसी कि उसने पहली बार देखने पर उसे अनुभव किया था। शारीरिक और भावनात्मक, दोनों दृष्टियों से वह पहले की तुलना में बुरी हो गयी थी। वह मोटा गयी थी और जब उसने अभिनेत्री की चर्चा की, तो क्रोध के भाव ने उसके चेहरे को विकृत कर दिया था। वह आन्ना की ओर ऐसे देख रहा था जैसे कोई व्यक्ति अपने द्वारा तोड़े और मुरझा गये उस फूल को देखता है, जिसमें वह मुश्किल से उस सौन्दर्य को देख पाता है, जिसके कारण उसने उसे तोड़ा और नष्ट किया था। और फिर भी वह अनुभव कर रहा था कि जब उसका प्यार बहुत प्रबल था, तब अत्यधिक इच्छा होने पर वह इस प्यार को अपने हृदय से निकाल सकता था, किन्तु अब, जबकि इस क्षण की भाँति उसे ऐसा प्रतीत होता था कि उसके प्रति उसे प्यार की अनुभूति नहीं होती है, वह जानता था कि उसके लिए आन्ना से अपना नाता तोड़ना सम्भव नहीं।

"हाँ, तो तुम मुझसे क्या कहना चाहते थे, राजकुमार के बारे में? मैंने भूत को भगा दिया है, भगा दिया है," उसने इतना और कह दिया। इनके बीच ईर्ष्या को भूत कहा जाता था। "हाँ, तो तुमने राजकुमार के बारे में क्या कहना शुरू किया था? किसलिए तुम्हें इतनी अधिक परेशानी महसूस हुई?"

"ओह, बर्दाश्त के बाहर था!" अपने विचार के तार को जोड़ने की कोशिश करते हुए उसने कहा। "उसे अधिक निकटता से जानने-पहचानने पर उसका बुरा प्रभाव पड़ता है। अगर अधिक सही तौर पर कहा जाये, तो वह खिला-पिलाकर खूब मोटा-ताजा किया हुआ पशु है, वैसा पशु, जो प्रदर्शनियों में प्रथम पुरस्कार पाते हैं, इससे अधिक कुछ नहीं," उसने ऐसे दुःखी अन्दाज में कहा, जिसमें आन्ना ने विशेष रुचि ली।

"लेकिन यह कैसे हो सकता है?" आन्ना ने आपत्ति की। "आखिर तो उसने बहुत कुछ देखा-भाला है, पढ़ा-पढ़ाया है?"

"वह दूसरे ढंग की पढ़ाई-लिखाई है—उसकी पढ़ाई-लिखाई। वह शायद केवल इसलिए सुशिक्षित है कि शिक्षा का तिरस्कार कर सके, जिस तरह वे जानवरों जैसे मजे के अलावा हर चीज का तिरस्कार करते हैं।"

"लेकिन जानवरों जैसे ये मजे तो तुम सभी को पसन्द हैं," उसने कहा और फिर

व्रोन्स्की ने आन्ना की वह बुझी-सी दृष्टि देखी, जो उसकी दृष्टि से बच रही थी।

"तुम क्यों उसका ऐसे पक्ष ले रही हो?" व्रोन्स्की ने मुस्कुराते हुए कहा।

"मैं पक्ष नहीं ले रही हूँ, मुझे इससे कोई फर्क नहीं पड़ता। लेकिन मैं समझती हूँ कि अगर खुद तुम्हें ये मजे पसन्द न होते, तो तुम उनसे इनकार कर सकते थे। लेकिन तुम्हें तेरेजा को हव्वा की पोशाक में देखने में मजा आता है..."

"फिर, फिर वही भूत!" आन्ना ने जो हाथ मेज पर रख दिया था, उसे अपने हाथ में लेकर चूमते हुए व्रोन्स्की ने कहा।

"हाँ, लेकिन मैं मजबूर हूँ। तुम यह नहीं जानते कि तुम्हारी राह देखते हुए मैं कितनी परेशान रही हूँ! मेरे ख़याल में मैं ईर्ष्यालु नहीं हूँ। मैं ईर्ष्यालु नहीं हूँ। जब तुम यहाँ, मेरे साथ होते हो, तो मैं तुम पर भरोसा करती हूँ, लेकिन जब तुम अकेले कहीं अपनी, मेरे लिए अनबूझ जिन्दगी बिताते हो, तो..."

वह उससे दूर हट गयी, आखिर उसने अपनी बुनाई में से क्रोशिया छुड़ा लिया, कशीदा कढ़े कफ से ढकी उसकी पतली कलाई जल्दी-जल्दी तथा बेचैनी से हिलने-डुलने लगी और अपनी तर्जनी की मदद से लैम्प की रोशनी में एक के बाद एक सफेद-सफेद चमकते ऊन के फन्दे क्रोशिये पर डालने लगी।

"हाँ, यह तो बताओ, अलेक्सेई अलेक्सान्द्रोविच से तुम्हारी कहाँ मुलाकात हुई?" अचानक उसकी आवाज कृत्रिम ढंग से गूँज उठी।

"दरवाजा लाँघते वक्त।"

"और उसने ऐसे तुम्हारा अभिवादन किया?"

आन्ना ने अपना मुँह लम्बा-सा किया, आँखों को आधा मूँदा, चेहरे के भाव को झटपट बदला और हाथों को जोड़ लिया। व्रोन्स्की को सहसा आन्ना के सुन्दर चेहरे पर वैसा ही भाव दिखाई दिया, जिससे करेनिन ने उसका अभिवादन किया था। व्रोन्स्की मुस्कुरा दिया और आन्ना उस गहरी तथा प्यारी हँसी के साथ खिलखिलाकर हँस दी, जो उसका एक प्रमुख आकर्षण था।

"मैं उसे समझने में बिल्कुल असमर्थ हूँ," व्रोन्स्की ने कहा। "अगर देहात में तुम्हारे सब कुछ कह देने के बाद वह तुमसे नाता तोड़ लेता, अगर वह मुझे द्वन्द्व-युद्ध के लिए ललकारता... लेकिन यह मेरी समझ में नहीं आता कि ऐसी स्थिति को वह कैसे सहन कर सकता है? वह यातना सहन करता है, इतना साफ नजर आता है।"

"वह?" उसने व्यंग्यपूर्वक मुस्कुराकर कहा। "वह बहुत खुश है।"

"किसलिए हम सब इतनी यातना सह रहे हैं, जबकि सब कुछ इतना अच्छा हो सकता था?"

"लेकिन वह यातना नहीं सह रहा है। क्या मैं उसे, उस झूठ को नहीं जानती हूँ, जिससे वह परिपूर्ण है?... कुछ भी अनुभव करते हुए क्या ऐसे रहना सम्भव है,

जैसे वह मेरे साथ रहता है? वह कुछ नहीं समझता, कुछ अनुभव नहीं करता। जो व्यक्ति कुछ थोड़ा-बहुत भी अनुभव करता है, क्या वह अपनी अपराधिनी बीवी के साथ एक ही घर में रह सकता है? क्या उसके साथ बातचीत करना सम्भव है? क्या निकटता दिखाते हुए उसे 'तुम' कहा जा सकता है?"

फिर से अनचाहे ही वह यह कहते हुए उसकी नकल उतारे बिना न रह सकी : "तुम ma chère तुम, आन्ना!"

"वह मर्द नहीं, इन्सान नहीं, कठपुतला है! कोई यह नहीं जानता, मगर मैं जानती हूँ। ओह, अगर उसकी जगह मैं होती, तो कभी भी ऐसी, अपने जैसी स्त्री को मार डालती, उसके टुकड़े कर देती और उसे ma chère आन्ना न कहती।" वह इन्सान नहीं, मिनिस्टरी की मशीन है। वह यह नहीं समझता कि मैं तुम्हारी बीवी हूँ, कि वह मेरे लिए पराया है, फालतू है...नहीं, हम उसकी चर्चा नहीं करेंगे!..."

"तुम्हारी बात ठीक नहीं है, सही नहीं है, मेरी प्यारी," आन्ना को शान्त करने का प्रयास करते हुए व्रोन्स्की ने कहा। "लेकिन हटाओ, हम उसके बारे में बात नहीं करेंगे। मुझे यह बताओ कि तुम क्या करती रही हो? तुम्हें क्या हुआ है? क्या बीमारी है तुम्हें और डॉक्टर ने क्या कहा है?"

आन्ना व्यंग्यपूर्ण खुशी से उसकी ओर देख रही थी। शायद उसे पति के कुछ अन्य हास्यास्पद और घिनौने पक्ष याद आ गये थे और वह उन्हें व्यक्त करने के समय की प्रतीक्षा कर रही थी।

लेकिन व्रोन्स्की ने अपनी बात जारी रखी :

"मेरा अनुमान है कि यह बीमारी नहीं, बल्कि तुम्हारी गर्भ की स्थिति है। कब होगा वह?"

आन्ना की आँखों में व्यंग्यपूर्ण चमक बुझ गयी, लेकिन एक दूसरी मुस्कान ने–जिसका अर्थ व्रोन्स्की नहीं जानता था और जिसमें दुःख का हल्का-सा पुट था–आन्ना के चेहरे के पहलेवाले भाव का स्थान ले लिया।

"जल्द ही, जल्द ही। तुमने कहा था कि हमारी स्थिति यातनापूर्ण है, कि हमें इसका अन्त करना चाहिए। काश, तुम जान सकते कि मेरे लिए यह कितनी बोझिल है, कि तुम्हें बिना रोक-टोक और खुलकर प्यार कर पाने के लिए मैं कौन-सी कीमत चुकाने को तैयार न हो जाती! मैं खुद यातना न सहन करती और तुम्हें अपनी ईर्ष्या से यातना न देती... और जल्द ही यह हो जायेगा, मगर वैसे नहीं जैसे हम सोचते हैं।"

और इस विचार से कि यह कैसे होगा, उसे खुद पर इतनी दया आयी कि उसकी आँखों में आँसू छलक आये और वह अपनी बात जारी न रख सकी। उसने लैम्प के नीचे अँगूठियों और गोरेपन से चमकता हुआ अपना हाथ व्रोन्स्की की आस्तीन पर रख दिया।

"यह वैसे नहीं होगा, जैसे हम सोचते हैं। मैं तुम्हें कुछ बताना नहीं चाहती थी, मगर तुमने मुझे मजबूर कर दिया है। जल्द, बहुत जल्द यह सब समाप्त हो जायेगा और हम सभी, सभी को चैन मिल जायेगा तथा हमें और अधिक यातना नहीं सहनी पड़ेगी।"

"मेरी समझ में कुछ नहीं आ रहा," व्रोन्स्की ने उसे समझाते हुए कहा।

"तुमने अभी पूछा था कि कब होगा? बहुत जल्द। और मैं जिन्दा नहीं रह पाऊँगी। तुम मुझे टोको नहीं!" और उसने अपनी बात कहने की उतावली की। "मैं यह जानती हूँ और पक्की तरह जानती हूँ–मैं मर जाऊँगी और बहुत खुश हूँ कि मर जाऊँगी, खुद भी मुक्त हो जाऊँगी और तुम्हें भी मुक्त कर दूँगी।"

आन्ना की आँखों से आँसू बहने लगे। व्रोन्स्की अपनी बेचैनी को छिपाने की कोशिश करते हुए, जिसका, जैसा कि उसे मालूम था, कोई आधार नहीं था, मगर जिस पर वह काबू पाने में असमर्थ था, उसके हाथ की ओर झुककर उसे चूमने लगा।

"तो यह बात है, यह बेहतर होगा," जोर से व्रोन्स्की का हाथ दबाते हुए उसने कहा। "बस, यही, यही एक रास्ता बाकी है हमारे लिए।"

व्रोन्स्की ने सँभलते हुए सिर ऊपर उठाया।

"कैसी बेतुकी बात है! कैसी बेसिर-पैर की बात कर रही हो तुम!"

"नहीं, यह सच है।"

"क्या, क्या सच है?"

"यही कि मैं मर जाऊँगी। मैंने सपना देखा है।"

"सपना?" व्रोन्स्की ने दोहराया और तुरन्त ही उसे अपने सपने में दिखने वाला देहाती याद हो आया।

"हाँ, सपना," आन्ना ने कहा। "बहुत पहले देखा था मैंने यह सपना। मुझे दिखाई दिया था कि मैं अपने सोने के कमरे में भाग गयी हूँ कि मुझे वहाँ से कुछ लेना था, कुछ जानना था, तुम जानते हो कि सपने में यह कैसे होता है," वह भय से आँखों को फैलाये हुए कहती जा रही थी, "और सोने के कमरे में कोने में मुझे 'कुछ' खड़ा-सा दिखाई दिया।"

"ओह, क्या बकवास है! कैसे यकीन किया जा सकता है ऐसी बात..."

लेकिन आन्ना ने अपने को टोकने नहीं दिया। वह जो कुछ कह रही थी, उसके लिए बहुत महत्त्वपूर्ण था।

"और वह 'कुछ' मुड़ा। मैंने देखा कि वह नाटा-सा और खड़ा भयानक देहाती है, जिसकी दाढ़ी अस्त-व्यस्त है। मैंने भाग जाना चाहा, लेकिन वह एक बोरी पर झुककर उसमें हाथों से कुछ टटोलने लगा..."

आन्ना ने यह दिखाया कि कैसे वह बोरी में कुछ टटोल रहा था। उसके चेहरे

पर हवाइयाँ उड़ रही थीं। व्रोन्स्की को अपना स्वप्न याद आ गया और उसे ऐसे ही भय की अनुभूति हुई।

"वह टटोल रहा था और 'र' वर्ण फ्रांसीसी अन्दाज में उच्चारण करते हुए जल्दी-जल्दी बड़बड़ाता जा रहा था : 'Il faut le battre le fer, le broyer, le peterir...'[1] मैंने डर के कारण जागना चाहा, जाग गयी... लेकिन सपने में ही जागी। मैंने अपने-आपसे पूछा कि इसका क्या अर्थ है। हमारे नौकर कोरनेई ने कहा– 'मालकिन, प्रसव में चल बसेंगी, प्रसव में...' और मेरी आँख खुल गयी..."

"कैसी बेतुकी बात है, कैसी बेतुकी बात है!" व्रोन्स्की ने कहा, लेकिन उसे खुद यह महसूस हो रहा था कि उसकी आवाज में विश्वास का बल नहीं है।

"खैर हटाओ, हम इस बारे में बात नहीं करेंगे। घंटी बजाओ, मैं चाय लाने के लिए कह देती हूँ। जरा रुको, अब बहुत समय नहीं लगेगा, मैं..."

लेकिन वह अचानक खामोश हो गयी। आन-की-आन में उसके चेहरे का भाव बदल गया। शान्त, गम्भीर और सुखद एकाग्रता ने भय और घबराहट का स्थान ले लिया। व्रोन्स्की इस परिवर्तन का अर्थ नहीं समझ पाया। आन्ना अपने गर्भ में नये प्राणी का हिलना-डुलना सुन रही थी।

4

अपने घर के दरवाजे पर व्रोन्स्की से भेंट होने के बाद करेनिन पहले से बने हुए अपने इरादे के मुताबिक इतालवी ऑपेरा देखने चला गया। वह दो अंकों तक वहाँ बैठा रहा और जिनसे उसे मिलना था, मिल-जुल लिया। घर लौटने पर उसने ध्यान से खूँटी को देखा और वहाँ फौजी ओवरकोट न पाकर सदा की तरह अपने कमरे में चला गया। किन्तु हर दिन से भिन्न, वह बिस्तर पर न जाकर सुबह के तीन बजे तक अपने कमरे में इधर-उधर चक्कर लगाता रहा। पत्नी के प्रति क्रोध, जो लोक-लाज को ध्यान में नहीं रखना चाहती थी और अपने घर पर प्रेमी से न मिलने की एकमात्र शर्त को पूरा करने को तैयार नहीं थी, उसे चैन नहीं लेने दे रहा था। उसने उसकी माँग पूरी नहीं की, इसलिए उसे उसको सजा देनी और तलाक लेने तथा बेटे को छीनने की अपनी धमकी पूरी करनी चाहिए। वह इस मामले से सम्बन्धित सभी कठिनाइयाँ जानता था, लेकिन चूँकि उसने ऐसा करने की धमकी दी थी, इसलिए अब उसे पूरा करना चाहिए। काउंटेस लीदिया इवानोव्ना ने उसे संकेत कर दिया था कि उसकी स्थिति का यही सबसे अच्छा हल है और पिछले कुछ समय में तलाक की कानूनी व्यवस्था इतनी सुधर गयी है कि करेनिन को औपचारिक कठिनाइयाँ दूर करना सम्भव प्रतीत हुआ। फिर मुसीबत तो कभी अकेली नहीं आती। गैररूसियों से सम्बन्धित मामले और जारायस्काया

1. लोहे को ढालना चाहिए, कूटना और गूँथना चाहिए। (फ्रांसीसी)

गुबेर्निया की सिंचाई के साल को लेकर करेनिन को दफ्तरी काम-काज में इतनी अधिक परेशानियों का सामना करना पड़ा था कि पिछले कुछ समय में वह बेहद खीझा-खीझा रहा था।

वह रात-भर नहीं सोया और सुबह होने तक बहुत ही द्रुत गति से बढ़ता हुआ उसका गुस्सा अपनी चरम सीमा पर पहुँच गया। उसने जल्दी-जल्दी कपड़े पहने और मानो गुस्से से लबालब भरा प्याला लेकर तथा डरता हुआ कि कहीं वह छलक न जाये, इस बात से डरता हुआ कि गुस्से के साथ वह शक्ति भी न जाती रहे, जो पत्नी से बात करने के लिए जरूरी थी, यह जानते ही कि वह जाग गयी है, उसके कमरे में दाखिल हुआ।

आन्ना, जो यह समझती थी कि अपने पति को बहुत अच्छी तरह जानती है, उसके भीतर आने पर उसकी सूरत देखकर दंग रह गयी। उसके माथे पर बल पड़े हुए थे, आँखें आन्ना की नजर से बचती हुई उदासी से अपने सामने की ओर देख रही थीं और उसके होंठ घृणा से कसकर भिंचे हुए थे। उसकी चाल-ढाल, गतिविधि और आवाज में ऐसी दृढ़ता और निर्णय था, ऐसी अडिगता थी, जैसी आन्ना ने उसमें पहले कभी नहीं देखी थी। वह कमरे में दाखिल हुआ, अभिवादन किये बिना सीधे उसकी मेज की तरफ चला गया और चाबी लेकर उसने दराज खोल ली।

"क्या चाहिए आपको?" आन्ना ने चिल्लाकर पूछा।

"आपके प्रेमी के पत्र," पति ने उत्तर दिया।

"वे यहाँ नहीं हैं," उसने दराज बन्द करते हुए कहा। किन्तु उसके ऐसा करने से वह समझ गया कि उसका अनुमान सही है और कठोरता से उसका हाथ झटककर वह थैला झपट लिया, जिसमें जैसा कि उसे मालूम था, आन्ना अपने सबसे जरूरी कागजात रखती थी। आन्ना ने थैला छीन लेना चाहा, मगर करेनिन ने उसे परे धकेल दिया।

"बैठ जाइये। मुझे आपसे बात करनी है," उसने थैले को बगल में दबाते और कोहनी से उसे इतने जोर से भींचते हुए कहा कि उसका कन्धा ऊपर को उठ गया।

आन्ना आश्चर्य और भय से चुपचाप उसकी तरफ देख रही थी।

"मैंने आपसे कह दिया था कि अपने यहाँ आपके प्रेमी को आने की इजाजत नहीं दूँगा"

"मेरे लिए उससे मिलना जरूरी था, ताकि..."

वह अपने मन से कोई बात नहीं बना पायी और इसलिए रुक गयी।

"मैं इस बात की तफसील में नहीं जाना चाहता कि किसलिए कोई औरत अपने प्रेमी से मिलना चाहती है।"

"मैं चाहती थी, मुझे केवल..." वह भड़क उठी। उसके अशिष्ट व्यवहार से उसे झल्लाहट हो रही थी और उसकी हिम्मत बढ़ रही थी। "क्या आप यह अनुभव नहीं

करते कि आपके लिए मेरा अपमान करना कितना आसान है?" आन्ना ने कहा।

"किसी ईमानदार पुरुष और ईमानदार औरत का अपमान हो सकता है, लेकिन चोर को चोर कहना तो केवल la canstatation d'un fait[1] है।"

"आपके इस नये–क्रूरता के–लक्षण से मैं परिचित नहीं थी।"

"आप इसको क्रूरता कहती हैं कि पति-पत्नी को पूरी आजादी और अपने बेदाग नाम की आड़ देता है तथा उससे केवल इतनी ही माँग करता है कि वह शिष्टाचार निभाये। यह क्रूरता है?"

"यह क्रूरता से बढ़कर है, अगर जानना चाहते हैं, तो यह नीचता है!" आन्ना क्रोध-विस्फोट से चिल्ला उठी और उसने उठकर बाहर जाना चाहा।

"नहीं!" वह अपनी चिचियाती आवाज में, जो अब सामान्य से कुछ ऊँची हो गयी थी, चिल्ला उठा और अपनी बड़ी-बड़ी उँगलियों से ऐसे कसकर आन्ना की बाँह पकड़ते हुए कि वहाँ कंगन का, जिसे उसने दबा दिया था, लाल निशान पड़ गया, उसे जबर्दस्ती उसकी जगह पर बिठा दिया। "नीचता? अगर आप इसी शब्द का उपयोग करना चाहती हैं, तो नीचता है प्रेमी के लिए पति और बेटे को छोड़ देना और पति के टुकड़ों पर जीना!"

आन्ना ने सिर झुका लिया। उसने न केवल वह नहीं कहा, जो एक दिन पहले उसने अपने प्रेमी से कहा था कि वही उसका पति है और पति फालतू है, बल्कि उसे इसका ख़याल तक नहीं आया। वह उसके शब्दों की न्यायसंगतता को अनुभव कर रही थी और धीरे से उसने केवल इतना ही कहा :

"आप मेरी स्थिति का उससे बुरा चित्रण नहीं कर सकते, जैसी कि मैं खुद समझती हूँ। लेकिन आप किसलिए यह सब कह रहे हैं?"

"किसलिए? किसलिए कह रहा हूँ मैं यह?" वह उसी तरह गुस्से से कहता गया। "ताकि आप यह जान जायें कि शिष्टाचार निभाने के बारे में आपने मेरी इच्छा की अवहेलना की है और इसलिए मैं इस स्थिति को समाप्त करने के लिए जरूरी कदम उठाऊँगा।"

"वह तो वैसे ही जल्द, बहुत जल्द समाप्त हो जायेगी," आन्ना ने जवाब दिया और निकट आती तथा अब वांछित मौत का खयाल आने पर फिर से उसकी आँखें डबडबा आयीं।

"तुम और तुम्हारे प्रेमी के मंसूबों से कहीं पहले ही यह स्थिति खत्म हो जायेगी! आपको केवल पशु-वासना की तृप्ति की जरूरत है..."

"अलेक्सेई अलेक्सान्द्रोविच! मैं यह नहीं कहूँगी कि यह आपके मन का छोटापन है, लेकिन मरे हुए को मारना तो शिष्टता भी नहीं।"

"हाँ, आपको केवल अपना ही ध्यान है, किन्तु उसकी यातना में, जो आपका

1. तथ्य का उल्लेख। (फ्रांसीसी)

पति था, आपकी कोई दिलचस्पी नहीं। आपको इससे कोई फर्क नहीं पड़ता कि उसकी सारी जिन्दगी बर्बाद हो गयी है कि उसने बेहद या...याद...यादना ...सही है।"

करेनिन इतनी जल्दी-जल्दी बोल रहा था कि अक्षर गड़बड़ा गये और वह किसी तरह 'यातना' न कहकर आखिर 'यादना' ही कह पाया। आन्ना को हँसी और उसी क्षण शर्म आयी कि ऐसे वक्त में उसके लिए हँसी की भी कोई बात हो सकती है। पहली बार उसे क्षण-भर को उसके लिए सहानुभूति हुई, उसने अपने को उसके स्थान पर अनुभव किया और उसे उस पर दया आयी। लेकिन वह उसे क्या कह सकती थी, क्या कर सकती थी? उसने सिर झुका लिया और खामोश रही। वह भी कुछ समय तक चुप रहा और बाद में कुछ कम चिचियाती, रूखी आवाज में यों ही मुँह में आ जाने और कोई विशेष महत्त्व न रखने वाले शब्दों पर जोर देते हुए बोलता गया :

"मैं आपसे यह कहने आया था..." उसने कहा।

आन्ना ने उसकी तरफ देखा। 'नहीं, यह मुझे ऐसे ही प्रतीत हुआ था,' उसने उसके चेहरे पर यह भाव याद करते हुए, जब वह 'यातना' शब्द नहीं कह पाया था, सोचा, 'नहीं, ऐसी धुँधली-धुँधली आँखों और आत्मतुष्टिवाला व्यक्ति क्या कुछ अनुभव कर सकता है?'

"कुछ भी बदलना मेरे बस में नहीं," वह फुसफुसायी।

"मैं आपसे यह कहने आया हूँ कि कल मास्को जा रहा हूँ और इस घर में अब नहीं लौटूँगा। मेरे निर्णय के बारे में आपको वकील से सूचना मिल जायेगी, जिसे मैं तलाक का मामला सौपूँगा। मेरा बेटा मेरी बहन के पास चला जायेगा," करेनिन ने बड़े यत्न से वह याद करते हुए कहा, जो वह बेटे के बारे में बताना चाहता था।

"आप मेरा दिल दुःखाने के लिए सेर्योझा को छीन लेना चाहते हैं न," उसने भौंहें चढ़ाकर उसकी ओर देखते हुए कहा। "आप उसे प्यार नहीं करते...सेर्योझा को मेरे पास रहने दीजिये!"

"हाँ, मुझे बेटे से भी प्यार नहीं रहा, क्योंकि वह मुझे आपके प्रति मेरी घृणा की याद दिलाता है। फिर भी मैं उसे अपने पास रखूँगा। तो विदा!"

उसने जाना चाहा, लेकिन इस बार आन्ना ने उसे रोका।

"अलेक्सेई अलेक्सान्द्रोविच, सेर्योझा को मेरे पास रहने दीजिये!" वह फिर फुसफुसायी। "मैं इससे ज्यादा और कुछ नहीं कह सकती। सेर्योझा को तब तक मेरे पास रहने दीजिये, जब तक... जल्द ही मेरा बच्चा होने वाला है, सेर्योझा को रहने दीजिये!"

करेनिन भड़क उठा और आन्ना से अपना हाथ छुड़ाकर चुपचाप कमरे से बाहर चला गया।

5

पीटर्सबर्ग के प्रसिद्ध वकील का प्रतीक्षा-कक्ष उस समय भरा हुआ था, जब करेनिन उसमें दाखिल हुआ। तीन महिलायें–एक बुढ़िया, एक जवान महिला और एक व्यापारी की बीवी तथा तीन महाशय– उँगली में अँगूठी पहने हुए एक जर्मन बैंकर, दाढ़ीवाला व्यापारी और वर्दी पहने एक चिड़चिड़ा-सा सरकारी अफसर, जिसके गले में एक पदक लटक रहा था, स्पष्टतः काफी देर से वहाँ इन्तजार कर रहे थे। मेजों पर बैठे दो सहायक कुछ लिख रहे थे और उनकी कलमें चीं-चीं की आवाज पैदा कर रही थीं। लिखने का सामान, जिसकी करेनिन को सनक थी, असाधारण रूप से बढ़िया था। करेनिन का इसकी ओर ध्यान जाये बिना न रह सकता था। एक सहायक ने उठकर खड़े हुए बिना, आँखें सिकोड़कर झल्लाहट के साथ करेनिन से पूछा :

"क्या चाहिए आपको?"

"मुझे वकील से कुछ काम है।"

"वे व्यस्त हैं," सहायक ने प्रतीक्षा कर रहे लोगों की ओर कलम से इशारा करते हुए कड़ाई से जवाब दिया और लिखना जारी रखा।

"क्या वे कुछ वक्त नहीं निकाल सकते?" करेनिन ने पूछा।

"उनके पास वक्त नहीं है, वे हमेशा व्यस्त रहते हैं। कृपया इन्तजार कीजिये।"

"तो उन्हें मेरा कार्ड देने की कृपा करें," करेनिन ने अपने को प्रकट करने की आवश्यकता अनुभव करते हुए गरिमापूर्वक कहा।

सहायक ने कार्ड ले लिया और उस पर जो कुछ लिखा था, स्पष्टतः उसे नापसन्द करते हुए दरवाजा खोलकर भीतर चला गया।

करेनिन सैद्धान्तिक रूप से सार्वजनिक न्याय-कार्य के पक्ष में था, लेकिन कुछ उच्च सरकारी कारणों से वह रूस में उसके कुछ पक्षों को लागू करने के हक में नहीं था और जिस हद तक जार द्वारा पुष्ट की गयी व्यवस्था की आलोचना करना सम्भव था, उस हद तक उसकी टीका-टिप्पणी करता था। उसका सारा जीवन प्रशासकीय कार्य-कलापों में बीता था और इसलिए अगर कोई चीज उसे अच्छी न लगती, तो भूलों की अनिवार्यता की स्वीकृति तथा सुधार की सम्भावना से उसकी यह नापसन्दगी कम हो जाती। नयी न्याय-व्यवस्था में वकालत के पेशे को जो स्थान दिया गया था, उसे वह पसन्द नहीं था। लेकिन अभी तक उसका वकीलों से वास्ता नहीं पड़ा था और इसलिए उसकी नापसन्दगी सैद्धान्तिक थी। लेकिन वकील के प्रतीक्षा-कक्ष में उस पर बुरा प्रभाव पड़ा, उससे उसकी नापसन्दगी और बढ़ गयी।

"अभी बाहर आ रहे हैं," सहायक ने कहा और वास्तव में ही दो मिनट बाद दरवाजे पर बूढ़े विधिशास्त्री की लम्बी आकृति दिखाई दी, जो वकील के साथ

सलाह-मशविरा करता रहा था और उसके पीछे-पीछे वकील भी बाहर आ गया।

वकील नाटा, मोटा, गंजे सिर, काली दाढ़ी, लम्बी-भूरी भौंहों और बन्दर जैसे माथेवाला आदमी था। वह टाई और दोहरी जंजीरवाली घड़ी से लेकर पेटेंट के चमकते जूतों तक एक दूल्हे की तरह बना-ठना हुआ था। उसका चेहरा बुद्धिमत्तापूर्ण तथा देहातिया था, मगर लिबास छैलों जैसा और कुरुचिपूर्ण।

“तशरीफ लाइये,” वकील ने करेनिन को सम्बोधित करते हुए कहा। खुद एक तरफ हटकर उदासी से करेनिन को भीतर आने देते हुए उसने दरवाजा बन्द कर दिया।

“बैठियेगा,” उसने कागजों से भरी हुई लिखने की मेज के पास रखी कुर्सी की तरफ इशारा किया और खुद सफेद बालों से ढकी छोटी-छोटी उँगलियोंवाले हाथों को मलते हुए तथा एक ओर को सिर झुकाकर मेज के पीछे बैठ गया। लेकिन अपनी मुद्रा में उसने चैन की साँस ली ही थी कि कपड़े काटने वाला कीड़ा मेज के ऊपर उड़ता आया। वकील ने ऐसी फुर्ती से, जिसकी उससे आशा नहीं की जा सकती थी, अपने हाथों को अलग किया, कीड़े को पकड़ा और फिर से पहली मुद्रा में बैठ गया।

“अपने मामले की चर्चा शुरू करने के पहले में यह कहना चाहूँगा,” वकील की कीड़ा पकड़ने की हरकत को हैरानी से देखने के बाद करेनिन ने कहा, “कि मैं जिस मामले की आपसे चर्चा करने वाला हूँ, उसे गुप्त रहना चाहिए।”

तनिक दिखाई देने वाली मुस्कान से वकील की कुछ-कुछ लाल और झुकी हुई मूँछें दोनों ओर फैल गयीं।

“अगर मैं लोगों के रहस्यों को गुप्त न रख पाता, तो वकील ही न होता। लेकिन अगर आप इसकी पुष्टि चाहते हैं...”

करेनिन के उसके चेहरे पर नजर डाली और देखा कि उसकी भूरी, बुद्धिमत्तापूर्ण आँखें हँस रही हैं और मानो पहले से ही सब कुछ जानती हैं।

“आप मेरा कुलनाम जानते हैं न?” करेनिन ने अपनी बात जारी रखी।

“आपको जानता हूँ और हर रूसी की भाँति आपकी उपयोगी...” उसने एक और कीड़ा पकड़ा, “...गतिविधियों से भी परिचित हूँ,” वकील ने जरा सिर झुकाकर कहा।

करेनिन ने हिम्मत बटोरते हुए गहरी साँस ली। लेकिन एक बार तय कर लेने पर वह घबराये और रुके बिना तथा कुछ शब्दों पर जोर देते हुए अपनी चिचियाती आवाज में कहता गया।

“मैं बीवी की बेवफाई का शिकार होने वाला बदकिस्मत पति हूँ,” करेनिन ने कहना शुरू किया, “और बीवी से कानूनी तौर पर अलग होना चाहता हूँ, यानी तलाक लेना चाहता हूँ, सो भी ऐसे कि बेटा माँ के पास न रहे।”

वकील की भूरी आँखों ने अपनी हँसी को दबाने की कोशिश की, लेकिन वे अदम्य खुशी से उछल रही थीं और अलेक्सेई अलेक्सान्द्रोविच ने देखा कि यह लाभदायक ऑर्डर पाने वाले व्यक्ति की ही खुशी नहीं थी–यह तो विजयोल्लास और ऐसा हर्ष-उत्कर्ष था, ऐसी चमक, ऐसी द्वेषपूर्ण चमक थी, जो उसने बीवी की आँखों में देखी थी।

"आप तलाक लेने के लिए मेरी सहायता चाहते हैं न?"

"हाँ, लेकिन आपको आगाह कर देना चाहता हूँ कि शायद मैं आपका वक्त बर्बाद ही करूँ। मैं आपसे प्रारम्भिक सलाह-मशविरा करने आया हूँ। मैं तलाक लेना चाहता हूँ, मगर मेरे लिए यह महत्त्वपूर्ण है कि किन-किन रूपों में यह सम्भव है। बहुत मुमकिन है कि अगर वे रूप मेरी इच्छा के अनुरूप नहीं होंगे, तो मैं कानूनी कार्रवाई से इनकार कर दूँ।"

"ओह, सो तो है ही," वकील ने कहा, "हमेशा आपको ही फैसला करना होता है।"

वकील ने यह महसूस करते हुए कि वह अपनी अदम्य खुशी की झलक से मुवक्किल को नाराज कर सकता है, अपनी नजर करेनिन के पैरों पर टिका ली। उसने अपने बिल्कुल सामने से उड़े जाते कीड़े को देखा, हाथ बढ़ाया, लेकिन करेनिन की स्थिति का आदर करते हुए उसे पकड़ा नहीं।

"इस विषय के बारे में कानूनों को मोटे तौर पर जानता हूँ," करेनिन कहता गया, "मैं उन रूपों को जानना चाहता हूँ, जिनमें इस तरह का मामला व्यावहारिक तौर पर निपटाया जाता है।"

"आप यह चाहते हैं," वकील ने नजर ऊपर उठाये बिना, किन्तु मजा लेते और मुवक्किल के बोलने का अन्दाज अपनाते हुए जवाब दिया, "कि मैं आपको वे तरीके बताऊँ, जिनसे आप अपनी यह इच्छा पूरी कर सकते हैं।"

करेनिन के सिर झुकाकर हामी भरने पर उसने अपनी बात जारी रखी और वह केवल कभी-कभार ही करेनिन के चेहरे पर उभर आने वाले लाल धब्बों पर उड़ती-सी नजर डाल लेता था।

"तलाक हमारे कानूनों के मुताबिक," उसने हमारे कानूनों के बारे में जरा नापसन्दगी जाहिर करते हुए कहा, "जैसा कि आप जानते हैं, इन परिस्थितियों में सम्भव है...रुके रहो!" उसने दरवाजे में से भीतर झाँकने वाले अपने सहायक से कहा, लेकिन फिर भी उठा, उससे कुछ शब्द कहे और फिर अपनी जगह पर आ बैठा। "इन परिस्थितियों में–पति-पत्नी में से किसी के शारीरिक दृष्टि से अक्षम होने पर पाँच साल तक पूरी तरह लापता हो जाने पर," उसने बालों से ढँकी छोटी-सी उँगली को मोड़कर कहा, "इसके बाद परगमन (इस शब्द का उसने स्पष्ट प्रसन्नता के साथ उच्चारण किया)। उप-विभाजन ये हैं (वह अपनी मोटी-मोटी उँगलियों

को मोड़ता गया, यद्यपि परिस्थितियों और उप-विभाजनों का एक साथ वर्गीकरण स्पष्टतः सम्भव नहीं था)–पति या पत्नी की शारीरिक अक्षमता, इसके बाद पति या पत्नी का परगमन।" चूँकि सभी उँगलियाँ मोड़ी जा चुकी थीं, इसलिए उसने उन सभी को सीधा कर लिया और अपनी बात जारी रखी, "यह तो सैद्धान्तिक बात है, लेकिन मैं यह समझता हूँ कि आपने इस मामले का व्यावहारिक रूप जानने के लिए मेरे पास आने की कृपा की है। इसलिए पहले की मिसालों को ध्यान में रखते हुए मुझे आपसे यह निवेदन करना है–जैसा कि मैं समझता हूँ, शारीरिक अक्षमताएँ नहीं हैं? खबर के बिना लापता होने का भी सवाल नहीं है?..."

करेनिन ने सहमति प्रकट करते हुए सिर झुकाया।

"तो नतीजा यह निकलता है–दम्पति में से किसी एक का परगमन और आपसी सहमति से अपराधी पक्ष का उद्घाटन और ऐसी सहमति की अनुपस्थिति में वस्तुगत अपराध-उद्घाटन। मुझे यह भी कहना होगा कि यह अन्तिम बात व्यवहार में बहुत कम पायी जाती है," वकील ने कहा और करेनिन पर उड़ती-सी नजर डालकर ऐसे खामोश हो गया, जैसे तमंचाफरोश तरह-तरह की पिस्तौलों का गुण-वर्णन करके ग्राहक के चुनाव की प्रतीक्षा करता है। लेकिन करेनिन चुप रहा और इसलिए वकील कहता गया, "मेरे खयाल में तो आपसी सहमति का परगमन सबसे आम तथा समझदारी का व्यावहारिक रास्ता है। कम पढ़े-लिखे आदमी के सामने मैंने अपने को ऐसे अभिव्यक्त न किया होता," वकील ने कहा, "लेकिन मैं समझता हूँ कि हमारे लिए यह स्पष्ट है।"

किन्तु करेनिन इतना परेशान हो चुका था कि आपसी सहमति से परगमन की समझदारी को फौरन नहीं समझ पाया और उसने अपनी दृष्टि में यह उलझन प्रकट की। वकील ने उसी समय उसकी मदद की :

"लोग एक साथ नहीं रह सकते–यह एक तथ्य है। अगर दोनों इस बात से सहमत हैं तो तफसीलों और औपचारिकताओं का कोई महत्त्व नहीं रहता। साथ ही यह सबसे सीधा-सादा और विश्वसनीय उपाय है।"

करेनिन अब अच्छी तरह से समझ गया। लेकिन उसकी कुछ धार्मिक शंकाएँ थीं, जो इस उपाय के उपयोग में आड़े आती थीं।

"इस मामले में इस उपाय का प्रश्न नहीं उठता," उसने कहा। "इस मामले में केवल वस्तुगत अपराध-उद्घाटन सम्भव है और इसके लिए उन पत्रों से उसकी पुष्टि की जा सकती है, जो मेरे पास हैं।"

पत्रों का उल्लेख करने पर वकील ने होंठ दबाये और पतली-सी सहानुभूति और घृणापूर्ण ध्वनि निकाली।

"यह बताने की अनुमति दीजिये," उसने कहना शुरू किया। "इस तरह के मामले, जैसा कि आप जानते हैं, धार्मिक संस्थाओं के अन्तर्गत आते हैं और छोटे-

बड़े पादरी ऐसे मामलों की छोटी-से-छोटी तफसीलों में जाने के फेर में रहते हैं," उसने पादरियों की रुचि के प्रति सहानुभूति प्रकट करने वाली मुस्कान के साथ कहा। "पत्र निश्चय ही कुछ हद तक इसकी पुष्टि कर सकते हैं, लेकिन सबूत सीधे ढंग से यानी गवाहों के जरिये पेश किये जाने चाहिए। वैसे अगर आप मुझ पर भरोसा करने का मुझे सम्मान प्रदान करते हैं, तो मुझे इस मामले के लिए इस्तेमाल किये जाने वाले तरीकों के चुनाव की भी छूट दीजिये। जो परिणाम चाहता है वह उपायों की भी अनुमति देता है।"

"अगर ऐसी बात है..." करेनिन ने अचानक जर्द पड़ते हुए कहना शुरू किया, लेकिन वकील इसी वक्त फिर से उठा और दरवाजे पर प्रकट होने वाले सहायक की ओर गया।

"उस महिला से कह दीजिये कि हमारे यहाँ फीस के मामले में सौदेबाजी नहीं होती!" उसने कहा और करेनिन की तरफ लौट चला।

अपनी जगह पर लौटते हुए उसने चुपके से एक कीड़ा और पकड़ लिया। 'गर्मी तक मेरे फर्नीचर की कैसी बुरी हालत हो जायेगी,' उसने नाक-भौंह सिकोड़े हुए सोचा।

"तो आप कुछ कह रहे थे..." उसने करेनिन को सम्बोधित किया।

"मैं आपको खत द्वारा अपने फैसले की खबर दे दूँगा," करेनिन ने उठते और मेज थामते हुए कहा। कुछ देर चुप रहने के बाद वह बोला, "आपके शब्दों से मैं यह परिणाम निकाल सकता हूँ कि तलाक लेना सम्भव है। मैं आपसे अपनी शर्तें बता देने का भी अनुरोध करना चाहता हूँ।"

"अगर आप मुझे अपने ढंग से काम करने की छूट देंगे, तो सब कुछ सम्भव है," वकील ने करेनिन के सवाल की अवहेलना करते हुए उत्तर दिया। "मैं कब आपका खत आने की उम्मीद कर सकता हूँ।" वकील ने दरवाजे की तरफ बढ़ते और अपनी आँखें तथा पेटेंट के जूतों की चमक दिखाते हुए पूछा।

"एक हफ्ते बाद। आप जवाब में यह लिख भेजने की मेहरबानी कीजिये कि इस मामले को अपने हाथ में लेते हैं या नहीं और किन शर्तों पर।"

"ठीक है।"

वकील ने आदर से सिर झुकाया, मुवक्किल के लिए दरवाजा खोल दिया और अकेला रह जाने पर खुशी की तरंग में बह गया। वह इतना खुश था कि अपने उसूलों के खिलाफ उसने सौदेबाजी करने वाली महिला के लिए फीस में कुछ कमी कर दी और यह तय करके कि अगले जाड़े तथा सिगोनिन की भाँति वह भी अपने सारे फर्नीचर पर मखमल चढ़वा लेगा, उसने कपड़े खाने वाले कीड़े पकड़ना बन्द कर दिया।

6

आयोग की सत्रह अगस्त की बैठक में करेनिन की बड़ी शानदार जीत हुई, मगर इस जीत के नतीजे उसके लिए बहुत बुरे साबित हुए। करेनिन के प्रयास के फलस्वरूप गैर-रूसियों के जीवन का सभी दृष्टियों से अध्ययन करने वाला नया आयोग असाधारण शीघ्रता और उत्साह से संगठित करके उस क्षेत्र में भेज दिया गया। तीन महीने बाद उसने अपनी रिपोर्ट पेश कर दी। गैर-रूसियों के जीवन और रहन-सहन का राजनीतिक, प्रशासकीय, आर्थिक, नृवंशीय, भौतिक और धार्मिक दृष्टियों से अध्ययन कर लिया गया था। सभी प्रश्नों के उत्तर दे दिये गये थे और उत्तर ऐसे थे, जिनके बारे में किसी तरह के शक-शुबहे की गुंजाइश नहीं हो सकती थी। कारण कि वे मानवीय मस्तिष्क की, जो हमेशा ही भूलें कर सकता है, उपज नहीं थे, बल्कि नौकरशाही की गतिविधियों के परिणाम थे। सभी जवाब सरकारी आँकड़ों, गवर्नरों और लाट पादरियों की रिपोर्टों के नतीजे थे, जो जिलों के प्रशासकीय संचालकों और धर्माध्यक्षों की रिपोर्टों पर आधारित थीं और ये रिपोर्टें देहात के प्रशासकीय कार्यालयों और पादरियों और रिपोर्टों पर आधारित थीं, और इसलिए ये सभी जवाब सन्देहहीन थे। प्रशासकीय मशीन की सुविधा के बिना सदियों तक हल न होने और हल न हो सकने वाले ऐसे सभी सवालों, जैसे कि, मिसाल के लिए, फसल क्यों नहीं होती, वहाँ के निवासी अपने धर्म में क्यों आस्था बनाये हुए हैं, आदि, आदि के बिल्कुल स्पष्ट और यकीनी जवाब मिल गये। ये सभी जवाब करेनिन के हक में थे। लेकिन स्त्रेमोव ने, जिसने आयोग की अन्तिम बैठक में अपने को बुरी तरह अपमानित अनुभव किया था, आयोग की रिपोर्ट आने पर ऐसी चालाकी से काम लिया, जिसकी करेनिन ने कल्पना नहीं की थी। स्त्रेमोव ने आयोग के कुछ अन्य सदस्यों को अपने साथ लेकर न केवल करेनिन के सुझावों को व्यावहारिक रूप देने का खूब जोरदार समर्थन ही किया, बल्कि अति की सीमा तक जाने वाले इसी तरह के कुछ अन्य सुझाव भी पेश कर दिये। कारेनिन के मूल विचार से कहीं आगे जाने वाले ये सुझाव स्वीकार कर लिये गये और तब स्त्रेमोव की चालाकी का पता चला। अति की सीमा तक पहुँचाये गये ये उपाय अचानक ऐसे मूर्खतापूर्ण प्रतीत हुए कि राजकीय कार्यकर्ता, जनमत, बुद्धिमत्तापूर्ण महिलायें और अखबार—सभी एक साथ इन उपायों पर बरस पड़े और उन्होंने इन उपायों तथा इनके जन्मदाता करेनिन के खिलाफ अपनी नाराजगी जाहिर की। स्त्रेमोव यह जाहिर करते हुए कि उसने आँखें मूँदकर करेनिन की योजना का अनुकरण किया था और अब इसके नतीजे से खुद हैरान तथा परेशान हो रहा है, बच निकला। करेनिन की प्रतिष्ठा को इससे बड़ा धक्का लगा। लेकिन अपनी बिगड़ती सेहत और पारिवारिक परेशानी के बावजूद करेनिन ने हिम्मत नहीं हारी। आयोग में फूट पड़ गयी। स्त्रेमोव के निर्देशन में कुछ सदस्यों ने अपनी भूल की यह सफाई पेश की कि उन्होंने जाँच-आयोग

पर भरोसा किया, जिसका करेनिन संचालन कर रहा था, और कहा कि आयोग की रिपोर्ट बिल्कुल बकवास तथा कागज की बर्बादी है। दूसरी ओर ऐसे कुछ लोगों के साथ, जो दस्तावेजों के प्रति ऐसे क्रान्तिकारी रवैये के खतरे को समझ रहे थे, करेनिन जाँच-आयोग द्वारा स्पष्ट किये गये आँकड़ों का समर्थन करता रहा। इसके परिणामस्वरूप ऊँचे क्षेत्रों और समाज में भी सारी स्थिति उलझ-उलझा गयी और इस बात के बावजूद कि सभी को इसमें बड़ी दिलचस्पी थी, कोई भी यह समझ पाने में असमर्थ था कि गैर-रूसी वास्तव में गरीबी और बर्बादी का शिकार हो रहे हैं या फल-फूल रहे हैं। इस गड़बड़ और कुछ हद तक उसकी बीवी की बेवफाई के कारण उसके प्रति उत्पन्न होने वाली तिरस्कार भावना के फलस्वरूप करेनिन की स्थिति बड़ी डावाँडोल हो गयी थी। ऐसी हालत में भी करेनिन ने एक महत्त्वपूर्ण निर्णय किया। आयोग को आश्चर्यचकित करते हुए उसने यह घोषणा की कि वह मामले की जाँच करने के लिए खुद वहाँ जाने की अनुमति पाने का अनुरोध करेगा। और अनुमति पाकर करेनिन दूर-दराज के उन गुबेर्नियाओं के लिए रवाना हो गया।

करेनिन की रवानगी से काफी शोर मचा, खासतौर पर इसलिए कि प्रस्थान से पहले उसने विधिपूर्वक वह सारी रकम लौटा दी, जो मंजिल तक पहुँचने के लिए बारह घोड़ों के खर्च को ध्यान में रखकर उसे दी गयी थी।

"मेरे खयाल में उसका ऐसा करना बहुत ही प्रशंसनीय है," इस सम्बन्ध में बेत्सी ने प्रिन्सेस म्याग्काया से कहा। "डाक-बग्घियों पर इतना पैसा क्यों बर्बाद किया जाये, जब सबको यह मालूम है कि अब हर जगह रेलगाड़ी आती-जाती है?"

लेकिन प्रिन्सेस म्याग्काया इससे सहमत नहीं थी और प्रिन्सेस त्वेरस्काया के मत से उसे खीझ तक अनुभव हो रही थी।

"आपके लिए ऐसा कहना बहुत अच्छा है, जबकि आपके यहाँ जाने कितने लाख रूबल हैं, लेकिन मेरा पति जब गर्मियों में जाँच-कार्य के लिए जाता है, तो मुझे बहुत अच्छा लगता है। उसे यात्रा करना पसन्द है और इससे उसकी सेहत बेहतर होती है तथा मेरे यहाँ कुछ ऐसी व्यवस्था बनी हुई है कि इस पैसे से मेरे घोड़ा-गाड़ी और कोचवान का खर्च चलता है।"

दूरस्थ गुबेर्नियाओं को जाते हुए करेनिन तीन दिन के लिए मास्को में रुका।

मास्को पहुँचने के अगले दिन वह गवर्नर-जनरल से मिलने के लिए बग्घी में जा रहा था। गाजेत्नी गली के चौक में, जहाँ हमेशा निजी और किराये की बग्घियों की भीड़ रहती थी, करेनिन को बहुत ऊँची और खुशी-भरी आवाज में अपना नाम सुनाई दिया और वह मुड़कर देखे बिना न रह सका। फैशनदार छोटा ओवरकोट पहने तथा छोटा-सा फैशनदार टोप सिर पर रखे, जो एक ओर को झुका हुआ था, मुस्कुराता और लाल होंठों के बीच सफेद दाँतों की झलक दिखाता हुआ जवान, खुशी से उमगता और चमकता ओब्लोन्स्की पटरी के पास खड़ा था तथा दृढ़ता

और जोर से उसे पुकारते हुए रुकने की माँग कर रहा था। वह एक हाथ से कोने में खड़ी बग्घी की खिड़की थामे था, जिसमें से मखमल की टोपी से ढँका हुआ एक नारी का सिर तथा बच्चों के दो सिर बाहर झाँक रहे थे, और मुस्कुराता हुआ दूसरा हाथ बहनोई की ओर हिला रहा था। महिला भी स्नेहपूर्वक मुस्कुराती हुई करेनिन की ओर हाथ हिला रही थी। यह बच्चों के साथ डॉली थी।

करेनिन मास्को में किसी से नहीं मिलना चाहता था और अपनी पत्नी के भाई से तो बिल्कुल ही नहीं। उसने टोप ऊपर उठाया और आगे बढ़ना चाहा, लेकिन ओब्लोन्स्की ने उसके कोचवान को रुकने का इशारा किया और बर्फ को लाँघता हुआ उसकी तरफ भाग चला।

"अपने आने की खबर तक न देना तो बड़ी ज्यादती है! कब आये? मैं कल द्यूस्सो के होटल में गया था, वहाँ तख्ते पर लगी सूची में 'करेनिन' पढ़ा, लेकिन मैं तो कल्पना भी नहीं कर सकता था कि यह तुम हो!" बग्घी की खिड़की में अपना सिर घुसेड़ते हुए ओब्लोन्स्की ने कहा। "नहीं तो मैं तुम्हारे कमरे में आ गया होता। कितनी खुशी हो रही है तुमसे यहाँ मिलकर!" बर्फ झाड़ने के लिए पाँव से पाँव टकराते हुए वह कह रहा था। "कितनी ज्यादती है हमें अपने आने की खबर न देना!" उसने दोहराया।

"मुझे फुर्सत नहीं मिली, बहुत व्यस्त था मैं," करेनिन ने रुखाई से कहा।

"आओ, मेरी बीवी के पास चलें, वह तुमसे मिलने को बहुत उत्सुक है।"

करेनिन ने अपनी ठिठुरी हुई टाँगों पर लिपटा कम्बल उतारा, बग्घी से बाहर निकला और बर्फ लाँघते हुए डॉली के पास पहुँचा।

"यह क्या बात है, अलेक्सेई अलेक्सान्द्रोविच, आप हमसे ऐसे कन्नी क्यों काट रहे हैं?" डॉली ने मुस्कुराते हुए पूछा।

"मैं बहुत व्यस्त रहा। आपसे मुलाकात होने पर बहुत खुश हूँ," उसने ऐसे अन्दाज में कहा, जो यह जाहिर कर रहा था कि उसे ऐसा होने से दुःख हुआ। "आपका स्वास्थ्य कैसा है?"

"मेरी प्यारी आन्ना का क्या हाल है?"

करेनिन कुछ बड़बड़ाया और उसने जाना चाहा। मगर ओब्लोन्स्की ने उसे रोक लिया।

"देखो, कल हम ऐसा करेंगे। डॉली, तुम इसे कल दिन के खाने पर बुला लो। कोज़्निशेव और पेसत्सोव को भी बुला लेंगे, ताकि यह जरा मास्को के बुद्धिजीवियों को भी चखकर देख ले।"

"हाँ, कृपया आइयेगा," डॉली ने कहा। "हम आपका पाँच या छः बजे, जैसा आप उचित समझें, इन्तजार करेंगे। तो मेरी प्यारी आन्ना कैसी हैं? कितना अरसा हो गया..."

"वह स्वस्थ है," करेनिन नाक-भौंह सिकोड़कर बड़बड़ाया। "बहुत खुशी हुई!" और वह अपनी बग्घी की तरफ चल दिया।

"आयेंगे न?" डॉली ने ऊँचे स्वर में पूछा।

करेनिन ने कुछ जवाब दिया, जिनसे डॉली आती-जाती बग्घियों के शोर में नहीं सुन सकी।

"मैं कल तुम्हारे पास आऊँगा!" ओब्लोन्स्की ने पुकारकर कहा। करेनिन बग्घी में चढ़ा और इतना पीछे को हटकर बैठ गया कि न तो खुद किसी को देखे और न नजर ही आये।

"अजीब आदमी है!" ओब्लोन्स्की ने बीवी से कहा और घड़ी पर नजर डालकर चेहरे के सामने हाथ से कुछ ऐसा संकेत-सा किया, जिसका अर्थ पत्नी और बच्चों के प्रति स्नेह-प्रदर्शन था तथा बाँकपन से पटरी पर चल दिया।

"स्तीवा! स्तीवा!" डॉली लज्जारुण होते हुए चिल्लायी।

उसने मुड़कर देखा।

"मुझे ग्रीशा और तान्या के लिए ओवरकोट खरीदने हैं। पैसे तो दो!"

"कोई बात नहीं, कह देना कि मैं चुका दूँगा," और वह बग्घी में पास से गुजरने वाले एक परिचित को खुशमिजाजी से सिर झुकाकर आँखों से ओझल हो गया।

7

अगले दिन इतवार था। ओब्नोन्सकी बैले के रिहर्सल के समय बोल्शोई थिएटर गया और प्यारी-सी नर्तकी माशा चीबिसोवा को, जो उसके संरक्षण के फलस्वरूप अभी-अभी वहाँ काम करने लगी थी, मूँगों का हार भेंट किया, जिसका उसने एक दिन पहले वादा किया था और थिएटर के अँधेरे में पर्दे के पीछे उसका प्यार और उपहार पाकर चमक उठने वाला मुँह चूम लिया। हार के उपहार के अलावा उसे बैले के बाद उससे मिलने के बारे में भी तय करना था। उसे यह समझाकर कि बैले के शुरू होने के वक्त वह नहीं आ सकेगा, उसने वादा किया कि अन्तिम अंक के समय आयेगा और रात के खाने के लिए अपने साथ ले जायेगा। थिएटर से वह अखोत्नी रियाद चौक में पहुँचा, वहाँ उसने तीसरे पहर के खाने के लिए खुद मछली और सब्जी चुनी और बारह बजे द्यूस्सो के होटल में पहुँच गया। वहाँ उसे तीन व्यक्तियों से मिलना था, जो उसकी खुशकिस्मती से इसी होटल में ठहरे हुए थे। ये थे–लेविन, जो कुछ ही समय पहले विदेश से लौटा था, उसका नया विभागाध्यक्ष, जो कुछ ही समय पहले इस ऊँचे पद पर नियुक्त हुआ था और मास्को में जाँच-कार्य के लिए आया था और उसका बहनोई करेनिन, जिसे वह अवश्य ही तीसरे पहर के खाने पर बुलाना चाहता था।

ओब्लोन्स्की को कहीं बाहर भोजन करना अच्छा लगता था, किन्तु छोटी, मगर

खाने-पीने और मेहमानों के चुनाव की दृष्टि से बढ़िया दावत करना और भी ज्यादा पसन्द था। आज की दावत का कार्यक्रम उसे बहुत अच्छा लग रहा था– उसमें जिन्दा लायी गयी पर्च मछलियाँ होंगी, अस्पारागस सब्जी होगी और la pièce de résistance[1] के रूप में अद्‌भुत, लेकिन साधारण रोस्टबीफ होगा और उचित किस्म की शराबें होंगी। बस, खाने-पीने की बात समाप्त। मेहमानों में कीटी और लेविन होंगे और इसलिए कि वे दोनों साफ तौर पर लोगों की नजर में न आयें, चचेरी बहन और नौजवान श्चेर्बात्स्की भी होगा तथा मेहमानों में la pièce de rèsistance के रूप में कोज्निशेव तथा करेनिन होंगे। कोज़्निशेव–मास्कोवाला और दार्शनिक है, करेनिन-पीटर्सबर्गी और व्यावहारिक आदमी है। हाँ, इनके अलावा जाने-माने सनकी और उत्साही पेसत्सोव को भी बुला लूँगा। यह उदारतावादी, बातूनी, संगीतज्ञ, इतिहासज्ञ और पचास वर्षीय प्यार तरुण कोज़्निशेव और करेनिन के लिए चटनी का काम देगा। यह उन्हें उकसायेगा और भड़कायेगा।

जंगल खरीदने वाले व्यापारी से पैसों की दूसरी किस्त मिल गयी थी और सभी पैसे खर्च नहीं हुए थे। पिछले कुछ अर्से से डॉली बहुत मधुर और मेहरबान रही थी और आज की दावत का विचार सभी दृष्टियों से ओब्लोन्स्की को खुशी प्रदान कर रहा था। बहुत ही प्रसन्नचित्त था वह। हाँ, कुछ-कुछ परेशानी पैदा करने वाली दो परिस्थितियाँ भी थीं। किन्तु ये दोनों परिस्थितियाँ ओब्लोन्स्की के हृदय में लहराने वाले खुशमिजाजी और प्रसन्नता के सागर में डूब गयी थीं। ये परिस्थितियाँ थीं–पिछले दिन करेनिन से सड़क पर मुलाकात होने पर उसने महसूस किया था कि उसके प्रति उसके व्यवहार में रूखापन और कठोरता थी। करेनिन के चेहरे के इस भाव और इस बात को कि वह उनके यहाँ नहीं आया और अपने आने की सूचना भी नहीं दी और उन अफवाहों को ध्यान में रखते हुए, जो उसने आन्ना और व्रोन्स्की के बारे में सुनी थीं, ओब्लोन्स्की ने अनुमान लगाया कि पति-पत्नी के बीच कुछ गड़बड़ चल रही है।

यह पहली अप्रिय परिस्थिति थी। दूसरी कुछ अप्रिय परिस्थिति यह थी कि सभी नये संचालकों की भाँति उसका नया संचालक भी एक भयानक व्यक्ति के रूप में प्रसिद्ध था, जो सुबह के छः बजे उठता और घोड़े की तरह काम करता था और अपने अधीन काम करने वालों से भी इसी तरह काम करने की आशा करता था। इसके अलावा वह नया, बड़ा अधिकारी अपने व्यवहार में बड़ा अक्खड़ होने की ख्याति रखता था और अफवाहों के मुताबिक उसके विचार उससे पहले वाले बड़े अधिकारी और उन विचारों के सर्वथा प्रतिकूल थे, जो अब तक खुद ओब्लोन्स्की के भी विचार थे। पिछले दिन ओब्लोन्स्की सरकारी वर्दी पहनकर दफ्तर में गया था और नया अफसर उसके साथ बहुत ही अच्छे ढंग से पेश आया था, उसने उसके

1. प्रमुख पकवान। (फ्रांसीसी)

साथ परिचित व्यक्ति के रूप में बातचीत की थी। इसलिए ओब्लोन्स्की फ्रॉक-कोट में उससे मिलने के लिए जाना अपना कर्तव्य मानता था। यह विचार कि शायद नया बड़ा अधिकारी उसके साथ बहुत तपाक से न मिले, दूसरी अप्रिय परिस्थिति थी। लेकिन ओब्लोन्स्की अपनी सहज प्रेरणा से यह अनुभव कर रहा था कि सब कुछ ठीक-ठाक हो जायेगा। 'जैसे हम गुनहगार हैं, वैसे ही बाकी सब भी हमारे जैसे इन्सान, सब लोग हैं। आपस में बिगड़ने और उलझने की क्या बात है?' होटल में दाखिल होते हुए वह सोच रहा था।

"हलो, वसीला," एक ओर को झुका हुआ टोप पहने और गलियारे को लाँघते हुए उसने होटल के एक परिचित नौकर को सम्बोधित किया, "तुमने गलमुच्छे बढ़ा लिये? लेविन सात नम्बर में है न? कृपया मुझे रास्ता दिखा दो। हाँ, यह भी मालूम कर आओ कि काउंट आनिच्किन (यह उसका नया बड़ा अधिकारी था) से मैं मिल सकता हूँ या नहीं?"

"जो हुक्म, हुजूर," वसीली ने मुस्कुराते हुए जवाब दिया। "बहुत दिनों से हमारे यहाँ तशरीफ नहीं लाये।"

"मैं कल यहाँ आया था, लेकिन दूसरे दरवाजे से। यही सात नम्बर है?"

ओब्लोन्स्की जब कमरे में दाखिल हुआ, तो लेविन त्वेर के एक किसान के साथ कमरे के बीचोबीच खड़ा हुआ भालू की ताजा खाल को माप रहा था।

"अरे, क्या खुद शिकार किया है?" ओब्लोन्स्की ने चिल्लाकर कहा। "बढ़िया चीज है! मादा भालू? नमस्ते, अर्खीप!"

उसने किसान से हाथ मिलाया और अपना ओवरकोट तथा टोप उतारे बिना कुर्सी पर बैठ गया।

"कोट उतारो न, कुछ देर तो बैठोगे ही!" लेविन ने उसके सिर पर से टोप उतारते हुए कहा।

"नहीं, मुझे फुर्सत नहीं है, मैं तो एक सेकेंड को ही आया हूँ," ओब्लोन्स्की ने जवाब दिया। उसने ओवरकोट के बटन खोल दिये, लेकिन बाद में उसे उतार दिया और लेविन के साथ शिकार और दूसरी दिली बातों की चर्चा करते हुए एक घंटे तक बैठा रहा।

"कृपया यह बताओ कि विदेश में तुम क्या करते रहे? कहाँ-कहाँ गये?" किसान के चले जाने पर ओब्लोन्स्की ने पूछा।

"मैं जर्मनी, प्रशा, फ्रांस और इंग्लैंड हो आया हूँ, लेकिन राजधानियों में नहीं, बल्कि कारखानों-फैक्टरियोंवाले शहरों में। वहाँ मैंने बहुत कुछ नया देखा और मुझे खुशी है कि मैं वहाँ गया।"

"हाँ मजदूर-समस्या के समाधान के बारे में तुम्हारे विचार से मैं परिचित हूँ।"

"कतई ऐसा नहीं है। रूस में मजदूर-समस्या का प्रश्न ही नहीं उठता। रूस में

तो भूमि के प्रति श्रमिक के रवैये का सवाल है। यह प्रश्न वहाँ भी है, किन्तु वहाँ तो बिगड़ी हुई चीज को सुधारने का प्रश्न है, जबकि हमारे यहाँ..."

ओब्लोन्स्की बहुत ध्यान से लेविन की बात सुन रहा था।

"हाँ, हाँ!" वह बोला। "बहुत सम्भव है कि तुम्हारी बात सही हो," उसने कहा। "मैं तो खुश हूँ कि तुम अच्छे मूड में हो, भालुओं का शिकार करते हो, काम करते हो और मन बहलाते हो। वरना श्चेर्बात्स्की ने मुझे यह कहा था–वह तुमसे मिला था–कि तुम उदास-उदास हो, बस, मौत की ही बात करते हो..."

"हाँ, मौत के बारे में तो अब भी सोचता रहता हूँ," लेविन ने जवाब दिया। "सच, मरने का वक्त हो चुका है। और यह सब कुछ बकवास है। तुमसे सच्ची बात कहता हूँ–मैं अपने विचार और काम को मूल्यवान मानता हूँ, लेकिन वास्तव में तो–तुम इस पर सोचो–हमारी यह सारी दुनिया छोटी-सी फफूँदी है, जो छोटे-से ग्रह पर उभर आयी है। और हम सब सोचते हैं हमारे यहाँ कोई महान चीज हो सकती है–महान विचार, महान कार्य! यह सब बालू का एक कण है, छोटा-सा कण!"

"मेरे भाई, यह तो तुम आदम के जमाने की बात कर रहे हो!"

"यह सही है, लेकिन जब आदमी साफ तौर पर यह समझ जाता है, तो सब कुछ तुच्छ हो जाता है। यह समझ जाने पर कि आज नहीं, तो कल मर जायेंगे और कुछ भी बाकी नहीं रहेगा, तो सब कुछ महत्त्वहीन हो जाता है। मैं अपने विचार को बहुत महत्त्वपूर्ण मानता हूँ और अगर इसे व्यावहारिक रूप दिया जा सकता हो, तो वह उतना ही तुच्छ है, जितना कि इस भालू का शिकार करना। तो ऐसे ही हम अपनी जिन्दगी बिताते हैं, शिकार और काम में अपना मन लगाते हुए, ताकि मौत के बारे में न सोचें।"

ओब्लोन्स्की उसकी बातें सुनते हुए स्नेह और अर्थपूर्ण ढंग से मुस्कुराया।

"सो तो जाहिर है! तो तुम आ गये मेरे रास्ते पर। याद है न कि कैसे तुमने इस बात के लिए मेरी आलोचना की थी कि मैं जीवन में आनन्द पाने के फेर में रहता हूँ?"

"ऐसे कठोर न बनो, ओ, नैतिकतावादी!..."

"नहीं, फिर भी जीवन में कुछ अच्छा है, तो यह..." लेविन के विचार उलझ गये। "मैं कुछ नहीं जानता। सिर्फ इतना जानता हूँ कि हम जल्द ही मर जायेंगे।"

"जल्द ही क्यों?"

"और सुनो, जब हम मौत के बारे में सोचते हैं, तो जीवन इतना आकर्षक नहीं रहता, मगर चैन बढ़ जाता है।"

"इसके विपरीत, अन्त में तो और भी ज्यादा मजा रहता है। पर खैर, मुझे अब चलना चाहिए," ओब्लोन्स्की ने दसवीं बार उठते हुए कहा।

"ओह नहीं, कुछ देर और बैठो!" लेविन उसे रोकते हुए बोला। "अब फिर

कब मुलाकात होगी हमारी? मैं तो कल जा रहा हूँ।"

"अरे, मैं भी खूब हूँ! मैं आया किसलिए था...तीसरे पहर का खाना खाने के लिए आज जरूर ही मेरे यहाँ आओ। तुम्हारा भाई आयेगा, मेरा बहनोई करेनिन भी आयेगा।"

"वह यहाँ है क्या?" लेविन ने कहा और उसने कीटी के बारे में पूछना चाहा। उसने सुना था कि जाड़े के शुरू में वह अपनी बहन के पास, जो एक कूटनीतिज्ञ की बीवी थी, पीटर्सबर्ग गयी थी और यह नहीं जानता कि वह लौट आयी या नहीं लेकिन उसने विचार बदल लिया। 'यहाँ आयेगी या नहीं—क्या फर्क पड़ता इससे।'

"तो आओगे न?"

"बेशक आऊँगा।"

"तो पाँच बजे और फ्रॉक-कोट पहनकर।"

ओब्लोन्स्की उठा और अपने नये अधिकारी के पास नीचे चल दिया। उसकी सहजबुद्धि ने उसे धोखा नहीं दिया। नया, भयानक अफसर खासा मिलनसार आदमी निकला। ओब्लोन्स्की ने उसके साथ कुछ खाया-पिया और इतनी देर तक बैठा रहा कि केवल तीन बजने के बाद ही करेनिन के कमरे में पहुँचा।

8

गिरजे में सुबह की प्रार्थना से लौटने के बाद करेनिन ने सारी सुबह अपने कमरे में बितायी। इस सुबह उसे दो काम करने थे। पहला, इस समय मास्को में आये हुए गैर-रूसियों के प्रतिनिधिमंडल से मिलना और उसे पीटर्सबर्ग रवाना करना। दूसरा, वकील को वह पत्र भेजना, जिसका उसने वादा किया था। यह प्रतिनिधमिंडल यद्यपि करेनिन की पहलकदमी पर बुलाया गया था, कई परेशानियाँ, यहाँ तक कि खतरे भी पेश करता था, और करेनिन को इस बात की बहुत खुशी थी कि मास्को में ही उसकी इस प्रतिनिधिमंडल से भेंट हो गयी। इस प्रतिनिधमिंडल के सदस्यों को अपनी भूमिका और कर्तव्य का तनिक भी आभास नहीं था। वे भोले-भाले ढंग से ऐसा मानते थे कि उनका काम अपनी जरूरतें बताना और वर्तमान स्थिति का उल्लेख करना तथा सरकार से सहायता माँगना है। वे निश्चित रूप से यह नहीं समझते थे कि उनकी कुछ घोषणाएँ और माँगें विरोधी दल को समर्थन प्रदान करती थीं और इस तरह सारे मामले को चौपट कर सकती थीं। करेनिन को बहुत देर तक उसके साथ माथापच्ची करनी पड़ी, उसने उनका सारा कार्यक्रम तैयार कर दिया, जिसका उन्हें कड़ाई से पालन करना चाहिए, और उन्हें विदा करके उसके मार्ग-दर्शन के लिए पीटर्सबर्ग कई पत्र लिखे। इस मामले में काउंटेस लीदिया इवानोव्ना को मुख्य सहायिका होना था। प्रतिनिधिमंडलों के मामले में वह विशेषज्ञ थी और कोई भी उससे बेहतर ढंग से उसके लिए जमीन तैयार करना तथा उन्हें राह दिखाना

नहीं जानता था। यह काम खत्म करके करेनिन ने वकील को भी खत लिख दिया। किसी भी तरह की दुविधा के बिना उसने उसे, जैसा भी वह उचित समझे, कार्रवाई करने की अनुमति दे दी। पत्र में उसने आन्ना के नाम भेजे गये व्रोन्स्की के तीन रुक्के भी डाल दिये, जो उसे आन्ना की दराज से निकाले गये थैले में मिले थे।

करेनिन जब से परिवार में न लौटने का इरादा बनाकर घर से निकला था, जब से वह वकील के पास गया था और बेशक एक ही आदमी को उसने अपने मन की बात बतायी थी, खासतौर पर उस समय से, जब से उसने अपने इस व्यक्तिगत मामले को लिखित कागजी कार्रवाई बना दिया था, वह इस इरादे का अधिकाधिक अभ्यस्त होता जा रहा था और इसे व्यावहारिक रूप देने की स्पष्ट सम्भावना देख रहा था।

वह वकील के नाम लिखे गये खत को मुहर लगाकर बन्द कर रहा था, जब उसे ओब्लोन्स्की की ऊँची आवाज सुनाई दी। ओब्लोन्स्की करेनिन के नौकर के साथ बहस करता हुआ उसे अपने आने की सूचना देने के लिए विवश कर रहा था।

'अब फर्क ही क्या पड़ता है,' करेनिन ने सोचा, 'वैसे तो यह और भी अच्छा रहेगा—मैं अभी उसकी बहन के सम्बन्ध में उसे अपनी स्थिति बता दूँगा और स्पष्ट कर दूँगा कि क्यों मैं उसके यहाँ भोजन करने नहीं जा सकता।'

"आने दो!" उसने अपने कागज समेटकर डिब्बे में रखते हुए पुकारकर कहा।

"देखा, तुम झूठ बोल रहे थे और वह घर पर है!" ओब्लोन्स्की ने उसे रोकने वाले नौकर से कहा और चलते-चलते ही ओवरकोट उतारते हुए कमरे में दाखिल हुआ। "बहुत खुश हूँ कि तुम मिल गये! तो मुझे उम्मीद है कि..." ओब्लोन्स्की ने खुशमिजाजी से कहना शुरू किया।

"मैं नहीं आ सकूँगा," करेनिन ने खड़े रहकर और मेहमान को बैठने के लिए न कहते हुए रुखाई से जवाब दिया।

करेनिन ने फौरन औपचारिक सम्बन्ध स्थापित करने चाहे, जो ऐसी बीवी के भाई के साथ होने चाहिए, जिसके विरुद्ध वह तलाक की कार्रवाई शुरू करने वाला था। लेकिन उसने स्नेह के उस सागर को ध्यान में नहीं रखा, जो ओब्लोन्स्की की आत्मा के तटों से छलका जा रहा था।

ओब्लोन्स्की की निर्मल और चमकीली आँखें फैल गयीं।

"क्यों नहीं आ सकोगे? क्या अभिप्राय है तुम्हारा?" ओब्लोन्स्की ने कुछ न समझ पाते हुए फ्रांसीसी में कहा। "नहीं, तुम इसका वचन दे चुके हो। हम सब तुम्हारे आने का भरोसा किये बैठे हैं।"

"मैं कहना चाहता हूँ, आपके यहाँ इसलिए नहीं आ सकता कि हमारे बीच रिश्तेदार के जो नाते थे, अब उन्हें खत्म हो जाना चाहिए।"

"क्या? यह क्या कह रहे हो? क्यों?" ओब्लोन्स्की ने मुस्कुराकर पूछा।

"क्योंकि मैं आपकी बहन, अपनी बीवी के विरुद्ध तलाक की कार्रवाई आरम्भ कर रहा हूँ। मुझे विवश होकर..."

लेकिन करेनिन के बात खत्म करने के पहले ही ओब्लोन्स्की ने कुछ ऐसा किया, जिसकी करेनिन ने आशा नहीं की थी। ओब्लोन्स्की ने गहरी साँस ली और आरामकुर्सी पर धसक गया।

"नहीं, अलेक्सेई अलेक्सान्द्रोविच, यह तुम क्या कह रहे हो!" ओब्लोन्स्की ऊँचे स्वर में कह उठा और उसके चेहरे पर व्यथा अंकित हो गयी।

"बात ऐसी ही है।"

"माफी चाहता हूँ, लेकिन मैं इस पर यकीन नहीं कर सकता, नहीं कर सकता..."

करेनिन यह महसूस करते हुए बैठ गया कि उसके शब्दों का वैसा प्रभाव नहीं हुआ, जैसी उसने आशा की थी और उसे बात साफ करनी होगी। किन्तु उसका स्पष्टीकरण चाहे कुछ भी क्यों न हो, साले के प्रति उसके रवैये में कोई फर्क नहीं पड़ेगा।

"हाँ, मुझे तलाक लेने की दुःखद परिस्थितियों में डाल दिया गया है," उसने कहा।

"मैं सिर्फ एक बात कहूँगा, अलेक्सेई अलेक्सान्द्रोविच। मैं एक बहुत बढ़िया और न्यायप्रिय व्यक्ति के रूप में तुम्हें जानता हूँ, आन्ना को–तुम मुझे माफ करना, मैं उसके बारे में अपनी राय नहीं बदल सकता–एक बहुत अच्छी और नेक औरत के रूप में जानता हूँ तथा इसीलिए माफी चाहता हूँ, मैं इस बात पर विश्वास नहीं कर सकता। इस मामले में जरूर कोई गलतफहमी हुई है," उसने कहा।

"काश, यह गलतफहमी ही होती..."

"हाँ, मैं समझता हूँ," ओब्लोन्स्की ने उसे टोक दिया। "लेकिन जाहिर है...सिर्फ एक बात, जल्दी नहीं करनी चाहिए। नहीं, नहीं करनी चाहिए जल्दी!"

"मैंने जल्दी नहीं की," करेनिन ने रुखाई से कहा, "और ऐसे मामले में सलाह किसी से नहीं ली जा सकती। मैंने पक्का इरादा बना लिया है।"

"यह बड़ी भयानक बात है!" ओब्लोन्स्की ने गहरी उसाँस छोड़कर कहा। "मैं एक बात करूँगा, अलेक्सेई अलेक्सान्द्रोविच। तुमसे अनुरोध करता हूँ, ऐसा करो!" वह बोला। "जहाँ तक मैं समझता हूँ, मामले की कार्रवाई अभी शुरू नहीं की गयी। उसे शुरू करने के पहले मेरी बीवी से मिल लो, उससे बात कर लो। वह आन्ना को अपनी बहन की तरह प्यार करती है, तुम्हें चाहती है और वह अद्‌भुत नारी है। भगवान के लिए उससे बात कर लो! मुझ पर इतनी मेहरबानी करो, मैं तुम्हारी मिन्नत करता हूँ!"

करेनिन सोच में डूब गया और ओब्लोन्स्की उसकी खामोशी को भंग किये

बिना सहानुभूति से उसकी तरफ देखता रहा।

"तुम जाओगे न उसके पास?"

"कह नहीं सकता। मैं तो इसीलिए आपके घर नहीं गया। मेरे खयाल में हमारे सम्बन्धों में परिवर्तन होना चाहिए।"

"वह क्यों? मुझे इसका कोई कारण दिखाई नहीं देता। मैं ऐसा मानने की अनुमति चाहता हूँ कि हमारे रिश्तेदारी के सम्बन्धों के अलावा तुममें मेरे प्रति, बेशक कुछ हद तक ही, दोस्ती की ये भावनाएँ भी हैं, जो मैंने हमेशा तुम्हारे लिए अनुभव की हैं...और सच्चा आदर भी।" ओब्लोन्स्की ने उसका हाथ दबाकर कहा। "अगर तुम्हारे बुरे-से-बुरे अनुमान सच साबित हुए, तो भी मैं दोनों में से किसी एक पक्ष की लानत-मलामत करने का इरादा नहीं रखता और कभी ऐसा नहीं करूँगा तथा इसके लिए मुझे कोई कारण दिखाई नहीं देता कि हमारे सम्बन्धों में क्यों परिवर्तन होना चाहिए। लेकिन अब इतना करो, मेरी बीवी से मिलने आ जाओ।"

"बात यह है कि इस मामले में हमारे नजरिये अलग-अलग हैं," करेनिन ने रुखाई से कहा। "पर खैर, हम इस बात की चर्चा नहीं करेंगे।"

"नहीं, लेकिन तुम्हारे वहाँ आने में क्या बुराई है? कम-से-कम आज खाने पर? मेरी बीवी तुम्हारी राह देख रही है। कृपया आ जाओ। और फिर सबसे बड़ी चीज तो यह है कि उससे बात करो। वह अद्‌भुत नारी है। भगवान के लिए मान जाओ, मैं तुम्हारे पाँव पड़ता हूँ!"

"अगर आप इतना अधिक चाहते हैं, तो मैं आ जाऊँगा," करेनिन ने गहरी साँस लेकर कहा।

और बातचीत का विषय बदलने के लिए उसने वह चर्चा शुरू की, जिसमें दोनों की साझी दिलचस्पी थी। वह चर्चा थी ओव्लोन्स्की के नये बड़े अधिकारी के बारे में, जो अपेक्षाकृत अभी जवान आदमी था और जिसे अचानक इतने ऊँचे ओहदे पर नियुक्त कर दिया गया था।

करेनिन पहले भी काउंट आनिच्किन को पसन्द नहीं करता था और हमेशा ही उसके साथ उसका मतभेद रहा था। लेकिन अब वह सरकारी नौकरी से सम्बन्धित किसी भी व्यक्ति की समझ में आने वाली उस घृणा को नहीं छिपा सकता था, जो अपनी नौकरी में झटका खा जाने वाला आदमी उस व्यक्ति के प्रति अनुभव करता है, जिसे तरक्की मिल जाती है।

"तो उससे तुम्हारी मुलाकात हुई?" करेनिन ने जहरीली मुस्कान के साथ पूछा।

"हाँ हुई। वह कल हमारे दफ्तर आया था। लगता है कि वह अपना काम खूब बढ़िया ढंग से जानता है और बड़ा क्रियाशील आदमी है।"

"हाँ, लेकिन उसकी यह क्रियाशीलता किस दिशा में निर्देशित है?" करेनिन से सवाल किया। "इस दिशा में कि कोई काम सिरे चढ़ाये या सिरे चढ़े हुए काम

को बिगाड़े? नौकरशाही घिसघिस–यह हमारे राज्य की बदकिस्मती है, जिसका वह बढ़िया प्रतिनिधि है।"

"मैं नहीं जानता कि उनकी किस बात के लिए निन्दा की जा सकती है। उसकी प्रवृत्तियाँ क्या हैं, यह मुझे मालूम नहीं। लेकिन इतना जरूर है कि वह बढ़िया आदमी है," ओब्लोन्स्की ने उत्तर दिया। "सचमुच बढ़िया आदमी है। हम दोनों ने अभी कुछ कलेवा किया और मैंने उसे वह पेय–जानते हो, शराब में सन्तरों के टुकड़ोंवाला पेय–बनाना सिखाया। उससे बड़ी ठंडक महसूस होती है। हैरानी की बात है कि वह यह नहीं जानता था। उसे बड़ा पसन्द आया। नहीं, सच कहता हूँ कि वह बहुत बढ़िया आदमी है।"

ओब्लोन्स्की ने घड़ी पर नजर डाली।

"हे भगवान, चार से भी कुछ अधिक समय हो चुका है और मुझे अभी दोल्गोवूशिन के यहाँ भी जाना है! तो कृपया, जरूर आना खाने पर। तुम तो कल्पना भी नहीं कर सकते कि तुम्हारे न आने से मुझे और मेरी बीवी को कितना रंज होगा।"

करेनिन ने अपने साले को वैसे ही विदा नहीं किया, जैसे आने पर उसने उसका स्वागत किया था।

"मैंने वचन दिया था और मैं उसे पूरा करूँगा," उसने उदासी से जवाब दिया।

"यकीन मानो, मैं इसका ऊँचा मूल्यांकन करता हूँ और मुझे आशा है कि तुम्हें अफसोस नहीं होगा," ओब्लोन्स्की ने मुस्कुराकर जवाब दिया।

चलते-चलते ही ओवरकोट पहनते हुए उसने नौकर के सिर पर धीरे से चपत लगायी, हँसा और बाहर चला गया।

"कृपया पाँच बजे, और फ्रॉक-कोट पहने हुए," दरवाजे के पास लौटकर उसने फिर से ऊँची आवाज में कहा।

9

पाँच से कुछ अधिक समय हो चुका था और कुछ मेहमान आ भी चुके थे, जब खुद मेजबान घर पहुँचा। वह सेर्गेई इवानोविच कोज़्निशेव और पेसत्सोव के साथ, जो एक ही वक्त दरवाजे पर पहुँचे, घर में दाखिल हुआ। ये मास्को के बुद्धिजीवियों के दो प्रमुख प्रतिनिधि थे, जैसा कि ओब्लोन्स्की ने उनके बारे में कहा था। ये दोनों अपने चरित्र और सूझ-बूझ की दृष्टि से सम्मानित व्यक्ति थे। वे एक-दूसरे का आदर करते थे, लेकिन लगभग सभी चीजों में उनका पूरा और ऐसा मतभेद था, जिसके कभी दूर होने की आशा नहीं की जा सकती थी। सो भी इसलिए नहीं कि उनकी विचारधाराएँ एक-दूसरे के प्रतिकूल थीं, बल्कि इसलिए कि वे एक ही शिविर में थे (उनके शत्रु उन्हें आपस में गड़बड़ा देते थे), किन्तु इस शिविर में उनका अपना-अपना रंग था। चूँकि अर्द्ध-अमूर्त विषयों में असहमति से अधिक कुछ भी

सहमति के अनुरूप नहीं हो सकता, इसलिए उनके बीच विचारों का न केवल मतभेद होता था, बल्कि एक अर्से से वे नाराज हुए बिना एक-दूसरे की सुधारी न जा सकने वाली भ्रान्तियों पर हँसने के भी अभ्यस्त हो चुके थे।

ये दोनों मौसम की चर्चा करते हुए दरवाजे को लाँघ रहे थे, जब ओब्लोन्स्की इनसे जा मिला। ओब्लोन्स्की के ससुर, प्रिन्स अलेक्सान्द्र द्मीत्रियेविच श्चेर्बात्सकी, जवान श्चेर्बास्त्स्की, तूरोवत्सिन, कीटी और करेनिन पहले से मेहमानखाने में मौजूद थे।

ओब्लोन्स्की ने फौरन भाँप लिया कि मेहमानखाने में उसके बिना मामला ढंग से नहीं चल रहा है। भूरा रेशमी समारोही फ्रॉक पहने हुए डॉली स्पष्टतः बच्चों की चिन्ता से, जिन्हें बच्चों के कमरे में अलग भोजन करना था, और पति के अभी तक न आने के कारण परेशान होते हुए उसके बिना इन सभी लोगों को ढंग से घुला-मिला नहीं पायी थी। वे सभी जैसा कि बूढ़े प्रिन्स ने कहा, मेहमान बनने वाली पादरी की बेटियों की तरह बैठे थे, स्पष्टतः यह नहीं समझ पा रहे थे कि किस कारण यहाँ आ गये और केवल चुप न रहने के लिए कुछ बोलते जा रहे थे। खुशमिजाज तूरोवत्सिन साफ तौर पर पानी से बाहर मछली की तरह महसूस कर रहा था और ओब्लोन्स्की के आने पर उसके मोटे होंठों की मुस्कान मानो यह कहती प्रतीत हो रही थी–'अरे भाई, तुमने इन बड़े समझदार लोगों के बीच मुझे बिठा दिया! कुछ पीना और château des fleurs में जाना–यह है मेरा क्षेत्र तो।' बूढ़े देख रहे थे और ओब्लोन्स्की समझ गया कि उन्होंने इस बड़े राजकीय कार्यकर्ता के बारे में, जिसका स्टर्जन मछली की तरह लोगों को फुसलाने के लिए इस्तेमाल किया जाता है, कोई चुभती हुई-सी बात सोच ली है। कीटी दरवाजे की तरफ देखते हुए हिम्मत बटोर रही थी, ताकि लेविन के आने पर झेंप न महसूस करे। जवान श्चेर्बात्स्की, जिसके साथ करेनिन का परिचय नहीं कराया गया था, ऐसा जाहिर करने की कोशिश कर रहा था कि इससे उसे कोई परेशानी नहीं हो रही है। महिलाओं की संगत में तीसरे पहर के खाने से सम्बन्धित पीटर्सबर्ग की आदत के मुताबिक करेनिन फ्रॉककोट और सफेद टाई पहने था और ओब्लोन्स्की उसके चेहरे से यह समझ गया कि वह अपना वचन पूरा करने ही आया है और यहाँ अपनी उपस्थिति से एक बोझिल कर्तव्य पूरा कर रहा है। वही मुख्यतः उस ठंडक के लिए जिम्मेदार था, जिसने ओब्लोन्स्की के आने से पहले सभी मेहमानों को सर्द कर दिया था।

ओब्लोन्स्की ने मेहमानखाने में दाखिल होते ही माफी माँगी और कहा कि उसे उस प्रिन्स ने रोक लिया था, जिसके मत्थे वह हमेशा ही अपनी अनुपस्थिति और देरी का दोष मढ़ देता था, घड़ी-भर में सभी का एक-दूसरे से परिचय करवा दिया और करेनिन को कोज़्निशेव से मिलाते हुए पोलैंड के रूसीकरण की चर्चा छेड़ दी, जिसमें वे दोनों और पेसत्सोव भी फौरन उलझ गये। तूरोवत्सिन का कन्धा

थपथपाकर उसने उसके कान में फुसफुसाते हुए कोई मजाकिया बात कही और उसे बीवी तथा प्रिन्स के पास बिठा दिया। फिर कीटी से कहा कि इस शाम को वह खूब ही जँच रही है और जवान श्चेर्बात्स्की का करेनिन से परिचय करवाया। आन-की-आन में उसने मेहमानों का ऐसा आटा-सा गूँध दिया कि मेहमानखाने में बड़ी रौनक आ गयी और खुशी-भरी आवाजें गूँजने लगीं। सिर्फ लेविन नहीं आया था। लेकिन यह अच्छा ही था, क्योंकि भोजन-कक्ष में जाने पर वह यह देखकर स्तम्भित रह गया कि पोर्टवाइन और शेरी लेवे की दुकान से नहीं, बल्कि देपरे के यहाँ से लायी गयी हैं और यह हिदायत देकर कि कोचवान को जल्दी-से-जल्दी लेवे की दुकान पर भेजा जाये, वह फिर से मेहमानखाने की ओर चल दिया।

भोजन-कक्ष में ही लेविन से उसकी भेंट हो गयी।

"मुझे देर तो नहीं हो गयी?"

"तुम देर से न आओ, ऐसा हो भी सकता है!" उसकी बाँह-में-बाँह डालते हुए ओब्लोन्स्की ने कहा।

"बहुत लोग हैं क्या तुम्हारे यहाँ? कौन-कौन है?" लेविन ने अनचाहे ही झेंप से लाल होते और दस्ताने से टोपी पर पड़ी बर्फ झाड़ते हुए पूछा।

"सब अपने ही हैं। कीटी भी यहीं है। आओ, मैं करेनिन से तुम्हारा परिचय कराऊँ।"

अपने उदार विचारों के बावजूद ओब्लोन्स्की यह जानता था कि करेनिन के साथ जान-पहचान होना जरूर ही प्रतिष्ठा की बात है और इसलिए अपने सबसे अच्छे मित्रों को ही वह यह सम्मान प्रदान करता था। किन्तु इस क्षण लेविन इस परिचय के सारे आनन्द को अनुभव करने की स्थिति में नहीं था। अपने लिए उस स्मरणीय शाम के बाद, जब व्रोन्स्की से उसकी मुलाकात हुई थी, अगर बड़ी सड़क पर बग्घी में देखने के क्षण को न गिना जाये, तो उसने कीटी को नहीं देखा था। अपने दिल की गहराई में यह जानता था कि आज यहाँ उससे उसकी भेंट होगी। किन्तु अपने विचारों को खुली छूट देने के लिए वह खुद को यकीन दिला रहा था कि उसे यह मालूम नहीं है। अब यह सुनकर कि वह यहाँ है, उसे अचानक ऐसी खुशी और साथ ही ऐसा भय अनुभव हुआ है कि उसके लिए साँस लेना कठिन हो गया और वह नहीं कह पाया, जो कहना चाहता था।

'कैसी, कैसी है वह? वैसी, जैसी पहले थी या वैसी, जैसी बग्घी में? अगर दार्या अलेक्सान्द्रोव्ना ने सच बात कही थी, तो? क्यों सच नहीं होगी उसकी बात?' वह सोच रहा था।

"ओह, कृपया करेनिन से मेरा परिचय कराओ," उसने मुश्किल से कहा और हताशापूर्ण दृढ़ता के साथ मेहमानखाने में दाखिल होकर उसे देखा।

वह पहले जैसी नहीं थी, वैसी भी नहीं थी, जैसी बग्घी में। वह बिल्कुल

दूसरी ही थी।

वह डरी-सहमी, घबरायी और लजायी हुई थी और इसीलिए और भी अधिक सुन्दर लग रही थी। लेविन के कमरे में दाखिल होते ही उसकी ओर कीटी की नजर गयी। वह उसकी राह देख रही थी। वह खुश हुई और अपनी खुशी से इस हद तक परेशान हो उठी कि एक ऐसा क्षण भी आया, यानी वह क्षण, जब वह गृह-स्वामिनी अर्थात डॉली के पास गया और उसने फिर से कीटी पर नजर डाली, तो कीटी, लेविन और डॉली को भी, जो यह सब देख रही थी, ऐसा लगा कि वह अपने को सँभाल नहीं पायेगी और रो पड़ेगी। उसके चेहरे पर सुर्खी दौड़ी, उसका रंग उड़ा, फिर से लाली आयी और तनिक सिहरते होंठों से उसके निकट आने की राह देखते हुए वह बुत-सी बनकर रह गयी। लेविन उसके पास गया, उसने सिर झुकाया और चुपचाप उसकी तरफ हाथ बढ़ा दिया। अगर उसके होंठों में थोड़ा-सा कम्पन न होता, अगर आँखों में थोड़ी-सी नमी न होती, जिससे उसकी आँखों की चमक और बढ़ गयी थी, तो उस समय उसकी मुस्कान लगभग शान्त थी, जब उसने यह कहा :

"कितना अरसा हो गया हमें मिले हुए!" और उसने हताशाजनित दृढ़ता के साथ उसके हाथ से अपना ठंडा हाथ मिलाया।

"आपने मुझे नहीं देखा, मगर मैंने आपको देखा था," लेविन ने उल्लासपूर्ण मुस्कान से चमकते हुए जवाब दिया। "जब आप स्टेशन से येर्गूशोवो जा रही थीं, तब मैंने आपको देखा था।"

"कब?" कीटी ने हैरानी से पूछा।

"आप येर्गूशोवो जा रही थीं," लेविन ने कहा और यह अनुभव किया कि उसकी आत्मा में छलकी जाती खुशी के कारण उसका गला रुँधा जा रहा है। 'इस मर्मस्पर्शी प्राणी के साथ कोई अपराधपूर्ण चीज जोड़ने की मुझे कैसे हिम्मत हुई। और हाँ, दार्या अलेक्सान्द्रोव्ना ने जो कुछ कहा था, वह भी सच ही प्रतीत हो रहा है,' वह सोच रहा था।

ओब्लोन्स्की उसका हाथ थामकर उसे करेनिन के पास ले गया।

"लीजिये, मिलिये," उसने दोनों के नाम लेते हुए परिचय करवाया।

"फिर से मिलकर बड़ी खुशी हुई," लेविन से हाथ मिलाते हुए करेनिन ने रुखाई से कहा।

"आप एक-दूसरे को जानते हैं?" ओब्लोन्स्की ने हैरानी से पूछा।

"हमने रेलगाड़ी के डिब्बे में तीन घंटे साथ-साथ बिताये थे," लेविन ने मुस्कुराते हुए बताया, "लेकिन नकाबपोशों के नाच की तरह एक-दूसरे से अनजान और जिज्ञासा लिये हुए ही बाहर निकले थे। कम-से-कम मैं तो।"

"तो यह मामला है! कृपया चलिये भोजन-कक्ष में," उसने उधर इशारा करते हुए कहा।

पुरुष लोग भोजन-कक्ष में हल्के कलेवे और पीने-पिलाने की मेज के पास पहुँचे। उस पर छः तरह की वोद्का और चाँदी की चिमटियों सहित तथा उनके बिना तरह-तरह के पनीर, केवियर, हेरिंग मछली, किस्म-किस्म की डिब्बाबन्द चीजें और तश्तरियों में फ्रांसीसी डबलरोटी के छोटे-छोटे टुकड़े रखे हुए थे।

मर्द लोग सुगन्धित वोद्काओं और हल्के कलेवे की चीजों के पास खड़े थे और कोज़्निशेव, करेनिन और पेसत्सोव के बीच पोलैंड के रूसीकरण के बारे में हो रही बातचीत खाना आरम्भ होने की प्रत्याशा में धीरे-धीरे शान्त होती जा रही थी।

कोज़्निशेव को बहुत ही सूक्ष्म और गम्भीर वाद-विवाद में अचानक मजाक का नमक छिड़ककर उसे समाप्त करने और इस तरह बातचीत करने वालों का मूड बदलने की कला में कमाल हासिल था। उसने अब भी यही किया।

करेनिन यह साबित कर रहा था कि पोलैंड का रूसीकरण केवल ऊँचे उसूलों के परिणामस्वरूप ही सम्भव है, जिन्हें रूसी प्रशासन को वहाँ लागू करना चाहिए।

पेसत्सोव इस बात पर जोर दे रहा था कि एक जाति दूसरी जाति में तभी जज्ब होती है जब उस दूसरी जाति की आबादी बहुत घनी हो।

कोज़्निशेव दोनों से सहमत था, मगर कुछ हद तक ही। जब वे मेहमानखाने से बाहर निकल रहे थे, तो कोज़्निशेव ने बहस खत्म करने के लिए मुस्कुराकर कहा :

"इसलिए विदेशियों के रूसीकरण का यह ही उपाय है–अधिक-से-अधिक बच्चे पैदा करना। मैं और मेरा भाई इस मामले में सबसे पीछे रह रहे हैं। लेकिन आप, विवाहित महानुभाव और विशेषतः आप, ओब्लोन्स्की, इस मामले में बहुत देशभक्ति दिखा रहे हैं–कितने बच्चे हैं आपके?" उसने स्नेहपूर्वक मुस्कुराते और छोटा-सा जाम मेजबान के सामने करते हुए पूछा।

सभी खिलखिलाकर हँस पड़े और ओब्लोन्स्की तो खासतौर पर खुश होते हुए हँसा।

"हाँ, यही सबसे अच्छा उपाय है," वह पनीर चबाते और अपने सामने बढ़ाये गये जाम में कोई किस्म की वोद्का डालते हुए बोला। तो इस तरह हँसी-मजाक के साथ बातचीत खत्म हुई।

"यह पनीर कुछ बुरा नहीं है। तो लेंगे?" मेजबान ने कहा। "तुम क्या फिर से कसरत करने लगे हो?" उसने बायें हाथ से लेविन की पेशी छूते हुए पूछा। लेविन मुस्कुराया, उसने अपनी बाँह की पेशियों को अकड़ाया और ओब्लोन्स्की को लेविन के फ्रॉककोट के कपड़े और अपनी उँगलियों के नीचे पनीर के सख्त पिंड की तरह उभरे हुए इस्पाती गोले की-सी अनुभूति हुई।

"ओह, कैसी मजबूत मांसपेशियाँ हैं! बिल्कुल सैम्सन हो!"

"मेरे खयाल में भालू का शिकार करने के लिए आदमी में बहुत ताकत होनी चाहिए," कोरेनिन ने, जो शिकार की बहुत अस्पष्ट-सी कल्पना कर सकता था,

डबलरोटी के मकड़ी के जाले जैसे पतले-से टुकड़े पर पनीर लगाते हुए कहा।

लेविन मुस्कुराया।

"जरा भी नहीं। इसके विपरीत, बच्चा भी भालू को मार सकता है," लेविन ने गृहस्वामिनी के साथ कलेवे की मेज की ओर आती महिलाओं को तनिक सिर झुकाते और एक ओर को हटते हुए कहा।

"मैंने सुना है कि आपने भालू का शिकार किया है?" कीटी ने काबू में न आने और लगातार फिसलने वाली खुमी को काँटे से पकड़ने की कोशिश करते और लेसों को झटकते हुए, जिनके बीच से उसकी गोरी बाँह झलक रही थी, कहा।

ऐसा प्रतीत हो सकता था कि कीटी ने जो कहा था, उसमें कोई खास बात नहीं थी। किन्तु कीटी ने जब यह कहा, तो लेविन के लिए उसकी हर ध्वनि, उसके होंठों, आँखों और हाथों की हर गतिविधि का कितना अवर्णनीय महत्त्व था! कीटी के शब्दों में क्षमा का अनुरोध भी था, उसके प्रति विश्वास भी था, स्नेह भी था, कोमल और सहमा हुआ स्नेह, वादा और आशा भी थी तथा उसके प्रति प्यार भी था, जिस पर वह विश्वास किये बिना नहीं रह सकता था और जिसकी खुशी से उसका दम घुट-सा रहा था।

"हाँ। हम त्वेर गुबेर्निया में गये थे। वहाँ से लौटते हुए रेल के डिब्बे में आपके बहनोई या आपके बहनोई के बहनोई से मेरी मुलाकात हुई," लेविन ने मुस्कुराकर कहा। "बड़ी हास्यपूर्ण भेंट थी यह।"

लेविन ने बड़ी रंगीनी और दिलचस्प ढंग से यह सुनाया कि सारी रात जागते रहने के बाद भेड़ की खाल का ओवरकोट पहने हुए वह करेनिन के डिब्बे में दाखिल हुआ।

"कंडक्टर ने गुदड़ी में लाल छिपे रहने की कहावत की अवहेलना करते हुए भेड़ की खाल के मेरे ओवरकोट के आधार पर मुझे बाहर निकाल देना चाहा। लेकिन तभी मैंने भारी-भरकम शब्दों का उपयोग शुरू किया हाँ, आपने भी," उसने करेनिन को सम्बोधित किया, जिसका वह नाम भूल चुका था, "भेड़ की खाल के ओवरकोट की वजह से मुझे खदेड़ना चाहा, मगर बाद में मेरा पक्ष लिया, जिसके लिए मैं बहुत आभारी हूँ।"

"बात यह है कि सीटों के चुनाव के मामले में यात्रियों के अधिकार सर्वथा अस्पष्ट हैं," अपनी उँगलियों के सिरों को रूमाल से पोंछते हुए करेनिन ने कहा।

"मैंने देखा कि मेरे मामले में आप दुविधा में पड़े हुए हैं," लेविन खुशमिजाजी से मुस्कुराते हुए बोला। "लेकिन मैंने अपने ओवरकोट पर पर्दा डालने के लिए जल्दी से बड़ी बुद्धिमतापूर्ण बातें करनी शुरू कर दीं।"

कोज़्निशेव ने गृह-स्वामिनी से बातें करते और साथ ही एक कान से भाई की बातें सुनते हुए कनखियों से उसकी तरफ देखा। 'आज क्या हुआ है इसे?

बड़ा सूरमा बना हुआ है वह!' उसने सोचा। वह नहीं जानता था कि लेविन क्या महसूस कर रहा है, कि उसके पंख उग आये हैं। लेविन को मालूम था कि कीटी उसके शब्द सुन रही है, कि उसे उसको सुनना अच्छा लग रहा है। उसके लिए तो बस, यही सब कुछ था। इस कमरे में ही नहीं, बल्कि सारी दुनिया में केवल उसका, जो बहुत महत्त्वपूर्ण और अहमियत रखने वाला हो गया था, और कीटी का ही अस्तित्व था। वह अपने को ऐसी चोटी पर महसूस कर रहा था, जहाँ सिर चकराता है, और बाकी सभी लोग, ये भले और सज्जन करेनिन और ओब्लोन्स्की आदि तथा सारी दुनिया कहीं दूर थी, बहुत नीचे थी।

बहुत ही स्वाभाविक ढंग से, उनकी तरफ देखे बिना तथा इस तरह, मानो उन्हें कहीं और बिठाने को जगह ही न हो, ओब्लोन्स्की ने लेविन को कीटी के करीब बिठा दिया।

"तुम यहाँ भी बैठ सकते हो," उसने लेविन से कहा।

खाना वैसा ही बढ़िया था, जैसे बढ़िया बर्तन थे, जिनका ओब्लोन्स्की दीवाना था। 'मारी-लुईज' शोरबा बहुत अच्छा बना था, छोटी-छोटी और मुँह में घुलती जाने वाली कचौरियाँ एकदम नफीस थीं। सफेद टाइयाँ पहने मात्वेई और दो नौकर खाने की चीजों और शराबों से सम्बन्धित हर काम चुपके-चुपके, दबे पाँव और फुर्ती से निपटा रहे थे। भोजन भौतिक दृष्टि से सफल रहा और अभौतिक दृष्टि से भी उसमें कुछ कम सफलता नहीं मिली। कभी साझी और कभी अलग-अलग लोगों के बीच लगातार बातचीत चलती रही और खाने के अन्त में उसमें ऐसी सजीवता आ गयी कि पुरुष बातचीत करते हुए ही मेज से उठे और करेनिन तक रंग में आ गया।

10

पेसत्सोव को हर चीज पर अन्त तक विचार-विमर्श करना पसन्द था और उसे कोज़्निशेव के शब्दों से सन्तोष नहीं हुआ, खासतौर पर इसलिए कि वह अपने मत की भ्रान्ति को अनुभव कर रहा था।

"मेरा अभिप्राय सिर्फ आबादी की अधिकता से नहीं था," शोरबा खाते समय उसने करेनिन को सम्बोधित करके कहा, "लेकिन मूलाधारों के साथ—न कि उसूलों के साथ—बँधी अधिकता से है।"

"मुझे ऐसा लगता है," करेनिन ने धीरे-धीरे और मुरझाये हुए ढंग से जवाब दिया, "यह एक ही बात हो जाती है। मेरे खयाल में दूसरी जाति पर वही जाति प्रभाव डाल सकती है, जो अधिक विकसित होती है, जो..."

"लेकिन यही तो सवाल है," पेसत्सोव ने कहा, जो हमेशा बोलने को उतावला रहता था और जो कहता था, हमेशा उसमें अपनी आत्मा का पूरा जोर डाल देता था, "अधिक विकसित होने का क्या मतलब समझा जाये? अँग्रेज, फ्रांसीसी, जर्मन—

इनमें से कौन विकास की अधिक ऊँची सीढ़ी पर है? इनमें से कौन दूसरे को अपने प्रभाव में लायेगा? हम देखते हैं कि राइन पर बड़ा फ्रांसीसी प्रभाव पड़ गया है, लेकिन जर्मनों का स्तर नीचा नहीं है!" वह चिल्ला रहा था। "यहाँ कोई दूसरा नियम है?"

"मुझे लगता है कि हमेशा वही जाति प्रभावित करती है, जो सही अर्थ में सुशिक्षित होती है," करेनिन ने अपनी भौंहों को तनिक चढ़ाते हुए कहा।

"किन्तु वास्तविक सुशिक्षा के हमें क्या लक्षण मानने चाहिए?" पेसत्सोव ने पूछा।

"मेरे खयाल में ये लक्षण सर्वविदित हैं," करेनिन ने जवाब दिया।

"क्या पूरी तरह से सर्वविदित हैं?" कोज़्निशेव ने हल्की-सी मुस्कान के साथ बातचीत में दखल दिया। "आजकल यह माना जाता है कि वास्तविक शिक्षा केवल शुद्ध क्लासिकल हो सकती है। लेकिन हम दोनों पक्षों के बीच जोरदार वाद-विवाद देखते हैं और ऐसा नहीं माना जा सकता कि विपक्ष के पास अपने समर्थन में प्रबल तर्क नहीं है।"

"आप क्लासिकों में से एक हैं, सेर्गेई इवानोविच। लाल शराब दूँ?" ओब्लोन्स्की ने कहा।

"मैं, इस या उस शिक्षा के बारे में अपनी राय नहीं जाहिर कर रहा हूँ," कोज़्निशेव ने किसी बच्चे के प्रति दिखाई जाने वाली कृपालुता की मुस्कान के साथ मुस्कुराते और अपना जाम बढ़ाते हुए कहा। "मैं सिर्फ इतना कह रहा हूँ कि दोनों पक्षों के पास जोरदार दलीलें हैं," करेनिन को सम्बोधित करते हुए वह कहता गया। "मुझे क्लासिकल शिक्षा मिली है, मगर इस बहस में मैं खुद किसी नतीजे पर पहुँचना सम्भव नहीं पा रहा हूँ। मैं साफ तौर पर यह समझने में असमर्थ हूँ कि प्राकृतिक विद्याओं की तुलना में क्लासिकल विधाओं को क्यों श्रेष्ठ माना जाये।"

"प्राकृतिक विज्ञानों का भी वैसा ही शैक्षणिक प्रभाव होता है," पेसत्सोव ने बात आगे बढ़ायी। "मिसाल के लिए खगोलशास्त्र, वनस्पतिशास्त्र, सामान्य नियमविधि सहित प्राणिशास्त्र में से किसी एक को ले लीजिये!"

"मैं इससे पूरी तरह सहमत होने में असमर्थ हूँ," करेनिन ने जवाब दिया।

"मुझे लगता है, यह स्वीकार किये बिना नहीं रहा जा सकता कि भाषाओं के रूपों के अध्ययन की प्रक्रिया ही मानसिक विकास पर विशेष अच्छा प्रभाव डालती है। इसके अलावा इस बात को भी स्वीकार नहीं किया जा सकता कि क्लासिकल लेखकों का उच्चतम नैतिक प्रभाव पड़ता है, जबकि दुर्भाग्यवश, प्राकृतिक विज्ञानों के साथ ऐसे हानिकारक और झूठे सिद्धान्त सम्बद्ध हैं, जो हमारे समय के कोढ़ हैं।"

कोज़्निशेव ने कुछ कहना चाहा, लेकिन पेसत्सोव ने अपनी भारी आवाज से उसे टोक दिया। वह बड़े जोश के साथ यह सिद्ध करने लगा कि ऐसा मत उचित नहीं है। कोज़्निशेव इत्मीनान से कुछ कह पाने का इन्तजार करने लगा। स्पष्टतः

उसने कोई अकाट्य आपत्ति तैयार कर ली थी।

"लेकिन," कोज़्निशेव ने हल्की-सी मुस्कान के साथ करेनिन को सम्बोधित करते हुए कहा, "इस बात से सहमत न होना असम्भव है कि इन दोनों प्रकार की विद्याओं के लाभ-हानियों का सही अनुमान लगाना कठिन है और यह प्रश्न कि किन विद्याओं को बेहतर माना-जाना जाये, इतनी जल्दी और अन्तिम रूप से हल न हो पाता, अगर क्लासिकल शिक्षा के पक्ष में यह श्रेष्ठता न होती, जिसका आपने अभी उल्लेख किया है यानी नैतिक–disons le mot[1]–सर्वखंडनवाद-विरोधी प्रभाव।"

"बिल्कुल सही।"

"अगर क्लासिकल विद्याओं के पक्ष में सर्वखंडनवाद-विरोधी प्रभाव की यह श्रेष्ठता न होती, तो हम दोनों पक्षों के तर्कों पर अधिक सोच-विचार करते, उन्हें अधिक जाँचते-परखते," कोज़्निशेव हल्की-सी मुस्कान के साथ कहे जा रहा था, "हमने दोनों प्रवृत्तियों को अधिक विस्तार दिया होता। किन्तु अब हम जानते हैं कि क्लासिकल शिक्षा की इन गोलियों में सर्वखंडनवाद के विरुद्ध स्वास्थ्यवाद शक्ति निहित है और हम बड़े साहस से अपने रोगियों को उनका सेवन करने को कहते हैं...और अगर उनमें यह रोगहर शक्ति न होती, तो?" उसने मजाक का मसाला छिड़कते हुए अपनी बात समाप्त की।

कोजिन्शेव की गोलियोंवाली बात से सभी हँस पड़े। तूरोवत्सिन तो खासतौर पर बहुत जोर से और खुश होकर हँसा। आखिर तो उसे हँसने की कोई ऐसी बात सुनाई दी थी, जिसका वह यह बातचीत सुनते हुए इन्तजार कर रहा था।

पेसात्सोव को बुलाकर ओब्लोन्स्की ने भूल नहीं की थी। उसके उपस्थित रहते एक क्षण को भी बुद्धिमतापूर्ण बातचीत बन्द नहीं हो सकती थी। कोज़्निशेव ने अपने मजाक के साथ बातचीत समाप्त की थी कि पेसत्सोव ने दूसरी बात शुरू कर दी।

"इस बात से भी सहमत नहीं हुआ जा सकता," वह बोला, "कि सरकार के सामने कोई ऐसा लक्ष्य था। सरकार सम्भवतः सामान्य विचारों से निर्देशित होती है और जो कदम वह उठाती है, उनके सम्भाव्य प्रभावों को ध्यान में नहीं रखती। उदाहरण के लिए नारी-शिक्षा को हानिकारण माना जाना चाहिए, किन्तु सरकार नारियों के विद्यालय और विश्वविद्यालय खोल रही है।"

फौरन ही नारी-शिक्षा के नये विषय पर बातचीत होने लगी।

करेनिन ने यह विचार प्रकट किया कि नारी-शिक्षा के सवाल को आमतौर पर नारी-स्वतन्त्रता के सवाल के साथ गड़बड़ा दिया जाता है और इसीलिए उसे हानिकारक माना जा सकता है।

"इसके विपरीत मैं यह मानता हूँ कि वे दोनों प्रश्न अविच्छिन्न रूप से एक-दूसरे के साथ जुड़े हुए हैं," पेसत्सोव ने कहा, "यह तो अन्तहीन चक्र है। शिक्षा

1. साफ शब्दों में। (फ्रांसीसी)

के अभाव के कारण नारी अधिकारों से वंचित है और शिक्षा का अभाव अधिकारों के अभाव के कारण है। यह नहीं भूलना चाहिए कि नारियों को इस हद तक दासता में जकड़ा गया है और यह प्रश्न इतना पुराना है कि हम अक्सर यह समझना नहीं चाहते कि वह खाई कितनी बड़ी है, जो उन्हें हमसे अलग करती है," उसने कहा।

"आपने 'अधिकारों' की चर्चा की है," कोज़्निशेव ने पेसत्सोव के चुप होने पर कहा, "आपका मतलब निर्णायक मंडलों और नगर-परिषदों की सदस्याएँ, स्थानीय सरकारी बोर्डों की अध्यक्षाएँ, कर्मचारिनें और संसद-सदस्याएँ होने के अधिकार से है..."

"बिल्कुल ठीक है।"

"लेकिन अगर विशेष अपवाद के रूप में नारियाँ ये स्थान ग्रहण भी कर लें, तो भी मुझे लगता है कि आपने 'अधिकार' शब्द का सही उपयोग नहीं किया है। 'कर्तव्य-पूर्ति' कहना कहीं अधिक सही होगा। कोई भी इस बात से सहमत होगा कि निर्णायक मंडल और जेम्सत्वो-परिषद में कोई भी काम करते या तार-कर्मचारी होते हुए हमें अनुभव होता है कि हम अपना कर्तव्य निभा रहे हैं। इसलिए यह कहना अधिक सही होगा कि नारियाँ कर्तव्य चाहती हैं और ऐसा बिल्कुल उचित भी है। पुरुषों के सामान्य श्रम में हाथ बँटाने की नारी की इच्छा के लिए केवल सहानुभूति ही प्रकट की जा सकती है।"

"सोलह आने सही है," करेनिन ने समर्थन किया। "मेरे खयाल में सवाल सिर्फ यह है कि वे इन कर्तव्यों को निभाने में समर्थ हैं या नहीं।"

"सम्भवतः बहुत ही सुयोग्य सिद्ध होंगी," ओब्लोन्स्की ने राय जाहिर की, "जब उनके बीच काफी शिक्षा-प्रचार हो जायेगा। हम ऐसा देख रहे हैं..."

"और वह कहावत?" बहुत देर से इस बातचीत को सुनते हुए बूढ़े प्रिन्स ने अपनी छोटी-छोटी आँखों में उपहास की चमक दिखाते हुए पूछा, "बेटियों के सामने तो कह सकता हूँ–नारी की अक्ल चोटी में..."

"नीग्रो लोगों की मुक्ति के पहले उनके बारे में भी ऐसा ही सोचा जाता था!" पेसत्सोव ने झल्लाकर कहा।

"मुझे यह सिर्फ अजीब लग रहा है कि नारियाँ नये कर्तव्य-भार चाहती हैं," कोज़्निशेव बोला, "जबकि दुर्भाग्यवश, हम देखते हैं कि पुरुष उनसे कतराते हैं।"

"कर्तव्यों और अधिकारों के बीच चोली-दामन का रिश्ता है। सत्ता, धन और सम्मान–नारियाँ इन्हीं को तो चाहती हैं," पेसत्सोव ने कहा।

"यह तो बड़ी बात है कि मैं धाय बनना चाहूँ और इस बात का बुरा मानूँ कि नारियों को इसके लिए पैसे दिये जाते हैं, मगर मुझे नहीं," बूढ़े प्रिन्स ने कहा।

तूरोवत्सिन जोर से हँस पड़ा और कोज़्निशेव को इस बात का अफसोस हुआ कि यह उसने नहीं कहा। करेनिन भी मुस्कुराये बिना न रह सका।

"लेकिन मर्द तो स्तन-पान नहीं करा सकते," पेसत्सोव ने आपत्ति की, "जबकि नारियाँ..."

"क्यों नहीं, एक अँग्रेज ने किसी जहाज में अपने बच्चे को स्तन-पान कराया था," बूढ़े प्रिन्स ने बेटियों के सामने इतनी छूट लेते हुए कहा।

"जितने ऐसे अँग्रेज हैं, उतनी ही नारियाँ कर्मचारिनें होंगी," कोज़्निशेव बोला।

"लेकिन कोई ऐसी लड़की क्या करे, जिसका परिवार न हो?" ओब्लोन्स्की ने चीबिसोवा को याद करते हुए प्रश्न किया। पेसत्सोव का पक्ष लेते और उसके प्रति सहानुभूति प्रकट करते हुए वह लगातार इसी लड़की को ध्यान में रख रहा था।

"अगर इस लड़की के किस्से की तह में जाया जाये, तो आपको मालूम होगा कि इस लड़की ने अपने या अपनी बहन के परिवार से, जहाँ उसे नारियों के करने लायक काम मिल सकता था, नाता तोड़ लिया था," डॉली ने सम्भवतः यह अनुमान लगाकर कि ओब्लोन्स्की का किस लड़की से अभिप्राय है, बातचीत में अचानक भाग लेते हुए झल्लाकर कहा।

"लेकिन हम तो उसूल और आदर्श की बात कर रहे हैं!" पेसत्सोव ने अपनी गूँजती हुई भारी आवाज में एतराज किया। "नारी आत्मनिर्भर और सुशिक्षिता होने का अधिकार चाहती है। वह अपने लिए ऐसा असम्भव होने की चेतना से पीड़ित और दबी-घुटी हुई है।"

"और मैं इस बात से पीड़ित और दबा-घुटा हुआ हूँ कि शिशु-पालन गृह में मुझे धाय के रूप में नहीं लिया जायेगा," बूढ़े प्रिन्स ने फिर से अपनी बात दोहरायी, जिससे तूरोवत्सिन इतना खुश हुआ कि हँसते-हँसते मोटे सिरेवाली अस्पारागस सब्जी को चटनी में गिरा बैठा।

11

कीटी और लेविन को छोड़कर बाकी सभी साझी बातचीत में हिस्सा ले रहे थे। शुरू में, जब एक जाति पर दूसरी जाति के प्रभाव की चर्चा हो रही थी, लेविन के दिमाग में बरबस वे बातें आ रही थीं, जो वह इस विषय पर कह सकता था। किन्तु ये विचार, जो पहले उसके लिए इतने अधिक महत्त्वपूर्ण थे, स्वप्न में दिखने वाली चीजों की तरह उसके दिमाग में झलक दिखाते थे और उसे अब उनमें जरा भी दिलचस्पी महसूस नहीं हो रही थी। उसे तो यह अजीब-सा भी लग रहा था कि जिस चीज की किसी को भी जरूरत नहीं है, उसके बारे में वे इतनी कोशिश से क्यों बातचीत कर रहे हैं। ठीक ऐसे ही यह प्रतीत हो सकता है कि नारियों के अधिकारों और शिक्षा के सम्बन्ध में वे जो कुछ कह रहे थे, उसमें कीटी की भी रुचि होनी चाहिए थी। विदेश में बनी अपनी सहेली वारेन्का, उसकी दुःखद निर्भरता को याद करते हुए उसने कितनी बार इस सम्बन्ध में सोचा था! कितनी बार उसने अपने

बारे में यह सोचा-विचारा था कि अगर उसकी शादी न हुई, तो वह क्या करेगी और कितनी बार उसने अपनी बहन से इस विषय पर बहस की थी। किन्तु अब उसे इसमें तनिक भी दिलचस्पी नहीं महसूस हो रही थी। लेविन के साथ उसकी कोई अपनी बातचीत चल रही थी। बातचीत नहीं, बल्कि कुछ ऐसे रहस्यपूर्ण ढंग से उनके दिलों के तार बज रहे थे, जो हर क्षण इन दोनों को अधिकाधिक निकटता के सूत्र में बाँधते जा रहे थे और जिस अज्ञात दुनिया में वे प्रवेश कर रहे थे, उसके प्रति दोनों के दिलों में दुःखद भय की भावना उपजा रहे थे।

सबसे पहले लेविन ने कीटी के इस सवाल के जवाब में कि पिछले साल वह उसे बग्घी में कैसे देख पाया, उसे बताया कि घास काटने के बाद वह बड़ी सड़क से घर जा रहा था और तब उसने उसे देखा था।

"बहुत तड़के की बात है यह। आपकी शायद तभी आँख खुली थी। आपकी maman अपने कोने में सो रही थीं। बहुत ही सुहानी सुबह थी। मैं चलता हुआ सोच रहा था–कौन हो सकता है यह चार घोड़ोंवाली बग्घी में? घंटियाँ बँधे घोड़ों की बढ़िया चौकड़ी थी और क्षण-भर को आपकी झलक मिली। मैंने खिड़की की ओर देखा–आप ऐसे बैठी थीं : दोनों हाथों से अपनी टोपी के फीते थामे और किसी बहुत ही गहरी सोच में डूबी हुई," उसने मुस्कुराते हुए कहा। "काश, मैं यह जान सकता कि उस वक्त आप क्या सोच रही थीं। किसी बहुत ही महत्त्वपूर्ण चीज के बारे में?"

'भूतनी जैसे तो नहीं बनी हुई थी?' कीटी ने सोचा। किन्तु इन तफसीलों की याद से लेविन के चेहरे पर झलक उठने वाली सुखद मुस्कान से उसने यह अनुभव किया कि लेविन के दिल पर उसने बुरी नहीं, बल्कि बहुत अच्छी छाप छोड़ी थी। कीटी के चहरे पर सुर्खी दौड़ गयी और वह उल्लासपूर्वक हँस दी।

"सच, याद नहीं।"

"तूरोवत्सिन कैसे खुलकर हँसता है!" लेविन ने उसकी नम आँखों और हिलते शरीर को मुग्धता से देखते हुए कहा।

"बहुत अर्से से आप उसे जानते हैं क्या?" कीटी ने पूछा।

"उसे कौन नहीं जानता!"

"और मैं देख रही हूँ कि आप उसे बुरा आदमी समझते हैं।"

"बुरा नहीं, नकारा।"

"यह सही नहीं है! अब से ऐसा नहीं सोचियेगा!" कीटी ने कहा। "उसके बारे में मेरी भी ऐसी ही घटिया राय थी, लेकिन वह, वह–बहुत ही अच्छा और दयालु व्यक्ति है। सोने का दिल पाया है उसने।"

"उसके दिल के बारे में आपको कैसे पता चला?"

"हम दोनों बड़े अच्छे दोस्त हैं। मैं बहुत अच्छी तरह जानता हूँ उसे। पिछले जाड़े में, आपके हमारे यहाँ से... जाने के कुछ ही समय बाद," कीटी ने अपराधी

की तरह और साथ ही लेविन पर भरोसा जाहिर करती मुस्कान के साथ कहा, "डॉली के सभी बच्चों को लाल बुखार ने आ दबाया और वह एक दिन उसके यहाँ आया। और आप कल्पना कर सकते हैं," कीटी फुसफुसाकर बोली– "उसे डॉली पर इतना तरस आया कि वह वहीं रहकर बच्चों की देखभाल में उसकी मदद करने लगा। हाँ, तीन हफ्ते वहीं रहते हुए आया कि तरह बच्चों की चिन्ता करता रहा।"

"मैं कोन्स्तान्तीन द्मीत्रियेविच को लाल बुखार के दिनों में तूरोवत्सिन द्वारा की गयी सहायता के बारे में बता रही हूँ," कीटी ने बहन की ओर झुककर बताया।

"हाँ, अद्भुत, बहुत ही बढ़िया आदमी है वह," डॉली ने तूरोवत्सिन की ओर देखकर, जिसने यह महसूस कर लिया था कि उसकी चर्चा हो रही है, तथा उसकी तरफ जरा मुस्कराकर कहा। लेविन ने फिर तूरोवत्सिन पर नजर डाली और उसे इस बात की हैरानी हुई कि वह इस व्यक्ति की खूबियों को पहले से क्यों नहीं भाँप पाया।

"माफी चाहता हूँ, माफी चाहता हूँ। लोगों के बारे में अब कभी बुरा नहीं सोचूँगा।" इस समय वह जो कुछ अनुभव कर रहा था, उसे निश्छलता से अभिव्यक्त करते हुए उसने खुशी से कहा।

12

नारियों के अधिकारों के बारे में छिड़ जाने वाली बातचीत में शादी सम्बन्धी असमान अधिकारों के कुछ ऐसे नाजुक सवाल थे, जिनकी महिलाओं की उपस्थिति में चर्चा नहीं की जा सकती थी। भोज के समय पेसत्सोव ने कई बार इन सवालों को उठाया, मगर कोज़्निशेव और ओब्लोन्स्की ने बड़ी सावधानी से उन्हें टाल दिया।

जब सब मेज पर से उठ गये और महिलायें बाहर चली गयीं, तो पेसत्सोव ने उनके पीछे-पीछे न जाकर करेनिन को सम्बोधित किया और उसे असमानता का मुख्य कारण बताने लगा। उसके मतानुसार पति-पत्नी की असमानता इस बात में थी कि न तो कानून और न समाज ही पति तथा पत्नी की बेवफाई का समान दंड देता है।

ओब्लोन्स्की जल्दी से करेनिन के पास आया और उसने उसकी ओर सिगार बढ़ाया।

"नहीं, मैं सिगार नहीं पीता हूँ," करेनिन ने शान्ति से उत्तर दिया और मानो जान-बूझकर यह जाहिर करने के लिए कि वह इस बातचीत से घबराता नहीं है, उसने रूखी-सी मुस्कान के साथ पेसत्सोव को सम्बोधित किया।

"मेरे खयाल में इस प्रश्न की प्रकृति में ऐसे दृष्टिकोण की जड़ निहित है," उसने कहा और मेहमानखाने में जाना चाहा। किन्तु सहसा तूरोवत्सिन करेनिन को सम्बोधित करते हुए कह उठा :

"प्रयाच्निकोव के बारे में सुना है आपने?" शेम्पेन पीकर रंग में आये और बहुत देर से बोझ बन जाने वाली अपनी चुप्पी तोड़ने के लिए बेकरार तूरोवत्सिन

ने पूछा। "वास्या प्रयाच्निकोव ने," उसने अपने नम और लाल होंठों की मधुर मुस्कान के साथ मुख्य मेहमान करेनिन से कहा, "मुझे आज बताया गया है, त्वेर में उसने क्वीत्स्की के साथ द्वन्द्व-युद्ध किया और उसे मार डाला।"

जैसा कि हमेशा ऐसे प्रतीत होता है कि दुःखती जगह पर ही आदमी को चोट लगती है, वैसे ही ओब्लोन्स्की को यह महसूस हो रहा था कि आज बदकिस्मती से करेनिन की टीसती रग पर ही बात केन्द्रित होती जा रही है। उसने बहनोई को वहाँ से ले जाना चाहा, मगर करेनिन ने खुद ही जिज्ञासा दिखाते हुए पूछा :

"किस लिए द्वन्द्व-युद्ध किया प्रयाच्निकोव ने?"

"बीवी के लिए। बड़ी मर्दानगी दिखाई! चुनौती दी और मार डाला!"

"हुम!" करेनिन ने उदासीनता से कहा और भौंहे चढ़ाकर मेहमानखाने की ओर चल दिया।

"मैं कितनी खुश हूँ कि आप आ गये," डॉली ने मेहमानखाने के पहले आने वाले कमरे में उससे मिलते हुए सहमी-सी मुस्कान के साथ कहा, "मुझे आपसे बातचीत करनी है। आइये, यहाँ बैठ जायें।"

करेनिन उदासीनता के उसी भाव से, जो चढ़ी हुई भौंहें उसे प्रदान करती थीं, डॉली के करीब बैठ गया और उसने होंठों पर बनावटी मुस्कान चस्पाँ कर ली।

"यह तो और भी अच्छा हुआ," उसने कहा, "क्योंकि मैं आपसे माफी माँगकर फौरन जाने की सोच रहा था। मुझे कल यहाँ से रवाना होना है।"

डॉली को आन्ना के निर्दोष होने का पूरा यकीन था और वह महसूस कर रही थी कि इस कठोर भावनाहीन व्यक्ति के प्रति गुस्से के कारण, जो इतने इत्मीनान से उसकी निर्दोष सहेली का नाश करने का इरादा रखता था, उसके चेहरे का रंग उड़ गया है और उसके होंठ काँप रहे हैं।

"अलेक्सेई अलेक्सान्द्रोविच," उसने हताशाजन्य दृढ़ता के साथ उसकी आँखों में झाँकते हुए कहा, "मैंने आपसे आन्ना के बारे में पूछा था, मगर आपने जवाब नहीं दिया। वह कैसी है?"

"मेरे खयाल में वह ठीक-ठाक है, दार्या अलेक्सान्द्रोव्ना," उसकी ओर देखे बिना करेनिन ने जवाब दिया।

"अलेक्सेई अलेक्सान्द्रोविच, मैं माफी चाहती हूँ, मुझे हक नहीं है...लेकिन मैं बहन की तरह आन्ना को प्यार और उसका सम्मान करती हूँ। मैं आपसे यह बताने की विनती, मिन्नत करती हूँ कि आपके बीच क्या हो गया है? आप उस पर किस बात पर अपराध लगाते हैं?"

करेनिन के माथे पर बल पड़ गये और आँखों को लगभग बन्द करके उसने सिर झुका लिया।

"मैं समझता हूँ कि आपके पति ने आपको आन्ना अर्कादयेव्ना के साथ मेरे

पहले सम्बन्धों को बदलने की जरूरत पैदा करने वाले कारण बता दिये हैं," उसने डॉली से नजर मिलाये बिना, किन्तु कमरे में से गुजरते श्चेर्बात्स्की को नाराजगी से देखते हुए जबाव दिया।

"मैं इस पर यकीन नहीं करती, नहीं करती, नहीं कर सकती!" जोरदार झटके के साथ अपने दुबले-पतले, हड़ीले हाथों को अपने सामने बाँधते हुए डॉली बोली। उसने जल्दी से उठकर करेनिन की आस्तीन पर हाथ रख दिया। "हमारी बातचीत में यहाँ खलल पड़ सकता है। कृपया वहाँ चले चलिये।"

डॉली की बेचैनी ने करेनिन को प्रभावित किया। वह उठा और उसकी बात मानते हुए उसके पीछे बच्चों के पढ़ने के कमरे में चला गया। वे कलमतराश चाकू से जहाँ-तहाँ कटे हुए मोमजामे के मेजपोश से ढँकी मेज पर जा बैठे।

"मैं इस पर यकीन नहीं करती, नहीं करती," करेनिन की बचने वाली नजर से नजर मिलाने की कोशिश करते हुए डॉली कह उठी।

"तथ्यों पर यकीन करना ही पड़ता है, दार्या अलेक्सान्द्रोविच," उसने 'तथ्यों' शब्द पर जोर देते हुए कहा।

"लेकिन उसने क्या किया है?" डॉली ने पूछा। "क्या किया है उसने?"

"उसने अपने कर्तव्यों की अवहेलना और पति के साथ बेवफाई की है। यह किया है उसने," करेनिन ने जवाब दिया।

"नहीं, नहीं, यह नहीं हो सकता! नहीं, भगवान के लिए ऐसा नहीं कहिये। आप भूल कर रहे हैं!" डॉली ने हाथों से कनपटियों को छूते और आँखें बन्द करते हुए कहा।

करेनिन डॉली और खुद को अपने यकीन की पुख्तगी दिखाने की इच्छा से केवल होंठों पर रूखी-सी मुस्कान लाते हुए मुस्कुराया। किन्तु इस जोरदार वकालत से बेशक वह डावाँडोल नहीं हुआ, पर इसने उसके घाव पर नमक जरूर छिड़क दिया। वह अधिक जोश से बोलने लगा :

"जब पति के सामने पत्नी स्वयं इसकी घोषणा करे, तब भूल करने का प्रश्न ही नहीं रहता। यह घोषणा करे कि विवाहित जीवन के आठ वर्ष और बेटा—यह सब भूल है और वह फिर से जिन्दगी शुरू करना चाहती है," उसने नाक से सूँ-सूँ करते हुए झल्लाहट से कहा।

"आन्ना और दुराचार! मैं इन दोनों को सूत्रबद्ध नहीं कर सकती, मुझे इस पर विश्वास नहीं होता।"

"दार्या अलेक्सान्द्रोव्ना!" अब उसने डॉली के दयालु और विह्वल चेहरे पर सीधे नजर टिकाते और यह अनुभव करते हुए कि उसकी जबान बोलने को बेचैन है, कहा, "अगर अभी शक-शुबहे की गुंजाइश होती, तो मैं इसके लिए बड़ी कीमत चुकाने को तैयार हो जाता। जब मुझे सन्देह था, तो मन पर भारी गुजरने के बावजूद

मैं इस समय की तुलना में कम दुःखी था। जब तक मैं सन्देह की दुविधा में था, तो कुछ आशा भी थी, लेकिन अब आशा नहीं और फिर भी मैं हर चीज के बारे में सन्देह करता हूँ। हर चीज के बारे में ऐसे सन्देह करता हूँ कि बेटा भी मुझे फूटी आँखों नहीं सुहाता और कभी-कभी यह भी यकीन नहीं होता कि वह मेरा बेटा है। मैं बहुत दुःखी हूँ।"

उसके लिए ये अन्तिम शब्द कहना अनावश्यक था। डॉली की ओर नजर करते हुए वह यह समझ गयी, उसे करेनिन के लिए अफसोस होने लगा और अपनी सहेली के निर्दोष होने के बारे में उसका विश्वास डगमगा गया।

"ओह, बड़ी भयानक, बड़ी भयानक बात है यह! लेकिन क्या आपने सचमुच तलाक देने का फैसला कर लिया है?"

"मैंने आखिर कदम उठाने का फैसला किया है। मैं और कुछ कर ही नहीं सकता।"

"और कुछ हो ही नहीं सकता, हो ही नहीं सकता..." डॉली बड़बड़ा रही थी और उसकी आँखों में आँसू आ गये थे। "नहीं, ऐसा नहीं कहिये!" वह बोली।

"दूसरी मुसीबतों—क्षति, मृत्यु आदि की तुलना में इस तरह की मुसीबत में यही तो सबसे बुरी बात है कि आदमी सब्र करके ही नहीं रह सकता, उसे क्रियाशील होना पड़ता है," करेनिन ने मानो उसके विचार को भाँपते हुए कहा। "आदमी को ऐसी अपमानजनक स्थिति में से निकलना ही चाहिए—तीनों का एक साथ तो निबाह नहीं हो सकता।"

"मैं समझती हूँ, बहुत अच्छी तरह समझती हूँ यह," डॉली बोली और उसने सिर झुका लिया। वह अपने बारे में, अपने परिवार की मुसीबत के बारे में सोचती हुई कुछ देर चुप रही और अचानक जोरदार झटके के साथ उसने सिर ऊपर उठाया और हाथों को विनती करने के अन्दाज में जोड़ लिया। "लेकिन सुनिये। आप तो ईसाई हैं। इसके बारे में सोचिये! अगर आप उसे छोड़ देंगे, तो उसका क्या होगा?"

"मैंने सोचा है और बहुत सोचा है, दार्या अलेक्सान्द्रोव्ना," करेनिन ने जवाब दिया। उसके चेहरे पर लाल-लाल धब्बे उभर आये थे और उसकी धुँधली आँखें डॉली की आँखों को ताक रही थीं। डॉली को अब जी-जान से उस पर तरस आ रहा था। "उसके द्वारा मेरे अपमान की घोषणा के बाद मैंने यही किया था— सब कुछ पहले की तरह रहने दिया था। मैंने उसे स्थिति को सँभालने की सम्भावना दी, उसे बचाने की कोशिश की। लेकिन नतीजा क्या निकला? उसने मेरी बड़ी मामूली-सी—लोक-लाज निभाने की माँग भी पूरी नहीं की," वह गर्म होते हुए कह रहा था। "बचाया उस आदमी को जा सकता है, जो बचना चाहता हो। लेकिन अगर किसी की प्रकृति इतनी बिगड़ चुकी हो, दुराचारी हो चुकी हो कि नाश ही उसे अपना उद्धार प्रतीत हो, तब क्या किया जाये?"

"और सब कुछ, मगर तलाक नहीं!" डॉली ने उत्तर दिया।

"लेकिन क्या और सब कुछ?"

"नहीं, यह भयानक बात है। वह किसी की पत्नी नहीं रहेगी, वह तबाह हो जायेगी!"

"किन्तु मैं क्या कर सकता हूँ?" करेनिन ने कन्धे झटके और भौंहें चढ़ाकर कहा। पत्नी की आखिरी हरकत की याद आने से उसे ऐसी झल्लाहट हुई कि वह बातचीत शुरू होने के समय की भाँति कठोर हो गया। "आपकी सहानुभूति के लिए आपका बहुत आभारी हूँ, पर मुझे अब जाना चाहिए," उसने उठते हुए कहा।

"नहीं, जरा रुकिये! आपको उसे तबाह नहीं करना चाहिए! जरा रुकिये, मैं आपको अपने बारे में बताती हूँ। मेरी शादी हुई, मेरे पति ने मुझे धोखा दिया– गुस्से में, ईर्ष्या से मैंने सब कुछ छोड़ना चाहा, खुद मैंने यही चाहा था...लेकिन मैं होश में आयी। कौन मुझे होश में लाया? आन्ना ने मुझे बचाया। अब मैं रह रही हूँ। बच्चे बड़े हो रहे हैं, पति परिवार में लौटता आ रहा है, अपनी भूल को महसूस करता है, अधिक नेक, ज्यादा बेहतर होता जा रहा है और मेरी जिन्दगी चल रही है...मैंने उसे क्षमा कर दिया और आपको भी उसे क्षमा कर देना चाहिए!"

करेनिन सुन रहा था, किन्तु डॉली के शब्दों का अब उस पर कोई असर नहीं हो रहा था। उसकी आत्मा में फिर से उस दिन का सारा गुस्सा उमड़-घुमड़ पड़ा था, जब उसने तलाक देने का फैसला किया था। उसने अपने-आपको झँझोड़ा और चिचियाती-सी ऊँची आवाज में कह उठा :

"माफ मैं उसे नहीं कर सकता, करना भी नहीं चाहता और यह ठीक भी नहीं होगा। इस औरत के लिए मैंने सब कुछ किया, लेकिन उसने हर चीज पर कीचड़ पोत दिया, जो उसकी प्रकृति का अंग है। मैं द्वेषपूर्ण व्यक्ति नहीं हूँ, मैंने कभी किसी से घृणा नहीं की, मगर उसे अपने पूरे मन से नफरत करता हूँ और माफ नहीं कर सकता, क्योंकि उस सारी बुराई के लिए, जो उसने मेरे साथ की है, बहुत अधिक घृणा करता हूँ मैं उसे!" उसने अपनी आवाज में गुस्से के आँसुओं के साथ कहा।

"अपने से घृणा करने वालों को प्यार करें..."[1] डॉली ने लजाते हुए फुसफुसाकर कहा।

करेनिन तिरस्कारपूर्वक मुस्कुराया। बहुत पहले से वह यह जानता था, मगर उसके मामले में इसे लागू नहीं किया जा सकता था।

"अपने से घृणा करने वालों को प्यार करें, मगर उनको प्यार नहीं किया जा सकता, जिनसे तुम घृणा करते हो। क्षमा चाहता हूँ कि मैंने आपको परेशान कर दिया। हर किसी के लिए अपना ही दुःख काफी है!" और अपने को सन्तुलित कर करेनिन ने शान्त भाव से विदा ली और चला गया।

1. बाइबल से उद्धृत शब्द।

13

जब सभी लोग खाने की मेज से उठे, तो लेविन का मन हुआ कि वह कीटी के पीछे-पीछे मेहमानखाने में जाये। लेकिन उसे शंका हुई कि उसकी तरफ ऐसे बहुत खुले तौर पर ध्यान देने से कहीं उसे बुरा न लगे। वह पुरुषों के बीच रह गया, साझी बातचीत में भाग लेने लगा और कीटी की तरफ देखे बिना वह उसकी गतिविधि, उसकी नजरों और उस जगह को अनुभव कर रहा था, जहाँ वह मेहमानखाने में बैठी थी।

कुछ ही देर पहले उसने कीटी को यह वचन दिया था कि हमेशा सभी लोगों के बारे में अच्छा सोचेगा और हमेशा सभी को प्यार करेगा–अपने इस वचन को किसी तरह के प्रयास के बिना वह पूरा भी करने लगा था। रूसी ग्राम के बारे में बातचीत हो रही थी। पेसत्सोव इसके रूप में किसी विशेष नींव, जिसे उसने सामूहिकता की नींव का नाम दिया, देख रहा था। लेविन न तो पेसत्सोव और न अपने भाई से सहमत था, जो अपने ढंग से रूसी ग्राम के महत्त्व को स्वीकार भी कर रहा था और उससे इनकार भी कर रहा था। किन्तु वह उन दोनों के बीच सहमति लाने और उनकी आपत्तियों को थोड़ा नर्म करने के लिए ही उनसे बातचीत कर रहा था। वह खुद जो कुछ कह रहा था, उसे उसमें कोई दिलचस्पी नहीं थी और वे दोनों जो कुछ कह रहे थे, उसमें तो और भी कम दिलचस्पी थी। वह केवल एक ही चीज चाहता था–उन दोनों और बाकी सबको भी खुशी और सुख मिले। वह एक चीज पहले वहाँ, मेहमानखाने में थी, फिर हिलने-डुलने लगी और दरवाजे के पास जाकर रुक गयी। मुड़कर देखे बिना ही वह अपने पर टिकी दृष्टि और मुस्कान को अनुभव कर रहा था और मुड़े बिना नहीं रह सका। वह श्चेर्बात्स्की के साथ दरवाजे के पास खड़ी थी और उसकी तरफ देख रही थी।

"मैंने सोचा था कि आप पियानो की तरफ जा रही हैं," कीटी के करीब जाकर उसने कहा। "गाँव में मुझे बस, संगीत की ही कमी खलती है।"

"नहीं, हम केवल आपको बुलाने के लिए आये थे और...आभारी हूँ," उसने मानो मुस्कान के उपहार से उसे पुरस्कृत करते हुए कहा, "कि आप आ गये। बहस करने में क्या रखा है? कोई भी तो किसी दूसरे को अपनी बात का यकीन नहीं दिला पाता।"

"हाँ, यह सच है," लेविन ने कहा, "अधिकतर तो हम केवल इसलिए जोर-शोर से बहस करते हैं कि हमारा विपक्षी क्या सिद्ध करना चाहता है, उसे नहीं समझ पाते हैं।"

बहुत बुद्धिमान लोगों के बीच वाद-विवाद के समय लेविन का अक्सर इस बात की ओर ध्यान गया था कि बहुत जोर लगाने, तर्क-वितर्क की ढेरों बारीकियों और शब्दों के उपयोग के बाद बहस करने वालों को आखिर इस बात की चेतना होती

थी कि उन्होंने इतनी देर से एक-दूसरे के सामने जो कुछ सिद्ध करने की कोशिश की है, वह बहुत देर से, बहस के शुरू से ही उन्हें स्पष्ट था, लेकिन उनकी पसन्द अलग-अलग है और इस कारण अपनी पसन्द का उल्लेख नहीं करना चाहते कि विपक्षी उसे मात न दे दे। उसने अक्सर यह भी अनुभव किया कि कभी-कभी बहस के समय वह चीज समझ में आ जाती है, जो विपक्षी को पसन्द है, और अचानक खुद को भी वही चीज पसन्द आ जाने पर तुम फौरन उससे सहमत हो जाते हो और तब सभी दलीलें बेकार होकर रह जाती हैं। कभी-कभी इसके उलट अनुभूति होती है–आखिर तुम वह कहते हो, जो तुम्हें पसन्द है और जिसके लिए सोच-सोचकर तर्क ढूँढ़ते हो। इस चीज को अच्छे और निश्छल ढंग से कह पाने में सफल होने पर ऐसा भी हो जाता है कि विरोधी अचानक सहमत होकर बहस करना बन्द कर देता है। लेविन यही कहना चाहता था।

कीटी अपने माथे पर बल डालकर उसकी बात समझने की कोशिश कर रही थी। किन्तु उसने अपनी बात स्पष्ट करनी शुरू ही की थी कि वह उसे समझ चुकी थी।

"आपका मतलब है–हमें यह जानना कि विरोधी किस चीज के लिए बहस कर रहे हैं, उसे क्या पसन्द है, तब हम..."

लेविन द्वारा बुरे ढंग से व्यक्त किये गये भाव को कीटी ने पूरी तरह समझकर उसे व्यक्त कर दिया था। लेविन खुशी से मुस्कुरा दिया–उसे पेसत्सोव और अपने भाई के साथ उलझे-उलझाये ढेरों-ढेर शब्दों के बाद जटिलतम भावों की यह इतनी संक्षिप्त, स्पष्ट और लगभग शब्दहीन अभिव्यक्ति अत्यधिक आश्चर्यचकित करने वाली प्रतीत हुई है।

श्चेर्बात्स्की इनके पास से चला गया, कीटी ताश खेलने की मेज के पास जा बैठी और खड़िया लेकर नये हरे कपड़े पर एक केन्द्र से कई दिशाओं में जाने वाली चक्र बनाने लगी।

इन दोनों ने नारियों की आजादी और उनके कार्यों के बारे में खाने की मेज पर हुई बातचीज फिर से शुरू कर दी। लेविन डॉली के इस विचार से सहमत था कि अविवाहित रह जाने वाली लड़की परिवार में ही नारी के करने योग्य काम पा सकती है। उसने इस तर्क के इस मत की पुष्टि की कि किसी भी परिवार का सहायिका के बिना काम नहीं चल सकता कि हर धनी या निर्धन परिवार में या तो घर की या वेतन भोगी आया है और होनी चाहिए।

"नहीं," कीटी ने शर्म से लाल होते, किन्तु साथ ही अपनी निश्छल आँखों से लेविन की ओर अधिक साहस से देखते हुए कहा, "लड़की ऐसी स्थिति में हो सकती है कि तिरस्कार के बिना परिवार में न जा सके, लेकिन वह खुद..."

"वह संकेत से ही कीटी की बात समझ गया।"

"अरे, हाँ!" वह बोला, "हाँ, हाँ, आपकी बात सही है, आपकी बात सही है!"

खाने की मेज पर नारियों की आजादी के बारे में पेसत्सोव जो कुछ सिद्ध कर रहा था, वह सब कुछ केवल इसीलिए समझ गया कि कीटी के हृदय में उसने अविवाहित रह जाने और तिरस्कृत होने का भय देखा और चूँकि वह उसे प्यार करता था, इसलिए उसने इस भय और तिरस्कार को अनुभव किया तथा फौरन अपने तर्क वापस ले लिये।

खामोशी छा गयी। कीटी मेज पर खड़िया से चक्र बनाती जा रही थी। उसकी आँखों में धीमी-धीमी चमक थी। कीटी के मूड के अधीन होते हुए वह अपने अंग-अंग में सुख का अधिकाधिक बढ़ता हुआ तनाव अनुभव कर रहा था।

"ओह, मैंने पूरी मेज पर चक्र बना दिये!" कीटी ने कहा और खड़िया रखकर कुछ ऐसे हिली-डुली मानो उठना चाहती हो।

"इसके बिना मैं अकेला कैसे रहूँगा?" उसने भयभीत होकर यह सोचा और खड़िया हाथ में ले ली। "जरा रुकिये," मेज के पास बैठते हुए वह बोला। "मैं बहुत समय से आपसे एक बात पूछना चाहता था।"

लेविन ने कीटी की स्नेहपूर्ण, यद्यपि सहमी हुई नजर से नजर मिलायी।

"कृपया पूछिये।"

"तो यह पढ़िये," उसने कहा और वाक्य के ये पहले अक्षर लिख दिये : ज, आ, मु, य, ज, द, थ, क, ऐ, न, ह, स, त, क, इ, य, म, थ, क, क, न, ह, स, अ, क, त? इन अक्षरों का यह अर्थ था : 'जब आपने मुझे यह जबाव दिया था कि ऐसा नहीं हो सकता, तो क्या इसका यह मतलब था कि कभी नहीं हो सकता अथवा केवल तभी?' इस बात की कोई सम्भावना नहीं थी कि कीटी ऐसे जटिल वाक्य को समझ जाये, किन्तु लेविन ने ऐसी दृष्टि से उसकी ओर देखा, जो मानो कह रही थी–इसी बात पर मेरी जिन्दगी का दार-मदार है कि आप इन शब्दों को समझेंगी या नहीं।

कीटी ने गम्भीरता से लेविन की ओर देखा और फिर अपने माथे को, जिस पर बल पड़े हुए थे, हाथ पर टिकाकर इन अक्षरों को पढ़ने लगी। जब-तब वह उसकी ओर देखती और मानो अपनी नजर से यह पूछती : 'मैं जो सोच रही हूँ, वह ठीक है या नहीं?'

"मैं समझ गयी," कीटी ने लज्जारुण होते हुए कहा।

"यह क्या शब्द हैं?" लेविन ने 'क, न' अक्षरों की ओर, जिनका अभिप्राय, 'कभी नहीं' से था, संकेत करते हुए पूछा।

"इन अक्षरों का मतलब है 'कभी नहीं'," कीटी ने कहा, "मगर यह सही नहीं है!"

लेविन ने जल्दी से अपने लिखे अक्षरों को मिटा दिया, खड़िया कीटी को दे दी

और उठकर खड़ा हो गया। कीटी ने ये अक्षर लिखे : त, म, क, द, ज, न, द, स, थ।

डॉली ने जब इन दो आकृतियों—हाथों में खड़िया लिये सहमी और सुखद मुस्कान के साथ लेविन की तरफ ऊपर को देखती कीटी तथा चमकती आँखों के साथ, जो कभी मेज और कभी कीटी पर टिक जाती थीं, कीटी की ओर झुकी हुई लेविन की सुन्दर आकृति—को देखा, तो करेनिन के साथ हुई बातचीत के कारण उसे जो दुःख हुआ था, उससे पूरी राहत मिल गयी। लेविन अचानक खिल उठा—वह अक्षरों का मतलब समझ गया था। इनका अर्थ था : 'तब मैं कोई दूसरा जवाब नहीं दे सकती थी।'

लेविन ने झेंपते हुए प्रश्नसूचक दृष्टि से उसकी तरफ देखा।

"केवल तब?"

"हाँ" कीटी की मुस्कान ने उत्तर दिया।

"और अ...और अब?" लेविन ने पूछा।

"लीजिये, इसे पढ़िये। मैं वह कहूँगी, जो चाहती हूँ। बेहद चाहती हूँ!" कीटी ने शुरू के अक्षर लिख दिये—क, ज, हु, थ, आ, उ, भ, ज, औ, क्ष, क, द। इनका मतलब था : 'कि जो हुआ था, आप उसे भूल जायें और क्षमा कर दें।'

लेविन ने तनावपूर्ण और काँपती उँगलियों से खड़िया उठायी, उसे तोड़ा और इस उत्तर के प्रारम्भिक अक्षर लिख दिये : 'मेरे कुछ भी भूलने और क्षमा करने का सवाल नहीं है, मैं आपको वैसे ही प्यार करता हूँ।'

कीटी ने ठहरी-सी मुस्कान के साथ उसकी ओर देखा।

"मैं समझ गयी," वह फुसफुसायी।

लेविन ने बैठकर एक लम्बे वाक्य के पहले अक्षर लिखे। कीटी सब कुछ समझ गयी और उससे यह पूछे बिना कि वह सही है या नहीं, उसने खड़िया लेकर तुरन्त उत्तर लिख दिया।

कीटी ने जो कुछ लिखा था, लेविन देर तक नहीं समझ पाया और बार-बार उसकी आँखों में झाँकता रहा। खुशी के कारण उसकी आँखों के सामने धुन्ध-सी छा गयी थी। कीटी का जिन शब्दों से अभिप्राय था, वे उसे किसी तरह नहीं मिलते थे। किन्तु कीटी की खुशी से चमकती हुई सुन्दर आँखों में उसने वह सब कुछ पढ़ लिया, जो वह जानना चाहता था। उसने तीन अक्षर लिखे। किन्तु लेविन ने अभी लिखना समाप्त नहीं किया था कि कीटी ने उसके हाथ के ऊपर से उन्हें पढ़कर खुद पूरा कर दिया और जवाब में 'हाँ' लिख दिया।

"अक्षर बूझने का खेल खेल रहे हैं?" बूढ़े प्रिन्स ने निकट आकर पूछा। "लेकिन अगर वक्त पर थिएटर पहुँचना चाहते हो, तो चलना चाहिए।"

लेविन उठा और कीटी को दरवाजे तक पहुँचा आया।

इन दोनों की बातचीत में सब कुछ कह दिया गया था। यह कहा जा चुका था

कि कीटी उसे प्यार करती है और माता-पिता को यह बता देगी कि वह अगली सुबह को उनके यहाँ आयेगा।

14

कीटी के जाने पर जब लेविन अकेला रह गया, तो उसके बिना उसने ऐसी बेचैनी और अगली सुबह तक, जब वह फिर उससे मिलेगा और उसके साथ चिर-बन्धन में बँध जायेगा, जल्दी-से-जल्दी जी लेने की तीव्र इच्छा अनुभव की, कि वह इन चौदह घंटों से, जो अभी उसे उसके बिना बिताने थे, मौत की तरह भयभीत हो उठा। इसलिए कि वह अकेला न रहे कि समय को छल सके, उसके लिए किसी की संगत में रहना और बातचीत करना जरूरी था। इस उद्देश्य के लिए ओब्लोन्स्की सबसे अच्छा रहता, मगर वह, जैसा कि उसने बताया था, रात की पार्टी में, किन्तु वास्तव में थिएटर जा रहा था। लेविन उससे केवल इतना ही कह पाया कि वह बहुत खुश है और उसे प्यार करता है तथा कभी भी वह नहीं भूल सकेगा, जो उसने उसके लिए किया है। ओब्लोन्स्की की दृष्टि और मुस्कान लेविन को यह स्पष्ट कर रही थी कि वह उसकी इस भावना को सही रूप में समझ रहा है।

"तो कहो, अभी मरने का वक्त नहीं आया न?" ओब्लोन्स्की ने स्नेह से लेविन का हाथ दबाते हुए कहा।

"नहीं!" लेविन ने जवाब दिया।

डॉली ने भी लेविन से विदा लेने के समय मानो बधाई देते हुए उससे कहा :

"कितनी खुश हूँ कि आपकी कीटी से फिर मुलाकात हुई। पुरानी दोस्तियों को सहेजना चाहिए।"

किन्तु लेविन को डॉली के ये शब्द अच्छे नहीं लगे। वह यह समझने में असमर्थ थी कि यह सब कितना ऊँचा और उसकी समझ के परे था कि उसे यह याद दिलाने का साहस नहीं करना चाहिए था।

लेविन ने इनसे विदा ले ली, लेकिन इसलिए कि अकेली न रह जाये, अपने भाई के साथ चिपक गया।

"तुम कहाँ जा रहे हो?"

"बैठक में भाग लेने।"

"मैं भी तुम्हारे साथ चलता हूँ। चल सकता हूँ?"

"चल क्यों नहीं सकते? चलो," कोज़्निशेव ने मुस्कुराकर कहा। "तुम्हें आज हुआ क्या है?"

"मुझे? मैं आज सौभाग्यशाली हूँ!" लेविन ने जिस बग्घी में वे जा रहे थे, उसकी खिड़की का शीशा नीचे गिराते हुए कहा। "तुम्हें तो कोई आपत्ति नहीं? वरना दम घुटता है। मैं आज सौभाग्यशाली हूँ! तुमने कभी शादी नहीं की?"

कोज़्निशेव मुस्कुराया।

"मैं बहुत खुश हूँ। लगता है कि वह बहुत भली लड़की..." कोज़्निशेव ने कहना चाहा।

"नहीं कहो, नहीं कहो, कुछ नहीं कहो!" लेविन ने दोनों हाथों से भाई के कोट के कालर से उसके सीने को ढँकते हुए कहा। "वह बहुत भली लड़की है," इतने साधारण और घिसे-पिटे ये शब्द उसकी भावना के बिल्कुल अनुरूप नहीं थे।

कोज़्निशेव खिलखिलाकर हँस दिया, जैसा कि उसके साथ बहुत कम होता था।

"फिर भी यह तो कह सकता हूँ कि मैं बहुत खुश हूँ।"

"यह कल, कल कहा जा सकता है और इससे अधिक कुछ नहीं! कुछ नहीं, कुछ भी नहीं, खामोशी!" लेविन ने कहा और एक बार फिर भाई के फर कोट के कालर से उसके सीने को ढकते हुए इतना और जोड़ दिया, "बहुत प्यार करता हूँ मैं तुम्हें! मैं बैठक में चल सकता हूँ न?"

"जाहिर है, चल सकते हो।"

"आज वहाँ किस बात की चर्चा होने वाली है?" लेविन ने लगातार मुस्कुराते हुए पूछा।

वे बैठक में भाग लेने के लिए पहुँचे। लेविन ने सेक्रेटरी को रुक-रुककर पिछली बैठक की रिपोर्ट पढ़ते सुना, जिसे स्पष्टतः वह खुद नहीं समझ रहा था। किन्तु लेविन ने इस सेक्रेटरी के चेहरे से यह देखा कि वह कितना प्यारा, दयालु और भला आदमी है। रिपोर्ट पढ़ते वक्त वह कैसे घबरा रहा था, गड़बड़ कर रहा था, लेविन को यही उसकी भलमनसाहत का प्रमाण प्रतीत हुआ। इसके बाद भाषण शुरू हुए। वे कुछ रकमें निर्धारित करने और पाइपें बिछाने के बारे में बहस कर रहे थे। कोज़्निशेव ने दो सदस्यों को शब्दों के विषैले डंक मारे और विजेता की तरह काफी देर तक बोलता रहा। दूसरे सदस्य ने कागज पर कुछ लिखकर शुरू में तनिक झिझकते हुए बोलना आरम्भ किया, मगर बाद में उसने बड़े जहरीले और मधुर ढंग से उसे उत्तर दिया। इसके बाद स्वियाज्स्की ने (वह भी यहाँ था) भी बहुत सुन्दरता और उदात्तता से कुछ कहा। लेविन इन लोगों को सुन और स्पष्ट रूप से अनुभव कर रहा था कि न तो रकमें निर्धारित करने और न पाइपें बिछाने की बात ही कोई महत्त्व रखती थी और ये लोग बिल्कुल खीझ-झुँझला नहीं रहे थे, बल्कि सभी बड़े दयालु और भले लोग थे और उनके बीच सभी कुछ बहुत अच्छे और प्यारे ढंग से हो रहा था। कोई भी किसी के लिए बाधा नहीं था, सभी को बहुत अच्छा लग रहा था। लेविन के लिए सबसे विलक्षण बात यह थी कि आज इन सभी को वह आर-पार देख पा रहा था और ऐसे छोटे-छोटे लक्षणों, जिन्हें वह पहले नहीं देख सका था, वह हर किसी की आत्मा को जानने में समर्थ था और साफ तौर पर देख रहा था कि वे सभी दयालु लोग थे। उसे, लेविन को तो वे सभी आज खासतौर पर बहुत प्यार कर रहे थे। यह

इस चीज से नजर आ रहा था कि कैसे वे उससे बात कर रहे थे, सभी अपरिचित लोग भी उसकी तरफ कैसे स्नेह से देख रहे थे।

"कहो, तुम्हें यहाँ अच्छा लगा?" कोज़्निशेव ने उससे पूछा।

"बहुत ही। मैंने कल्पना भी नहीं की थी यह इतना दिलचस्प होगा। बहुत खूब, बहुत बढ़िया!"

स्वियाज़्स्की ने लेविन के पास आकर उसे अपने यहाँ चाय पीने के लिए आमन्त्रित किया। लेविन किसी भी तरह यह समझ और याद नहीं कर पा रहा था कि वह किस कारण स्वियाज़्स्की से नाखुश था, उससे क्या चाहता था। वह समझदार और अद्भुत रूप से दयालु व्यक्ति था।

"बड़ी खुशी से," उसने कहा और उसकी पत्नी तथा साली का हाल-चाल पूछा। विचारों के अजीब संयोग से, चूँकि स्वियाज़्स्की की साली का विचार विवाह से ही सम्बन्धित था, उसे लगा कि स्वियाज़्स्की की पत्नी और साली से बेहतर और कोई व्यक्ति नहीं होगा, जिसे वह अपने सौभाग्य के बारे में बताये। इसलिए उनके यहाँ जाते हुए उसे बड़ी खुशी हो रही थी।

स्वियाज़्स्की ने लेविन से गाँव में उसके काम-काज के बारे में पूछताछ की और सदा की भाँति ऐसा कुछ ढूँढ़ पाने की सम्भावना को स्वीकार नहीं किया, जो यूरोप में खोज न लिया गया हो। लेविन को अब यह बिल्कुल बुरा नहीं लगा। इसके विपरीत, वह यह महसूस कर रहा था कि स्वियाज़्स्की की बात सही है, कि यह सारा धन्धा बड़ा तुच्छ है तथा उस शराफत और नजाकत को महसूस कर रहा था, जिससे स्वियाज़्स्की अपने सही होने की चर्चा से कन्नी काट रहा था। स्वियाज़्स्की के घर की महिलाएँ तो विशेषतः बहुत अच्छे ढंग से पेश आ रही थीं। लेविन को लगा कि वे सब कुछ जानती हैं उसके प्रति सहानुभूति रखती हैं, लेकिन मामले की नजाकत को महसूस करते हुए कुछ कहती नहीं हैं। वह उनके यहाँ एक, दो, तीन घंटे बैठा हुआ तरह-तरह के विषयों पर बातें करता रहा, किन्तु उसी चीज के बारे में सोचता रहा, जो उसके दिल-दिमाग पर छायी हुई थी। इस बात की ओर उसका ध्यान नहीं गया कि उसने बुरी तरह उन्हें ऊबा डाला है और बहुत पहले ही उनके सोने का वक्त हो चुका है। स्वियाज़्स्की जम्हाइयाँ लेते और अपने मित्र की मानसिक स्थिति पर हैरान होते हुए उसे ड्योढ़ी तक छोड़ गया। रात के एक बजने के बाद का वक्त था। लेविन होटल में लौटा और यह सोचकर परेशान हो उठा कि अपनी बेकरारी-बेचैनी के साथ वह अभी शेष रह गये दस घंटे अकेला कैसे बितायेगा। ड्यूटी बजाने वाले नौकर ने मोमबत्ती जला दी और जाना चाहा, किन्तु लेविन ने उसे रोक लिया। येगोर नाम का यह नौकर, जिसकी ओर लेविन का पहले ध्यान ही नहीं गया था, बहुत समझदार और भला तथा इससे भी बढ़कर, दयालु व्यक्ति प्रतीत हुआ।

"जागते रहना कठिन लगता है न, येगोर?"

"क्या किया जाये! काम ही ऐसा है। रईसों के घरों में चैन रहता है, मगर यहाँ आमदनी ज्यादा है।"

पता चला कि येगोर का परिवार है, तीन बेटे और एक बेटी, जो दर्जिन है। वह जीनसाज की दुकान के कारिन्दे के साथ उसकी शादी करना चाहता था।

इस सिलसिले में लेविन ने येगोर को अपना यह विचार बताया कि शादी के मामले में प्यार ही मुख्य चीज है और प्यार से आदमी सदा सुखी रहता है, क्योंकि सुख तो खुद आदमी के भीतर ही होता है।

येगोर ने ध्यान से लेविन की बात सुनी और उसके विचार को सम्भवतः अच्छी तरह समझ गया, किन्तु इसकी पुष्टि में उसने लेविन के लिए अप्रत्याशित यह टिप्पणी की कि जब वह भले कुलीनों के यहाँ काम करता था, तो हमेशा उनसे सन्तुष्ट रहा और अब भी अपने मालिक से खुश है, यद्यपि वह फ्रांसीसी है।

'बहुत ही दयालु आदमी है,' लेविन ने सोचा।

"येगोर, जब तुमने शादी की थी, तो क्या तुम अपनी बीवी को प्यार करते थे?"

"प्यार कैसे नहीं करता था!" येगोर ने जवाब दिया।

लेविन ने देखा कि येगोर भी उल्लासपूर्ण मानसिक स्थिति में है और अपनी सभी आन्तरिक भावनाएँ व्यक्त करना चाहता है।

"मेरा जीवन भी अद्‌भुत है। मैं बचपन से ही..." उसने आँखों में चमक लाते और स्पष्टतः लेविन के उल्लास से वैसे ही प्रभावित होकर कहना शुरू किया, जैसे लोग किसी दूसरे को जम्हाई लेते देखकर खुद जम्हाई लेने लगते हैं।

किन्तु इसी समय घंटी बजी। येगोर चला गया और लेविन अकेला रह गया। उसने तीसरे पहर के भोजन के समय लगभग कुछ नहीं खाया था, स्वियाज्स्की के यहाँ रात के खाने और चाय से इनकार कर दिया था, लेकिन रात के खाने के बारे में सोच भी नहीं सकता था। वह पिछली रात सो नहीं सका था, किन्तु सोने का खयाल भी ध्यान में नहीं ला सकता था। कमरे में ठंडक थी, मगर उसका गर्मी से दम घुट रहा था। उसने खिड़की के दोनों झरोखे खोल दिये और उनके सामने मेज पर बैठ गया। बर्फ से ढँकी छत के पीछे जंजीरों सहित बेल-बूटोंवाली सलीब दिखाई दे रही थी और उसके ऊपर उसे अत्यधिक चमकते पीले कैपेल्ला तारे के साथ प्रजापति नक्षत्र या तिकोण दिखाई दिया। वह कभी सलीब, तो कभी तारे पर नजर डालता, क्रमिक रूप से कमरे में आने वाली ताजा, बर्फीली हवा को साँसों में भरता और कल्पना-पट पर उभरने वाले बिम्बों और स्मृतियों को मानो स्वप्न की भाँति देखता। तीन बजने के बाद उसे गलियारे में पैरों की आहट सुनाई दी और उसने दरवाजे में से झाँककर देखा। यह उसका परिचित जुआरी म्यास्किन था, जो क्लब से लौट रहा था। वह बड़ा उदास, नाक-भौंह सिकोड़े और खाँसता हुआ चल रहा था। 'बेचारा, किस्मत का मारा,' लेविन ने सोचा और इस व्यक्ति के प्रति प्यार और दया से उसकी

आँखें डबडबा आयीं। उसने चाहा कि उससे बात करे, उसे तसल्ली दे, मगर यह ध्यान आने पर कि वह सिर्फ एक कमीज पहने है, उसने अपना इरादा बदल लिया और फिर से ठंडी हवा में स्नान करने और अनूठी बनावटवाली, मूक, किन्तु उसके लिए महत्त्वपूर्ण सलीब तथा ऊपर उठते हुए पीले चमकते तारे को देखे। छः बजते ही फर्श का पॉलिश करने वाले अपना काम करने लगे, किसी गिरजे में घंटियाँ बजने लगीं तथा लेविन झुरझुरी महसूस करने लगा। उसने खिड़की का झरोखा बन्द कर दिया, हाथ-मुँह धोया, कपड़े पहने और बाहर सड़क पर आ गया।

15

सड़कें अभी सूनी पड़ी थीं। लेविन श्चेर्बात्स्की परिवार के घर के करीब पहुँचा। मुख्य द्वार बन्द था और सभी सो रहे थे। वह वापस लौटा, फिर से अपने होटल के कमरे में गया और कॉफी लाने को कहा। येगोर के बजाय दिन के वक्त का बैरा कॉफी लाया। लेविन ने उससे बातचीत शुरू करनी चाही, लेकिन बैरे को किसी ने घंटी बजाकर बुला लिया और वह चला गया। लेविन ने कॉफी पीना और केक का टुकड़ा मुँह में डालना चाहा, किन्तु उसका मुँह मानो बिल्कुल नहीं समझ पा रहा था कि वह केक का क्या करे। लेविन ने केक थूक दिया, ओवरकोट पहना और फिर से बाहर चला गया। नौ से अधिक का समय हो चुका था, जब वह दूसरी बार श्चेर्बात्स्की परिवार के घर के सामने पहुँचा। घर के लोग अभी जागे ही थे और बावर्ची रसद लाने के लिए जा रहा था। अभी कम-से-कम दो घंटे और बिताना लाजिमी था।

लेविन ने पिछली रात और सुबह पूरी तरह अचेतनावस्था में गुजारी थी और अपने को भौतिक जीवन की स्थितियों से एकदम मुक्त अनुभव करता रहा था। उसने दिन-भर कुछ भी नहीं खाया था, दो रातों तक पलक नहीं झपकी थी, सिर्फ कमीज पहने हुए बर्फीली हवा में कई घंटे गुजारे थे और न केवल इतना ताजादम और स्वस्थ अनुभव कर रहा था, जितना उसने कभी नहीं किया था, बल्कि अपने को शरीर से सर्वथा मुक्त अनुभव कर रहा था। वह मांसपेशियों के किसी प्रयास के बिना चल-फिर रहा था और अनुभव करता था कि सभी कुछ कर सकता है। उसे यकीन था कि जरूरत होने पर उड़ भी सकता है और किसी घर का कोना भी हिला-डुला सकता है। उसने लगातार घड़ी पर नजर डालते और इधर-उधर देखते हुए बाकी वक्त बिताया।

लेविन ने इस समय जो कुछ देखा, इसके बाद फिर कभी नहीं देख पाया। विशेष रूप से स्कूल जाते बच्चों, छतों से पटरी पर उड़ आने वाले नीलगूँ कबूतरों और पावरोटियों ने, जिन पर आटा छिड़का हुआ था और जिन्हें अदृश्य हाथ ने वहाँ रख दिया था, विशेष रूप से उसके दिल को छू लिया। वे पावरोटियाँ, कबूतर और दो लड़के मानो इस दुनिया के प्राणी नहीं थे। यह सब एक ही वक्त हुआ—लड़का

भागता हुआ कबूतर के पास गया और मुस्कुराते हुए उसने लेविन की तरफ देखा। कबूतर ने पंख फड़फड़ाये और हवा में सिहरते हिमकणों के बीच में धूप में अपने पंखों को चमकाता हुआ उड़ गया। छोटी-सी खिड़की में से सिंकी हुई डबलरोटियों की सुगन्ध आ रही थी तथा पावरोटियाँ सामने आ रही थीं। यह सब कुछ एक साथ इतना असाधारण रूप से अच्छा था कि लेविन खुशी से रो और हँस पड़ा। गाज़ेत्नी गली और कीस्लोव्का का बड़ा-सा चक्कर लगाकर वह फिर होटल में वापस आ गया और घड़ी को अपने सामने रखकर बारह बजने का इन्तजार करने लगा। बगल के कमरे में मशीनों और धोखे-फरेब के बारे में कुछ बातचीत हो रही थी और सुबह के ढंग की खाँसी सुनाई दे रही थी। ये लोग नहीं समझ पा रहे थे घड़ी की सूई बारह के करीब पहुँच गयी है। बारह बज गये। लेविन बाहर आया। कोचवान सम्भवतः सब कुछ जानते थे। खिले हुए चेहरोंवाले इन कोचवानों ने उसे घेर लिया और आपस में बहस करते हुए वे अपनी सेवायें पेश करने लगे। इस आशय से कि दूसरे कोचवानों के दिलों को ठेस न लगे, उसने किसी दूसरी बार उनकी गाड़ी में जाने का वचन देते हुए एक कोचवान को चुन लिया और उसे श्चेर्बात्स्की परिवार के यहाँ चलने को कहा। कोट से ऊपर उठे और मजबूत लाल गर्दन पर फिट बैठे सफेद कमीज के कालरवाला कोचवान बहुत खूब था। इस कोचवान की स्लेज ऊँची और ऐसी आरामदेह थी कि फिर कभी उसे इस तरह की गाड़ी में सवारी का मौका नहीं मिला। घोड़ा भी लाजवाब था, तेज भागने की कोशिश करता था, मगर मानो अपनी जगह से हिलता ही नहीं प्रतीत हो रहा था। कोचवान श्चेर्बात्स्की परिवार का घर जानता था और सवारी के प्रति विशेष आदर दिखाने के लिए कोहनियों को गोल बनाते तथा 'तुर्र' कहकर घोड़े को रोकते हुए लेविन को घर के सामने उतार दिया। श्चेर्बात्स्की परिवार का दरबान तो शायद सब कुछ जानता था। यह उसकी आँखों की मुस्कान और जिस ढंग से उसने निम्न शब्द कहे, स्पष्ट था : 'बहुत दिनों से नहीं पधारे, कोन्स्तान्तीन द्मीत्रियेविच!'

न केवल यह कि वह सब कुछ जानता था, बल्कि स्पष्टतः बहुत खुश और अपनी खुशी को छिपाने के लिए प्रयत्नशील भी था। उसकी बुढ़ा चुकी, प्यारी आँखों से झाँकते हुए लेविन अपनी खुशी में कुछ और नया समझ गया।

"घरवाले उठ गये!"

"जी! इसे यहीं रहने दीजिये," जब लेविन ने टोपी लेने के लिए वापस जाना चाहा, तो दरबान ने मुस्कुराते हुए कहा। यह भी कुछ अर्थपूर्ण बात थी।

"किसे सूचित करने का आदेश दीजियेगा?" नौकर ने पूछा।

नौकर बेशक जवान और नये ढंग के नौकरों में से, बाँका-छैला था, फिर भी बहुत दयालु और भला आदमी था और वह भी सब कुछ समझता था।

"प्रिन्सेस...प्रिन्स...छोटी प्रिन्सेस को..." लेविन ने कहा।

लेविन को जो चेहरा सबसे पहले दिखाई दिया, वह Mademoiselle Linon का था। वह हॉल को लाँघ रही थी और उसके विरले घुँघराले बाल तथा चेहरा चमक रहा था। लेविन ने उसके साथ बात शुरू ही की थी अचानक दरवाजे के पीछे फ्रॉक की सरसराहट सुनाई दी और Mademoiselle Linon लेविन की आँखों के सामने से ओझल हो गयी और अपने सौभाग्य की निकटता की सुखद घबराहट से उसका दिल बैठ गया। Mademoiselle Linon ने उतावली की और उसे वहीं छोड़कर दूसरे दरवाजे की ओर बढ़ गयी। उसके बाहर जाते ही तख्तों के फर्श पर तेज और हल्के-हल्के कदम बज उठे और उसकी खुशी, उसकी जिन्दगी, वह खुद–खुद उसका बेहतर भाग, वह, जिसकी वह इतने समय से तलाश और तमन्ना कर रहा था, बड़ी तेजी से उसके करीब आती जा रही थी। वह आ नहीं रही थी, बल्कि कोई अदृश्य शक्ति उसे उसकी तरफ खींचे ला रही थी।

लेविन केवल उसकी निर्मल और निश्छल आँखों को देख रहा था, जो प्यार की उसकी खुशी से सहमी हुई थीं, जिससे उसका अपना दिल सराबोर था। इन आँखों की चमक अधिकाधिक निकट आती जा रही थी, अपने प्यार के प्रकाश से उसे चकाचौंध कर रही थी। वह उसके करीब आकर उसे छूती हुई रुक गयी। उसकी बाँहें उठीं और उसके कन्धों पर टिक गयीं।

वह जो कुछ कर सकती थी, उसने सब कुछ कर दिया था–वह उसके पास भाग आयी थी और उसने झेंपते हुए तथा खुश होते हुए अपने को पूरी तरह उसे समर्पित कर दिया था। लेविन ने उसे अपने आलिंगन में भर लिया और उसके मुँह पर, जो उसका चुम्बन पाना चाह रहा था, अपने होंठ टिका दिये।

वह भी सारी रात नहीं सोयी थी और पूरी सुबह उसकी राह देखती रही थी। माता-पिता पूरी तरह सहमत और उसकी खुशी से खुश थे। वह उसकी राह देख रही थी। वही सबसे पहले उसे अपने तथा उसके सौभाग्य की सूचना देना चाहती थी। वह अकेली ही उससे मिले, इसके लिए अपने को तैयार करती रही थी और इस विचार से खुश भी हुई थी, झेंपी भी थी, शरमायी भी थी तथा खुद वह नहीं जानती थी कि क्या करेगी। उसने लेविन के पैरों की आहट और आवाज सुनी तथा Mademoiselle Linon के जाने पर दरवाजे के पीछे खड़ी रहकर राह देखती रही। वह कुछ सोचे-विचारे और अपने क्यों और कैसे पूछे बिना उसके पास चली गयी और वह किया, जो उसने किया था।

"आइये, माँ के पास चलें," लेविन का हाथ थामते हुए कीटी ने कहा। लेविन देर तक कुछ नहीं कह सका। इतना इसलिए नहीं कि वह शब्दों से अपनी भावनाओं की गरिमा नष्ट करने से डरता था, जितना इसलिए कि हर बार, जब उसने कुछ कहना चाहा, उसे ऐसा अनुभव हुआ कि शब्दों के बजाय उसकी आँखों से खुशी के आँसू निकल आयेंगे। लेविन ने उसका हाथ अपने हाथ में लेकर चूमा।

"क्या यह सच है?" आखिर उसने खरखरी-सी आवाज में कहा। "यकीन नहीं होता कि तुम मुझे प्यार करती हो!"

कीटी उसके 'तुम' और उस भीरुता पर मुस्कुरा दी, जिससे उसने उसकी तरफ देखा था।

"हाँ!" कीटी ने विशेष महत्त्व के साथ और धीरे-धीरे कहा। "बहुत सौभाग्यशाली हूँ मैं!"

लेविन का हाथ थामे हुए ही वह मेहमानखाने में दाखिल हुई। दोनों को देखते ही प्रिन्सेस की साँस तेज हो गयी, वे उसी क्षण रो दीं, हँस दीं और ऐसी फुर्ती से, जिसकी लेविन ने आशा नहीं की थी, लपककर उनके पास आयीं, लेविन के सिर को बाहुपाश में लेकर उसे चूमा और उसके गालों को आँसुओं से तर किया।

"तो बात तय हो गयी! मैं खुश हूँ। इसे प्यार करो। मैं खुश हूँ...कीटी!"

"जल्द ही मामला निपटा लिया!" बूढ़े प्रिन्स ने अन्यमनस्कता प्रकट करने का प्रयास करते हुए कहा। किन्तु जब उन्होंने लेविन को सम्बोधित किया, तो उसने देखा कि उनकी आँखें नम थीं।

"मैं बहुत अर्से से, सदा से यही चाहता रहा हूँ!" लेविन का हाथ थामते और उसे अपनी ओर खींचते हुए उन्होंने कहा। "मैं तो तब भी, जब इस चंचल के दिमाग में कुछ और..."

"पापा!" कीटी चिल्ला उठी और दोनों हाथों से पिता का मुँह बन्द कर दिया।

"अच्छी बात है, नहीं कहूँगा!" वे बोले। "मैं बेहद, बेहद... खुश... ओह, कैसा बुद्धू हूँ मैं..."

पिता ने बेटी को गले से लगाया, उसका मुँह, हाथ, फिर से मुँह चूमा और उस पर सलीब बनायी। और लेविन ने जब यह देखा कि कीटी कैसे देर तक और भावुकता से पिता के भारी हाथ को चूम रही है, तो उसके दिल में पहले अपने लिए पराये इस बूढ़े प्रिन्स के प्रति प्यार की नयी भावना तरंगित हो उठी।

16

आरामकुर्सी में बैठी हुई प्रिन्सेस चुपचाप मुस्कुरा रही थीं। प्रिन्स उनकी बगल में बैठ गये। कीटी अपने पिता का थामे हुए ही उनकी आरामकुर्सी के पास खड़ी थी। सब खामोश थे।

प्रिन्सेस ने ही सबसे पहले शब्दों में सारी बात कही और विचारों तथा भावनाओं को जीवन का व्यावहारिक रूप दिया। पहले क्षण में तो यह सभी को समान रूप से अजीब और पीड़ायुक्त ही प्रतीत हुआ।

"तो कब? सगाई और रिश्ता पक्का होने की घोषणा होनी चाहिए। शादी कब की जाये? तुम्हारा क्या खयाल है अलेक्सान्द्र?"

"इससे पूछो," बूढ़े प्रिन्स ने लेविन की ओर संकेत करते हुए कहा। "यह तो इसी को तय करना है।"

"कब?" लेविन लज्जारुण होते हुए बोला। "कल। अगर आप मुझसे पूछते हैं, तो शायद आज सगाई और कल ब्याह हो जाना चाहिए।"

"बस, रहने दो, mon cher, यह बेकार बात है!"

"तो एक हफ्ते बाद।"

"यह तो सचमुच पागल है।"

"लेकिन क्यों नहीं?"

"हे भगवान!" लेविन की इस उतावली पर खुशी से मुस्कुराते हुए प्रिन्सेस ने कहा। "और दहेज?"

"तो क्या दहेज और बाकी सब कुछ भी होगा?" लेविन ने दहलते दिल से सोचा। 'लेकिन क्या दहेज और सगाई की रस्म और बाकी सब कुछ–क्या इससे मेरी खुशी का रंग बिगड़ सकता है? नहीं, किसी भी चीज से ऐसा नहीं हो सकता!' उसने कीटी की तरफ देखा और महसूस किया कि दहेज के विचार से उसे जरा भी ठेस नहीं लगी है। 'इसका मतलब यह हुआ कि ऐसा होना चाहिए,' उसने सोचा।

"बात यह है कि मैं कुछ भी नहीं जानता और मैंने केवल अपनी इच्छा ही व्यक्त की है," उसने अपनी सफाई देते हुए कहा।

"तो हम ही तय कर लेंगे। हम सगाई के साथ ही विवाह की घोषणा कर देंगे। यह ठीक रहेगा।"

प्रिन्सेस अपने पति के पास गयीं, उन्हें चूमा और जाना चाहा, लेकिन पति ने उसे रोक लिया, बाँहों में भरकर युवा प्रेमी की तरह कोमलता से तथा मुस्कुराते हुए उसे कई बार चूमा। बूढ़े स्पष्टतः क्षण-भर को अपनी सुध-बुध खो बैठे और उन्हें इस बात का पूरा ज्ञान नहीं रहा कि वे दोनों ही फिर से प्रेम-दीवाने हो गये हैं या उनकी बेटी ही। प्रिन्स और प्रिन्सेस के बाहर जाने पर लेविन अपनी मंगेतर के पास गया और उसका हाथ थाम लिया। अब उसने अपने को सम्भाल लिया था और बातें कर सकता था। उसे कीटी से बहुत कुछ कहना था। लेकिन उसने वह नहीं कहा, जो कहना था।

"मैं जानता था कि ऐसा ही होगा! मैंने कभी आशा नहीं की थी–किन्तु मेरे दिल में हमेशा इसका विश्वास बना रहा था," उसने कहा। "मुझे यकीन है कि किस्मत ने पहले से ही ऐसा तय कर दिया था।"

"और मैं?" वह बोली। "तब भी..." कीटी रुकी और अपनी निश्छल आँखों से दृढ़तापूर्वक उसकी ओर देखती हुई फिर से कहती गयी, "तब भी, जब मैंने अपने सौभाग्य को अपने दूर किया था। मैं हमेशा सिर्फ आपको ही प्यार करती थी, मगर बहक गयी थी... मुझे यह कहना ही होगा... आप इसे भुला सकेंगे?"

"शायद वह अच्छा ही हुआ। आपको भी मुझे बहुत कुछ क्षमा करना होगा। मैं आपको बताये बिना नहीं रह सकता कि..."

लेविन ने कीटी को जो कुछ बताने का निर्णय किया था, वह उनमें से एक बात थी। उसने शुरू से ही उसे दो बातें बताने का इरादा बना लिया था—कि वह उसकी भाँति पवित्र नहीं है और दूसरे यह कि नास्तिक है। यह यातनापूर्ण था, किन्तु वह ऐसा मानता था कि उसे दोनों बातें कह ही देनी चाहिए।

"नहीं, अब नहीं, बाद को!" लेविन ने कहा।

"अच्छी बात है, बाद को, मगर बताना जरूर। मैं किसी भी चीज से नहीं डरती। मुझ सब कुछ जानना चाहिए। सो यह तय हो गया।"

लेविन ने कीटी की बात पूरी की :

"तय यह हो गया कि मैं जैसा भी हूँ आप मुझे उसी रूप में ग्रहण कर लेंगी, मुझसे इनकार नहीं करेंगी न? नहीं न?"

"हाँ, हाँ, नहीं करूँगी।"

Mademoiselle Linon ने इनकी बातचीत में खलल डाल दिया, जो बेशक बनावटी ढंग से, किन्तु मधुर मुस्कान लिये हुए अपनी प्यारी शिष्या को बधाई देने आयी थी। उसके बाहर जाते ही नौकर-चाकर बधाई देने आ गये। बाद में रिश्तेदार आ पहुँचे और उस सुखद शोर-शराबे का आरम्भ हुआ, जिससे लेविन को विवाह के अगले दिन तक मुक्ति नहीं मिली। लेविन लगातार अटपटापन और ऊब अनुभव करता था, मगर खुशी की तीव्रता निरन्तर बढ़ती जा रही थी। वह लगातार यह महसूस करता था कि उससे बहुत-सी ऐसी चीजों की अपेक्षा की जा रही है, जो वह नहीं जानता है और उससे जो कुछ करने को कहा जाता, वह सब कुछ करता और इससे उसे खुशी नसीब होती। उसका खयाल था कि उसकी सगाई दूसरों से बिल्कुल अलग किस्म की होगी कि सगाई-शादी की आम रस्में उसके विशेष सुख-सौभाग्य का रंग बिगाड़ देंगी, लेकिन हुआ यह कि उसने भी वही कुछ किया, जो दूसरे करते थे और इससे उसकी खुशी बढ़ती चली गयी, अधिकाधिक अपने ढंग की ऐसी विशेष खुशी होती गयी, जो दूसरों ने कभी नहीं जानी थी।

"अब हम मिठाई खायेंगी," Mademoiselle Linon ने कहा और लेविन मिठाई खरीदने चल दिया।

"बहुत खुशी हुई है मुझे," स्वियाज्स्की ने कहा। "मैं आपको फोमीन के यहाँ से गुलदस्ते खरीदने की सलाह देता हूँ।"

"ऐसा करने की जरूरत है?" और वह फोमीन की दुकान पर चला गया।

बड़े भाई ने उससे कहा कि उसे कर्ज ले लेना चाहिए, क्योंकि बहुत खर्च होगा, उपहार खरीदने होंगे।

"उपहार चाहिए?" और वह फूल्डे के यहाँ चल दिया।

मिठाईवाले, फोमीन और फूल्डे के यहाँ उसने देखा कि उसकी राह देखी जा रही थी कि उसके आने से उन्हें खुशी हुई और उन सभी की तरह, जिनके साथ इन दिनों उसका वास्ता पड़ता था, वे भी उसके सुख से आनन्द-विभोर हो रहे थे। असाधारण बात तो यह थी कि सभी लोग न केवल उसे चाहते थे, बल्कि जो पहले उसके प्रति मैत्री का भाव नहीं रखते थे, उसके प्रति भावनाहीन और उदासीन थे, अब उस पर मुग्ध होते थे, उसकी हर इच्छा पूरी करने की कोशिश करते थे, उसकी भावनाओं के प्रति बड़ी कोमलता और नजाकत दिखाते थे तथा उसकी इस आस्था को मानते थे कि वह संसार का सबसे सौभाग्यशाली व्यक्ति है, क्योंकि उसकी मंगेतर पूर्णता का चरम बिन्दु है। कीटी भी ऐसा ही अनुभव करती थी। काउंटेन नोर्डस्टोन ने जब यह संकेत करने की जुर्रत की कि वह कुछ बेहतर की कामना कर रही थी, तो कीटी इतने जोश में आ गयी और ऐसे अकाट्य रूप से उसने यह सिद्ध कर दिया कि दुनिया में लेविन से बढ़कर और कोई नहीं हो सकता कि काउंटेन नोर्डस्टोन को यह स्वीकार करना पड़ा और कीटी की उपस्थिति में अब वह हमेशा प्रशंसापूर्ण मुस्कान के साथ लेविन का स्वागत करती।

लेविन ने कीटी को अपने बारे में बताने का जो वचन दिया था, वह इन दिनों की एक अप्रिय घटना सिद्ध हुआ। उसने बूढ़े प्रिन्स से सलाह-मशविरा किया और उनकी अनुमति पाकर कीटी को अपनी डायरी दे दी, जिसमें वह लिखा हुआ था, जो उसे सन्तप्त कर रहा था। उसने अपनी भावी मंगेतर को ध्यान में रखते हुए ही यह डायरी लिखी थी। उसे दो बातें यातना दे रही थीं—अपनी अपवित्रता और नास्तिकता। नास्तिकता की स्वीकारोक्ति की तरफ कीटी ने कोई ध्यान नहीं दिया। कीटी ईश्वर में आस्था रखती थी, धर्म-सत्यों के बारे में उसे कभी संशय नहीं हुआ था, किन्तु लेविन की बाहरी धार्मिक अनास्था से उसे तनिक भी परेशानी नहीं हुई। वह प्यार के बल पर उसकी आत्मा को जानती थी और उसकी आत्मा में वह देखती थी, जो देखना चाहती थी और अगर आत्मा की ऐसी स्थिति नास्तिकता कहलाती है, तो उसे इससे कोई फर्क नहीं पड़ता था। दूसरी बात की स्वीकारोक्ति से कीटी कीटी फूट-फूटकर रोयी।

लेविन ने आन्तरिक संघर्ष अनुभव करते हुए उसे अपनी डायरी दी थी। वह जानता था कि कीटी और उसके बीच किसी की बात का दुराव-छिपाव नहीं होना चाहिए और इसलिए उसने ऐसा करने का निर्णय किया था, किन्तु उसने अपने को उसकी जगह रखकर यह नहीं सोचा था कि उसका कीटी के दिल पर कैसा प्रभाव पड़ सकता है। उसी शाम को थियेटर जाने से पहले जब वह उनके यहाँ पहुँचा, कीटी के कमरे में गया और उस दुःख के कारण, जो उसने दिया था और जिसकी छाप कभी नहीं मिट सकती थी, उसके दयनीय और प्यारे चेहरे को इतना सन्तप्त और आँसुओं से तर पाया, केवल तभी वह अपने लज्जाजनक अतीत और कीटी की पवित्रता के

बीच की खाई को समझ सका और अपनी इस हरकत से स्तम्भित रह गया।

"उठा लीजिये, उठा लीजिये अपनी इन भयानक नोटबुकों को!" कीटी ने अपने सामने पड़ी कॉपियों को उसकी ओर बढ़ाते हुए कहा। "किसलिए आपने मुझे इन्हें दिया!... नहीं, वैसे अच्छा ही किया," लेविन के हताशापूर्ण चेहरे पर तरस खाते हुए उसने अपनी बात सँभाली। "लेकिन यह भयानक, भयानक है!"

लेविन ने सिर झुका लिया और खामोश रहा। वह कुछ भी नहीं कह सका।

"आप मुझे क्षमा नहीं करेंगी," वह फुसफुसाया।

"मैं क्षमा कर चुकी हूँ, लेकिन यह भयानक चीज है!"

किन्तु लेविन की खुशी इतनी ज्यादा थी कि इस स्वीकारोक्ति ने उसे कम नहीं किया, बल्कि केवल एक नया रंग दे दिया। कीटी ने उसे क्षमा कर दिया था, मगर इस क्षण से वह अपने को उसके और अधिक अयोग्य मानने लगा, नैतिक दृष्टि से उसके सामने और अधिक झुक गया तथा जिस सौभाग्य के लायक नहीं था, उसका और ऊँचा मूल्यांकन करने लगा।

17

तीसरे पहर के भोजन के समय और उसके बाद हुई बातचीतों के प्रभावों पर अनचाहे ही सोच-विचार करता हुआ करेनिन अपने एकाकी कमरे को लौट रहा था। क्षमा के बारे में डॉली के शब्दों से उसे झल्लाहट ही महसूस हुई थी। ईसाई धर्म के नियम अपने मामले में लागू होते थे या नहीं होते थे, यह प्रश्न बहुत जटिल था, जिसकी हल्के-फुल्के ढंग से चर्चा नहीं की जा सकती थी और करेनिन ने बहुत पहले से ही इसका नकारात्मक उत्तर दे दिया था। वहाँ जो कुछ कहा गया था, उस सबमें से बुद्धू और दयालु तूरोवत्सिन के ये शब्द उसे सबसे ज्यादा अच्छी तरह से याद रह गये थे : शाबाश है उसे, द्वन्द्व-युद्ध के लिए ललकारा और दूसरी दुनिया में पहुँचा दिया। सम्भवतः सभी को ये शब्द अच्छे लगे थे, यद्यपि उन्होंने शिष्टतावश ऐसा कहा नहीं था।

"कुल मिलाकर यह बात खत्म हो चुकी है, इसके बारे में कुछ सोचने की जरूरत नहीं," करेनिन ने अपने-आपसे कहा। निकट भविष्य की अपनी यात्रा और जाँच-कार्य के बारे में सोचता हुआ वह होटल के कमरे में दाखिल हुआ और पहुँचाने के लिए पीछे-पीछे आने वाले दरबान से पूछा कि उसका नौकर कहाँ है। दरबान ने जवाब दिया कि नौकर अभी-अभी बाहर गया है। करेनिन ने आदेश दिया कि उसके लिए चाय भेज दी जाये, मेज पर बैठ गया और रेलवे की समय-सारिणी लेकर अपना यात्रा-मार्ग तय करने लगा।

"दो तार आये हैं," नौकर ने लौटने पर कमरे में दाखिल होते हुए कहा। "हुजूर, माफी चाहता हूँ, मैं अभी-अभी बाहर गया था।"

करेनिन ने तार लेकर उन्हें खोला। पहले तार में स्त्रेमोव के उसी पद पर, जो करेनिन खुद पाना चाहता था, नियुक्त किये जाने का समाचार था। करेनिन ने तार फेंक दिया, उसके चेहरे पर लाली दौड़ गयी और वह उठकर कमरे में इधर-उधर टहलने लगा। "Quos vult perdere dementat,"[1] उसने कहा। Quos से उसका अभिप्राय उन लोगों से था, जिन्होंने इस नियुक्ति में योग दिया था। उसे इस बात का बुरा नहीं लग रहा था कि उसको यह जगह नहीं मिली थी, कि उसकी स्पष्ट अवहेलना कर दी गयी थी, लेकिन उसकी समझ में यह नहीं आ रहा था, उसे हैरानी हो रही थी कि कैसे उन लोगों का इस चीज की ओर ध्यान नहीं गया कि वह बातूनी और लफ्फाज स्त्रेमोव बाकी सभी मुकाबले में इस जगह के अयोग्य था। वे लोग कैसे यह नहीं देख पाये थे कि स्त्रेमोव की नियुक्ति करके उन्होंने अपना बेड़ा गर्क कर लिया था, अपनी prestige[2] खो दी थी!

"इसमें भी कुछ ऐसा ही लिखा होगा," उसने दूसरा तार खोलते हुए खीझकर खुद से कहा। तार पत्नी का था। नीली पेन्सिल से लिखे गये 'आन्ना' शब्द पर सबसे पहले उसकी नजर गयी। "मर रही हूँ, आने का अनुरोध, मिन्नत करती हूँ। क्षमादान पाकर अधिक चैन से मर सकूँगी," उसने पढ़ा। करेनिन ने तिरस्कारपूर्वक मुस्कुराकर तार फेंक दिया। यह दगा और मक्कारी है, पहले क्षण में उसे इसमें शक की जरा भी गुंजाइश नहीं प्रतीत हुई।

'वह किसी भी तरह का धोखा-फरेब कर सकती है। वह बच्चे को जन्म देने वाली है। हो सकता है कि वह प्रसूति-पीड़ा हो। किन्तु उसका उद्देश्य क्या हो सकता है? बच्चे को कानूनी मान्यता दिलवाना, मुझे इस मामले में उलझाकर तलाक में बाधा डालना,' वह सोच रहा था। 'लेकिन इसमें क्या लिखा है–मर रही हूँ...' उसने तार को फिर से पढ़ा और उसमें जो कुछ कहा गया था, उसके प्रत्यक्ष अर्थ से वह भौंचक्का-सा रह गया। 'और अगर यह सच हो, तो?' उसने अपने-आपसे कहा। 'अगर यह सच हो कि पीड़ा और मृत्यु की निकटता के क्षण में वह सच्चे मन से पछता रही है और मैं इसे धोखा मानकर जाने से इनकार कर दूँ? यह न केवल संगदिली होगी और सभी मेरी भर्त्सना करेंगे, बल्कि मेरा ऐसा करना मूर्खता भी होगा।'

"प्योतर, बग्घी रोको। मैं पीटर्सबर्ग जा रहा हूँ," उसने नौकर से कहा।

करेनिन ने पीटर्सबर्ग जाने और पत्नी से मिलने का निर्णय किया। अगर उसकी बीमारी धोखा निकली, तो वह कुछ कहे बिना वहाँ से चल देगा। अगर वह सचमुच बीमार है, मरने वाली है और मरने से पहले उससे मिलना चाहती है, तो जिन्दा होने पर उसे माफ कर देगा और यदि देर से पहुँचा, तो उसकी अन्त्येष्टि कर देगा।

---

1. विनाश काले विपरीत बुद्धि अथवा गीदड़ की मौत आने पर वह शहर की ओर भागता है। (लैटिन)
2. प्रतिष्ठा। (फ्रांसीसी)

रास्ते-भर उसने इस बारे में और नहीं सोचा कि उसे क्या करना चाहिए।

रेलगाड़ी के डिब्बे में बितायी गयी रात के कारण थकान और कुछ गन्दगी-सी महसूस करते हुए पीटर्सबर्ग में सुबह की धुन्ध में अपने सामने देखते और उसे किस चीज का सामना करना होगा, यह सोचे बिना करेनिन बग्घी में बैठा हुआ सुनसान नेव्स्की सड़क पर जा रहा था। वह इसलिए इस बारे में नहीं सोच सकता था कि जो कुछ होने वाला है, उसकी कल्पना करने पर इस बात की सम्भावना की ओर से आँख नहीं मूँद सकता था कि आन्ना की मौत से उसकी स्थिति की सारी उलझनें सुलझ जायेंगी। नानबाई, बन्द दुकानें, रात की बग्घियों के कोचवान और पटरियों को बुहारते हुए खाकरोब उसकी आँखों के सामने झलक रहे थे और उसे किस चीज का सामना करना होगा तथा जो चाहने का साहस नहीं कर सकता, फिर भी चाहता है, उसके बारे में विचार को अपने अन्तर में दबाने की कोशिश करते हुए इन सब चीजों को देख रहा था। वह घर के सामने पहुँचा। दरवाजे के करीब किराये की एक बग्घी और एक निजी बग्घी खड़ी थी, जिसमें कोचवान सो रहा था। ड्योढ़ी में दाखिल होते हुए करेनिन ने मानो अपने दिमाग के किसी दूर के कोने से निर्णय प्राप्त किया और उसी पर अमल करने का इरादा बनाया। यह निर्णय थाः 'अगर धोखा निकले, तो तिरस्कारपूर्ण शान्ति के साथ वहाँ से चले जाना। अगर सच हो, तो व्यावहारिक शिष्टता दिखाई जाये।'

करेनिन के घंटी बजाने के पहले ही दरबान ने दरवाजा खोल दिया। टाई के बिना, पुराना फ्रॉककोट और स्लीपर पहने हुए दरबान पेत्रोव, वैसे कपितोनिव, अजीब-सा लग रहा था।

"मालकिन कैसी हैं?"

"कल सही-सलामत बच्चा हो गया।"

करेनिन रुका और उसके चेहरे का रंग उड़ गया। वह अब साफ तौर पर यह समझ गया कि कैसे जी-जान से वह उसकी मौत चाहता है।

"और तबीयत कैसी है?"

सुबह का चोगा पहने हुए कोरनेई सीढ़ियों से नीचे भागा आया।

"बड़ी खराब है तबीयत उनकी," उसने जवाब दिया। "कल कई डॉक्टर आये थे और अब भी डॉक्टर यहाँ बैठा है।"

"चीजें भीतर ले जाओ," करेनिन ने कहा और इस समाचार से कुछ राहत महसूस करते हुए कि अभी उसके मरने की कुछ सम्भावना है, अग्रकक्ष में गया।

खूँटी पर फौजी ओवरकोट लटका हुआ था। करेनिन ने यह देखकर पूछा :

"कौन है यहाँ?"

"डॉक्टर, दाई और काउंट व्रोन्स्की।"

करेनिन भीतर वाले कमरे में गया। मेहमानखाने में कोई नहीं था। उसके पैरों

की आहट पाकर आन्ना के कमरे में बैंगनी फीतोंवाली टोपी पहने हुए दाई बाहर निकली।

वह करेनिन के करीब आयी और मृत्यु की निकटता अनुभव करते हुए करेनिन का हाथ थामकर उसे सोने के कमरे में ले गयी।

"शुक्र है भगवान का कि आप आ गये! सिर्फ आपकी, आपकी ही चर्चा कर रही हैं," दाई ने कहा।

"जल्दी से बर्फ दीजिये।" डॉक्टर की आदेशपूर्ण आवाज सुनाई दी।

करेनिन आन्ना के कमरे में गया। आन्ना की मेज के करीब एक नीची-सी कुर्सी पर व्रोन्स्की टेढ़ा बैठा था और चेहरे को हाथों से छिपाये हुए रो रहा था। डॉक्टर की आवाज सुनाई पड़ने पर वह उछलकर खड़ा हुआ, उसने चेहरे से हाथ हटाये और करेनिन को देखा। आन्ना के पति को देखकर वह ऐसे चकराया कि सिर को कन्धों के बीच दुबकाकर, मानो कहीं गायब हो जाना चाहता हो, फिर से बैठ गया। लेकिन उसने कोशिश करके अपने को सँभाला और बोला :

"वह मर रही है। डॉक्टर का कहना है कि उसके बचने की कोई उम्मीद नहीं। मैं पूरी तरह से आपकी दया पर निर्भर हूँ, लेकिन मुझे यहाँ रहने दीजिये... वैसे, मैं वही करूँगा, जो आप चाहेंगे, मैं..."

व्रोन्स्की के आँसू देखकर करेनिन को वही मानसिक परेशानी अनुभव होने लगी, जो दूसरों की व्यथा-पीड़ा देखकर उसे होती थी। उसने मुँह फेर लिया और व्रोन्स्की की पूरी बात सुने बिना तेजी से दरवाजे की ओर बढ़ गया। सोने के कमरे से आन्ना की आवाज सुनाई दी। उसके स्वर में प्रफुल्लता और जिन्दादिली थी तथा उसकी आवाज का उतार-चढ़ाव बिल्कुल साफ था। करेनिन सोने के कमरे में आन्ना के पलँग के पास गया। वह उसकी ओर मुँह करके लेटी हुई थी। उसके गालों पर लाली थी, आँखें चमक रही थीं और ब्लाउज के कफों से बाहर निकले हुए छोटे-छोटे गोरे हाथ कम्बल के छोर से खिलवाड़ कर रहे थे। ऐसा प्रतीत हुआ कि वह न केवल स्वस्थ और ताजादम, बल्कि बहुत ही अच्छे मूड में है। वह जल्दी-जल्दी और गूँजती आवाज तथा असाधारण रूप से सही और स्वर के भावनापूर्ण उतार-चढ़ाव के अन्दाज में बोल रही थी।

"क्योंकि अलेक्सेई–मैं अलेक्सेई अलेक्सान्द्रोविच की बात कर रही हूँ (कैसी अजीब और भयानक बात है न कि दोनों ही अलेक्सेई हैं?)–अलेक्सेई मुझे इनकार नहीं करता। मैं भूल जाती और वह मुझे माफ कर देता...मगर वह आता क्यों नहीं? वह दयालु है! वह खुद नहीं जानता कि कितना दयालु है। ओह, मेरे भगवान, कैसी बेचैनी महसूस हो रही है! जल्दी से मुझे पानी दीजिये। ओह, यह मेरी उस बच्ची के लिए हानिकारक होगा! अच्छी बात है, उसे धाय को दे दो! हाँ, मैं सहमत हूँ, यह तो ज्यादा अच्छा रहेगा। वह आयेगा, तो उसे देखकर दुःख होगा। दे दो इसे!"

"आन्ना अर्काद्येव्ना, वे आ गये हैं। यह रहे अलेक्सेई अलेक्सान्द्रोविच," दाई ने करेनिन की ओर उसका ध्यान आकर्षित करने की कोशिश करते हुए कहा।

"ओह, कैसी बकवास है यह!" पति को न देख पाते हुए आन्ना कहती गयी। "मेरे पास लाओ, मेरी उस बिटिया को! वह अभी तक नहीं आया। आप उसे नहीं जानते, इसीलिए ऐसा कहते हैं कि वह माफ नहीं करेगा। कोई भी उसे नहीं जानता। सिर्फ मैं ही जानती हूँ और मेरे लिए भी यह बड़े दुःख की बात है। उसकी आँखों को जानना चाहिए, सेर्योझा की भी वैसी ही आँखें हैं और इसीलिए मैं उन्हें बर्दाश्त नहीं कर पाती। सेर्योझा को खाना खिलाया? मैं जानती हूँ कि सभी ऐसा करना भूल जायेंगे। वह न भूलता। सेर्योझा को कोनेवाले कमरे में ले जाना और Mariette को उसके साथ सोने के लिए कहना चाहिए।"

आन्ना अचानक सिहरी-सिकुड़ी, चुप हो गयी और ऐसे डरते हुए मानो चोट पड़ने की प्रतीक्षा कर रही हो, मानो अपनी रक्षा करना चाहती हो, उसने चेहरे की ओर हाथ उठा लिये। उसने पति को देख लिया था।

"नहीं, नहीं," वह कहने लगी, "मुझे इसका डर नहीं है, मैं मौत से डरती हूँ। अलेक्सेई, इधर, मेरे पास आओ। मैं इसलिए जल्दी कर रही हूँ कि मेरे पास वक्त नहीं है, मेरी थोड़ी-सी ही जिन्दगी बाकी रह गयी है, अभी जोर का बुखार चढ़ने लगेगा और तब मैं कुछ नहीं समझ पाऊँगी। इस वक्त मैं होश में हूँ, सब कुछ देख रही हूँ।"

करेनिन के झुर्रियों पड़े चेहरे पर वेदना का भाव झलक उठा। उसने आन्ना का हाथ थाम लिया, कुछ कहना चाहा, लेकिन किसी तरह भी मुँह से शब्द नहीं निकाल पाया। उसका अधर काँप रहा था, लेकिन अभी भी वह अपनी उत्तेजना के विरुद्ध संघर्ष कर रहा था और केवल जब-तब उसकी ओर देख लेता था। हर बार ही जब वह उसकी ओर देखता, उसकी आँखों की तरफ उसका ध्यान जाता, जो उसकी ओर ऐसे स्नेह और ऐसी मुग्धता से देख रही थी, जैसी कि वह उसकी आँखों में कभी नहीं देख पाया था।

"जरा रुको, तुम नहीं जानते... रुकिये, रुकिये..." वह मानो अपने विचारों को सुव्यवस्थित करते हुए खामोश हो गयी। "हाँ," उसने कहना शुरू किया, "हाँ, हाँ, हाँ, तो मैं यह कहना चाहती थी। मुझ पर हैरान नहीं होओ। मैं वही हूँ...लेकिन मेरे भीतर एक दूसरी है, मैं उससे डरती हूँ—वह उस दूसरे को प्यार करने लगी, मैंने तुमसे नफरत करने की कोशिश की, लेकिन पहले वाली उस अपने को भूल नहीं सकी। मैं वह नहीं हूँ। अब मैं अपने असली रूप में हूँ, पूरी तरह से। मैं अब मर रही हूँ, मैं जानती हूँ कि मर जाऊँगी, उससे पूछ लो। मैं इस वक्त भी महसूस कर रही हूँ कि मेरे हाथ-पाँव, मेरी उँगलियों पर मन-मन बोझ है। उँगलियाँ कैसी हैं— बहुत ही बड़ी, बड़ी! मैं बहुत बुरी हूँ, लेकिन मेरी आया बताया करती थी

कि वह पावन शहीद–क्या नाम है उसका?–वह मुझसे भी बुरी थी। मैं भी रोम चली जाऊँगी, वहाँ वीराना है और तब मैं किसी को परेशान नहीं करूँगी। सिर्फ सेर्योझा और बच्ची को साथ ले लूँगी...नहीं, तुम माफ नहीं कर सकते! मैं जानती हूँ कि ऐसी बात के लिए माफ नहीं किया जा सकता! नहीं, नहीं, चले जाओ, तुम जरूरत से ज्यादा अच्छे हो!" आन्ना अपने एक गर्म हाथ से उसका हाथ थामे थी और दूसरे से उसे परे धकेल रही थी।

करेनिन की मानसिक परेशानी बढ़ती गयी और ऐसी अवस्था तक पहुँच गयी कि उसने उसके विरुद्ध संघर्ष करना बन्द कर दिया। उसने अचानक यह अनुभव किया कि जिस चीज को वह अपनी मानसिक परेशानी मानता था, वास्तव में इसके प्रतिकूल उसकी आत्मा के परमानन्द की ऐसी स्थिति थी, जो सहसा उसे ऐसा सुख प्रदान कर रही थी, जिसकी उसे कभी अनुभूति नहीं हुई थी। उसके दिमाग में यह विचार नहीं आया कि ईसाई धर्म का वह नियम, जिसका वह जीवन-भर अनुकरण करने का इच्छुक रह गया, इस बात की माँग करता था कि वह अपने शत्रुओं को क्षमा और उनसे प्यार करे। किन्तु दुश्मनों के प्रति क्षमा और प्यार की भावना से उसकी आत्मा सराबोर हो गयी। वह घुटने टेके हुए था और उसकी कोहनी पर, जो ब्लाउज के नीचे से उसे आग की तरह जला रही थी, सिर रखकर बच्चे की तरह सिसक रहा था। आन्ना ने उसकी चाँद के गिर्द बाँह डाल दी, उसे अपनी ओर खींच लिया और चुनौती की गरिमा से नजरें ऊपर उठायीं।

"वह आ गया, मैं जानती थी! अब सबको विदा, सबको! वे फिर से आ गये, वे जाते क्यों नहीं?...मेरे ऊपर से उतार लीजिये ये फर के कोट!"

डॉक्टर ने आन्ना के हाथ छुड़ाये, सावधानी से उसे तकिये पर लिटा दिया। और कन्धों को ढँक दिया। आन्ना किसी प्रकार के विरोध के बिना चित लेट गयी और चमकती आँखों से अपने सामने देखने लगी।

"एक बात याद रखना कि मुझे सिर्फ माफी चाहिए थी और इसके अलावा कुछ नहीं चाहती...वह क्यों नहीं आता?" दरवाजे में से व्रोन्स्की की ओर देखते हुए वह बोली। "इधर आओ, उधर आओ! इससे हाथ मिलाओ।"

व्रोन्स्की उसके पलँग के करीब आया और उसे देखकर उसने फिर हाथों से मुँह ढँक लिया।

"मुँह पर से हाथ हटा लो, उसकी तरफ देखो। वह देवता है," उसने कहा। "हाँ, हाँ, हटाओ हाथ!" उसने झल्लाहट से कहा। "अलेक्सेई अलेक्सान्द्रोविच, इसके चेहरे पर से हाथ हटाओ! मैं इसे देखना चाहती हूँ।"

"करेनिन ने व्रोन्स्की के हाथ पकड़कर उन्हें उसके चेहरे से हटा दिया, जो उसके अन्तर की व्यथा और लज्जा के कारण भयानक-सा लग रहा था।"

"इससे हाथ मिलाओ। इसे क्षमा कर दो!"

करेनिन ने आँखों से बह रहे आँसुओं को रोके बिना व्रोन्स्की की ओर हाथ बढ़ा दिया।

"शुक्र है खुदा का, शुक्र है," वह बोली, "अब सब कुछ तैयार है। सिर्फ टाँगों को थोड़ा और सीधा कर दो। ऐसे, अब बहुत अच्छा है। कितने बुरे ढंग से ये फूल बनाये गये हैं, तनिक भी बनफ़्शा के फूलों जैसे नहीं लगते," उसने दीवारी कागज की ओर संकेत करते हुए कहा। "हे भगवान! हे भगवान! कब खत्म होगा यह? मुझे मोर्फिया दीजिये। डॉक्टर, मुझे मोर्फिया दीजिये। हे भगवान, हे मेरे भगवान!"

और वह पलँग पर छटपटाने लगी।

डॉक्टर और अन्य सहयोगी डॉक्टरों का कहना था कि यह प्रसूति-ज्वर है, जिसमें निन्यानबे प्रतिशत मृत्यु की ही आशंका होती है। दिन-भर जोर का बुखार, सरसाम और बेहोशी की हालत रही। आधी रात के वक्त रोगिनी पूरी तरह संज्ञाहीन थी और उसकी नब्ज भी लगभग गायब थी।

किसी क्षण भी मृत्यु होने की आशंका थी।

व्रोन्स्की अपने घर चला गया, लेकिन सुबह को स्थिति जानने के लिए लौट आया और करेनिन ने ड्योढ़ी में उससे मुलाकात करते हुए कहा :

"रुक जाइये, हो सकता है कि वह आपसे मिलने की इच्छा जाहिर करे," और खुद उसे बीवी के कमरे में ले गया।

सुबह को फिर से उत्तेजना, बेचैनी, विचारों और शब्दों की तीव्रता आरम्भ हुई तथा फिर बेहोशी के साथ अन्त हुआ। तीसरे दिन भी ऐसा ही हुआ तथा डॉक्टरों ने कहा कि मरीजा के बचने की उम्मीद की जा सकती है। इस दिन करेनिन उस कमरे में गया, जहाँ व्रोन्स्की बैठा था और दरवाजा बन्द करके उसके सामने बैठ गया।

"अलेक्सेई अलेक्सान्द्रोविच," व्रोन्स्की ने यह अनुभव करते हुए कि स्पष्टीकरण का समय निकट आ गया है, कहा, "मैं न तो कुछ कह सकता हूँ और न कुछ समझ सकता हूँ। मुझ पर तरस खाइये। आपके दिल पर चाहे कितनी ही भारी क्यों न गुजर रही हो, किन्तु विश्वास कीजिये, मेरी हालत और भी अधिक बुरी है।"

उसने उठना चाहा। मगर करेनिन ने उसका हाथ थाम लिया और कहा :

"मैं अनुरोध करता हूँ कि आप मेरी पूरी बात सुन लें। यह बहुत जरूरी है। मेरे लिए आपके सामने उन भावनाओं को स्पष्ट करना आवश्यक है, जिनसे मैं निर्देशित हुआ हूँ और आगे भी हूँगा, ताकि मेरे बारे में आपको कोई गलतफहमी न हो। आप जानते हैं कि मैंने तलाक देने का फैसला कर लिया था और इस मामले को शुरू भी कर दिया है। आपसे यह नहीं छिपाऊँगा कि इस मामले को शुरू करते समय मैं दुविधा में था और मुझे यातना का शिकार होना पड़ा। आपके सामने यह स्वीकार करता हूँ कि आपसे और उससे बदला लेने की भावना मुझे परेशान कर रही थी।

अब मुझे तार मिला तो मैं इन्हीं भावनाओं को लिये हुए यहाँ आया। इतना ही नहीं, मैंने उसकी मौत की भी कामना की। किन्तु..." वह यह सोचते हुए कि उसे अपने दिल का भाव बताये या न बताये, कुछ देर खामोश रहा। "किन्तु मैंने उसे देखा और क्षमा कर दिया। क्षमा करने के सुख ने मुझे अपने कर्तव्य के बारे में सचेत किया। मैंने उसे बिल्कुल माफ कर दिया। मैं तमाचा खाने के लिए दूसरा गाल सामने करना चाहता हूँ, मैं कोट उतारे जाने पर कमीज भी दे देना चाहता हूँ[1] और भगवान से केवल यही प्रार्थना करता हूँ, वह मुझे क्षमा करने के सुख से वंचित न करें!" करेनिन की आँखों में आँसू आ गये और व्रोन्स्की उसकी दृष्टि की निर्मलता तथा चैन से चकित रह गया। "यह है मेरी स्थिति। आप मुझ पर कीचड़ उछाल सकते हैं, ऊँचे समाज में उपहास पात्र बना सकते हैं, किन्तु मैं उसे तिलांजलि नहीं दूँगा और आपको भी कभी भर्त्सना का एक शब्द नहीं कहूँगा," वह कहता गया। "मेरे लिए मेरा कर्तव्य बिल्कुल स्पष्ट है–मुझे उसके साथ होना चाहिए और मैं ऐसा ही करूँगा। अगर वह आपसे मिलने की इच्छा प्रकट करेगी, तो मैं आपको सूचना भिजवा दूँगा, लेकिन मेरे ख़याल में अब आपके लिए यहाँ से चले जाना ही बेहतर होगा।"

करेनिन उठकर खड़ा हो गया और सिसकियों के कारण उसका गला रुँध गया। व्रोन्स्की भी उठकर खड़ा हुआ और सीधा हुए बिना झुके-झुके ही माथे पर बल डालकर उसने करेनिन की तरफ देखा। करेनिन की भावनाएँ उसकी समझ में नहीं आ रही थीं। मगर वह महसूस कर रहा था कि यह कोई ऊँची भावना थी और उसके दृष्टि-क्षेत्र की परिधि से परे थी।

18

अलेक्सेई अलेक्सान्द्रोविच के साथ अपनी बातचीत के बाद व्रोन्स्की करेनिन परिवार के घर के बाहर आकर खड़ा हो गया। वह बड़ी मुश्किल से यह समझ पा रहा था कि कहाँ है और उसे पैदल या सवारी से कहाँ जाना है। वह अपने को लज्जित, अपमानित, दोषी और अपने अपमान के धब्बे को धो पाने की सम्भावना से वंचित अनुभव कर रहा था। वह महसूस कर रहा था कि जीवन की उस लीक से दूर हट गया है, जिस पर अभी तक बड़े गर्व और आसानी से चलता रहा था। अब तक इतनी दृढ़ प्रतीत होने वाली सभी बातें, उसके जीवन की सभी आदतें और नियम अचानक झूठे और अव्यावहारिक सिद्ध हुए थे। पत्नी के छल का शिकार होने वाला पति, जो अभी तक उसे अपने सौभाग्य के मार्ग में संयोगवश और कुछ हद तक हास्यास्पद बाधा प्रतीत होता रहा था, सहसा स्वयं पत्नी द्वारा बुलाया गया था और दिल दहला देने वाली ऊँचाई पर बिठा दिया गया था। ऐसी ऊँचाई पर यह पति क्रूर, ढोंगी और हास्यास्पद न होकर उदार, सीधा-सरल और गरिमापूर्ण सिद्ध

1. बाइबल से उद्धृत।

हुआ था। व्रोन्स्की यह अनुभव किये बिना नहीं रह सकता था। अचानक उनकी भूमिकायें बदल गयी थीं। व्रोन्स्की पति की ऊँचाई और अपना तिरस्कार, पति का औचित्य और अपना अनौचित्य अनुभव कर रहा था। वह महसूस कर रहा था कि पति ने दुःख में भी उदारता का परिचय दिया था और वह अपने छल-कपट में तुच्छ और घटिया था। किन्तु उस व्यक्ति के सम्मुख, जिसे वह अनुचित रूप से तुच्छ समझता रहा था, अपनी हीनता की चेतना उसके दुःख का एक लघु अंश ही था। वह अपने को अब इसलिए अवर्णनीय रूप से दुर्भाग्यशाली अनुभव कर रहा था कि आन्ना के प्रति उसकी प्रेम की ज्वार, जो पिछले कुछ समय से उसे ठंडी पड़ती प्रतीत हुई थी, अब यह जानने पर कि वह सदा के लिए उसे खो बैठा है, इतनी तीव्र हो गयी, जितनी कभी नहीं रही थी। बीमारी के दौरान उसने आन्ना को पूरी तरह पहचान लिया था, उसकी आत्मा की थाह पा ली थी और उसे लगता था कि अब तक उसने उसे कभी प्यार ही नहीं किया था। अब, जब उसने आन्ना को पूरी तरह पहचान लिया था, उसे ऐसे प्यार करने लगा था, जैसे करना चाहिए था, तो उसके सामने अपमानित हो गया था, उसे हमेशा के लिए खो बैठा था और आन्ना के दिल में उसने लज्जाजनक स्मृतियाँ ही बाकी छोड़ दी थीं। उसके लिए वह हास्यास्पद और लज्जाजनक स्थिति सबसे भयानक थी, जब करेनिन ने शर्म से लाल हुए उसके चेहरे पर से उसके हाथ हटाये थे। वह करेनिन परिवार के घर के बाहर खोया-सा खड़ा था और नहीं जानता था कि क्या करे।

"किराये की बग्घी ले आऊँ, सरकार?" दरबान ने पूछा।

"हाँ ले आओ।"

तीन उनींदी रातों के बाद घर लौटने पर व्रोन्स्की कपड़े उतारे बिना ही औंधे मुँह सोफे पर लेट गया, उसने हाथ जोड़ लिये और सिर को उन पर टिका दिया। उसका सिर भारी था। बहुत ही अजीब-अजीब तरह से बिम्ब, स्मृतियाँ और विचार असाधारण तेजी तथा स्पष्टता से उसके दिमाग में आने-जाने लगे। उसे दिखाई दिया कि वह रोगिनी के लिए दवाई डाल रहा है और चमचे में से कुछ दवाई नीचे गिरा देता है, इसके बाद उसे दाई के गोरे हाथों की झलक मिली, और करेनिन अजीब-सी स्थिति में पलँग के सामने फर्श पर बैठा नजर आया।

"सोना चाहिए! भूल जाना चाहिए!" उसने स्वस्थ व्यक्ति के ऐसे चैन-भरे विश्वास के साथ कहा कि अगर वह थक गया है और सोना चाहता है, तो उसकी फौरन आँख लग जायेगी। सचमुच उसी क्षण उसके दिमग में सब कुछ गड़बड़ाने लगा और वह विस्मृति की खाई में धसकने लगा। अचेतन जीवन के सागर की लहरें उसके सिर के ऊपर लहराने लगीं। अचानक मानो उसे बिजली का जोरदार झटका लगा हो, वह ऐसे जोर से सिहरा कि उसका सारा शरीर सोफे के स्प्रिंगों पर उछल पड़ा और हाथों का सहारा लेते हुए वह अत्यधिक भयभीत होकर उछला

तथा घुटनों के बल हो गया। उसकी आँखें ऐसे पूरी खुली हुई थीं, मानो उसे नींद आयी ही न हो। एक क्षण पहले उसे सिर का जो भारीपन और अंगों का ढीलापन अनुभव हो रहा था, वह अचानक गायब हो गया।

'आप मुझ पर जितना भी चाहें, कीचड़ उछाल सकते हैं,' उसे करेनिन के शब्द सुनाई दिये और वह तथा दहकते लाल गालों एवं चमकती आँखोंवाली आन्ना उसे अपने सामने दिखाई दी, जो बड़े प्यार और कोमलता से उसे नहीं, बल्कि करेनिन को देख रही थी। उसने, जैसा कि उसे प्रतीत हुआ, अपनी बुद्धु और हास्यास्पद-सी वह सूरत भी देखी, जब करेनिन ने उसके चेहरे पर से हाथ हटाये थे। उसने फिर से टाँगें सीधी कीं और पहले वाली मुद्रा में सोफे पर लेटकर आँखें मूँद लीं।

'सोना चाहिए! सोना चाहिए!' उसने मन-ही-मन दोहराया। किन्तु मुँदी हुई आँखों से उसे अधिक स्पष्टता से आन्ना का चेहरा उस रूप में दिखाई दिया, जैसा घुड़दौड़ के पहले की स्मरणीय शाम को उसने देखा था।

"यह नहीं है और नहीं होगा तथा वह अपने स्मृति-पट से उसे मिटा देना चाहती है। किन्तु मैं इसके बिना जिन्दा नहीं रह सकता। कैसे हमारी सुलह हो सकती है, कैसे सुलह हो सकती है?" उसने ऊँचे-ऊँचे कहा और अनजाने ही इन शब्दों को दोहराने लगा। शब्दों की इस पुनरावृत्ति ने नये बिम्बों और स्मृतियों को, जो उसने अनुभव किया कि उसके मस्तिष्क में उमड़े आ रहे हैं, उभरने से रोका। किन्तु यह शब्द-पुनरावृत्ति उसकी कल्पना की उड़ान को कुछ ही देर तक रोक पायी। फिर से असाधारण तेजी से सुखद क्षण और उनके साथ ही कुछ पहले का अपमान भी आँखों के सामने उभर आया। 'हाथ हटाओ,' आन्ना की आवाज सुनाई दी। उसने हाथ हटाये और व्रोन्स्की को अपने चेहरे के लज्जापूर्ण तथा बुद्धूपन के भाव की अनुभूति हुई।

व्रोन्स्की सोने की कोशिश करते हुए लेटा रहा, यद्यपि अनुभव कर रहा था कि इसकी तनिक भी आशा नहीं थी। वह किसी विचार के संयोगवश दिमाग में आने वाले शब्दों को फुसफुसाते हुए दोहराता जा रहा था और इस तरह नये बिम्बों को उभरने से रोकना चाह रहा था। उसने कान लगाकर सुना और अजीब तथा पागलों जैसी फुसफुसाहट में इन शब्दों की पुनरावृत्ति सुनी–'मूल्यांकन नहीं कर सका, अवसर से लाभर नहीं उठा सका।'

'यह क्या मामला है? क्या मैं पागल होता जा रहा हूँ?' उसने अपने-आपसे सवाल किया। 'शायद ऐसा ही है। आखिर लोग किसलिए पागल होते हैं, किस कारण अपने को गोली का निशाना बनाते हैं?' उसने खुद को जवाब दिया और आँखें खोलने पर अपने सिर के पास अपनी भाभी वार्या के हाथ की कशीदाकारीवाला तकिया देखकर हैरान रह गया। उसने तकिये के फुँदने को छुआ और वार्या तथा यह याद करने की कोशिश करने लगा कि आखिरी बार उसकी उससे कब मुलाकात

हुई थी। किन्तु किसी दूसरी बात के बारे में सोचना यातनापूर्ण था। 'नहीं, सोना चाहिए!' उसने तकिये को अपने करीब खिसका लिया और उसके साथ सिर सटा दिया। किन्तु आँखें बन्द करने के लिए उसे बड़ा यत्न करना पड़ रहा था। वह उछलकर बैठ गया। 'मेरे लिए यह समाप्त हो चुका है,' उसने अपने-आपसे कहा। 'क्या किया जाये, यह सोचना चाहिए। जीवन में क्या बाकी रह गया है?' उसने आन्ना के प्यार के अलावा अपने जीवन पर तेजी से विचार किया।

'महत्त्वाकांक्षा? सेर्पुख़ोव्स्कोई? ऊँचा समाज? राज दरबार?' किसी भी चीज पर उसका मन नहीं टिक पाया। यह सब कुछ पहले मानी रखता था, लेकिन अब यह सब बेमानी हो चुकी थी। वह सोफे से उठा, उसने अपना फ्रॉककोट उतार दिया, पेटी ढीली कर ली, अधिक आसानी से साँस ले सकने के लिए बालों से ढँकी छाती को उघाड़ लिया और कमरे में चक्कर लगाया। 'ऐसे पागल होते हैं लोग, और ऐसे अपने को गोली का निशाना बनाते हैं... ताकि शर्म न आये,' उसने धीरे से इतना और जोड़ दिया।

व्रोन्स्की दरवाजे के पास गया और उसे बन्द कर दिया। इसके बाद टकटकी बँधी नजर और कसकर भिंचे हुए दाँतों के साथ मेज के पास गया, पिस्तौल उठायी, उसे गौर से देखा, भरी हुई नली को ऊपर किया और सोच में डूब गया। दो मिनट तक सिर झुकाये और चेहरे पर विचारों के अत्यधिक तनाव के भाव के साथ वह पिस्तौल हाथों में थामे निश्चल खड़ा हुआ सोचता रहा। 'बेशक,' उसने अपने-आपसे ऐसे कहा मानो विचारों के तर्कसंगत, लम्बे और स्पष्ट क्रम ने उसे इसी निश्चित परिणाम पर पहुँचाया हो। वास्तव में उसका यह निर्विवाद 'बेशक' केवल स्मृतियों और बिम्बों के ऐसे ही क्रम की पुनरावृत्ति का परिणाम था, जिसे उसने पिछले एक घंटे में दसियों बार दोहराया था। ये उसी सुख की स्मृतियाँ थीं, जो सदा के लिए ख़ोया जा चुका था, जीवन में जो कुछ आगे था, उसके बेमानी होने की भावना थी, अपने अपमान की वही चेतना भी और वही क्रम इन बिम्बों और भावनाओं का।

'बेशक,' उसने इसी शब्द को दोहराया, जब तीसरी बार उसके विचार फिर से स्मृतियों और भावनाओं के उसी बँधे-बँधाए क्रम की ओर प्रवृत्त हुए। उसने पिस्तौल को छाती के बाईं ओर सटाया और घोड़े को पूरे हाथ के पंजे में ऐसे कसते हुए, मानो अचानक उसे मुट्ठी में भींच रहा हो, दबा दिया। उसे गोली चलने की आवाज नहीं सुनाई दी, किन्तु छाती में लगे जोरदार झटके से उसके पाँव डोल गये। उसने मेज के किनारे का सहारा लेना चाहा, उसकी पिस्तौल गिर गयी, वह लड़खड़ाया और अपने गिर्द हैरानी से देखते हुए फर्श पर बैठ गया। नीचे से मेज की वक्राकार टाँगों, कागजों की टोकरी और शेर की खाल को देखते हुए वह अपने कमरे को पहचान नहीं सका। मेहमानखानों से नौकर के फर्श पर चीं-चूर्र करते तेज कदमों की आवाज से वह सँभला। उसने अपने दिमाग पर जोर डाला और समझ गया कि

फर्श पर बैठा है तथा शेर की खाल और हाथ पर खून देखकर उसे यह भी चेतना हो गयी कि उसने अपने को गोली का निशाना बनाया है।

"पागलपन है! निशाना चूक गया," हाथ से पिस्तौल को टटोलते हुए वह बुदबुदाया। पिस्तौल उसके करीब ही पड़ी थी, मगर वह कुछ दूरी पर उसे ढूँढ़ रहा था। उसे ढूँढ़ते हुए वह दूसरी तरफ बढ़ा और सन्तुलन न बनाये रखने के कारण गिर पड़ा और उसके घाव से खून की धार बहने लगी।

बड़ी-बड़ी कलमोंवाला ठाठदार नौकर, जो अनेक बार परिचितों से अपने स्नायुओं की कमजोरी का रोना रो चुका था, अपने मालिक को फर्श पर पड़े देख ऐसे डर गया कि खून को ऐसे ही बहता छोड़कर मदद लाने के लिए भाग गया। एक घंटे बाद व्रोन्स्की की भाभी वार्या आयी और तीन डॉक्टरों की मदद से, जिन्हें उसने सभी तरफ से बुलवा भेजा था और जो एक ही वक्त यहाँ पहुँचे थे, घायल को पलँग पर लिटाया और उसकी देखभाल करने को रुक गयी।

19

करेनिन द्वारा की गयी यह भूल कि पत्नी के पास जाने की तैयारी करते समय उसने इस सम्भावाना पर विचार नहीं किया था कि उसका पश्चाताप हार्दिक हो सकता है और वह उसे क्षमा कर देगा तथा वह जीवित रह जायेगी—उसकी यह भूल मास्को से लौटने के दो महीने बाद अपनी पूरी शक्ति से उसके सामने आयी। लेकिन यह भूल केवल इसलिए नहीं हुई कि उसने ऐसी सम्भावना के बारे में नहीं सोचा था, बल्कि इसलिए भी कि मृत्यु-शैया पर पड़ी पत्नी के साथ भेंट के इस दिन तक वह अपने दिल को भी नहीं जानता था। दूसरे लोगों की व्यथा-पीड़ा देखकर उसके दिल में सहानुभूति की जो गहरी भावना पैदा होती थी और जिसे वह पहले अनावश्यक दुर्बलता मानता था, बीमार पत्नी के सिरहाने बैठे हुए उसने पहली बार अपने को इस सहानुभूति के अधीन होने दिया। पत्नी के प्रति दयाभाव, और इस बात का पश्चाताप कि उसने उसकी मृत्यु की कामना की थी, और मुख्यतः क्षमा से प्राप्त होने वाले सुख ने कुछ ऐसा किया कि उसे न केवल अपनी व्यथा से मुक्ति की अनुभूति हुई, बल्कि ऐसा मानसिक चैन भी मिला, जो उसने पहले कभी अनुभव नहीं किया था। उसने सहसा यह महसूस किया कि वही, जो उसकी यातना का स्रोत था, मानसिक सुख का स्रोत बन गया है, जो कुछ उस समय तक जटिल था, जब तक वह आलोचना, भर्त्सना और घृणा करता था, वही, क्षमा और प्यार करने पर, सरल और स्पष्ट हो गया है।

करेनिन ने पत्नी को क्षमा कर दिया और उसकी व्यथा-पीड़ा और पश्चाताप के लिए उसे उस पर तरस आता था। उसने व्रोन्स्की को भी माफ कर दिया और उसे उस पर भी, विशेषतः आत्महत्या का समाचार पहुँचने के बाद, दया आती थी। उसे

अपने बेटे पर भी पहले से ज्यादा तरस आता था और उसकी तरफ बहुत कम ध्यान देने के लिए वह अपने को भला-बुरा कहता था। किन्तु नवजात बच्ची के प्रति वह न केवल दया, बल्कि एक अजीब कोमल-सी भावना अनुभव करता था। शुरू में तो उसने इस नवजात कमजोर-सी बच्ची की तरफ, जो उसकी बेटी नहीं थी और माँ की बीमारी के समय जिसकी बड़ी अवहेलना की गयी थी तथा जो, अगर वह उसकी इतनी चिन्ता न करता, तो शायद मर गयी होती, केवल दयाभाव से ध्यान दिया और उसे पता भी नहीं चला कि कैसे वह उसको प्यार करने लगा। वह दिन में कई बार बच्चों के कमरे में आता और देर तक वहाँ बैठा रहता और इसके फलस्वरूप आया और दूध पिलाने वाली धाय, जो शुरू में उसकी उपस्थिति में घबराती थीं, उसके वहाँ आने की अभ्यस्त हो गयीं। कभी-कभी वह सोती हुई बच्ची के छोटे-से रोयोंवाले और बल पड़े गेरुए-लाल चेहरे को आधा घंटे तक चुपचाप बैठा हुआ ताकता रहता, उसके नाक-भौंह चढ़े माथे और मुट्ठियाँ बँधे छोटे-छोटे गुदगुदे हाथों को निहारता रहता, जिनसे वह अपनी आँखों और नाक को मसलती रहती थी। ऐसे क्षणों में वह विशेष रूप से अपने को सर्वथा शान्त तथा सन्तुष्ट अनुभव करता और अपनी स्थिति में कुछ भी असाधारण, कुछ भी ऐसा न महसूस करता, जिसे बदलने की जरूरत होती।

किन्तु जितना ज्यादा वक्त बीता, उतना ही ज्यादा उसने साफ तौर पर यह देख लिया कि उसके लिए वर्तमान स्थिति चाहे कितनी ही स्वाभाविक क्यों न था, उसे वैसा नहीं रहने दिया जायेगा। वह अनुभव करता था कि उसकी आत्मा का निर्देशन करने वाली प्रबल मानसिक शक्ति के अतिरिक्त एक अन्य, उतनी या उससे भी अधिक हावी हो जाने वाली एक घटिया शक्ति भी थी, जो उसके जीवन का निर्देशन करती थी और यह शक्ति उसे व्याकुलता-मुक्त वह चैन नहीं लेने देगी, जिसके लिए वह लालायित था। वह महसूस करता था कि सभी उसकी ओर प्रश्नसूचक आश्चर्य से देखते हैं, उसे समझने में असमर्थ हैं और उससे किसी बात की आशा कर रहे हैं। पत्नी के साथ अपने सम्बन्धों के कच्चेपन और अस्वाभाविकता को वह विशेष रूप से अनुभव करता था।

मृत्यु की निकटता के कारण आन्ना के मिजाज में आने वाली नर्मी जब खत्म हो गयी, तो करेनिन का इस ओर ध्यान जाने लगा कि आन्ना उससे डरती है, उसकी उपस्थिति उसके लिए बोझिल रहती है और उसे उससे नजरें मिलाने की हिम्मत नहीं होती। वह मानो कुछ कहना चाहती थी और ऐसा करने का साहस नहीं कर पाती थी और मानो पूर्वानुमान से वह अनुभव करते हुए कि उनके सम्बन्ध ऐसे नहीं बने रह सकते, उससे कुछ अपेक्षा कर रही थी।

फरवरी के अन्त में आन्ना की बेटी, जिसका नाम भी आन्ना ही रखा गया था, बीमार हो गयी। करेनिन सुबह को बच्चों के कमरे में गया और डॉक्टर को बुलवाने

की हिदायत देकर मन्त्रालय चला गया। अपने काम-काज समाप्त करके वह तीन बजे के बाद घर लौटा। ड्योढ़ी में दाखिल होने पर उसे गोटे-तिल्लेवाली वर्दी पहने और कन्धों पर भालू की खाल का लबादा डाले बाँका नौकर दिखाई दिया, जो मिंक का रुपहला फर-कोट हाथ में उठाये था।

"कौन आया है?" करेनिन ने पूछा।

"प्रिन्सेस येलिजावेता, "फ्योदोरोव्ना त्वेरस्काया," नौकर ने मुस्कुराकर, जैसा कि करेनिन को प्रतीत हुआ, उत्तर दिया।

करेनिन ने इस सारे कठिन समय में इस बात की ओर ध्यान दिया था कि ऊँचे समाज में उसके परिचित, विशेषतः नारियाँ, उसमें और उसकी पत्नी में खास दिलचस्पी लेती थीं। इन सभी परिचितों में उसे मुश्किल से छिपने वाली किसी बात की कोई खुशी दिखाई देती थी, वही खुशी, जो उसे वकील और अब नौकर की आँखों में दिखाई दी थी। सभी मानो उल्लसित थे, जैसे कि किसी की शादी में हिस्सा ले रहे हों। उससे भेंट होने पर वे कठिनाई से छिपने वाली खुशी के साथ आन्ना की सेहत के बारे में पूछताछ करते।

प्रिन्सेस त्वेरस्काया की उपस्थिति और उससे सम्बन्धित स्मृतियों तथा इस कारण भी कि वह उसे पसन्द नहीं करता था, करेनिन पत्नी के कमरे में न जाकर सीधा बच्चों के कमरे में चला गया। बच्चों के पहले कमरे में मुँह के बल लेटा तथा कुर्सी पर टाँगें रखे हुए सेर्योझा खुशी से कुछ बड़बड़ाता हुआ चित्रकारी कर रहा था। आन्ना की बीमारी के दौरान फ्रांसीसी शिक्षिका की जगह ले लेने वाली अँग्रेज शिक्षिका लड़के के पास बैठी हुई कुछ बुन रही थी। वह झटपट उठी, करेनिन का अभिवादन किया और सेर्योझा को झकझोरकर उठाया।

करेनिन ने बेटे के बालों को सहलाया, पत्नी के स्वास्थ्य के बारे में शिक्षिका के प्रश्न का उत्तर दिया और वह पूछा कि डॉक्टर ने baby के बारे क्या कहा है।

"हुजूर, डॉक्टर ने कहा है कि परेशानी की कोई बात नहीं और चिकित्सा-स्नान की सिफारिश की है।"

"लेकिन वह तो अभी भी रो रही है," करेनिन ने बगल के कमरे से बच्ची के रोने की आवाज सुनकर कहा।

"हुजूर, मेरे ख़याल में धाय ठीक नहीं है," अँग्रेज शिक्षिका ने जोर देकर कहा।

"आप ऐसा क्यों समझती हैं?" करेनिन ने रुककर पूछा।

"काउंटेस पोल के यहाँ भी ऐसा ही हुआ था। बच्चे का इलाज किया जाता रहा और फिर पता यह चला कि बच्चा भूखा रहता है—धाय दूध के बिना थी, हुजूर।"

करेनिन सोच में डूब गया और कुछ क्षण तक खड़ा रहकर दूसरे कमरे में दाखिल हुआ। बच्ची सिर पीछे को किये हुए धाय के हाथों में छटपटा रही थी और न तो धाय को फूली हुई चूची को, जो उसकी ओर बढ़ी हुई थी, मुँह में ले रही

थी और न ही धाय और आया की उसे चुप कराने की कोशिश में दोहरी शी-शी के बावजूद चुप ही हो रही थी।

"क्या अभी तक इसकी तबीयत कुछ बेहतर नहीं हुई?" करेनिन ने कहा।

"बहुत ही बेचैन हैं," आया ने फुसफुसाकर जवाब दिया।

"मिस एडवर्ड का कहना है कि शायद धाय के दूध नहीं उतरता," करेनिन ने कहा।

"मैं खुद भी ऐसा ही सोचती हूँ, अलेक्सेई अलेक्सान्द्रोविच।"

"तो आप कहतीं क्यों नहीं?"

"किससे कहूँ? आन्ना अर्कादयेव्ना तो अभी तक स्वस्थ नहीं हैं," आया ने कुछ नाराजगी से उत्तर दिया।

आया इस घर की पुरानी नौकरानी थी। उसके इन सीधे-सादे शब्दों में करेनिन को अपनी स्थिति के बारे में संकेत-सा अनुभव हुआ।

बच्ची और भी ज्यादा जोर से रो रही थी, उसका गला रुँध जाता था और आवाज खरखरी होती जा रही थी। आया झल्लाहट से हाथ झटककर बच्ची के पास गयी, उसे धाय के हाथों से लेकर इधर-उधर आते-जाते हुए झुलाने लगी।

"डॉक्टर से धाय की जाँच करने के लिए कहना चाहिए," करेनिन ने कहा।

देखने में बड़ी स्वस्थ और बनी-ठनी धाय इस बात से डरकर कि उसे इनकार कर देंगे, धीरे-धीरे कुछ बड़बड़ाई और अपनी बड़ी छाती को ढककर चूचियों में दूध की कमी के सन्देह के बारे में तिरस्कारपूर्ण मुस्कुरायी। इस मुस्कान में भी करेनिन को अपनी स्थिति के बारे में उपहास की अनुभूति हुई।

"बदकिस्मत बच्ची!" आया ने बच्ची को चुप कराते और कमरे में इधर-उधर आते-जाते हुए कहा।

करेनिन कुर्सी पर बैठ गया और व्यथित तथा उदास चेहरे से इधर-उधर आती-जाती आया को देखने लगा।

आखिर बच्ची के चुप हो जाने पर जब उसे उसके पालने में लिटा दिया गया और आया तकिया ठीक करके वहाँ से चली गयी, तो करेनिन उठा और बड़ी मुश्किल से पंजो के बल चलता हुआ बच्ची के करीब गया। क्षण-भर को वह बुत बना-सा खड़ा रहा और इसी तरह उदास चेहरे से बच्ची को देखता रहा। किन्तु अचानक उसके चेहरे पर मुस्कान आ गयी, जिससे उसके माथे की त्वचा और बाल हिला और वह दबे पाँवों कमरे से बाहर चला गया।

भोजन-कक्ष में जाकर उसने घंटी बजायी और भीतर आने वाले नौकर को फिर से डॉक्टर को बुलवाने का आदेश दिया। उसे अपनी पत्नी पर इस कारण खीझ आ रही थी कि वह इतनी प्यारी बच्ची की चिन्ता नहीं करती थी और झल्लाहट की ऐसी स्थिति में उसने उसके पास नहीं जाना चाहा। वह प्रिन्सेस बेत्सी से भी नहीं

मिलना चाहता था। किन्तु पत्नी को इस बात की हैरानी हो सकती थी कि वह हर दिन की तरह उससे मिलने क्यों नहीं आया और इसलिए वह मन मारकर सोने के कमरे की तरफ चल दिया। नर्म कालीन पर कदम बढ़ाते हुए दरवाजे के पास पहुँचने पर उसे अनचाहे वह बातचीत सुनाई दी, जिसे वह सुनना नहीं चाहता था।

"अगर वह यहाँ से जा न रहा होता, तो आपका और उसका इनकार करना मेरी समझ में आ सकता था। लेकिन आपके पति को इस चीज से ऊपर होना चाहिए," बेत्सी कह रही थी।

"मैं पति के वजह से नहीं, बल्कि अपने कारण ऐसा नहीं चाहती। इसकी चर्चा ही नहीं कीजिये," आन्ना उत्तेजित स्वर में कह रही थी।

"मगर आप उस आदमी के साथ विदाई-भेंट से इनकार नहीं कर सकतीं, जिसने आपके कारण अपने को गोली का निशाना बनाया..."

"मैं इसी कारण उससे मिलना नहीं चाहती।"

चेहरे पर भय और अपराध का भाव लिये हुए करेनिन रुका तथा किसी की नजर में आये बिना उसने वापस जाना चाहा। किन्तु यह सोचकर उसने अपना इरादा बदला कि ऐसा करना शोभा नहीं देता, वह लौटा, खाँसा और सोने के कमरे की तरफ चल दिया। बातचीत बन्द हो गयी और वह कमरे में दाखिल हुआ।

आन्ना सलेटी रंग का ड्रेसिंग गाउन पहने सोफे पर बैठी थी, उसके छोटे-छोटे कटे हुए काले बाल गोल सिर पर घने ब्रुश की तरह खड़े थे। सदा की भाँति पति को देखते ही अब भी उसके चेहरे पर से अचानक सजीवता गायब हो गयी, उसने सिर झुका लिया और बेचैनी से बेत्सी की तरफ देखा। बेत्सी अत्यधिक नवीन फैशन के कपड़े पहने बनी-ठनी हुई थी, उसकी टोपी उसके सिर के ऊपर ऐसे तैरती-सी लग रही थी, जैसे लैम्प के ऊपर शेड, वह नीलगूँ रंग का फ्रॉक पहने थी, जिसकी चटकीली टेढ़ी धारियाँ एक ओर से चोली तथा दूसरी ओर से स्कर्ट पर से गुजर रही थीं। अपनी ऊँची, सपाट आकृति को सीधा ताने हुए वह आन्ना के करीब बैठी थी और वह सिर झुकाकर तथा व्यंग्यपूर्ण मुस्कान के साथ करेनिन से मिली।

"ओह!" उसने मानो हैरान होते हुए कहा। "मुझे बड़ी खुशी है कि आप घर पर हैं। आप कहीं आते-जाते ही नहीं और मैंने आन्ना के बीमार होने के बाद से आपको नहीं देखा। मैंने आपकी चिन्ता के बारे में सभी कुछ सुना है। हाँ, आप अद्भुत पति हैं!" उसने अर्थपूर्ण और स्नेह-सिक्त अन्दाज में कहा मानो पत्नी के प्रति उसके व्यवहार के लिए विशाल हृदयता का पदक भेंट कर रही हो।

करेनिन ने रुखाई से सिर झुकाया, पत्नी का हाथ चूमा और उससे उसकी तबीयत के बारे में पूछा।

"मुझे लगता है कि बेहतर है," पति की नजर से नजर बचाते हुए उसने कहा।

"मगर आपके चेहरे का रंग ऐसा है मानो आपको बुखार हो," उसने 'बुखार'

शब्द पर जोर देते हुए कहा।

"हम दोनों बहुत ज्यादा बातें करती रही हैं," बेत्सी ने कहा, "मुझे लगता है कि यह मेरी स्वार्थपरता है। इसलिए मैं जा रही हूँ।"

वह उठकर खड़ी हो गयी, किन्तु आन्ना ने सहसा लज्जारुण होते हुए जल्दी से उसका हाथ पकड़ लिया।

"नहीं, कृपया थोड़ा रुकिये। मुझे आपसे...नहीं, आपसे कुछ कहना है..." उसने करेनिन को सम्बोधित किया और उसकी गर्दन और माथा शर्म से लाल हो गये। "मैं आपसे कुछ भी छिपा नहीं सकती और न ही ऐसा चाहती हूँ," वह बोली।

करेनिन ने अपनी उँगलियाँ चटकायीं और सिर झुका लिया।

"बेत्सी कह रही थीं कि काउंट व्रोन्स्की ताशकन्द जाने के पहले विदा लेने के लिए हमारे यहाँ आना चाहता है।" वह पति की ओर नहीं देख रही थी और उसके लिए चाहे यह कितना ही कठिन क्यों न हो, सब कुछ कह देना चाहती थी। "मैंने कह दिया है कि मैं उससे नहीं मिल सकती।"

"मेरी प्यारी, आपने कहा था कि वह अलेक्सेई अलेक्सान्द्रोविच पर निर्भर होगा," बेत्सी ने उसकी भूल सुधारी।

"हाँ, लेकिन मैं उससे नहीं मिल सकती और ऐसा करने में कोई तुक..." वह अचानक रुकी और उसने प्रश्नसूचक दृष्टि से पति की ओर देख (वह उसकी ओर नहीं देख रहा था)। "थोड़े में यह कि मैं नहीं चाहती..."

करेनिन उसके करीब हो गया और उसने उसका हाथ अपने हाथ में लेना चाहा।

शुरू में आन्ना ने पति के नम, बड़ी-बड़ी फूली-फूली नसोंवाले हाथ से, जो उसका हाथ थामना चाह रहा था, अपना हाथ पीछे हटा लिया। किन्तु सम्भवतः अपना मान मारकर उसका हाथ दबाया।

"मुझ पर भरोसा करने के लिए आपका बहुत आभारी हूँ, किन्तु..." उसने परेशानी और खीझ से यह महसूस करते हुए जवाब दिया कि अपने-आप वह जो कुछ आसानी से और स्पष्टतः तय कर सकता था, प्रिन्सेस त्वेरस्काया की उपस्थिति में उस विचार-विनिमय करने में असमर्थ है। कारण कि वह प्रिन्सेस त्वेरस्काया को ऊँचे समाज की नजरों में उसके जीवन का संचालन करने वाली उस कठोर शक्ति का मूर्त रूप मानता था, जो उसे अपने प्यार और क्षमा की भावना को समर्पित करने में बाधा डालती थी। प्रिन्सेस त्वेरस्काया की ओर देखते हुए उसने अपनी बात अधूरी ही छोड़ दी।

"तो विदा, मेरी प्यारी," बेत्सी ने उठते हुए कहा। उसने आन्ना को चूमा और कमरे से बाहर चली गयी। करेनिन उसे पहुँचाने के लिए उसके साथ हो लिया।

"अलेक्सेई अलेक्सान्द्रोविच! मैं आपको एक सच्चे उदारमना व्यक्ति के रूप में जानती हूँ," बेत्सी ने छोटे मेहमानखाने में रुकते हुए और एक बार फिर बहुत

तपाक से उसका हाथ दबाते हुए कहा। "मैं बाहरी व्यक्ति हूँ, किन्तु मैं आन्ना को इतना अधिक प्यार और आपका इतना ज्यादा आदर करती हूँ कि सलाह देने की हिम्मत कर सकती हूँ। आप उसे अपने यहाँ आने दीजिये। अलेक्सेई व्रोन्स्की प्रतिष्ठा का मूर्त रूप है और ताशकन्द जा रहा है।"

"सहानुभूति और सलाह के लिए आपका आभारी हूँ, प्रिन्सेस। किन्तु मेरी पत्नी किसी से मिलना चाहती है या नहीं मिलना चाहती, यह प्रश्न वह स्वयं ही तय करेगी।"

करेनिन ने आदत के मुताबिक भौंहें चढ़ाकर गरिमा के साथ उक्त शब्द कहे और उसी समय उसके दिमाग में यह खयाल आया कि शब्द कैसे भी क्यों न हों, उसकी वर्तमान स्थिति में गरिमा का कोई प्रश्न नहीं हो सकता था। इन शब्दों के बाद बेत्सी ने जिस दबी-घुटी, द्वेष और व्यंग्यपूर्ण मुस्कान के साथ उसकी ओर देखा, उसमें उसे ऐसा ही दिखाई दिया।

20

हॉल में पहुँचने पर करेनिन ने सिर झुकाकर बेत्सी से विदा ली और पत्नी की ओर वापस चल दिया। वह लेटी हुई थी, किन्तु उसके पैरों की आहट पाकर पहले की तरह बैठ गयी और डरी-सहमी-सी उसकी तरफ देखने लगी। उसने देखा कि वह रो रही है।

"मुझ पर भरोसा करने के लिए मैं तुम्हारा बहुत आभारी हूँ," बेत्सी के सामने फ्रांसीसी में कहा गया वाक्य उसने रूसी में दोहराया और उसके पास बैठ गया। जब वह रूसी में बात करता और उसे 'तुम' कहता, तो इस 'तुम' से आन्ना अवश्य ही झल्ला उठती। "और तुम्हारे निर्णय के लिए भी बहुत आभारी हूँ। मैं भी ऐसा ही समझता हूँ कि अगर वह यहाँ से जा ही रहा है, तो काउंट व्रोन्स्की के लिए यहाँ आने की कोई जरूरत नहीं है। वैसे..."

"मैं खुद यह कह चुकी हूँ, फिर दोहराने की क्या आवश्यकता है?" आन्ना ने अचानक झल्लाहट के साथ, जिस पर वह काबू नहीं पा सकी थी, उसे टोक दिया। 'कोई जरूरत नहीं है,' वह सोच रही थी, 'उस औरत के पास विदा लेने के लिए आने की जरूरत नहीं है, जिसे वह प्यार करता है, जिसके लिए उसने मरना और अपने को बर्बाद करना चाहा तथा जो उसके बिना जी नहीं सकती। नहीं, कोई जरूरत नहीं है!' उसने अपने होंठ भींच लिये और चमकती आँखें उसकी फूली-फूली नसोंवाले हाथों पर झुका लीं, जो धीरे-धीरे एक-दूसरे को मल रहे थे।

"इसकी कभी चर्चा नहीं करेंगे," उसने शान्ति से इतना और कह दिया।

"मैंने इस मामले पर फैसला पूरी तरह तुम पर ही छोड़ दिया है और मुझे यह देखकर खुशी है..." करेनिन ने कहना शुरू किया।

"कि मेरी इच्छा आपकी इच्छा के साथ मेल खाती है," आन्ना ने इस बात से खीझते हुए झटपट उसका वाक्य पूरा कर दिया कि वह इतना धीमे-धीमे बोल रहा है, जबकि वह पहले से ही यह जानती है कि वह क्या कहने जा रहा है।

"हाँ," उसने पुष्टि की, "और प्रिन्सेस त्वेंरस्काया अत्यधिक जटिल पारिवारिक मामलों में बिल्कुल अनुचित दखल दे रही हैं। खासतौर पर जबकि उसके बारे में..."

"उसके बारे में लोग जो कुछ भी कहते हैं, मैं उनमें से किसी की बात पर विश्वास नहीं करती," आन्ना ने जल्दी से कहा, "मैं जानती हूँ कि वह सच्चे दिल से मुझे चाहती है।"

करेनिन ने गहरी साँस ली और खामोश हो गया। आन्ना उसके प्रति शारीरिक घृणा की उस यातनापूर्ण भावना के साथ देखती हुई, जिसके लिए अपनी भर्त्सना करती थी, मगर जिस पर काबू नहीं पा सकती थी, अपने ड्रेसिंग गाउन में फुँदने से बेचैनी के साथ खेल रही थी। वह अब केवल यही चाहती थी कि उसे उसकी घृणापूर्ण उपस्थिति से निजात मिले।

"मैंने अभी डॉक्टर की बुलवाया है," करेनिन ने कहा।

"मैं स्वस्थ हूँ, मुझे डॉक्टर की क्या जरूरत है?"

"बच्ची रोती है और सुनने में आया है कि धाय के दूध नहीं उतरता है।"

"किसलिए तुमने मुझे तब उसे अपना दूध नहीं पिलाने दिया, जब मैंने इसके लिए तुम्हारी मिन्नत की थी? खैर, कोई बात नहीं (अलेक्सेई अलेक्सान्द्रोविच समझ गया कि इस 'खैर, कोई बात नहीं' से उसका क्या अभिप्राय है), वह बच्ची है और उसे मौत के मुँह में भी धकेला जा रहा है।" उसने घंटी बजायी और बच्ची को लाने का आदेश दिया। "मैंने अनुरोध किया था कि मैं दूध पिलाऊँगी, मुझे इसकी अनुमति नहीं दी गयी और अब इसी के लिए मेरी भर्त्सना की जा रही है।"

"मैं भर्त्सना नहीं कर रहा हूँ..."

"नहीं, आप भर्त्सना कर रहे हैं! हे भगवान ! मैं मर ही क्यों नहीं गयी?" और वह सिसकने लगी। "मुझे माफ कर दो, मैं खीझी हुई हूँ, ज्यादती कर रही हूँ," उसने सँभलते हुए कहा। "लेकिन अब तुम जाओ..."

"नहीं, यह ऐसे नहीं चल सकता," करेनिन ने पत्नी के कमरे से बाहर जाते हुए निर्णायक स्वर में अपने-आपसे कहा।

ऊँचे समाज की नजर में उसकी स्थिति की असाध्यता, पत्नी की उसके प्रति घृणा और कुल मिलाकर यह रहस्यपूर्ण कठोर शक्ति, जो उसकी मनःस्थिति के प्रतिकूल उसके जीवन का निर्देशन और अपनी इच्छा की पूर्ति तथा पत्नी के प्रति उसके रवैये के परिवर्तन की माँग कर रही थी, आज की भाँति इतने स्पष्ट और उग्र रूप में कभी सामने नहीं आयी थी। वह साफ तौर पर यह देख रहा था कि ऊँचा समाज और पत्नी उससे किसी चीज की अपेक्षा कर रहे थे, किन्तु किस चीज की,

वह यह समझने में असमर्थ था। वह अनुभव कर रहा था कि इसी कारण उसकी आत्मा में क्रोध की भावना पैदा होती थी, जो उसके चैन और उदारता की उपलब्धि को नष्ट करती थी। वह ऐसा मानता था कि आन्ना के लिए व्रोन्स्की से सम्बन्ध तोड़ लेना उचित होगा, किन्तु यदि वे ऐसा करना असम्भव समझते हैं, तो वह केवल इसलिए कि बच्चों को शर्म का सामना न करना पड़े, उसे उनसे वंचित न होना पड़े और अपनी स्थिति में परिवर्तन करने की जरूरत न हो, इन सम्बन्धों को फिर से स्वीकार करने को तैयार था। बहुत बुरा होने पर भी वह उस सम्बन्ध-विच्छेद से तो अच्छा ही था, जिसके परिणामस्वरूप आन्ना की असहाय और लज्जाजनक स्थिति हो जायेगी और वह खुद उस सबसे वंचित हो जायेगा, जो उसे प्यारा था। किन्तु वह अपने को विवशता की स्थिति में अनुभव करता था, पहले से ही यह जानता था कि सब कुछ उसके विरुद्ध है और उसे वह नहीं करने दिया जायेगा, जो उसे अब स्वाभाविक और अच्छा प्रतीत होता था तथा वह करने को मजबूर किया जायेगा, जो बुरा है, किन्तु जो उनको उचित लगता है।

21

बेत्सी हॉल से बाहर निकल ही रही थी कि दरवाजे के करीब ओब्लोन्स्की से उसकी मुलाकात हुई, जो येलिसेयेव के प्रसिद्ध स्टोर से, जहाँ ताजा ओयेस्टर आये थे, सीधा यहाँ पहुँचा था।

"अरे! प्रिन्सेस! खूब मुलाकात हुई यह तो!" वह कह उठा। "मैं आपके यहाँ होकर आया हूँ।"

"एक मिनट की मुलाकात, क्योंकि मैं जा रही हूँ," बेत्सी ने मुस्कुराते और दस्ताना पहनते हुए कहा।

"प्रिन्सेस, दस्ताना पहनने की जल्दी न कीजिये, अपना प्यारा-सा हाथ तो चूमने दीजिये। पुराने रिवाजों के लौट आने के मामले में मैं और किसी चीज के लिए इतना आभारी नहीं हूँ, जितना कि हाथ चूमने के बारे में।" उसने बेत्सी का हाथ चूमा। "कब मुलाकात होगी?"

"आप इसके लायक नहीं हैं," बेत्सी ने जवाब दिया।

"नहीं, मैं इसके बहुत लायक हूँ, क्योंकि सबसे ज्यादा संजीदा आदमी हो गया हूँ। मैं सिर्फ अपने ही नहीं, बल्कि पराये पारिवारिक मामले भी सुलझाता हूँ," उसने चेहरे पर अर्थपूर्ण भाव लाते हुए कहा।

"ओह, मैं बहुत खुश हूँ!" बेत्सी ने फौरन यह भाँपते हुए कि वह आन्ना की चर्चा कर रहा है, उत्तर दिया। वे हॉल में लौटकर एक कोने में खड़े हो गये। "वह उसको मारे डाल रहा है," बेत्सी ने अर्थपूर्ण फुसफुसाहट के साथ कहा। "ऐसे जीना असम्भव है, असम्भव है..."

"मैं बहुत खुश हूँ कि आप ऐसा समझती हैं," ओब्लोन्स्की ने चेहरे पर गम्भीर तथा व्यथा-सहानुभूतिपूर्ण भाव के साथ सिर हिलाते हुए कहा, "मैं इसी मामले के सम्बन्ध में पीटर्सबर्ग आया हूँ।"

"सारा शहर इसकी चर्चा कर रहा है," बेत्सी ने कहा। "यह असम्भव स्थिति है। वह घुलती जा रही है, घुलती जा रही है। वह इतना नहीं समझता कि आन्ना ऐसी नारियों में से है, जो अपनी भावनाओं के साथ खिलवाड़ नहीं कर सकती। दो में से केवल एक ही बात हो सकती है– या तो दृढ़ता दिखाते हुए उसे कहीं अपने साथ ले जाये या फिर तलाक दे दे। यह स्थिति आन्ना का दम घोंट रही है।"

"हाँ, हाँ, बिल्कुल यही बात है..." ओब्लोन्स्की ने उसाँस छोड़ते हुए कहा। "मैं इसी के लिए आया हूँ। मेरा मतलब सिर्फ इसी के लिए नहीं... मुझे काम्मेरहेर[1] बना दिया गया है और इसलिए आभार प्रकट करना चाहिए। किन्तु मुख्य बात तो यह है कि इस मामले को निपटाना जरूरी है।"

"भगवान आपकी मदद करे!" बेत्सी ने कहा।

प्रिन्सेस बेत्सी को ड्योढ़ी तक पहुँचाकर, फिर से दस्ताने के ऊपर, जहाँ नब्ज होती है, उसकी कलाई चूमने तथा कुछ ऐसी बेहूदा बकवास करने के बाद, जिसे सुनकर प्रिन्सेस यह तय न कर सकी कि हँसे या झल्लाये, ओब्लोन्स्की अपनी बहन की ओर चल दिया। उसने उसे रोते पाया।

अत्यधिक मजे और रंग के मूड में होते हुए भी ओब्लोन्स्की ने स्वभावतः सहानुभूति और कवित्वपूर्ण वह अन्दाज अपना लिया, जो आन्ना की मनःस्थिति के अनुरूप था। उसने उसकी तबीयत के बारे में और यह पूछा कि उसने सुबह कैसे बितायी।

"बुरी, बहुत ही बुरी। दिन, सुबह, अतीत और भविष्य के दिन भी," आन्ना ने जवाब दिया।

"मुझे लगता है कि तुमने रंज के सामने घुटने टेक दिये हैं। तुम्हें इससे मुक्त होना चाहिए, जिन्दगी की हकीकत का सामना करना चाहिए। मैं मानता हूँ कि ऐसा करना मुश्किल है, लेकिन..."

"मैंने सुना है कि औरतें लोगों को उनकी बुराइयों के लिए भी प्यार करती हैं," आन्ना ने अचानक कहना शुरू किया, "मगर मैं उसकी खूबियों के लिए उससे नफरत करती हूँ। मैं उसके साथ नहीं रह सकती। तुम इस चीज को समझो, उसकी सूरत देखते ही मेरा रोम-रोम जलने लगता है, मैं आपे से बाहर हो जाती हूँ। मैं उसके साथ नहीं रह सकती, नहीं रह सकती। मैं क्या करूँ? मैं दुःखी थी और समझती थी कि मुझसे अधिक दुःखी कोई नहीं हो सकता, किन्तु मुझे जिस भयानक स्थिति की अब अनुभूति हो रही है, उसकी तो मैं कल्पना भी नहीं कर सकती थी। तुम यकीन

1. ऊँचा दरबारी पद।

करोगे, मैं यह जानते हुए कि वह दयालु और बहुत अच्छा आदमी है तथा मैं उसकी जूती की नोक के बराबर भी नहीं हूँ, उससे नफरत करती हूँ। मैं उसकी उदारता के लिए घृणा करती हूँ। मेरे लिए और कोई चारा नहीं है, सिवाय इसके कि... "

आन्ना ने 'मर जाऊँ' कहना चाहा, किन्तु ओब्लोन्स्की ने उसे यह कहने नहीं दिया।

"तुम बीमार और झल्लाई हुई हो," उसने कहा, "सच मानो कि तुम मामले को बहुत बढ़ा-चढ़ाकर पेश कर रही हो। ऐसी कोई भयानक बात नहीं है।"

और ओब्लोन्स्की मुस्कुरा दिया। ओब्लोन्स्की की जगह कोई भी अन्य व्यक्ति हताशा की ऐसी स्थिति में कभी न मुस्कुराता (मुस्कुराना बड़ा कठोर प्रतीत होता), किन्तु उसकी मुस्कान में इतनी दयालुता और लगभग नारी-सुलभ ऐसा स्नेह था, कि उसकी मुस्कान ने ठेस लगाने के बजाय शान्ति और चैन दिया। उसे चैन देने वाले धीमे-धीमे शब्दों और मुस्कान ने बादाम रोगन जैसी शान्ति तथा चैन देने का प्रभाव पैदा किया। आन्ना ने शीघ्र ही उसे अनुभव किया।

"नहीं स्तीवा," वह बोली। "मैं बर्बाद हो गयी, बर्बाद हो गयी! इससे भी बुरा हाल है मेरा। अभी बर्बाद नहीं हुई, यह नहीं कह सकती कि सब कुछ खत्म हो चुका है। इसके विपरीत, मैं यह अनुभव करती हूँ कि सब कुछ खत्म नहीं हुआ। मैं बहुत कसे हुए तार के समान हूँ, जो टूटकर रहेगा। लेकिन अभी सब कुछ खत्म नहीं हुआ... और भयानक अन्त होगा।"

"कोई बात नहीं, तार को धीरे से ढीला किया जा सकता है। ऐसी कोई मुश्किल नहीं, जिसका हल न हो।"

"मैंने सोचा है, बहुत सोचा है। सिर्फ एक ही..."

उसकी डरी-सहमी हुई नजर से वह फिर समझ गया कि आन्ना के मतानुसार उसके लिए मौत ही एक रास्ता है और उसने उसे यह शब्द कहने नहीं दिया।

"बिल्कुल नहीं," ओब्लोन्स्की ने कहा। "तुम अपनी स्थिति को मेरी तरह नहीं समझ सकतीं। तुम मुझे साफ-साफ बात कहने की अनुमति दो।" वह फिर से अपनी बादाम रोगनवाली मुलायम मुस्कान के साथ मुस्कुराया। "मैं मामले को शुरू से लेता हूँ : तुमने ऐसे आदमी से शादी की, जो तुमसे बीस साल बड़ा है। तुमने प्यार के बिना या प्यार को जाने बिना शादी की। मान लेते हैं कि वह गलती थी।"

"बहुत भयानक गलती!" आन्ना ने कहा।

"लेकिन मैं दोहराता हूँ–यह एक हकीकत है। इसके बाद हम कह सकते हैं कि तुम्हें बदकिस्मती से उस आदमी से प्यार हो गया, जो तुम्हारा पति नहीं है। यह बदकिस्मती है, मगर हकीकत है। तुम्हारे पति ने इसको माना और तुम्हें क्षमा कर दिया।" वह हर वाक्य के बाद उसकी आपत्ति की प्रतीक्षा करते हुए रुकता, किन्तु आन्ना ने कुछ भी नहीं कहा। "बात ऐसी ही है। अब सवाल यह है–तुम

अपने पति के साथ रह सकती हो या नहीं? तुम ऐसा चाहती हो या नहीं? वह ऐसा चाहता है या नहीं?"

"मैं कुछ भी, कुछ भी नहीं जानती।"

"लेकिन तुमने खुद ही यह कहा था कि तुम उसे बर्दाश्त नहीं कर सकतीं।"

"नहीं, मैंने नहीं कहा। मैं इससे इनकार करती हूँ। मैं कुछ भी नहीं जानती और कुछ भी नहीं समझती।"

"लेकिन, सुनो तो..."

"तुम नहीं समझ सकते। मुझे ऐसा लगता है कि मैं सिर के बल तेजी से किसी खाई में गिरती जा रही हूँ, लेकिन मुझे बचना नहीं चाहिए। और अब बच भी नहीं सकती।"

"कोई बात नहीं, हम किसी तरह तुम्हें खाई में गिरने से बचा लेंगे। मैं तुम्हारी विवशता को समझता हूँ, समझता हूँ कि तुम अपनी इच्छा, अपनी भावना को व्यक्त करने का साहस नहीं कर पाती हो।"

"मैं कुछ भी, कुछ भी नहीं चाहती हूँ...सिर्फ इतना ही कि सब कुछ खत्म हो जाये।"

"किन्तु वह यह देखता और जानता है। क्या तुम यह समझती हो कि उसे इससे कम परेशानी हो रही है? तुम यातना सह रही हो, वह यातना सह रहा है। लेकिन इससे नतीजा क्या निकल सकता है? जबकि तलाक इस सारी मुसीबत का अन्त कर देगा," स्तीवा ने किसी तरह अपना यह मुख्य विचार व्यक्त कर दिया और अर्थपूर्ण दृष्टि से उसकी ओर देखा।

आन्ना ने कोई जवाब नहीं दिया और केवल अपने कटे हुए छोटे-छोटे बालोंवाला सिर हिला दिया। किन्तु सहसा पहले जैसे सौन्दर्य से चमक उठने वाले चेहरे के भाव से ओब्लोन्स्की ने यह समझ लिया कि आन्ना ने केवल इसीलिए ऐसा नहीं चाहा था कि उसे यह असम्भव सुख प्रतीत हुआ था।

"मुझे तुम दोनों के लिए बेहद दुःख है। अगर मुझे इस मामले को निपटाने में सफलता मिल गयी तो तुम्हें बता नहीं सकता कि मुझे कितनी खुशी होगी!" ओब्लोन्स्की ने अब साहस से मुस्कुराते हुए कहा। "तुम कुछ भी, कुछ भी नहीं कहो! काश, भगवान मुझे वैसे ही कहने की शक्ति दे, जैसे मैं अनुभव करता हूँ। मैं उसके पास जाता हूँ।"

आन्ना ने सोच में डूबी, चमकती आँखों से भाई की तरफ देखा और कुछ नहीं कहा।

22

ओब्लोन्स्की कुछ वैसी ही गम्भीर मुद्रा बनाये हुए, जिस मुद्रा में वह अपने कार्यालय में अध्यक्ष की कुर्सी पर बैठता था, करेनिन के कमरे में दाखिल हुआ। करेनिन पीठ

पीछे हाथ बाँधे और कमरे में इधर-उधर चक्कर लगाते हुए उसी विषय के बारे में सोच रहा था, जिसकी स्तीवा उसकी पत्नी के साथ चर्चा कर रहा था।

"मैं कोई खलल तो नहीं डाल रहा हूँ?" ओब्लोन्स्की ने बहनोई को देखकर अचानक घबराहट-सी महसूस करते हुए पूछा, जो उसके स्वभाव के अनुरूप नहीं था। अपनी इस घबराहट को छिपाने के लिए उसने कुछ देर पहले खरीदा गया नये ढंग से खुलने वाला सिगरेट-केस निकाला और चमड़े को सूँघकर सिगरेट निकाली।

"नहीं। तुम्हें मुझसे कोई काम है क्या?" करेनिन ने बुझे मन से जवाब दिया।

"हाँ, मैं चाहता था...मुझे बात...बात करनी है," ओब्लोन्स्की ने हैरानी से भीरुता अनुभव करते हुए, जिसका वह अभ्यस्त नहीं था, जवाब दिया।

यह अनुभूति इतनी अप्रत्याशित और अजीब-सी थी कि ओब्लोन्स्की को इस बात का विश्वास नहीं हुआ कि यह उसकी आत्मा की आवाज थी, जो कह रही थी–तुम जो करना चाहते हो, वह बुरा है। ओब्लोन्स्की ने अपनी इस भीरुता पर सप्रयास काबू पा लिया।

"उम्मीद करता हूँ कि तुम बहन के प्रति मेरे प्यार और तुम्हारे प्रति मेरे हार्दिक लगाव और आदर पर विश्वास करते हो," उसने घबराहट से लाल होते हुए कहा।

करेनिन रुका और उसने कोई उत्तर नहीं दिया, किन्तु उसके चेहरे के इस भाव ने कि मैंने अपने को किस्मत के हाल पर छोड़ दिया है, उसे चकित कर दिया।

"मेरा ऐसा इरादा है, मैं चाहता हूँ कि बहन और तुम दोनों की आपसी स्थिति की चर्चा करूँ," ओब्लोन्स्की ने अपनी झिझक-झेंप से, जो उसके स्वभाव में नहीं था, जूझना जारी रखते हुए कहा।

करेनिन उदासी से मुस्कुराया, उसने अपने साले की तरफ देखा, मेज के करीब गया और वह खत उठाकर साले को दे दिया, जिसे लिखना शुरू किया था।

"मैं लगातार इसी बारे में सोचता रहता हूँ। यह है वह खत, जो मैंने ऐसा मानते हुए लिखना शुरू किया था कि मेरे लिए लिखित रूप में उसके सामने अपने विचार व्यक्त करना बेहतर रहेगा, क्योंकि मेरी उपस्थिति से उसे झल्लाहट होती है," उसने पत्र देते हुए कहा।

ओब्लोन्स्की ने पत्र ले लिया, चकराकर अपने ऊपर जमी हुई आँखों को आश्चर्य से देखा और पत्र पढ़ने लगा।

"मैं देखता हूँ कि मेरी उपस्थिति से आपको परेशानी होती है। मेरे लिए इस बात का विश्वास करना बेशक कितना ही दुःखद क्यों न था, मैं देखता हूँ कि स्थिति ऐसी ही है और इससे भिन्न नहीं हो सकती। मैं आपको दोष नहीं देता और भगवान इस बात का साक्षी है कि आपकी बीमारी के समय आपको देखने पर मैंने सच्चे दिल से वह सब कुछ भूल जाना चाहा, जो हमारे बीच हुआ था, और नयी जिन्दगी शुरू करनी चाही। मैंने जो कुछ किया, मुझे उसका पश्चाताप नहीं है और कभी नहीं

होगा। किन्तु मैं केवल एक ही चीज चाहता था, आपकी भलाई, आपकी आत्मा की भलाई और अब मैं यह देख रहा हूँ कि मुझे इसमें सफलता नहीं मिली। आप स्वयं ही मुझे बता दीजिये कि कैसे आपको सच्चा सुख और अपनी आत्मा की शान्ति मिल सकती है। मैं अपने को आपकी इच्छा और न्याय-भावना पर छोड़ता हूँ।"

ओब्लोन्स्की ने पत्र वापस दे दिया और यह न जानते हुए कि क्या कहे, पहले जैसी परेशानी में बहनोई की तरफ देखता रहा। यह खामोशी इन दोनों के लिए इतनी बोझिल थी कि करेनिन के चेहरे पर नजर जमाये हुए खामोशी के इन लम्बे क्षणों में उसे अपने होंठों में पीड़ायुक्त फड़कन अनुभव होने लगी।

"तो मैं यह बताना चाहता था उसे," करेनिन ने दूसरी ओर मुँह करते हुए कहा।

"हाँ, हाँ..." गला रुँध जाने के कारण कुछ भी कह पाने में असमर्थ ओब्लोन्स्की ने कहा। "हाँ, हाँ। मैं आपके दिल की हालत को समझता हूँ" आखिर उसने कहा।

"मैं यह जानने को उत्सुक हूँ कि वह क्या चाहती है," करेनिन बोला।

"मुझे लगता है कि वह खुद अपनी स्थिति को नहीं समझती है। उसके लिए कोई निर्णय करना सम्भव नहीं," ओब्लोन्स्की ने सँभलते हुए कहा, "वह तुम्हारी उदारता के बोझ से दबी हुई है, उससे कुचली हुई है। इस पत्र को पढ़ने पर वह कुछ भी नहीं कह पायेगी, और अधिक नीचे धसक जायेगी।"

"तो ऐसी स्थिति में क्या किया जाये? मामले को कैसे निपटाया जाये?... उसकी इच्छा कैसे मालूम की जाये?"

"अगर तुम मुझे अपना मत व्यक्त करते की अनुमति दो, तो मेरे खयाल में तुम पर ही उन उपायों की ओर संकेत करना निर्भर है, जिन्हें इस स्थिति का अन्त करने के लिए जरूरी समझते हो।"

"तो तुम्हारे मुताबिक उसका अन्त करना जरूरी है?" करेनिन ने टोका। "लेकिन कैसे?" उसने आँखों के सामने हाथों से अजीब-सा संकेत करते हुए इतना और पूछ लिया। "मुझे किसी रास्ते की कोई सम्भावना नजर नहीं आती।"

"हर मुश्किल का कोई-न-कोई हल होता है," ओब्लोन्स्की ने उठते और प्रफुल्ल होते हुए कहा। "वह वक्त भी था, जब तुमने नाता तोड़ना चाहा था...अगर तुम्हें अब इस बात का विश्वास हो गया है कि तुम दोनों एक-दूसरे को सुखी नहीं बना सकते..."

"सुख के भिन्न अर्थ हो सकते हैं। किन्तु मान लो कि मैं हर चीज के लिए राजी हूँ, मैं कुछ भी नहीं चाहता हूँ। तब हमारी स्थिति का क्या समाधान हो सकता है?"

"अगर तुम मेरी राय जानना चाहते हो," ओब्लोन्स्की ने उसी चैन देने वाली कोमल मुस्कान के साथ कहा, जिसे आन्ना से बात करते हुए वह अपने होंठों पर लाया था। उसकी दयालुतापूर्ण मुस्कान इतना विश्वास पैदा करने वाली थी कि करेनिन अनचाहे ही अपनी दुर्बलता अनुभव करते और उसके अधीन होते हुए

ओब्लोन्स्की द्वारा कही जाने वाली बात पर भरोसा करने को तैयार था। "वह कभी यह नहीं कह पायेगी। लेकिन सिर्फ एक ही रास्ता है, वह सिर्फ एक ही चीज चाह सकती है," ओब्लोन्स्की कहता गया, "तुम दोनों के सम्बन्धों और उनसे जुड़ी हुई स्मृतियों का अन्त। मेरे खयाल में आप लोगों की स्थिति में नये सम्बन्धों का स्पष्टीकरण आवश्यक है। और ये नये सम्बन्ध दोनों पक्षों के स्वतन्त्र होने पर ही कायम हो सकते हैं।"

"तलाक," करेनिन ने घृणा से उसे टोका।

"हाँ, मैं समझता हूँ कि तलाक ही एक रास्ता है, तलाक ही," ओब्लोन्स्की ने लाल होते हुए दोहराया। "तुम दोनों की स्थितिवाले सभी दम्पतियों के लिए सभी दृष्टियों से यही सबसे अधिक सूझ-बूझ का रास्ता है। पति-पत्नी को अगर यह पता चल गया है कि उनका एक साथ जिन्दगी बिताना मुमकिन नहीं, तब चारा ही क्या रह जाता है? ऐसा तो हमेशा ही हो सकता है।" करेनिन ने गहरी साँस लेकर आँखें मूँद लीं। "इस मामले में सिर्फ एक ही बात को ध्यान में रखना जरूरी है—पति-पत्नी में से कोई किसी अन्य से शादी करना चाहता है या नहीं? अगर नहीं, तो मामला बड़ा सीधा-सादा हो जाता है," ओब्लोन्स्की ने अपनी घबराहट पर अधिकाधिक काबू पाते हुए कहा।

उत्तेजना से माथे पर बल डालते हुए करेनिन ने अपने-आपसे कुछ कहा और कोई उत्तर नहीं दिया। ओब्लोन्स्की को जो कुछ बहुत ही सीधा-साधारण प्रतीत हो रहा था, करेनिन उस पर हजारों बार सोच-विचार कर चुका था। उसे यह सब कुछ न केवल बहुत सीधा-साधरण ही नहीं, बल्कि बिल्कुल असम्भव प्रतीत हुआ। तलाक, वह अब जिसकी सभी तफसीलें जानता था, उसे इसलिए असम्भव प्रतीत होता था कि आत्मसम्मान की भावना और धर्म के प्रति आदर भाव उसे व्यभिचार का झूठा अपराध अपने ऊपर नहीं लेने देते थे और इससे भी अधिक इसलिए ऐसा करने से रोकते थे कि उसकी पत्नी, जिसे वह क्षमा कर चुका था तथा प्यार करता था, बेनकाब और बेइज्जत हो। कुछ अन्य और अधिक महत्त्वपूर्ण कारणों से भी उसे तलाक नामुमकिन लगा।

तलाक हो जाने पर बेटे का क्या होगा? उसे माँ के पास छोड़ना सम्भव नहीं था। तलाक दी गयी माँ का अपना गैर-कानूनी परिवार होगा, जिसमें सौतले बेटे की स्थिति और उसका पालन-शिक्षण सम्भवतः बुरा होगा। उसे अपने पास रखूँ? वह जानता था कि उसके लिए ऐसा करना तो बदला लेना होगा और वह ऐसा नहीं करना चाहता था। लेकिन इसके अलावा करेनिन को तलाक सबसे अधिक इसलिए असम्भव प्रतीत हुआ कि तलाक के लिए राजी होने से वह आन्ना को बर्बाद कर डालेगा। मास्को में डॉली द्वारा कहे गये ये शब्द उसके दिल में घर कर गये थे कि तलाक देने की बात सोचकर वह अपना ही खयाल कर रहा है और यह नहीं

सोचता कि ऐसा करके वह आन्ना को सदा के लिए बर्बाद कर देगा। इन शब्दों को अपने क्षमादान और बच्चों के प्रति लगाव से जोड़कर अब वह अपने ही ढंग से इनका अर्थ निकालता था। तलाक के लिए राजी होने, आन्ना को आजादी देने का अब उसके लिए यही मतलब था कि बच्चों से, जिन्हें वह प्यार करता था, अपना अन्तिम सम्बन्ध-सूत्र तोड़ लेना, नेकी के रास्ते पर आन्ना का आखिरी सहारा छीन लेना और उसे बर्बादी के गड्ढे में धकेल देना। वह जानता था कि अगर आन्ना को तलाक मिल जायेगा तो वह व्रोन्स्की से अपना नाता जोड़ लेगी और यह सम्बन्ध गैर-कानूनी तथा अपराधपूर्ण होगा, क्योंकि ईसाई धर्म के कानून-कायदे के मुताबिक पति के जिन्दा रहने तक पत्नी का दूसरा विवाह नहीं हो सकता। 'वह उसके साथ नाता जोड़ लेगी और एक-दो साल के बाद वह उसे छोड़ देगा या फिर वह किसी अन्य से अपना सम्बन्ध जोड़ लेगी,' करेनिन सोच रहा था, 'और इस गैर-कानूनी तलाक के लिए राजी होकर मैं उसकी तबाही के लिए जिम्मेदार होऊँगा।' उसने सैकड़ों बार इस पर विचार किया था और उसे इस बात का यकीन हो गया था कि तलाक का मामला, जैसा कि उसका साला कह रहा था, बहुत सीधा-सरल ही नहीं, बल्कि बिल्कुल असम्भव था। वह ओब्लोन्स्की के एक भी शब्द पर विश्वास नहीं कर रहा था, मगर वह ऐसा अनुभव करता हुआ उसे सुन रहा था कि उसके शब्दों में वह प्रबल कठोर शक्ति अपने को अभिव्यक्ति प्रदान कर रही है, जो उसके जीवन का संचालन करती है और जिसके सामने उसे घुटने टेकने होंगे।

"सवाल सिर्फ यह है कि कैसे, किन शर्तों पर तुम तलाक देने को तैयार होगे। वह कुछ नहीं चाहती, तुमसे कोई अनुरोध करने की हिम्मत नहीं कर सकती, सब कुछ तुम्हारी दरियादिली पर छोड़ती है।"

'हे भगवान! हे भगवान! किसलिए!' करेनिन ने उस तलाक की तफसीलें याद आने पर सोचा, जिसमें पति ने सारा दोष अपने ऊपर ले लिया था और व्रोन्स्की के अन्दाज में यों ही लज्जा से अपना मुँह ढँक लिया था।

"तुम बहुत परेशान हो, मैं यह समझ सकता हूँ, लेकिन अगर तुम गम्भीरता से सोच-विचार करो..."

"दायें गाल पर तमाचा मारने वाले के सामने बायाँ गाल कर दो और कोट उतारने वाले को कमीज दे दो," करेनिन ने सोचा।

"हाँ, हाँ," वह चिचियाती-सी आवाज में चिल्ला उठा। "मैं सारी बदनामी को अपने सिर पर लेता हूँ, बेटे को भी दे दूँगा, लेकिन... लेकिन क्या यह बेहतर नहीं होगा कि सब कुछ ऐसे ही रहने दिया जाये?... खैर, जैसा चाहते हो, वैसा करो...."

और वह दूसरी तरफ मुँह करके, ताकि साला उसे देख न सके, खिड़की के पास कुर्सी पर जा बैठा। उसे कटुता और लज्जा अनुभव हो रही थी, किन्तु इस कटुता और लज्जा के साथ उसे अपनी विनम्रता की ऊँचाई से खुशी और

भावविह्वलता भी अनुभव हो रही थी।

ओब्लोन्स्की द्रवित हो उठा। वह कुछ क्षण चुप रहा।

"अलेक्सेई अलेक्सान्द्रोविच, मुझ पर यकीन करो कि वह तुम्हारी दरियादिली को बहुत ऊँचा आँकेगी," उसने कहा। "लेकिन ऐसा लगता है कि भगवान की ऐसी ही मर्जी है," उसने इतना और जोड़ दिया और इतना कहने के बाद यह महसूस किया कि उसने बेतुकी-सी बात कर दी है और इस बेवकूफी की बात पर वह अपनी मुस्कान को बड़ी मुश्किल से वश में कर पाया।

करेनिन ने कुछ कहना चाहा, मगर आँसुओं ने उसे ऐसा नहीं करने दिया।

"यह दुर्भाग्य अनिवार्य है और उसे स्वीकार करना चाहिए। मैं इस दुर्भाग्य को अस्तित्व में आ चुका तथ्य मानता हूँ और तुम्हारी तथा आन्ना की सहायता करने की कोशिश कर रहा हूँ," ओब्लोन्स्की ने कहा।

ओब्लोन्स्की जब बहनोई के कमरे से बाहर निकला, तो द्रवित था, किन्तु इस चेतन ने उसकी इस खुशी में बाधा नहीं डाली कि उसने इस काम को कामयाबी से सिरे चढ़ा लिया है, क्योंकि उसे इस बात का यकीन था कि करेनिन अपने शब्दों पर अटल रहेगा। इस खुशी में उसके दिमाग में आने वाले इस विचार की खुशी भी शामिल हो गयी कि जब यह मामला तय हो जायेगा, तो वह अपनी बीवी और नजदीकी यार-दोस्तों से यह सवाल करेगा : 'मेरे और सम्राट के बीच क्या अन्तर है? सम्राट तलाक की व्यवस्था करता है और इससे किसी को भी सुख नहीं मिलता। किन्तु मैंने तलाक दिलवाया और तीन व्यक्तियों का जीवन सुखी हो गया... या फिर यह कि मेरे और सम्राट के बीच क्या समानता है? जब...खैर, कोई अधिक मजेदार बात सोच लूँगा,' उसने मुस्कुराते हुए अपने-आपसे कहा।

23

व्रोन्स्की का घाव काफी खतरनाक था, यद्यपि गोली दिल में नहीं लगी थी। कई दिनों तक वह जिन्दगी और मौत के बीच लटकता रहा। जब वह पहली बार बातचीत करने के लायक हुआ, तो केवल उसकी भाभी वार्या ही कमरे में थी।

"वार्या!" उसने कड़ी नजर से उसे एकटक देखते हुए कहा, "मैं भूल से अपने पर गोली चला बैठा था। कृपया कभी इस बात की चर्चा नहीं करना और दूसरों से भी ऐसा कह देना। नहीं तो यह बहुत ही बड़ी मूर्खता प्रतीत होगी!"

व्रोन्स्की के शब्दों का उत्तर दिये बिना वार्या उसके ऊपर झुक गयी और खुशी-भरी मुस्कान के साथ उसने उसके चेहरे को देखा। उसकी आँखें शान्त थीं, ज्वरग्रस्त नहीं थीं, किन्तु उनमें कड़ाई थी।

"शुक्र है भगवान का!" वार्या ने कहा। "तुम्हें दर्द नहीं महसूस हो रहा है?"

"थोड़ा-सा इस जगह," उसने छाती की ओर इशारा किया।

"तो लाओ, मैं पट्टी बाँध दूँ।"

वार्या जब तक पट्टी बाँधती रही, व्रोन्स्की अपने चौड़े जबड़ों को भींचे हुए चुपचाप उसकी ओर देखता रहा। पट्टी बँध जाने पर उसने कहा :

"मैं सरसाम में बहक नहीं रहा हूँ। कृपया ऐसा करो कि यह चर्चा न होने पाये कि मैंने जान-बूझकर अपने को गोली मारी थी।"

"कोई भी ऐसा नहीं कह रहा है। हाँ, यह उम्मीद जरूर करती हूँ कि तुम अब कभी भूल से अपने पर गोली नहीं चलाओगे," उसने प्रश्नसूचक मुस्कान के साथ कहा।

"सोचता हूँ कि ऐसा नहीं करूँगा, लेकिन बेहतर होता अगर..."

और वह उदासी से मुस्कुरा दिया।

इन शब्दों और इस मुस्कान के बावजूद, जिनसे वार्या बहुत डर गयी थी, जब घाव की सूजन जाती रही और उसकी तबीयत सुधरने लगी, तो उसने महसूस किया कि अपने दुःख के एक भाग से पूरी तरह मुक्त हो गया है। अपने को गोली मारकर उसने मानो लज्जा और अपमान का वह धब्बा धो डाला था, जिसे पहले अनुभव करता रहता था। अब वह शान्त भाव से करेनिन के बारे में सोच सकता था। वह उसकी सारी उदारता को स्वीकार करता था और अपने को अपमानित नहीं अनुभव करता था। इसके अलावा वह फिर से अपने जीवन की पहले वाली लीक पर चलने लगा। उसके लिए अब लज्जा के बिना लोगों से आँखें मिलाना और अपनी आदतों के मुताबिक़ जीना सम्भव था। पर लगातार कोशिश करने के बावजूद वह अफसोस की इस भावना को, जो कभी-कभी हताशा की सीमा तक पहुँच जाती थी, दिल से नहीं निकाल पाता था कि आन्ना को सदा के लिए खो बैठा है। अब, जब उसने आन्ना के पति के सामने अपने अपराध का प्रायश्चित कर लिया था, उसे आन्ना से इनकार करना चाहिए और कभी आन्ना तथा उसके पश्चाताप और उसके पति के बीच नहीं खड़े होना चाहिए, इस बात का उसने अपने दिल में पक्का इरादा बना लिया था। लेकिन वह आन्ना का प्यार खो देने के दुःख को हृदय से नहीं निकाल सकता था, सुख के उन क्षणों को स्मृति-पट से नहीं मिटा सकता था, जिनकी उसे उसके साथ अनुभूति हुई थी, जिनका उसने तब बहुत कम मूल्यांकन किया था और जो अपने समूचे अनूठे सौन्दर्य के साथ अब उसका पीछा करते रहते थे।

सेर्पुख़ोव्स्कोई ने ताशकान्द में व्रोन्स्की की नियुक्ति की व्यवस्था कर दी और व्रोन्स्की ने किसी तरह की दुविधा में पड़े बिना उसे फौरन स्वीकार कर लिया। किन्तु वहाँ जाने का वक्त जैसे-जैसे नजदीक आता गया वैसे-वैसे उसके लिए वह बलिदान अधिकाधिक बोझिल होता गया, जो वह अपना कर्तव्य मानते हुए कर रहा था।

व्रोन्स्की का घाव भर गया और वह ताशकन्द जाने की तैयारी करने के लिए

बग्घी में इधर-उधर आने-जाने लगा।

'एक बार उससे मिल लूँ और उसके बाद दफन हो जाऊँ, मर जाऊँ,' वह सोचता और विदाई-भेंट के लिए बेत्सी के यहाँ जाने पर उसने यही भाव व्यक्त किया। बेत्सी यही सन्देश लेकर आन्ना के यहाँ गयी और उसका इनकारी जवाब लेकर लौटी।

'यह और भी अच्छा हुआ,' व्रोन्स्की ने यह जवाब मिलने पर सोचा। 'यह दुर्बलता थी, जो मेरी बची-बचायी शक्ति का अन्त कर देती।'

अगले दिन बेत्सी सुबह ही खुद उसके पास आयी और उसे बताया कि उसे ओब्लोन्स्की से यह अच्छी खबर मिली है और करेनिन तलाक देने को राजी हो गया है और इसलिए वह उससे मिल सकता है।

बेत्सी को विदा करने की चिन्ता किये बिना, अपने सभी निर्णयों को भूलकर तथा यह पूछे बिना कि कब उसके यहाँ जा सकता है, कि पति कहाँ है, व्रोन्स्की उसी क्षण बग्घी में बैठकर करेनिन के घर की ओर रवाना हो गया। वह किसी चीज और किसी व्यक्ति की ओर ध्यान न देकर भागता हुआ सीढ़ियाँ चढ़ गया और मुश्किल से अपने को भागने से रोकता हुआ तेज कदमों से उसके कमरे में दाखिल हो गया। यह सोचे और यह देखे बिना कि कमरे में कोई है अथवा नहीं, उसने आन्ना को बाँहों में भर लिया और उसके चेहरे, बाँहों और गर्दन पर चुम्बनों की बौछार करने लगा।

आन्ना इस मिलन के लिए अपने को तैयार करती और यह सोचती रही थी कि उससे क्या कहेगी–किन्तु वह कुछ भी नहीं कह पायी। व्रोन्स्की के भावावेश ने आन्ना को भी अपने वश में कर लिया। आन्ना ने व्रोन्स्की को, अपने को सँभालना चाहा, पर देर हो चुकी थी। व्रोन्स्की की भावना आन्ना पर हावी हो गयी थी। उसके होंठ ऐसे काँप रहे थे कि वह देर तक कुछ नहीं कह सकी।

"हाँ, तुमने पूरी तरह मुझे अपने वश में कर लिया है और मैं तुम्हारी हूँ," व्रोन्स्की के हाथ को अपनी छाती पर दबाते हुए उसने आखिर कहा।

"ऐसा ही होना चाहिए था!" व्रोन्स्की बोला। "जब तक हम जीवित हैं, ऐसा ही होगा। मैं अब यह जानता हूँ।"

"यह सच है," आन्ना ने अधिकाधिक पीली पड़ते और व्रोन्स्की के सिर के गिर्द बाँह डालते हुए कहा। "फिर भी उसके सबके बाद, जो हो चुका है, इसमें कुछ भयानक चीज है।"

"सब ठीक हो जायेगा, सब ठीक हो जायेगा, बहुत ही सौभाग्यशाली होंगे हम! हमारा प्यार, अगर वह और तीव्र हो सकता था, तो इसलिए कि उसमें कुछ भयानक है," व्रोन्स्की ने सिर ऊपर करते और मुस्कुराकर अपने मजबूत दाँतों की झलक देते हुए उत्तर दिया।

आन्ना उसके शब्दों के नहीं, बल्कि प्यार-भरी आँखों के जवाब में मुस्कुराये

बिना नहीं रह सकती थी। उसने व्रोन्स्की का हाथ थाम लिया और उससे अपने ठंडे गालों तथा सिर के कटे हुए बालों को सहलाने लगी।

"इन छोटे-छोटे बालों के साथ मैं तुम्हें पहचान नहीं सकता। तुम बहुत ही सुन्दर लगती हो। लड़के जैसी। मगर कितनी पीली हो तुम!"

"हाँ, मैं बहुत कमजोर हूँ," उसने मुस्कुराकर जवाब दिया। उसके होंठ फिर से काँप उठे।

"हम इटली जायेंगे और वहाँ तुम्हारी सेहत अच्छी हो जायेगी," व्रोन्स्की ने कहा।

"क्या यह सम्भव है कि पति-पत्नी की तरह केवल हम दोनों ही हों, हमारा अपना परिवार हो?" निकट से उसकी आँखों में गोर से झाँकते हुए उसने पूछा।

"मुझे केवल इसी बात की हैरानी है कि कैसे कभी इससे भिन्न कुछ हो सकता था।"

"स्तीवा का कहना है कि 'वह' हर बात के लिए राजी है, मगर मैं 'उसकी' दरियादिली को स्वीकार नहीं कर सकती," आन्ना ने सोचते और व्रोन्स्की के चेहरे से कहीं दूर देखते हुए कहा। "मैं तलाक नहीं चाहती, मुझे अब कोई फर्क नहीं पड़ता। मैं सिर्फ यह नहीं जानती कि सेर्योझा के बारे में वह क्या निर्णय करेगा।"

व्रोन्स्की किसी प्रकार यह नहीं समझ पा रहा था कि मिलन के इस क्षण में उसे कैसे बेटे और तलाक का ध्यान आ सकता था, वह उनकी चर्चा कर सकती थी। क्या सब महत्त्वहीन नहीं था?

"इसकी चर्चा नहीं करो, इसके बारे में नहीं सोचो," उसने आन्ना के हाथ को अपने हाथ में उलटते-पुलटते और अपनी ओर ध्यान आकृष्ट करने की कोशिश करते हुए कहा। किन्तु आन्ना ने उसकी ओर नहीं देखा।

"ओह, मैं मर क्यों नहीं गयी, यह बेहतर होता!" उसने कहा और सिसकियों के बिना उसके दोनों गालों पर आँसू बह आये। किन्तु उसने मुस्कुराने का प्रयास किया, ताकि व्रोन्स्की को ठेस न लगे।

व्रोन्स्की की भूतपूर्व धारणाओं के अनुसार ताशकन्द में अत्यधिक प्रशंसनीय और खतरनाक नियुक्ति से इनकार करना बड़े अपमान की तथा असम्भव बात होती। मगर अब क्षण-भर को भी सोचे-विचारे बिना उसने इससे इनकार कर दिया और इस कारण ऊँचे अधिकारियों में नाराजगी का भाव देखकर फौरन त्यागपत्र दे दिया।

एक महीने बाद करेनिन बेटे के साथ ही अपने घर में रह गया। आन्ना तलाक लिये बिना और दृढ़तापूर्वक उससे इनकार करके व्रोन्स्की के साथ विदेश चली गयी।

□□□